좋은 특허, 나쁜 특허,
좋은 지적재산권, 나쁜 지적재산권

-자유주의적 개인주의와 공리주의의 지적재산권-

My Freedom to Swing My Fist Ends Where Your Face Begins.
sic utere tuo ut alienum non laedas
(다른 사람을 해하지 않는 방법으로 너의 재산을 사용하라)

나종갑 지음

자유주의적 개인주의와 공리주의의 지적재산권

좋은 특허 나쁜 특허 좋은 지적재산권 나쁜 지적재산권

My Freedom to Swing My Fist Ends Where Your Face Begins.

sic utere tuo ut alienum non laedas

다른 사람을 해하지 않는 방법으로 너의 재산을 사용하라

나종갑 지음

연세대학교 출판문화원

좋은 특허, 나쁜 특허,
좋은 지적재산권, 나쁜 지적재산권

-자유주의적 개인주의와 공리주의의 지적재산권-

초판 1쇄 발행 2025년 2월 28일

지은이 나종갑
펴낸곳 연세대학교 출판문화원
주소 서울특별시 서대문구 연세로 50
등록 1955년 10월 13일(제9-60호)
전화 02) 2123-3378~80
팩스 02) 2123-8673
전자우편 ysup@yonsei.ac.kr
홈페이지 http://press.yonsei.ac.kr
인쇄 화신문화(주)

ISBN 978-89-6850-907-0(93360)

값 32,000원

머리말

본 저술의 원래 의도는 학부에서 대학생 강의용 교재를 위해 쉽게 지적재산권법 철학을 바탕으로 한 지적재산권법의 이해를 하도록 하기 위한 것이었다. 필자가 그동안 책과 논문으로 정리해 온 지적재산권의 본질에 관한 역사 철학적 담론으로, 우리나라 지적재산권법에 관한 좋은 사례와 나쁜 사례를 분석하여 대학생들에게 기존의 사고와는 다른 새로운 관점과 생각을 제시하고자 저술한 것이었다. 그러나 집필 중에 지적재산권법을 연구하는 대학원생이나 실무가 및 연구자들에게도 도움이 되도록 하기 위해 헌법적 가치이자 지적재산권법의 토대가 되는 자유주의적 개인주의를 바탕으로 공리주의의 철학적 담론 가미하여 쉽게 이해하도록 하고자 했다. 독자의 이해와 기억을 돕기 위해 삽화를 추가하여 기존의 무미 건조한 법학서적에서 탈피하고자 했으나, 능력부족으로 많은 활용을 못했다는 변명을 한다.

우리 헌법의 근본이념이 되는 자유민주주의는 자유주의적 개인주의를 바탕으로 한다. 인간의 진정한 자유는 사유 재산을 필요로 한다는 것은 자유주의적 개인주의 철학의 기초이다. 그러나 자유의 행사에는 제한이 따른다. 재산권(Right of Property)은 생명(Life), 자유(Liberty) 및 재산(Estate)에 관한 권리를 포함하고 있었다. 존 로크, 임마누엘 칸트, 게오르그 헤겔은 해하지 않을 것(harm proviso)을 재산권 취득의 단서로 제시했을 뿐만 아니라 존 스튜어트 밀(John Stuart Mill)은 그의 자유론(On Liberty, 1859)에서 다른 사람의 자유를 침해하는 것은 자위권이나 타인에 대한 위해를 방지하기 위하여만 행사되어야 한다는 해악의 원칙(harm principle)을 제시하였다. 또한 올리버 홈즈(Oliver Wendell Holmes, Jr.) 미국연방대법관이 즐겨 사용했다는 표현인, 'My right to swing my fist ends where your nose begins.'(나의 자유는 타인의 자유가 시작되는 곳이 그 끝이다.)와 '*sic utere tuo ut alienum non laedas*'('Use your own property in such a way that you do not injure that of another.', 다른 사람을 해하지 않는 방법으로 당신의 재산을 이용하라.)라는 로마법상의 격언(maxim)이 말하는 것은, '모든 인류가 동등하게 평등한 자유(equal freedom)를 가지고 있다'는 자유주의적 개인주의가 담고 있는 공동체주의이다.

지적재산권법도 모든 사람이 동등하게 자유, 즉 평등하다는 철학에서 시작된다. 한 사람의 과도한 자유는 다른 사람의 평등할 자유를 침해한다. 법적 독점을 부여하는 지적재산권은 항상 타인의 자유를 고려해야 한다. 특히 지적재산권이라는 한 사람의 독점은 그 한 사람을 제외한 모든 사람의 자유와 평등할 권리를 침해할 수 있다. 지적재산권에 관한 분쟁은 분쟁 당사자에게만 영향을 미치는 것이 아니라 모든 인간에게 영향을 미친다.

법의 해석 적용은 바다에 떠있는 배를 안내하는 등대와 같아야 한다. 모든 이에게 추상적이고 일반적인 법규범의 해석의 길잡이가 되고 모든 이에게 평등하여야 한다. '저작자 · 발명가 · 과학기술자와 예술가의 권리는 법률로써 보호한다.'는 헌법 제22조 제2항에 따라 특허법과 저작권법 등을 제정하였다. 위 헌법 조항에 근거한 국회 입법이 아닌 발명가, 과학기술자 저작자, 예술가의 권리는 법원의 법의 해석으로 창설할 수 없다. 입법은 국민의 대표기관인 국회의 헌법상 권한이다. 법원은 해석적용을 하는 기관이지 입법기관이 아니다. 국회가 제정하지 않은 법이 아닌, 법해석에 의해 개인의 지적재산권을 창조할 수 없다.

1215년 영국의 대헌장(Magna Carta)에 명시된 법치주의(Rule of Law)를 다시 생각해 본다. 법치주의는 법에 대한 정확한 이해를 바탕으로 한다. 수험서 법학이 지배해온 우리 법학은 그 한계가 분명하다. 법의 근본이념을 연구하는 법철학은 변방의 학문으로 취급되어 왔다. 그러나 법철학은 법학의 토대이자 기초가 되어야 한다.

고대에서도 그 흔적을 찾을 수 있는 지적재산권법은 이미 12-13세기 경부터 제도화 되기 시작했고, 기초가 되는 철학이 형성되면서 그 법리가 쌓여 왔다. 그러한 역사와 철학을 도외시하고 지적재산권법을 연구할 수 없다. 지적재산권법제도는 단지 무형의 경제적 가치를 보호하는 법제도가 아니다. 지적재산권은 지적 존재로서의 인간의 창작활동과 자유와 평등을 보호하는 제도이다. 지적재산권법철학은 항상 인간의 자유와 평등의 한계에 대하여 고민하고 어떻게 인간의 자유와 평등을 이룩할지 고민하여 얻어진 성과이다. 인간 지성의 아이디어와 표현에 대한 독점은 그 한 사람의 이외의 모든 사람의 자유와 생존에 영향을 미친다.

근대에는 봉건제도에 맞서 인간의 궁극적인 자유와 생명권을 취득하기 위해 불가침의 자연권으로서 재산권이 필요했다. 그러한 재산권이 인간의 권리로 인정되기 시작한 이후, 18세기에는 최대 다수의 인간의 자유와 생명 그리고 행복을 확대시킬 것인지에 대하여 고민하였다. 그로 인하여 나온 철학이 자유주의적 개인주의와 공리주의 철학이다.

우리나라는 법과대학이나 법학전문대학원에서 지적재산권법을 가르치기 시작한 것은 1세대를 지나지 않았다. 학문적 토대가 매우 짧아 실무에서도 활용할 수 있는 지식이 뒷받침되지 않았다. 그러나 많은 학자들과 실무가들의 노력으로 진일보하고 있다고 할 수 있다. 그렇지만 우리 경제규모에 비교해보면 아직 지적재산권법학의 학문적 성숙성은 미약하다고 할 수 밖에 없다.

본 서적은 깊은 학문적 담론을 담은 것은 아니다. 다만 그동안 필자가 행해왔던 작업의 방향을 좀 더 실무적으로 틀고, 실무에서 나온 사례들이 어떤 문제가 있는지를 역사 철학적 입장에서 고찰한 것이다. 법학은 실사구시의 학문이다. 학문적 노력이 현실의 문제를 해결하지 못한다면 그것은 법학으로서의 가치가 없다.

인간은 진리를 탐구할 수 있을 뿐 진리를 알지는 못한다. 본 연구서에서 행한 담론들이 우리의 지적재산권법 실무에 조금이나마 소금이 되고, 좋은 지적재산권과 나쁜 지적재산권을 구별할 수 있었으면 하는 바람이다.

본 서를 출간함에 있어, 연세대학교 대학원에서 박사학위 논문을 준비하고 있는 배성빈 변호사가 교정에 도움을 주었고, 책을 꾸미는 작업을 해 준 연세대학교 출판문화원의 선생님들께 감사드린다.

2025년 설날에

안산 자락에서

차례

제1장
공유(the Common & the public domain)를 넘어서: 창작과 발명 그리고 자유와 평등

제2장
자유를 옹호하는 사례와 자유를 위협하는 사례

제3장
거래의 진실성과 정직성, 불공정거래로부터 자유

제4장
기술전쟁과 산업스파이로부터의 보호

제1절 기술전쟁

제2절 영업비밀의 정치경제학

제1장

공유(the Common & the public domain)를 넘어서 : **창작과 발명** 그리고 **자유와 평등**

제1절

기술독점에 대한 정당성

1. 개인의 자유

Every man is free to do that which he wills, provided that he infringes not the equal freedom of any other man.

↘ 모든 사람은 다른 사람의 동등한 자유를 침해하지 않는 한, 자신이 원하고자 한 일을 할 자유가 있다.

(Herbert Spencer, The Principles of Ethics II)

가. 인류의 공유재산(the Common)

God, who hath given the world to men in common....

↘ 신이 인간에게 세상을 공유로 주셨다.

(John Locke, The Second Treatise of Government)

1845년 Davoll v. Brown 사건에서 미국의 매사추세스주 법원은 다음과 같이 판결했다.

The patent laws are not now made to encourage monopolies of what before belonged to others, or to the public, which is the true idea of a monopoly, but the design is to encourage genius in advancing the arts, through science and ingenuity, by protecting its productions of what did not before exist, and of what never belonged to another person, or the public.[1)]

↘ 특허법은 이전에 다른 사람이나 공중(the public)에게 속한 것에 대하여 독점을 장려하기 위하여 만들어진 것이 아니다. 그것이 진정한 의미의 독점이다. 그 대신 이전에 존재하지 않았고 다른 사람이나 공중에게 속하지 않았던 것에 대한 창작을 보호하여 과학과 창작성을 통하여 기술을 증진시키기 위해 특허법이 만들어진 것이다.

우리가 알고 있는 특허제도는 다양한 의미를 가지고 있다. 대한민국 헌법 제120조 제1항은 "광물 기타 중요한 지하자원·수산자원·수력과 경제상 이용할 수 있는 자연력은 법률이 정하는 바에 의하여 일정한 기간 그 채취·개발 또는 이용을 특허할 수 있다."라고 규정하고 있다. 본 조항에는 특허라는 언어가 있지만 이는 특허법상의 특허와는 다르다. 관세법 제174조는 "특허보세구역을 설치·운영하려는 자는 세관장의 특허를 받아야 한다."라고 규정하고 있다. 예컨대 공항 면세점은 위 조항에 근거하여 특허를 받은 것이다.

그러나 그와 같은 특허 외에 기존에 존재하지 않았던 인간의 창작에 대한 독점을 의미하는 특허가 존재한다. 우리가 흔히 알고 있는 발명에 대한 특허는 과학기술자들이 창작한 아이디어에 대하여 제공하는 것이다. 대한민국 헌법 제22조 제2항은 "저작자·발명가·과학기술자와 예술가의 권리는 법률로써 보호한다."라고 규정하였고, 이에 따라 국회에서 제정된 법률이 대표적으로 특허법과 저작권법이다. 인간의 노력과 창작을 보호하려는 제도가 우리가 보통 알고 있는 특허법의 이상과 목적이다. 그러함으로써 인류의 노력을 보호하고 장려함으로써 궁극적으로 인간에게 좀 더 안락하고 풍요롭게 하기 위해서이다.

특허법의 이상은 인간의 노력과 그 결과를 보호하여, 근면한 인간의 노동을 장려하고, 나아가 그 근면한 인간의 노동의 결과를 통하여 인간의 삶을 개선하고자 한 것이라고 할 수 있다. 특허는 '생래적으로 공중에 속한 것'(the Common) 또는 '공중의 공유인 것'(the public domain)에 대하여 부여될 수 없다. 이러한 공중에 속한 것과 공중의 공유인 것을 사유화를 인정하지 않는 것은 서구 지적재산권법 사상의 특징이라고 할 수 있

"이 저서는 연세대학교 학술연구비의 지원으로 이루어진 것임"

1) Davoll v. Brown, 7 F. Cas. 197 (C.C.D. Mass. 1845).

고, 대륙의 지적재산권법과는 구별되는 것이라고 할 수 있다. 영미법의 지적재산권법 철학이 공중의 권리를 강조했다면 대륙법은 창작자(creator)의 권리를 강조해 왔다. 다만, 생래적으로 공유인 것(the public domain)에 대한 철학은 같다. 왜냐하면 생래적으로 공유인 것은 자연법에 기초하기 때문이다. 다만 후천적으로 공유인 것에 대하여 대륙법과는 달리 영미법은 공유에 의한 공리성을 강조하는 공리주의 철학의 영향을 많이 받았기 때문이다.

물론 현재에는 국제 조약 등을 통하여 영미법과 대륙법의 많은 통일을 가져왔으므로 많은 차이가 없다. 특히 특허제도는 영미법제도와 대륙법제도의 차이가 거의 없다고 할 수 있지만, 저작권법은 아직도 많은 차이가 있다. 이러한 두 제도의 두드러진 차이는 19세기에 존재했다. 두 제도 사이의 두드러진 차이는 영미식 제도가 제레미 벤담(Jeremy Bentham)과 존 스튜어트 밀(John Stuart Mill) 등의 영국 공리주의의 영향을 받았고, 대륙의 지적재산권법 제도가 존 로크(John Locke), 임마누엘 칸트(Immanuel Kant), 게오르그 W. F. 헤겔(Georg Wilhelm Friedrich Hegel) 등의 자유주의적 개인주의의 영향을 받았던 지적재산권법 발전의 초기 단계에 존재했었다.

인류가 공유하는 재산에 대하여 특정인의 독점을 인정하지 않는다는 특허법의 명제는 1474년 베니스의 특허법에도 존재했다. 1935년 발견된 베니스의 특허법의 일부를 보면,

> [e]very person who shall build any new and ingenious device in this City, not previously made in our Commonwealth, shall give notice of it to the office of our General Welfare Board when it has been reduced to perfection so that it can be used and operated.
>
> ↳ 이 도시에서 이전에 우리 연방에서 만들어지지 않은 새롭고 독창적인 기계를 만드는 모든 사람은 그것이 사용 및 작동될 수 있도록 완벽하게 실시되면 이를 우리의 복리후생원(General Welfare Board)에 통보해야 한다.

라고 하고 있었는데, 'ingenious device'('창작적 기계')는 인간의 창작적 노동에 의해 만든 기계를, 'new device'('새로운 기계')는 이전에 존재하지 않았던 기계를 의미했다고 할 수 있다. 현대 특허법에서 전자는 발명성(inventiveness), 후자는 신규성(novelty)을 의미한다. 즉 자신이 창작한 새로운 것을 독점하더라도 기존에 인간이 누리는 자유를 박탈하는 것이 아니다. 인간에게 발명이라는 기존에 존재하지 않던 새로운 것을 제

공해 준 것이다.

1883년 Avery & Sons v. Meikle & Co. 사건[2)]에서 미국법원은

> The alphabet, English vocabulary, and Arabic numerals, are to man, in conveying his thoughts, feelings, and the truth, what air, light, and water are to him in the enjoyment of his physical being. Neither can be taken from him. They are the common property of mankind, in which all have an equal share and character of interest. From these fountains whosoever will may drink, but an exclusive right to do so cannot be acquired by any.
>
> ↘ 자신의 생각, 느낌 및 진실을 전달하는데 있어 영어 단어 및 아라비아 숫자 등과 같은 알파벳은 사람에게 그의 육체가 필요한 공기, 빛 및 물과 같은 것이다. 누구도 그로부터 그와 같은 필요한 것을 박탈할 수 없다. 그와 같이 필요한 것은 인간 모두가 동등한 지분과 지위를 가지는 공유물이다. [공유인] 분수에서 누구든지 [물을] 마실 수 있지만, 누구도 [공유인 분수에 대하여] 배타적인 권리를 가질 수 없다.

라고 하여, 인류 모두의 공유인 공중의 영역(the Common)의 개념에 의해, 해당 상품의 일반명칭과 해당 상품의 기술명칭 중에서 원래의 의미(original meaning; primary meaning)는 사유화 할 수 없다고 판시했다. 즉 해당상품의 일반명칭과 기술명칭은 상표로 등록하여 독점을 할 수 없다.

특허법에서 신규성에 해당하는 것은 상표법에서는 원래의 의미(original meaning; primary meaning)의 식별력이고, 원래의 의미의 식별력이 없는 경우에는 사용에 의한 식별력(secondary meaning)이다. 상표에서도 독점은 자신이 창작한 식별력에 대하여만 존재한다. 예컨대 창작조어상표는 특허권이나 저작권과 같이 창작적이기 때문에 상표 등록에 의한 사유화를 하더라도 어느 누구의 자유를 박탈하는 것은 아니다.

독점(monopoly)이라는 단어는 고대 그리스의 철학자 아리스토톨(Aristotle)이 B.C. 347년에 자신의 저서 정치학(Politics)에서 사용했고[3)], 영국에서는 1534년 토마스 모어(Thomas More)가 아래 인용한 자신의 저술인 '열정의 전집'(*Treatise upon the Passion*)에서 처음 사용한 것으로 알려져 있다.

2) Avery & Sons v. Meikle & Co., 81 Ky. 73, 90 (1883).

3) Ramon A. Klitzke, "Historical Background of the English Patent Law", 41 J. Pat. Off. Soc'y 615, 616 (1959).

He knoweth wel also that of all the disciples, there would none bee so false a traitor to betray his master but him selfe alone. And therefore is thys ware Iudas all in thyne owne hande. Thou haste a monopoly thereof. And whyle it is sought for, and so sore desired, and that by so many, and they that are also very ryche, thou mayest nowe make the price of thyne own pleasure & therefore ye shall good readers see Iudas was a great rich manne wyth thys one bargayne.

↘ 그는 또한 모든 제자들 중에 자기 주인을 배반할 만큼 거짓된 배신자가 없고 오직 자기 자신뿐이라는 것을 잘 알고 있습니다. 그러므로 당신이 통제할 수 있는 모든 유다가 그들입니다. **당신은 그것의 독점을 서두르고 있습니다.** 그리고 많은 사람들에 의해 왜 그것이 추구되고 그토록 간절히 바라는지, 그리고 매우 부유한 사람들에 의해 이제 당신이 당신 자신의 기쁨의 대가를 치르게 될 수 있습니다. 그러므로 훌륭한 독자들은 왜 그들이 협상했어야 할 유다가 엄청난 부자였다는 것을 알게 될 것입니다.

지금은 독점이라는 단어는 매우 일반적이고 보편적이지만, 16세기 영국에서는 매우 생소한 단어였다. 그러나 그 당시 일상생활에서 독점은 매우 빠르게 보편적인 단어가 되어 가고 있었다. 특히 16세기 후반, 엘리자베스 여왕이 영국의 국왕으로 즉위한 이후에 영국사회는 독점으로부터 많은 피해를 입었다. 한 사람의 독점은 그 사람 이외에 나머지 국민에게 심각한 영향을 미쳤다.

특허제도가 도입된 이후에 자연법칙이나 자연현상, 추상적 아이디어는 신(God)이 만든 것으로서 모든 인간에게 공유로 부여했으므로 특정인이 사유화 할 수 없는 것이었다. 신(God)이 자연을 만들었다는 개념은 근대 자연법주의자들을 거쳐서 18세기 후반 계몽주의자들에게 영향을 미친다. 신이 만든 자연법(the natural law)은 중세 스콜라 철학자들이 주장한 것이었는데, 인간이 만든 실정법(the institutional law)은 인간 이성의 명령인 자연법에 근거를 두어야 한다고 하였다. 자연법은 이성의 능력으로 인지할 수 있는 정의와 진리를 말하고, 이러한 정의와 진리는 우주에 보편적인 것이다. 이러한 자연법 사상을 영국 정치체계에 도입하여 정치개혁을 이루고자 한 정치철학자는 17세기 영국의 정치철학자인 존 로크(John Locke)이었다.[4)]

4) 토마스 홉스는 자연상태를 '만인의 만인에 의한 투쟁상태(Bellum omnium contra omnes, The war of all against all))'로 보았다. 자연상태는 오직 죽음과 공포만이 있으므로 이를 면하기 위해 계약에 의해 국가를 형성한다고 보았다. 국가는 야만상태를 극복하기 위한 것으로 국가권력의 강력한 통치권 행사가 안정된 사회를 보장할 수 있다고 생각했다. 따라서 국가에게 국민을 보호하기에 충분한 권력을 위임해야 하고, 타인의 선행을 보장할 필요가 있다고 했다.

나. '두 개의 검' 이론(the Theory of Two Swords): 교권과 왕권

중세의 스콜라 철학자들은 기독교 신앙을 바탕으로 신이 교황과 세속의 왕에게 권리를 부여했다고 주장했는데, 재산권의 신권론적 입장을 대변한 학자가 중세 '로마의 자일스'(Giles of Rome, 1243-1316)이다. 자일스는 교부철학(敎父哲學, patristic philosophy)에 근거한 재산권을 주장했다. 그는 재산권을 교황의 승인과 인간의 합의에 의해 발생하는 제도적 권리라고 보았다.[5] 교황은 영적이고 보편적이지만 왕은 육신적이고 세속적이고, 교황이 가진 영적인 권력은 신(God)으로부터 부여받은 것으로서 육신적인 권력보다 우월하기 때문에 왕의 권한은 교회가 가진 보편적 주권(dominium universale)으로부터 파생되었고, 따라서 교회의 왕인 교황이 세속의 왕을 지배할 수 있다고 주장했다. 그리고 인간과 사물은 교회의 지배하에 있으므로 재산에 대한 지배권도 교황의 승인을 통해서만 합법적인 권리가 되었다. 교황의 지위는 신으로부터 받았지만 실정법에 구속되는 것이 아니라고 주장했다. 따라서 교황은 실정법을 정할 수 있게 된다.

이러한 왕권에 대한 교권 우위설을 비판한 철학자가 '파리의 존'(John of Paris, 1255-1306)(Johannes Quidort으로도 알려짐)이다. 그는 'De potestate regia et papali'(On Royal and Papal Power)라는 '교황권과 왕권'에 관한 책을 출간하고, 인간의 소유는 "[a]cquired by individuals through their own manufacture, industry, and labour. And individuals as individuals have right, power, and true dominion."('개인의 제조, 근면, 및 노동을 통하여 취득하고, 개인은 사적 권리, 권한 및 진정한 지배권을 취득한다.')라고 하여, 사유재산권은 교황의 승인에 의해서 취득하는 것이 아니라 인간의 노동의 결과에 대하여 취득하는 자연권이라고 주장했다.[6] 이러한 그의 주장은 15세기 후반 존 포

5) 사물에 대한 교회의 신성성의 행사가 재산권으로 이해하고, 로마 교황의 권리라고 주장했다. Lambertini, Roberto, "Giles of Rome", The Stanford Encyclopedia of Philosophy (Winter 2019 Edition), Edward N. Zalta (ed.).

6) 토마스 아퀴나스(Thomas Aquinas, 1224/1225-1274)는 그의 Summa Theologiae를 통해 중세에 자연법 이론을 도입시켰다. 자연법 이론은 고대 그리스의 플라톤, 아리스토 텔레스 및 스토아(Stoa) 학파의 이론에 따른 것으로, 창조와 신의 섭리에 대한 형이상학적 탐구를 하였다. 아퀴나스에 의하면, 자연법은 기본적이고 자명한 교훈이나 명령을 갖고 있으며, 기본적인 지성과 약간의 경험을 가진 모든 인간이 알 수 있는 자연의 명령이라고 한다. 그의 이론은 이후의 자연법 이론화에 대한 논쟁을 야기했다. 그는 "It is lawful for a man to hold private property; and it is also necessary for the carrying on of human existence."(사람이 사유 재산을 소유하는 것은 합법적이다. 그리고 재산은 인간 존재를 유지하는 데에도 필요하다.)라고 하여 인간 존재를 위해 사적 재산이 필요하다고 하였다. 권리기반이론(right-based theory)의 기초가 되었다. 그의 재산의 개념은 단지 현대의 재산 뿐만 아니라 자유와 생명에 대한 권리도 포함한다. 그의 정치철학을 존 로크가 발전시켰다.

테스큐(John Fortescue)와 16세기말과 17세기 전반 에드워드 코크(Edward Coke), 17세기 존 로크의 노동가치설의 근간이 된 것으로 볼 수 있다. 또한 그의 주장은 교권과 왕권의 분리를 주장한 것으로서 교황권은 왕의 세속권에 간섭할 수 없게 된다.

[중세의 두 개의 검(Two Swords): 교황권과 세속권의 동등][7)]

[두개의 검(Two Swords)과 교황권의 우위][8)]

왼쪽 그림은, 교황 겔라시우스(Gelasius, 교황재위 492-496)의 주장을 지지하는 것으로, 예수 그리스도가 교황과 황제에게 검을 하사하고 있다. 이는 교회와 세속의 정치권력의 사이에서 교황이 자신들의 입장을 반영 각색한 것이다.

'두 개의 검'에 대하여는 i) 세속권력을 가진 황제의 입장에서는 교황과 황제에게 동등한 권력을 주었다고 주장하고, ii) 교황의 입장에서는 교황에게 두 개의 검을 주었으나 교황이 세속으로 자신의 손을 더럽히지 않게 하기 위해 자신이 가진 세속의 검을 황제에게 주었다는 주장 등이 있다. 후자의 주장에는 누가복음을 근거로 예수 그리스도가 두 자루의 검을 베드로에게 주었는데, 교황은 베드로의 후계자이므로 왕권은 교황권에 복종해야 한다는 주장 등 다양한 주장이 존재한다. 왼쪽 그림중 아래 그림은 후자의 입장을 반영한 것으로, 교황이 황제에게

7) 그림 출처: 위키사전. 예수 그리스도가 정신적(spiritual matters) 주권자인 교황과 세속(temporal affairs)의 주권자인 신성로마제국의 황제에게 각각 검(劍)을 준다. 황제의 검은 지상의 권세, 인간에 대한 현세적 권세를 나타내며, 교황의 검은 교회의 지도자로서 인간에 대한 영적 권위를 상징한다.

8) 그림 출처: https://www.worldhistory.org/image/14188/doctrine-of-the-two-swords-from-the-sachsenspiegel/

칼을 부여하고 있다.

인간 존재를 위해 재산권이 인정되어야 한다는 권리기반이론에 입각한 재산권 철학은 르네상스 시대를 거쳐 16세기 후반 영국의 에드워드 코크(Edward Coke)는 인간의 노동과 근면성의 결과라는 자연법의 입장을 수용한다. 물론 자연법과 자연권의 출발점은 신(God)이므로 기본적인 출발점은 변경되지 않았다. 이러한 자연권 철학은 17세기 이후 자유주의적 개인주의(Liberal Individualism)에 영향을 미쳤다. 그러한 자연권의 개념은 18세기 프랑스의 샤를 루이스 몽테스키외, 임마누엘 칸트 및 게오르크 헤겔의 재산권 철학에도 수용되었다. 재산권에 관한 로크, 칸트와 헤겔로 이어지는 자유주의적 개인주의 철학에서는, 재산권은 인간이기 때문에 당연히 인정되어야 하는 명제(right-based theory)로 여긴다.

다. 로버트 필머의 가부장제론과 왕권신수설

존 로크는 로버트 필머(Robert Filmer, 1588-1653)의 가부장제도를 반박하기 위해서 사회계약설을 주장한다.[9] 로버트 필머의 사후에 가부장제론(Patricha: The Natural Power of Kings, 1680)이 출간되었는데, 그는 그의 책에서 스코틀랜드의 왕이었던 제임스 6세(스코틀랜드 왕으로는 제임스 6세가 1603년 엘리자베스 여왕의 후계자가 없이 사망하자 영국의 제임스 1세가 됨)가 1598년 저술한 'The True Law of Free Monarchies'('자유로운 군주의 진정한 법')에서 주장했던 왕과 신의 동등성, 즉 신은 하늘에서, 왕은 지상에서 최고권력자이므로 왕은 신에게만 책임을 지면 된다는 왕권신수설을 계승하여, 왕의 권력은 신이 부여한 것이라고 하는 왕권신수설을 주장한다. 그는 국왕은 새로운 법령을 제정할 수 있는 특권이 있고, 국왕은 '국왕이 악정을 할 때 이에 대하여 벌을 내리는' 신에게 책임지는 것이라는 왕권신수설과 절대주의를 정당화했다. 이러한 주장은 두 개의 검(Two Swords) 이론에 기초한 것이다. 영국의 헨리 8세 이후 영국 왕은 교황을 대체하여 영국 국교회의 수장이 되었으므로 영국 왕의 지위에

9) 사회계약설의 기원은 B.C. 4세기 플라톤 시대로 소급한다고 한다. 그 후 스콜라 학자와 교부철학자들도 주장하였다. 1215년 마그나 카르타에도 사회계약 정신을 찾아 볼 수 있고, 토마스 홉즈와 존 로크를 거쳐 1762년 장자크 루소의 '사회계약론'(Du Contrat social)이 출간되었다. 그러나 그 이외에도 자연법을 주장한 그로티우스, 푸펜도르프, 피히테, 및 칸트에 이르기까지 많은 철학자들이 사회계약론을 주장했다.

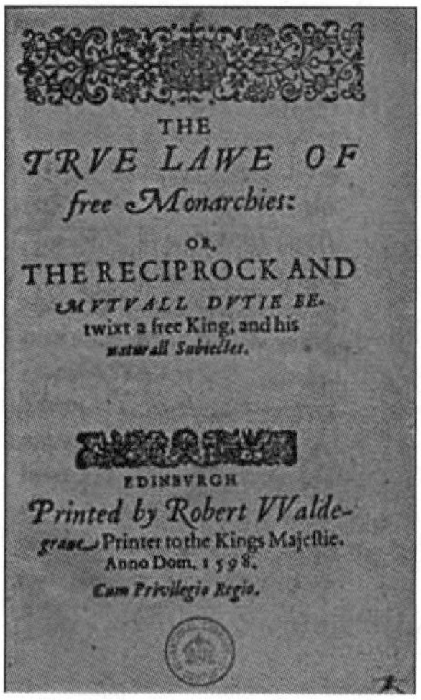

[1598년 간행된 스코틀란드 제임스 6세의 'The True Law of Free Monarchies' 표지][10]

[1680년 간행된 로버트 필머의 Patriarcha][11]

서는 그와 같은 주장을 할지는 모르지만, 제임스 1세가 겸직한 스코틀랜드의 국왕의 지위에서는 새로운 것이었다.

로버트 필머는 제임스 1세의 아들이자 후계자 찰스 1세(Charles 1)의 지위를 옹호하기 위해 신이 인류의 조상인 아담에게 부권(父權, paternity)을 부여했고, 왕이 모든 인간의 아버지로서의 권력, 즉 부권을 가지고 있으므로, 사람들이 왕에게 복종하여야 한다는 왕권신수설을 주장하고 가부장제론을 집필하였다. 1680년 로버트 필머의 사후에 영국의 왕가인 스튜어트 가의 지위를 옹호하기 위해 저술했던 그의 책 'Patriarcha'가 출간된다.

라. 토마스 아퀴나스의 자연법과 소유권 및 존 로크에 대한 영향

가부장제론을 주장한 로버트 필머에 반대한 존 로크(John Locke)는 사회계약설을 주장하였는데, 로크는 토마스 아퀴나스(Thomas Aquinas)의 신적 재산권 이론을 발전시켰다. 토마스 아퀴나스는 "It is lawful for a man to hold private property; and it is also

10) 그림출처: 위키피디아
11) 그림출처: https://madmonarchist.blogspot.com/2011/01/monarchist-profile-sir-robert-filmer.html.

necessary for the carrying on of human existence."(인간이 사적 재산을 가지는 것은 합법적이다. 또한 인간이 존재하기 위해서는 재산이 필요하다.)라고 하여 인간 존재를 위해 사적 재산이 필요하다고 하였다. 인간 존재, 즉 인간의 궁극적인 자유를 위해 재산이 필요하다는 주장은 로크, 칸트 및 헤겔 등이 주장하였고, 앞서 언급한 바와 같이 이를 '권리기반이론'(right based theory)이라고 한다. 즉 인간이기 때문에 당연히 재산을 가져야 한다는 것으로, 권리기반이론은 토마스 아퀴나스의 신적 재산권 이론에서 기원한다고 할 수 있다.

아퀴나스는 '인간이 외부에 물체를 소유하는 것은, 인간의 능력에 종속되는 것이 아닌 모든 것이 순종하는 하나님의 능력에만 종속되는 용도로서 인정된다'("[a]s regards their use, but not as regards their nature which is not subject to the power of man but only to the power of God whose mere will all things obey.")고 하여, 신의 명령에 의하여 인간이 사용을 위해 소유할 수 있는 것으로 주장했다. 신은 자연의 모든 것을 만들었고, 인간은 자신을 위하여 신이 만든 것을 이용할 권리가 있다. 그리하여 토마스 아퀴나스는 인간이 외적인 재물을 소유하는 것은 자연스러운 것으로 인정하였다. 다만 인간의 소유는 단지 신(God)의 선물일 뿐이므로 인간이 그 물건에 대한 최고의 지배권(dominion)을 갖고 있는 것으로 인정하지 않았다. 아퀴나스의 재산권 개념은 배타적 소유가 아닌 이용(jus utendi)의 개념이다. 자연상태를 로크는 만인의 공유(positive)로 보았으나 아퀴나스는 누구도 소유하지 않는 상태(negative)로 보았다.

마. 존 로크의 재산권: 자유(Liberty), 생명(Life) 및 재산(Estate)에 대한 권리

로크는 자연상태는 신이 인간의 평온과 안락을 위해 부여한 것이지만 안전하지 않은 상태라고 하였다. 자연상태의 인간은 안전하지 않은 자연상태를 벗어나 좀 더 안전한 사회구성을 위해 계약에 의해 정치사회인 시민사회를 구성하고, 그 집행자로서 왕을 선출한 것이라고 하였다. 그리하여 로크는 로버트 필머가 '가부장제'를 통하여 주장한 왕권신수설과 왕의 전제적 통치에 반대하여, 국가의 주권(sovereignty)이 인간과 시민에게 있고, 왕은 시민으로부터 집행권을 위탁받은 것이라고 주장한 통치론(Two Treatises of Government)을 출간했다. 로크가 저술한 책은 보통 약칭이 알려져 있는데,

약칭은 Two Treatises of Government라고 하고, 보통 통치론, 시민정부론 등으로 번역되는데, 원저의 제목은 '이전에 주장한 로버트 필머와 그의 친구들의 주장이 거짓말("false principles and foundation")임을 발견하여 이를 버리고, 시민정부에 대하여 진실된 본래의 범위에 대한 생각'이다. 원저의 제목을 보면 다음과 같다.

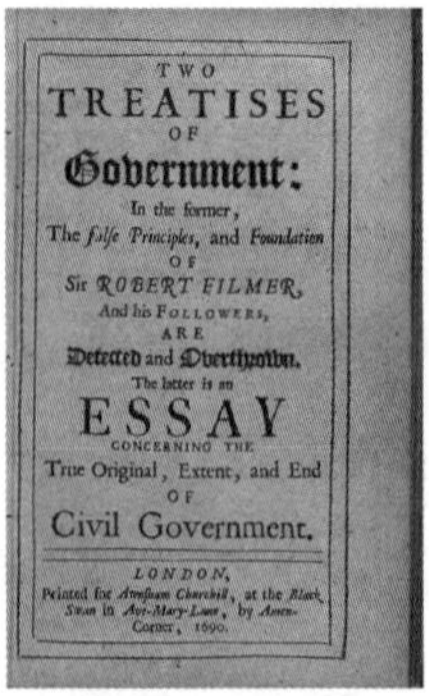
TWO
TREATISES
OF
Government:
In the former,
The false Principles, and Foundation
OF
Sir ROBERT FILMER,
And his FOLLOWERS,
ARE
Detected and Overthrown.
The latter is an
ESSAY
CONCERNING THE
True Original, Extent, and End
OF
Civil Government.
LONDON,
Printed for Awnsham Churchill, at the Black Swan in Ave-Mary-Lane, by Amen-Corner, 1690.

TWO TREATISES OF Government: In the former, The False Principles and Foundation of Sir ROBERT FILMER And his FOLLOWERS, ARE Detected and Overthrown, The latter is an ESSAY concerning THE True Original, Extent, and End of Civil Government.

↘ 이전에 주장한 로버트 필머와 그의 친구들의 주장이 거짓말("false principles and foundation")임을 발견하여 이를 버리고, 시민정부에 대하여 진실된 본래의 범위에 대한 생각

[1689년 출간된 존 로크의 '통치론'의 표지와 원제명]

로크는 성경의 해석을 도입하여 신(God)이 아담과 이브의 후손인 인간에게 인간의 평안하고 안락한 삶을 위해 자연(the Nature)을 하사하였다고 주장했다. 이는 신이 왕에게 자연과 통치권력을 하사하였다는 로버트 필머의 주장을 정면으로 반박하는 것이었다.

재산권은 매우 중요하다. 중세 뿐만 아니라 현대에 이를 때까지 재산을 취득할 수 있는 사람은 권리를 가질 수 있는 시민을 의미했다. 노예 계급에 불과한 농노는 재산을 취득할 수 없었고, 어떤 권리를 가질 수 없었다. 따라서 재산을 취득할 수 있다는 것은 독립되고 자유로운 시민이라는 의미가 되었다. 로크는 모든 인간이 신의 명령에 따라 재산권을 취득할 수 있다고 함으로서 봉건주의적 전제왕권을 타파하고자 한 것이었다. 이러한 로크의 자유주의적 개인주의는 매우 진보한 사상이었고 왕의 권위를 인정하지 않았으므로 로크는 왕과 왕권을 옹호한 보수집단으로부터 생명의 위협을 받았다.

1215년 마그나 카르타에서도 재산을 가질 수 있는 시민만이 법치주의와 적법절차에 의한 보호를 받을 수 있도록 하였다. 농노는 재산을 취득하거나 시민이 될 수 없었다. 그러한 시대상황은 전제군주를 만들어 냈다. 토마스 홉즈(Thomas Hobbes, 1588-1679)는 로버트 필머와 같이 절대권력을 가진 군주에 의한 통지를 옹호했지만 존 로크는 사

회계약에 의하여 평등하고 자유로운 시민사회를 구성하였다고 하여 전제 왕권을 인정하지 않았다.

로크는 기독교 전통의 유럽사회에서 성경의 새로운 해석을 통하여 개인주의적 자유주의, 자유주의적 개인주의의 주장을 하여 자신의 주장에 강한 정당성을 부여하고자 하였다. 17세기 후반 영국 정치사회에서 이러한 로크의 주장은 반역죄에 해당하는 것이었다. 물론 영국 의회는 의회파와 왕당파가 나뉘어져 왕권은 의회파의 견제를 받고 있었으므로 일방적으로 전제 왕권이 행사될 수 있는 상황은 아니었다. 영국 의회도 자연법과 의회법 논쟁인 퍼트니 논쟁(Putney Debates, 1647)을 통하여 의회파와 추후에 독립파들이 정치적으로 득세를 하게 되었지만, 퍼트니 논쟁 이후의 17세기 후반 로크의 주장은 여전히 혁명적이었다. 1688년 명예혁명을 통하여 로크의 주장이 영국 정치에 수용된다. 영국이 2009년까지 의회와 행정부의 이권분립론을 따른 것도 로크가 주장한 정치지배구조를 받아들인 것이다.

바. 노동과 근면, 그리고 재산권

영국에서 노동을 기초로 하여 재산권의 기초를 언급한 철학자는 존 포테스큐(John Fortescue)를 들 수 있다.[12] 토지소유권과 관련하여 포테스큐는 '영국법 찬양'("De laudibus legum Angliae", "In Praise of the Laws of England")이라는 저술에서 창세기 제3장 제15절의 성경 말씀과 같이

> 그 이후 [아담]의 후손이 노동을 하지 않고는 빵을 먹을 수 없었던 것과 같이, 남성에 의해 아이를 임신한 여성은 산후의 아픔과 슬픔으로부터 벗어날 수 없고, 독사의 새끼는 여성의 발에서 평화를 찾지 못한 것처럼 그 시점 이후에 어느 여성이라도 남자의 힘과 지배라는 멍에는 자신의 목덜미에서 던져버릴 수 없다.("Wherefore, just as the offspring of the man did not from that time forth eat its bread without labour, nor any woman with child by a man escape the sorrows and pain of delivery, nor the

12) 15세기에 활약한 영국의 철학자이자 정치가 및 법률가인 존 포테스큐(1394-1479)는 '영국법 찬양'(De Laudibus Legum Angliae (In Praise of the Laws of England; In Commendation of the Laws of England))이라는 라틴어로 기술된 책을 출간했는데, 그 책에서 그는 입헌군주제의 기초를 제시했다.

brood of any viper find peace with the feed of the woman, so no woman anywhere from that time has been able to throw off from her neck the yoke of man's power and of his dominion.")

고 하여 인간 노동이 인간 생존의 핵심임을 강조했다. 그리하여 그는

모든 주민은 자기가 경작하는 토지에서 생산한 과실을 마음대로 사용하고 향유할 수 있으며, 토지의 과실과 주민이 토지를 개량하여 얻은 이익은 그의 근면이 결실을 맺은 것이거나 그의 노동에 의한 결과물을 어떤 방해도, 부정도 없이 완전히 자유롭게 처분할 수 있는 대상이 된다.("[e]very inhabitant is at his liberty fully to use and enjoy whatever his farm produceth, the fruits of the earth, the increase of his flock, and the like : all the improvements he makes, whether by his own proper industry, or of those he retains in his service, are his own to use and enjoy without the lett, interruption, or denial of any:")

고 하였다. 이러한 그의 생각은 성경에서 가져온 것으로 볼 수 있는데, 기독교 신앙에서 말하는 10계명중 노동의 신성함에 관련된 제4계명은

엿새 동안은 힘써 네 모든 일을 행할 것

을 명하고 있다. 또한 노동을 하여야 하는 인간에 대한 명령은 아래 성경말씀에서 찾아 볼 수 있다.

10. 우리가 너희와 함께 있을 때에도 너희에게 명하기를 누구든지 일하기 싫어하거든 먹지도 말게 하라 하였더니
11. 우리가 들은즉 너희 가운데 게으르게 행하여 도무지 일하지 아니하고 일을 만들기만 하는 자들이 있다 하니
12. 이런 자들에게 우리가 명하고 주 예수 그리스도 안에서 권하기를 조용히 일하여 자기 양식을 먹으라 하노라

(데살로니가후서 제3장 제10-12절)

신은 인간에게 노동의 의무를 지우고 있음을 강조하고 있다. 그 이외도 창세기 제2장 제5절은 인간의 노동에 의해서만이 식물이 돋아남을 말씀하고 있고, 인간을 에덴동산으로 이끌어 노동을 하게 하였음을 말하고 있다.

존 포테스큐의 철학은 기독교가 뿌리내린 유럽에서 그 영향력이 큰 성경에 기초를 둔 것으로 볼 수 있고, 그의 철학이 에드워드 코크(Edward Coke)와 존 로크(John Locke)에 영향을 미친 것으로 볼 수 있다. 특히 로크는 정치철학자로서 기독교 신앙의 영향력이 큰 유럽에 왕 중심이 아닌 인간 중심으로 성경을 재해석하여 로버트 필머의 왕권신수설을 비판하고 정치제도의 개혁을 시도했다. 그리하여 그의 철학에는 기독교와 성경이 필연적 기초가 되었다고 할 수 있다.

사. 퍼트니 논쟁(Putney Debates)과 로크의 재산권

> 너희가 박하와 회향과 근채의 십일조는 드리되 율법의 더 중한 바, 정의와 긍휼과 믿음은 버렸도다.
>
> (마태복음 제23장 제23절)

1647년 11월 28일 런던 근교의 퍼트니(Putney)라는 도시에 소재한 세인트 메리 교회(St. Mary's Church)에서 발생한 퍼트니 논쟁(Putney Debates)은 1차 청교도 혁명(1642-1646) 이후 2차 청교도 혁명(1648-1649) 발생 전에 이뤄진 것으로, 1215년 성립된 마그나 카르타 이후 영국 사회가 마그나 카르타의 정신을 구체화하고 민주주의를 발전시켜 오는 과정에서 발생한 정치적 논쟁이다. 1차 청교도 혁명은 시민이 토지 소유권과 소유권을 취득하기 위한 자유를 얻어내기 위한 투쟁이었다.

청교도 혁명의 주체 중 독립파는 온건주의를 주장했는데, 의회중심주의 입장에서 영국 의회가 제정한 제정법(institutional law)에 의하여 그 토지소유권과 자유를 보호하여야 하므로 의회와 의회를 중심으로 한 의회 제정법을 통한 통치가 바람직하다고 주장했다. 그러나 급진적 정치 이념을 가지고 있던, 평등을 기반으로 선거권 확대 등으로 국민의 정치적 자유를 확대하려고 한 수평파(the Levellers)는 원시 공산주의 사상을 표출한 더 급진적 사상을 가진 디거스(the Diggers)와 함께 인민협정(The Agreement of the People)이란 정치강령을 통하여 선거권 확대 등의 급진적 정치 아젠다를 발표한다.

또한 그들은 소유권의 근거를 자연법에서 찾았고, 그들은 자연법은 의회법보다 상위 규범이라고 하였으므로 의회중심주의의 법제도를 부정했다. 결국 퍼트니 논쟁에서 의회중심주의를 주장한 청교도 혁명의 지도자인 올리버 크롬웰(Oliver Cromwell, 1599-1658)과 그의 사위인 헨리 아이어턴(Henry Ireton, 1611-1651)이 이끈 의회파의 승리로 결론이 났고, 그 이후 영국은 찰스 2세를 계승한 제임스 2세를 축출하는 1688년 명예혁명과 1689년 권리장전(Bill of Rights)의 선포를 통하여 민주주의를 확립하는 과정을 겪게 된다.

한편 로크의 평생 후원자이던 샤프츠 베리 백작 앤서니 애슐리 쿠퍼(Anthony Ashley Cooper)[13]등은 1660년 왕정복고기에 영국 왕이 되었던 찰스 2세가 후사가 없자 그의 동생인 제임스가 왕위에 오를 것을 반대하여 반란을 모의했으나 성공하지 못했다. 그리하여 존 로크는 정치적으로 축출되었던 애슐리의 권유로 1675년 프랑스 여행을 갔다. 1679년 다시 애슐리가 정치에 복귀하고 애슐리의 요청으로 로크는 런던으로 돌아왔고, 그때 그의 통치론을 대부분 저술했다고 알려졌다. 로크는 통치론에서 절대군주제를 반대하고 사회계약설을 바탕으로 한 의회와 행정부의 이권분립의 정치체제를 그렸다.

로크가 애슐리와 함께 제임스 2세의 왕위계승을 저지하기 위한 모임(Rye House Plot)에 연루되었다는 강한 의심을 받자, 생명의 위협을 느낀 로크는 1683년 네덜란드로 망명했다. 네덜란드에 있는 동안 그는 Dr. Van der Linden(Dr. Van Linden)라는 필명으로 글을 썼다.

그리하여 로크는 그의 통치론에서 '신이 자연을 인간에게 하사하였고, 인간에게 명령하여 자연에서 노동을 하여 그 결과를 취득하도록 명하였다'고 했다. 인간은 신의 명령에 따라 자연에 노동을 하여 그 결과를 소유할 수 있고, 사유재산을 인정한 결과 인간의 삶이 더 나아질 수 있다. 로크는 재산권(Property Right)을, 그 당시에는 재산권에 관한 보편적인 관념이었던, 자유(Liberty), 생명(Life) 및 재산(Estate)에 대한 권리로 인

13) 앤서니 애슐리 쿠퍼(Anthony Ashley Cooper)는 그를 추종하는 정치가들에 의해 자유당이 된 휘그당을 창당했을 만큼 영국 정치사에 영향을 미친 인물이다. 그는 청교도와 비국교도 및 상인들과 연계하여 요크 공작인 제임스 2세의 왕위계승권을 배제하기 위해 법안을 제출하는 등 여러 시도를 하였으나 현재 보수당이 된 토리당의 반대로 실패하고, 1681년 토리당의 반동기 동안 반역죄로 몰려 체포되었다가, 1682년 기소가 기각되어 풀려났다. 그러나 다시 왕위 계승 문제를 해결하기 위해 의회를 소집할 것을 요구했다가 왕이 병에서 회복되는 바람에 의회 개원이 필요하지 않게 되었다. 그리하여 그는 반란을 일으키려고 모의했지만 실패하였고, 다시 체포되어 처형될 위험에 몰리자 1682년 11월 네덜란드로 망명을 하여, 1683년 1월 암스테르담에서 사망했다.

정했다. 재산이란 단지 노동의 결과를 소유한다는 의미가 아니라 인간의 삶을 왕과 외부의 권력과 속박으로부터 자유롭고 풍요하게 하여 안락한 삶을 누릴 수 있게 하는 것이다. 따라서 재산은 정치적인 자유를 포함한 자유와 생명에 대한 권리, 그리고 물질적으로 풍요롭고 안락하게 하는 경제적 재산취득의 자유를 포함하는 넓은 의미의 자유를 의미한다. 영국의 Millar v. Taylor (1769) 사건 판결 당시에도 재산권은 생명과 자유 및 명예개념을 포함한 넓은 개념으로 인식했다.

로크는 '노동을 하라는 신의 명령'에 인간의 재산권의 정당성을 부여한 것이다. 인간의 재산권은 궁극적으로 신의 명령에 의한 것이므로 왕이 이를 박탈할 수 없다. 또한 재산권은 인간의 동의없이는 박탈할 수 없다. 로크가 정치적으로 원했던 것은 바로 재산권은 신이 부여한 권리로서 인간의 동의없이 박탈할 수 없다는 것이었다.

아. 사적 재산권의 정치적 의미: 자유시민과 개인주의

로크와 그 이후의 시대에도 재산권에는 토지와 생필품 등의 부동산과 동산에 관한 권리 뿐만 아니라 자유와 생명에 대한 권리를 포함하는 광범위한 권리이었다. 그 당시 재산권은 인간에게는 주권(主權, sovereign right), 즉 독립한 존재로서 선거권과 피선거권을 통하여 국정에 참여할 수 있는 자유민임을 확인할 수 있는 것이었다.

20세기의 뛰어난 법학자 중의 하나로 꼽히는 미국의 법학자 모리스 코헨(Morris Raphael Cohen, 1880-1947)은 자연법적 재산권을 주장했는데, 그는 개인에게 있어서 재산권은 국가에 있어서 주권과 같이 섬김과 복종을 요구하기 때문에 재산권은 주권(sovereignty)이라고 했다. 결국 재산은 물건과 관련하여 사람과 물건 사이의 관계이지만, 재산권은 물건에 대한 사람과 사람 간의 관계로서, 이는 권력관계라고 하였다. 권력관계는 타인에게 자신의 물건(物件)에 대한 소유를 주장할 수 있는 권리, 즉 소유권 또는 재산권을 의미한다. 국가가 외부 권력으로부터 자유롭고 독립적인 존재로서 주권을 가지고 있다면, 인간은 권력으로부터 자유롭고 독립적인 존재로서 재산권을 가진 것이다.

> The classical view of property as a right over things resolves it into component rights such as the jus utendi, jus disponendi, etc, But the essence of private

property is always the right to exclude others.... In a regime where land is the principal source of obtaining a livelihood, he who has the legal right over the land receives homage and service from those who wish to live on it.
The character of property as sovereign power compelling service and obedience may be obscured for us in a commercial economy by the fiction of the so-called labor contract as a free bargain and by the frequency with which service is rendered indirectly through a money payment.[14)]

↘ 사물에 대한 권리로서 재산권을 보는 고전적 견해는 그것을 유텐디(사용권) [jus utendi-다른 사람의 재산을 파괴 또는 감소시킴이 없이 사용할 수 있는 권리로 공유재산이 이에 해당], 디스포넨디(처분권) [jus disponendi-처분할 수 있는 권리로서 사유재산을 의미] 등으로 구성되는 권리로 설명한다. 그러나 사유 재산의 본질은 항상 다른 사람을 배제할 권리이다. ... 토지가 권리의 대상이 되는 법체계하에서 생계를 유지하는 주요 원천인 토지에 대한 법적 권리를 가진 사람은 그 토지에서 살고 싶어하는 사람들로부터 [군-신의 복종과 섬김의 계약하에서 제공되는] 봉건적 지대(homage and service)를 받는다.
상업경제하에서 소위 노동 계약을 자유 거래라고 하는 허구의 법적 체계와 임금을 통하여 간접적으로 서비스를 제공받는 손쉬운 거래관계를 만들어 지대(homage and service)를 받을 수 있는 재산권의 주권적 성격을 불명확하게 했다.

코헨에 따르면, 봉건시대의 토지를 소유한 왕은 신하들에게 군신관계하에서 복종과 봉사의 대가로 토지의 사용권을 제공하였으므로 결국 토지라는 재산권은 최고의 권리인 왕의 주권을 형성한 것이다. 그러한 왕의 패권(hegemony)은 시민이 재산권을 취득함으로써 각 시민에게 이전되게 된 것이다. 주권으로서의 재산권, 복종과 섬김을 요구하는 왕의 재산권은 이제는 개인에게 이전된 것이고, 개인이 주권자가 된 것이다. 그리하여 그의 주장은, 현대의 자본주의 시대에는 토지소유권에 의한 직접적인 복종관계가 아니라 노동계약과 임금, 고용과 대가의 지급을 통하여 간접적으로 복종관계를 만들어 냈다는 의미가 된다. 이러한 재산을 가지는 개인은 자유민이고, 이러한 현대적 통치체제하에서 자유주의적 개인주의(Liberal Individualism)가 완성이 된 것이다.

현재 우리 민법은 19세기 초반 독일의 민법 체계인 판덱텐 체계(Pandektensystem)에 따라 배타적 재산을 부동산과 동산에 한정하여 재산권, 즉 물권의 대상으로 하고 있다.

14) Morris R. Cohen, "Property and Sovereignty", 13 Cornell L. Q. 8, 11-14 (1927-1928).

그러나 현대의 법제도, 특히 지적재산권법의 영역에서 재산권은 자유(Liberty), 생명(Life), 명예(Fame) 및 재산(Estate)을 포함하는 넓은 재산권 개념이 반영이 되어 있다. 민법상의 물권만이 재산의 대상이 되는 것이 아니다. 예컨대, 'goodwill'의 법리와 금지명령의 법리에는 넓은 재산권의 개념이 반영되어 있다.

2. 자유주의적 개인주의와 근대 특허제도의 확립

가. 자연권과 아이디어 및 지식에 대한 소유

초기 특허법이 형성되던 영국은 존 로크의 영향을 받았다. 물론 로크도 그 이전의 파리의 존, 토마스 아퀴나스, 존 포테스큐(John Fortescue), 에드워드 코크(Edward Coke) 등으로부터 영향을 받았다. 그러나 18세기 후반 제레미 벤담 등의 공리주의 철학이 영국의 주류철학으로 득세하고, 공리주의가 주장한 보수적 의회법주의가 정치적 영향을 키워가면서 영국은 로크의 자유주의적 개인주의와 결별을 하였다. 그러나 로크의 철학은 프랑스의 몽테스키외가 계승하고 이것이 1789년 프랑스 혁명의 원동력이 되면서 프랑스는 자유주의적 개인주의가 기본 철학이 되어, 현재까지 로크의 자유주의적 개인주의 철학정신이 프랑스에 남아 있게 되었다.

1789년 프랑스 혁명이후 프랑스의 이웃 독일은 프랑스 혁명이 독일로 불붙을 것을 염려하였고, 독일의 정치권력은 자유주의를 억압하기도 하였으나 특히 인간의 개성을 중요시하는 계몽주의와 임마누엘 칸트, 게오르그 헤겔 등의 자유주의적 개인주의가 정치권력에 대항하면서, 독일 특유의 자유주의적 개인주의 철학을 바탕으로 한 지적재산권 법리, 특히 저작권법리가 형성되었다.

프랑스는 1789년 프랑스 혁명 이후 자연법 사상을 바탕으로 하여 특허법을 제정했다. 1789년 프랑스 인권선언(the Declaration of the Rights of Man and of the Citizen 1789)은 자연권에 기한 재산권이 있음을 선언했다. 1791년 제정된 프랑스의 특허법은 영구적 자연권을 인정하는 자연법에 기초하여 제정되었는데, 토지에 대한 권리와 같이 특허권의 영구성을 선언하고 있다. 프랑스가 자연권에 기초한 강한 특허권을 인정하였던 이유는 1789년 프랑스 혁명 이후 의회를 자코뱅의 급진개혁파가 주도하고 있었는데, 그들은 토지에 대한 권리와 같이 노동에 기초하여 발생한 발명에 대한 권리도 영구적인 권리로 인정하는 것이 형평에 부합한다고 믿었기 때문이었다.

프랑스 저작권법도 이웃 영국이 저작을 장려하고 이를 공개에 대한 희생이나 보상으로서 저작권을 부여하였다는 공리주의 철학에 기초한 것과는 달리 인간 존중의 이념에서 영구적인 권리라는 자연법 철학을 바탕으로 하였다. 따라서 저작자 보호는 경제적 가치의 보호가 아닌 저작자라는 인간을 보호하는 것이었다. 이는 존 로크와 몽테스키외의 철학에 영향을 받은 것이었다. 다만, 로크는 어문저작물에 대하여 영구적인 재산권을 주장하지 않았다는 견해들이 존재하고,[15] 일부에서는 저작권의 영구성을 인정하지 않기도 하였다.

1789년 프랑스 혁명 전후의 프랑스의 주도적인 정치철학에 의하면 인간의 노동의 결과물인 저작물도 발명과 같이 영구적인 권리가 된다. 다만, 의회가 제정한 실정법에는 영구적인 권리개념은 도입되지 않았다. 1791년 프랑스 특허법(the French law of 1791) 전문(preamble)에는

> [T]hat every novel idea whose realization or development can become useful to society belongs primarily to him who conceived it, and that it would be a violation of the rights of man in their very essence if an industrial invention were not regarded as the property of its creator.
>
> ↳ 모든 새로운 아이디어는 그 실시와 이용이 사회에 유용한 경우, 그것을 착상한 사람에게 원시적으로 속하고, 산업적 발명이 그 발명자의 재산으로 여겨지지 않는다면 인간의 권리를 침해하는 것이다.

라고 규정하였는데, 자연법상의 재산권 개념은 '자신의 노력에 의하여 창조한 것은 그의 것'이라는 법리를 수용한 것이다. 그러한 자연법 사상의 재산권 개념이 프랑스 특허법에 선언되었다. 또한 1791년 특허법 제1조에는

15) Jonathan Peterson, "Lockean Property and Literary Works", 14 Legal Theory 257, 272 (2008) (로크는 특허권에 대하여 자연권을 인정하지 않았다고 주장); Bielicki, Liann Chen, "A Lockean Approach to Intellectual Property and its Expiration" (2024). CMC Senior Theses. 3461. (논문요약에 따르면, 유체재산권과 달리 무체재산권에 대하여 로크의 견해는 한정된 기간동안 보호된다고 주장함).

All new discoveries are the property of the author; to assure the inventor the property and temporary enjoyment of his discovery, there shall be delivered to him a patent for five, ten or fifteen years.

↘ 모든 새로운 발명은 창작자의 재산이다; 발명가의 재산과 그의 발명에 대한 일시적인 이용을 위하여 5년, 10년, 15년의 특허를 부여한다.

라고 하여, 발명은 그 발명자의 재산으로 인정했다. 이는 앞서 언급한 바와 같이 창작물은 그것을 창작한 사람의 재산이라는 자연법상의 재산과 재산권 개념을 확인한 것이다. 다만 특허권은 제한된 기간동안 인정하는 것이기 때문에 영구적 권리의 개념인 자연권 개념과는 구분이 된다. 특허권은 영구적인 권리인 자연권으로부터 출발하는 것이지만 이와 같이 제한된 기간동안 특허권을 부여한 법리적 근거는 특허권은 실정법상의 권리일 뿐만 아니라 창작적 성격이 강한 저작권보다 기존에 발견된 자연법칙, 자연현상이나 추상적 아이디어 등 인류의 공유재산을 도구로 사용하여 발명한 것이므로 발명자가 인류에 대하여 빚을 지고 있다고 생각했기 때문이다. 또한 발명을 공개하면 그 발명은 인간과 공유하게 되고, 발명자와 공유자 사이의 권리 구분이 명확하지 않게 된다. 결국 자연의 창조자인 신(God)과 공유자인 인류가 가지는 권리와 발명자의 발명에 대한 기여분으로 인하여, 발명자의 영구적인 권리를 인정하지 않고 제한된 기간동안 인정한 것이다.

저작권과 특허권을 구분하는 이러한 생각은 영국에서도 마찬가지였다. 그렇지만 결국에 저작권도 실정법상 영구적인 권리로 보호되지는 못했다. 이는 인격에 바탕을 둔 칸트와 헤겔이 주도하는 독일의 저작권 개념과도 달랐다. 프랑스는 존 로크의 정치사상의 영향을 받은 몽테스키외의 자연법 사상의 영향을 받았고, 독일은 칸트의 철학에 바탕을 두고 인격의 개념에서 출발했던 차이가 지적재산권법의 사상과 철학에도 영향을 미쳤다.

1777년 제정된 저작자에 대한 특권을 부여하는 프랑스 법(1777년 8월 30일 법)은 저작자와 그의 상속인에게 부여하던 자동적인 권리 갱신을 폐지하여 사실상 영구적이었던 특권을 폐지했다. 영국의 커먼로 법리와 같이 저작자는 자신이 출판하는 한 영구적이고 상속할 수 있는 저작에 대한 권리를 가지지만, 1774년 영국의 Donaldson v. Beckett 사건과 같이 출판자에게 출판을 시키는 것은 그들의 권리를 출판자에게 양도하는 것으로 보았다. 따라서 저작자는 영구적인 권리를 갖든지 또는 양도하든지 할 수 있는 권리를 가지게 되었다.[16] 또한 1789년 8월의 프랑스 혁명은 출판자에게 왕이 부여한 모든 특권을 폐지하고, 공공의 지식에 대한 접근권을 확대했다.[17] 나아가 1789년 프랑스 혁명 이후에 제정된 프랑스 저작권법은 영구적인 저작권 개념 대신에 제한된 기간동안 보호되는 저작권 개념을 도입한다.

프랑스 혁명의 주체들은 프랑스 혁명을 전후로 저작권자의 권리보호보다는 프랑스 혁명에 의해 쟁취된 자유와 인권사상이 저작물에 의해 전달되고 확산될 것을 두려워했다. 그리하여 혁명에 성공한 프랑스도 보수화되기 시작했다. 아베 시이에스(Abbé Sieyès)와 마퀴스 드 콩도세(Marquis de Condorcet)가 주도한 저작권법은 자유권이나 자연권의 인정보다는 저작자에게 책임을 지우는 법이 되었다.

1793 Chénier Act(1793년 셰니에 법)라고 불리는 프랑스 시인 앙드레 마리 셰니에(André Marie Chénier)의 이름을 딴 프랑스 저작권법, 즉 1793년 프랑스 문학적 및 예술적 재산법(French Literary and Artistic Property Act of 1793)은 저작권에 관한 프랑스의 유명한 법으로, 프랑스법에 의해 보장된 문학적, 예술적 재산권을 확인하는 7개 조항으로 된 법이다. 동 법은 표현의 자유와 저작권을 구분하고 제한된 기간 동안 저작권 보호를 제공했다. 나아가 개인의 이익과 공공의 이익 간의 균형과 개인재산과 공공재산을 구분했다. 또한 프랑스는 1844년 프랑스 특허법상 제한된 기간 동안 발명이 특허로 보호되는 것과 1866년 저작권법은 저작자 사후 50년 동안 저작권을 보호하는 것으로 규정한다.[18] 그렇다고 하여 프랑스가 자연권 개념을 포기한 것은 아니다. 프랑스는 1880년대 특허권과 저작권에 관한 국제협약인 1883년 파리협약과 1886년 베른 협약을 체결할 당시에도 자연권 개념을 고집했다.

미국의 경우에도 자연법 사상의 영향을 받았다. 보통 우리나라에서 토마스 제퍼슨(Thomas Jefferson, 1743-1826)이 실용주의 철학에 의하여만 최초의 미국 특허법을 설계하였다고 잘못 알려져 있는데, 토마스 제퍼슨은 자연법의 영향을 받았다. 그의 법률

16) 1770년대에 프랑스의 유명 법률가인 Simon Linguet은 영구적인 저작자의 권리를 주장했고, 저작물의 동일성(integrity)에 대한 권리를 주장했다.

17) Anne McCauley, "'Merely Mechanical': On the Origins of Photographic Copyright in France and Great Britain", 31 (1) Art History 60 (2008).

18) 영국은 'The Copyright Act of 1814'에 의해 28년간의 저작권 보호기간을 제공했다.

사상은 그와 동시대에 살았던, 물론 그 보다 좀 일찍 활동을 시작했던, 영국의 법률가인 윌리엄 블랙스톤(William Blackstone, 1723-1780)의 영향을 받아, 자연법과 사회계약설 및 실정법을 수용했다.

그리하여 그의 지적재산권 철학은 그가 아이삭 맥퍼슨(Isaac McPherson)에게 보낸 편지에 잘 나타나 있다. 아이삭 맥퍼슨은 미국 건국 초기에 발명가로 매우 유명했던 올리버 에반스(Oliver Evans)라는 사람으로부터 특허침해경고를 받은 후에 미국 최초 특허법의 제정에 공헌을 하고 초대 특허청장을 지냈던 토마스 제퍼슨에게 특허침해에 관한 질의를 하는 편지를 보냈고, 1813년 8월 13일 제퍼슨이 그의 질문에 답하는 내용의 편지를 보냈는데, 아래의 인용은 그때 제퍼슨이 답한 내용이다. 아래 편지의 내용에서 제퍼슨의 재산권과 특허권에 대한 생각을 읽을 수 있다.

> Thomas Jefferson to Isaac McPherson,
> (13 Aug. 1813 Writings 13:333—35)
>
> It has been pretended by some, (and in England especially,) that inventors have a natural and exclusive right to their inventions, and not merely for their own lives, but inheritable to their heirs. But while it is a moot question whether the origin of any kind of property is derived from nature at all, it would be singular to admit a natural and even an hereditary right to inventors. It is agreed by those who have seriously considered the subject, that no individual has, of natural right, a separate property in an acre of land, for instance. By an universal law, indeed, whatever, whether fixed or movable, belongs to all men equally and in common, is the property for the moment of him who occupies it, but when he relinquishes the occupation, the property goes with it. Stable ownership is the gift of social law and is given late in the progress of society. It would be curious then if an idea, the fugitive fermentation of an individual brain could, of natural right, be claimed in exclusive and stable property. If nature has made any one thing less susceptible than all others of exclusive property, it is the action of the thinking power called an idea, which an individual may exclusively possess as long as he keeps it to himself; ,...[19]
>
> ↳ 일부 사람들은(특히 영국에서) 발명가가 자신의 발명품에 대해 자신의 생존기간 뿐

19) The Writings of Thomas Jefferson. Edited by Andrew A. Lipscomb and Albert Ellery Bergh. 20 vols. Washington: Thomas Jefferson Memorial Association, 1905.

만 아니라 상속인에게 상속될 수 있는 자연적이고 배타적인 권리를 갖고 있다고 주장해 왔다. 그러나 어떤 종류의 재산이 자연에서 유래하는지 여부는 논란이 있지만, 발명가에게 자연적 권리, 심지어 상속권까지 인정하는 것은 특이한 것입니다. 예를 들어, 이 주제에 대하여 심사숙고한 사람들은 어떤 개인도 예를 들어 1에이커의 토지에 대한 별도의 재산을 '자연권'으로 소유하지 않는다고 동의합니다. 실제로 보편법[자연법]에 따르면 고정된 것[부동산]이든 움직이는 것[동산]이든 모든 사람에게 동등하고 공유적으로 속하는 것은 무엇이든 그것을 점유하는 사람의 재산이지만, 그가 그 점유를 포기하면 그 재산도 함께 포기됩니다. 안정된 소유권은 사회법[제정법]의 선물이며 사회가 발전하는 과정에서 늦게 부여됩니다. 그렇다면 개인 두뇌의 일시적인 활동의 [결과라는] 자연권 상의 아이디어가 배타적이고 안정적인 재산으로 주장될 수 있는지 궁금할 것입니다. 자연이 어떤 것을 다른 모든 배타적 재산보다 덜 약하게 만들었다면 그것은 개인이 그것을 혼자만 소유하는 한 독점적으로 점유할 수 있는 아이디어라고 불리는 사고력의 작용입니다....

제퍼슨은 아이디어는 그것을 생각해 낸 사람의 것이라고 믿었다. 이는 위 편지의 "an idea, the fugitive fermentation of an individual brain could, of natural right"(개인 두뇌의 일시적인 활동의 [결과라는] 자연권 상의 아이디어) 부분에서 찾을 수 있다. 어떤 노동의 결과는 그 노동을 한 사람의 것(재산)이라는 자연법적 사고이다. 그러나 그러한 사고는 불안전하기 때문에 안전한 권리(stable right)가 되려면 실정법의 도움을 받아야 한다.

위 편지의 전반부에서는 발명에 대한 권리가 자연권이라는 주장을 이해하기 어렵다고 지적하며, 이를 자연법상의 권리가 아니라 실정법상의 권리로 보아야 한다고 주장한다. 특히 영국에서는 발명에 대한 권리를 자연권으로 이해하는 것에 대해 이의를 제기한다. 자연권이라면 권리가 영구적이어야 하지만, 점유 상실로 인해 권리 포기를 인정하는 사례가 존재하므로 이를 자연권으로 볼 수 없다고 주장했다. 예를 들어, 어떤 개인도 특정한 1에이커의 토지를 자연권으로 영구히 소유할 수 없다는 점을 들었다.

그러나 인용된 편지 글의 후반부에는 '개인 두뇌의 일시적인 활동의 [결과라는] 자연권 상의 아이디어가 배타적이고 안정적인 재산으로 주장될 수 있는지 궁금할 것입니다. 자연이 어떤 것을 다른 모든 배타적 재산보다 덜 약하게 만들었다면 그것은 개인이 그것을 혼자만 소유하는 한 독점적으로 소유할 수 있는 아이디어라고 불리는 사고력의 작용'이라고 하여, 배타적인 권리, 예컨대 특허권이 아닌 독점적 점유에서 발생하는 영업비밀과 같은 권리는 배타적 재산권이 아닌 권리로서 자연권으로 이해할 수 있다고 언급하고 있다.

다만 아이디어는 다른 사람에게 알려진다면 그 아이디어에 대한 권리는 더 이상 배타적이고 독점적이라고 할 수 없기 때문에 더 이상 그의 독점적인 재산권이라고 할 수 없다고 생각했다. 이는 법리적으로 영업비밀포기설이라고 부르는데, 영업비밀포기설은 18세기 후반, 영국의 법률가인 윌리엄 블랙스톤(William Blackstone)이 그 때까지 형성된 사회계약설을 바탕으로 형성된 법이론을 정리한 것이다. 즉 아이디어는 그것을 생각해 낸 사람의 자연법상의 재산(자연권)이지만, 그 아이디어는 배타적으로 소유할 방법이 없으므로, 실정법상의 권리로써 특허권을 취득하여 제한된 기간동안 법적 강제(배타적 소유)가 가능한 특허로 보호받는 것이다. 결국 특허는 영업비밀을 포기한 대가이다.

이와 같은 법리적 사고는 본 서적 뒷 부분에서 설명하는 1769년 영국의 Millar v. Taylor 사건에서 소수의견을 제시했던 요셉 예이츠(Joseph Yates) 판사의 생각이었고, 그로부터 5년후 요셉 예이츠 판사의 법리를 수용한 1774년 Donaldson v. Beckett(Becket) 사건 판결의 법리이기도 하다. 저작과 발명은 노동의 결과로서 그 노동을 한 사람의 것이지만, 그것이 공개되면 더 이상 그 사람들 것이지 않다는 것이다. 왜냐하면 자연권은 법적으로 강제할 수 없기 때문이다. 이때 자연권상의 권리를 강제하기 위해서는 실정법의 도움을 받아야 한다고 생각했다. 실정법은 제한된 보호기간만 제공한다. 그러한 생각이 법원과 윌리엄 블랙스톤의 생각이었고, 동시대 사람이라고 할 수 있는 토마스 제퍼슨에게도 영향을 미친 것이다.[20] 특허권의 본질에 대한 영업비밀포기설은 현대까지 영향을 미치고 있다.

제퍼슨의 편지 내용에서 "발명가에게 자연적 권리, 심지어 상속권까지 인정하는 것은 특이한 것입니다."라는 언급은 자연법과 자연권에 의한 재산권 철학의 핵심적인 원리로서, 어떤 것을 만든다면 만든 사람의 것이라는 자연법과 자연권 사상을 나타낸 것이다. 즉 자연법과 자연권 사상에 의하면, 발명은 발명을 한 사람의 것이다. 이와 같은

20) 토마스 제퍼슨(1743-1826)은 윌리엄 블랙스톤(1723-1780)보다 약 20년 늦게 태어났다.

법원리를 제퍼슨은 "모든 사람에게 동등하고 공유적으로 속하는 것은 무엇이든 그것을 점유하는 사람의 재산이지만,...."이라고 언급했고, 자연권의 권리 발생의 원칙은 선점의 원칙(the principle of first possession)에 기초함을 나타낸다. 그리하여 다음과 같이 아이디어에 대한 권리는 자연권이라는 언급을 하고 있다: "개인 두뇌의 일시적인 활동의 [결과라는] 자연권 상의 아이디어....". 나아가 "... 그가 그 점유를 포기하면 그 재산도 함께 포기됩니다."라는 언급은 그의 자연법사상을 나타내고 있는데, 비밀로 유지되어야 하는 영업비밀을 공개하거나 커먼로 저작권으로 보호되는 저작물을 공개, 즉 출판하면 자연법상의 원칙인 선점에 의하여 취득한 그의 권리를 잃는다는 것으로 그의 실정법에 대한 견해를 알 수 있다.

제퍼슨은 자연법이나 자연권은 법적 강제를 할 수 없는데, 법적 강제를 위해서는 정치권력인 시민사회의 의회가 제정한 실정법(institutional law)의 도움이 필요하다고 언급하고 있다. 즉 의회 제정법에 의한 법적 강제가 가능한 특허는 배타적인 권리, 즉 특허권이 되는 것으로, 법적 강제가 가능하지 않은 영업비밀을 포기한 대가(consideration)라는 공리주의적 견해를 나타내고 있다.[21] 여기에서 우리는 타인에게 자신의 영업비밀의 배타성을 주장할 수 있는 영업비밀권이라고 하지 않는 이유를 찾아 볼 수 있다. 타인에게 영업비밀의 보유 내지 소유에 대한 배타적 강제를 할 수 없기 때문이다. 따라서 "자연이 어떤 것을 다른 모든 배타적 재산보다 덜 약하게 만들었다면 그것은 개인이 그것을 혼자만 소유하는 한 독점적으로 소유할 수 있는 아이디어라고 불리는 사고력의 작용입니다."는 영업비밀에 대한 법원리이다. 영업비밀은 비밀성을 유지하여 자신 혼자만이 알고 그로 인한 경제적 가치를 누릴 수 있는 재산일 뿐 제3자에게 독점적 소

21) 윌리엄 블랙스톤은 영업비밀포기설을 그의 영국법 주석서에서 다음과 같이 언급하고 있다.

The third absolute right, inherent in every Englishman, is that of property: which consists in the free use, enjoyment, and disposal of all his acquisitions, without any control or diminution, save only by the laws of the land. The original of private property is probably founded in nature, as will be more fully explained in the second book of the ensuing commentaries: but certainly the modifications under which we at present find it, the method of conserving it in the present owner, and of translating it from man to man, are entirely derived from society; and are some of those civil advantages, in exchange for which every individual has resigned a part of his natural liberty.

[번역] 모든 영국인이 생래적으로 가진 세 번째 절대적 권리는 재산에 대한 권리이다. 이 권리는 토지법에 의거하는 경우를 제외하고는 어떠한 제한이나 감소함이 없이 자신이 취득한 모든 재산을 자유롭게 사용하고 향유하고 처분할 수 있는 권리이다. 이어지는 주석의 두 번째 책에서 더 자세히 설명하겠지만, 사유 재산의 기원은 자연에 기초를 두고 있다고 할 수 있다. 그러나 확실히 우리가 현재 알 수 있는 변형된 [강제 가능한] 권리, 현재 소유자의 보존 방법, 그리고 인간에서 인간으로 권리를 이전하는 것은 전적으로 [시민] 사회로부터 나온다. 그리고 모든 개인이 자신의 자연적 자유의 일부를 포기하는 대가로 취득하는 그러한 시민사회로부터 얻는 이익 중 일부이다.

William Blackstone, Commentaries of the Laws of England, Book I. p. 125.

유를 주장할 수 없다. 만일 그와 같이 하려면, 영업비밀을 포기하고, "안정된 소유권은 사회법의 선물이며 사회가 발전하는 과정에서 늦게 부여됩니다."라는 언급에서 알 수 있는 사회법, 즉 의회 제정법(예컨대, 특허법, 저작권법, 상표법 등)의 도움을 받아 법적 독점(legal monopoly)을 부여 받아야 제3자에게 강제할 수 있는 안정된 소유권을 인정받게 된다. 정치인 토마스 제퍼슨은 그와 같은 점을 언급하고 있다. 제퍼슨의 편지를 통하여 살펴보면, 제퍼슨의 철학은 존 로크의 철학과 18세기 후반 윌리엄 블랙스톤의 법사상, 그리고 공리주의의 영향을 받은 영국의 판결 법리(Millar v. Taylor 사건 및 Donaldson v. Beckett 사건)의 영향을 받았다고 할 수 있는 것이다. 또한 그의 철학이 미국의 지적재산권법 철학의 토대라고 할 수 있다.

나. 공유개념: The Common 및 the Public Domain

(1) 공유의 법철학

The Common은 자연(the Nature) 또는 자연상태(the State of Nature)로 번역할 수 있는데, 자연은 인간의 공유인 상태이다. 신(God)은 아담과 이브, 즉 인간에게 자연을 공유로 하사하여 자연에서 노동을 하여 그 결과를 재산으로 취득할 것을 허락했다. 이러한 사상은 존 로크의 철학에서 볼 수 있을 뿐만 아니라 칸트나 헤겔의 철학에서도 자연은 인간의 공유이므로 그 자체만으로는 인간의 것이 될 수 없다.

서구 철학에서 인간이 본격적으로 중심이 된 것은 르네상스 이후라 할 수 있다. 르네상스 이전 고대 그리스 철학에서도 인간에 대한 탐구가 있었지만, 주류적이지 않았다. 중세 스콜라 철학은 신 중심의 사상을 기반으로 했으며, 특히 중세 시대에는 교황이 신의 대리인으로서 교회 중심의 사고가 지배적이었다

그러나 르네상스 시대에는 자연법 사상을 바탕으로 인간 중심의 사고가 형성되었고, 인간의 권리 개념이 나타나기 시작했다고 볼 수 있다. 16세기 초반의 종교개혁은 가톨릭 교황 중심의 사상에서 벗어난 변화로, 르네상스 시대의 인문주의자들에게 영향을 받아 인간 중심의 사고를 더욱 가속화했다. 이러한 흐름 속에서 영국은 1215년 마그나 카르타를 시작으로, 16세기 말 에드워드 코크에 의해 자연법에 기초한 인간 중심의 법

사상이 발전했으며, 이는 17세기 존 로크에게도 영향을 미쳤다.

근대 자유민주주의의 시작은 영국에서 비롯되었다고 볼 수 있다. 1215년 제정된 마그나 카르타는 법치국가의 이념을 최초로 도입한 문서로, 몇 차례의 수정을 거쳤지만 그 기본 정신과 원칙은 법치주의에 있었다. 마그나 카르타는 왕에게도 법을 준수할 의무가 있음을 선언하고, 자유민의 재산을 임의로 침해하거나 박탈하는 것을 금지했다. 그러나 재산의 취득이 자유민으로 한정되었기 때문에 다수의 농노는 재산을 소유할 수 없었고, 자유민 계층에 포함되지 못했다는 한계가 있었다. 그럼에도 불구하고, 마그나 카르타는 영국에서 법치주의와 자유민의 재산권을 인정하는 기틀을 마련하였으며, 이는 자유민이 근대 정치사회의 시민계급으로 성장해 권리를 위한 투쟁을 가능하게 한 중요한 계기가 되었다.

16세기 말과 17세기 초반, 영국의 정치가와 법률가들의 노력으로 특허법이 점차 구현되기 시작했다. 특허법은 인간의 본질적인 권리, 즉 노동을 장려하고 그 결과물에 대한 사유화를 인정함으로써, 인간의 풍요와 안녕을 추구하는 것을 목표로 삼았다. 이는 자유주의적 개인주의, 즉 개인이 소유할 권리를 향상시켜 궁극적으로 개인의 자유를 보호하려는 취지였다. 또한 그의 지적노력의 결과를 공유케 함으로써 사회 구성원 전체가 그 이익을 공유하게 하여 사회적 이익의 극대화라는 공리주의(Utilitarianism)적 이상도 함께 추구해 왔다.

존 로크는 신(God)이 교황이나 왕이 아닌 인간에게 지구와 토지를 공유로 하사하였고, 이것이 자연상태(the Common)라고 하였다. 신은 인간에게 평온함과 안락함을 위해 자연에서 노동을 하라고 명했고, 노동은 신체를 이용한 것이므로 노동의 결과는 그 신체를 가진 인간의 소유가 되었다. 인간이 신의 피조물로서 신에게 속하듯, 인간이 만든 결과는 그것을 만든 인간의 것이 되었다. 자연상태의 공유사상은 임마누엘 칸트와 게오르크 W. F. 헤겔에게서도 볼 수 있는 인간의 자유를 최대 목적으로 삼는 개인주의 사상이다.

자연상태, 노동과 노동의 결과가 구분된다. 이를 표로 정리해보면 다음과 같다.

구분	소유자 등	예시
자연상태	• 신(God)이 만들어 낸 것으로 인간의 공유이고, 특정인이 사유화할 수 없음	• 발명과 특허: 자연법칙, 자연현상, 추상적 아이디어 • 상표권: 일반명칭, 서술적 기술명칭 • 저작권: 사실, 아이디어, 공통된 표현
노동	• 노동을 할 수 있는 자연인의 권리 • 기계, AI는 권리주체성 없음	• 발명과 특허: 자연법칙의 이용 • 상표권: 식별력의 창작 • 저작권: 창작
결과물	• 그 노동을 한 인간의 소유 재산이 됨 • 개인의 자아/개성의 산물이므로 그 개인의 재산	• 발명, 저작물, 식별력 • 초상권 (칸트) • 퍼블리시티권 (로크, 헤겔)

이러한 로크의 자유주의적 개인주의는 임마누엘 칸트나 게오르그 헤겔 등에서도 발견된다. 자유주의적 개인주의는 인간의 자유를 위해 재산이 필수적이다. 따라서 인간에게는 재산권이 인정된다.(right-based theory) 국가는 개인의 자유를 억압해서는 안되고, 오히려 국가는 자유를 포함하는 재산을 보호하는 도구가 된다. 국가는 개인의 자유를 보호하여야 하므로 자유를 누리기 위해 그 전제가 되는 재산권도 적극적으로 인정해야 한다. 로크와 헤겔의 재산권 철학은 무체물을 객관적 재산으로 인정할 수 있지만, 칸트의 경우에는 좀 더 인적 개성(personality)에 대한 주관적 권리이므로 인적 개성을 떠나서 객관적인 재산을 인정할 수 없다.

자유주의적 개인주의에 따르면, 자신의 노력으로 얻은 결과물은 그 노력을 한 사람의 소유가 된다. 자연법칙을 이용하여 발명을 한 경우, 그들은 자연법칙 자체를 사유화한 것이 아니라 이를 활용해 새로운 창작물을 만든 것이므로, 그들에게 재산권을 인정하더라도 타인을 해치지 않는다. 창작물은 원래 존재하지 않았던 것을 새롭게 창조한 것이기 때문에, 이를 사유화한다고 해서 타인의 지위를 악화시키지 않는다. 다만, 신(God)이 자연을 창조했다는 개념은 의제적인 것이며, 이미 인간 존재 이전에 있었던 자연은 모든 사람이 공유해야 할 대상이다. 따라서 자연에 존재하는 공유 자원은 신의 창조물이 아니더라도 특정 개인이 이를 사유화할 수 없다.

자연상태(the Common)와 공역(the public domain) 개념은 영미 지적재산권법이 대륙법계 지적재산권법과 구별되는 특징이다. 비록 공유와 공역 개념은 자연법의 개념이기 때문에 칸트와 헤겔의 철학에서도 발견되지만, 이들의 철학에 기반한 대륙법계 지적재산권법, 특히 저작권법은 저작자의 권리를 중시한 반면, 영미법은 공중의 권리, 즉 공유의 권리를 핵심으로 삼았다. 따라서 영미 지적재산법은 자연, 자연상태, 자연현상에 대한 공유를 강조하며, 공정이용(fair use)이나 자유이용의 원칙을 중요한 요소로 포함한다. 이러한 공리주의 법리에 기초하여 저작권 보호를 제한된 기간 동안만 인정하는 영미 저작권법의 특징으로 이어졌으며, 이러한 권리에 대한 제한은 공중의 권리를 상대적으로 더 보호하기 위한 것이었다.

유럽 대륙에서의 저작권 제도는 칸트의 인격권 철학을 토대로 한 저작권 제도이었으므로 저작자의 인격이 존재하는 한, 즉 최소한 저작자가 생존하는 기간동안 보호받을 수 있었고, 인격권의 속성상 그 처분은 인정되지는 않았다.[22] 상속인에게 저작자의 명성과 명예훼손으로부터 명예를 지킬 권리가 인정되는 경우에 인정되었다.[23] 저작자의 사후에도 보호받는지와 상속성은 각 국가마다 상이했다.

그렇지만 인격적 속성은 불처분적이라는 법리가 지속적으로 유지된 것은 아니다. 저작이나 발명이 공개되는 경우에는 그 공개에 의하여 공공의 점유와 사용이 시작되므로 일정한 제한이 발생한다. 그리하여 영국과 유럽 대륙에서도 출판된 저작물은 그 사상과 감정, 철학이 이를 읽을 수 있는 공중과 공유되므로 저작자가 이를 독점적으로 주장할 수 없게 된다. 즉 저작물이 공개되면 이는 단순히 저작자의 권리가 아니라 독자와 공중의 권리가 형성되었다고 보았다. 이러한 법리로부터 권리소진의 원칙이 도출되었고, 권리소진의 원칙은 저작권자의 저작물의 통제를 제한하게 되었다. 그 대표적인 판결이 영국의 1774년 Donaldson v. Beckett 사건이다. 그리하여 저작자의 영구적인 권리는 출판으로 인한 공표와 함께 사라지고 저작물은 공공과 공유되는 공유재산이 되었다. 다만, 공개에 대한 보상으로 저작권의 배타적 보호기간이 주어지며, 이 기간 동안에도 공정이용에 따른 제한이 적용된다.

19세기에 저작권(author's right)은 대륙법계와 영미법계 모두에서 문학적 저작물 이상으로 확대 되어, 희곡, 판화, 미술작품 뿐만 아니라 새로운 기술에 의한 사실의 묘사,

22) Anne Latournerie, Petite histoire des batailles du droit d'auteur, Multitudes n°5, May 2001 (in French). 1568년 프랑스의 시인 Marc-Antoine Muret는 영구적 권리의 저작권을 주장했다고 알려져 있다.

23) 우리 저작권법이 이러한 입장이다. 저작권법 제14조(저작인격권의 일신전속성) ①저작인격권은 저작자 일신에 전속한다. ②저작자의 사망 후에 그의 저작물을 이용하는 자는 저작자가 생존하였더라면 그 저작인격권의 침해가 될 행위를 하여서는 아니 된다. 다만, 그 행위의 성질 및 정도에 비추어 사회통념상 그 저작자의 명예를 훼손하는 것이 아니라고 인정되는 경우에는 그러하지 아니하다.

카메라의 발명으로 카메라 사진까지 확장되었고, 저작자의 통제기간(권리보호기간)도 확장되었다. 대륙법계 국가에서는 저작권의 제한된 범위를 훨씬 뛰어 넘는 새로운 저작자가 등장했다. 18세기에 창작자의 창작이나 노력의 결과에 대한 자연법상의 권리가 재산권의 법적 토대가 되었고 문학적 작품도 재산권의 대상으로 확장되었다. 그러나 칸트의 저작권 철학은 19세기에 독일 뿐만 아니라 프랑스에도 영향을 미쳐, 프랑스에서도 저작물은 본질적으로 작가의 개성을 표현하기 때문에 인격과 개성은 그 인격의 발현인 저작물과 완전히 분리될 수 없으므로, 결국 저작권은 자연권으로 인정되었다.

이러한 관념에서 칸트나 헤겔의 인격에 기반한 권리도 제한을 받을 수 있게 되었다. 예컨대 도라산역 벽화에 대한 권리는 본질적으로 자연권이지만, 공중에 공개되면 미술가의 영구적이고 침해할 수 없는 절대적 권리가 될 수 없었다. 도라산역 벽화사건에서 해당 벽화는 공중에 공개된 것이므로 더 이상 저작자가 자신의 절대적인 인적 권리를 주장할 수 없는 제한이 발생한다. 이러한 관념은 권리소진의 원칙의 발전과 더불어 발전해 왔다. 나아가 인적속성이 존재하는 인간 모델의 사진도 그 모델의 동의에 의한 촬영이 이뤄지고 그 사진이 공개가 되면 모델의 권리는 제한을 받게 된다.

(2) 자연상태(the Common)와 공역(the Public Domain)의 차이

자연상태(the Common)와 공역(the public domain)은 엄격하게는 구별되는 것이다. 자연상태(the Common)는 인간 존재 이전에 존재했던 것, 선험적 세상에 존재하는 것으로서 신에 의해 창조된 것을 의미하고, 공역(the public domain)은 인간이 창조한 것으로 경험의 세상에 존재하는 것으로 인간에게 공유화된 것으로 구별할 수 있다. 예컨대, 자연법칙이나 자연현상은 자연상태에 존재하는 것이지만, 인간의 창작인 발명이나 저작물이 공개되면 그 공개된 발명이나 출판된 저작물은 경험적인 세상에 존재하는 것이다. 자연상태(the Common)와 공역(the public domain)은 지적재산권 법리상으로는 거의 차이가 없지만, 양자를 엄격하게 구별하면 일부 차이가 발생한다. 예컨대 자연법칙, 자연현상, 추상적 아이디어, 일반명칭 등은 자연상태에 선험적으로 존재하였던 것으로 인간의 경험적 영역인 공역에도 존재하게 된다.

그러나 인간이 창작했지만 후에 공유가 된 경험적인 것들, 예컨대, 특허권이나 저작권이 만료된 특허와 저작물, 일반명칭화된 상표, 저작물에 구체화되어 있는 공개된 아이디어 등은 공역에 존재하지만 자연상태에 공유로 존재했던 것은 아니다. 인간의 경험적 창작물이기 때문이다. 영업비밀의 경우에 자연상태에서 공유재산으로 존재한 것을 자신의 노동에 의하여 자신의 점유하에 두어 배타성이 없는 사유재산으로 인정되지만, 그 비밀성이 상실되면 특정인의 사유재산이 아닌 만인이 공유하는 공역에 존재하게 된다. 특허존속기간이 만료되거나 저작권보호기간이 만료된 경우에는 자연법칙이나 추상적 아이디어가 아니다. 다만 공역에 존재하는 공유물일 뿐이다.

(3) 특허법에 있어서 공유자원: 자연법칙, 자연현상, 추상적 아이디어

특허법의 영역에서 자연법칙, 자연현상, 추상적 아이디어는 자연상태(the Common)에 존재하는 신이 인간에게 부여한 공유자원이다. 선험적인 것이다. 따라서 이는 특허를 취득할 수 없다. 우리 특허법은 발명은 자연법칙을 이용한 것으로 정의하고 있는데, 자연법칙, 자연현상 및 추상적 아이디어를 이용한 결과가 아닌 그 자체는 특허취득이 되는 발명이 될 수 없다.[24]

특허권이 종료한 발명도 공유인데 이는 경험적인 것으로, 공역(the public domain)에 존재하는 것이다. 따라서 자유롭게 이용할 수 있는 발명이 되지만 자연법칙은 아니다. 특허권 중에서 유효한 특허권이 법에 의해 무효로 되어 누구든지 자유롭게 이용할 수 있는 자유이용발명이 되는 경우가 있다.[25] 이는 인간의 창작물이 후천적으로 공유화되는 공역(the public domain) 개념이다. 그러나 재심에 의하여 특허권이 회복된 경우에는 특허권의 효력을 부활시킬 수 있지만 그 효력은 특허권이 무효이어서 공유된 때 발생한 공유물의 이용에 대하여는 부활된 특허권의 효력을 주장할 수 없게 된다.[26]

자연법칙, 자연현상, 추상적 아이디어는 원래부터 자연상태에 존재하는 공유(the Common)이므로 여하한 경우에도 특허를 취득할 수 없다. 자연법칙, 자연현상, 추상적 아이디어를 자신만이 알고 있는 영업비밀로 보유하는 것은 타인에게 자신의 권리를

24) 특허법 제2조 (1. "발명"이란 자연법칙을 이용한 기술적 사상의 창작으로서 고도(高度)한 것을 말한다.).
25) 특허법 제132조 참조.
26) 특허법 제181조 및 제182조 참조.

강제할 수 없으므로 공유법리에 위반되는 것은 아니다. 앞서 토마스 제퍼슨의 편지에도 그와 같은 언급이 존재한다. 인용된 그의 편지 내용 중 후반부가 그와 같은 언급인데, 핵심적인 내용을 인용하면,

> 자연이 어떤 것을 다른 모든 배타적 재산보다 덜 약하게 만들었다면 그것은 개인이 그것을 혼자만 소유하는 한 독점적으로 소유할 수 있는 아이디어라고 불리는 사고력의 작용입니다....

라는 부분을 들 수 있다. 영업비밀법리하에서 그 보유자는 타인에게 자신의 영업비밀의 배타성을 주장할 수 없다. 단지 타인의 침해로부터 자신의 재산을 지킬 수 있을 뿐이다. 영업비밀은 타인이 같은 영업비밀을 보유하거나 노출된 영업비밀로부터 역분석(reverse engineering)하는 것을 방지할 수 없다. 영업비밀을 배타적으로 보유할 배타적 권리가 없기 때문이다. 이를 대체하는 것이 특허권이다.

특허권은 자연법칙, 자연현상, 추상적 아이디어에는 부여되지 않는다. 이는 인간의 공유(the Common)이기 때문이다. 특허권을 취득하기 위해서는 자연법칙, 자연현상, 추상적 아이디어를 이용한 인간의 창작, 즉 발명이 존재해야 한다. (자세한 것은 "본서 제1장 4. 발명성(inventiveness), 창작성(creativeness) 및 식별력(distinctiveness)" 참조)

(4) 상표에 있어서 공역개념: 일반명칭화 및 상표성의 회복

상품에 대한 일반명칭이나 기술명칭은 자연상태에 존재하는 것이다. 따라서 사유화, 즉 상표로서 독점을 인정할 수 없다. 다만 기술명칭은 자연상태에서 모든 인간의 공유로서 사유화할 수 없는 원래의 의미(original meaning/primary meaning)와 별개로, 상표로서의 사용에 의하여 발생한 이차적 의미(secondary meaning)는 사적 노동에 의하여 창작된 것이므로 그 창작자가 사유화할 수 있다.[27] 이러한 법리는 상표법에서의 공리(maxim)이자 명제가 되었다고 할 수 있다. 그와 같은 법리에서 보면, 뒤에서 논하는 새우깡 사건, 우리은행사건, 커피빈 사건 및 서울대학교 사건 등은 지적재산권법과 상표

27) 상표법 제33조 제2항.

법의 근본적인 공리(maxim)와 명제(proposition)에 위반되는 판결이다.

상표를 선택하거나 사용하여 식별력을 창작하고, 이에 상표등록을 하면 상표권이 발생한다. 그러나 유효한 등록상표가 그 식별력을 상실하여 일반명칭화(genericism) 되면, 그 상표는 공역(the public domain)에 있게 되어 누구나 그 일반명칭화 된 상표를 공유로 사용할 수 있다. 예컨대, 아스피린은 베이어(Bayer, 독일명: 바이엘)라는 회사의 상표이었다가 상표로서 식별력을 상실하여 일반명칭이 되었다. 이는 한때 창작에 의해 사유재산이었던 상표가 현재는 공역(the public domain)에 놓인 것이라고 할 수 있다. 따라서 누구나 아스피린이라는 명칭을 자신의 아스피린에 사용할 수 있다. 다시 그 명칭을 상표로 등록하여 독점을 할 수는 없지만, 베이어 회사의 아스피린과 혼동을 하게 한다면 이는 상품을 판매하는 상품주체 혼동행위로서 부정경쟁행위가 된다. 이로써 자유와 평등을 설명할 수 있다. 아스피린의 명칭을 상표로 사용하는 것은 자유권의 행사로서 허용되는 행위이지만, 베이어의 아스피린과 혼동을 유발하는 것은 자신의 자유의 한계, 즉 타인이 동등하게 자유로울 권리를 침해하는 것이다. 타인도 나와 같이 아스피린이라는 단어를 자신의 아스피린 상품에 사용할 수 있는, 나와 동등할 자유를 침해하는 것이기 때문이다.

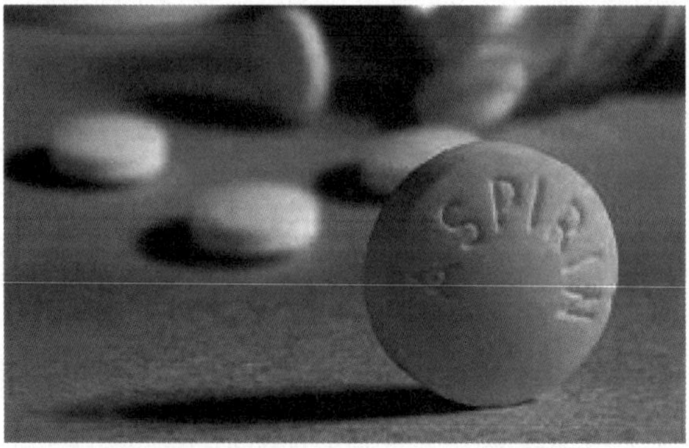

[상표이었다가 일반명칭이 된 '아스피린'][28]

28) 사진 출처: 동아사이언스 https://m.dongascience.com/news.php?idx=48370

그러나 상표가 일반명칭화 되었다가 다시 상표성을 회복하는 경우도 있다.

(Advertisement)

The History of a Word

THE trademark "KODAK" was first applied, in 1888, to a camera manufactured by us and intended for amateur use. It had no "derivation." It was simply invented—made up from letters of the alphabet to meet our trademark requirements.

It was short and euphonious and likely to stick in the public mind, and therefore seemed to us to be admirably adapted to use in exploiting our new product.

It was, of course, immediately registered, and so is ours, both by such registration and by common law. Its first application was to the Kodak camera. Since then, we have applied it to other goods of our manufacture, as, for instance Kodak tripods, Kodak portrait attachments, Kodak film, Kodak film tanks and Kodak amateur printer.

The name "Kodak" does not mean that these goods must be used in connection with a Kodak camera, for, as a matter of fact, any of them may be used with other apparatus or goods. It simply means that they originated with, and are manufactured by, Eastman Kodak Company.

"Kodak," being our registered and common law trademark, cannot be rightly applied except to goods of our manufacture.

If you ask at the store for a Kodak camera, or Kodak film, or other Kodak goods and are handed something not of our manufacture, you are not getting what you specified, which is obviously unfair both to you and to us.

If it isn't an Eastman, it isn't a Kodak.

EASTMAN KODAK COMPANY, ROCHESTER, N.Y.

(First Appearance 1920)

[일반명칭화를 방지하기 위한 1920년대 KODAK사의 광고][29)]

예컨대, 미국의 복사기 회사였던 제록스 사는 아래 광고 등을 통해 일반명칭화가 되는 것을 방지하고자 노력했다.

[XEROX 상표의 일반명칭화를 방지하기 위한 XEROX 사의 광고][30)]

29) 출처 Jane C. Ginsburg, et. al., Trademark and Unfair Competition Law (1991. 2nd ed.).

30) 사진 출처: https://www.linkedin.com/pulse/when-you-use-xerox-way-aspirin-we-get-headache-yen-lonneville-bosmans. 이미 일반명칭화 된 ASPIRIN 상표를 들고 있다.
사진 출처: https://spicyip.com/2012/10/guest-post-xerox-is-not-genericyet.html. 이미 일반명칭화 된 ZIPPER 상표를 예를 들고 있다.

[일반명칭화를 방지하기 위한 XEROX 사의 광고][31]

[일반명칭화를 방지하기 위한 Kimberly-Clack사의 광고][32]

[일반명칭화를 방지하기 위한 BACARDI & Co.사의 광고][33]

일반명칭화를 방지하기 위한 상표권자의 노력은 XEROX 이외에도 많이 찾아 볼 수 있다. 이러한 노력에 의해 XEROX는 일반명칭화되는 것을 방지하는 것에 성공한 것으로 평가할 수 있다. 그 이외도 일반명칭화되었다가 다시 상표로 회복한 예를 찾아 볼 수 있는데, 다음의 두 개의 상표는 일반명칭화가 되었다가 상표성을 회복한 예로 제시된다.

31) 사진 출처: https://x.com/NFPW/status/346705075495895040. 상표가 일반명칭으로 잘못사용되어 상표성을 상실한 것을 지적하면서, XEROX 상표를 상표로 사용해달라는 캠페인을 담고 있다.

32) 출처 Jane C. Ginsburg, et. al., Trademark and Unfair Competition Law (2nd ed. 1991).

33) 출처 Id.

[일반명칭이 되었다가 상표성을 회복한 재봉틀에 대한 SINGER 상표][34]

[일반명칭이 되었다가 상표성을 회복한 고무제품에 대한 GOODYEAR 상표][35]

상표의 일반명칭화와 다시 상표성을 회복하는 예는 자연상태(the Common)와 공역(the public domain)의 차이라고 할 수 있다. 앞서 언급한 특허권에서 재심에 의하여 회복한 특허권의 예와 상표이었다가 일반명칭화 된 상표가 다시 식별력을 되찾아 해당 상표의 상표성을 회복한 것은, 특정인의 지적재산권이 공역(the public domain)에 놓이게 되어 모두가 사용할 수 있는 공유재산이 되었다가 다시 특정인의 사유 재산이 된 것이라고 할 수 있다. 그러나 처음부터 자연상태(the Common)에 위치한 것은 특정인의 사유화의 대상으로 인정되지 않는다. 왜냐하면, 이는 처음부터 인류의 공유재산이었으므로 어느 특정인의 사유화를 인정하지 않을뿐더러 특정인의 사유재산이 된 적이 없었기 때문이다. 상표법에서는 두가지를 본래적 의미(inherent meaning)와 후천적으로 취득된 의미(acquired meaning)로 나누어 설명을 하기도 한다. 이는 후술하는 바와 같이 상표법의 특성이 반영된 결과이다.

34) 사진 출처: https://www.digitalcommonwealth.org/search/commonwealth:tm70n9237
35) 사진 출처: https://x.com/TrustTreePC/status/787639249340403712

(5) 저작권과 공역의 개념

저작권의 법리에는 아이디어와 표현의 이분법(idea/expression dichotomy)과 사실과 표현의 이분법(fact/expression dichotomy)이 존재한다. 칸트는 표현을 통하여 아이디어를 통제하는 것은 옳지 못하다고 생각했다. 이는 칸트가 저작권을 인간 개성의 외부 표현으로 여기고, 이를 저작자와 공중 간의 소통(speech/communication)으로 생각했기 때문이다. 따라서 저작권은 자연법상의 권리로서 영구적(permanent)이고 처분할 수 없는 것(inalienable)이었다. 그런데 저작권에 아이디어까지 포함한다면 공유해야 할 지식을 저작권자가 영구히 소유할 수 있다는 법리가 되어 지식의 발전을 기대할 수 없게 된다. 저작자가 언제든지 아이디어에 대하여 권리를 주장할 수 있고, 아이디어도 처분할 수 없는 것이 된다면, 저작자가 타인과 소통한 아이디어를 그 타인이 이용하거나 발전시키면 저작권 침해가 될 수 밖에 없다. 칸트는 저작권이 인간의 새로운 지식의 생산을 방해해하는 결과를 원하지 않았다. 저작권으로 아이디어를 보호하는 것은 모든 인간의 자유를 제한하고, 공리성에도 반하는 결과가 된다.

칸트의 이러한 법리는 부분적으로 영국의 영향을 받은 것이라고 할 수 있다. 영국의 소설가로서 로빈슨 크루소(Robinson Crusoe, 1719)라는 소설로 유명한 다니엘 디포(Daniel Defoe, 1660-1731)는 1710년 '책은 저자의 재산으로 그의 정신적인 노력의 결과이므로 그 저작을 판매한다면 그 책을 구입한 사람의 재산이 된다'고 주장했다. 다니엘 디포의 이러한 주장이 있기 전에, 영국에서 저작자들은 원고를 작성하면 그 원고에 대한 권리 대신 사례비(honorarium)를 받는 것이 관행으로, 저작자들은 저작권을 인정받지 못했다. 그런데 다니엘 디포의 주장으로 인하여 저작자는 자신들의 재산권을 주장하기 시작했다. 그리고 1741년 영국의 Pope v. Curl 사건[36]에서 법원은 편지의 저작자와 그 편지를 받은 사람의 공동재산으로 인정했다. 본 판결은 저작물의 양도에도 불구하고 저작물에 이를 작성한 저작자의 불처분적이고 영구적인 권리가 존재하게 된다고 판시한 것이다.

이와 같은 판결의 법리는 영구적 재산권을 근거로 설명하거나 영구적 재산권으로

36) Pope v. Curl (1741) 608 ER 342.

인정하는 경우에 발생하는 문제 해결하기 어려웠고, 이러한 문제로 인하여 영국의 1769년 Millar v. Taylor 사건에서 요셉 예이츠(Joseph Yates) 판사는 저작물에 대한 영구적 권리는 출판에 의한 공개됨으로 인하여 권리소진이 되었다고 주장했다. 권리소진이 되는 이유는 저작물이 양도되어 소유권이 이전되더라도 저작자가 그 저작물에 대하여 영구적 권리를 주장한다면, 저작물을 소유한 사람의 생각을 통제할 수 있고, 공개된 생각은 공중의 생각과 구분하기 어렵기 때문이다.

한편 1785년 영국의 Sayre v Moore 사건[37]에서 Lord Mansfield는 저작권이 저작자의 저작에 대한 보상을 하는 것 뿐만 아니라 사회의 문화발전에 기여하여야 한다고 판시하면서, 저작권으로 아이디어까지 통제할 수 없다고 판시했다. 지도 제작자는 지도에 나타난 아이디어(chart)까지 저작권을 주장할 수 없다고 판시했다. 이러한 생각은 동시대의 임마누엘 칸트의 생각과도 같았다. 저작권이 표현뿐만 아니라 그 표현에 있는 아이디어까지 통제할 수 있다면 지식의 발전을 기대할 수 없다는 것이었다. 그리하여 칸트는 아이디어와 표현의 이분법을 주장한 것이다.

3. 공리주의와 '공리성의 원칙'(the principle of utility): 최대다수의 최대행복

1215년 영국의 마그나 카르타 이후, 공리주의는 점차적으로 영국을 지배하는 사상이 되었다. 17세기 말부터 18세기 초반에 나타난 초기 공리주의는 리차드 컴벌랜드(Richard Cumberland, 1631-1718), 존 게이(John Gay, 1699-1745) 및 윌리엄 팔리(William Paley, 1743-1805)에 의해 대표되는 신적-도덕적 공리주의(Theological Utilitarianism)로서, 인간에게 도덕적 종교적 의무를 부과한다. 도덕적 공리주의는 인간의 행복은 신(God)으로부터 승인받은 것이라고 한다.

이러한 도덕적 공리주의는 로크의 자유주의적 개인주의와도 연결된다. 로크에 따르면, 신은 인간에게 노동을 할 것을 명하였고, 인간은 노동을 통해 발생하는 자연에서

37) Sayre v Moore (1785) 1 East 361.

산출되는 산출물을 인간의 안락함과 평온함을 위해 사용할 수 있도록 허락받았다. 따라서 인간이 노동을 하여 얻은 자연물을 그의 소유로 하는 것은 도덕에 부합하는 것이고, 그의 소유를 존중해야 할 도덕적 의무가 있다. 도덕적 공리주의는 이러한 로크의 철학과 그 맥락을 같이하여, 인간이 도덕적이라면 사회전체의 행복을 증진시키는 것이 신의 의지와도 부합한다고 본다. 특히 로크의 철학을 승계한 'Labor Desert Theory'는 다른 사람은 회피하는 고통스런 노동을 한 인간에게 그 노동의 결과에 대한 재산권을 인정하는 것은 도덕적으로도 옳다고 주장하는데, 이러한 주장은 도덕적 공리주의의 주장과 그 의미를 일부 공유한다.

그러나 영국의 공리주의자인 제레미 벤담(Jeremy Bentham)은 '최대다수의 최대행복'을 가져오는 결과만이 도덕적으로 타당한 것으로 보았다. 벤담이 주장한 최대다수의 최대행복("The greatest happiness of the greatest number is the foundation of morals and legislation.")을 '공리성의 원칙'(the principle of utility)이라고 한다. 그리하여 공리주의는 결과주의라고 한다.

최대다수의 최대행복은 아일랜드 철학자인 프란시스 허치슨(Francis Hutcheson, 1694-1746)이 1725(1726)년 간행한 자신의 저서 "An Inquiry into the Original of Our Ideas of Beauty and Virtue"에서 '최대다수의 최대행복을 가져오는 행위가 최선이다'("That action is best, which procures the greatest happiness for the greatest numbers.")라고 언급했는데, 이것이 공리주의의 공리성(최대다수의 최대행복)을 최초로 언급한 것이라고 한다. 프란시스 허치슨도 초기의 도덕적 공리주의자로 여겨지는데, 그는 도덕적 행위와 위선적 행위를 구별하기 위해 공리성을 주장한 것이라고 한다.

공리주의에 의하면 지적재산권의 인정은 최대다수의 최대행복을 달성하기 위해 필요한 것인지에 의해 결정된다. 그런데 지적재산권 예컨대, 특허의 대상인 아이디어는 배제성과 경합성이 없기 때문에 공유되어도 그것을 가진 사람의 효용을 감소시키지 않는다. 따라서 아이디어는 공유되어야 최대다수의 최대행복을 달성할 수 있다.

유체물은 배제성과 경합성이 있으므로 공유에 친하지 않다. 왜냐하면, 한 사람의 사용은 다른 사람의 사용을 배제할 수 밖에 없고, 다른 사람과의 공동사용은 1/n에 의해 그 사용가치를 감소시킨다. 따라서 유체물은 공유로 할 수 없고 사유화를 인정할 수 있는 근거가 있다. 그러나 무체물은 앞서 언급한 바와 같이 배제성과 경합성이 없으므로 타인과 공유를 하더라도 다른 사람을 배제할 수 없고, 그 사용가치도 감소시키지 않는다. 따라서 아이디어와 같은 무체물은 공유로 한다면 모든 사람이 그 혜택을 누릴 수 있으므로 공유로 하는 것이 타당하다.

그러나 무체물에 대하여 사유화를 인정하지 않고 공유로 한다면, 어느 누구도 무체물을 생산하려고 하지 않고, 타인이 생산하는 것을 기다렸다가 무임승차를 하려고 할 것이다. 따라서 제레미 벤담(Jeremy Bentham)은 아이디어와 같은 무체물의 생산은 그것을 생산하기 위해 그 사람이 희생한 것에 대하여 일정기간 동안 보호할 필요가 있다고 생각하였다. 그렇게 함으로써 그 발명가 등의 창작적 노력에 대한 희생의 대가를 지급할 수 있고, 이는 새로운 창작을 장려(encourage)하여 결국 최대다수의 최대행복을 이룩할 수 있다고 믿었다.

제레미 벤담은 예컨대, 벽돌쌓기와 같이 동일한 노동을 투입하여 완성한 일(勞作)과 정신적인 노동의 결과인 아이디어의 창작(創作)에 대하여 서로 다르게 보호하여야 하는 이유를 제시한다.

> 과학분야의 많은 발명과 관련하여, 자신이 투자한 것을 회수하기 위해 배타적인 특권은 절대적으로 필요하다. 도둑질로부터 기존 산업을 보호하는 것보다 새로운 발명을 모방으로부터 보호하는 것이 덜 필요하지 않다. 회수가능성이 없는 노력과 투자를 하려는 사람은 발명을 위한 투자 자체를 하지 않을 것이다. 그러나 어떤 사람이 발명한 것을 모든 세상 사람이 모방할 수 있다. 법의 도움없이는 그 발명가는 발명가가 많은 시간과 비용을 투자한 발명('discovery')을 어떤 비용도 투자함이 없이 취득한 그의 경쟁자가 그 발명가의 발명을 하여 얻어야 하는 우월적 지위를 [모방 상품을] 낮은 가격으로 판매함으로써 그 발명가는 시장에서 축출될 것이다. 배타적인 특권은 가장 잘 안분된, 가장 자연스런, 최소의 부담인 보상의 모든 것이다. 그 특권은 무한한 효과를 가져오고, 비용은 없다. "나에게 15년의 기간을 달라" "그리하여 나의 노동의 과실을 취득할 수 있다. 그 기간 이후에는 모든 세상 사람이 그 발명을 이용할 수 있다."라고 발명가가 말한다. 국가(군주)가, 15년 동안 또는 그 이후에도 "안돼, 너는 그 특권을 가질 수 없어"라고 말할 수 있을까: 모든 사람은 실망할 것이다. 발명가, 노동자, 수요자, 이익과 누림, 모두 즐기지 못할 것이다.
>
> 발명을 위한 배타적인 특허는 영국에서 오랫동안 확립되었다: [특허권의] 남용은 소리 소문없이 특허제도에 들어오고, 특허제도로부터 얻는 이익을 파괴한다. 은혜적이 되어야 하는 특권은 발명가를 약탈하는 것에 대해 [발명가에게] 기회를 제공하고 있고, 관

습상의 기간은 권리화되었다. 특허제도는 국부를 증가시키기 위한 진정한 음모(a real conspiracy)이다.

즉 아이디어와 같이 쉽게 모방하는 것을 국가가 방치한다면 어느 누구도 그와 같은 아이디어를 발명하지 않을 것이다. 저작물의 경우에도 마찬가지이다. 따라서 발명이나 저작과 같이 쉽게 모방이 가능한 노동의 결과에 대하여는 그가 그의 노동의 결과에 의해 사회에 기여하기 위한 희생에 대한 보상으로 일시적인 독점이 필요하다. 이러한 노동을 창작적 노동, 즉 창작(創作)이라고 할 수 있다.

그러나 벽돌쌓기와 같이 모방을 위해 동일한 노동을 투입하여야 하는 경우에는 독점을 하지 않더라도 이를 모방하는 것은 쉽지 않다. 동일한 노동과 노력을 투입해야 하기 때문에 모방의 비용이 많이 투입된다. 이러한 경우에는 시장기능에 맡겨 놓아도 무방하다. 이러한 노동을 노작(勞作)이라고 할 수 있다. 전통적으로 존 로크의 철학에서 재산권을 취득할 수 있는 노동은 노작과 창작을 모두 포함한다.

제레미 벤담은 그의 저술(The Rationale of Reward, 1825)에서 특허제도를 '발명을 장려하기 위한 국가의 진정한 음모'("It is a real conspiracy against the increase of national wealth.")[38]라는 반어적인 표현을 사용하여 정당화 했다. 벤담은 결국 특허제도는 필요악이지만, 새로운 발명을 사회에 많이 가져오도록 하는 도구/수단적인 제도이고, 궁극적으로 특허제도는 공익을 최대화하는 제도라고 하였다. 그리하여 영국은 점차적으로 특허권은 자연법상의 권리(natural right)가 아닌 의회가 제정한 실정법에 의해 인정되는 권리(institutional right)라고 인식하게 되었다. 특히 해가 지지 않는 나라라는 별명을 얻은 빅토리아 여왕(1819-1901, 재위: 1837-1901) 시대에 지적재산권법 철학에 있어서 자연법에 기초한 철학의 영향은 매우 약화되었다.

그러한 영국식의 특허제도에 대한 철학은 대륙과는 많이 달랐다. 자연권의 개념에서 출발한 영국의 존 로크의 철학은 프랑스의 몽테스키외(Charles-Louis de Secondat, Baron de La Brède et de Montesquieu, 1689-1755)에게 영향을 미쳤고, 프랑스의 특허제도는 자연권 개념에서 출발하였다. 또한 계몽주의의 영향을 받아, 개인의 개성과 자유를 중요시하는 자유주의적 개인주의가 강해진다. 프랑스에서 개인주의적 권리의 향상

38) Jeremy Bentham, The Rationale of Reward, John and H. L. Hunt (1825) p. 318.

은 개인의 자유를 중요시하게 되어 독일의 임마누엘 칸트나 게오르크 W. F. 헤겔의 개성을 바탕으로 하는 철학과 공통점이 많았다.

독일은 저작권과 특허권을 대하는 태도가 많이 달랐는데, 저작권은 개인의 개성과 인격권의 개념에서 출발한다. 이러한 법리 구성은 18세기 후반에 활동한 독일 철학자 임마누엘 칸트의 영향을 많이 받았는데, 임마누엘 칸트는 저작권은 저자의 생각을 대중과 소통하기 위한 권리로서 인격의 표현으로 보았다.

그러나 칸트는 아이디어의 사유화에 대하여는 자세한 언급을 하지는 않았다. 다만 칸트는 외부 세계는 근원적 공유로서 인간의 재산권의 대상으로 보았지만, 추상적 아이디어를 사유화하는 것은 타인이 다른 인간들과 동등하게 가지는 자유(equal freedom)를 해하는 것으로 보았다. 그렇지만 자연이나 자연법칙, 자연현상을 '이용'한 새로운 결과를 사유화하는 것은 타인의 자유를 침해하는 것은 아니라고 판단했다. 그가 아니었으면 그 결과는 세상에 존재하지 않았을 것이므로 그에게 그가 창작한 결과의 사유화를 인정한다고 하더라도 타인의 자유를 해하는 것은 아니기 때문이다. 칸트 철학에서도 새로운 것을 창작하는 발명은 그 사유화의 정당성이 인정된다.

게오르크 헤겔은 인간이 자유의지(freewill)에 의하여 창작한 것을 그의 재산으로 인정하여, 지적재산권의 개념을 인정한다. 인간의 개성과 자유의지에서 출발하는 점은 칸트의 생각과 같았지만, 칸트가 지적재산이라는 개념을 인정하지 않은데 반하여 헤겔은 지적재산의 존재를 인정했다는 점이 두 철학자의 생각의 차이라고 할 수 있다.

종교전쟁(1618-1648) 이후에 체결된 베스트 팔렌조약(1648년)에 의하여 신성로마제국은 사실상 해체되고, 독일은 300여개의 도시국가, 즉 제후국으로 분열되어 통일된 입법이 이뤄질 수 없었다. 이러한 분열된 독일은 19세기 후반 프로이센이 통일하기 전까지 계속되었다. 19세기에 독일영토의 군소 제후국은 각각의 특허법을 제정한다. 독일을 통일시킨 프로이센의 비스마르크는 특허제도는 독일에 무용하다고 하여 특허제도를 도입하지 않았다. 결국 1871년 비스마르크가 독일을 통일하여 제2 독일제국이 성립된 이후인 1877년이 되어서야 독일전역에 적용되는 통일된 특허법이 제정되었다.

4. 공유자원의 사유화와 효율성 및 경제발전[39)]

가. 법경제학적 분석

공유자원의 사유화, 즉 개인의 재산권화는 자원을 효율적으로 이용하는 방법이다. 법경제학(Law and Economics)과 산업(조직)경제학(Economics of Industrial Organization) 시각에서 지적재산권은 자원 사용의 효율성을 보장하기 위한 제도로 보고 있다.[40)] 물론 다른 분야도 효율성을 강조한다. 특히 독점규제분야에서 두드러진다. 시장지배력이 높다는 이유로 독점규제를 하여서는 안 된다고 한다. 시장지배력이 높다는 것은 그만큼 효율성이 높다는 것을 의미할 수도 있기 때문이다. 시장지배력이 높다는 것과 시장지배력을 이용하여 독점을 확대하는 것을 구별한다. 후자만이 규제 대상이다. 형사사법에 있어서 사법거래제, 예컨대, 유죄협상(plea bargaining)의 경우에도 법적 위험성과 자원의 낭비를 제거할 수 있는 효율적인 제도라고 한다.

미국의 제7순회법원 수석판사이자 미국 일리노이주 시카고 소재 시카고 대학 로스쿨의 교수이었던 리차드 포스너(Richard Posner) 판사는 공정거래법 영역 뿐만 아니라 법학의 모든 분야를 효율성 분석으로 접근하였다.[41)] 법경제학적 분석에 따르면, 재산권을 부여하면 이해관계 있는 당사자간의 협상으로 통하여 또는 법적 구제수단을 통하여 강제가 가능해진다. 따라서 각자는 자신에게 가장 유리하거나 효율적인 방법에 의하여 자원을 이용할 수 있으므로 사회적으로 자원이용의 효율성을 가져온다.[42)] 예컨대 재산권자가 자신이 소유한 토지사용에 영향을 미치는 사람들과 협상을 통하여 법적 구제 비용을 부담원칙을 정함으로써 토지를 효율적으로 사용할 수 있다.[43)] 농부가 재배하는 농작물의 가치는 농작물을 재배하는데 투입된 노동, 원자재 및 토지의 기회비용을 반영한다. 농작물에 대한 농부의 재산권을 인정하지 않는다면 그 농산물은 공유와 같은 것이 되기 때문에 어느 소비자도 농부에게 농산물의 가격을 지불하지 않을

39) 이하는 나종갑, 특허권의 정당성에 관한 이론의 전개와 전망, 비교사법, 21-23면 29-31면 이하에서 발췌하여 수정, 보완하였음

40) Richard A. Posner, Economic Analysis of Law, Aspen (4th ed. 1992) p. 43.

41) 예컨대, 끼워팔기(tying)와 묶어팔기(bundling)는 구별하여야 한다. 묶어팔기는 효율적 결과를 가져오기 때문이다. 컴퓨터하드웨어와 번들인 소프트웨어가 같이 판매되는 것은 효율적인 결과, 즉 싼가격에 두 가지를 구입할 수 있기 때문에 tying과 구별된다고 한다.

42) 공공재와 같은 경우에는 사적재산권을 인정하는 것이 비효율적일 수 있다.

43) 이하는 Richard A. Posner, Economic Analysis of Law, Aspen (4th ed. 1992) p. 38 이하에 설명된 논거를 정리한 것이다.

것이고 이에 농부는 농작물을 생산하지 않을 것이다. 결국 농부의 토지에 대한 재산권을 인정하지 않는다면 사전 투자가 필요하지 않거나 덜 필요한 수단을 이용할 것이다.[44] 토지 경작을 위한 사전투자의 필요성 때문에 토지 경작 대신 사전투자가 거의 필요없는 토지에 있는 동물을 사냥하거나 자연적으로 생산된 농작물이나 과일을 수집할 것이다. 그러나 농부에게 토지재산권을 인정하는 경우에는 그 농부는 자신의 토지에 가장 효율적인 이용방법을 정할 수 있다. 어느 농부에게는 목축을 하는 것이 유리하고 어느 농부에게는 곡물 경작이 유리할 것이다. 또한 더 효율적인 사용을 하는 자에게 토지를 양도하거나 임대를 할 수도 있다. 결국 재산권을 법적으로 보호하는 것은 자원을 효율적으로 사용하게 하는 동기와 수단을 제공한다. 소유권자가 합리적 판단으로 시장에 참여하는 한 효율적인 자원이용과 배분이 일어난다.

과거 프랑스를 주도했던 자연권 철학에 따르면, 특허는 창작한 인간의 그 창작물에 대한 권리로서 이는 천부인권과 같은 것으로 본다. 그런데 공리주의에서 보면 특허권도 경제적 효율성을 보장하기 위한 것이다. 공리주의에 의하면 아이디어에 대하여 배타성을 인정하지 않는다면 아이디어를 창작하여 이를 공개할 유인은 없다. 아이디어를 공개하는 대신에 비밀로 보유할 것이다. 이것이 영업비밀이다. 타인에게 자신의 영업비밀인 아이디어의 배타성을 주장할 수 없다. 영업비밀권이 아닌 영업비밀이라고 하는 이유가 여기에 있다. 영업비밀은 타인에게 자신의 배타성을 주장할 수 있는 권리가 아니다.

다만 영업비밀은 배타성이 인정되지 않기 때문에 영업비밀에 대한 비밀유지비용(fencing costs)을 영업비밀 보유자가 부담하여야 한다.[45] 따라서 아이디어의 배타성을 인정하는 특허보다 아이디어 이용료가 더 많이 발생할 것이다. 아이디어를 효율적으로 사용하기 위해서는, 토지에 대하여 사유재산권을 인정하는 것처럼, 배타성을 인정하는 것이 바람직하다.

토지에 대한 재산권이 인정되지 않는 경우에는 토지의 사용권자가 정해지지 않는다. 따라서 토지 위에서 사냥을 하여야 하는데, 타인이 사냥을 하기 전에 그들보다 먼저 사냥을 하여 소유권을 취득하여야 하므로 타인이 사냥하여 취득하기 전에라도 당장은

44) Id.
45) 농작물에 대하여 재산권이 인정되지 않는다면 농부는 자신 스스로 경작 토지에 담을 쌓거나 경비를 하여야 한다.

나에게 덜 필요한 사냥을 하게 된다. 이로 인하여 자원의 낭비가 발생하여 그 자원의 효율성이 감소된다. 이와 동일하게 아이디어에 대한 배타성이 인정되지 않는 경우에는 아이디어를 공개할 유인은 없게 된다. 아이디어가 공개되지 않으면 누가 어떤 아이디어를 개발했는지를 알 수 없으므로 아이디어가 필요한 사람 모두 같은 아이디어를 개발하여야 한다. 동일한 아이디어 개발을 위한 중복투자가 발생하는 것이다.

나아가 아이디어의 법적 배타성을 인정하지 않는다면 타인에게 공개되지 않고 쉽게 비밀로 유지할 수 있는 아이디어만을 개발할 것이다. 비밀로 유지하기 위해서는 비밀유지비용이 들기 때문에 아이디어의 경제적 가치는 얼마나 쉽게 비밀로 유지할 수 있는지에 달려있다. 이는 토지 경작 대신에 사전투자가 필요 없는 사냥이나 농산물과 과일의 채집을 하는 것과 같다.[46] 토지를 경작하기 위해서는 토지정리와 비료의 투입, 씨뿌리기, 병충해 방제 등 수확전에 투입하여야 비용과 노력이 필요하다. 그러나 사냥은 사냥도구만이 필요하므로 사냥이 좀 더 손쉬운 방법이 된다.

또한 각자가 자신이 필요한 아이디어를 개발하는 경우에는 각자가 그 개발비용을 투입하여야 하므로 그 투입하는 자원의 중복투자가 발생하여 자원낭비를 가져온다. 아이디어에 대하여 법적 독점(특허)을 부여하여 그 특허권자만이 그 아이디어를 독점적으로 이용할 수 있도록 한다면 영업비밀로 유지토록 하는 것에 비하여 타인의 독자적인 개발비용을 줄이는 효과가 있다. 그리고 영업비밀이 영업비밀로 유지되는 한 영구적으로 보호받을 수 있는 장점은 있어도, 영업비밀이 공개되거나 제3자가 독자적으로 같은 아이디어를 개발하는 경우에는 그 영업비밀의 개발비용도 회수를 하지 못할 위험이 있다. 따라서 특허는 아이디어에 대하여 독점을 주어 중복투자를 제한하므로 사회적으로도 효율적인 결과를 가져올 수 있다.[47]

또한 특허는 그 발명이 명세서(specification)를 통해 공개되므로 중복투자를 줄이는 효과가 있다. 명세서에 기재되어 공개된 그 특허받은 발명을 이용하여 새로운 발명을 하고, 그 특허받은 발명에 대하여 로열티를 지급하고 그 새로운 발명의 실시를 하는 것이 가능하다. 이때에 새로운 발명자는 자신이 이용한 타인의 특허발명에 대하여 강제로 실시할 수 있고 이에 대하여 로열티를 지급할 수 있도록 하는 법이 존재하는 것이

46) Richard A. Posner, Economic Analysis of Law, Aspen (4th ed. 1992) p. 45.
47) 물론 영업비밀도 독자적인 개발가능성이 없는 경우에는 중복투자를 방지할 수 있다. Id.

필요하다. 즉 법은 이용발명을 한 발명자에게 강제실시권을 부여하도록 하는 것이 바람직한데, 우리 특허법도 이러한 경우에 강제실시권을 인정하고 있다.[48] 왜냐하면 타인의 특허발명을 이용하여 이용발명을 완성했는데, 그 타인이 자신의 발명의 실시를 허락하지 않는다면 새로운 이용발명은 무용지물이 된다. 따라서 원발명의 특허권이 종료되는 시점에 이용발명을 하게 되어 이용발명의 개발 시기가 늦춰지므로 사회적으로 비효율적이 된다.[49] 강제실시권은 이러한 사회적 비효율성을 제거하는 역할을 한다.

다만 특허권은 완벽한 것은 아니다. 특허권도 무의미한 중복투자의 위험을 발생시킬 수 있기 때문이다. A가 B보다 하루 먼저 발명을 하여 특허를 취득하였다면 B의 발명은 중복투자에 해당한다. 법은 그러한 중복투자를 제거하기 위해서 발명의 조기공개를 유도하는 제도를 두고 있다.[50]

소위 개척발명(pioneer invention)의 경우에는 아무도 개발을 하지 않았기 때문에 다수가 개발경쟁에 뛰어들어 발생하는 중복투자의 위험성이 적어진다. 개척발명은 쉽게 이뤄지지 않기 때문에 발명을 하려고 하지 않기 때문이다. 투입비용 측면에서 개척발명과 기초연구는 구별되어야 한다. 기초연구에 대한 특허부여는 그 개발비용과 이를 바탕으로 한 후속기술개발비용을 고려하면 폭넓은 재산권을 인정하는 결과가 된다.[51] 예컨대, 자연법칙을 발견하기 위해서는 많은 비용이 들지는 않지만 이를 이용하여 효율성이 좋은 자동차 엔진을 개발하는 것은 많은 비용이 든다고 할 수 있기 때문이다.[52]

나. 해롤드 뎀세츠의 명제(the Demsetz's Thesis)와 충분하고 동등하게 남겨둘 것(enough and as good left)

재산권의 효율성에 관하여는 미국 캘리포니아 주 로스엔젤레스 소재 UCLA의 경제

48) 특허법 제102조.

49) 이러한 제도는 저작권법에서 찾아 볼 수 있는데, 저작권의 신탁관리업체를 통한 강제이용권 설정이다. 예컨대 노래방에서 노래를 하더라도 일정한 비용은 노래의 저작권료로 지급되기 때문에 노래방 사업자, 노래방을 이용하는 고객, 저작권자 모두에게 도움이 된다.

50) Richard A. Posner, Economic Analysis of Law, Aspen (4th ed. 1992) p. 45.

51) 물론, 기초발명이나 개척발명에 대하여 특허를 부여하는 것이 기술발전을 저해할 수도 있다. Merges와 Nelson 교수는 Race-to-Invent Theory를 통하여 기초발명이나 개척발명에 특허를 부여하는 경우에 시장경쟁을 통한 후속발명이 줄어들기 때문에 결과적으로 사회적 후생이 감소할 수 있다고 한다.

52) Richard A. Posner, Economic Analysis of Law, Aspen (4th ed. 1992) p. 44. 만일 자연법칙으로 손쉽게 발명을 할 수 있다면, 많은 발명이 이뤄져 특허가 취득되었을 것이지만, 현실이 그렇지 못하다는 점이 자연법칙의 발견보다 발명이 더 어렵다는 것을 의미한다.

학과 교수이었던 해롤드 뎀세츠(Harold Damsetz, 1930-2019) 교수의 뎀세츠의 명제(the Demsetz's thesis)를 고찰할 필요가 있다. 뎀세츠의 명제(the Demsetz's thesis)는 자연상태 보다는 재산권을 인정하는 사회가 효율적이고, 인간은 이러한 효율적인 상태를 추구, 즉 재산권을 인정한다는 것이다.[53)]

사유재산제도가 효율적인 사회를 가져온다는 주장은 이미 15세기 후반의 영국의 철학자인 존 포테스큐(John Fortescue)와 17세기 후반의 존 로크에 의해서도 주장되었고, 또한 20세기 자유주의 철학자인 로버트 노직(Robert Nozick)에 의해서도 주장되었다.

존 포테스큐는 자신의 영국법 찬양(De Laudibus Legum Angliae; 영문명: In Praise of the Laws of England)에서

> 영국에서 자유로운 모든 거주민이 그들이 농사지은 지구상의 곡식과 과일, 증가된 가축, 등등: 그들이 만든 증가된 생산은 그들의 적법하게 생산한 것이든 또는 그가 일한 것을 그가 보유하는 것은 어떤 방해나 거부됨이 없이 자신을 위해 자신이 소유한다. 따라서 거주민은 매우 금, 은 그리고 생활에 필수품에 대하여 부자이다.[54)]

라고 하여, 사유재산제도에 의해 재산을 가진 영국민은 풍요한 삶을 영위한다고 언급했다. 이는 사유재산제도에 의한 효율적 생산과 그로 인한 풍요한 사회를 강조한 것이다. 초기 자본주의 사회의 풍요성을 강조한 것으로 볼 수 있다.

로크는 자신의 저서인 통치론(Two Treatises of Government)에서 영국의 품팔이는 미국의 인디언 추장보다도 더 나은 삶을 영위하는데, 그 이유는 영국에서는 사유재산제도가 인정되기 때문이라고 강조하였다. 로크도 재산제도가 더 풍요한 사회를 가져오고, 어쩌면 자본주의의 정당성을 제시한 것이라고 할 수 있다.

> 39. And thus, without supposing any private dominion and property in Adam over all the world, exclusive of all other men, which can no way be proved, nor any one's property be made out from it, but supposing the world, given as it was to the children of men in common, we see how labour could make men distinct titles to several parcels of it for their private uses, wherein there could be no doubt of

53) Thomas W. Merrill, The Demsetz Thesis and the Evolution of Property Rights, 31(S2) J. LEGAL STUD. S331 (2002).
54) John Fortscue, De Laudibus Legum Angliae(In Praise of the Laws of England), Ch. 35.

right, no room for quarrel.

↘ 따라서 다른 모든 사람에 대하여 이 세상에 대하여 아담의 지배하에 있는 사유재산을 인정하지 않고, 아담의 사유재산은 또한 증명되지도 않을뿐더러, 이 세상에서 나오는 것에 대한 어떤 사람도 재산을 인정하지 않지만, 세상은 모든 사람에게 공유로 제공한 것이라고 가정하면, 자연상태의 모든 인간의 자손들에게 준 것으로 노동이 사람으로 하여금 자신의 사적 사유로 사용하는 것에 대하여 수개의 구획(parcel)을 할 수 있는, 어떤 논쟁이 없는, 구분된 권리를 주고 있는 것을 발견할 수 있다.

40. Nor is it so strange as, perhaps, before consideration, it may appear, that the property of labour should be able to overbalance the value on everything; and let any one consider what the difference is between an acre of land planted with tobacco or sugar, sown with wheat or barley, and an acre of the same land lying in common without any husbandry upon it, and he will find that the improvement of labour makes the far greater part of the value. I think it will be but a very modest computation to say, that of the products of the earth useful to the life of man, nine-tenths are the effects of labour. Nay, if we will rightly estimate things as they come to our use, and cast up the several expenses about them—what in them is purely owing to Nature and what to labour—we shall find that in most of them ninety-nine hundredths are wholly to be put on the account of labour.

↘ 참으로 모든 사물에 각기 다른 가치를 부여할 수 있는 것은 바로 노동의 가치라는 것은 전혀 이상하지 않다. 어느 누구든지 1에이커의 땅에 담배나 사탕수수를 심고, 밀 또는 보리의 씨를 뿌린 경우와 아무런 노력이나 노동, 경작을 하지 않고 방치한 같은 크기의 공유지 사이의 차이를 고려해 보면 그는 노동에 의하여 증가된 가치가 훨씬 더 많은 부분을 차지한다는 점을 알게 될 것이다. 인간의 삶에 유용한 토지 생산물 중에서 10분의 9가 노동의 결과라고 말해도 그것은 매우 관대하게 낮추어 평가한 것이라고 생각한다. 아니 만일 우리가 우리의 사용에 이바지하는 사물을 정확하게 평가하고, 그것을 생산하기 위하여 제공된 자연과 우리의 노동에 순전히 속하는 것을 몇가지 비용을 계상하면, 우리는 대부분의 경우에 100분의 99는 전적으로 노동에 의한 것임을 발견할 것이다.

41. There cannot be a clearer demonstration of anything than several nations of the Americans are of this, who are rich in land and poor in all the comforts of life; whom Nature, having furnished as liberally as any other people with the materials

of plenty—i.e., a fruitful soil, apt to produce in abundance what might serve for food, raiment, and delight; yet, for want of improving it by labour, have not one hundredth part of the conveniencies we enjoy, and a king of a large and fruitful territory there feeds, lodges, and is clad worse than a day labourer in England.

↳ 땅은 풍족하게 가지고 있지만 삶을 안락하게 하는 것은 빈곤한 아메리카의 몇몇 나라들과 같이 이 점을 명백히 증명하는 사례들은 없다. 이들 나라는 식품, 의목 및 생활에 있어서 평온하고 안락함을 주는 것을 풍부하고 쉽게 생산할 수 있는 비옥한 토지와 같은 풍부한 자연 자원은 다른 어느 사람들 만큼이나 자유롭게 제공받아 가지고 있지만 그들은 노동을 하여 그 땅을 경작하지 않았기 때문에 우리가 향유하는 편리함의 100분의 1도 누리지 못하고 있다. 그리하여 아메리카에서는 광대하고 비옥한 영토를 가진 추장이 영국의 일용 노동자보다 먹는 것, 사는 것, 그리고 입는 것에서 훨씬 열악한 상태에서 살고 있다.

42. To make this a little clearer, let us but trace some of the ordinary provisions of life, through their several progresses, before they come to our use, and see how much they receive of their value from human industry. Bread, wine, and cloth are things of daily use and great plenty; yet notwithstanding acorns, water, and leaves, or skins must be our bread, drink and clothing, did not labour furnish us with these more useful commodities. For whatever bread is more worth than acorns, wine than water, and cloth or silk than leaves, skins or moss, that is wholly owing to labour and industry. The one of these being the food and raiment which unassisted Nature furnishes us with; the other provisions which our industry and pains prepare for us, which how much they exceed the other in value, when any one hath computed, he will then see how much labour makes the far greatest part of the value of things we enjoy in this world; and the ground which produces the materials is scarce to be reckoned in as any, or at most, but a very small part of it; so little, that even amongst us, land that is left wholly to nature, that hath no improvement of pasturage, tillage, or planting, is called, as indeed it is, waste; and we shall find the benefit of it amount to little more than nothing.

↳ 이를 조금 더 명확하게 하기 위해, 생활에 흔히 쓰이는 몇 가지 식량을 우리가 사용하기 전까지의 여러 생산 과정을 살펴보고, 그것들이 인간의 노력으로 얼마나 가치를 얻었는지를 검토해보자. 빵, 와인, 옷은 매일 사용하는 물건이며 매우 풍부하다; 그러나 도토리, 물, 잎사귀 또는 가죽은 우리의 빵, 음료, 옷이 되어야 함에도 노동이 우리에게 이러한 더 유용한 상품을 제공하지 못했다;왜냐하면 빵이 도토리보다, 와인이 물보다, 천이나 실크가 잎사귀나 가죽이나 이끼보다 더 가치 있는 것은 모

두 노동과 근면의 결과이기 때문이고; 그 중 하나는 자연이 우리에게 제공하는 음식과 의복이다; 다른 하나는 우리의 근면과 고통으로 우리를 위해 준비된 식량으로, 그 가치가 다른 것보다 얼마나 더 큰지, 누군가가 계산해 보면, 이 세상에서 우리가 누리는 것들의 가치에서 노동이 얼마나 큰 부분을 차지하는지 알게 될 것이다; 그리고 재료를 생산하는 땅은 거의 포함되지 않거나 많아야 아주 작은 부분일 뿐이다. 너무 작아서 우리 사이에서도 목초지, 경작, 심기를 전혀 하지 않고 자연에 그대로 방치된 땅은 사실상 황무지라고 불린다. 그리고 우리는 그러한 땅에서 얻는 이익이 아무것도 아니라는 것을 알게 될 것이다. 재료를 생산하는 땅은 거의 포함되지 않거나 많아야 아주 작은 부분일 뿐이라고 생각할 것이다; 너무 작아서 우리 사이에서도 목초, 기경(起耕), 심기를 전혀 하지 않고 자연에 그대로 방치된 땅은 사실상 황무지라고 한다; 그리고 우리는 그러한 땅에서 얻는 이익이 아무것도 아니라는 것을 알게 될 것이다.

위에 발췌한 로크의 글을 보면, 분명 재산을 가진 인간사회는 그렇지 못한 사회보다 더 많은 부와 풍요한 삶을 영위할 수 있다고 강조하고 있다. 즉 재산권은 인간에게 일할 동기(incentive)를 부여한다. 특히 인간의 노동은 그 노동의 결과에 소유에 대하여 강한 정당성을 부여한다. 물론 로크는 노동을 하는 경제적 동기(economic inventive)를 찾은 것이 아니라 신의 명령과 신에 대한 의무에 따른 노동을 말하고 있다. 그리하여 노동을 하는 신체가 인간의 것이듯, 그 노동의 결과는 신체를 소유한 인간의 것이 된다.[55] 즉 인간의 노동의 결과물은 생래적으로 그 인간의 것이 된다. 이점이 자연권적 입장과 공리주의와 실용주의적 입장이 다른 것이다.

그러나 재산권의 인정은 분명 인간의 자산을 증가시킨다. 이에 대하여 로크는

37. ... To which let me add, that he who appropriates land to himself by his labour, does not lessen but increase the common stock of mankind. For the provisions serving to the support of humane life, produced by one acre of inclosed and cultivated land, are (to speak much within compasse) ten times more, than those, which are yielded by an acre of Land, of an equal richnesse, lyeing wast in common.

↘ 자신의 노동으로 토지를 사유하는 사람은 인류의 공동재산을 줄이는 게 아니라 오

55) 이는 자연법과 커먼로상의 소유의 근거이다.

히려 증가시켜 준다. 울타리를 두르고 경작하는 1에이커의 토지에서 생산되는 인류의 삶을 지탱하는 식량의 양은 공유로 방치된 같은 토질의 공유지 1에이커에서 생산된 양에 비해 적게 잡아도 열 배에 달한다.

라고 하여 사유재산제도하에서 토지의 생산력이 공유제하에서의 토지의 생산력보다 훨씬 높을 뿐만 아니라, 그와 같은 생산의 증가가 인류 모두에게 풍요한 삶을 가져온다는 점을 강조하고 있다. 결국 존 로크에게도, 인간에게 사유 재산권을 인정하는 것이 사회적으로 효율적이다.

20세기 후반의 극단적인 자유주의 철학자인 로버트 노직(Robert Nozick, 1938-2002)도 같은 결과를 주장하는데,

로크는 무주물(無主物)에 대한 재산권은 누가 그것에 자신의 노동을 가(加)함으로써 발생하는 것으로 보았다. 이 견해는 많은 질문들을 야기한다. 노동이 섞여질 수 있는 것들의 경계는 어느 곳인가? 한 우주인이 사인(私人)으로 화성에 주거지를 조성한 경우, 그는 화성 전부에 노동을 가한 것인가 (그리하여 그는 화성 전부를 소유하게 되는가), 단지 우주의 거주자 없는 지역 전부인가, 아니면 단지 특정의 조그마한 곳인가? 마지막의 경우, 행위 또는 노동은 노동을 가한 그 곳의 소유권을 귀속하게 하는가? 한 행위가 그 지역에서의 엔트로피([노직의 각주: 열역학에 있어서의 상태함수의 하나로, 한 체계내에서의 우연성,혼란, 무질서의 단위])를 감소시키는 그러한 최소한의 (그리고 가능적으로 떨어져 있는) 지역만을? 처녀지가(생태학적 탐사의 목적을 위한 고공 비행에 의해) 로크적 과정을 통해 소유권에 귀속될 수 있는가? 한 지역 주위에 울타리를 치는 행위는, 짐작컨대, 울타리친 자를 그 울타리만(그리고 그 울타리 밑 바로 밑의 땅)의 소유주로 만들 것이다.

한 사람이 무엇에 노동을 가하는 행위가 왜 그를 그 무엇의 소유주이게 하는가? 그 이유는, 아마도 그 사람이 그 자신의 노동을 소유하고 있으며 그래서 그가 소유한 것에 의해 침투된, 이전에 소유주가 없는 것이었던 것을 소유하게 하기 때문일지 모르겠다. 소유권이 나머지에 스며들어간다. 그러나 내가 소유한 것을 내가 소유하지 않은 것과 혼합하는 것이, 왜 내가 소유하지 않은 것을 취득하는 것이라기보다 내가 소유한 바의 상실이 아닌가? 내가 한 깡통의 토마토 주스를 소유하고 있어 이를 바다에 부어 그 입자들(내가 추적할 수 있도록 방사선이 입혀진)이 바다 전체에 골고루 흩어지게 한다면, 이러한 행위를 통해 나는 바다를 소유하게 되는가, 아니면 어리석게도 나의 토마토 쥬스를 낭비해 버린 것인가? 아마도 로크의 아이디어는, 그게 아니라, 무엇에 노동을 가

함이 그 무엇을 개선시키며 이를 보다 가치 있는 것으로 만든다는 것일지 모르겠다. 그리고 자신이 그의 가치를 창출한 바의 것은 누구나 그것을 소유할 권리가 있다. (이 점을 강화하는 것은 아마도 노동이 즐거운 것은 아니다라는 견해이다. 누가 물건들을 힘들지 않게 만들었다면-'노랑색 잠수함' The Yellow Submarine[56])의 주인공들이 잠수함의 항적을 따라 꽃을 흩뿌리 듯이-, 그들은 그것들을 만드는 데 전혀 비용이 들지 않았으므로 그들의 생산물에 대해 보다 미약한 권리권을 소유하는가?) 어떤 것은 노동을 가할 경우 그것이 덜 가치 있는 것이 될 수 있다는 사실은 눈감아 두자(가령 그대가 발견한 뗏목에 핑크빛 에나멜 페인트를 칠한 경우처럼). 왜 소유 권리는 한 사람의 노동이 생산해낸 부가가치 뿐만 아니라 그 노동을 가한 대상 전체에까지 확장되어야 하는가? 이러한 가치에의 의존은 소유권의 범위를 정하는 데 도움이 될 수도 있겠다. 가령 위의 엔트로피 기준에서(엔트로피를 감소시키는)이란 어구 대신 (~의 가치를 증대시키는)이라는 어구를 넣으라. 어떤 실행할 만한 또는 논리적으로 일관된 부가가치 재산제가 고안된 바 없으며 그러한 제도는 생각컨대 헨리 조지 (Henry George)의 이론과 같은 반대에 부딪치리라고 생각된다.

[노동을 가하여 그 가치가] 증가될 수 있는 무주물의 수가 제한되어 있다면, 한 개 사물의 그 가치의 증가 행위는 그에 대한 완전한 소유권을 부여한다는 생각은 타당치 못할 것이다. 왜냐하면 한 사물이 한 사람의 소유권에 귀속될 때 다른 모든 사람들의 상황도 변하기 때문이다. 이전에 그들은 그 사물을 자유로이(호펠드(Hohfeld)적 의미에서) 사용할 수 있었던 반면 그들은 이제 더 이상 그럴 수 없다. 타인의 상황의 변화(이전엔 소유되지 않았던 사물을 사용할 자유가 제거됨으로써 생기는)는 꼭 그들 상황의 악화를 의미하진 않는다. 만약 내가 코니 아일랜드의 모래 한 톨을 사유화하면 다른 사람들은 그 한 톨의 모래를 그들이 원하는 대로 처리할 수 없다. 그러나 그들이 사유화할 수 있는 모래알들이 무수히 남아 있다. 모래알을 원치 않는다면, 다른 많은 것들이 방치된 채 남아 있다. 다른 한편으로는, 내가 사유화한 모래알로 할 바의 것들은 타인의 위치를 향상시켜 그 모래알을 사용할 자유를 상실시킨 데 대한 보상을 할 수도 있다. 중요한 것은 무주물의 사유화가 타인의 상황을 악화시키는지 여부이다.[57]

노직은, 무주물의 수가 제한되어 있지 않은 한, 노동을 통하여 재산권을 취득하는 사유재산제도가 타인의 상황을 악화시키지 않는다고 했다. 로크의 재산권 취득의 단

56) 로버트 노직이 '노랑색 잠수함'을 언급한 것은 애니매이션 'Yellow Submarine'과 비틀즈가 부른 노래, Yellow Submarine에 빗대어, 노랑색 잠수함을 타고 바다를 돌아다니면서 잠수함의 항적을 만든 것만으로도 그들이 돌아다닌 바다 전체에 재산권을 주장하는 터무니없는 상황을 표현한 것이다.

57) Robert Nozick, Anarchy, State, and Utopia, Basic Books, Inc. (1974), pp. 174-175를 번역함.

서인 '충분하고 동등하게 남겨둘 것'(enough and as good left)을 충족한다고 주장했다. 그에 의하면, 아이디어와 같이 한정되었다고 할 수 없는 경우에는 그것을 사유화 하더라도 타인에게는 충분하고 동등하게 남겨있기 때문에 타인의 상황을 악화시키지 않는다. 과거부터 누리던 자유를 박탈하거나 제약하지 않는다. 이를 노직의 '약한 단서'(weak proviso)라고 한다. 노직은 약한 단서를 충족하면 로크의 '충분하고 동등하게 남겨둘 것'(enough and as good left)이라는 단서를 충족한다고 주장했다. 그리고 노동을 가한 결과에 대한 사유화로 인하여 사회 전체에는 그 노동으로 인한 가치가 상승한다.

로버트 노직은 인간의 미래의 자유를 박탈하는 것은 '강한 단서'(strong proviso)라고 하였는데, 그는 로크의 '충분하고 동등하게 남겨둘 것'이라는 단서는 강한 단서를 의미하지 않는다고 주장한다. 예컨대, 에디슨이 축음기를 발명하여 특허를 받았다면, 그와 경쟁관계에 있는 甲이 동일한 축음기를 발명하여 그가 특허를 취득할 미래의 기회를 박탈한 것이라고 할 수 있는가?라는 질문으로서 그의 결론을 제시한다. 그는 로크의 '충분하고 동등하게 남겨둘 것'이라는 단서는 미래의 기회를 박탈하지 않아야 한다는 주장은 현실성이 없는 주장이라고 여긴다. 그는 오히려 공중(the public)은 에디슨의 축음기의 지식을 얻었으므로 과거보다 그의 지위가 악화되지 않았고, 오히려 에디슨의 축음기 기술지식을 기반으로 새로운 발명을 할 기회를 얻었으므로 결국 에디슨의 축음기 발명은 공중의 지위를 악화시키지 않았다고 주장한다. 특허를 받기 위해서는 명세서(specification)에 특허를 취득하고자 하는 발명에 대한 지식을 기재하여 공중에게 공개하여야 한다. 공중은 그러한 공개된 아이디어를 이용하여 새로운 개량된 발명을 할 수 있다. 새로운 기회가 발생하는 것이다. 미래에 동일한 발명을 할 기회를 박탈당하는 것이 아니라 축음기 지식을 통하여 새로운 발명을 할 기회를 취득하므로 미래의 기회를 박탈당한다는 것은 현실성이 없다고 한다.

그리하여 로크는 자연상태는 자신의 재산과 자유를 보호할 수 있도록 타인에게 법적 강제를 할 수 없는 불안정하고 불확실한 사회('this state is very unsafe, very unsecure.')이기 때문에 항상 외부의 위협에 노출되어 있다고 언급한다. 자연상태에서의 인간은 타인으로부터의 침해를 받지 않고, 그의 재산인 생명, 자유 및 협의의 재산을 보호할 자유가 있고 자신이 이를 지킬 수 있다. 그러나 자연상태에는 국가와 실정법이 존재하지 않기 때문에 스스로 자신과 자신의 재산을 지켜야 한다. 이는 매우 비효율적인데, 그와 같은 위협으로부터 자유로워져, 자신의 생업에 종사할 수 있는 사회가 필요하다. 그리하여 자연상태의 인류가 계약에 의하여 구성한 것이 시민사회이고 정치단체인 시민정부에 대하여 자신의 집행권을 위탁하는 것이다. 시민정부의 의회는 강제하는 법을 제정할 수 있고, 이에 따라 제정된 법에 의해 강제할 수 있다.

로크에 따르면, 신(God)이 부여한 재산권을 구체화 하기 위해서는 실정법의 도움을 받아야 한다. 토지의 필지를 정리하고 이에 따라 등기를 하고, 증서에 의해 양도를 하는 것은 자연법으로는 불가하다. 로크에 따르면, 자신들의 제정법에 의해, 그리고 합의와 계약에 의해 영토의 경계를 획정한 몇몇 인간사회는 그 사회의 개인 재산을 규제하고, 노동과 산업이 시작된 재산권을 정했다. 명시적, 묵시적으로 자신들이 가지고 있는 토지에 대한 모든 권리를 포기한 다수 국가와 왕국들로 형성된 국가연합은, 그 연합의 구성원인 시민의 동의에 의하여 그들의 자연권을 포기하고 명시적인 계약에 의하여 토지를 명확하게 구분했다.[58] 이는, 경제학적 시각에서 보면, 효율적인 사회를 추구하기 위해 자연상태에서 시민사회를 구성한 것이다. 정치학적으로 보면 정치권력을 구성하기 위해 사회계약을 한 것이다.

이러한 존 로크의 사회계약설은 18세기 후반 영국의 법률가 윌리엄 블랙스톤의 법철학에 구현되었다. 블랙스톤은 자연상태와 시민사회를 구별하고, 법도 그에 따라 자연법과 제정법으로 구별하였다. 그는 자연권은 법적강제를 할 수 없으므로 법적 강제가 가능한 시민사회에서 제정된 실정법에 의해 구체화되고 보호된다고 생각하였다. 재산권은 자연법상의 절대적 권리(absolute right)이지만 자연상태에서는 강제할 수 있는 법적인 수단이나 기관이 없으므로 자연법상 재산권이 부여하는 이익을 시민사회에서 향유하기 위해서는 의회에서 제정한 실정법에 의하여 만들어지는 법적으로 강제할 수 있는 특권이 필요했다. 시민사회는 그와 같은 강제할 수 없는 자연권의 문제점을 극복하기 위해 만들어진 계약단체이다. 시민사회의 개인은 자신의 재산권을 구체적으로 행사하기 위해서는 시민사회의 의회에서 제정한 실정법의 도움이 필요했다. 그리하여 블랙스톤은 실정법상의 권리를 얻기 위해 시민은 자신의 자연법상의 권리 일부를 포

58) John Locke, Two Treatises of Government II, § 45.

기했다(in exchange for which every individual has resigned a part of his natural liberty)고 한다.[59]

결국 시민사회는 경제적으로 효율적인 결과를 가져온다. 자연상태에서는 자신 스스로 자신의 재산을 보호할 수 밖에 없으므로 그에 관한 비용을 자신이 스스로 부담하여야 한다. 영업비밀이 그와 같은 자연상태에서의 권리이다. 영업비밀은 그 영업비밀인 정보에 대하여 배타성이 없으므로 자신만이 그 영업비밀의 배타적인 권리자로 인정받을 수 없고, 그 영업비밀인 정보가 공개되거나 타인이 동일한 영업비밀을 개발하는 것을 방지할 수 있는 법적 강제권이 존재하지 않는다. 따라서 영업비밀은 자신 스스로 보호하고 실시할 수 밖에 없다.

그러나 시민사회에서 존재하는 특허법은 의회에서 제정한 제정법으로, 발명에 대하여 배타성을 인정한다. 따라서 특허권을 취득한 발명은 공개되더라도 그 발명인 아이디어에 대하여 권리를 상실하지 않는다. 특허를 받은 발명에 대하여 법적인 배타성을 인정받기 때문이다.[60] 그 대신에 특허권자는 일정기간 실시한 후에 그 발명에 대한 특허권을 상실한다. 이를 특허계약(patent contract)라고 한다. 특허계약은 사회계약설에 의한 사고이다.

발명에 대하여 특허권을 취득하는 경우에 그 발명이 공개될 것을 우려하여 비밀로 유지하기 위한 비용이 필요없기 때문에 경제적으로 효율적이다. 또한 특허권은 영업비밀과 달리 라이센스나 양도가 수월하다. 영업비밀의 경우에는 타인에게 그 비밀정보의 사전 공개가 필요하기 때문에 '애로우의 정보의 역설'(Arrow's Information Paradox)이 발생한다. 애로우의 정보의 역설 상황에서 말하는 것은 영업비밀은 라이센스나 양도가 쉽지 않다는 것이다. 또한 특허권은 제3자에 대하여 라이센스를 할 수 있으므로 자신이 직접 발명을 실시하지 않더라도 실시료로 인한 경제적 이익을 누릴 수 있다.

'애로우의 정보의 역설'(Arrow's Information Paradox)은 1972년 노벨상 수상자인 미국의 경제학자 케네스 애로우(Kenneth Arrow, 1921-2017)가 주장한 것으로 아이디어나 정보를 유상이든 무상이든 공유하기 위해 공개하는 순간 그 아이디어나 정보는 더

59) William Blackstone, Commentaries of the Laws of England, Book I. p. 125.
60) 특허법 제94조 참조.

이상 통제나 관리를 할 수 없기 때문에 그 정보의 양도나 라이센스가 이뤄지지 어렵다는 것을 의미한다. 비밀정보가 상대방에게 공개되는 경우에 공공재와 같은 지위가 되기 때문이다. 이러한 이유로 18세기 부터 무체재산권은 자연권 법리에 의해서도 영구적 권리가 될 수 없다는 점의 강한 근거가 되었다.

아이디어나 정보는 그 생산이나 소유주체를 특정할 수 없다. 무단으로 공개되더라도 그 아이디어나 정보를 회수할 수 없는 문제가 발생한다. 정보를 비밀로 보호하는 영업비밀은 그 정보나 지식의 확산을 어렵게 하여 사회적으로는 비효율적이다. 따라서 영업비밀로 보호하기 보다는 영업비밀로 보호될 수 있는 정보나 지식 또는 아이디어에 대하여 배타성을 부여하여 공개하도록 하는 것이 바람직하다. 이것이 특허권에 해당한다. 특허제도하에서 보호되는 아이디어나 정보 및 지식 등은 사회적으로 지식의 확산이 이뤄지기 때문에 최대다수의 최대효용이 이뤄지는 방법이 된다. 특허권이 인정되는 사회가 효율적인 사회가 된다.

재산권을 제도적인 관점에서 연구한 학자들이 신제도경제학파(New Institutional Economic School)인데 대표적인 학자는 1993년 노벨경제학상 수상자인 미국 미조리주 세인트 루이스 소재 워싱턴 대학(Washington University in St. Louis)의 더글래스 노스(Douglass North) 교수이다. 그리고 산업조직경제학 관점에서 재산권을 연구한 경제학자가 해롤드 뎀세츠이다.

뎀세츠 교수의 경제학 이론에 따르면, 아이디어에 대하여 사적 재산권인 특허권을 설정하는 것은 외부효과를 감소시키기 위한 것으로 설명할 수 있다. 아이디어에 의해 상업적 이익이 발생하지 않은 때는 한 사람이 아이디어를 독점하더라도 타인이 같은 아이디어를 개발하여 이용할 유인이 없기 때문에 그 타인에게 방해가 되는 것은 아니다. 그러나 아이디어에 의하여 상업적 이익이 발생하는 경우에 그 이익에 타인의 무임승차(free ride)를 할 수 있어 발명을 할 동기를 감소시킨다. 그러한 무임승차를 피할 수 있는 방법은 발명을 비밀로 사용하거나 발명이 필요한 사람에게 라이센스를 하는 것이다. 그러나 이러한 경우에 발생하는 비밀로 유지하는 비용이나 라이센스 비용(fencing cost)은 외부효과가 된다. 아이디어를 사용하고자 하는 자가 많은 경우에 그러한 비용은 증가되거나 아이디어로 인한 이익보다 더 큰 비용이 발생할 수 있다. 비밀인 정보나 아이디어를 알고 있는 사람이 많아지면 공개되어 경제적 가치가 상실될 위험성이 증가한다. 이러한 경우에는 발명이 이루어지지 않거나 적게 일어난다. 이는 사회적으로도 바람직하지 않다. 따라서 그러한 경우에는 아이디어에 대하여 법적 독점을 부여하여 외부효과를 발생하지 않게 하거나 적게 할 수 있다.[61)]

자원낭비가 쉽게 발생하여 자원의 비효율적 사용이 일어나는 공유지와 같은 예는 낚시터나 공원에서 볼 수 있다. 낚시터나 공원은 외부비효과가 크다. 공유지인 낚시터에서는 필요 이상으로 고기를 잡게 되어 공유자원의 고갈을 쉽게 하고, 무료로 개방되는 공원은 유료 개방보다 더 많은 사람이 방문하여 번잡하고 자원이 사용되게 된다. 유료 낚시터에서는 그 이용료보다 더 많은 효용가치를 가지는 경우에만 그 이용료를 지급하고 낚시를 할 것이기 때문이다. 물론 그 이용료가 높으면 높을수록 그 이용객이 줄어든다. 물론 이용료가 높은 것은 항상 좋은 것은 아니다. 자원이 저활용되어 최대다수의 최대행복을 달성할 수 없기 때문이다. 그러나 개인은 자신의 편익비용을 계산하여 이용료 보다 더 높은 효용가치를 얻을 수 있다면 낚시터를 이용할 것이다. 그리하여 낚시터는 번잡함으로 인하여 발생하는 비효과(물고기의 고갈, 번잡함 등)를 줄일 수 있다.

유료로 개방되는 공원에서는 그 이용료 보다 그 사용에 의해 더 높은 효용가치를 가지는 사람이 방문할 것이므로 공원 내의 시설이나 화장실등의 이용이 줄게 되어 자원의 과소비가 줄게 된다. 비용을 부과한다든지 사적 소유권의 환경에서는 자원의 효율적 사용을 할 수 있게 되는 반면에 공유제하에서는 자원의 효율적 사용이 어렵다.

따라서 타인에 의한 간섭을 최소화할 수 있도록 권리를 설정한다면 외부비용의 발생을 감소시킬 수 있으므로 외부효과를 내부화하여 계속적으로 자원을 이용할 것이다. 그러한 재산권으로는 사적소유제(private ownership)와 국가소유제(state ownership)로 나누어 볼 수 있다.[62)] 사적소유제는 소유자의 사적권리의 행사로부터 타인을 배제시키는 것을 의미하고, 국가소유제하에서는 국가는 국가의 재산을 사용할 수 있는 자와 없는 자를 결정할 수 있는 정치적 절차를 따르는 한 누구든지 사용에서 배제할 수 있다.[63)] 다만, 국가소유제는 정치적으로 권리자를 결정하기 때문에 공정성을 상실하고

61) Harold Demsetz, "Toward a Theory of Property Rights", 57 Am. Econ. Rev. 347, 356 (1967).

62) Id., 354.

63) Id.

자의적이 될 수 있다.

사적소유제는 공유제에서 발생할 수 있는 외부비용을 내부화할 수 있다. 왜냐하면 소유자는 자신의 토지사용에 영향을 미치는 타인을 배제할 수 있는 권리가 있으므로 자신의 자원을 효율적으로 관리할 수 있기 때문이다. 예컨대, 사용료를 지불하지 않는 사람에게는 낚시터를 개방하지 않을 수 있다. 또한 자신의 효용이 극대화 되도록 낚시터 사용료 수준을 정하여 부과할 수 있다. 사적 소유의 놀이시설이나 낚시터의 주인은 효율성을 고려하여 사용자를 결정하거나(예컨대 골프장의 회원제 등) 자기 재산의 사용에 대한 비용(입장료, 이용료)을 부과할 수 있는 것이다.

물론 사적소유제에서도 외부효과로 인한 비효율이 나타난다. 사적소유제에서 토지소유자는 타인 소유물에 대한 소유권 행사를 배제할 수 없기 때문에 인접토지 소유자의 토지 이용의 효율성을 고려하지 않는다. 예컨대, 자신의 토지에 댐을 건설하는 자는 인접토지의 토지사용을 고려하지 않는다. 이러한 외부효과는 사적소유제에서도 발생하지만 그 정도는 공유제에서의 외부효과에 미치지 않는다.[64] 그 이유는 공유제에서는 모든 사람이 인접 토지를 사용할 수 있고, 토지소유자에게 인접토지사용을 배제할 권리가 없으므로 효율적 사용을 위해서는 모든 사람과 교섭을 하여야 하기 때문이다. 그러나 사적소유제에서는 자신의 소유물에 영향을 미치는 인접토지의 소유자와 교섭을 하면 되기 때문에 교섭비용이 적게 든다. 외부효과가 발생하는 경우에는 공유제보다는 사유제가 효율적이라고 할 수 있다.[65] 타인의 사용을 배제할 수 없는 아이디어에 대하여 특허권이라는 재산권을 부여하고, 특허권자는 그 특허를 사용하고자 하는 자와 교섭, 즉 라이센싱을 통하여 효율적인 사용을 할 수 있게 된다. 그 반면에 아이디어의 독점권이 없는 영업비밀보유자는 모든 사람과 교섭을 해야 한다.

뎀세츠 교수는 다음과 같은 예로 외부효과가 내부화되는 과정을 설명한다.[66] 공유지에 대한 권리를 소유하고 있는 농부('an owner of a communal land right')가 토지를 경작을 하고 있는데, 인근에서 다른 사람이 댐을 건설하고 있다. 농부는 종전과 같이 물

64) Id., 356.

65) 모든 재화가 사유화가 되어야 하는 것은 아니다. 사적소유제하에서는 공급이 되기 어려운 경우에는 공공재화 하는 것이 타당하다. 예컨대, 도로, 항만, 통신시설 등이 이에 해당한다.

66) Demsetz 교수의 이론은 나종갑, 주파수자원의 법적 본질 및 주파수정책에 대한 의미, 저스티스 통권 91호 (2006) 48면 이하를 발췌 수정한 것임.

사용을 원하기 때문에 댐건설자에게 대가를 조건으로 댐건설의 중지를 요구한다. 기술자는 자신은 댐건설 중지를 보장할 수 있지만 다른 기술자가 계속 댐을 건설하지 않는 것은 보장할 수 없다. 이러한 예에서 댐건설을 하려고 하는 자들과의 교섭비용이 크다면 농부는 경작을 포기할 것이다. 개별적인 교섭비용 적다면 농부는 교섭을 하여 물흐름을 변경하지 않을 수 있다. 농부는 교섭비용(외부비용)이라는 외부효과(externalities)를 자신이 부담하여 내부화(internalization) 할 수 있다. 따라서 농부는 계속 토지를 경작할 수 있지만 댐을 건설하려고 하는 자가 증가한다면 그 교섭비용은 증가할 것이다. 그리하여 자신이 외부효과를 내부화할 수 있는 한계까지 교섭을 하다가 그 한계를 넘어가는 경우에는 토지경작을 포기할 것이다. 공유제(communal property) 하에서는 실질적으로 타인의 자유사용을 방해할 배타성이 없으므로 개별적 교섭에 의하여 타인의 사용을 배제하는 배타성을 확보하기 위한 비용, 즉 외부효과는 매우 클 것이다.

결론적으로 특허권은 다른 재산권과 같이 취급되어야 효율적이다. 특허가 재산으로 취급되는 경우에는 일반 유체재산과 같이 그 특허권자는 특허를 효율적으로 사용할 수 있다. 그 특허발명을 개량하거나 발전시키고, 자신이 직접 실시할 것인지 또는 라이센스를 할 것인지를 결정하고, 특허출원을 할 것인지 또는 비밀로 유지할 것인지에 대해서 발명을 한 자가 효율적으로 결정할 수 있다.

다. 코즈정리(the Coase Theorem)

코즈정리는 1991년 노벨경제학상 수상자로 시카고 대학(Chicago University) 경제학과 교수였던 로널드 코즈(Ronald H. Coase)가 제시한 이론이다. 코즈정리에 의하면, 민간경제의 주체들이 자원의 배분에 있어서 거래비용이 없이 협상을 할 수 있다면 외부효과(externality)를 내부화하여 효율적인 선택을 할 수 있다는 것이다. 코즈 교수에 의하면 커먼로는 효율적인 법원리를 형성하여 왔다고 한다.

코즈정리에 의하면 재화나 서비스의 제공이 외부효과(externality)를 가져오고 해당 재화나 서비스의 거래가 가능하다면, 거래협상은 자산의 초기 할당에 관계없이 파레토 효율적(Pareto Efficiency)인 결과로 이어진다고 한다. 파레토 최적은 사회가 달성할 수 있는 가장 최대의 효율적인 상태를 의미한다.

코즈정리가 제시하는 법제도가 재산법 원리이다. 모든 조건이 동일하다면 재산권자 모두의 효율성을 향상시키는 재산법 원칙이 상대적으로 바람직한 원칙이다.[67] 코즈 정리는 교섭비용이 없는 경우와 있는 경우를 나누어서 판단하여야 한다.

예컨대 옥수수 농장과 목장이 인접하고 있다고 가정한다. 농장주는 옥수수 생산활동에 종사하고 있고, 목장주는 소를 방목하고 있다. 목장의 소가 인근의 옥수수 농장에 침입하여 옥수수 경작에 피해를 주고 있다. 이러한 경우에 울타리를 쳐서 목장에 소가 침입하지 못하게 하거나 소의 방목두수를 줄이거나 또는 경작하는 옥수수를 줄임으로써 감소시킬 수 있다. 다만 그러한 부담을 누구에게 지울 것인지가 문제가 된다. 위의 예에서 소들의 침입으로 인한 농장주의 손해는 옥수수경작의 감소나 산출량의 감소로 인한 손해이며, 그 손해는 100달러라고 가정한다. 소들의 침입을 방지하기 위하여 옥수수 농장의 농장주가 농장에 울타리를 설치하는 비용은 50달러라고 가정하고, 목장주가 목장에 울타리를 설치하는 비용은 75달러라고 가정한다. 이러한 경우에 있어서 농장이 입는 피해는 울타리를 설치함으로써 피할 수 있다.

위 사례에서 울타리를 설치하는 비용을 누가 부담할 것인지가 문제가 된다. 목장주가 목장에 울타리를 치는 비용(75달러)을 부담하는 것보다 농장주가 농장에 울타리를 설치하는 것(50달러)이 효율적이다. 즉 목장주에게 방목의 권리를 부여한다면 농장주가 울타리를 설치할 것이므로 농장주는 50달러를 투자함으로써 울타리가 없어 농장에 발생하는 자신의 손해 100달러보다 50달러를 절약할 수 있다. 결국 사회적으로 50달러의 이익이 발생한다.

만일 농장주에게 외부 가축의 침입으로부터 자유로울 권리를 부여한다면 목장주는 100달러의 손해배상책임을 면하기 위하여 75달러를 투자하여 울타리를 설치할 것이다. 따라서 목장주는 울타리를 설치함으로써 25달러를 절약할 수 있다. 사회적으로 25달러의 이익이 발생한다.

이러한 경우에 우리 민법 원칙을 적용한다면, 농장주에게 자신의 소유물이나 점유물에 대한 방해금지 내지는 방해예방을 청구할 권리가 있으므로(민법 제214조 "소유자

67) 코즈 정리는 Id., 46면 이하에서 발췌, 수정함.

는 소유권을 방해하는 자에 대하여 방해의 제거를 청구할 수 있고 소유권을 방해할 염려있는 행위를 하는 자에 대하여 그 예방이나 손해배상의 담보를 청구할 수 있다." 참조), 자신의 옥수수 농장에 침입하여 자신의 재산권 행사를 방해하는 소의 주인인 목장주에게 손해배상청구와 방해제거 및 방해예방청구권을 행사할 수 있다. 농장주는 농장주가 과거에 입은 손해배상을 하고, 75달러를 투자하여 울타리를 설치함으로써 100달러의 손해배상책임을 면할 수 있다.

그러나 위와 같은 원칙은 '사회적'으로 효율적인 것은 아니다. 민법상의 원칙을 적용한 결과 사회적으로는 25달러의 손해라는 비효율이 발생하였기 때문이다. 만일 당사자의 교섭에 맡긴다면 효율적인 결과를 가져올 수 있다. 농장주와 목장주가 합리적이어서 협력을 위해 교섭을 한다면, 법원칙과는 관계없이 효율적인 결과를 가져올 수 있다. 농장주가 50달러를 투자하여 농장주위에 울타리를 설치하는 것이다. 그리하는 경우에 농장주와 목장주가 사회적으로 25달러를 절약하는 효율이 발생하고, 이를 농장주와 목장주가 균등하게 나눈다면, 각자 12.5달러라는 협력에 의한 잉여를 추가적으로 가지게 된다. 결론적으로 효율적인 경우는 당사자가 교섭하여 농장주가 농장주위에 울타리를 설치하는 경우라고 할 수 있고 당사자들이 협력하지 않고 법에 의존하는 경우에는 비효율적이라고 할 수 있다.

앞서 지적한 바와 같이 위와 같은 사례에서 우리 민법은 농장주에게 권리를 부여하고 있다고 할 수 있으므로 비효율적이라고 할 수 있다. 다만 이러한 경우에도 법에 의존하지 않고 당사자가 협력하는 경우를 생각할 수 있다. 즉 민법상의 법원칙에 의하면 목장주가 75달러를 투자하여 목장주위에 울타리를 설치하여야 하지만, 농장주와 목장주가 협력하여 농장주가 울타리를 설치하고 그 비용을 목장주가 부담하는 경우에는 25달러의 비용이 절약된다. 따라서 절약되는 25달러를 양분한다면 목장주와 농장주는 각자 12.5달러(총 25달러)의 협력에 의한 잉여(surplus)를 창출할 수 있다. 물론 법을 제정하는 경우에는 목장주에게 권리를 부여하는 것이 경제적으로는 바람직하다. 그러나 농장주에게 권리를 부여하더라도 당사자가 합리적으로 행동하는 경우에는 여전히 농장주위에 울타리가 설치되게 된다.

만일 효율성의 관점에서 법원칙을 정립한다면 가치를 높게 평가하거나 가치를 많이 생산하는 자에게 권리를 부여하는 것이 경제적으로 효율적인 결과를 가져오게 된다.

법 원칙과는 다르게 당사자가 교섭에 의하여 합리적으로 행동하여 교섭에 성공한다면, 법에 의한 권리의 배분에 관계없이 당사자가 효율적으로 행동하므로 법은 효율성에 영향을 미치지 않는다. 다만 당사자가 법에 따르게 된다면 법 원칙은 효율성에 영향을 미치게 된다.

다만 위와 같은 코즈정리는 거래비용을 0으로 하였을 경우를 가정한 것이다. 당사자가 교섭을 하는데 비용이 많이 든다면 협력에 의한 결과에 영향을 미치게 된다. 예컨대 협상과 계약서를 작성하는데 변호사 비용이 고액이라면 변호사 비용도 고려해야 한다. 현실 세계에 교섭이 성립하지 않아 효율성에 영향을 미치는 경우가 많이 존재한다. 예컨대 교섭비용(변호사비용, 시간, 협상비, 교통비 등) 등 외부효과가 발생하는 경우에는 이와는 다르게 된다. 만일 위의 사례에서 교섭을 위한 비용으로 35달러가 발생하는 경우에 농장주에게 권리를 부여하더라도 협력에 의한 잉여는 음(마이너스)이 되기 때문에 교섭이 이루어지지 않는다. 당사자는 외부효과를 내부화 하지만 그 외부효과가 그 협력에 의하여 발생하는 잉여(위의 사례에서 25달러)를 초과한다면 목장주는 자신이 75달러를 들여 담을 설치하는 것이 효율적이다. 이러한 경우에는 법 원칙은 목장주에게 권리를 부여하여 농장주로 하여금 울타리를 설치하도록 하는 것이 효율적이 될 수 있다. 현재 우리 민법의 원칙과 반대가 되게 된다.

결국 코즈정리에 따르면 법원칙은 비용의 발생을 최소화 할 수 있도록 재산권을 설정하는 것이 경제적으로 바람직하다는 것이다. 결국 후생경제학(Welfare Economics) 입장에서는 조세나 직접규제 등의 수단으로 외부효과를 통제하여야 한다고 주장하였으나, 코즈는 재산권에 의하여 외부효과를 해결할 수 있다고 하였다는 점에서 그 의의가 있다.

라. 재산권과 효율적 선택

미국 워싱턴 주 시애틀 소재 워싱턴 대학교(University of Washington) 경제학과의 요람 바젤(Yoram Bazel) 교수에 따르면, 재산권은 재산의 효율적 운영을 하도록 한다.[68]

68) Yoram Bazel, Economic Analysis of Property Rights, Cambridge Univ. Press (2nd ed., 1997), pp. 1-161.

경제주체는 거래비용이 발생하는 경우, 비용을 최소화하여 효용을 극대화 할 수 있는 새로운 교섭형태를 발전시키거나, 거래비용이 높은 경우에는 재산권을 공역(the public domain)으로 설정하여 효율적으로 사용한다고 주장한다.

예컨대, 항공기의 탑승권의 가격이 등급별로 차이 나고 구입시기에 따라 가격의 차이가 나도록 가격차별을 하는 것은 가격차별을 하는 비용보다 가격차별로 인한 이익이 많기 때문이다. 그러나 극장에서는 좌석마다 같은 비용을 부과하는데 이는 가격차별의 비용이 많이 발생하기 때문에 좌석의 가치를 동등하게 한 것으로 볼 수 있다. 이러한 경우에 극장주는 좌석의 일부 가치를 공역화 한 것이라고 할 수 있다. 이때에는 재산권을 공공 재산권(common property)으로 설정한 것과 같다. 즉 재산권을 가진 자는 자신의 재산을 효율적인 사용을 할 수 있도록 한다. 만일 컴퓨터를 이용하여 효율적인 좌석관리를 통해 가격차별을 위한 비용을 낮추고 상대적으로 관람료가 높아져 가격차별로 인한 이익을 취득할 수 있다면 극장주는 가격차별을 할 것이다.

이러한 관점에서는 지적재산권도 무체물을 재산권화 하여 효율적인 이용을 할 수 있도록 하는 제도라고 할 수 있다. 라이센스 제도 등도 지적재산권을 효율적으로 이용할 수 있도록 한다. 즉 사회적 경제적으로 지적재산권 제도가 필요하다는 것을 경제학적으로 증명하는 것이다.

마. 결론: 지적재산권 제도의 가치

인간의 공유자원을 이용하여 창작을 하는 것은 새로운 경제적 가치를 창조한다. 지적재산권제도의 가치가 여기에 있다. 공유자원을 좀 더 효율적으로 사용할 수 있도록 한다. 이러한 효율적인 사용은 새로운 기술개발을 조기에 달성하도록 하는 것도 포함한다. 이러한 관점에서 보면 산업혁명이 특허제도가 발전한 영국에서 먼저 이뤄진 것은 당연한 것일 수 있다.

자연권과 공리주의에서는 공유자원을 지적재산권이라는 배타적인 권리로 독점하는 것의 정당성에 초점을 두었다면, 새로운 지적재산권 이론(Neo Classical Intellectual Property Theory)은 공유자원의 효율적 사용에 초점이 맞추어져 있다. 최근의 이론은 지적재산권의 정당성 보다는 지적재산권의 효율적 이용에 그 초점이 맞추어져 있다.

5. 자유권과 지적재산권의 권리범위와 그 한계

My Freedom to Swing My Fist Ends Where Your Face Begins.

↳ 내가 주먹을 휘두를 자유는 너의 얼굴이 시작되는 곳에서 끝난다.

(John Stuart Mill, On Liberty)

가. 인류의 공유재산과 자유이용

자연법칙, 자연현상 및 추상적 아이디어가 특허권의 대상이 되지 않듯이 사실(facts)이나 추상적 아이디어(abstract idea) 역시 저작권으로 보호하지 않는다. 이들은 신이 인간에게 부여한 인류의 보편적 공유자원이기 때문이다. 특정인이 이들을 사유화하는 것은 타인이 자유롭게 사용할 수 있는 보편적 자유를 침해하거나 제한하기 때문이다. 이러한 자유주의 철학은, 특허권과 공통적으로 저작권에 대한 로크, 칸트 및 헤겔과 같은 자유주의적 개인주의자의 철학에서 찾아 볼 수 있을 뿐만 아니라 제레미 벤담이나 존 스튜어트 밀과 같은 공리주의자의 철학에서도 찾아 볼 수 있다.

Reason, which is that Law, teaches all Mankind, who would but consult it, that being all equal and independent, no one ought to harm another in his Life, Health, Liberty, or Possessions.

↳ 자연의 법인 이성은 모두 평등하고 독립적인 모든 인간에게, 어느 누구도 타인의 생명, 건강, 자유 또는 소유를 침해해서는 안된다고 가르친다.

(John Locke, Second Treatise of Government, § 6)

이러한 한계는 자유권에 내재된 한계이다. 이를 넘어서는 것은 인류 모두가 가지는 '동등하게 평등한 자유'(equal freedom)를 침해하는 행위가 된다. 즉 자유주의적 개인주의 철학자들은 이러한 문제의 해결을 모든 인류의 평등한 자유권에서 찾았다.

나의 자유권의 행사가 타인의 자유권을 침해할 수 없다. 왜냐하면 타인도 나와 동등한 자유를 가지고 있고, 이는 다른 한편으로 평등한 것이기 때문이다. 19세기 최고의 철학자 중으로 한 사람으로 불리는 영국의 허버트 스펜서(Herbert Spencer)는 '평등한 자유의 원칙'('Principle of Equal Freedom')을

Every man is free to do that which he wills, provided that he infringes not the equal freedom of any other man.[69]

↘ 모든 사람은 다른 사람이 가지는 동등한 자유를 해하지 않을 조건으로 자신의 자유의지에 의해 모든 것을 할 자유를 가진다.

라고 강조하여, 자유권에는 평등권이 포함되어 있음을 강조했다. 개인의 자유는 타인의 평등할 권리를 침해하지 않는 한도내에서 행사할 수 있고, 다른 타인의 자유권으로부터 자신이 평등할 권리를 침해받지 않을 권리가 있다. 많은 사람들이 인용하는 '나의 자유는 타인의 자유가 시작되는 곳에서 끝난다'("My freedom ends where yours begins.")[70]는 격언을 허버트 스펜서의 생각으로 표현한다면, 모든 사람은 적극적 자유와 소극적 자유를 가진다고 할 수 있다. 적극적 자유는 자신에게 이익되는 행위를 할 자유와 그 이익을 가질 자유이고, 소극적 자유는 인간의 생존에 필요한 필수품에 대한 타인의 권리가 존재한다는 것에 의해 자신의 자유가 제한된다는 것이다.[71] 자유주의적 개인주의 철학자들은 자유권의 개념 자체에서 평등할 권리를 인정했다.

모든 사람은 자유에 대한 권리가 있고, 또한 모든 사람은 평등하기 때문에 나의 자유는 타인의 자유를 침해하거나 제한해서는 안된다. 이는 자유주의적 개인주의의 명제이다. 여기에서 나의 재산권과 타인의 재산권이 존재하고, 각자의 재산권의 한계와 경계가 정해진다. 이러한 자유주의 정신은 지적재산권의 경우에도 예외가 되지 않는다.

나. 자연권의 영구성과 제한된 기간 동안의 독점: 특허권과 저작권

1791년 프랑스 특허법은 특허권을 자연법상의 권리인 자연권으로 인정했으나 영구적인 권리로는 인정하지 않았다. 이에 반하여 저작권에 대하여는 최소한 생존시까지 존재하는 영구적인 권리를 주장한다. 이러한 법리적 차이점은 대륙법이 기초한 철학

69) Herbert Spencer, The Principles of Ethics, II, (1893) §272, p. 46.

70) 유사한 격언으로는 존 스튜어트 밀(John Stuart Mill)의 자유론(On Liberty)에서 언급된 것으로, 올리버 랑델 홈즈(Oliver Wendell Holmes Jr.) 미국 연방대법관이 즐겨 사용했다는 "My Freedom to Swing My Fist Ends Where Your Face Begins."이 있다.

71) Herbert Spencer, The Principles of Ethics, II, (1893) §267.
On the one hand, there is that positive element implied by each man's recognition of his claims to unimpeded activities and the benefits they bring. On the other hand, there is that negative element implied by the consciousness of limits which the presence of other men having like claims necessitates.

과 영미법이 기초한 공리주의 및 실용주의 철학과 차이에서도 발생하지만 자연법상의 권리 자체의 본질이 대한 인식에서 기원한다. 대륙법계인 프랑스와 독일은 특허권과 저작권을 기본적으로 자연권이라고 하였다. 특히 프랑스는 자연권이라는 입장이 강했고, 가장 늦게까지 자연권이라는 입장을 유지한다.

공리주의는 아이디어나 저작물 등에 대한 독점을 매우 혐오했다. 이러한 아이디어나 저작물은 비배제성과 비경합성으로 인하여 사회적 공유에 최적화된 것이었다. 그 이유는 아이디어나 표현을 공유하는 것이 최대다수의 최대행복을 가져오기 때문이었다. 그러나 아이디어나 표현의 창작에 대하여 아무런 보호를 하지 않는다면 아이디어나 표현의 창작이 일어나지 않거나 적게 일어나기 때문에 아이디어나 표현의 창작이 가져오는 사회적 공헌에 대한 보상 또는 창작을 위한 희생에 대한 보상으로 일정기간 동안 아이디어나 저작물에 담긴 표현에 대해 그 창작자에게 국가가 독점을 부여하고 그 대가로 그 제한된 시간이 지나면 공중의 소유로 한다는 특허계약이나 저작권 계약을 체결한 것이라고 보았다. 따라서 공리주의에서 특허권이나 저작권은 일정 기간 보호하는 실정법 원리가 형성되고, 지적재산권법 제도는 공중의 권리(*publici juris*)가 중심이 되는 제도로 발전했다.

그러나 대륙법의 자연법사상에서 자연권은 보편적이고 영구적 권리이다. 저작권은 영구적 권리이지만, 칸트나 헤겔의 인격이론(personality theory)에 의하면 인격은 사망으로 인하여 소멸하므로 생존기간 동안만 존재하게 된다. 다만 인격권은 사망에도 불구하고 존속된다고 하는 견해도 있다. 법인은 자연인과 같이 인격을 가진 존재가 되지 못하므로 권리의 주체가 되지 못한다. AI도 인격을 가진 존재가 아닌 기계일 뿐이다.

그런데 자연법 원리에서도 저작권이나 특허권의 경우에 일정 기간 보호하는 경우가 있다. 예컨대 앞서 언급한 1791년 프랑스 최초의 특허법에서도 특허권의 존속기간은 발명에 대한 일시적인 이용을 위하여 5년, 10년, 15년의 특허를 부여한다고 규정했다. 이와 같이 발명에 대한 권리를 영구적인 자연권으로 보면서도 일정한 기간동안 보호하는 이유는, 기존의 자연법칙, 자연현상이나 추상적 아이디어 등은 기존에 존재하는 만인의 공유물인데, 발명은 이와 같은 만인의 공유 재산을 이용하여 새로운 창작을 한 것이므로 발명에는 사회의 기여가 많이 존재하고 발명자의 기여가 저작물보다는 상대적으로 적게 존재한다고 보았기 때문이다. 이에 반하여 시와 소설 등 그 당시에 저작물로 보호되던 어문저작물은 거의 모두 창작자가 새롭게 창작하였다고 보았기 때문에 발명에 대한 특허권보다 창작자의 기여가 많기 때문에 최소한 그 저작을 창작한 저작자의 인격이 소멸하는 시점인 저작자의 사망시까지 존재하는 영구적인 권리로 보았다.

그러나 자신의 사상과 감정 및 생각이 타인과 소통하거나 타인에게 공개된 경우에는 자신의 것이라고 할 수 없게 된다. 그의 생각과 타인의 생각의 경계를 구분할 수 없을뿐더러 그 생각, 사상, 감정이 타인과 공유가 되면 더 이상 자신의 것이라고 주장할 수 없기 때문이다. 1769년 Millar v. Taylor 사건에서 요셉 예이츠(Joseph Yates) 판사는 그와 같은 자신의 생각을 판결에 담았다.

> If the author had not published his work at all, but only lent it to a particular person, he might have injoined that particular person, "that he should only peruse it ;" because, in that case, the author's copy is his own ; and the party to whom it is lent contracts to observe the conditions of the loan : but when the author makes a general publication of his work, he throws it open to all mankind.
>
> ...
>
> But when an author prints and publishes his work, he lays it entirely open to the public, as much as when an owner of a piece of land lays it open into the highway. Neither the book, nor the sentiments it contains, can be afterwards recalled by the author.[72)]
>
> ↘ 만약 저자가 자신의 작품을 전혀 출판하지 않고 특정인에게 빌려주기만 했다면, 그는 그 특정인에게 "그는 그것을 정독하기만 하라"고 명할 수도 있다. 왜냐하면 그 경우에는 저자의 원고가 그 자신의 것이기 때문이다. 그리고 그것을 빌려준 당사자는 빌려준 조건을 준수하기로 계약했다. 그러나 저자가 자신의 저작을 일반 출판할 때 그는 그것을 모든 인류에게 공개한 것이다.
>
> ...
>
> 그러나 작가가 그의 작품을 인쇄하고 출판할 때, 그는 토지 소유자가 자신의 토지를 공공도로로 개방하는 것과 마찬가지로 자신의 작품을 대중에게 완전히 공개한다. 책이나 그 안에 담긴 저자의 감정은 저자가 후에 자신의 것이라고 주장할 수 없다.
>
> [중략]

72) Millar v Taylor (1769) 4 Burr. 2303, 2364, 98 ER 201, 234.

But when the invention is once made known to the world, it is laid open ; it is become a gift to the public : every purchaser has a right to make what use of it be pleases. If the inventor has no patent, any person whatever may copy the invention, and sell it.[73)]

↳ 발명이 일단 공개되면, 그것은 세상에 알려진다; 그것은 공중에 대한 선물이다. 모든 구입자는 그것을 이용하여 원하는 것을 만들 권리가 있다. 만일 발명자에게 특허가 없다면, 누구든지 그 발명을 복제하여 판매할 수 있다.

예이츠 판사의 생각은 18세기 말기의 주류적 생각이 되었다. 이러한 정신은 18세기 자연법을 기초로 한 프랑스 혁명정신을 반영한 프랑스 저작권법이나 특허법을 설계할 때 영향을 미쳤다. 저작과 발명이 자연법에 기한 권리라는 점을 인정하였지만, 저작물의 출판이나 특허를 통한 발명의 공개를 통하여 자신의 생각이나 아이디어를 공중에게 공개하면 이를 공중과 공유하는 것이 되므로 더 이상 자신의 것이라고 주장하지 못한다는 철학이 주류가 되었다.[74)]

물론 로크와 같이 객관적인 노동가치설의 입장에서는, 창작물에 대한 권리는 창작자의 자연권으로 보기 때문에 영구적인 권리가 되어야 한다. 그러나 1769년 Millar v. Taylor 사건에서 요셉 예이츠(Joseph Yates) 판사의 생각은 곧 영국과 그 이웃 유럽대륙의 지배적인 철학이 되었다. 영국에서는 18세기 후반 공리주의가 영국을 지배하는 사상이 되면서 출판된 저작물에 대한 권리는 앤여왕법에 규정된 제한된 기간 보호되는 권리로 인정했다. 이는 특허권도 마찬가지였다. 영업비밀은 자신의 재산이 되지만, 특허를 취득하기 위해 공개하면 더 이상 자신의 아이디어라고 주장할 수 없게 되었다. 프랑스는 1789년 프랑스 혁명후 자연권을 바탕으로 저작권법과 특허법을 제정했지만 영구적으로 존속하는 권리로 인정하지는 않았다.

18세기 후반 이후에 영미법은 공리주의를 토대로 공중의 권리와 자유사용을 중심으로 법원리가 형성되었고, 대륙법은 자연법을 바탕으로 창작자의 권리를 중심으로 법원리가 형성되었다. 공리주의 하에서 아이디어와 표현은 공유되어야 공리성을 달성할 수 있었고, 자연법상으로 아이디어나 표현이 공개되면 공중에게 공유되는 이유는 특정인

73) Id., 246.

74) 본서 "제2장 제4절 5. 다. (1) 저작권의 역사철학" 참조.

의 표현과 아이디어는 공중의 생각이나 아이디어와 구별할 수 없었기 때문이었다.

다. 경쟁의 자유와 자유경쟁: 나쁜 특허가 지배한 세상

(1) 1948년 헐리우드의 반독점 사건 (Hollywood Antitrust Case of 1948)

1948년 미국 연방 대법원은 헐리우드의 다섯개의 큰 스튜디오(파라마운트사, MGM사, RKO사, 이십세기 폭스사, 워너브라더스사)와 3개의 작은 스튜디오(컬럼비아 픽처스사, 유니버설 스튜디오사, 유나이티드 아티스트사)에 대한 수직계열화를 금지하고 해체시켰다.[75] 본 사건은 'Hollywood Antitrust Case of 1948' 이라고도 불린다.

할리우드의 주요 영화 제작사들은 파트너 쉽(partnership, 조합)을 통해 영화의 제작과 배급 뿐만 아니라 영화를 상영할 수 있는 극장까지 소유함으로써 영화시장을 사실상 독점하고 있었다. 파트너 쉽의 영역에 있는 극장을 지배하는 영화사들은 자신들이 소유한 스튜디오에서 제작한 영화만 그 극장을 통해 상영했다. 완성된 영화의 상영 뿐만 아니라 영화제작에 있어서도 수직계열화를 이룩하여 계약에 따라 작가, 감독, 제작자 및 배우를 직원으로 두고, 영화를 제작하였으며, 자신이 소유한 극장을 통해 배급과 상영을 했다.

1938년 미국 법무부는 불법적 거래행위의 독점소송을 제기했다. 미연방대법원은 영화사의 불법적 거래를 인정하였다. 판결문을 작성한 미국 연방대법원의 더글라스 대법관은 피소된 영화사들은 시장 과점을 통해 영화들의 극장 내 상영 시간의 조정(Clearances and runs), 영화사 간 극장 담합(Pooling agreements), 상영관과 배급자간의 이익의 강제분배(Formula deals), 제작전 또는 제작중인 미완성 영화의 구매강요와 완성된 영화에 대한 구매강요를 한 블록 부킹(Block booking), 소형 극장 차별(Discrimination against smaller, independent theaters) 등과 같은 행위를 통하여 소비자들의 영화 선택권을 침해하였다고 보았다. 본 판결의 영향으로 미국 연방법무부는 'Paramount Decrees'를 제정하여 주된 영화사들은 소유하던 극장을 모두 처분해야 하

75) United States v. Paramount Pictures, Inc., 334 U.S. 131 (1948).

며, 극장을 소유하기 위해서는 법원의 승인을 받도록 하였다. 극장을 소유하지 못했던 마이너 스튜디오들 역시 독점에 따른 불공정 행위들을 금지받았다. 위 판결로 인해 영화사들의 시장 지배력은 상실되었고, 소규모 영화사들도 영화시장에 진출할 수 있었다. 그리하여 현재의 헐리우드 영화사들은 경쟁을 통한 강력한 경쟁력을 가지게 되었다고 평가할 수 있다.

2018년 미국 연방법무부는 Paramount Decrees에 대한 재심을 거쳐, Paramount Decrees를 종료시키로 결정했다. 2020년 8월 법원은, 2년간의 일몰기간을 거쳐, 위 명령을 종료한다고 결정했다.

(2) UIP 코리아 미국영화 직접 배급과 한국영화산업

1988년 1월 미국의 유니버설, 파라마운트, MGM 등 할리우드 메이저 영화사들이 한국에 영화를 직접 배급·판매하기 위해 'UIP 코리아'라는 영화 배급회사를 만들었다. 과거에 우리나라는 영화법에 의해 특정한 국내 수입사만이 외국 영화 수입배급의 독점을 하고 있었다. 국내 영화사들은 국내에서 영화를 1편 제작하면 일정한 편수의 외국영화를 수입할 수 있는 독점수입권('영화수입독점제')과 극장은 일년 중 일정기간동안 국내영화를 상영하여야 하는 의무('스크린쿼터제')가 있었다. 이에 국내영화제작은 외국영화수입을 위한 수단으로 이용되었기 때문에 국내영화는 매우 저렴한 비용으로 영화를 제작하는 처참하고도 부끄러운 수준의 영화들이 난무하였다.(소위 'XX 부인 시리즈') 외국 영화는 간접 배급 방식을 통해 국내 영화사들이 독점 수입한 뒤 극장에 배급되었으며, 그 결과 해당 영화가 국내에서 흥행에 성공하더라도 해외 영화사에는 극히 적은 이익만 지급되었다. 이러한 영화산업의 카르텔은 국내 영화산업은 영화발전을 위한 새로운 투자없이 독점이윤만을 취득하여 발전은 없었다. 나쁜 특허제도를 통하여 마피아와 같은 카르텔을 형성한 영화사와 그 관계자들만이 이익을 얻었다.

이러한 영화수입독점제 및 스크린쿼터제는 과거 18세기 전후에 유럽에서 존재했던 저작권 특허/특권제도와 유사하다. 국가는 독점제와 스크린 쿼터제도의 시행을 통하여 영화인들에 대한 지배력과 통제력을 행사하고, 영화인들은 정부의 지도와 지시에 따르면서 수입독점과 의무상영을 통한 이익을 누리고 있었던 것은 1436년 구텐베르크에 의해 활자인쇄술이 발명된 이후에 출판산업에 대하여 국가가 저작권 특허/특권제를 통하여 사상의 유통을 통제하고, 출판업자들은 국가의 사상통제를 따르면서 출판 독점을 받은 것과 매우 유사하다.[76]

1970년대 후반에 미국 할리우드 영화사들은 우리나라의 영화시장 개방을 요구하고 있었고, 미국의 무역보복의 압력으로 1985년 10월 제1차 한-미 영화협상이 열렸다. 그 협상에서 우리나라는 1987년부터 외국 영화사가 국내 지사를 설치해 직접 영화 배급을 하는 것을 허용하고, 외화 수입 편수 독점제와 스크린 쿼터제를 폐지하기로 했다. 1986년 영화법을 개정하여 외국 영화사의 직접 배급하는 것과 1989년부터 외화수입 쿼터제가 단계적으로 폐지되었고, 국내영화의무상영일(스크린 쿼터)도 축소되었다. 이때 만들어진 외국영화사의 국내 직접 배급회사가 'UIP 코리아'이었다.

이에 국내 영화사와 배우, 관계자들은 영화 개방에 대한 거센 반대운동을 벌였다. 아래 사진은 그 당시의 영화 직배를 반대하는 배우 등 영화인들의 시위현장을 담은 것이다. 일부 영화인들은 직장이나 직업을 잃게 되는 위험에 처하기도 했다. 단기적으로 국내 영화산업이 침체기를 맞을 것은 분명했기 때문이다.

그러나 영화시장이 개방되어 경쟁산업이 된지 약 35년이 지난 지금, 우리 영화산업은 괄목할만한 성장을 이뤘다. 그동안 국제영화제에서 다수의 상을 수상한 것은 물론 2020년 봉준호 감독은 영화 기생충으로 아카데미 상을 받았다. 이는 1980년대 후반 영화시장의 독점을 폐지하고 외국 영화와 경쟁을 하여 쌓아온 경쟁의 힘이라고 생각된다.

1980년대 말까지 한국 영화 스튜디오에서 독점을 누렸던 영화독점수입제도 및 스크린쿼터제는 대표적인 나쁜 지적재산권이다. 이러한 독점은 새로운 것을 창작한 것, 즉 자신들이 창작한 영화에 대하여 누리는 독점이 아닌, 다른 사람들의 영화 수입자유를 제한하고 스크린 쿼터제를 통하여 얻은 독점이었다. 결과적으로 영화의 창작성과 질

76) 영국의 경우, Licensing of the Press Act 1662(14 Cha. 2. c. 33)에 의해 등록되지 않고 면허받지 않으면 출판을 하지 못하도록 했다. 그와 같은 제한에 대한 감독과 경찰권 행사, 즉 검열권의 행사는 도서를 인쇄할 수 있는 독점 권한을 부여받은 인쇄업자 길드인 Stationers' Company에 의해 시행되었다. 면허법에 따라 시행된 출판되는 도서의 검열은 대중의 항의를 불러일으켰다. 그러나 1695년 하원이 Stationers' Company에 부여한 검열권과 독점권의 연장을 거부함으로써 사실상 폐지되었고, 공식적으로는 Statute Law Revision Act 1863에 의해 폐지되었다. 한편 출판업자들은 1695년 폐지된 면허법의 연장을 의회에 지속적으로 청원했고, 결국 1710년 앤여왕법을 제정하게 된다. 이러한 특허방식에 의한 독점은 영국뿐만 아니라 유럽에서 인쇄술이 나온 독일이나 프랑스에서도 보편적인 특권제도로 운영되었다.

[1989년 UIP영화 직배 저지 집회][77]

[1998년 스크린쿼터 폐지에 대한 항의 집회][78]

적 개선에 대한 유인이 없었고, 국내 영화산업은 무능과 부패의 산실로 전락했다. 영화산업은 외화수입독점권을 통하여 취득한 이익을 독점한 일부 거대 마피아 집단이 지배하는 비경쟁적이고 퇴행적인 산업이 되었다. 그러나 영화수입쿼터제를 폐지하고 과감하게 경쟁산업으로 구조조정을 한 결과 경쟁력이 있는 영화인들만이 살아 남을 수 있었고, 그리하여 좋은 영화들이 제작되게 되었다. 현재의 세계적인 한류문화의 유행은 1980년대 영화수입쿼터제를 폐지한 것도 하나의 원인으로 제시할 수 있다. 아마도 영화수입쿼터제를 폐지하지 않았다면, 현재의 봉준호 감독과 같은 경쟁력이 있는 영화인들이 성장할 수 없었을 것이며, 영화산업은 극소수의 영화 마피아들이 지배하는 부패한 산업이 되었을 것이다.

77) 한국영화인협회 주최 'UIP영화 직배 저지 범영화인 궐기대회'(1989.2.13., 서울 동숭동 예총회관 앞). 사진=한국영상자료원 제공 출처 : 문학뉴스(http://www.munhaknews.com)

78) 스크린쿼터 사수 범영화인 비상대책위원회(공동위원장 김지미·임권택·이태원) 주최 '우리영화 죽이기 음모 규탄대회'(1998.12.01., 서울 광화문). 사진=한국영상자료원 제공 출처: 문학뉴 (http://www.munhaknews.com)
관련뉴스: https://www.hankyung.com/article/1998120101891

제2절

발명성(inventiveness), 창작성(creativeness) 및 식별력(distinctiveness)

1. 발명성과 특허

발명성이란 발명이 갖추어야 할 자격으로, 특허법에서는 '자연법칙을 이용한 것'을 말한다.[79] '발명하다(invent)'는 중세부터 사용한 영어 단어로서, 그 의미는 '처음 생각이나 지적인 것을 만들어 낸다'(to find out in the way of original contrivance, to create product or construct by original thought or ingenuity...)이다. 즉 인간의 정신작용에 의한 창작적인 결과로서 이전에 존재하지 않은 것을 의미한다. 나아가 재산권이란 인간에게 주어진 자유, 생명 및 재산에 관한 권리이었다. 이러한 관점에서 보면, 현재의 인공지능(AI)은 인간이 아니므로 발명이나 창작의 주체가 될 수 없다. 재산권은 인간의 권리이었다.

1952년 미국 특허법의 제정시에 미국 의회는 특허의 대상으로 '태양 아래 인간이 만든 모든 것을 포함한다'("include anything under the sun that is made by man")고 하였다.[80] 그럼에도 불구하고, 미국 연방특허법이나 연방대법원은 특허의 대상을 제한하고 있다. 특히 미국이 기초하고 있는 공리주의와 실용주의 철학을 바탕으로 '자연법칙 등은 과학과 기술발전을 위한 기본적인 도구'("are the basic tools of scientific and technological work")이기 때문에[81] 특허권자가 자연법칙 등을 독점한다면 특허권자를

79) 특허법 제2조 제1호 ""발명"이란 자연법칙을 이용한 기술적 사상의 창작으로서 고도(高度)한 것을 말한다."
80) U.S., S. Rep. No. 1979, 82d Cong., 2d Sess., 5 (1952); H. R. Rep. No. 1923, 82d Cong., 2d Sess., 6 (1952).
81) Gottschalk v. Benson, 409 U.S. 63, 67 (1972).

제외한 나머지 사람들의 이용을 제한하여 과학기술의 발전을 가져오기 보다는 오히려 발전을 방해 할 수 있다("monopolization of those tools through the grant of a patent might tend to impede innovation more than it would tend to promote it")[82]는 생각에 기초하고 있다. 공리주의에서도 AI의 발명주체성을 부인한다. 그러나 공리주의하에서는 만일 공리성을 달성할 수 있다면 AI의 발명성을 인정할 수 있다.

우리나라 특허법 제2조는 발명의 정의를 "자연법칙을 이용한 기술적 사상의 창작으로서 고도(高度)한 것을 말한다."라고 규정한다. 그 정의에 따르면, 자연법칙 그 자체로는 발명이 될 수 없으므로 특허를 받을 수 없다는 점이 명백하다. 자연법칙은 신(God)이 창작한 것으로 인간이 창작한 것이 아니므로 인간이 만든 것, 즉 발명이 될 수 없으므로 당연히 특허를 받을 수 없게 된다. 자연현상이나 추상적 아이디어도 인간이 만든 것이 아니므로 특허를 받을 수 없다. 다만 자연법칙을 이용한 결과는 발명에 해당하므로 특허요건(신규성, 진보성, 산업상 이용가능성)을 충족한다면 특허를 받을 수 있다. 발명성의 개념에서 보면, 인류의 공유재산 그 자체는 특허를 받을 수 없다.

2. 창작성 및 사실과 추상적 아이디어

자연법칙에 대하여 특허를 인정하지 않는 법원리는 저작권법이나 상표법에도 존재한다. 저작권법은 창작성을 저작물의 요건으로 하고 있다. 저작권법 제2조 제1호는 "1. "저작물"은 인간의 사상 또는 감정을 표현한 창작물을 말한다."라고 하여, 인간, 즉 자연인이 사상이나 감정을 표현한 창작물일 것을 기본으로 하고 있다. 나아가 저작권법상 저작권으로 보호받기 위해서는 최소한의 창작성(minimal creativity)을 요구한다. 우리 대법원도

> 편집물이 저작물로서 보호를 받으려면 일정한 방침 내지 목적을 가지고 소재를 수집 · 분류 · 선택하고 배열하여 편집물을 작성하는 행위에 창작성이 있어야 하는바, 그 창작성은 작품이 저자 자신의 작품으로서 남의 것을 복제한 것이 아니라는 것과 최소

82) Mayo Collaborative Servs. v. Prometheus Labs., Inc., 566 U.S. 66, 71 (2012).

한도의 창작성이 있는 것을 의미하므로 반드시 작품의 수준이 높아야 하는 것은 아니지만 저작권법에 의한 보호를 받을 가치가 있는 정도의 최소한의 창작성은 있어야 한다(대법원 2003. 11. 28. 선고 2001다9359 판결, 대법원 2009. 6. 25. 선고 2008도11985 판결 등 참조). 편집물에 포함된 소재 자체의 창작성과는 별개로 해당 편집물을 작성한 목적, 의도에 따른 독창적인 편집방침 내지 편집자의 학식과 경험 등 창조적 개성에 따라 소재를 취사선택하였거나 그 취사선택된 구체적인 소재가 단순 나열이나 기계적 작업의 범주를 넘어 나름대로의 편집방식으로 배열 · 구성된 경우에는 편집저작물로서의 창작성이 인정된다. 편집방침은 독창적이라고 하더라도 그 독창성이 단순히 아이디어에 불과하거나 기능상의 유용성에 머무는 경우, 소재의 선택 · 배열 · 구성이 진부하거나 통상적인 편집방법에 의한 것이어서 최소한의 창작성이 드러나지 않는 경우, 동일 내지 유사한 목적의 편집물을 작성하고자 하는 자라면 누구나 같거나 유사한 자료를 선택할 수밖에 없고 편집방법에서도 개성이 드러나지 않는 경우 등에는 편집저작물로서의 창작성을 인정하기 어렵다.[83)]

고 하여, 자연법 원리에 의한 인간의 창작을 요구하고 있다. 저작권법 제7조는 저작권으로 보호받지 못하는 저작물을 다음과 같이 예시하고 있다.

1. 헌법·법률·조약·명령·조례 및 규칙
2. 국가 또는 지방자치단체의 고시·공고·훈령 그 밖에 이와 유사한 것
3. 법원의 판결·결정·명령 및 심판이나 행정심판절차 그 밖에 이와 유사한 절차에 의한 의결·결정 등
4. 국가 또는 지방자치단체가 작성한 것으로서 제1호부터 제3호까지에 규정된 것의 편집물 또는 번역물
5. 사실의 전달에 불과한 시사보도

위 예시에 제시된 저작물은 기본적으로 모두의 공유이기 때문에 특정인에게 저작권을 인정하는 방법으로 사유화를 허용하지 않는 것이다.

83) 대법원 2021. 8. 26. 선고 2020도13556 판결.

3. 상표등록과 식별력의 독점 및 자유주의적 개인주의 철학

가. 식별력의 철학적 가치

상표법에도 앞서 언급한 창작법으로서의 법리가 존재한다. 특허법이나 저작권법은 창작법이라고 하면서도 상표법은 창작법이 아니라고 설명하는 견해들이 존재하는데, 이는 상표법의 원리에 대한 이해 부족으로 인한 것이다. 또한 상표법은 식별력을 독점을 인정하는 것이다. 자유주의적 개인주의 철학은 상표등록에 의해 식별력에 대한 독점을 인정한다.

상표법상 상표로 등록하기 위해서 상표는 식별력이 존재하여야 하는데, 식별력은 상표를 선택하거나 사용함으로서 창작된다. 즉 인간의 상표선택이나 상표사용 행위에 의해 그 상표의 식별력이 창작되는 것이다. 또한 인간의 상표선택이나 상표사용에 의해 창작된 상표의 식별력의 강약에 따라 상표의 보호정도가 결정된다. 식별력의 창작성이 강한 상표는 강하게 보호되고, 식별력의 창작성이 낮은 상표는 약하게 보호된다.

상표법 제33조 제1항은 아래에 나열하는 것은 상표등록을 허용하고 있지 않는다고 규정한다. 이러한 상표를 등록한다면 인류의 공유자산을 사유화하는 것으로서 타인의 동등한 자유를 제한하기 때문이다. 즉 상표의 식별력과 상표등록여부를 판단할 때는 상표등록이 타인의 동등한 자유를 제한하는지를 살펴보면 된다. 이는 상표법도 창작법이기 때문이다. 상표로 사용하기 위한 표장의 선택에 의하여 식별력이 창작된다면 상표등록을 거부할 이유가 없다. 창작된 식별력을 독점하더라도 타인의 자유를 해하지 않기 때문이다. 아래 사유는 상품과 상표와의 관계에 따라 식별력이 없음을 규정하고 있다.

1. 그 상품의 보통명칭을 보통으로 사용하는 방법으로 표시한 표장만으로 된 상표
2. 그 상품에 대하여 관용(慣用)하는 상표
3. 그 상품의 산지(産地)·품질·원재료·효능·용도·수량·형상·가격·생산방법·가공방법·사용방법 또는 시기를 보통으로 사용하는 방법으로 표시한 표장만으로 된 상표
4. 현저한 지리적 명칭이나 그 약어(略語) 또는 지도만으로 된 상표
5. 흔히 있는 성(姓) 또는 명칭을 보통으로 사용하는 방법으로 표시한 표장만으로 된 상표

6. 간단하고 흔히 있는 표장만으로 된 상표

7. 제1호부터 제6호까지에 해당하는 상표 외에 수요자가 누구의 업무에 관련된 상품을 표시하는 것인가를 식별할 수 없는 상표

아래는 식별력의 강약에 따른 구별이다.

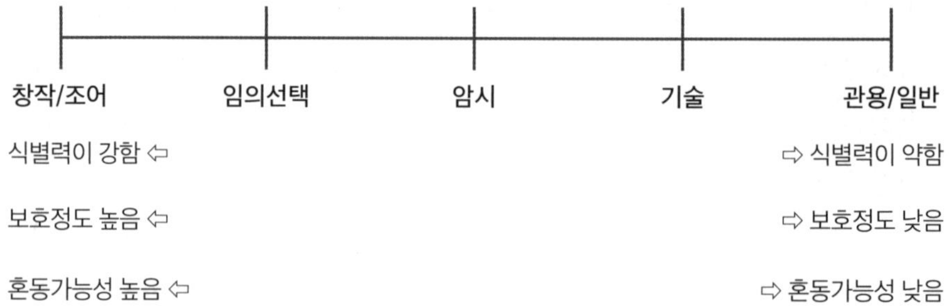

[상표의 식별력 스펙트럼]

특정상품에 대한 창작/조어 상표가 가장 식별력이 높다. 언어 그대로 창작한 상표이기 때문이다. 특정상품에 대한 일반명칭은 식별력이 없다. 그리고 기술명칭이 혼동가능성이 높다는 것을 전제로 한 우리 법원 판결들이 많은데, 이는 혼동가능성의 의의를 제대로 이해하지 못하여 발생하는 오류이다. 일반명칭은 상표법상의 혼동가능성이 전혀 없다. 상표법상 혼동가능성은 식별력에 대한 것이기 때문이다. 식별력이 없는 상표인 그 상품의 일반명칭으로 된 상표는 당연히 혼동가능성이 없는 것이다. 따라서 식별력이 매우 약하게 있는 그 상품의 기술명칭으로 된 상표는 당연히 혼동가능성이 적다. 창작조어상표는 식별력이 많기 때문에 혼동가능성이 높다. 기술적 명칭이 혼동가능성이 높다고 하는 것은 혼동가능성과 인지가능성을 구별하지 못하여 오는 착오이다. 또한 상표법과 부정경쟁방지법을 구별을 하지 못하여 오는 착오이기도 하다.

상표의 성질	표장	상품	설명
일반명칭	'사과'	사과	'사과'를 사과라는 상품에 사용
기술명칭	'빨간' 사과	사과	빨간은 사과가 익었을 때의 색으로 익은 사과를 설명하는 명칭임
암시	'저녁노을'사과	사과	저녁노을은 빨간색으로, 빨간사과를 암시하는 명칭으로 볼 수 있음
임의선택	'음메음메'사과	사과	음메는 소가 우는 음성어로 사과는 아무런 관계가 없는 단어를 임의로 선택함
창작조어	'KONEE' 사과	사과	코니, KONEE는 사전에 없는 단어로서 창작한 조어로서 아무런 의미가 생성되지 않으므로 조어창작상표[84]

우리나라 실무가와 학자 중에서 식별력과 유명성을 같은 것으로 여기는 경우가 많다. 그러나 이러한 견해들은 식별력과 유명성은 다르다는 것을 간과한 것이다. i) 식별력은 기본적으로 상표와 상품간의 관계이지만, ii) 유명성은 특정 상표와 수요자나 일반 공중과의 관계이다. 예컨대 식별력이 없는 해당 상품의 일반명칭은 상품과 그 상품에 사용되는 상표와의 관계에서 결정된다. '사과'에 대하여 '사과'라는 상표를 사용한다면 이는 식별력이 전연 없게 된다. 사과라는 상표는 사과라는 상품의 일반명칭이기 때문이다. 상표법은 식별력을 보호한다.

예컨대, 재능교육사건에서 대법원은

> 상표법 제6조 제2항은 기술적 상표 등 식별력이 없는 상표라도 상표등록 출원 전에 상표를 사용한 결과 수요자 간에 그 상표가 누구의 업무에 관련된 상품을 표시하는 것인가 현저하게 인식되어 있는 것은 그 상표를 사용한 상품을 지정상품으로 하여 상표등록을 받을 수 있다고 규정하고 있고, 만일 어느 기술적 표장이 상표법 제6조 제2항에 의하여 등록이 되었다면 이러한 등록상표는 같은 항에 의하여 특별현저성을 갖추게 된 것이어서 상표권자는 그 등록상표를 배타적으로 사용할 수 있는 권리를 가지게 되었다고 볼 것이며, 이러한 등록상표에 관한 한 그 상표권은 앞서 본 상표법 제51조 제2호 소정의 상표에도 그 효력을 미칠 수 있다고 보아야 할 것이므로, 그 상표권자는 위 제51조 제2호의 규정에 불구하고 타인이 그 등록상표와 동일 또는 유사한 상표를 그 지정상품

84) 만일 KONEE가 어떤 뜻을 창작한다면, 그 창작된 의미와 사과와 어떤 관계가 있는지에 의해 결정됨.

과 동일 또는 유사한 상품에 상표로서 사용하는 것을 금지시킬 수 있는 것이라고 할 것이고

라고 판시하고 있다.[85] 위 판시는 소위 새우깡 사건 등에서도 볼 수 있는데, 우선 특별현저성은 식별력을 의미하는 것이다. 그리고 상표법 제51조 제2호 (현 상표법 제90조 제1항 제1호) 소정의 상표에도 그 효력을 미칠 수 있는 상표는 상표법에 의한 등록상표가 아닌 부정경쟁방지법상의 '널리 인식된 상표'이다. 즉 법원이 상표법으로 보호되는 식별력이 있는 상표와 부정경쟁방지법으로 보호되는 유명상표의 법리를 구분하지 못한 것이다.

수요자에게 널리 인식된 상표, 즉 상표의 유명성은 특정상품의 출처를 나타내는 상표와 수요자나 공중과의 관계이다. 상표법상 상표의 식별력과는 완전히 다르다. 특정상품의 일반명칭상표라도 널리 알려진 상표, 즉 유명한 상표일 수 있다. 예컨대 아스피린은 아세틸 살리실산을 주성분으로 하는 약(아스피린)의 일반명칭으로서 식별력이 없어 상표법에 의한 상표등록을 할 수 없다. 그러나 아스피린은 널리 알려진 상표이기 때문에 부정경쟁방지법에 의하여 보호되는 유명상표이다.

식별력은 상표의 사용자가 상표를 선택할 때 식별력이 창작되는 것이다. 위와 같이 나열한 것은 예컨대 '사과'에 대하여 '사과'라는 상표를 선택하는 경우(1호)인데 이때는 식별력이 창작되지 않는다. '사과'에 대하여 '사과'라고 하는 것은 누구나 사용하여야 되는 것이기 때문에, '사과'에 대하여 '사과'라는 상표로 독점을 하는 것을 허용하지 않는 것이다. 만일 사과로 유명한 산지에서 사과 과수원을 하는 사람이 사과를 생산하였는데, 그가 생산한 사과를 사과라고 하지 못한다면, 그 사과는 어떻게 불러야 할까? 이는 자연법칙이나 자연현상 등을 발명으로 인정하지 않아 특허부여를 하지 않는 법원리와 같다. 모든 사람이 자유롭게 사용하여야 하는 신(God)이 부여한 공유재산이다. 즉 이러한 상표는 식별력이 없기 때문에 상표로서 독점할 대상, 즉 식별력이 없다.

"그 상품에 대하여 관용(慣用)하는 상표"(2호)의 경우에도 같은 논리이다. 관용(慣用)한다고 함은 습관적으로 항상 써오던 것을 의미한다. 사실 1호의 그 상품의 보통명칭을 보통으로 사용하는 방법과 다른 것이 없다. 즉 관용한다는 것은 보통명사, 일반명

85) 대법원 1996. 5. 13.자 96마217 결정.

사로 사용하는 것이다. 예컨대, 가마솥, 역전 앞 등 일본식의 용어인데, 우리법상으로는 관용명칭으로 존재한다. 가마는 일본말로 솥이라는 의미이다. 관용은 예컨대, 우리나라에서 녹색과 파란색이 구별됨에도 '푸르다'라고 하는 것 등도 관용적인 표현이다.

상표에서 관용명칭이라고 함은 일반명칭과 다를 것이 없지만 우리 법원 판결은 일반명칭화 된 상표, 즉 상표이었다가 식별력을 상실하여 일반명칭이 된 것을 특별히 이르기도 한다. 예컨대 초코파이, 디스켓, 정로환 등이 이에 해당한다. 즉 초코파이는 특정회사의 빵이었지만, 지금은 모든 사람이 일종의 해당 빵(파이) 종류의 일반명칭으로 인식하기 때문에 이를 특정인이 독점하면 다른 사람을 그 빵을 일컫을 단어가 없어지기 때문에 상표로서 인정하지 않고 모든 사람이 사용할 수 있도록 하는 것이다. 이러한 일반명칭화 된 상표는 신(God)이 창작한 것이 아니라 인간이 창작한 것이지만 모든 사람이 공유(the public domain)하여 사용되었기 때문에 더 이상 특정인의 사유화를 인정하지 않는다. 다만, 앞서의 Singer 와 Goodyear 상표와 같이 일반명칭화 된 상표는 다시 상표성을 회복하는 경우가 발생한다. 이는 상표의 특이성 때문이다.

해당 상품의 일반명칭에 대하여 상표등록을 인정하지 않는 이유, 즉 사유화를 인정하지 않는 철학적 근거로, 존 로크(John Locke)의 노동가치설을 들 수 있다. 그 노동가치설에 의하면 특정인이 노력하여 창작한 상표의 식별력이 존재하지 않아 노동의 결과물, 즉 가치가 존재한다고 할 수 없을뿐더러 유일하거나 희소한 자원의 사유화는 타인을 해할 뿐만 아니라 충분하고 동등하게 남겨두어야 한다는 로크의 재산권 취득의 단서(proviso)를 위반하기 때문이다.

공리주의에서는 특정인에 희소한 자원을 독점하게 되면 많은 사람들이 그 일반명칭인 상표를 사용할 수 없어 불편하게 되어, 결국 공리주의의 가치인 최대다수의 최대행복을 달성할 수 없기 때문이라고 설명한다. 예컨대, 사과를 어떤 사람이 생산한 사과에만 독점적으로 사용할 수 있다고 하면, 사과를 생산하거나 판매하는 다른 사람들은 사과라는 명칭을 사용할 수 없게 된다. 따라서 공리주의의 공리성을 위해 특정인의 상표로서의 독점은 허용되지 않는다.

칸트와 헤겔 철학에 따르면, 해당 상품의 일반명칭을 사유화하는 것은 타인의 자유를 침해하기 때문에 상표권이란 재산권을 인정하지 않는다. 외부는 근원적으로 공유이고, 자율성을 가진 인간이 소유하겠다는 의지와 소유를 하고 있다는 객관적 소유상태가 존재하거나, 자유의지를 가진 인간이 소유를 하겠다고 그의 의사표시를 한다면 그의 소유가 되지만 그의 소유는 타인이 동등하게 가지는 자유를 침해해서는 안된다. 해당 상품의 일반명칭의 사유화는 타인도 그 일반명칭을 사용할 자유를 침해하기 때문에 허용이 되지 않는다.

나. 허경영 초상사진의 상표등록 거부 사건

허경영의 초상사진의 상표등록을 거부한 법원 판결('허경영 초상사진 사건' 판결)의 법적 근거는 존재하지 않는다. 이러한 판결은 시급히 취소되어야 한다. 마치 19세기 후반 영국의 적기법(redflag law)을 보는 듯하다. 부당한 판결로 인하여 국민은 자신의 정당한 권리가 침해된다.

만일 상표의 선택에 의하여 식별력이 창작된다면, 신규성이 있는 발명이나 창작적인 저작물과 같이 그 보호를 거부할 이유가 없다. 왜냐하면, 상표법의 기본은 식별력을 보호하는 것이기 때문이다. 식별력이 있다면 당연히 상표로서 보호하여야 한다. 이것이 국가의 기초적인 임무이다. 특히 자유주의적 개인주의 철학에 따르면, 국가는 그와 같은 국민의 재산을 보호하는 것이 국민의 궁극적인 자유를 보호하는 것이기 때문이다. 따라서 특정인의 초상을 상표등록을 거부할 이유가 존재하지 않는다. 어떤 사람이 자신의 초상을 상표로 선택하더라도 그 특정인 이외에 다른 사람의 자유를 해하지 않기 때문이다. 세상에서 일란성 쌍둥이를 제외하고 동일한 인물은 거의 없기 때문에 자신의 초상만큼 식별되는 표지는 많지 않기 때문이다. 성명보다도 더 흔치 않다. 성명은 동일한 성명뿐만 아니라 유사한 성명도 매우 많이 존재한다. 성명이 상표로 등록된다면 초상은 상표로서 식별력이 더 많기 때문에 상표등록을 하는 것이 당연하다. 특히 선출원주의하에서는 유사한 표장이 많이 존재한다고 하더라도 선출원자가 상표권을 취득하는 것은 당연하다. 국가가 선출원자에게 권리를 부여하기 때문이다. 이러한 원칙에 의하면 국내에 널리 알려진 인물인 허경영의 초상을 상표등록을 거부한 판결은 매우 잘못된 것이다.[86] 선출원등록상표와 동일 유사범위의 출원상표가 아니라면[87] 허경

86) 특허법원 2023. 10. 27. 선고 2023허10361 판결.

87) 상표법 제34조 제1항 제7호는 선출원 상표의 동일유사 범위의 출원상표에 대하여는 선출원상표의 효력범위로 인하여 상표등록을 거부하도록 규정하고 있다.

영 자신이 자신의 초상을 상표로 등록하더라도 어느 누구의 자유를 제한하는 것은 아니다.

특허법원은 인물사진 상표의 식별력을 '인물사진이 상표로서 식별력을 가지는지 여부도 다른 표장과 마찬가지로 구성 자체의 외관·호칭·관념 뿐만 아니라, 지정상품과의 관계, 거래 사회의 실정, 일반 수요자나 거래자의 인식 정도를 종합적으로 고려하여 판단하여야 한다.'는 취지로 판시하면서 허경영이 자신의 초상을 상표등록 할 수 없다고 판시했다. 그리하여 허경영의 상표등록출원에 대한 특허청의 등록거부처분을 지지했다.

그러나 특허법원이 주장한 위와 같은 법리는 등록상표의 침해를 판단하기 위해 대비되는 두 상표의 유사여부를 판단하는 법리이지, 상표의 등록여부를 결정하기 위한 식별력의 존부를 판단하는 법리가 아니다. 식별력은 상표와 상품과의 관계에서 발생하는 것이다. 법원이 근거한 식별력 판단 법리는 도데체 어디에서 근거한 것인지 궁금하다.

위 판결은 상표의 식별력은 상표와 상품과의 관계에서 타인의 자유를 침해하는지 여부에 의해 결정된다는 기본적인 상표의 식별력 법리를 무시한 판결이다. 식별력이 없는 상표를 독점한다면 타인의 자유를 침해하고, 식별력이 있는 상표는 그 식별력을 특정인이 상표로 독점하더라도 타인의 자유를 침해하지 않는다. 상표의 선택에 의해 창작된 식별력을 독점하는 것은 그 상표의 등록 이전부터 존재하는 타인의 어떤 자유를 침해하는 것이 아니다.

우리 상표법은 식별력만 갖추면 표장으로서 인정한다. 상표법 제2조 제1항에 의하면, "표장"이란 기호, 문자, 도형, 소리, 냄새, 입체적 형상, 홀로그램·동작 또는 색채 등으로서 그 구성이나 표현방식에 상관없이 상품의 출처(出處)를 나타내기 위하여 사용하는 모든 표시(제1호)이고, 상표는 자기의 상품과 타인의 상품을 식별하기 위하여 사용하는 표장(標章)(제2호)이다. 따라서 상표법 제2조 제1항 제2호와 제33조 제1항에 의하면, 표장이 식별력만 있으면 표현방식에 상관없이 상표로 등록할 수 있다. 즉 초상사진도 표장의 자격이 있다. 다만 제33조 제1항의 식별력이 있는지 여부만 판단하면 된다.

자신의 상품임을 표시하는 방법, 즉 식별력을 창작하는 방법은 직접적으로 자신의 인적사항으로 표시하거나 간접적으로 표장을 사용하는 방법이다. 본 사건은 허경영 자신의 초상이라는 인적사항을 이용하여 직접적으로 상품의 출처를 표시한 것이다. 앞서 언급한 바와 같이 상표법 제33조 제1항은 상품과 상표와의 관계에서 식별력의 존부를 규정하고 있다.

허경영 초상사진 사건 판결에서 특허법원은 이에 관련된 상표법상의 쟁점으로 일반 수요자가 해당표장을 특정인의 출처표시로 인식하기 위해 교육을 필요로 하거나 다른 부가적인 표시를 요구한다면 그 표장은 그 자체로 본질적인 식별력을 가졌다고 할 수 없다고 판시했다. 본 특허법원의 논거는 어떤 법리에 근거한 것인지 그 출처가 불명하다. 상표법 제33조 제1항과 제34조 제1항을 아무리 살펴보아도 상표의 식별력에 대한 교육이 필요하다고 한 조항은 찾아 볼 수 없다. 오히려 교육이 필요하다는 것은 암시명칭이라는 의미가 된다. 아마도 상표법 제33조 제2항이나 부정경쟁방지법상의 유명상표의 법리와 상표법의 식별력이 있는 상표의 법리를 착각한 것이 아닌지 추측해 본다. 이러한 논리라면, 예컨대, 식별력이 매우 높은 것으로 인정되는 창작 조어상표인 SONY는 처음 상표로 사용되었을 때 어느 누구도 그 표장을 상표로 인식하는 수요자는 없을 것이다. SONY 사는 자신들의 상표라고 광고해야 할까? 대중에게 광고하여 상표라는 점을 주입시킨 이후에 식별력이 있다는 이유로 상표등록출원을 하여야 하는가? 위와 같은 법원의 논리가 성립하려면, 식별력이 없다는 것이 먼저 판단되어야 한다.

전연 수긍할 수 없는 이러한 법리를 주장한 특허법원의 판결은 상표법의 기초가 되는 식별력의 법리상 식별력은 상표와 상품간의 관계에서 발생한다는 것을 알지 못하는 것으로 밖에 평가할 수 없다. 상표법 제33조 제1항에 규정된, 제1호 내지 제7호의 식별력이 없어 부등록사유로 열거된 사유들은, 앞서 언급한 바와 같이, 그 표장을 상표로 등록한다면 상표권자 이외의 다른 사람의 자유를 제한하는 사유로 규정되어 있다. 식별력이 없는 상표를 상표로 등록한다면 그 등록상표의 권리범위가 너무 넓어지기 때문에 광범위한 재산권을 부여하게 된다. 따라서 그와 경쟁자 관계에 있는 사람은 자신의 상품에 대하여 설명하거나 지칭할 표장이 사라지게 된다. 따라서 상표법은 그와 같은 자유를 침해하는 상표의 등록을 인정하지 않고, 식별력이 발생하지 않는 부분에 대하여도 상표권을 인정하지 않는다. 그와 같은 법리를 반영한 상표법의 식별력 관련 조항과 법리는 매우 많다. 상표적 사용과 비상표적 사용, 본래의 의미(original meaning)와 이차적 의미(secondary meaning), 일반명칭화(genericism) 등 상표법 제90조에 규정된 사유들이다.

로크의 재산권 철학에 따르면, 노동의 결과에 대하여만 재산권을 인정하는 것과 같이 상표의 선택에 의해 식별력이 발생한 부분만을 상표권의 범위로 인정하게 된다. 칸트나 헤겔의 철학에 따르면, 타인도 나와 같이 동등한 자유를 가지고 있으므로 상표권의 확대는 타인의 자유를 해하게 된다.

상표의 부등록 사유중에서 제33조 제1항의 사유는 선험적 사유이다. 그리고 제34조 제1항에 규정된 사유는 경험적 사유들이다. 선험적 사유는 상표와 상품과의 관계에서 발생하는 사유로 상표의 선택만으로 타인의 자유를 제한하는지 여부에 의해 결정한다. 즉 상표의 인식을 위해서 대중을 교육할 필요가 없다. 사용할 표장의 선택만으로 발생하는 그 표장과 그 표장을 상표로 사용할 상품과의 관계에서 발생하는 선천적인 사유이기 때문이다. 제34조 제1항의 사유는 선험적(inherent) 사유를 충족했을 때 그 이후에 개별적인 경험적(acquired) 사정에 의해 등록을 불허하는 경험적 사유이다. 앞서 'the Common'과 'the public domain'을 언급한 이유가 여기에 있다. 'the Common'은 선험적이고 'the public domain'은 경험적이다. 상표의 식별력의 존부는 상표법에 명확히 규정되어 있으므로 판사가 자의적으로 정하는 것이 아니다.

상품 출처에 대한 인적사항이 있다면 이는 곧바로 상품의 출처로 인식된다. 선험적이기 때문이다. 간접적인 표장을 사용하는 경우에는 직접적인 표장보다 그 출처표시 기능, 즉 식별력이 약하게 된다. 예컨대 허경영의 사진은 SONY 상표보다 출처표시기능이 강하다. 많은 상표들은 상품 제조자의 성명과 같은 직접적인 출처표시를 많이 사용했다. 예컨대, 1783년 영국의 한 상표사건에서 문제된 상표는 "Dr. Johnson's Yellow Ointment"라는 인적표시로 이뤄진 표장을 사용했다.[88] 위 상표를 보면 상품의 출처표시임이 명백하다. 물론 길드표장과 같이 단체표장에서는 특정인의 인적사항을 상표로 사용하지 않았다. 이는 길드라는 단체가 사용하는 표장이었기 때문이다.

초기의 표장은 소유자표시(proprietary mark) 등의 목적으로 상품의 주인이나 책의 저자, 출판자 등의 이름, 상호 등을 사용했다. 이러한 표장들에는 당연히 소유자나 저자, 출판자의 이름이 사용되었다. 이러한 출처표시가 상표로 발전된 것이다. 한편으로 이

88) Singleton v. Boulton, 3 Doug. 293, 99 Eng Rep. 661 (1783).

러한 이름을 사용한 인적출처표시가 사진기술이 발전하면서 초상사진으로 대체될 수 있는 것은 당연하다. 이름은 상표로 인정하면서 초상은 상표로 인정하지 않을 이유가 존재하는가? 모두 다 인적 동일성을 나타내는 것으로서 상표로 사용한다면 그만큼 강하게 식별력이 있는 출처표시가 없다. 우리 상표법은 이름과 상호 및 초상을 차별하지 않는데[89] 왜 법원은 이러한 당연한 법리를 거부하는 것일까? 이름과 초상의 관계는 카메라와 신문 등의 대중 매체가 발전하면서 초상권에서 퍼블리시티권으로 발전한 것과 같다.

상표등록은 그 상표의 식별력에 대한 독점을 인정하는 것이다. 상표법 제33조 제1항은 그와 같은 인간의 자유를 보장하기 위한 자유주의적 개인주의하에서의 철학을 상표에 있어서 식별력 법리로 구체화한 것이다. 허경영이 자신의 초상사진을 상표로 선출원 등록하여 독점하더라도 타인의 자유를 제한하거나 침해하지 않는다. 창작적 표장으로서 식별력이 있다. 허경영 이외에 다른 허경영이란 초상은 존재하지 않기 때문이다. 위 판결은 근본적이고 기초적인 상표법리와 철학을 무시한 판결로서 법리의 발전을 위해 시급히 취소되어야 함이 마땅하다. 허경영 초상사진 사건은, 사슴 그림인지 여부가 문제되었는데, 그 그림의 사슴을 말이라고 하면서, 말은 뿔이 없으므로 뿔이 있는 말을 잘못된 그림이라고 하는 것과 같다.

4. 좋은 지적재산권과 나쁜 지적재산권

가. 특허제도의 역사철학

보통 특허라고 하면, 인간에게 좋은 것을 행하기 때문에 좋은 것이라고 생각한다. 그러나 앞서 본 바와 같이 특허는 다양하게 사용하고 있다. 특허제도는 매우 오래되었는데, 중세때에는 왕이 부여하는 특권을 모두 특허라고 했다. 그 중에서는 인간에게 좋은 것이 있었고 그렇지 않은 것이 있었다. 특히 영국의 엘리자베스 여왕시절에는 전쟁비

89) 예컨대, 상표법 제34조 제1항 제6호 참조.

용 조달 등으로 인해 여왕이 특허를 남발했기 때문에 특허제도의 개혁을 원했고, 결국 1624년 영국의 독점법(the Statutes of Monopolies 1624)의 제정으로 이어졌다.

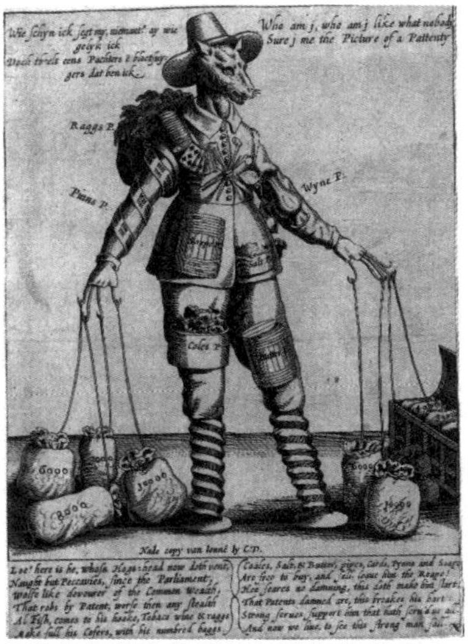

[The Picture of Pattenty by Wenceslaus Hollar][90)]

왼쪽 그림은 17세기 중반에 그려진 Wenceslaus Hollar(1607-1677)의 판화로서, 특허권에 대한 비난과 조롱을 담고 있다. 특허는 늑대의 얼굴을 하고, 모든 생활용품에 대하여 왕이 부여한 특허를 손에 들고 등에 지고, 옷의 수납할 곳(포켓)에 담고 있는 해괴한 모습을 하고 있다. 위 그림은 16-17세기까지 형성되었던 특허에 대한 폐해와 사회의 인식을 담고 있고, 위 그림 아래에는 다음과 같은 설명이 부가되어 있다.

> 독점자'로 알려진 풍자; 여우 머리에 모자를 쓴 남자, 그의 다리는 압착나사로 끝나고, 등에는 '누더기 가방 P'로 식별되는 배낭, 파이프와 카드 놀이가 그의 가슴 위에 걸려 있고, '와인 P'로 식별되는 주전자의 합성 인물이다. 오른쪽 팔에는 핀이 꽂혀 있고 왼쪽에는 핀이 꽂혀 있어 '핀 P'로 식별된다. '소금 P' 및 '비누 P'를 코트 주머니에, '버터 P'와 '석탄 P' 바지에; 그의 손은 손가락 대신 갈고리로 끝나며, 다양한 금액이 적힌 돈주머니에 끈이 달려 있고, 일부는 왼쪽 가슴에 달려 있다.

또한 그 당시 특허의 심각성은 다음과 같은 언급으로 알 수 있다. 본 내용은 초기 영국 공리주의의 철학자로 알려진 데이비드 흄(David Hume)의 저술을 번역한 것이다.

90) https://www.britishmuseum.org/collection/object/P_1896-0501-1656
다음과 같은 설명이 부가되어 있다.
Satire known as 'the monopolist'; a composite figure of a man with a fox's head wearing a hat, his legs terminating in press-screws, on his back a pack identified as 'Ragges, P', pipes and playing cards slung over his chest, a jug identified as 'Wine P' on his right arm, pins bandaged to his left, identified 'Pinns P', 'Salte P' and 'Soap P' as his coat pockets, 'Butter. P' and 'Coles P' on his breeches; his hands terminating in hooks instead of fingers, with strings to money-bags lettered with various values, some in an open chest to left.

엘리자베스의 통치기간은 많은 사람으로 하여금 시민 및 군사 의무와 자신을 구별하도록 하였다; 그러나 여왕은 자신에게 봉사하는 이들에게 적절한 보상을 제공할 수 없었기 때문에, 선조들이 만들어 놓았지만 그녀의 통치에서는 활용되지 않았던 임시방편을 사용하기 시작했다. 여왕은 신하들에게 독점에 대한 특허를 부여 한다; 그리고 그들은 그러한 특허를 자신들이 원하는 가격으로 해당 상품들을 판매하고 모든 상거래, 산업 그리고 예술에서의 경쟁을 제한할 수 있었다. 특허권자에게 양도되는 그러한 상품의 종류와 중요성을 고려해 본다면 믿기 힘들 정도이다. 건포도, 소금, 철, 파우더, 카드, 송아지 가죽, 벌목, 캔버스 천(pouldavies), 황소 정강이 뼈, 고래기름, 옷감들, 탄산칼륨, 애니스 씨앗, 역청탄, 철, 에탄올 수용액(acquavitae), 솔, 냄비, 병, 초석(saltpetre), 납, accidences, 오일, 칼라민 광석, 생선기름, 유리, 종이, 전분, 주석, 유황, 포목, 정어리 및 철, 맥주, 뿔피리, 가죽군수품의 수송, 및 스페인 모직과 아일랜드 방적사의 수입; 이러한 것들은 독점자들에게 배분된 물품의 일부이었다.

이러한 목록이 하원에 알려졌을 때, 한 의원은 빵은 없었는가라고 외쳤다. 모든 의원이 "빵" 하며 놀랐다. 예! 그가 확신한다고 말했다. 만일 이렇게 지속된다면 우리는 다음 의회 회기 전에 빵도 독점 목록에 기재할 것입니다. 이러한 독점자들은 자신들의 욕구가 과도하여 소금가격을 부셀당 16펜스에서 14 또는 15 실링까지 올릴 것이다. 그러한 높은 수익은 자연적으로 [특허가 없는] 불법거래자를 특허권자들의 상거래에 유입시켰고, 그리고 그러한 불법 침입으로부터 특허권자 자신들을 보호하기 위하여 특허권자들은 지방의회로부터 임의적인 권력을 취득하였고, 그러한 권력을 취득하여 마음대로 시민을 억압할 수 있었고, 자신들의 특허를 침해한 것에 대한 적절한 청구라고 생각하는 금액을 받았다. 모든 가정과 마굿간, 포도주 창고 또는 초석이 있다고 특허권자가 의심하는 어느 곳에서 어떤 일(havoc)을 하던지 간에 문제가 되지 않는 초석 특허권자는 이와 같은 [일(havoc)로 인한] 손해나 문제가 발생하지 않기를 원하는 사람으로부터 돈을 받는 것이 일반적이었다. 그리고 모든 국내 거래는 제한이 되는 동안, 어느 범위도 산업에 남아 있지 않게 되고, 거의 모든 종류의 외국 상거래는 자신들이 적절하다고 판단하는 가격에 구입하거나 판매할 수 있는 독점적인 회사에게 귀속되었다.

위와 같은 특허의 폐해는 16세기 무렵 영국의 특허제도에 대하여 언급하고 있는 많은 문헌에서 언급되고 있다.[91]

특허를 남발했던 엘리자베스 여왕도 결국 왕이 부여하는 특허가 국민의 삶을 피폐하

91) John Sinclair, The History of the Public Revenue of the British Empire, W. and A. Strahan, for T. Cadell (1785), p. 131 및 Bruce Bugbee, Genesis of American Patent and Copyright Law, Public Affairs Press(1967), p. 37.

게 할 수 있다는 점을 인정하였다. 1589년 엘리자베스 여왕이 윌리엄 리(William Lee)의 실크편집기 발명에 대한 특허청원을 거부한 사례[92]는 우리에게 많은 시사를 한다.

윌리엄 리는 실크를 편집할 수 있는 기계를 발명하여 특허를 청원했다. 엘리자베스 여왕은 특허부여를 거부했는데, 여왕은 다음과 같이 말했다.

> My Lord, I have too much love to my poor people, who obtain their bread by the employment of knitting, to give my money to forward an invention which will tend to their ruin, by depriving them of employment, and thus make them beggars. Had Mr. Lee made a machine that would have made silk stockings, I should, I think, have been somewhat justified in granting him a patent for that monopoly, which would have affected only a small number of my subjects, but to enjoy the exclusive privilege of making stockings for the whole of my subjects, is too important to grant to any individual.[93]
>
> ↘ 오 주여, 일자리를 박탈하여 그들을 거지로 만들어 파멸에 이르게 할 발명을 하도록 하기 위해 내 돈을 기부하기에는, 뜨개질을 통해 빵을 얻는 가난한 사람들을 나는 너무 많이 사랑합니다. 만약 [윌리엄] 리씨가 실크 스타킹을 만드는 기계를 만들었다면, 나는, 소수의 나의 백성들에게 영향을 미치는 특허독점을 그에게 부여하는 것이 어느 정도 정당했을 것이라고 생각하지만, 나의 전체 백성를 위해 스타킹을 만들 수 있는 특권은 어느 개인에게 부여하기에는 너무 중요합니다.

엘리자베스 여왕의 생각에, 특허가 청원된 기계는 새로운 것이 아니므로 윌리엄 리에게 특허 독점을 부여하는 것은, 특허받은 한 사람의 이익을 위해 영국 국민 전체의 생존권을 위협하는 것일 뿐만 아니라 최대다수의 최대행복에 어긋나는 것임을 말하고 있다. 엘리자베스 여왕의 생각에는 해당 특허를 부여하는 것은 국민의 생존권이라는 자연권과 공리주의에 위반된다는 심각한 우려가 있었을 것이다.

결국 엘리자베스 여왕에게 특허청원이 거부된 윌리엄 리는 프랑스 부르봉 왕가의 앙리 4세(Henri IV)의 신하로서 영국 런던에 대사로 부임해 온 Marquis de Rosni로부터 프랑스로의 기술이민의 제안을 받았다. 그는 그의 형제와 함께 프랑스로 이민을 떠나, 앙리 4세로부터 특허를 받았다. 그러나 앙리 4세의 갑작스런 죽음 등으로 인하여 그도

92) Richard Sutton, The Civil, Political, and Mechanical History of the Framework-knitters, in Europe and America, 38-52 (1831).
93) Id., 46.

1614년 프랑스에서 사망했다. 윌리엄 리의 발명은 그동안 엘리자베스 여왕이 특허를 부여하여 국민의 삶을 피폐하게 하였던 특허와는 다른 새로운 발명에 대한 특허였음에도 불구하고 특허를 부여하지 않았다는 점에서 이례적인 것으로 볼 수 있다. 알려진 바에 의하면, 특허가 거절된 이유는 윌리엄 리의 발명은 기존의 편집기와 크게 다르지 않았다는 이유('put a new button on an old coat')로 알려져 있다.

이러한 독점의 폐해를 없애기 위해 영국의 법률가들은 많은 노력을 했다. 그중에서도 영국 법무부장관과 커먼로 법원장을 지냈고 말년에 하원의원으로 활약했던 에드워드 코크(Edward Coke)의 노력이 돋보인다. 1592년 엘리자베스 여왕의 법무차관(Solicitor General)과 1594년 법무장관(Attorney General)에 임명되었다. 엘리자베스 여왕을 승계한 제임스 1세 때에는 1606년 민사사건을 다루는 'the Court of Common Pleas'의 법원장을 역임했다. 그는 엘리자베스 여왕시절 독점사건(the Case of Monopolies)라고 불리는 Darcy v. Allein 사건에 관여했는데, 그 사건에서 특허권을 남용하는 것에 대하여 매우 부정적 의사를 표시했다.

에드워드 코크는 특허는 거래를 해하면 안된다("nor to the hurt of trade")고 생각하였는데, 인간 사이에 상호 거래할 수 있는 권리는 인간의 생존을 위해 필요한 권리라고 생각하였고, 생존을 위해 자유롭게 거래할 수 있는 권리는 자연법상으로 보호되어야 하는 권리로 보았다. 이러한 코크의 정신은 로크의 타인을 해하지 않을 것이라는 단서(not to harm proviso)나 임마누엘 칸트나 게오르그 헤겔의 철학에서도 나타나는 재산권의 취득은 타인을 해하여서는 안된다는 것으로 이어진다고 볼 수 있다.[94] 앞서 언급한 허버트 스펜서의 자유권의 한계와도 그 의미를 같이한다. 특허가 거래에 해하면 안된다는 에드워드 코크 철학은 엘리자베스 여왕 재위 마지막 시기인 1602년의 Darcy v. Allein 사건에 반영되었다.

1624년 제정된 영국의 독점법(the Statutes of Monopolies 1624)은 영국 왕에 의해 부여된 특허독점을 제한하기 위해 제정되었다. 제4조는 특허권의 집행이 타인의 자유나 재산을 침해하는 경우에 3배의 손해배상과 2배의 비용배상을 하도록 명시하고 있었다.

94) 칸트도 인간은 타인의 외적 자유가 있음을 인정해야 하고, 다른 인간의 외적 자유를 침해하지 않도록 행위해야 한다고 한다. 나의 행동은 타인의 자유와 권리를 침해하지 않아야 하므로 그와 같은 타인의 외적 자유와 그의 자유를 침해하지 않아야 하는 의무로부터 권리(right) 개념이 도출된다. 나종갑, 「특허, 특허권, 특허법의 연구: 자연권 및 공리주의적 도구주의와 서구자본주의 경제윤리의 형성」, 홍진기법률연구재단/경인문화사, 2023, p. 278.

나아가 제6조는 영국내에서 '진정한 최초의 발명자'('true and first inventor')에게 특허를 부여한다고 함으로써, 신규성 요건을 명시했다. 물론 1474년 이탈리아 베니스의 특허법에도 특허를 받기 위해서는 새로운 발명일 것을 요구했지만, 여전히 기존의 자유를 제한하는 특허가 부여되고 있었다. 신규성 요건은 이전에 존재하지 않았던 새로운 발명이기 때문에 발명자가 그 발명을 독점하더라도 타인이 누리던 기존의 자유를 제한하는 것이 아니다. 따라서 그러한 것에 대하여 독점을 인정하는 특허는 나쁜 특허권이라고 할 수 없다. 나아가 기존에 존재하지 않았던 새로운 것을 세상에 만들어 다른 사람들의 효용을 증가시킨 것이기 때문에 좋은 특허권이 된다. 따라서 신규성 요건은 자유주의적 개인주의 철학이나 공리주의 철학에서도 필연적이고 필수적인 요건이 된다.

또한 경제학자 아담 스미스(Adam Smith)는 그의 저서 '국부론(Wealth of Nations)'에서 특허침해죄에 대하여 언급하고 있는데, 처음 특허 독점을 침해한 경우, 그의 모든 물품을 몰수하고, 1년의 징역형 후에 왼쪽 손목을 잘라 시장에 걸고, 두 번째 침해에는 중범죄로서 사형에 처한다("Like the laws of Draco, these laws may be said to be all written in blood... the exporter of sheep, lamps, or rams, was for the first offence to forfeit all his goods for ever, to suffer a year's imprisonment, and then to have his left hand cut off in a market town upon a market day, to be there nailed up; and for the second offense to be adjudged a felon, and to suffer death accordingly.")[95]고 기록하고 있다.

아담 스미스는 그와 같은 특허제도에 대하여 비난을 하였는데, 그는 '국가의 명예를 위해 위와 같은 독점(특허)을 부여하는 법은 절대로 시행되지 않길 희망한다. 그럼에도 불구하고 내가 아는 한 그와 같이 독점을 부여하는 법이 무효화 된 적이 없고, 여전히 왕의 변호사인 Serjeant, William Hawkins(1682-1750)는 그 법이 유효한 것으로 간주하고 있다'("For the honour of the national humanity, it is to be hoped that neither of these statutes were ever executed. The first of them, however; so far as I know, has never been directly repealed, and Serjeant Hawkins seems to consider it as still in force.")고 하여, 특허제도가 많은 문제점을 가지고 있지만, 이를 폐지하거나 개선하지 않고 여전히 문제

95) Adam Smith,An Inquiry into the Nature and Causes of the Wealth of Nations, (1776) Chapter VIII: Conclusion of the Mercantile System.
(https://www.adamsmithworks.org/documents/chapter-viii-conclusion-of-the-mercantile-system)

가 많은 특허제도를 그대로 방치하면서 악용하고 있다고 비난하고 있다.

아담 스미스는 특허제도는 기본적으로 자유주의 경제를 위협하는 것이라고 생각했다. 물론 아담스미스는 특허제도를 인정하지 않는 것은 아니다. 그는 예외적으로 특허제도의 필요성을 인정했다. 아담 스미스는 그의 '국부론'('The Wealth of Nations')에서 "모든 특혜나 규제 시스템이 완전히 사라진다면, 명백하고 단순한 '자연적 자유'('natural liberty')의 체계가 스스로 확립된다.("All systems either of preference or of restraint, therefore, being thus completely taken away, the obvious and simple system of natural liberty establishes itself of its own accord.")고 하여 자유주의 경제질서를 옹호했다. 그러나 그는 일정한 경우에 정부가 시장에 개입하는 것을 인정했는데, 국방과 유치산업을 보호하기 위해, 그리고 발명과 창작을 보호하는 경우이다. 특허권이나 저작권과 같은 일시적인 독점은 위험과 비용에 대한 보상수단으로 정당화 될 수 있다고 주장했다. 이는 공정한 거래를 위해 국가의 적극적인 개입이 필요한 경우라고 할 수 있다.

아담 스미스는 특정 산업을 진흥하기 위해 사회 자본을 자연적으로 이뤄지는 이상으로 많은 부분 공유하여 과도한 유인책을 쓰거나 특정산업에 시행되어야 할 시책에 대하여 과도한 제한하는 것은 [국가의 부를] 증진하려는 큰 목적을 사실상 무력화시키는 것이라고 생각했다. 그의 사상은 그의 '법학강연'('Lectures on Jurisprudence')에서 찾아 볼 수 있는데,

> 배타적 특권의 대부분은 국가 헌법의 산물이다. 이러한 특권의 대부분은 사회에 해가 된다. 물론 그 일부는 해가 되지는 않는다. 예를 들어, 새로운 기계나 다른 발명의 발명가는 그의 발명성에 대한 대가로 본 국가의 법에 의해 14년간 제조와 판매의 독점적 특권을 가지지만 동일하게 그와 같은 혜택을 받을 수 있다는 가능성이 있다. 왜냐하면 입법자는 새로운 발명 등을 한 발명가에 대하여 금전적인 보상을 할 수 있지만 발명가들이 그들의 발명의 가치에 따른 정확한 보상을 받는 것은 쉽지 않다. 왜냐하면, 만일 발명이 좋아서 인간에게 이익이 된다면 그 발명가는 그것으로 많은 이익을 받을 수 있지만, 가치가 없다면 어떤 이익도 갖지 못한다. 같은 문제로, 새로운 책의 저작자도 지식인의 노력을 장려하기 위해 그의 책에 대하여 14년간의 출판과 판매의 배타적 특권을 갖는다. 아마도 다른 것과 같이 그 저작의 실제가치를 잘 반영하는 것이다. 왜냐하면 만일 책이 가치가 있다면 그에 대한 수요가 그 저작자가 갖는 이익에 상당한 기여를 할 것이기 때문이다. 그러나 가치가 없다면 그 저작자는 매우 적은 이익만을 가질 것이다.

이러한 [특허권과 저작권의] 특권은 어떠한 해를 끼치지 않고 어떤 좋은 것을 행하므로 함께 비난되서는 안 된다. 그러나 해가 되지 않는 독점은 매우 적다. 모든 독점은 매우 해가 된다.

라고 하였다. 특허권과 저작권은 그 보호대상인 물품이나 책이 시장에서 수요가 없다면, 그 자체로서 해를 끼치는 것이 아니다. 만일 수요가 있다면 그것은 좋은 발명이거나 좋은 저작이므로 사람들에게 이익을 주고, 사람들이 받는 이익 만큼 특허권자나 저작권자가 당연히 이익을 가져가게 된다. 일상에 필요한 통상적인 물품도 수요가 있다면 이는 사람들에게 가치가 있기 때문에 수요가 있는 것이고, 그러한 가치를 제공한 사람은 그 가치만큼 보상을 받는 것은 당연한 것이다. 아담 스미스는 시장에서의 가치의 문제로 특허권과 저작권의 문제를 다루었다.

특허제도는 많은 비판을 받았다. 그렇지만 특허가 모두 나쁜 것은 아니다. 예컨대 새롭게 발명해 낸 의약품은 기존에 존재하지 않았기 때문에 그 약에 대한 독점을 하더라도 타인이 기존에 누리던 자유를 박탈하는 것은 아니다. 어느 누구도 그 발명 전에 그 약을 자유롭게 이용하지 않았기 때문이다. 오히려 그 발명으로 인하여 사회에는 새로운 약이 등장하였으므로 인간에게는 그 약으로 치료 받을 수 있는 기회가 발생했다. 따라서 그러한 발명을 특허로 독점하더라도 어느 누구에 해가 되는 것은 아니다.

물론 그 특허권자의 독점으로 인하여, 내가 동일한 아스피린을 발명할 미래의 기회를 박탈하였다고 주상할 수 있다. 그러나 그 특허권자가 아스피린을 발명하여 특허를 취득하여, 내가 발명할 기회를 상실함으로 인하여 나의 지위가 아스피린 발명특허 취득 이전보다 악화되었다고 할 수 있을까? 아스피린 발명은 나에게 아스피린 성분에 대한 새로운 화학과 약학의 지식을 주고 그 지식으로 인하여 나는 새로운, 아스피린보다 더 좋거나 아스피린의 효능과 다른 효능을 가진 약을 개발할 수 있지 않을까?

인류의 지식은 어느 누군가가 새로운 지식을 부가하고, 또 다른 인류 누군가가 새로운 지식을 부가하여 현재의 지식을 쌓은 것이다. 내가 아스피린에 대한 지식을 그 아스피린에 대하여 일정기간 특허독점을 부여한 대가로 습득하여 새로운 아이디어를 생각해 낼 기회를 얻은 것은 아스피린 특허가 나에게 준 이익이라고 할 수 있을 것이다. 원래 내가 아스피린을 개발할 가능성은 그 확률이 0일 것이다. 그렇다면 타인이 발명한 아스피린의 특허가 나의 상황을 악화시키지 않은 것이다. 이런 경우를 좋은 특허라고 할 수 있다. 인류가 병으로부터 고통을 받지 않도록 하는 특허발명은 인간에게 좋은 지적재산권이다.

그러나 나쁜 특허도 존재했다. 앞서 발췌 인용한 인용글에서 보다시피 인간의 기초적인 삶을 위협하는 특허도 많이 존재했다. 즉 기존에 누리던 인간의 자유를 박탈하는 특허가 많았다. 이는 새로운 것을 발명한 것이 아니라, 특정인에게 독점을 주면, 그 독점의 효과로 인하여 타인은 자기의 직업을 수행할 수 없는 결과를 많이 가져왔다. 즉 인류가 공유하는 자연상태(the State of Nature)와 공역(the public domain)을 특정인에게 독점을 주면, 그 독점을 받은 한 사람 이외에 모든 사람은 그 자연상태와 공역을 이용할 자유를 상실하게 된다. 남산 공원은 누구나 자유롭게 이용할 수 있지만, 남산 공원을 특정인에게 판매한다면, 더 이상 자유롭게 이용하지 못한다. 독점제도가 그와 같은 역할을 했고, 인간의 자유를 억압하는 제도로 악용되어 왔다. 앞서 본 데이비드 흄이나 아담 스미스는 그와 같은 점을 지적하고 있는 것이다. 이러한 특허는 인간의 삶을 악화시킨 것이므로 나쁜 특허이고, 이를 나쁜 지적재산권이라고 할 수 있다.

지적재산권에 관한 판결들은 단지 그 사건의 당사자 뿐만 아니라 인간의 과학이나 문화발전에 많은 영향을 미치고 있다. 17세기 영국의 경험론 철학자이자 정치철학의 태두라고 할 수 있는 존 로크의 재산권 철학은 지적재산권법의 해석에도 많은 영향을 미쳤다. 로크의 재산권 철학은 그의 모국인 영국보다 프랑스에 더 많은 영향을 미쳤다. 그리하여 프랑스는 로크와 몽테스키외의 자연권과 사회계약설을 받아들여 발명에 대한 권리를 자연권으로 이해했다.

역사적으로 지적재산에 대한 권리개념의 발전에 19세기의 공리주의와 실용주의 철학은 매우 많은 영향을 주었다. 법에 대한 경제학적으로 분석을 하는 방법론은 20세기 말에 활발히 이뤄졌고, 그러한 정신은 지적재산권법학을 풍성하게 하였다고도 할 수 있다.

나. 1602(1603)년 Darcy v. Allein 사건[96)]

인간의 삶을 피폐화 시키는 나쁜 특허는 엘리자베스 여왕시절인 1602년(력에 따라 1603년으로 표기되기도 함) Darcy v. Allein 사건에서 다뤄졌다.

1576년 엘리자베스 여왕은 국가를 위한 공로의 대가로 Ralph Bowes와 Thomas Bedingfield에게 놀이 카드를 독점하여 제조판매할 수 있는 특허를 부여했다. 그 특허는 1578년 갱신이 되었고, 1588년 Bowes 단독의 특허로 다시 갱신이 된다. 그는 특허 갱신료로 매년 100 marks를 지불하고 놀이 카드에 대하여 12년 동안의 특허독점을 취득한다. 그리하여 모든 영국 시민은 놀이 카드의 수입, 도매 및 소매 판매, 제조, 배포 등이 금지되고 이를 위반하면 징역형에 처해지고 해당 카드는 몰수되며, 카드 1세트당 10 shilling의 벌금에 처해졌다. 그 특허권이 종료되기 전에 특허권자인 Bowes가 사망하고, 특허권은 엘리자베스 여왕의 개인 시종이었던 Darcy에게 그의 여왕에 대한 봉사의 대가로 이전된다. Darcy는 그 특허에 대한 대가로 여왕에게 매년 100marks에 대한 비용을 지불한다. Bowes에게 부여한 특허권이 종료한 시점부터 Darcy에게 다시 21년의 특허권이 부여된다. 또한 제3자가 그 특허권 침해를 한 경우에 그 침해행위에 대한 벌금도 각 카드 세트당 20 shilling으로 증액됐다.

Darcy가 가진 특허권 침해사례가 다수 발생했다. Darcy 특허권을 침해한 자 중에는 Thomas Turner와 본 사건의 피고가 된 Thomas Allein(Allin, Allen, Allien로도 알려져 있다.)도 있었다. 영국의 행정기관은 Darcy의 특허권 침해에 대한 행정집행과 사법집행을 한다. 이에 1601년 Darcy의 특허에 대한 항의가 영국하원에 제기되었다. 그 후 같은해 11월 30일 Golden Speech라고 불리는 엘리자베스 여왕의 하원 연설이 있었다. 특허권의 남용에 대하여 규제를 하겠다는 여왕의 연설에는 특정한 특허를 무효로 하는 내용도 포함되어 있었지만, Darcy의 특허는 여전히 유효했다. 여왕은 여왕의 특허부여권이나 부여한 특허권의 합법성에 대한 심사권에 대하여 당시 영국의 고위층의 범죄 등에 대하여 관할권을 행사하던 the Court of Star Chamber의 전속관할을 포기하고 커먼로 법원(the Common Law Court)에서 심판받기로 약속했다.

96) 이하의 Darcy v. Allein 사건에 관한 사실관계 내용은, 나종갑, “영국 특허법의 사상과 철학의 형성(III): 에드워드 코크”, 산업재산권, 한국지식재산학회 제78호 (2024), 1-50면에서 일부 발췌하여 본 저술에 맞게 수정한 것임.

Thomas Turner와 Thomas Allein은 Darcy 특허를 침해하였다는 이유로 제소당했는데, 런던에서 바느질 도구를 판매하던 Thomas Turner는 특허 단속을 나온 행정집행관을 주거침입(trespass) 혐의로 커먼로 법원(the Common Pleas)에 제소를 하였고, 왕의 비서실(the Privy Council)은 자신들이 특허권에 대한 집행권이 있다는 이유로 커먼로 법원과 그 관할을 다투었다. 왕의 비서실(the Privy Council)은 Thomas Turner와 바느질 도구를 판매하던 Thomas Allein[97]이 자신들의 관할권을 부인하고 재판에 응하지 않는다면 감옥에 보낼 것을 명했다. 이러한 명령은 하원의 정치적 소요로 연결되고, 1601년 11월의 왕의 선언(the Proclamation of November, 1601)으로 이어졌다. Darcy의 특허는 위 선언에도 불구하고 그 유효성이 부정되지 않았다. 그리하여 1602년 특허침해소송이 시작되어, 1602(3)년 판결이 이뤄졌다.

본 사건에서의 쟁점은 두 가지였다. 첫째, Darcy만이 놀이 카드를 제조판매할 수 있도록 한 특허부여는 유효한 것인지 및 둘째 Darcy만이 외국으로부터 카드를 수입할 수 있도록 한 특허는 커먼로상 가능한지 여부이었다. 결국 쟁점은 특허로 인한 독점이 영국법과 커먼로상 허용 가능한지 여부이었다.

법원은 공리주의적 관점에서, 발명을 하거나 기술도입은 영국의 이익을 증진하기 때문에 그 이익증진에 대한 대가로서 독점적인 특허를 부여하는 것이라고 하였다. 법원은 '자신의 책임이나 직업으로 또는 자신의 지혜 또는 발명으로 영국에 새로운 거래를 가져오거나 또는 이전에 사용되지 않은 거래를 발전시킬 어느 동력/원인(engine)을 가져온 경우, 또한 영국에도 좋은 경우에 왕은 그가 그의 발명을 영국에 가져와 얻는 이익에 대한 대가로, 그가 없었다면 그러한 이익이 없었을 것이므로, 시민이 그것을 배울 수 있는 합리적인 기간동안 그에게 독점적 특허를 부여할 수 있다'고 판시했다.

법원은 사회계약적 관점에서 특허를 쌍무적 계약으로 보았고, 그와 같은 특허계약은 사회 전체에 이익을 가져온다는 것이다. 계약이 공서양속이나 사회정책에 위반되거나 쌍무적 대가가 형평을 잃는 경우에는 그 계약은 불공정한 계약이 되는 것이다. 결국 법원은 특허발명을 공중이 알게 되는 합리적인 기간동안 유효하고 그 기간을 넘어서는 특허는 무효라고 판시했다. 쌍무적 계약을 위해서는 발명이 가져오는 이익, 즉 계약의

97) Allein도 180세트의 카드를 판매했다고 제소되었다.

원인이자 쌍무적인 대가가 존재하여야 하는데, 그 대가관계로 발명이 새로울 것(new, novelty)을 요구하게 된다. 새로운 것이어야 사회와 공중(the public)에게 이익이 되기 때문이다.

그리하여 법원은 다음과 같이 특허가 무효인 원인을 강조하고 있다:

> 현재, 사람이 자신의 노동으로 살아가지 못하도록 금지하는 것은 불법이다. 그것은 그가 숙련된 기술을 활용하고 합법적으로 사용하는 노동에 의하여 살아가지 못하도록 금지하는 것이고, 그와 같은 금지가 의회법에 의한 것이라면, 그 의회법은 무효이다: 왜냐하면 자연법(the law of God)에 어긋나는 의회법은 교과서(the book of Doctor and Student)에 기재된 바와 같이 무효이고, 더욱이 특허장이 자연법에 위반된다면 그것은 무효이다.... 그러나 특허권자 Darcy는 Allein에게 인간의 의지와 그 삶과 합법적 직업을 종사할 수 있는 인간의 자유를 박탈하여 자연법에 직접적으로 반하고 그에게 다른 직업을 강요하고 있다.

앞서 Darcy가 가진 특허는 새로운 발명에 대한 것이 아니었다. 놀이 카드(playing card)는 이전에도 존재했었고, Darcy가 게임카드의 수입, 도매 및 소매 판매, 제조, 배포를 독점하면서, Thomas Allein과 같은 사람은 자신이 기존에 수행해 왔던 카드 판매 영업에 종사하거나, 다른 사람이 특허로 인하여 새롭게 하고 싶은 직업을 할 수 없게 되고, 결국 자신의 직업에서 퇴출되게 되므로 이에 따라 생존을 위협받게 된다. 법원은 인간이 생존할 권리는 자연법상의 권리로 인정했다.

1602년 영국 법원은 인간의 생존권을 선택했다. 생존권이 무엇보다도 중요하다고 판결하였다. 법원은, 인간의 근면성과 노동에 의해 생존에 필요한 물질을 얻는 것은 최상의 가치로 영국법과 커먼로 원칙이 지켜져야 하고, 왕의 명령이나 왕이 부여한 특허(특권)에 의해서는 이러한 인간의 생존권을 박탈할 수 없다고 판시했다. 따라서 여왕이 Bowes와 Darcy에게 부여한 특허는 커먼로와 영국법에 위반되는 것이었다. 여기에서 커먼로는 인간 세계에 적용되는 자연법의 불문법(不文法) 원리를 의미하고, 자연법은 영국의 관습법(common law)이 되었다.

자연법상의 권리라도 타인의 자유권을 침해할 수 없는데, 왕이 부여한 특허권이 타인의 생존권을 침해할 수 없음은 당연한 원리이다. 앞서 인용한 허버트 스펜서(Herbert Spencer)도 한 사람의 자유권은 타인의 필수품(necessitates)에 대한 권리를 제한할 수 없는 자유권의 범위 내지 한계를 언급했다.

특허제도는 인간의 삶을 해하게 할 수 없다. 이는 존 로크, 임마누엘 칸트, 게오르그 헤겔 등의 철학에서도 일관되게 나타나는 것이다. 그 뿐만 아니라 공리주의 철학에서도 특허제도는 최대다수의 최대행복을 가져오는 것이어야 한다. 특허제도 뿐만 아니라 지적재산권 제도로 부르는 제도 모두 최대다수의 최대행복을 가져와야 한다.

이러한 철학적 바탕에서 보면, 특정인에게 독점적 이익을 주지만 타인에게는 자유를 박탈하는 특허제도는 그 존재가치가 없다. 이는 1602년 Darcy v. Allein 사건 이래 확립되기 시작한 법의 정신이자 원칙이다.

제3절

자유주의적 개인주의, 공리주의적 도구주의와 공역의 개념(the public domain)

1. In the beginning GOD created the heavens and the earth.

↳ 1. 태초에 하나님이 천지를 창조하시니라.

(창세기 제1장 제1절)

1. GOD claims Earth and everything in it, GOD claims World and all who live on it.

2. He built it on Ocean foundations, laid it out on River girders.

↳ 1 땅과 거기에 충만한 것과 세계와 그 가운데에 사는 자들은 다 여호와의 것이로다.

↳ 2 여호와께서 그 터를 바다 위에 세우심이여 강들 위에 건설하셨도다.

(시편 24편 제1-2절)

1. 자연(the Nature)과 공역(the public domain)의 법철학적 명제: 자연은 절대적인 공유재산인가?

연혁적으로 자연법칙은 신(God)의 선물이므로 이를 인간의 창작물로 인식하지 않았다. 이는 존 로크, 임마누엘 칸트 및 게오르그 W. F. 헤겔 등 자유주의적 개인주의 철학자들이나 제레미 벤담이나 존 스튜어트 밀 등의 공리주의적 도구주의 철학자들에게도 명제로 인식됐다. 따라서 자연법칙 등 신의 창작물은 저작권이나 특허의 대상이 될 수 없었다. 다만, 자유주의적 개인주의 철학에서도 구체적인 논거는 각 철학자마다 다소 차이가 있다.

성경의 해석을 통하여 노동의 경제적 가치를 인정하고 이를 처분적인 권리로 보는 로크의 철학에서는 재산권을 신(God)이 부여한 권리로 인식한다. 그러나 인격의 발현으로 보는 칸트와 헤겔의 개성이론(personality theory, personhood theory)은 외부의 사물에 대한 권리를 인격과 불가분으로 보므로 불처분적 권리(inalienable right)로 인정하게 되어, 그 근본적인 본질이 다르다.

특허법의 영역에서 자연법칙 등이 공공의 영역(the common)에 존재하는지 여부에 대한 논쟁은 매우 오래되었다. 보고된 판결로는 1795년 제임스 와트의 증기기관 특허가 문제된 Boulton & Watt v. Bull 사건의 판결은 자연법칙은 특허의 대상, 즉 발명이 될 수 없다고 판시한 최초의 판결로 알려져 있다. 영국 법원은

> But then it was said, that though an idea or a principle alone would not support the patent, yet that an idea reduced into practice, or a practical application of a principle was a good foundation for a patent, and was the present case. The mere application or mode of using a thing, was admitted in the reply not to be a sufficient ground;....[98]
>
> ↘ 그러나 아이디어 또는 [자연]법칙만으로는 특허를 받을 수 없고, 아이디어의 실제 이용에 또는 법칙의 실제적 이용은 특허 부여의 강한 근거가 될 수 있는데, 현재 사건이 그와 같은 사례이다. 사물의 단순한 이용 또는 사용 방법은 [특허를 받을 수 있는 충분한] 근거가 되지 못한다.

라고 판시하여 자연법칙, 자연현상 및 추상적 아이디어 등은 자연의 일부(the Nature)이므로 특허의 대상이 될 수 없음을 지적하고 있다.[99]

이 당시 발명은 어떤 물체에 구현되어야 했다. 자연법칙을 이용하여 외부의 물체에 구현된 것을 발명이라고 하였고, 자연법칙 자체는 발명이라고 하지 않았다. 이를 자연법칙의 이용성이라고 하여, 우리 특허법 제2조에서도 '자연법칙의 이용성'을 발명의 요건으로 요구하고 있다. 이러한 해석은 1624년 영국의 독점법상 특허의 대상인 제조('manufacture')라는 제정법에 충실한 해석이다. 즉 제조('manufacture')는 외부에 만들

98) Boulton & Watt v Bull, 126 E.R. 651, 663 (1795).

99) Boulton & Watt v Bull, 126 E.R. 651 (1795)

어진 물체를 의미하였다. 독점법의 문구에 충실하여 이와 다른 해석은 허용되지 않았다.[100] 또한 아이디어가 물체에 구현되지 않은 것, 즉 방법발명은 특허의 대상으로 인정하지 않았다. 왜냐하면, 이 당시 재산권은 유체물을 대상으로 하고 있었기 때문이다. 유체물이 아닌 경우에는 재산권의 대상으로 하지 않았다.

다만 1795년 Boulton & Watt v. Bull 사건의 재판장인 Lord Eyre의 반대의견도 있었다. 그는 특허는 생산된 물건의 효과에 대한 것에 대하여 부여 될 수 없다고 했다. 왜냐하면 생산된 효과는 전혀 외부의 물질이 없거나 새로운 물질이 아니라, 이미 대중에게 유익하게 생산되었던 오래된 물질인데, 그와 같은 물질의 효과에는 새로운 메커니즘이 사용되지 않았기 때문에 그 오래된 메커니즘에 대하여는 특허가 부여 될 수 없다고 판시했다. 따라서 특허의 대상인 발명은 방법에 대한 것이어야 한다는 주장을 했다. 또한 Lord Eyre는 1769년 Millar v. Taylor 사건[101]에서 Lord Mansfield가 작성한 판결문을 인용하면서, 특허는 모든 물리적 존재로부터 분리된 방법에 대한 것이어야 한다고 했다.[102] 그리하여 그 당시의 많은 특허가 방법에 대한 것이라고 주장했다. 물론 Lord Eyre가 자연법칙이나 자연현상, 추상적 아이디어 자체에 대하여 특허를 받을 수 있다고 한 것은 아니었다.

Lord Eyre는

> It must then be for the method; and I would say, in the very significant words of Lord Mansfield (4 Burr 2397) in the great case of the copy-right, it must be for method detached from all physical existence whatever.[103]
>
> ↘ 그것[발명]은 방법을 위한 것이어야 한다. 그리고 나는 저작권에 관한 위대한 사건 [Millar v. Taylor]에서 맨스필드 경의 매우 중요한 말을 빌리자면, 그것[발명]은 모든 외부의 물리적 존재로부터 분리된 방법임에 틀림없다.

100) Id., 663. ("This brings us to the true foundation of all patents, which must be the manufacture itself; and so says the statute 21 Jac. 1, c. 3. All monopolies except those which are allowed by that statute, are declared to be illegal and void; they were so at common law, and the sixth section excepts only those of the sole working or making any manner of new manufacture : and whether the manufacture be with or without principle, produced by accident or by art, is immaterial.").

101) Millar v. Taylor (1769) 4 Burr 2397.

102) Boulton & Watt v Bull, 126 E.R. 651, 667 (1795).

103) Id.

라고 판시하였다. Lord Eyre는 물건 뿐만 아니라 방법도 특허의 대상이 되어야 한다고 주장한 것일 뿐이다.

그러나 18세기 말의 재산권 철학은 외부의 유체물에 대하여 재산권을 인정하는 것이었고, 방법에 대하여 재산권, 즉 특허권을 인정하지 않았다. 아마도 유체물에 대하여 소유를 인정하고, 자연법칙이나 자연현상, 추상적 아이디어 등에는 재산권을 인정하지 않던 당시의 재산권 철학의 영향이 있었을 것으로 판단된다.

임마누엘 칸트는 자연법칙, 자연현상과 추상적 아이디어는 무체물이고, 따라서 실재적 물리적인 점유를 할 수 없지만, 희소하기 때문에 특정인이 관념적, 선험적 점유를 통하여 소유를 주장한다면, 그와 동등한 타인은 그와 같은 자연법칙, 자연현상과 추상적 아이디어를 사용할 자유를 상실하게 될 것이므로 이를 특정인이 사유화 하는 것은 그를 제외한 인류의 동등하게 평등할 자유(equal freedom)을 침해하는 것이라고 하였다. 따라서 자연법칙, 자연현상과 추상적 아이디어에 대한 특허 독점은 그를 제외한 모든 인류를 해하는 것이다.

다른 한편으로, 칸트에 따르면, 어느 누구라도 어떤 가치있는 것을 창작했다면 타인은 창작한 자와 그의 창작물을 해할 수 없고 국가는 그 창작자와 창작물을 보호하여야 하는 의무가 있다. 그와 같은 국가의 의무는 '인간은 수단이 아닌 궁극적인 목적적 존재로 항상 인식되어야 하기 때문이다.'('Human should always recognize that human individuals are ends, and do not use them as a means to your end.')[104]라는 칸트의 철학에서 비롯된다. 개인의 사유화의 대상이 되기 위해서는, 칸트철학에 의하면, 종전에 존재하지 않은 새로운 창작일 것을 요구하게 된다. 기존에 존재하지 않던 것을 창작하여 사유화 하더라도 어느 누구의 자유, 즉 동등하게 평등할 자유를 침해하는 것은 아니다.

게오르크 W. F. 헤겔의 견해도 칸트와 다르지 않았다. 헤겔에 있어서 자유는 평등한 자유를 의미하는 것이다. 인간은 각자가 동등한 존재이므로 독립적인 인간은 모두 평등하다. 헤겔은 그의 법철학의 기본원리(Grundlinien der Philosophie des Rechts)에서,

> 인간은 확실히 평등하고, 인간이기 때문에 소유의 근거에 있어서도 모두 평등하다. 그 결과 모든 인간이 재산을 가져야 한다. 그러므로 평등에 관해 이야기하고 싶다면 반드

104) Immanuel Kant, Groundwork of the Metaphysics of Morals, (1785) 429.

시 염두에 두어야 할 것은 바로 소유에 있어서 평등이다.[105)]

라고 했다. 인간은 존재하는 모든 것에 대하여 취득할 수 있고, 재산권은 절대적인 권리가 되지만, 타인의 근원적 자유를 침해할 수 없다는 평등한 자유는 헤겔에 있어서도 재산권 취득의 한계가 된다.

헤겔의 철학에 따르면, 재산이란 개성(personality)을 외부세계에 실재화(embodiment)하고 구체화하는 매체(medium)와 같은 것으로 개성이 실현되는 매개체가 된다. 인격이 이념으로 존재하기 위해서는 그의 자유를 외면적인 영역으로 변화시켜야 하는데, 재산은 인격이 자유의지를 체화시킨 것이 된다. 재산은 인간의 자유를 외부에 표출시킨 결과물이다.

이로부터 재산에 대한 '권리' 개념이 시작된다. 먼저 재산은 나에게 속하고, 이로써 그 재산은 타인에게 나의 권리에 속함을 주장할 수 있다. 즉 제3자에 대한 관계에서 재산권이 확립된다. 사물은 나의 의지를 받음으로써 나의 소유물이 된다. 내면적으로는 자아가, 외부적으로는 재산이 인격을 완성시킨다. 개인은 실재적인 존재로서 자신의 자유의지를 어느 것에나 체화시킬 수 있고, 이로서 그것은 개인의 재산이 된다. 왜냐하면 재산이란 재산 이외에 다른 것이 존재하지 않고 인간의 자유의지로부터 나오는 궁극적인 것이기 때문이다. 다만 앞서 언급한 바와 같이 타인이 가지는 동등한 자유를 해하여서는 안되므로, 자연법칙, 자연현상이나 추상적 아이디어는 사유화를 할 수 없다. 타인도 자연법칙, 자연현상이나 추상적 아이디어를 사용할 권리가 있기 때문이다. 그러나 자연법칙, 자연현상이나 추상적 아이디어를 이용하여 새롭게 '창조'한 것을 사유화하는 것은 타인의 자유를 해하는 것은 아니다. 헤겔의 철학에 있어서도 특허권이나 저작권에 의한 독점의 정당성이 존재한다.

헤겔에 있어서도 외부의 사물은 인간의 자아와 자유의지를 외부에 표현하도록 하는 매개체가 되고 자아와 자유의지가 표현되어 있는 그 외부 사물에 대한 소유를 인정한다. 따라서 추상적 아이디어를 구체화하여 외부에 실현한 외부의 물체에 대한 소유는 인정하지만, 아이디어 그 자체는 외부의 물체가 아니다. 다만, 자신이 구체화한 아이디

105) Hegel, G. W. F., Grundlinien der Philosophie des Rechts., § 49. ("Denn die Menschen sind freilich gleich, aber nur als Personen, das heißt rücksichtlich der Quelle ihres Besitzes. Demzufolge müßte jeder Mensch Eigentum haben. Will man daher von Gleichheit sprechen, so ist es diese Gleichheit, die man betrachten muß.")

어는 그 아이디어가 구체화되어 실현된 외부에 존재하는 유형의 매개체를 통하여 소유한다고 할 수 있다. 예컨대 미국 저작권법은 저작자의 표현은 유체물인 매체(tangible medium)에 고정, 즉 기록될 것(fixation)을 요구한다.[106] 이를 '고정요건'이라고 한다. 이는 헤겔의 철학을 따르는 것으로 볼 수 있다. 이에 반하여 우리 저작권법은 매체에 고정될 것을 요구하지 않는다.[107] 이는 칸트의 철학이 반영된 것으로 볼 수 있다.

'동등하게 평등할 자유'는 자유주의적 개인주의 철학의 공통원리라고 할 수 있다. 이러한 자유와 평등의 원리는 공리주의 철학이 반영된 특허법 원칙으로도 확립되어 있다. 예컨대, 2006년 미국연방대법원은 공리주의와 실용주의 철학에 기반하여,

> The relevant principle of law "[e]xclude[s] from ... patent protection ... laws of nature, natural phenomena, and abstract ideas." This principle finds its roots in both English and American law······ [T]he reason for the exclusion is that sometimes too much patent protection can impede rather than "promote the Progress of Science and useful Arts," the constitutional objective of patent and copyright protection.[108]
>
> ↘ 관련 법리는 "...특허 보호에...자연법칙, 자연현상 및 추상적 아이디어를 제외한다." 이 원칙은 영국법과 미국법에 뿌리를 두고 있다··· 특허 보호를 배제하는 이유는 특허 보호가 과도하다면 특허권과 저작권의 헌법적 목표인 "과학과 유용한 예술의 진보를 촉진"하기보다는 방해가 될 수 있기 때문이다.

라고 하였다. 자연법칙 등 기초적인 원리(basic tools)에 대하여 특허 독점을 인정한다면, 특허권자 한 사람의 재산권으로 인하여 그 사람 이외에 나머지 과학기술자들은 그로부터 실시권(license)를 취득하여야 할 것이다. 자연과학적 발견에 대하여 특허를 부여한다면 과학기술자들은 혁신이나 개발보다는 자연법칙을 발견한 다음, 건물주가 임차인에게 라이센스를 주는 것과 같이, 자연법칙을 라이센스하고 그 실시료(royalties)를 받으려고 할 것이다. 따라서 라이센스료와 라이센스 체결을 위한 거래비용이 증가하

106) 17 U.S.C. § 102
(a) Copyright protection subsists, in accordance with this title, in original works of authorship fixed in any tangible medium of expression, ...
본 장에 따라 저작권 보호는 유체의 매체에 기록(고정)된 표현의 저작자의 독창적인 저작에 존재한다. ....

107) 저작권법 제10조(저작권)("②저작권은 저작물을 창작한 때부터 발생하며 어떠한 절차나 형식의 이행을 필요로 하지 아니한다.")

108) Laboratory Corp. of America Holdings v. Metabolite Laboratories, Inc., 548 U.S. 124, 126 (2006).

여 매우 비효율적이 될 것이다.[109)]

법 문언에 대한 엄격한 해석은 1624년 영국의 독점법상 제조('manufacture')에 부여되는 것이라는 제정법에 충실한 해석이었고, 그 독점법의 문구를 벗어난 해석은 허용되지 않았다.[110)] 따라서 외부의 물체에 구현되지 않는 방법이나 아이디어 그 자체는 발명으로 인정되지 않았으므로 특허도 인정되지 않았다. 이러한 법의 문언해석은 18세기 후반 영국의 공리주의가 주도적인 철학이 되면서 더욱 강화되었다. 자연법칙이나 자연과학적 발견은 공유되어야 사회적 효용을 극대화 할 수 있었다.

2. 자유주의적 개인주의: 로크, 칸트 및 헤겔

자유주의적 개인주의의 철학자, 즉 개인의 자유와 권리를 최상의 목적으로 하는 로크, 칸트 및 헤겔의 철학에서는 자연법칙(laws of nature), 자연현상(natural phenomena), 추상적 아이디어(abstract ideas) 및 자연의 산물(product of nature)은 신이 인간에게 공유로 주었기 때문에 이를 특정인이 사유화하는 것은 허용되지 않는다. 다만, 자신의 노동을 가하거나 소유하려는 자유의지를 부가하여 무엇인가를 창작한다면 그와 같이 창작한 것은 사유화할 수 있다. 로크, 칸트 및 헤겔의 철학에서도 타인에게 해를 주어서는 안된다는 단서를 제시하고 있다.

로크는 신(God)이 자연을 인간에게 공유로 하사하였다고 하고 있다. 자연은 자연법칙, 자연현상 등을 포함하는 개념이다. 인간은 그 자연에 노동을 가하여 노동의 결과물을 자신의 소유로 하는 것이 허용된다. 칸트나 헤겔도 자유를 위해서는 재산이 필요하지만, 타인을 해하여서는 안된다고 하고 있다. 칸트는 모든 인간은 동등한 자유(equal freedom)를 가지고 있으므로 자신의 자유가 타인의 자유를 침해하는 것은 타인의 평등

109) 미국 연방대법원은 그와 같은 비효율을 지적하고 있다. Laboratory Corp. of America Holdings v. Metabolite Laboratories, Inc., 548 U.S. 124, 127-128 (2006).

110) Boulton & Watt v Bull, 126 E.R. 651, 663 (1795) ("This brings us to the true foundation of all patents, which must be the manufacture itself; and so says the statute 21 Jac. 1, c. 3. All monopolies except those which are allowed by that statute, are declared to be illegal and void; they were so at common law, and the sixth section excepts only those of the sole working or making any manner of new manufacture: and whether the manufacture be with or without principle, produced by accident or by art, is immaterial.").

권을 침해하는 것이라고 하고 있다.

자유주의적 개인주의 입장에서는 실정법의 문언적 해석보다는 보편적 원리, 즉 자연법의 존재를 인정하고 이에 따른 보편적 법원리에 기초한다. 로크는 자연(the Common)은 신이 인간에게 공유로 부여했고, 인간에게 자연상태에서 일을 하여 그 과실을 취득함으로서 평온하고 안락한 삶을 누리도록 명했다. 따라서 로크에 의하면 신이 부여한 자연, 자연법칙, 자연현상, 추상적 아이디어, 그로부터 자연적으로 취득하는 과실은 모두 인간이 공유하는 재산(jus utendi)이다. 따라서 특정인이 사유하는 것이 인정되지 않는다.

독일의 임마누엘 칸트는 신(God)의 명령을 도입하지 않았지만, 로크와 같이 자연은 공유라고 했다. 자율성을 가진 인간은 궁극적인 자유를 성취하기 위하여 재산이 필요하다. 자연은 주인이 없는 무주의 공유이기는 하지만, 소유할 수 없는 것은 아니다. 자율성을 가진 인간은 자연에 대하여 소유할 의사와 그 의사가 표명된 경우에는 자신의 소유가 되었다. 이는 로크와 같이 인간이 자유민이기 위해서는 재산이 필요했기 때문이다. 자유주의적 개인주의에 기초한 칸트의 경우에도 자연은 공유이었다. 그러나 칸트에게도 무제한의 재산권 취득의 자유가 존재하는 것은 아니다. 다른 사람의 동등한 기회를 박탈하지 않아야 하는 한계가 존재한다. 자연법칙, 자연현상 또는 추상적 아이디어를 사유화하는 것은 타인이 자연에 가지는 동등한 자유를 박탈한다. 따라서 자연법칙, 자연현상 또는 추상적 아이디어는 칸트에 의하더라도 사유화 할 수 없다.

헤겔도 칸트와 다르지 않다. 자율성이나 자유의지를 가진 인간이 궁극적인 자유를 쟁취하기 위해서 필연적으로 재산이 필요하고, 외부에 무엇인가를 창작하면 그의 것이 되었다. 국가는 그와 같은 인간의 자유와 재산을 보호하기 위하여 존재하는 것이다. 그러나 그와 같은 자유의지를 실현함에 있어 타인의 동등한 기회를 박탈하면 안된다. 자연법칙, 자연현상과 추상적 아이디어 등은 유일한 것 또는 희소한 것인데, 이를 사유화하여 독점하면 타인이 동일하게 이용할 자유가 박탈된다. 로크와 칸트, 헤겔 모두 타인에게 해하지 않을 것을 단서를 제시했는데, 무체물에 대한 소유는 타인의 사용을 배제하는 것은 아니다.[111)] 무체물은 경합적이지 않기 때문이다. 따라서 경합적이지 않은 사유화 또는 타인의 배제하지 않는 사유화는 가능하다. 예컨대 영업비밀로의 보유는 가능하다. 동일한 영업비밀을 타인이 소유하는 것을 배제하지 않기 때문이다. 동일한 저작도 가능하다.

자연법칙은 인간의 창작이 아닐뿐더러 인간의 통제가 가능한 것이 아닌, 신(God)이 창작한 자연의 산물(the product of nature)이므로 인간이 공유한다. 즉 자연법칙 등이 '이용'되어 물체에 구현되어야 인간의 통제와 지배상태가 되고 이로써 배타적인 재산권으로 보호(jus disponendi)를 할 수 있다. 이와 같은 인간의 노동의 결과물이나 정신작용의 결과가 재산권의 목적이라는 법리는 로크의 노동가치론(labor value theory)뿐만 아니라 칸트의 인격이론(personality theory)나 헤겔의 자유의지를 기초로 한 재산권 철학(personality theory)에 의해서도 정당화 된다.

칸트에 의하면, 자연법칙, 자연현상과 추상적 아이디어는 희소하기 때문에 특정인이 관념적, 선험적 점유를 통하여 소유를 주장한다면, 그와 동등한 타인은 그와 같은 자연법칙, 자연현상과 추상적 아이디어를 사용할 자유를 상실하게 될 것이다. 따라서 발명성이란 공유인 자연법칙을 '이용'(application)한 것을 의미한다. 즉 공유재산을 도구로 이용하여 자신만의 것을 창작 또는 발명해야 한다. 다른 말로 하면 자연법칙의 이용성(applicability)라고도 하는데, 인간이 자연법칙을 이용한 결과는 발명의 대상이 된다. 이러한 원리는 저작권의 창작성(creativity)이나 상표법의 식별력(distinctiveness), 부정경쟁방지법상의 유명성(goodwill)의 법리와 부합한다.

우리 특허법은 자연법칙의 이용성, 즉 발명성이 있는 발명을 예시하지 않고 있으나, 미국 특허법(35 U.S.C. §101)의 경우에는 다음의 4가지를 자연법칙의 이용성이 있는 것, 즉 발명성(inventiveness)이 있는 것으로 예시하고 있다: i) processes, ii) machines, iii) manufactures 및 iv) compositions of matter. 첫 번째, "processes"는 시간적 흐름이

111) Immanuel Kant, The Metaphysics of Morals, ed. and trans. Mary Gregor, Cambridge Univ. Press, 1991, pt. 1, sec. 6, p. 225.; 타인을 해하지 않아야 한다는 단서는 공리주의자인 존 스튜어트 밀도 주장한다.("harm principle") John Stuart Mill, On Liberty, (1859, Batoche Books Kitchener 2001) p. 13.

> That the only purpose for which power can be rightfully exercised over any member of a civilised community, against his will, is to prevent harm to others. .... The only part of the conduct of any one, for which he is amenable to society, is that which concerns others. In the part which merely concerns himself, his independence is, of right, absolute. Over himself, over his own body and mind, the individual is sovereign.

존재하는 방법(action)에 해당한다. "machines", "manufactures" 및 "compositions of matter"는 물건(thing)에 해당한다. 즉 현대 특허법은 기본적으로 방법발명과 물건발명 두가지를 인정하고 있다. 그 외에 물건을 생산하는 방법발명이 존재하는데, 이는 기본적으로 물건발명이고, 방법은 물건을 생산하는 방법을 한정하는 것으로, 물건발명보다 그 권리범위가 좁게 된다. 방법발명과 물건발명의 두가지의 구별은 아래에서 언급하는 의약의 용량 용법이 문제된 사건의 법리적 이해에 도움이 된다.

3. 공리주의적 도구주의: 벤담과 밀

영국과 미국 법원은 자유주의적 개인주의 철학과 공리주의 철학에서 명제로 인정된 발명이 될 수 없는 사법적 예외(judicial exceptions)를 판결을 통해 구체화 하였다.[112] 이러한 사법적 예외는 보통 4가지로 분류되는데, 자연법칙(laws of nature), 자연현상(natural phenomena), 추상적 아이디어(abstract ideas) 및 자연의 산물(product of nature)이다. 이들을 사법적 예외(judicial exceptions)라고 하는 이유는 특허법의 원리에 따라 법원 판결을 통해 구체화 되어 발명의 대상에서 제외되었기 때문이다.

자연법칙 등은 그 자체로는 특허를 받을 수 없고, 이를 이용하여 어떤 결과물을 가져온 경우에 그 결과물에 대하여 특허를 받을 수 있다는 법리는 매우 오래된 법리이다. 과거 제임스 와트(James Watt)의 증기기관의 특허성에 대하여도 1795년 영국 법원이 "아이디어 또는 [자연] 법칙만으로는 특허를 받을 수 없고, 아이디어의 실제 이용 또는 법칙의 실제적 이용은 특허 부여의 강한 근거가 될 수 있는데, 현재 사건이 그와 같은 사례이다."라고 판시하였음은 앞서 발췌 인용한 바와 같다.

제임스 와트는 1769년 1월 5일 자신의 분리된 컨덴서 증기기관에 대하여 특허를 취득했다. 제임스 와트의 특허명칭은 '내연기관에서 증기와 연료를 감소시키는 새로운 방법'("A new method of lessening the consumption of steam and fuel in fire-engines")이

112) Boulton & Watt v Bull, 126 E.R. 651 (1795); Neilson v. Harford, Web. Pat. Cases 295, 371 (1844); Parker v. Flook | 437 U.S. 584, 592 (1978) ("In reviewing earlier cases applying the rule that a scientific principle cannot be patented, the Court placed particular emphasis on the English case of Neilson v. Harford, Web. Pat. Cases 295, 371 (1844)").

었다. 그의 분리된 컨덴서 엔진은 증기기관의 효율성을 크게 증진시켰다. 그의 기계는 석탄의 소비를 2/3를 줄였고, 광산에서 뿐만 아니라, 공장, 방앗간, 조그만 공장 등 기계동력이 필요한 곳에서 사용할 수 있었다. 분리된 증기컨덴서는 증기를 컨덴서에 압축하여 컨덴서를 뜨거운 상태로 유지하도록 하여 컨덴서 내부의 압축된 뜨거운 공기를 증기기관에 불어 넣을 수 있었으므로 증기기관을 식히지 않은 상태 그대로 실린더가 뜨거운 상태에서 작동할 수 있도록 하였다. 제임스 와트가 발명한 압축 공기 증기기관 이전에 존재했던 실린더 내를 식혀 압력을 줄여야 한다는 증기기관의 근본적 문제점을 해결했다.

1769년 특허를 받았던 제임스 와트(James Watt)는 자신의 증기기관 특허의 존속기간을 연장하는데 성공한다. 제임스 와트의 증기기관이 기술발전과 산업혁명에 촉진제가 되었다고 함에는 많은 견해가 동의하지만, 일부 견해는 그렇지 않다. 1776년 제임스 와트는 자신의 분리된 컨덴서 증기기관의 특허를 25년 연장에 성공했다.[113] 그리하여 경쟁 기술자이었던 혼블로워(Jabez Carter Hornblower)의 경쟁기술개발을 막았기 때문에 기술발전을 저해했다고 한다. 이로써 자신의 특허로 경쟁기술의 발전을 막는 특허블럭(patent blocking)이 발생했다. 19세기에 특허블럭(patent blocking)은 지속적으로 문제되었다.

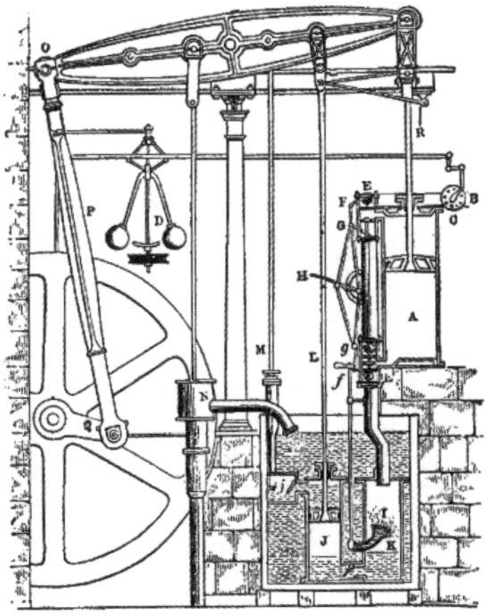

[제임스 와트의 증기기관]

제임스 와트와 그의 재정투자자인 볼튼(Boulton)은 와트의 증기기관 특허를 침해하였다고, 각각 제임스 와트가 고용했던 에드워드 불(Edward Bull)[114]과 증기기관 기술자인 혼블로워(Hornblower)[115]를 제소한다.

볼튼(Boulton)과 와트(Watt)가 자신들이 고용했던 기술자 불(Bull)을 상대로 제기한 소송에서 문제된 제임스 와트가 발명한 증기기관 특허는 뉴커먼(Newcomen)이 1712년에 발명하여 주로 광산에서

113) 제임스 와트의 특허명세서에는 1) cylinder with closed top, 2) piston pressed down by steam, 3) steam case, 4) separate condenser, 5) air-pump, 6) piston kept tight by oil or grease의 구성의 특징이 기술되어 있다.

114) Boulton & Watt v Bull, 126 E.R. 651 (1795).

115) Hornblower v. Boulton (Hornblower and Maberly v Boulton and Watt), 101 E.R. 1285, 8 T.R. 95 (1799).

물을 퍼내는 용도로 사용되어 왔던 증기기관을 개선한 것이었다. 제임스 와트(James Watt)는 보일러에서 물을 가열하여 발생한 증기를 실린더 및 피스톤과 분리된 컨덴서 용기에 압축시켜, 그 압축된 증기를 실린더에 주입함으로써 당시에 알려진 뉴커먼(Newcomen)의 증기엔진 보다 그 효율을 크게 향상시킬 수 있었다. 이 변경으로 피스톤이 상하 또는 좌우로 움직일 때, 기존의 뉴커먼(Newcomen)이 발명했던 증기기관에서 압축을 감쇄시키기 위해 찬물을 실린더 내에 주입하는 동작이 없어져 실린더를 냉각하는 공정이 생략되었고, 이로 인하여 증기의 효율성이 크게 향상되어 증기기관 작동을 위한 증기 제조에 사용되던 석탄의 양 뿐만 아니라 실린더 내 피스톤의 운동도 빨라져, 기계적으로 많은 개선이 이뤄졌다.[116)]

제임스 와트의 특허는 사실상 방법특허이었지만, 1624년 영국의 독점법이 제정되어 법에 의해 특허를 부여한 이래, 특허의 대상은 물건(manufacture)으로 한정했다. 그 당시 물건에 대한 특허는 인정했지만 방법특허는 인정하지 않았다. 다만 제임스 와트의 특허는 물건에 체화된 것으로서 물건특허로 보았다. 자연법칙이나 과학적 원리가 특허를 받을 수 있는지 여부가 법적 쟁점이 된 최초의 소송으로 알려져 있다. 특히 제임스 와트는 그의 특허명세서에서 "principle"이라고 언급함으로서 그의 발명이 방법특허인지 물건특허인지 논쟁의 불씨를 지폈다.

그러나 제임스 와트가 가능한 한 광범위한 특허 보호를 받으려고 시도하면서 명세서 초안 작성에 어려움을 겪었다. 만일 발명이 매우 상세하게 기술된 경우 그의 특허는 특정한 실시예로만 제한될 수 있고, 광범위하게 작동원리만 명세서에 기재되는 경우에는 명세서의 기재방법이 문제가 될 수 있었다. 1778년 Liardet v. Johnson 사건 이후 명세서는 특허 종료후에 대중이 발명을 실행할 수 있도록, 해당 분야의 기술자(a mechanic acquainted)로 하여금 그 발명을 실시할 만큼 충분하게 기재를 하지 않으면 특허가 무효로 될 수 있었다. 결국 제임스 와트는 친구인 윌리엄 스몰 박사(Dr. William Small)에게 편지를 보내, '명세서의 기재로 부터 다른 사람이 그 발명을 실시할 수 있을 만큼 충분하게 기재하지 않았기 때문에 일부 특허가 무효가 될 수 있다고 안내받아서, 나는 도면을 첨부하여 설명을 부가했다.'("I have been informed that some patents

116) William Rosen, The Most Powerful Idea in the World: A Story of Steam, Industry, and Invention, Random House (2010), pp. 104-06.

have been defeated because the specification was not clear enough to enable other people to execute the scheme, I have added descriptions of the machines with drawings.")[117]라고 편지를 보내, 그로부터 조언을 받아, 특정 기계에 대한 설명을 의도적으로 피하되, 몇 가지 원칙을 발견했다는 점을 가장 명확한 방식으로 명시하는 방법으로 명세서를 작성했다.[118]

그럼에도 불구하고 불(Bull)을 상대로 제기한 사건에서 법원(the Court of Common Pleas)은 자연법칙이나 과학적 원리가 특허의 대상이 되는지에 대하여 명시적 판단을 회피했고, 그 다음 사건인 혼블로워(Hornblower)를 상대로 한 사건에서 쟁점으로 다뤘다.

불(Bull)을 상대로 한 사건에서 자연법칙이 특허를 취득할 수 있는지와 명세서가 특허발명을 설명하고 있는지가 문제되었다. "단순한 자연법칙이나 자연의 원리에 대해서는 특허를 받을 수 없다"는 것은 그 당시에 일반적으로 인정된 특허법리이었다.[119] 자연법칙이나 자연의 원리를 이용한 결과가 아닌 원리(principle)에 대해서만 특허를 취득함으로써 대중은 특허존속기간 동안 해당 원리를 개선할 수 없게 되므로 그 특허는 무효이라고 할 수 밖에 없다는 것이 Buller 판사의 견해이었다. 즉 제임스 와트가 발견한 자연과학적 원리를 이용한 증기기관은 기존의 증기기관, 즉 선행발명을 이용한 것에 불과하여, 발명 전체는 새로운 것이 아닌 이미 알려진 물건에 불과하다는 것이었다.[120]

그러나 재판장 Eyre 판사는 철로 만든 방화벽을 발명한 David Hartley의 발명의 예를 들면서, 화재가 없다면, 철재 패널이나 그 아이디어나 쓸모가 없을 것인데, 철재 패널을 세우는 방법으로 화재로부터 건물을 보호하는 유용하고 가치있는 효과를 가져와 Hartley에게 특허를 부여한 것처럼, 특허는 그 유체물로부터 분리된 아이디어('method')에 부여하는 것인데, 특허는 그 발명이 제조물질(manufacture)와 분리된 효과 발생의 조건과 그 효과에 관한 것이고, 그 발명의 원리에 대하여 부여하는 것이라고 판

117) Matthew Boulton and James Watt, Industrial Revolution: Series 1, The Boulton and Watt Archive and the Matthew Boulton Papers from the Birmingham Central Library, Adam Matthew, 1993, Part I, 1:4.

118) N. Scott Pierce, "Common Sense: Treating Statutory Non-Obviousness as a Novelty Issue", 25 Santa Clara High Tech. L.J. 539, 557 (2012), note 125, citing Jenny Uglow, The Lunar Men: Five Friends Whose Curiosity Changed the World 243 (Julian Loose et al., eds., 2002) (quoting William Small to James Watt, February 1769 Matthew Boulton Papers, Birmingham City Archives 340/4.)

119) Boulton & Watt v Bull, 126 E.R. 651, 662 (1795). ("if the principle alone be the foundation of the patent, it cannot possibly stand, with that knowledge and discovery which the world were in possession of before.")

120) 본 판결에서 Buller 판사는 사실상 진보성의 문제를 다루고 있는 것으로 보이는데 그 당시 진보성의 개념이 구체화 되지는 않았다.

시했다. 즉 사실상 방법특허를 인정하고 있다.

> It is not that the patentee has conceived an abstract notion that the consumption of steam and fire engines may be lessened but he has discovered a practical manner of doing it; and for that practical manner of doing it he has taken this patent. Surely this is a very different thing from taking a patent for a principle; it is not for a principle, but for a process.[121)]
>
> ↘ 특허권자가 증기와 연료 소비를 줄일 수 있다는 추상적인 개념을 생각해 낸 것은 아니지만 실용적인 방법을 발견했다. 그리고 그 실용적인 방법으로 그는 본 사건 특허를 취득했다. 확실히 이것은 원리에 대한 특허를 받는 것과는 매우 다르다. 본 사건 특허는 원리에 대한 것이 아니라 공정에 대하여 취득한 것이다.

제임스 와트는 원리원칙을 발견한 것이 아니라, 그 원리원칙을 기계에 구현, 즉 이용(application)한 발명이라고 하였다. 만일 원리원칙에 대하여 특허를 받는다면, 공중은 특허기간동안 원리원칙을 개선할 방법을 찾지 못할 것이다. 즉 자연을 이용하는 것이 특허에 의해 금지된다. 이러한 결과는 모든 인간이 신으로 받은 권리를 행사하지 못하는 것일 뿐만 아니라 영국의 공리주의 철학에도 부합하지 않는 것이다. 공중의 자유가 제한 된다. 자연은 인간의 노력과 노동으로 만든 것이 아니라 신이 인간에게 선물로 준 것이고, 공유인 자연에 대한 특정인의 독점은 그 독점자 이외의 자에게 그들의 이용으로 인한 이득을 취하는 것을 제한하게 되기 때문이다.

1799년 Hornblower and Maberly v. Boulton and Watt(Hornblower v. Boulton) 사건의 항소법원 판결은 혼블로워와 마벌리(Maberly)에 대한 것이었다.[122)] 혼블로워(Hornblower)는 제임스 와트의 증기기관 특허가 단순히 원리원칙에 불과하여, 특허법에 의한 특허를 부여할 수 없다("[m]ere principles only, for which no such letters patent could by law be granted.")고 주장했다. 그러나 법원(the Court of King's Bench)은 판사들의 만장일치로 제임스 와트의 특허가 자연과학적 원리에 대하여 청구한 것이 아니라고 판시했다. 법원은 일반원칙으로서 자연과학적 원리가 특허의 대상이 될 수 없다

121) Id., 667.

122) Hornblower v. Boulton (1799) 101 Eng. Rep. 1285, 1285; 8 T.R. 95.

는 점에 대하여 명시적으로 판단하지 않았지만, 모든 판사들은 자연법칙이나 자연과학적 원리는 특허의 대상이 될 수 없다는 점에 대하여 묵시적으로 동의했다. 이 사건에서 피고 혼블로워가 특히 자연과학적 원리가 특허청구된 것이라고 주장한 것은 제임스 와트의 증기기관의 명세서가 매우 추상적이고 포괄적으로 기재되어 있었기 때문에 자연과학적 원리까지 특허권의 권리범위에 포함하는 것처럼 인식되었기 때문이다. 이로 인하여 명세서의 기재방법도 문제가 되었다. 자연법칙이나 자연현상, 추상적 아이디어가 발명이 아니라는 것은 특허법의 명제가 되었다.

그 다음으로 자연법칙의 특허성이 문제된 사건은 1834년 Minter v. Wells 사건[123]과 1837년 Minter v. Mower 사건[124]이다. 18세기부터 19세기 사이에 영국법원은 자연법칙과 발명을 구분하도록 명세서 기재를 요구해 왔다. Minter v. Wells 사건과 Minter v. Mower 사건에서 문제된 발명은 요즘에도 사용되는 '리클라이너'(recliner, 의자의 레버를 움직이면, 의자 등받이가 눕도록 된 의자)라는 의자에 구현된 지렛대와 지렛대 작동방법이었다. 모든 기계발명은 필연적으로 어떤 자연과학적 원칙이나 원리의 적용을 포함한다.

위 사건에서 원고는 그 지레대(lever)의 원리를 포함하도록 자신의 발명의 범위를 요약하지 않고 특정된 방법으로 지렛대를 작동하는 발명을 주장했다. 원고는 그 특허명세서에서 "I do not confine myself to the particular shape of this lever."라고 하여 지렛대로 작동되는 의자에 대한 청구를 했다. 특허청구의 대상은 지렛대만이 아니라 자체 조정되는 지렛대 작동이고 지렛대의 작동방법을 포함했다. 발명자는 의자의 등받이와 좌석에 자체 조정 지렛대를 적용하여 그 지렛대가 좌석의 무게가 의자 등받이에 가해지는 압력에 대한 균형추 역할을 한다고 주장했다. 그리하여 어느 누구도 의자의 등받이와 좌석에 지렛대를 부착하여 자체 조정 하도록 하는 것은 자신의 특허발명을 침해하는 것이라고 주장했다. 자신의 특허는 지렛대로 의자와 등받이의 무게조정을 하는 원리이므로 어떤 물건이든지 그와 같은 원리를 구현한다면 자신의 특허권을 침해하는 것이라고 주장했다. 문제된 의자의 등받이와 좌석에 지렛대(lever)의 자연과학적 원리가 적용된 대상은 리클라이너라고 하는 기계이다.

123) Minter v. Wells (1834), Web. Pat. Cas. 134.
124) Minter v. Mower, [1837] E. R 705; 112 ER 282; (1837) b 6 Adol. & Ell. Rep. 735.

피고는 원고의 발명은 지렛대를 앞뒤로 작동시키는 것일 뿐이고 그의 작동은 기본적으로 지레대와 그 기계적인 원리일 뿐이므로 이를 특허독점을 한다면, 특허권자 외에 다른 사람은 그 원리 원칙, 즉 지렛대를 사용할 수 없는 것이므로("[a] first principle in mechanics, viz. the lever, and therefore nobody else may use it."), 결국 원고는 자연법칙을 자신의 발명으로 하여 특허를 받았지만, 실질적으로는 특허를 받을 수 없다고 주장하였다.

Parke 판사(Baron)는 특허청구는 지렛대의 자연과학적 원리가 아니라, 자연과학적 원리를 구현하는 지렛대를 의자와 등받이에 결합한 의자("[e]very machine consisting of a self-adjusting leverage producing that particular effect in a chair.")이고, 이를 해당 발명이 구현해 낸 것이라고 했다. 즉 Parke 판사는 원고의 특허는 지렛대의 작동방법이라는 자연법칙을 '리클라이너'(recliner)라는 의자에 이용한 것이라고 하였다. 법원은 자연법칙의 이용성(application)이 존재한다면 이는 자연법칙 그 자체가 아니라고 판시했다. Parke 판사는 지렛대가 의자에 한정([e]very machine consisting of a self-adjusting leverage producing)되어 특정한 효과(의자를 뒤로 젖히는 효과)가 발생하는 것임을 강조했다.

위 판결 직후, 공중에게 알려지지 않은 자연과학적 원리를 이용한 경우에 그 특허성이 문제가 되었다. 1841년 영국의 Neilson v Harford 사건[125]은 용광로에 관한 특허가 문제된 사건으로 자연의 원리원칙과 이를 이용한 기술적 결과의 구분이 쟁점이 되었다. 결과적으로 본 사건은 자연법칙은 특허를 받을 수 없을 뿐만 아니라 자연법칙을 이용한 발명만이 특허를 받을 수 있다는 명제를 무시한 것으로 평가되기도 한다.[126]

1817년에 제임스 비아먼트 닐슨(James Beaumont Neilson)은 스코틀랜드 글래스고에 소재한 클라이드 제철소(Clyde Ironworks)의 감독으로 임명되었다. 얼마 지나지 않아 그는 관리자 겸 엔지니어가 되었다.

19세기 초까지 영국의 제철기술자들은 용광로에 차가운 공기를 주입하여 철을 제련하는 것이 가장 효율적인 방법이라고 믿었다. 그러나 닐슨은 차가운 공기가 아닌 뜨거

125) Neilson v Harford (1841) 151 ER 1266.

126) Jeffrey A. Lefstin, Neilson v. Harford: Shape and Form in Patent Law, University of California Hastings College of the Law, Legal Studies Rearch Paper Series, Research Paper No. 393, p. 2.

운 공기를 주입하는 것이 효율적임을 알고 뜨거운 공기를 이용한 제철기술을 발전시킨다. 뜨거운 공기를 주입하는 제련방법을 사용하면 석탄 1톤당 철 생산량이 3배로 늘어날 뿐만 아니라 저품위 광석에서도 경제적으로 철을 제련할 수 있었다. 그 뿐만 아니라 석탄으로 고온처리하는 과정을 거쳐야 생산되므로 그 가격이 비싼 코크스(Cokes) 대신 그러한 처리과정을 거치지 않는 석탄의 원탄과 품질이 낮은 석탄을 제철에 사용할 수 있었으므로 매우 효율적이었고, 더 큰 용광로와 제철소도 건설할 수 있었다. 글래스고우의 클라이드 제철소(Clyde Ironworks)에서 처음 시험한 그의 아이디어는 1828년에 특허를 받았다.

1828년 9월 11일 영국왕 조지 4세 시대에 넬슨(J.B. Neilson)은 "풍무 또는 기타 송풍장치가 필요한 철, 단조 및 용광로에서 열을 생성하기 위한 공기의 향상된 적용"("the improved application of air to produce heat in ires, forges, and furnaces, where bellows or other blowing apparatus are required.")이라는 기술에 특허를 받는다. 이는 사실상 방법특허로서 기존의 용광로의 구조를 변경하여 효율적인 용광방법이었다. 그 당시 기술자들은 차가운 공기가 뜨거운 공기보다 더 뜨거운 용광로를 생성할 것이라고 믿었다. 제철소 기술자들의 경험에 따르면 용광로는 겨울철에 가장 뜨거운 온도에서 자연적으로 작동하는 것으로 나타났기 때문이다. 겨울 공기가 용광로를 더 뜨겁게 만드는 것은 분명했지만 그 이유는 분명하지 않았다. 기술자들은 겨울의 차가운 공기의 효과라고 믿었는데, 겨울의 차가운 공기의 영향이 아니라 실제로는 건조한 공기의 영향으로 밝혀졌다. 즉 건조한 공기가 온도를 올리는 푄현상(Föhn/Foehn Wind)이 영향을 미치는 것이다.

결국 넬슨의 발명은 그가 새롭게 발명한 것이 아니라 '푄현상'의 발견에 불과했다. 즉 겨울철의 차가운 공기가 뜨거운 가열공기를 만들어 내는 것이 아니라 건조한 공기가 뜨거운 공기를 만들어 낸다는 원리를 알게 된 것이다. 결국 넬슨은 용광로에 주입 이전에 가열된 건조한 뜨거운 공기(hot air)로, 뜨거운 주입공기(blasting air)를 만들어 내는 자연과학적 원리를 발견한 것이었다. 다만, 그 원리를 모르고 있었을 뿐이었다.

이러한 쟁점은 그 후에 발생한 Househill Coal & Iron Co. v. Neilson 사건[127)]에서는 발

127) Househill Coal & Iron Co. v. Neilson, 1 Web. P. C. 673, 683 (1843).

명의 원리가 실제로 알려졌는지 여부는 쟁점이 아니라고 판시했다. 쟁점은 적용방식이 발명성이 있는지가 문제라고 했다. 그리하여 배심은 원고의 발명에 대한 특허를 유효한 것으로 인정했고, 최종적으로 House of Lords도 이를 승인했다.

커먼로 민사사건의 항소심을 관할했던 영국의 재정법원(the Court of Exchequer Chamber)은 넬슨의 특허가 용광로에 차가운 공기 대신 뜨거운 공기를 주입함으로써 용광로의 온도를 높일 수 있다는 기초원리만을 다루고 있을 뿐이라는 피고들의 주장을 기각했다. 그 원리 자체는 특허를 받을 수 없기 때문이다. 그 대신 법원은 원고의 특허발명에는 가열된 공기가 머물 수 있는 공간(receptacle)의 사용이 포함된다고 판결했다. 이 사건 피고(Harford)는 특허권자인 원고 넬슨의 특허받은 제철방법을 무단사용하여 특허침해로 제소되었다. 피고는 넬슨이 최초의 진정한 특허권자가 아니고, 그의 발명은 새로운 발명도 아닐뿐더러 명세서에 자신의 발명에 대하여 충분한 설명을 하지 않았고, 특허장이 부여될 때 공공의 이익을 위해 사용되지 않았다고 주장했다.

이사건 피고의 공기 가열 시스템은 넬슨의 박스형태의 뜨거운 공기 보관용기보다도 그 효율성이 좋은 파이프 형태이었다. 현재 가정용 보일러 등에서도 파이프 형태의 가열관을 사용하여 열접촉 면적을 넓혀 열효율을 높이는데, 이사건 피고의 공기 가열 시스템도 그와 같은 원리이었다. 그러나 Parke 판사는 열교환 시스템을 원고가 특허받았고, 피고가 그 열교환 시스템을 무단 실시한 것으로 인정했다. 열교환 시스템 자체의 구조가 달라지면 열효율이 높아진다는 점을 무시한 것이다. 이는 제임스 와트의 증기기관 특허와 다를 것이 없었다. 나아가 자동차에 엔진을 부가하는 것 자체에 대하여 특허를 인정하면, 자동차 엔진이 증기압축식이든 휘발유를 폭발시켜 동력을 얻는 방식이든 엔진이 달린 자동차는 모두 같은 발명의 범위내로 인정하는 것과 같다.

그러나 이러한 방식의 특허청구범위는 매우 광범위한 방식으로 기재하는 것이 된다. 그리하여 원고는 다른 방식으로 뜨거운 공기를 불어넣는 방식의 용광로에 대하여도 특허침해를 주장하였다. 본 사건의 경우에도 공기를 데우고 용광로에 불어 넣는 방식의 용광로가 문제가 된 것이다. 피고는 자신의 공기데우는 방식이 개량된 것이라고 주장했다. 원고의 특허가 용광로에서 공기가 데워지는 방식이라면, 피고의 발명은 공기가 용광로에 주입되기 전에 이미 파이프를 통하여 데워지기 때문에 개량된 방식이라고 주장했다.

피고는 특허는 계약이므로 특허를 취득하는 자는 자신의 발명이 사용되는 모든 방법을 어느 누구든지 이해하여 이를 실제 실시를 할 수 있을 정도로 상세하게 명세서에 기술하여야 하는 것이 계약상 특허 취득의 조건이라고 주장하면서, 만일 원고가 피고의 발명의 내용을 원고 자신이 발명할 때 이미 알았다면 그와 같은 내용이 원고의 특허 명세서에 기재되지 않을 이유가 없다고 강조했다. 즉 원고는 자신의 발명을 할 때 피고의 발명과 같은 원리를 알지 못했다고 주장했다.

판결문을 작성한 Parke 판사(Baron)는

> We think the case must be considered as if, the principle being well known, the plaintiff had first invented a mode of applying it by a mechanical apparatus to furnaces; and his invention then consists in this-by interposing a receptacle for heated air between the blowing apparatus and the furnace. In this receptacle he directs the air to be heated by the application of heat externally to the receptacle, and thus he accomplishes the object of applying the blast, which was before of cold air, in a heated state to the furnace.[128)]
>
> ↘ 우리는 이 사건을, 기술 원리가 잘 알려져 있으므로, 원고가 먼저 기계적 장치를 통해 최초로 용광로 적용방식을 발명한 것처럼 생각해야 한다. 그의 발명은 송풍 장치와 용광로 사이에 가열된 공기를 위한 수납용기를 끼우는 것으로 구성된다. 원고가 공기를 가열하기 위해 용기 외부에서 열을 가하는 공기수납부 내부에, 용광로에 열을 가한 상태에서 차가운 공기를 주입하는 방식으로 [뜨거운 공기를 용광로에 불어넣는] 본 발명의 목적을 달성한다.

라고 판시하였다. 법원은 기술원리나 자연과학적 법칙 등은 공지된 기술과 같이 공공의 영역(the public domain)에 존재하는 것과 같이 취급한다고 하였다. 법원이 공지된 기술로 간주한 발명은 용광로에 차가운 공기 대신에 뜨거운 공기를 불어 넣으면 용광로의 온도가 올라가는 것을 말한다. 그러나 넬슨의 발명은 자연법칙 그 자체가 아닌, 기술원리를 용광로에 적용하는 방식으로 이용하여, 건조하고 가열된 공기를 주입하는 용광로를 제작하였다고 판시했다. 즉 자연법칙 등을 그대로 이용한 것이 아니라 용광

128) Thomas Webster, Reports and Notes of Cases on Letters Patent for Inventions ..., Volumes 1-2, pp. 371; Shubha Ghosh, Forgotten Intellectual Property Lore: Creativity, Entrepreneurship and Intellectual Property (Elgar Law and Entrepreneurship series), Edward Elgar (2020).

로라는 특정 기계에 이용하여 고로의 온도를 높인 것이라고 판시했다.

이에 대한 반대의견도 있었다. 소수의견을 제시한 Alderson 판사(Baron)은 원고의 발명은 풀무와 공기 주입기 사이에 공기보존용기만이 존재하고 누구든지 같은 원리를 만들어 낼 수 있다고 하였다. 피고의 나선형의 긴 파이프가 보존용기이든지에 관계없이, 피고의 나선형의 긴 파이프는 원고가 특허를 받은 보존용기 또는 보존용기를 조금 변경한 것(a colourable imitation of a reservoir)이 아니므로 원고의 특허침해가 없다고 소수의견을 제시했다.

특허명세서에서 자연과학적 원리와 그렇지 않은 원리를 이용한 것을 구별하는 것은 쉽지 않다. 다만 넬슨은 자신의 특허발명의 명세서에서 용광로에 차가운 공기대신 뜨거운 공기를 불어넣는 새로운 원리를 구현하고 이를 구체화한 물건을 발명한 것으로 볼 수 있다. 선행발명으로 알려진 가열된 뜨거운 공기를 용광로에 사용하면 더 좋은 효율을 낼 수 있다는 것은 이미 잘 알려져 있으므로 뜨거운 공기를 사용하는 것은 자유이용발명이 된다. 그러나 건조한 공기를 이용하여 뜨거운 공기를 만드는 원리를 용광로라는 기계에 구현한 것이 넬슨이다. 다만, 그 당시에는 명세서 작성이나 특허청구범위 기재방법이 정교하지 않았으므로 광범위하게 기재하고 있었지 않았나 한다. 특히 1795년 제임스 와트의 특허발명의 경우에도 광범위하게 기재하고 있었으므로 이와 같이 광범위하게 발명의 내용을 기재하는 명세서 작성 관행이 넬슨의 명세서 작성에 영향을 미쳤다고 추측할 수 있다.

그러나 현대적 관점에서 보면, 넓은 범위의 명세서 작성은 공지기술을 포함하여 무효가 될 가능성이 있다는 법리가 잘 알려져 있으므로 제임스 와트나 넬슨의 특허명세서 작성은 문제가 있다고 할 수 있다. 현대적 관점에서 보면, 제임스 와트나 넬슨의 특허발명의 청구범위가 광범위하다고 할 수 있고, 이는 경쟁기술 개발에 대한 장애가 되어 기술혁신을 저해할 수 있다. 이러한 사회적 기여보다도 더 많은 독점을 부여받은 특허들이 많이 존재하였다면 경쟁기술의 개발을 지연하여 산업혁명의 도래를 지연하였을 수도 있다. 다만 그 당시의 명세서 작성관행으로 보면 광범위하게 발명을 기재한 명세서는 법적인 문제가 없다고 할 수 있다. 본 넬슨의 용광로 사건으로 명세서 기재에 관한 제임스 와트부터 넬슨 까지의 논쟁(1795-1843)은 일단락 지었다.

1852년 Le Roy v. Tatham 사건에서 미국연방대법원은

A principle, in the abstract, is a fundamental truth; an original cause; a motive; these cannot be patented, as no one can claim in either of them an exclusive right.[129)]

↘ 추상적인 원리는 기초적인 진리이다.: 본래의 이유; 동기; 이러한 것은 어느 누구도 어느 것이거나 배타적인 권리로 주장할 수 없으므로 특허 받을 수 없다.

라고 판시하여 영국의 제임스 와트 사건의 자연법칙에 대한 불특허성을 인정했다. 미국 연방대법원은 자연법칙(laws of nature), 자연현상(natural phenomena), 추상적 아이디어(abstract ideas) 및 자연의 산물(product of nature)은 '과학과 기술연구의 기초 도구'("the basic tools of scientific and technological work")이고, 이러한 도구를 특정인이 특허로서 독점하는 것은 혁신을 장려하기는 커녕 방해할 것이라고 판시하여, 결국 과학과 기술 연구에 사용하는 자연법칙, 자연현상 및 추상적 아이디어는 특허대상이 될 수 없다고 판시하고 있다.

본 관점은 결국 공유자원을 한 사람이 독점하면 사회 전체의 효용이 감소할 수 밖에 없다는 공리주의적 관점을 적극적으로 표명한 것이지만, 공유자원의 독점은 타인을 해할 수 밖에 없는 바, 타인을 해하지 않아야 한다는 소극적인 조건을 위반해서는 안된다는 자유주의적 개인주의도 표현한 것이다. 결국 자유주의적 개인주의나 공리주의적 도구주의에서나 모두 자연법칙, 자연현상, 추상적 아이디어 및 자연의 산물은 특허의 대상으로 인정할 수 없고, 이러한 철학적 명제를 미국 연방대법원이 법적 구속력이 있는 판결로 수용한 것이라고 할 수 있다. 철학적 명제는 법적 구속력이 있는 규범적 의미가 없으므로 선례구속성이 존재하는 커먼로 법원 판결에서 특허대상에서 명시적으로 제외하여 법적인 예외를 만든 것이라고 할 수 있다.

물론 자연법칙의 이용성이 존재하면, 특허를 받을 수 있다. 법원은 '특허 청구된 방법과 시스템을 완성하기 위해 수학방정식이 필요하다는 것이 [법리적 예외(judicial exceptions)로서 특허받을 수 없는] 추상적 아이디어라고 결정된 것은 아니다'("That a mathematical equation is required to complete the claimed method and system does not doom the claims to abstraction.")[130)]라고 하기도 하고, 추상적 아이디어, 자연법칙 또는

129) Le Roy v. Tatham, 55 U.S. (14 How.) 156, 175 (1852).

130) Thales Visionix Inc. v. United States, 850 F.3d. 1343, 1349 (Fed. Cir. 2017).

자연현상을 실제 응용 프로그램에 통합하면 특허 보호를 받을 수 있다고도 했다.[131] 따라서 추상적 아이디어, 자연 법칙 또는 자연 현상을 실제 응용 프로그램에 통합하면, 그 통합된 것은 '이용성'이 존재하므로 발명이 되어 특허 보호를 받을 수 있다.

'사법적 예외'는 법원 판결에 의해 추가되어 왔다. 예컨대, 수학적 알고리즘을 사용하여 알람 한도를 갱신하는 방법은 기본적으로 수학공식이고, 발명이 성립하기 위해서 필요한 자연법칙을 이용한 것이라고 할 수 없고[132], BRCA1, BRCA1에 대한 DNA정보도 '과학기술 연구에 대한 기본적인 원리 원칙'("basic tools of scientific and technological work")이므로, 그 자체만으로 발명이라고 할 수 없다. 그러나 온도 측정값을 'Arrhenius 방정식'[133]에 대입하여 적정한 고무 경화 시간을 계산하는 일련의 과정이 컴퓨터로 계산되어 수행되는 고무 경화 방법은 수학 공식 그 자체라고 할 수 없고, 고무를 가열 및 냉각하는 단계를 포함하고 있었다. 따라서 청구항 전체로 판단한다면 고무를 주형하는 방법에 관한 것, 즉 인공적으로 고무를 주형할 때 이용하는 방법이므로 고무경화 및 주형방법은 창작적인 것이다. 따라서 그와 결합하여 특허를 받을 수 있는 발명이 된다.[134] 다만, 공식 자체는 자연법칙이 아니므로 특허를 받을 수 없다.

자연법칙 등은 기본적으로 인간의 작업과 새로운 발명활동에 필요한 기본적인 도구(basic tools)이다. 자유주의적 개인주의 철학에서 보면, 단순히 발견에 대하여 특허를 부여한다면 타인의 이용을 제한하여 그것은 인간의 생존권 등 기본적 자유권을 침해하는 것이다. 따라서 재산권의 획득에 있어서 타인에게 해를 가하지 않아야 한다는 단서를 위반하게 된다. 공리주의 철학에서는 그와 같은 기본적 도구를 이용하여 인간의 발명활동을 장려하고, 궁극적으로 사회 전체의 이익을 증가시키기 위해 특허를 부여하지 않는다. 그와 같은 기본적인 지식은 공유를 하여 자유롭게 이용하고 그럼으로써 새로운 발명을 할 수 있도록 하여야 최대다수의 최대행복을 달성할 수 있다. 따라서 아무리 획기적이거나 혁신적이거나 대단한 '발견'이라고 하더라도 특허를 부여하지 않는 것이다.[135]

131) Alice Corp. v. CLS Bank Int'l, 573 U.S. 208, 217 (2014).

132) Parker v. Flook, 437 U.S. 584 (1978).

133) 1889년 스웨덴의 물리학자인 스반테 아레니우스가 제안한 방정식으로 화학반응과 활성화 에너지 계산 등에 사용된다.

134) Diamond v. Diehr, 450 U.S. 175 (1981).

135) "Groundbreaking, innovative, or even brilliant discovery does not by itself satisfy the §10 1 inquiry." Assoc. for Molecular Pathology v. Myriad Genetics, Inc., 569 U.S. 576, 591 (2013).

미국 법원은 다음과 같은 것은 발명으로 인정하지 않아 특허의 대상이 될 수 없다고 했다:

- 물리적 현상("physical phenomena"),
- 자연의 산물("products of nature"),
- 과학적 원리 원칙("scientific principles"),
- 인간의 정신작용의 결과("systems that depend on human intelligence alone"),
- 원리, 원칙, 개념 그 자체("disembodied concepts"),
- 철학원리, 과학적 원리 등의 구체화하는 정신작용과정("mental processes"),
- 개념화된 수학적 알고리즘 및 공식("disembodied mathematical algorithms and formulas").

따라서 어느 누구도 신규하고 유용하더라도 수학공식에 대하여는 특허를 취득할 수 없고("Nor can one patent "a novel and useful mathematical formula,""),[136] 전자기장이나 증기력,[137] 박테리아 종, 태양열, 전기, 또는 그 상품에 대한 일반명칭에 대한 상표를 취득할 수 없는 것처럼 금속류[138] 대하여 특허를 취득할 수 없다. 또한 자연법칙, 자연현상 및 추상적 아이디어는 특허를 취득할 수 없다.[139]

새로운 광물의 발견이나 새로운 식물의 발견은 특허를 취득할 수 없다. 같은 이치로 아인쉬타인의 E=mc^2는 자연법칙이므로 발명이 될 수 없고, 특허를 취득할 수 없다. 아이삭 뉴튼의 중력의 법칙도 특허를 취득할 수 없다. 이러한 발견이나 자연법칙은 모든 사람의 공유이고 자유로운 이용의 대상(자유이용발명)이 된다. 이러한 자연에 존재하는 원리 원칙 등은 자연과학 발전을 위한 기본적인 방법과 도구이고, 이를 특허로 독점하는 것은 혁신을 조장하는 것이 아니라 저해하는 것이기 때문이다.("And

136) Parker v. Flook, 437 U.S. 584, 585, 198 USPQ 193, 195 (1978).

137) O'Reilly v. Morse, 56 U.S. (15 How.) 62, 113-114 (1853).

138) Funk Brothers Seed Co. v. Kalo Inoculant Co. 33 U.S. 127, 130 (1948); Le Roy v. Tatham, 55 U.S. (14 How.) 156, 175 (1853).

139) Diamond v. Diehr, 450 U.S. 175, 185, 101 S.Ct. 1048, 67 L.Ed.2d 155 (1981); Bilski v. Kappos, 561 U.S. 593, 601, 130 S.Ct. 3218, 3233-3234, 177 L.Ed.2d 792 (2010); Diamond v. Chakrabarty, 447 U.S. 303, 309, 100 S.Ct. 2204, 65 L.Ed.2d 144 (1980); Le Roy v. Tatham, 14 How. 156, 175, 14 L.Ed. 367 (1853); O'Reilly v. Morse, 15 How. 62, 112-120, 14 L.Ed. 601 (1854); Neilson v. Harford, Webster's Patent Cases 295, 371 (1841).

monopolization of those tools through the grant of a patent might tend to impede innovation more than it would tend to promote it."[140])

자연법칙 등은 신이 창작한 것으로서 인간이 창작한 것이 아니므로 그 자체로서는 특허를 받을 수 있는 발명이 아니다. 인간이 자연법칙을 이용하여 무엇인가를 창작해 내야 특허를 받을 수 있다는 법리는 자연법 사상, 즉 자유주의적 개인주의 철학자들과 공리주의 철학자들 모두 지지했다. 나아가 독일의 인격이론 또는 개성이론(personlaity theory/ personhood theory)의 주창자로 불리는 칸트나 헤겔도 자연법칙 등에 대한 사유화는 타인의 자유로운 이용을 방해하기 때문에 그 타인의 자유를 침해하는 행위로서 허용될 수 없다고 하였다. 왜냐하면 타인도 그와 같은 희소한 자원에 대하여 이용할 수 있는 자유가 있고, 그들의 자유는 타인의 자유와 동등하기 때문이다. 즉 자유는 타인의 자유와 동등하게 누리는 평등한 자유를 의미하고, 자유는 평등을 포함한다.

공리주의와 실용주의 철학에서는 사회적 효용관점에서 접근하고 있다. 미국 연방대법원은 자연법칙, 자연현상은 자연과학과 공학적 업적을 이루기 위한 기본 도구들("the basic tools of scientific and technological work")로서 특허를 통한 그러한 기본적 도구의 독점은 사회 구성원 전체가 공유하여 효용을 낼 수 있는 자원의 효율적 이용을 방해하기 때문에 혁신을 장려하기보다는 방해할 수 있기 때문("monopolization of those tools through the grant of a patent might tend to impede innovation more than it would tend to promote it")에 궁극적으로는 사회에 해가 된다는 점을 근거로 하여 특허를 받을 수 있는 발명의 대상에서 제외하고 있다.[141] 즉 한 사람의 사유화는 최대다수의 최대행복을 해치는 행위라는 점을 지적하고 있다. 그리하여 특허제도가 발전하기 온 초기부터 구체적인 발명의 결과물에만 대하여 특허를 인정했다.

140) Alice Corp. Pty. Ltd. v. CLS Bank Int'l, 573 U.S. 208, 216 (2014); Assoc. for Molecular Pathology v. Myriad Genetics, Inc., 569 U.S. 576, 589 (2013); Mayo Collaborative Servs. v. Prometheus Labs. Inc., 566 U.S. 66, 71 (2012).

141) Alice Corp. Pty. Ltd. v. CLS Bank Int'l, 573 U.S. 208, 216 (2014).

4. 특허계약

가. 자연법과 특허계약

특허법제도나 저작권법제도 등은 사회계약의 법리로 설명을 한다. 즉 일정기간 특허 독점이나 저작권 독점을 한 후에는 인간 모두의 공유가 되는 계약이다. 이러한 계약사상은 특허제도 초기부터 나타났고, 1602년 영국의 Darcy v. Allein 사건 판결에서도 볼 수 있는 특허법 사상이다.

계약사상은 자연법론자들에게서 찾아 볼 수 있다. 권리개념은 권리자 자신에 대한 것이 아니라 권리자의 타인이나 집단에 대한 대외적인 법적 관계를 의미한다. 개인과 다른 개인, 집단의 관계에서 법적인 의미를 권리관계로 설명한다. 그러한 권리가 발생하는 원인은 계약이다. 자연법을 주장한 휴고 그로티우스(Hugo Grotius)와 사무엘 폰 푸펜도르프(Samuel von Puffendorf) 등 자연법론자들은 배타적 소유권의 근거를 타인과의 동의 또는 계약에서 찾았다. 그들은 동의에 의한 소유이론을 제시했다. 로크, 칸트 및 헤겔도 계약적 사상을 바탕으로 그들의 철학적 바탕을 쌓았다.

프랑스의 보퍼스의 스타니슬라스(Stanislas de Boufers, 1738-1815)는 발명은 자연법에 의해 보호되는 발명자의 권리이지만 특허는 발명가와 사회와의 계약이라는 계약설을 주장했다. 발명은 그 본질상 보호비용이 많이 투입되어야 하는데, 사회와의 계약에 의해 사회가 보호하고 그에 대한 대가로 비밀인 그의 발명을 공개한다는 계약설과 영업비밀포기설을 주장한다.

이러한 영업비밀포기설은 실정법, 즉 정치사회인 시민사회가 제정한 제정법(institutional law)에 의해 법적인 강제를 할 수 있다는 점을 전제로 한다. 자연법은 자연질서이지만 그 집행을 실제로 강제할 수 없기 때문에 실정법의 도움을 받아야 한다는 사상이다. 다만 이러한 자유주의적 개인주의 철학에서의 계약은 실정법에 의한 계약이 아닌 자연법에 의한 계약이라고 생각했다.

계약사상은 18세기 후반의 영국의 커먼로 법률가인 윌리엄 블랙스톤에 의해서 그 논거가 강화 되었다. 그는 자연법과 커먼로 사상을 바탕으로 존 로크의 정치철학을 수용하였는데, 로크의 정치철학을 법학에 수용하여 법학적 토대를 마련한 것으로 평가할 수 있다.

사회계약설은 특허법철학에도 영향을 미친다. 사회계약설은 실정법상의 권리 개념에 대하여, 현재의 권리자에게 권리를 보유하게 하는 것, 사람과 사람 사이에 관계를 맺는 것, 그리고 그러한 사회적 관계에서 얻는 타인을 향한 권리는 시민사회에서 누릴 수 있는 장점인데, 모든 사람은 자신의 자연법상의 자유를 포기한 대가로 실정법상의 권리를 얻는 것이라고 주장했다.

18세기 후반 영국의 법률가인 윌리엄 블랙스톤은 특허에 대하여,

> 시민(the public)을 대신하여 왕이 특허장을 부여한 경우에, 시민이 수익자로 참여하여 그 특허권자는 왕과 계약을 체결한다. 특정한 계약상의 제한하에, 특허권자에게 합리적인 보상을 제공하고 그의 발명, 개량 및 자본을 투자한 것을 이용하는 것은 공중에게 알려진다.[142)]

라고 하였다. 윌리엄 블랙스톤에 의하면, 제한된 기간 동안 특허독점을 부여하는 것과 그 독점기간 후에 그 발명이 공중의 자유이용발명이 된다는 것은 왕과 특허권자 사이에 체결된 특허계약(patent contract)에 의한 것이다. 따라서 왕과 특허권자간의 쌍무적 계약은 상호간에 계약에 합의하도록 하는 상호 간의 대가적 교환관계에 있는 부담(consideration)이 필요한데, 공중은 특허권자에게 일정기간 독점을 제공하고, 특허권자는 독점기간 이후에 공중에게 자신의 발명을 자유사용할 수 있도록 발명을 공개하는 것이 특허권자가 공중에게 부담하는 계약상의 의무이고, 동시에 상호적인 보상이다.

나. 공리주의와 특허계약

공리주의 철학에서도 계약사상을 수용하였다. 대표적인 공리주의자이자 변호사이었던 제레미 벤담(Jeremy Bentham)은 특허는 새로운 창작을 장려하기 위한 필요 악

142) William Blackstone, Commentaries of the Laws of England, vol. 2. p. 107 n.15.
When the crown, on behalf of the public, grants letters-patent, the grantee thereby enters into a contract with the crown, in the benefit of which contract the public are participators. Under certain restrictions, affording a reasonable recompense to the grantee, the use of his invention, improvement, and employment of capital is communicated to the public.

(necessary evil)이지만 그의 희생에 대한 특허라는 대가를 지급하지 않으면 어느 누구도 공익을 위해서 발명을 하지 않을 것이기 때문에 제한된 기간동안 특허독점을 부여하는 특허계약을 체결하는 것이라고 하였다.

공리주의자이자 경제학자인 존 스튜어트 밀(John Stuart Mill)은 특허는 그 발명가의 사회적 공헌에 대한 보상으로 일시적인 독점을 부여하는 것이라고 하여 벤담과 같은 입장을 취했지만, 벤담(Bentham)이 희생(devotion)에 대한 보상이라고 한 반면, 밀(Mill)은 사회적 기여, 즉 공헌(contribution)에 대한 보상이라고 하였다. 따라서 특허가 유효한 기간은 특허권자의 권리가 존속하는 것으로서 그 특허계약의 내용이 되므로 임의로 그 기간을 변경하지 못한다. 제레미 벤담과 존 스튜어트 밀로 대표되는 공리주의는 특허독점을 혐오했다. 그러나 특허제도는 공리성의 원칙을 달성하기 위한 필요악으로 인정했다.

5. 자연과학적 발견에 대한 보상

특허법은 자연법칙을 이용하여 새로운 발명을 하는 것을 금지하는 것은 아니다. 자연법칙을 발견한 사람에 대하여 특허를 부여하여 그의 노력과 사회적 공헌에 대한 보상을 하면 자연법칙의 발견이 많아 질 것이다. 그러나 자연법칙, 자연현상 그리고 추상적 아이디어에 대하여 특허대상에서 제외한 이유는, 만일 자연과학과 공학적 연구를 위한 기본 도구들("the basic tools of scientific and technological work")에 대하여 특허권자의 독점을 인정하여 자연법칙에 대한 특허를 부여한다면 미래의 혁신을 방해할 위험이 있을 뿐더러 특허의 대상이 일반적인 자연과학적 원리를 자연법칙에 적용하는 것일 때 매우 위험하거나, 또는 자연법칙의 독점이 필요한 발견을 방해할 수 있기 때문이다. 궁극적으로는 자연과학적 발견에 사용되는 기본적 도구를 특정인이 독점하고 그 나머지 사람들은 그에게 사용료를 지불하고 자연법칙을 사용한다면 사회적 효용이 감소되기 때문이다. 자연과학적 원리를 공유하는 것은 궁극적으로 사회적 효용을 극대화하는 것이다.

자연과학적 발견에 대하여 특허와 같은 독점을 주고, 그와 같이 발견한 자연법칙을 이용하는 경우에는 그것을 발견한 사람에게 사용료를 지급하자는 주장은 19세기 후반부터 두드러지게 나타났다. 그러나 한계효용이론의 창시자로 알려진 프랑스의 수리경제학자 레옹 발라스(Marie-Esprit-Léon Walras, 1834-1910)는 그의 '사회경제학연구'(Études d'économie sociale; Théorie de la répartition de la richesse sociale)에서 자연과학적 발견에 대해서는 독점을 인정하는 것을 반대했다. 과학적 발견은 산업에 적용하는 것이 구체적이지 않고 시간이 걸리는 것이고, 과학적 발견을 하는 교수는 진정한 과학자이고 그의 업적에 대하여 대가(급료)를 받기 때문에 이미 그의 자연과학적 발견 등에 대한 보상이 이루어진 것이라고 주장했다.[143] 그는 교수의 연구업적은 저술로서 사회에 봉사되어야 한다고 주장했다.

1922년에 프랑스의 J. Barthélemy 교수는 과학적 발견에 대하여 이용료를 추급하여야 한다고 주장했고, 1923년 이탈리아의 상원의원인 프란시스코 러피니(Francesco Ruffini)는 소위 러피니 제안(Ruffini's Proposal)이라고 불리는 과학적 발견, 즉 자연법칙에 대하여 과학자에게 특허를 부여하자는 주장을 담은 러피니 보고서를 발간했다.

2019년에도 미국에서 그러한 제안을 입법화하려는 시도가 있었다. 많은 과학자들은 이러한 입법에 반대했다. 2012년 Mayo v. Prometheus 사건[144]에서 연방대법원이 만장일치로 의약의 용량과 용법은 자연법칙에 해당하고, 2013년 Assoc. for Molecular Pathology v. Myriad Genetics 사건[145]에서 연방대법원이 자연의 산물(natural product)과 자연현상(natural process)은 특허적격이 없다고 판시하자, 2019년 미국 노스 캐롤라이나 주 상원의원인 Thom Tillis와 델라웨어 주 상원의원인 Chris Coons에 의해 러피니 제안(Ruffini's Proposal)과 매우 유사한 미국 특허법 제101조를 수정하는 "Draft Bill Text to Reform Section 101 of the Patent Act" 입법안이 제안(Tillis-Coons Proposal)되었다.[146] 그러나 과학자들은 이 법안은 의미없는 것이라고 평가했다.

그러나 2021년 특허법 개정안("The Restoring America's Leadership in Innovation Act of 2021")에 이어, 2022년 다시 특허대상을 변경하고자 하는 입법("The Patent Eligibility Restoration Act of 2022")이 제안되었다. 연방대법원이 커먼로를 반영하여

143) Leon Walras translated by Jan van Daal and Donald A. Walker, Studies in Social Economics, Routledge, 2010, p. 170.
144) Mayo v. Prometheus, 566 U.S. 66 (2012).
145) Assoc. for Molecular Pathology v. Myriad Genetics, Inc., 569 U.S. 576 (2013).
146) Draft of May 22, 2019.

특허를 받을 수 없는 사법적 예외(judicial exceptions)를 구체화 하여, 특허대상을 제한하여 오자, 입법적으로 Alice/Mayo 사건의 연방대법원 판결을 폐지하고 사법적으로 생성된 세 가지 발명 부적격 카테고리를 더 좁은 부적격 범위로 제한하고, 그 부적격 범위를 한정된 예시로 대체하려고 하였다. 그러나 그와 같은 노력은 오히려 자연과학자들도 반대를 하는 경향이다. 연구의 기본 도구를 독점하는 것은 다수의 연구자에게 부담이 되기 때문이다. 다만 자연과학적 발견을 한 과학자와 연구자들에게도 실질적 보상이 될 수 있는 제도를 마련하는 것은 필요해 보인다.

자연과학적 원리나 자연현상 등에 대하여 재산권을 인정하지 않는 것은 자유주의적 개인주의에서 개인의 자유를 우선으로 하는 것이고, 공리주의적 도구주의에서는 최대 다수의 최대행복을 가져오는 것이다.

6. '낡은 코트에 새로운 단추 하나 추가한 것': Trilogy of Hastings' Case (1569), Matthey's Case (1571) and Bircot's Case (1573)

자연법칙이나 기존의 발명을 기초로 하는 경우에, 어떤 이용성이 존재하지 않으면 특허를 부여할 수 없다는 법리는 매우 오래되었다. 16세기 말과 17세기 초기에 활약했던 에드워드 코크(Edward Coke)는 자신의 저술에서 1573년 영국의 재정법원(the Court of Exchequer Chamber)의 Bircot's patent 사건(Bircot's case) 판결을 인용하면서, '오래된 옷에 새 단추 하나 달았다고 특허를 받을 수 있는 어떤 창작된 것이 있는지'('put a new button to an old coat') 의문을 제기하고 있다. Bircot's patent 사건에서 법원은 납광석을 녹이는 용광로 기술의 특허가 기존 발명의 단순한 변경에 불과한 것을 이유로, 해당 특허를 무효로 하면서 "[t]hat that was but to put a new button to an old coat, and it is much easier to add than to invent."('낡은 코트에 새로운 단추 하나 부가하는 것으로 발명보다 훨씬 쉬운 일')이라고 판시했다.

Bircot's patent 사건 법리는 자연법칙의 이용성이나 신규성 개념과 혼합되어 있는데, 근본적으로 기존 발명은 만인의 공유라는 자연법 사상을 바탕으로 하고 있다. 또한 이러한 특허법의 원리는 점차 실정법상 특허법의 해석에 수용되었다. 그러한 법원리가 최초로 인정된 판결이 1795년 제임스 와트의 증기기관 판결이라고 한다. 즉 제임스 와트의 증기기관 판결이후 자연법칙 이용성(inventiveness, 발명성)과 신규성(novelty)의 개념이 분리된 것으로 볼 수 있다.

창작적 결과가 아닌 노력에 의한 결과는 특허를 받을 수 없다는 법리도 존재했다. 1571년 영국의 엘리자베스 여왕이 Matthey에게 부여한 칼에 관한 특허가 문제 된 사건(Mattlhey's patent case)에서는 특정한 칼의 손잡이가 문제되었다. 위 특허가 부여되자 영국의 길드소속의 칼 장인들은 그 특허가 무효임을 주장하였다. Mattlhey's patent case에서 특허에 대하여 이의제기를 한 길드의 장인들이 다툰 내용을 인용하면 다음과 같다.

> the company of cutlers did show before some of the Counsel and some learned in the law that they did use to make knives before, though not with such hafts, that such a light difference or invention should be no cause to restrain them; whereupon he could never have benefit of his patent although he labored very greatly therein.[147)]
>
> ↘ 칼회사는 심판관에게 비록 특허받은 칼의 손잡이와는 다르지만 자신들이 제조한 칼을 만들기 위해 이전에 사용한 것을 제시하면서, 비록 특허권자가 매우 노력하여 얻은 물건에 대한 특허로부터 어떤 이익을 얻지 못했더라도 그와 같은 약간의 다름이나 약간의 발명만으로는 자신들의 사용을 금지할 수 없다고 주장했다.

즉 특허권자가 칼을 만들기 위해 매우 노력을 한 것("he labored very greatly therein")으로는 특허를 받을 수 없고 결국 조그만 차이나 약간의 발명(a light difference or invention)은 특허를 받을 수 없다고 주장하였다. 결국 법원은 길드의 주장을 인정하여 특허를 무효화 했다. 사소한 변경이나 차이는 특허를 받을 수 있는 발명이 되지 못했다. 또한 많은 노력을 했다고 하더라도 그러한 노력은 특허를 받을 수 있는 근거가 되지 못했다. 또한 엘리자베스 여왕 시절에 부여한 특허가 문제된 1569년 Hastings' patent 사건에서도, 기존에 존재하는 기술이나 선행발명과 '매우 유사함'(very like to)은

147) F. D. Prager, "Standards of Patentable Invention from 1474 to 1952", 20 U. Chicago L. R. 69, 71 (1952).

선행발명과 다를 것이 없는 발명으로 새롭게 발명된 것이 없거나 개량된 발명(improved invention)으로 볼 수 없다고 하였다. 현대 특허법상으로 발명성이나 신규성 요건으로 발전된, 인간의 창작적 결과에 대하여 특허를 부여한다는 법리는 1474년 베니스 특허법과 1570년 경부터 확립되어온 법리이다.

2015년 우리 대법원은

> 이와 같은 특정한 투여용법과 투여용량을 개발하는 데에도 의약의 대상 질병 또는 약효 자체의 개발 못지않게 상당한 비용 등이 소요된다. 따라서 이러한 투자의 결과로 완성되어 공공의 이익에 이바지할 수 있는 기술에 대하여 신규성이나 진보성 등의 심사를 거쳐 특허의 부여 여부를 결정하기에 앞서 특허로서의 보호를 원천적으로 부정하는 것은 발명을 보호·장려하고 그 이용을 도모함으로써 기술의 발전을 촉진하여 산업발전에 이바지한다는 특허법의 목적에 부합하지 아니한다.[148]

라고 판시했는데, 상당한 비용이 투입되었으므로 특허성(신규성, 진보성, 산업상이용가능성)을 심사하여 특허를 취득할 기회를 부여야 한다는 논리는 발명을 위해 투입된 노력과 자본은 고려되지 않는다는 특허법의 명제와 분명 배치된다.

투입된 노력과 자본은 고려되지 않는 이유는 명확하다. 특허에 의해 특허권자 이외의 모든 사람이 누리던 기존의 자유를 침해할 수 있기 때문이다. 나아가 특허제도가 돈 많은 부자들의 잔치상으로 변질되기 때문이다. 물론 발명이 특허를 받아 공공에 이바지할 수 있다면 좋은 것이지만, 그것만으로 특허를 부여 받기에는 너무 부족하다. 그러한 것은 영업비밀로 유지하는 것이 타당하고, 영업비밀로 유지할 수 없다면, 그것은 어떤 독점제도로 보호할 가치가 없다.

특허제도는 자본주의를 발전시킨 원동력으로 평가할 수 있다. 그러나 특허제도는 결코 부자들의 전유물로 발전하지 않았고, 그렇게 해서도 안 된다. 기술 개발에 상당한 비용이 들어갔다는 이유로 특허법상의 발명으로 인정하고, 신규성이나 진보성 등이 있으면 특허를 부여할 수 있다는 우리나라 대법원 판결은 특허제도의 이념을 도외시한 판결로 밖에 보이지 않는다. 이는 첫째, 투입된 자본의 과다 여부는 발명이 이뤄지

148) 대법원 2015.5.21. 선고 2014후768 (전원합의체판결) (자세한 내용은 본서 "제2장. 제1절 1. 가. (4) 엔테카비르 사건: 브리스톨-마이어스 v. 제일약품" 참조)

거나 특허요건과는 전연 무관하고, 둘째, 발명이 되기 위해서 새로운 창작을 요건으로 하는 이유는 인간이 누리던 기존의 자유를 침탈해서는 안된다는 특허법의 기본 철학과 명제를 기반으로 한 것인데, 우리 대법원은 이러한 기본적인 철학과 명제를 무시한 것이다. 즉 대법원의 판결에 의하면 기존의 자유를 박탈하는 나쁜 특허(bad patents)를 인정하는 결과가 된다.

물론 특허제도는 투입된 자본의 회수를 할 수 있는 기회를 부여하고 있고, 이것이 특허독점을 부여하는 정당성으로 인정받고 있다. 미국에서는 최초의 특허법이 제정되어 운영되던 초기에 특허권자가 자본을 투입하여 특허발명을 하여 미국사회에 기여했지만, 취득한 특허에 의하여 투입한 자본을 회수하지 못했다고 청원을 하면 소멸된 특허권이라도 다시 특허를 부여하는 제도가 운용되었다. 실제로 올리버 에반스(Oliver Evans)는 미국 건국 초기에 많은 발명을 하고 특허를 취득했다. 에반스가 발명한 기계 중에는 방앗간에 사용되는 자동제분기계(mill)도 있었다. 1790년 미국의 연방특허법이 제정되기 이전에 혁신적인 자동 밀가루 제조기의 발명을 완성하여 비밀로 하다가, 주(state)의 특허법에 의하여 메릴랜드와 뉴햄프셔 주에서 특허를 취득하였고, 연방특허법이 시행되자 14년간의 연방특허권을 취득했다. 에반스가 취득한 특허의 존속기간이 만료하여, 그 발명은 공중의 공유(the public domain)가 되었다. 또한 1807년 Evans v. Chambers 사건[149]에서 그의 발명의 공개가 불충분하다는 이유로 그 특허가 무효가 되었다. 그런데 에반스는, 자신은 획기적인 자동제분장치를 발명하여 미국 사회에 기여했지만, 미국의 경제규모와 영업상의 어려움으로 인하여 해당 특허로부터 충분한 보상을 받지 못했으므로 특허기간을 연장 부여하여 달라는 반복된 청원을 연방의회에 제출하였고, 결국 1808년 1월 21일 미국 의회는 Evans의 특허를 구제해 주는 처분적 법률[150]을 제정하여 14년간 특허를 부여했다. 이러한 제도는 19세기 중반에도 시행되었다.

특히 공리주의에서는 투입된 자본회수에 대한 정당성이 존재한다. 나아가 자본의 거대화가 필요한 산업, 의약품, 군수산업, 소프트웨어, 전자산업 등의 발전은 특허제도가 기인한 바가 크지만, 특허권의 부여 자체는 투입된 자본이나 노동력 등에 영향을 받아

149) Evans v. Chambers, 8 F. Cas. 837 (CC Pa. 1807).

150) 법의 명칭은 "An Act for the Relief of Oliver Evans"(6 Stat. 70)이다.

서는 안된다. 즉 독점을 인정할 정당성과 특허를 받을 요건은 창작에 존재한다. 이를 노작과 구분하지 못하면 안된다. 자연과학적 원리 그 자체가 아닌 자연과학적 원리를 이용한 새로운 기술적 사상의 창작인지 여부가 발명의 성립을 판단하는 요소가 되어야 한다. 기존에 존재하지 않는 것을 독점하더라도 인간의 자유에 미치는 영향은 적다. 특히 일정한 제한된 기간동안 독점을 인정한다면 인간에게 미치는 영향은 더욱 더 적다. 그러나 아무리 강조해도 부족하지 않은 것은 기존에 존재하지 않는 새로운 것을 창작하여야 한다는 특허법의 명제이다. 인간의 자유를 박탈하는 특허권은 오히려 존재해서는 안 된다. 자본에 지배되는 특허제도는 오히려 인간의 생존권을 박탈하는 사회악일 뿐이다. 자연과학적 발견에 대하여 특허를 부여하지 않는 이유가 여기에 있다.

제2장

자유를 옹호하는 사례와 자유를 위협하는 사례

제1절

특허권과 공중의 자유

1. 특허제도의 이상

영미법의 특허제도는 공중의 이익과 발명가의 이익을 조화시키기 위하여 여러 법리를 발전시켜왔다. 영미법의 특허제도가 기초하는 공리주의는 발명가나 특허권자의 이익보다는 공중의 이익에 그 무게추가 놓여 있다.

공리주의는 독점을 사회악으로 보았다. 독점은 한 사람의 이익을 위해 사회 전체가 희생하는 구조가 된다. 이는 최대다수의 최대행복을 추구하는 공리주의 원칙에 어긋난다. 다만 공리주의에서는 발명이나 저작물에 대한 독점을 최대다수의 최대행복을 추구하기 위한 도구로 본다. 새로운 아이디어가 생산되기 위해서는 그와 같이 생산을 위한 어떤 인센티브나 보상이 필요하다고 보는 것이다. 인센티브가 없다면, 어느 누구도 타인을 위해 희생을 하려고 하지 않을 것이기 때문이다. 따라서 공익과 사익의 조화로운 균형은 특허법제도의 형성 초기부터 고려되어 왔고, 현대 특허법이 나아가야 할 목표이기도 하다.

가. 태양에 대하여 특허를 받을 수 있는가?

Could you patent the sun?[1]

(소아마비 백신 발명자, Jonas Edward Salk)

(1) 뿌리혹 박테리아와 자연법칙

뿌리혹 박테리아의 혼합물은 자연에 존재하는 것으로, 인간이 만들어 낸 발명이 될 수 있는지가 문제되었다. 뿌리혹 박테리아는 콩과 식물에 기생하여 질소를 고정시켜 유기질소 화합물을 만들어 낸다. 특정한 뿌리혹 박테리아의 발명전까지 몇 가지 뿌리혹 박테리아 배양기술과 분리기술이 개발되어 사용되고 있었으나 뿌리혹 박테리아의 단일 종으로 제품화 되어 있었다. 각각의 박테리아 종은 제한된 콩과 식물에 제한적으로 작용을 하였다. 따라서 여러 가지 뿌리혹 박테리아를 혼합하여 접종하는 기술은 개발되지 않았으므로 콩과 식물을 재배하는 농부는 하나의 뿌리혹 박테리아만으로는 부족하고, 다수의 뿌리혹 박테리아를 사용할 수 밖에 없었다.

발명자인 Bond 박사는 어떤 종류의 뿌리혹 박테리아들은 혼합되더라도 그 박테리아 상호간에 억제하지 않는 기능을 발견하여, 이들 박테리아를 결합한 박테리아를 물질특허로 출원했다. 물론 Bond 박사 이전에도 박테리아를 결합하려는 시도가 있었으나 박테리아 상호간에 결합을 억제하여 실패하였다. Bond 박사는 특허를 취득했다.(Patent No. 2,200,532)

Funk Bros. Seed Co. v. Kalo Inoculant Co. 사건[2]에서 미국 연방대법원은 박테리아 접종에 대한 특허를 부정했는데, 이것은 자연이 행한 일을 발견한 것("discovery of some handiwork of nature")에 불과하다고 판시했다. 대법원은 혼합 접종된 각각의 박테리아

1) 본 문구는 소아마비 백신을 발명한 Jonas Edward Salk(1914-1995) 박사가 소아마비 백신에 대하여 특허를 누가 취득했느냐는 Edward Roscoe Murrow 기자의 질문에 대하여 Salk 박사 답한 말이다. 그가 답한 전부는 다음과 같다: "Well, the people I would say. There is no patent. Could you patent the sun?" 그는 소아마비백신에 대하여 특허를 취득하지 않았고, 인류가 공유하는 것이라고 생각하여 인류 모두가 자유롭게 이용하게 했다. 캐나다 출신 의학자 프레더릭 밴팅(Sir Frederick Grant Banting)은 인슐린을 합성하여, 영국의 존 제임스 리카드 매클라우드(John James Rickard Macleod)와 함께 1923년 노벨 생리·의학상을 수상했다. 그는 "인슐린은 제 것이 아닌 전 세계인의 것입니다."("Insulin does not belong to me, it belongs to the world.")라고 하면서 자신의 인슐린 특허 지분권을 1달러에 캐나다 토론토 대학에 양도했다. 그는 인슐린 특허를 상업적으로 이용하지 않고, 인류에게 선물했다.

2) Funk Bros. Seed Co. v. Kalo Inoculant Co., 333 U.S. 127 (1948).

는 그것이 단독으로 있을 때나 결합되어 접종되었을 때나 그 자연적 특성은 동일하고, 각각의 박테리아가 단독으로 존재할 때와 동일한 정도의 효험으로 같은 그룹의 식물에 접종된 것이라고 판시했다. 즉 여러 종류의 박테리아가 접종되었더라도 그 결합 접종된 박테리아는 자연법칙에 따라 작용하는 것일 뿐이지, 그것에 인간이 어떤 변형을 가한 것이 아니므로 각각의 박테리아의 자연적 특성은 변한 것이 없다는 것이다.

이러한 경우, 특허요건 중 진보성 판단 관점에서 보면 여러 개의 뿌리혹 박테리아가 접종되었더라도 개별 뿌리혹 박테리아의 효과를 더한 것에 불과하고, 어떠한 상승효과 내지 현저한 효과(synergy effect)가 없다는 이유로 진보성이 부정된다. 다만 어떤 특허의 경우에는 효과가 아닌 구조구성의 어려움이 있는 경우에는 구성의 곤란성을 중점적으로 보아 특허를 인정하기도 한다.[3)]

다만, 이 사건에서 분리된 박테리아는 자연상태로 존재하는 것이 아니라 인간의 간섭이 존재하는 것이었지만, 미국 연방대법원은 그 분리된 박테리아 혼합물에 대한 특허를 부정하였다. 인간의 간섭이 너무나 미약하여 어떠한 인위적인 효과를 가져와 자연법칙을 이용(application)한 것으로 인정할 만한 관계가 발생하지 않았기 때문이다. 수 종의 박테리아가 결합된 박테리아라고 하더라도 그 박테리아 결합체는 자연법칙에 따라 작용하는 것이지 인간이 만들어낸 법칙에 따라 작용하는 것이 아니므로 인간의 기여는 매우 미약하다고 보았다.

나아가 각각의 박테리아들은 여전히 그 단일종류의 특질을 가지고 있을 뿐 개개의 구성 박테리아의 성질에 어떤 변화가 생긴 것이 아니다. 더욱이 새로운 종류의 박테리아가 만들어진 것도 아니므로 그에 대하여는 특허권을 부여할 수 없다고 판단했다. 결국 고대로부터 존재한 자연의 비밀(the ancient secrets of nature)을 공개한 것은 발명이 될 수 없다.

본 판결은 16세기 영국 엘리자베스 여왕시절의 특허인 Hastings' Case(1569), Matthey's Case (1571) 및 Bircot's Case(1573)에서 확립되기 시작한 법리를 지킨 판결이라고 할 수 있다. 사소한 변경이나 사소한 노동력의 가미만으로는 새로운 발명이라고

3) 대법원 2022. 3. 31. 선고 2018후10923 판결 (의약화합물 분야에서 선행발명에 공지된 화합물과 화학구조는 동일하지만 결정 형태가 다른 특정한 결정형의 화합물을 청구범위로 하는 이른바 결정형 발명의 진보성을 판단하는 경우, 다형체 스크리닝이 통상 행해지는 것이라는 이유만으로 결정형 발명의 구성의 곤란성이 부정된다고 단정할 수 없고, 결정형 발명과 같이 의약화합물 분야에 속하는 발명의 구성의 곤란성을 판단할 때 발명의 효과도 함께 참작하여 판단하여야 한다.)

할 수 없다. 자연법칙을 이용한 창작적인 결과가 존재하여야 발명으로 인정할 수 있고, 그만한 창작적 요소가 없다면 발명으로 인정할 수 없다는 것이다. 다만 뿌리혹 박테리아의 결합이 자연에서 발생하기도 하지만 인위적으로 만들어 낸 박테리아는 새로운 것이고, 그러한 결합이 용이하지 않다고 판단할 수도 있다.

(2) 의약품의 용량 용법과 특허취득가능성

2012년 Mayo v. Prometheus 사건[4]에서 미국 연방대법원은 공중의 권리(the right of public)와 특허권자의 권리에 대하여 분명히 하였다. 연방대법원은 환자에게 약물을 투여하는 방법, 해당 약물의 대사산물을 측정하는 방법, 알려진 효능 임계값을 염두에 두고 약물의 용량 용법에 관한 특허청구는 특허대상인 발명이 아니라는 점을 명백히 했다. 연방대법원에 따르면 치료방법(method)에 해당하는 의약의 용량용법은 이미 발명되어 있는 의약에 대하여 인간의 신체반응을 관찰한 것으로서, 인간이 어떤 의약에 어떤 반응을 보이는지는 자연현상에 불과하므로 결국 의약의 용량용법은 특허를 받을 수 없는 자연현상으로서 사법적 예외에 해당한다. 따라서 의약의 용량용법이 특허를 받기 위해서는 자연법칙의 이용성이 존재해야 한다.

2006년 미국 연방대법원에 의해 판단된 LabCorp v. Metabolite, Inc. 사건[5]은 2012년 Mayo v. Prometheus 사건에 앞서 발명성과 한계를 논한 사건이다. 본 사건에서 1999년 원고(Metabolite사)가 진단 테스트에 관한 특허를 침해하였다고 피고(LabCorp사)를 제소했다. 본 사건에서 특허침해문제가 되는 특허권은 특허청구범위에 있어서 단일 청구항인 청구항 13이었는데 그 13항은 다음과 같은 내용이다.

> 13. A method for detecting a deficiency of cobalamin or folate in warm-blooded animals comprising the steps of: "assaying a body fluid for an elevated level of total homocysteine"; and "correlating an elevated level of total homocysteine in said body fluid with a deficiency of cobalamin or folate."

4) Mayo v. Prometheus, 566 U.S. 66 (2012) (본 사건의 정리는, 나종갑, "나쁜 지적재산권의 재림 (II)-대법원 2015.5.21. 선고 2014후768 전원합의체판결-" 산업재산권 68호에서 발췌 및 수정하고, 보완함)

5) LabCorp v. Metabolite, Inc., 548 U.S. 124 (2006).

↘ 13. 온혈 동물에서 코발라민[비타민B 12] 또는 엽산 결핍을 검출하는 방법은 다음 단계로 구성된다.
체액에서 총 호모시스테인의 수준이 증가했는지 분석하는 단계; 그리고 코발라민 또는 엽산의 결핍과 상기 체액 내 총 호모시스테인의 증가된 수준을 연관시키는 것을 포함함.

청구항 13은 비타민 B6 및 B12의 결핍을 검출하기 위한 진단 방법으로 결핍으로 인하여 발생하는 질병에 대한 일종의 치료에 관련된다. 그 진단방법은 해당 상태와 호모시스테인(homocysteine)[6] 수치의 상승 사이의 상관관계를 관찰하여 얻어지는 것이다.

청구항 13은 의료 제공자에게 특정한 방법을 지정하지 않고 환자의 호모시스테인 수준을 테스트하고 그 테스트 결과를 기반으로 논리적 추론을 하여, 높은 수준과 비타민 결핍 사이의 발견된 상관 관계를 인식하도록 지시한다. 본 발명은 발명이 실행되는 것은 분석단계 등 시간의 흐름에 따른 발명의 수행이 되는 것이므로, 시계열에 의한 발명의 수행으로서 '방법발명'에 해당하므로 물질발명인 의약발명이 아니라, 인간의 질병에 대한 치료방법발명이 된다. 다만 그 치료를 위한 혈중의 호모스시테인 농도는 자연현상이고, 그 농도 관찰은 자연현상을 관찰하는 것이다. 다만, 관찰결과에 따라서 특정 의약품 등을 처방하는 것은 인간이 만든 의약품으로 자연현상을 변경시키는 것이므로 치료방법에 해당한다는 것이다.

1심의 배심원단은 피고가 청구항 13의 간접적 침해와 계약 위반에 대해 책임이 있다고 판결했다. 1심 법원은 피고에게 470만 달러의 손해배상금을 인정하였을 뿐만 아니라 피고에게 특허권존속기간동안 발명의 실시를 금지하는 영구적 금지명령을 내렸다.[7] 따라서 그 치료방법을 사용하는 의사는 치료방법을 사용하지 못하게 되었다. 2004년 연방순회법원은 1심 법원을 지지했다.[8] 피고가 상고했으나 연방대법원은 기각했다. 연방대법원의 소수의견은 원고의 특허발명은 자연현상을 관찰하여 알게 된 자연법칙이므로 특허대상이 아니라고 하였다.

6) 호모시스테인(homocysteine)은 11개의 필수아미노산 중의 하나인 메티오닌(Methionine)이 대사과정에서 생성되는 중간 대사물질로, 건강한 사람에서는 시스테인이나 메티오닌으로 재합성된다. 고호모시시테인혈증은 호모시스테인 대사에 관여하는 효소의 유전적 결함이나 비타민 보조인자의 섭취 결핍에서 초래되는 것으로, 호모시스테인의 증가는 혈관조직의 이상을 초래한다. (EONE Ref. Lab., 2010 v. 2. N. 5 뉴스레터에서 발췌하여 정리함.)

7) Metabolite Labs, Inc. v. Lab. Corp. of Am. Holdings, No. 1:99-cv-00870 (D. Colo. 2002).

8) Metabolite Lab., Inc. v. Laboratory Corp., 370 F.3d 1354 (Fed Cir., 2004).

위 사건 이후, 2012년 Mayo v. Prometheus 사건에서 연방대법원은 자연현상의 관찰에 불과한 의약의 용량과 용법은 자연법칙에 해당하므로 특허적격이 없다고 판시했다. 본 사건 원고인 프로메테우스 랩(Prometheus Laboratories)은 미국특허등록번호 6,355,623(이하 "623 특허")와 6,680,302(이하 "302 특허")의 배타적인 라이센시(exclusive licensee)이었다. 위 특허들은 소화기관의 자가면역질환이나 비소화기관의 자가면역질환의 치료를 위한 크론씨 병 치료약품인 아자티오프린(azathioprine; AZA)을 포함한 티오퓨린(thiopurine) 약을 복용한 환자의 대사물질을 측정하는 것에 대한 특허이었다. 특허받은 테스트는 독성이 발생하는 부작용을 피하기 위해 각각 400보다 높고, 7000보다 높은 대사물질 레벨에서 요구될 수 있는 적절한 의약의 투여량을 결정할 수 있도록 하는 6-thioguinine("6-TG") 및 6-methylmercaptopurine ("6-MMP")의 대사물질의 정도를 측정하기 위한 수단과 방법을 제공하는 것이었다.[9)]

피고(Mayo Collaborative Services dba Mayo Medical Laboratories와 Mayo Clinic Rochester)는 원고와는 다른 수준인 450 6-TG 및 5700 6-MMP을 사용하여 동일한 대사물질을 측정하는 방법을 개발하였다. 2004년 6월 피고들은 자신들이 개발한 테스트를 사용하겠다고 하였다가 이를 취소했다.

2004년 6월 15일 원고가 특허침해소송을 제기했다. 2005년 1월 27일 피고는 침해가 없다고 하는 내용으로 약식판결(summary judgement)을 하여줄 것을 청구했으나, 같은 해 11월 법원은 피고의 청구를 기각했다. 원고도 피고의 테스트는 원고의 623 특허의 청구항 7에 대한 문언침해라고 선언하는 약식판결을 청구했고, 같은 해 11월 22일 법원은 문언침해라는 약식판결을 했다. 피고는 2005년 11월 22일 판결에 대한 구제를 신청하였으나 법원은 이를 기각했다. 그 이후에도 원고와 피고의 소송상 신청과 법정서면제출이 있었다. 그러던 중, 2007년 1월 29일 피고는 이 사건 특허는 티오퓨린의 효험과 독성에 관한 티오퓨린의 대사물질 수준과 자연현상의 상관관계에 대한 것으로서 특허받을 수 없는 대상이라는 이유로 특허무효를 선언하는 약식판결을 하여줄 것을 청구했다.

법원은 원고의 특허발명에는 두 가지 단계만 포함되어 있는데, 단순히 데이터를 수

9) Prometheus Laboratories, Inc. v. Mayo Collaborative Services, 2008 WL 878910, 86 U.S.P.Q.2d 1705 (S.D.Cal. 2008).

집하는 단계들인 약을 투여하고, 복약지도("administering")하며, 대사물질 수준을 결정("determining")하는 것과 거기에 의사가 용법의 조정이 필요할 수 있다고 경고하는 정신적인 단계("mental step")가 추가된 것이라고 했다. 즉, 발명가가 발견한 것은 AZA 약을 복용하는 환자의 치료적 효험 및 독성과 6-TG와 6-MM의 상관관계를 발견한 것이라고 했다. 법원은 피고의 주장과 같이 그 상관관계는 자연현상이라고 판단하였다. 원고는 그 상관관계는 인간이 만든 의약의 간섭이 없이는 존재할 수 없는 상관관계이기 때문에 그 상관관계는 자연현상일 수가 없다고 주장했지만, 법원은 이를 받아들이지 않았다.

원고의 전문가 증인인 Bloomfield 박사는 티오퓨린 약품의 치료효과는 환자의 몸속에 있는 효소에 의하여 자연적으로(naturally) 치료효과가 있는 물질을 형성하는 것이라고 하였다. 그 뿐만 아니라 해당 약품의 발명을 하였던 Seidman 박사도 6-MP약을 투여한 환자정보의 데이터 베이스를 연구하여 자연현상을 단순히 관찰한 것이라고 증언하였다. 이에 법원은 문제된 특허에 대하여 6-TG와 6-MMP은 티오퓨린의 자연적 신진대사의 산물이고 발명가는 단순히 자연적으로 생산된 신진대사물질과 치료적 효험 및 독성 사이의 관계를 관찰한 것에 불과하다고 판시했다.

법원은 원고의 발명은 자연현상(a natural phenomenon)에 불과하다고 판시하였으므로 그 다음 단계로서 실제적인 효과가 전적으로 자연현상 인지를 판단하는 '전적으로 자연현상을 사용하는지 여부 테스트'(wholly preempt test)[10]를 판단했다. 원고는 첫째, 적절한 판단 테스트는 'wholly preempt test'가 아닌 'transformation/results test'이고, 둘째, 'wholly preempt test'가 적용되더라도 해당 발명은 상관관계에 자연현상 모두를 사용하는 것은 아니라고 주장했다. 법원은 'wholly preempt test'가 적절한 테스트라고 하면서, 원고의 특허는 전적으로 티오퓨린과 효험성 및 독성과 상관관계를 선점한다고 판시했다. 그 뿐만 아니라 법원은 특허출원된 방법의 다른 단계(other steps)와 관련되어 티오퓨린과 효험성 및 독성의 상관관계를 사용하는 것이라는 원고의 주장을 배척했다. 법원은 특허명세서에서 기재된 '다른 단계'란 데이터를 수집하는데 필요한 투약을 관리하고(administering) 결정(determining)하는 단계이기 때문에 그러한 '다른 단계'

10) 본 테스트는 Gottschalk v. Benson, 409 U.S., 63 (1972) 사건에서 인용되고, Parker v. Flook 437 U.S. 584 (1978)에서도 인용됨.

가 있더라도 특허불가능한 원칙을 특허가능한 절차로 변형("transform an unpatentable principle into a patentable process.")할 수 없다고 판시했다.

항소심인 연방항소법원은 원고의 주장을 받아들여 특허를 받을 수 있다고 판시했다.[11] 연방항소법원은 투약을 관리("administering")하고 대사물질 수준을 결정("determining")하는 단계는 정보수집을 넘어 물리적 화학적 변환이 존재하므로 특별히 물리적이거나 화학적인 장치(machine)가 필요 없고,[12] 그러한 정보는 유용한 것으로서 단순한 정보수집을 넘어 치료라고 할 수 있으며,[13] 특허의 대상이 되는 발명의 일부에는 인간의 판단작용(metal steps)이 포함될 수 있다고 판시했다.[14]

연방대법원은 항소심판단을 파기하여 재심리를 요구했다.[15] 파기환송받은 연방항소법원은 특허가 유효하다고 판시하여[16] 본 사건은 다시 연방대법원에 상고되었다. 연방대법원은 특허발명은 자연법칙에 불과하여 해당 특허는 무효라고 판시했다.[17]

연방대법원은 자연법칙(laws of nature), 자연현상(natural phenomena), 및 추상적 아이디어(abstract ideas)는 특허법 101조의 특허대상이 아니라고 판시했다. 불특허대상인 자연법칙 등이 특허대상이 되기 위해서 특허는 자연법칙을 단순하게 언급하기 보다는 자연법칙을 이용하여[18] 그 이상의 것을 하여야 한다고 했다. 이러한 이용단계가 방법을 발명적으로 적용하는 자연법칙의 이용이라는 것이다. 즉 우리 특허법에서의 자연법칙의 이용성과 같다.

연방대법원은 원고(피상고인)의 발명은 특허적격성이 없다고 판시했다. 티오퓨린 약의 신진대사가 특정인에게는 너무 높아서 위험하고 특정인에게는 너무 낮아 효과가 없어서 의사들이 적정한 약의 투여량을 정하기 쉽지 않지만, 대법원은 원고의 청구, 혈액속의 특정 신진대사물질의 축적과 자기면역질병을 치료하는 티오퓨린 약의 복용량이 효과가 없거나 해를 일으키는 것은 자연현상으로서 특허를 받을 수 없고, 특허청구

11) Prometheus Laboratories, Inc. v. Mayo Collaborative Services, 581 F.3d 1336 (Fed. Cir. 2009).
12) Id., 1346.
13) Id., 1347-48.
14) Id., 1348.
15) Mayo Collaborative Services v. Prometheus Laboratories, Inc., 561 U.S. 1040 (2010).
16) Prometheus Laboratories, Inc. v. Mayo Collaborative Services, 628 F.3d 1347 (Fed. Cir, 2010).
17) Mayo Collaborative Services v. Prometheus Laboratories, Inc., 561 U.S. 1040 (2012).
18) Diehr 사건에서도 전체적으로 방정식을 절차에 융합시킨 절차로서 추가적인 단계가 있어, 자연법칙을 이용한 것이라고 판시했다. Diamond v. Diehr, 450 U.S. 175, 187 (1981).

된 방법은 인간과 의약과의 상관관계(복용량과 방법)인 자연법칙을 특허받을 의도없이 자연법칙을 실질적으로 이용한 것이 아니라면 특허받을 수 있는 대상이 아니라고 했다.

원고의 티오퓨린의 적절화 방법은 3단계로 이루어졌는데, 6단위-티오퓨린을 환자에게 투여하는 관찰하는 단계("administering step"), 해당환자의 6단위-티오퓨린을 결정하는 단계("determining step"), 약 8x10 8적혈구당 230 pmol보다 낮은 6-티오퓨린은 투여량을 증가시키고, 8x10 8적혈구당 400 pmol 보다 높은 6-티오퓨린은 투여량을 감소시키고 환자를 관찰하는 단계("wherein step")로 구성되었다. 연방대법원은 3단계 방법(1단계로서 투여와 관찰하는 단계("administering"), 2단계로서 대사물질 수준을 결정하는 단계("determining"), 3단계로서 약의 투여량을 정하는 단계("wherein step")[19]에 대해서도 자연법칙은 아니지만 자연법칙의 이용성이 충분하지 않다고 판시했다.[20]

연방대법원은 의약의 투여와 관찰("administering")은 단순히 티오퓨린이 필요한 환자를 판단하는 것으로, 의사들에게 특정한 의약이 필요한 환자인지 판단하는 단계는 티오퓨린이 존재하기 전에도 이미 존재하던 단계로서, 특정한 기술적 환경에 특정한 방법의 사용을 제한하는 것만으로 자연법칙에 대하여 특허를 금지하는 원칙을 제한할 수 없다고 했다. 즉 결정단계("wherein step")는 의사가 특정한 환자에 대하여 티오퓨린의 투여량과 방법을 정하는 것으로, 이는 의사가 환자에게 복약량과 방법을 알려주는 것이므로 의사가 환자에게 자연법칙을 말하는 것에 불과하다고 판시했다. 왜냐하면 복약량과 방법의 결정은 의료분야에서는 주지된 것으로서 "의사에게는 주지된, 통상적이고 일상적인 활동(well-understood, routine, conventional activity previously engaged in by scientists in the field)"이라는 것이다. 그러한 활동은 불특허대상인 자연법칙이나 자연현상, 추상적 아이디어를 자연법칙을 이용한 발명으로 변형(transform)하지 않는다는 것이다. 결국 자연법칙이나 자연현상, 추상적 아이디어를 변형(transform)시키는 "추가적인 단계나 과정(additional step)"이 무엇인지가 문제된다.

19) 1심에서의 정신적인 단계("mental step")를 대법원에서 결정단계("wherein step")로 변경했다. wherein step은 부작용이 발생할 수 있는 정도를 넘는 신진대사축적과 효과가 없을 약의 투여량이 낮은 단계를 결정하고, 의사가 신진대사의 정도에 따라서 투여량을 조절하는 단계이다.

20) Mayo Collaborative Servs. v. Prometheus Labs., Inc., 566 U.S. 66, 78 (2012).

연방대법원은 Funk Brothers Seed Co. v. Kalo Inoculant Co. 사건[21]을 예로 들면서, 그 사건에서 연방대법원은 발명가는 박테리아의 성장과 비성장 상태를 창작한 것이 아니고, 자연상태의 박테리아를 발견한 것이었다고 했음을 강조했다. 본 사건도 Funk Bros. 사건과 동일하게 발명가는 티오퓨린의 신진대사량과 치료적 효험 및 독성 사이의 관계를 '창조'한 것이 아니라 단순히 '관찰'한 것에 불과함을 다시 강조했다.

원고는 의약와 인간의 상관관계는 인간 만든 티오퓨린 약이 투여되지 않으면 그러한 상관관계가 발생할 수 없으므로 자연현상에서 발견될 수 없다고 주장했다. 그러나 법원은 티오퓨린이 투여되면 환자를 치료하는 활성 신진대사를 형성하도록 하므로, 6-TG와 6-MMP 티오퓨린의 효험성과 독성과의 관계는 자연적 현상이라고 하였다. 연방대법원은 의약에는 그 치료효과가 당연히 포함된 것으로 판단하여 치료를 위한 의약의 용량·용법을 의약과 별개의 발명으로 본 것이 아니다. 치료효과는 의약의 투여효과에 따르는 자연적 현상으로 보았다.

1981년 Diamond v. Diehr 사건[22]에서 연방대법원은 방정식(equation)을 방법과 과정에 융합하는 절차는 "추가적인 단계나 과정(additional step)"이라고 판시했다.[23] "추가적인 단계나 과정(additional step)"은 자연법칙을 이용하는 것으로서 해당 발명의 특허적격성을 부여하는 것으로 발명적 개념(inventive concept) 내지 발명성(inventiveness)이라 할 수 있다. 그러나 의약의 용량·용법은 "의사에게는 주지되고, 통상적이고 일상적인 활동(well-understood, routine, conventional activity, previously engaged in by those in the field)"일 뿐 그 어디에 자연법칙을 이용하는 "추가적인 단계나 과정(additional step)"이 존재하지 않는다.[24]

연방대법원은, 특허법은 자연법칙을 이용하여 발견을 하는 것을 금지하는 것은 아니라고 강조하면서 자연법칙을 발견한 사람에 대하여 특허로 보상을 하면 자연법칙의 발견이 많아질 것이지만, 궁극적으로 자연법칙과 원리는 자연과학과 기술 연구에 대한 기본 도구("the basic tools of scientific and technological work")이기 때문에, 자연법칙 사용에 대한 특허를 부여하는 것은 자연과학적 연구와 발견에 필수 도구를 독점하

21) Funk Bros. Seed Co. v. Kalo Inoculant Co., 333 U.S. 127, 130 (1948).

22) Diamond v. Diehr, 450 U.S. 175 (1981).

23) Id., 187.

24) Mayo Collaborative Servs. v. Prometheus Labs., Inc., 566 U.S. 66, 82 (2012).

는 것으로 이는 미래의 혁신을 방해할 위험이 존재할 뿐더러 특허가 일반적인 원리를 자연법칙에 적용하는 것일 때 매우 위험하거나, 또는 자연법칙에 대한 독점이 인간에게 필요한 발견을 방해할 수 있다는 것이다.[25] 자연과학적 발견과 발명을 위한 기본적 도구를 독점하는 것보다 공유하는 것이 최대다수의 최대행복을 가져올 것이다.

연방대법원은 의사가 신진대사수준을 측정하고 상관관계를 측정한 결과를 고려하는 것에 대한 특허는 상관관계를 이용하여 도출한 것으로부터 얻은 결과에 따른 용량·용법을 변화시키는 것에 관계없이 의사의 후속적인 치료의 판단과 결정에 대하여 독점을 하게 된다고 우려 했다. 즉 특허가 의사의 판단이 따르는 의료행위에 대한 독점을 하게 된다. 나아가 후속적인 발견과 원고(프로테메우스)가 발견한 상관관계를 종합하여 좀 더 우수한 치료효과가 있는 용량·용법의 발전을 금지시킬 위협이 된다고 강조했다. 결국 의사가 적정한 치료 방법이라고 선택하는 용량·용법을 원고가 특허로 미리 선점하게 된다는 것이다.

(3) 유전자 정보의 발견과 특허취득가능성

BRCA1, BRCA2 유전자는 DNA의 손상이 포착되면 그것을 교정하는 단백질을 생산하는데, BRCA 유전자에 변이가 생겨 교정기능이 올바르게 수행되지 않으면 유전자 변이가 생긴 여성에게는 유방암, 난소암이 생길 확률이 높아지게 된다. 그런데 미국의 1998년 Myriad Genetics 사는 이러한 유전자를 분리하여 그 정보 및 이용방법에 관하여 미국 특허상표청으로부터 특허를 취득했다.

Association for Molecular Pathology v. Myriad Genetics, Inc.사건[26]에서 연방대법원은 미국 특허법의 목적은 발명에 특허독점권을 부여함으로써 새로운 발명을 자극하는 동기(incentive)를 부여하여 발명자와 특허권자의 이익을 보호하는 사익과 자연과학적 지식과 정보의 자유로운 거래를 촉진하여 이를 기반으로 하여 공중이 새로운 발명을 할 수 있도록 하는 공익의 균형을 달성하는데 있다고 강조했다. 이는 미국 법원의 전통적인 공중의 권리를 바탕으로 한 특허권의 균형을 강조한 것이라고 할 수 있다.

25) Id., 86.

26) Association for Molecular Pathology v. Myriad Genetics, Inc., 569 U.S. 576 (2013).

본 사건은 미국의 Myriad Genetics사가 많은 사람들의 유방암과 난소암 발병 위험을 획기적으로 높일 수 있는 돌연변이 유전자인 BRCA1, BRCA2 유전자의 정확한 위치와 서열을 발견하여 취득한 특허는 자연의 산물(product of nature)에 불과한 것으로써 특허를 받을 수 없다는 원고의 주장으로부터 시작되었다. Myriad Genetics 사는 BRCA 유전자를 분리한 결과물과 정상인의 BRCA 유전자와 변형된 유전자와 염기서열을 비교하여 암을 진단하는 방법에 대하여 각각 특허를 받았다. 즉 BRCA 유전자는 인체 DNA 내에서 다른 부분과 공유결합(covalent bond)을 한 상태이었는데, Myriad Genetic 사가 그 공유결합 제거하여 분리함으로써 BRCA 유전자는 독립적으로 존재하게 되었다.[27] 이러한 노력에 의한 BRCA 유전자는 1980년 연방대법원이 Chakrabarty 사건 판결에서 특허를 받을 수 있는 요건으로 언급한 '인간에 의해 자연에서 분리된 것'이 특허를 받을 수 있는 요건인, '태양 아래 인간이 창조한 것'으로, 자연에서 발견되는 물질과 주목할 만한 특징적 차이'("with markedly different characteristics from any found in nature")에 해당한다고 인정되었다. 그리하여 미국 특허상표청은 특허요건을 충족하였다고 판단하였다.

이러한 특허가 등록되자 원고는 BRCA 유전자를 분리하고, 이를 정상 유전자와 비교하여 암을 진단할 때마다 많은 특허실시료를 지급해야 했다. 이에 미국 분자병리협회(Association for Molecular Pathology)는 다른 여러 의학 협회, 의사 및 환자와 함께 미국 특허상표청(USPTO)과 특허권자인 피고 Myriad Genetics를 상대로 본 특허는 특허를 받을 수 없는 자연의 산물을 발견한 것에 불과하여 사법적 예외(judicial exception)에 대한 특허를 부여한 것으로써 해당 특허는 무효라는 소송을 제기했다. 피고 Myriad Genetics의 특허에는 자연적으로 발생한 돌연변이 BRCA1 및 BRCA2 유전자와 유방암 발병 위험이 높은 특정 돌연변이가 포함되어 있고, 유전자는 자연에 존재하는 자연의 산물이므로 피고의 특허는 기본적으로 자연의 발견에 불과했다고 주장했다. 원고가 제기한 소송에는 유전자에 대한 진단 스크리닝을 다루는 다수의 방법특허의 무효 주장이 포함되어 있었다. 다만 연방대법원은 방법특허라는 원고의 주장은 기각한다.

피고 Myriad Genetics는 일단 유전자가 분리되어 다른 유전자와 구별될 수 있게 되면

27) Id., 585.

특허를 받을 수 있을 뿐만 아니라 피고는 인위적으로 BRCA complementary-DNA (cDNA)를 창작했다고 주장했다. 유전자에 대한 특허를 획득함으로써 Myriad Genetics는 BRCA 유전자에 대한 진단 테스트 및 추가 과학 연구에 대한 독점적인 통제권을 갖게 되었다. 원고는 그러한 유전자는 자연의 산물이기 때문에 이에 대한 특허는 미국 특허법 §101을 위반한다고 주장했다. 또한 원고는 피고의 특허가 과학적 진보를 제한한다고 주장했다. 특허법 §101은 특허를 "새롭고 유용한 프로세스, 기계, 제조 또는 물질의 구성 또는 이에 대한 새롭고 유용한 개선"을 대상으로 한다는 점을 명시하고 있는데, 피고의 특허는 자연을 대상으로 한 것일 뿐 새롭고 유용한 개선을 이용(application)한 것이 아니라고 주장했다.

1심인 지방법원은 유전자 분리가 자연적으로 발생하는 기본 특성을 변경하지 않는다는 이유로 원고를 지지하는 약식 판결을 내렸다. 미국 연방순회항소법원은 분리된 유전자가 인체 내 자연 상태와 화학적으로 구별되므로 새로운 발명으로 특허의 대상이 된다고 판시하여 1심과는 다른 입장을 취하면서 발명성과 특허성을 인정했다.

2012년 3월, 미국 대법원은 연방순회법원 판결을 취소하고 Mayo Collective Services v. Prometheus Laboratories 사건에 대한 추가적인 심리가 필요하다고 판시하면서 연방순회항소법원에 환송했다. 연방순회항소법원은 BRCA 유전자의 특허성을 다시 한번 인정했다.[28] 그리하여 다시 연방대법원에 상고되었다.

2013년 6월 13일 연방대법원의 클라런스 토마스(Clarence Thomas) 대법관은 연방특허법 §101에 따르면, 자연에 존재하는 천연물의 발견은 특허를 받을 수 없지만, 실험실에서 새로운 제품을 만들었다면 해당 제품은 자연의 산물에서 면제된다고 판시했다. 따라서 자연적으로 발생하지 않는 분자를 생성하기 위해 합성 과정을 통해 정제된 유전자 서열은 발명으로서 특허받을 수 있다고 만장일치로 판결했다. 연방대법원은 자연적으로 발생하는 유전자 서열과 자연적으로 발생하는 파생품은 '자연에서 발견되는 물질과 주목할 만한 특징적 차이'("with markedly different characteristics from any found in nature")가 존재하지 않는다면 특허를 받을 수 없다고 판시했다. 그러나 본 사건에서 Myriad Genetic 사는 어떤 것도 창작하지 않았다고 했다. 대법원은 "중요하고 유용한 유전자를 발견했지만, 그 유전자를 주변의 유전 물질로부터 분리한 것은 발명

28) Association for Molecular Pathology v. United States Patent and Trademark Office, 689 F.3d 1303 (CAFC 2012).

이 될 수 없다"고 판시했다.[29)]

연방대법원은 Func Brothers Seed 사건[30)]의 경우에 질소고정박테리아가 질소를 고정한다는 것은 잘 알려진 자연현상이지만, 자연에서는 여러 종류의 질소고정 박테리아가 하나로 합쳐져 질소고정을 하지 않는데, 특허발명은 다수의 질소고정 박테리아를 하나로 접종시킨 것은 자연에 존재하지 않는 것으로 인정받아 특허를 받았지만, 사실은 발명자가 박테리아를 변형시킨 것은 아니므로 그 발명은 원래 특허를 받을 수 없었다는 점을 강조하면서 그 특허청구는 자연법칙에 불과하다고 하였다. 그리하여 Myriad Genetic사는 BRCA1와 BRCA2 유전자의 위치를 발견하였지만 발견만으로는 BRCA 유전자를 특허법 §101의 새로운 조합(new composition)이라고 할 수 없다고 판시했다. 다만, 유전자 분리방법에 대하여는 특허를 취득할 수 있음을 지적했다.

Myriad Genetic사 사장 마크 카포네(Mark Capone)는 인간의 신체에 존재하는 2만개의 유전자는 6피트(약 180cm) 길이의 나선형 고리구조로서, Myriad가 수행한 일은 20,000개의 유전자를 모두 분류하여 유전성 유방암 및 난소암과 밀접하게 연관되어 있는 두 가지 유전자를 찾는 작업을 수행했고, Myriad Genetic사를 대리하여 연방대법원에서 변론한 그레고리 캐스타니아스(Gregory Castanias) 변호사는 두 개의 유전자를 찾는 작업은 엠파이어 스테이트 빌딩 크기에서 숨겨진 모래 한 알을 찾는 고된 노력이었으므로 특허를 받아야 한다고 주장했다. 나아가 '이는 이전에는 어느 누구도 세상에 한 번도 접근할 수 없었던 두 개의 유전자를 탄생시킨 엄청나게 복잡한 일련의 창작활동의 마지막 단계'("It is the final step in an extraordinarily complicated set of inventive actions that led to the creation of this molecule, which had never been available to the world before.")라고 주장했다. 이러한 주장은 우리 대법원이 아래 인용하는 엔테카비르 사건에서 "특정한 투여용법과 투여용량을 개발하는 데에도 의약의 대상 질병 또는 약효 자체의 개발 못지않게 상당한 비용 등이 소요" 되는 점등을 이유로 하여, 자연현상에 대하여 특허가능성을 언급한 것과 대조된다. 자연현상이 곧바로 특허의 대상이 되어 특허가능성을 판단할 수는 없다. 이점에 대하여는 다음 엔테카비르 사건에서 논할 것이다.

29) Association for Molecular Pathology v. Myriad Genetics, Inc., 569 U.S. 576, 591 (2013).

30) Funk Brothers Seed Co. v. Kalo Inoculant Co., 333 U. S. 127 (1948).

그러나 Myriad Genetic 사가 취득한 유전자 정보에 대한 특허에 이의를 제기하는 사람들은 그렇지 않다고 반대했다. 인간의 유전자는 자연의 산물이고 인간의 유전자는 인체의 필수적인 부분이기 때문이다. 원고 변호사인 미국시민자유연맹(American Civil Liberties Union)의 크리스토퍼 한센(Christopher Hansen)은 "Myriad Genetic 사가 한 일이라고는 단지 몸의 일부를 몸에서 떼어낸 것 뿐"으로 "신장을 몸에서 적출하는 것과 다르지 않다. 신장을 몸에서 처음 적출한 사람이라는 이유만으로 신장에 대한 특허를 받을 자격이 있는 것은 아니다."고 주장했다. 다만, Myriad Genetic사의 BRCA complementary-DNA (cDNA) 특허는 유지되었다. 이는 자연상태로 분리가 불가하고 연구실의 인위적인 작업에 의해서만 가능했기 때문이다. 그리하여 자연법칙의 이용성을 인정받은 것이다.

특허는 자본을 많이 투자하거나 많은 노력을 했다고 부여할 수 있는 것은 아니다. 자유주의적 개인주의 철학에서는 노동을 투입하였다고 재산권을 인정하는 것이 아니라 자연과 분리된 어떤 가치창조가 있어야 하고, 그것이 타인의 자유를 박탈해서는 안된다. 재산과 재산권은 구별된다. BRCA1과 BRCA2 유전자에 대한 특허는 자연에 존재하는 것으로 타인의 자유를 과도하게 제한하여 타인을 해하는 것인지 또는 타인의 충분하고 동등한 기회를 박탈하는 것이 아닌지를 검토하여야 할 것이다. 예컨대, 사막에서 유일한 우물을 발견한 사람이 담장을 치고 타인의 접근을 통제하는 경우에 그 사람에게 우물에 대한 배타적인 권리를 부여하거나 사유화를 인정하는 것이 타당할까? 미국 연방대법원은 이를 부정하는 것이다. 왜냐하면 그 우물은 발견하여, 인위적인 담장만 쌓았을 뿐이지, 자연에 그대로 존재하는 상태일 뿐이기 때문이다.

물론 연방대법원은 미국의 철학인 공리주의와 실용주의를 기반으로 자연에 유일한 BRCA1과 BRCA2의 정보를 독점하는 것에 대한 제한을 한 것으로 볼 수 있다. 연방대법원이 특허보호가 창작과 발명을 이끌 동기부여(incentive)를 창조하는 것과 발명을 촉진할 정보의 자유로운 유통을 저해하는 것 사이의 미묘한 균형을 해칠 수 있다는 점을 지속적으로 강조해 왔다.[31] 이는 공중이 정보를 공유함으로서 발생하는 최대다수의 최대행복이라는 공리주의 이념과 동기부여(incentive)를 통한 새로운 발명의 동기부여가 궁극적으로 사회복지를 증진시킨다는 실용주의의 철학을 고려하고 있는 것이다.

31) Id.

(4) 엔테카비르 사건: 브리스톨-마이어스 v. 제일약품[32)]

(가) 특허받은 용량용법을 변경한 용량용법은 발명인가?

기존에 존재하던 특허받은 용량용법이 포함된 의약품의 새로운 용량용법이 특허를 받을 수 있는지가 문제된다. 본 사건은 기존 특허권의 특허권자(브리스톨-마이어스[33)])를 상대로 제네릭 의약품을 생산한 피고(제일약품)가 자신이 제조한 엔테카비르의 제네릭 의약품이 원고의 특허권의 권리범위에 속하지 않는다는 소극적 권리범위확인심판을 제기한 사건이다. 본사안은 단순히 경쟁자의 개량발명의 문제가 아니라, 기존의 용량용법은 변경한 용량용법 자체가 특허를 받을 수 있는지이다.

용량용법은 인간의 신체가 의약의 투여시간과 투여량에 따른 변화를 관찰하여 얻은 정보로서, 하나의 자연현상과 같은 관계에 있는 것이기 때문이다. 그리고 자연현상이라도 자연현상의 이용성이 존재하면 발명으로 인정받아 특허를 받을 수 있음은 특허법리상 당연한다.

엔테카비르 발명의 특허권자의 특허청구항 1항은 "담체 기질의 표면에 부착된 0.5 내지 1.0 mg의 엔테카비르(entecavir)를 포함하는, B형 간염 바이러스 감염을 치료하기 위한 1일 1회 투여에 효과적인 제약 조성물"이었다. 따라서 특허청구항에 기본적으로 의약의 용량용법이 포함되어 있었다. 법원리적으로 의약품이란 인간의 질병을 치료하는 것이므로 용량용법이 포함되어야 의약품으로 인정받을 수 있다. 용량용법이 특정되지 않으면 치료효과를 인정하기 어렵고 결국 이는 의약품이 아닌 화학물질에 불과하다고 보아야 한다.

2012년 9월 13일 제네릭 의약품을 제조한 피고(제일약품)는 특허심판원에 원고를 상대로 하여, 엔테카비르와 부형제를 단순 혼합하여 제조한 확인대상발명은 원고[34)]가 청구항 1의 보호범위에서 의식적으로 제외한 발명이고, 피고가 발명한 확인대상발명은 그 발명이 속하는 기술분야에서 통상의 지식을 가진 자(통상의 기술자)가 비교대상

32) 대법원 2015. 5. 21. 선고 2014후768 전원합의체 판결.
33) 소송 도중 승계가 발생했으나, 승계인과 피승계인 모두 브리스톨-마이어스의 관계회사이므로, '브리스톨-마이어스'라고 한다.
34) 특허법원 판결문에는 피고로 되어 있으나 '원고'를 '피고'로 잘못 기재한 오타가 아닌가 한다.

발명 1 및 주지관용기술에 의하여 용이하게 실시할 수 있는 자유실시기술에 해당하여, 특허권자인 원고의 특허청구항 1의 보호범위에 속하지 아니한다는 이유로 소극적 권리범위확인심판(2012당2418)을 청구하였다.

2013년 4월 30일 특허심판원은 피고의 확인대상발명은 심결에서 제출된 비교대상발명 1 및 이미 잘 알려진 주지관용기술에 의하여 용이하게 발명할 수 있는 것이어서 누구나 자유롭게 실시할 수 있는 자유실시기술에 해당된다는 이유로 피고의 위 심판청구를 인용하는 심결을 했다. 결국 문제된 피고 제일약품의 발명은 원고의 특허발명의 권리범위내가 아니라고 심결하였고, 피고가 확인을 요청한 발명은 새롭게 특허를 받을 수 없다는 결과가 된다. 다만 선행발명이나 주지관용기술에 의해 용이하게 발명을 할 수 있다는 언급은 마치 진보성이 존재하지 않는다는 오해를 불러 일으킬 수 있고, 진보성이 존재하면 특허받을 수도 있다는 오해도 불러 일으킬 수 있다. 법 논리적으로 피고가 확인요청한 발명이 특허법상 자연법칙을 이용한 발명인지 여부부터 따져보았어야 하는데, 특허심판원의 심결에는 이러한 논리가 부족했고, 이로 인하여 발명의 성립성은 쟁점이 아닌 것으로 오해를 불러 일으킬 수 있었다.

이에 특허심판원에서 패소한 특허권자(피심결청구인, 브리스톨-마이어스)가 특허법원에 심결취소를 구하는 소송의 원고가 되어 특허심판에서 승소한 피고(심결청구인, 제일약품)를 상대로 특허심판원의 특허무효심결의 취소청구의 소를 제기하였다.

특허권자인 원고의 주장의 핵심은, 피고의 제네릭 의약품의 복용방법인 새로운 용량용법은 원고의 특허권의 권리범위내이므로 결국 원고의 특허를 침해하고 있다는 것이다. 그러한 특허침해의 문제가 발생하자, 피고가 원고를 상대로 먼저 소극적 권리범위확인심판을 제기하여 제네릭 의약품의 용량용법은 특허권의 권리범위내가 아니라는 확인을 받고자 한 것이었다.

결국 본 사건에서 대법원은 피고가 개발한 의약의 용량용법 자체가 새로운 발명이므로 특허요건(신규성, 진보성, 산업상 이용가능성)을 갖추면 원고의 의약특허와 관계없이 특허를 받을 수 있다고 판시하였다. 즉 피고의 제네릭 의약품의 용량용법도 원고의 특허발명과 별개로 특허를 받을 수 있다고 한 문제점이 존재한다.

그러나 이러한 대법원의 특허법의 해석 논리는 근본적인 결함이 있는데, 미국 대법원의 Mayo v. Prometheus 사건 판결에서 보다시피, 의약의 용량용법은 근본적으로 특정의약에 대한 인간의 반응을 관찰하여 얻은 자연현상에 불과하다는 문제점이 존재한다. 특히 본 엔테카비르 사건의 경우에 특허권자가 이미 엔테카비르라는 의약에 대한 특허를 받을 때, 의약의 용량용법이 당연히 특허권의 권리범위(청구항 1)로 기재되어 있었다. 의약이란 어떤 물질이 아니라 의약의 효능이라는 용도가 포함되어야 하므로 출원시까지 알려진 최적의 용량용법(best mode)이 당연히 기재되어야 한다. 용량용법이 없는 의약은 단순히 화학물질에 불과하다. 의약이 될 수 없다. 그런데 피고가 소극적 권리범위확인심판에 의해 확인대상으로 삼은 것도 본질적으로 용량용법이다. 이는 결국 원고의 특허권의 범위인 용량용법과 다른 용량용법의 동일한 의약이 별개의 발명으로서 특허를 받을 수 있다는 결과가 된다.

대법원은 의약이라는 물건의 발명에서 대상 질병 또는 약효와 함께 투여용법과 투여용량을 부가하는 경우, 투여용법과 투여용량이 발명의 구성요소로서 투여용법과 투여용량이라는 새로운 의약용도가 부가되어 신규성과 진보성 등의 특허요건을 갖춘 의약에 대해서 새롭게 특허권이 부여될 수 있다고 판시했다.

(나) 기존 의약의 용량용법의 변경은 자연법칙을 이용한 것인가?

이러한 대법원 판결에서 당연히 제기되는 쟁점 중의 하나인 의약의 용량용법은 결국 치료방법에 불과하고, 우리 특허법에서 인간의 치료방법은 특허법 제32조("공공의 질서 또는 선량한 풍속에 어긋나거나 공중의 위생을 해칠 우려가 있는 발명에 대해서는 제29조 제1항에도 불구하고 특허를 받을 수 없다.")에 규정된 공서양속에 반하는 발명으로 취급하여 특허를 부여하지 않고 있다.[35] 인간의 치료방법을 특허독점하여 상업적으로 이용한다는 도덕적인 문제가 발생하기 때문이다. 따라서 도덕적인 문제가 없는 동물의 치료방법은 특허의 대상으로 제외하지 않는다.[36]

다른 하나의 쟁점은, 용량용법을 포함하여 특허를 받은 기존 의약품에서 새롭게 용

35) 대법원 1991. 3. 12. 선고 90후250 판결 (사람의 질병을 진단, 치료, 경감하고 예방하거나 건강을 증진시키는 의약이나 의약의 조제방법 및 의약을 사용한 의료행위에 관한 발명은 산업에 이용할 수 있는 발명이라 할 수 없으므로 특허를 받을 수 없다.)

36) 대법원 1991. 3. 12. 선고 90후250 판결 (동물용 의약이나 치료방법 등의 발명은 산업상 이용할 수 있는 발명으로서 특허의 대상이 될 수 있는바, 출원발명이 동물의 질병만이 아니라 사람의 질병에도 사용할 수 있는 의약이나 의료행위에 관한 발명에 해당하는 경우에도 그 특허청구범위의 기재에서 동물에만 한정하여 특허청구함을 명시하고 있다면 이는 산업상 이용할 수 있는 발명으로서 특허의 대상이 된다.)

량용법을 변경했다고 하여 이를 특허대상으로 할 수 있는지이다. 대법원은 이 부분에 대하여 논리적 오류를 범했는데, 용량용법은 자연현상에 불과하므로 용량용법이 특허를 받기 위해서는 먼저 발명으로 인정받아야 한다. 특허는 자연법칙이나 자연현상, 추상적 아이디어를 대상으로 하는 것이 아니라 '자연법칙 등을 이용한 기술적 사상의 창작'으로 인정되어야 한다. 이는 우리 특허법 제2조 제1호("“발명”이란 자연법칙을 이용한 기술적 사상의 창작으로서 고도(高度)한 것을 말한다.")상의 발명요건이다.

대법원 판결 중 소수의견(이상훈, 김소영 대법관)은

> 의약물질과 의약용도로서의 대상 질병 또는 약효가 특정되어 있는 이상 거기에 투여용법과 투여용량을 부가한다고 하여 별개의 새로운 의약용도발명이 된다고 볼 수는 없다.
> 의약물질의 투여용법과 투여용량을 정하는 것은 의약물질 자체에 새로운 기술적 사상을 더하는 것이 아니라 그저 용법을 달리하는 것에 불과하다. 그러한 용법의 변경은 의사에 의한 의약물질의 처방이나 시술 또는 환자의 복용 등 의료행위에 의하여 구현되는 것인데, 의사의 의료행위에 대하여는 누구든지 간섭하지 못하는 것이 원칙임(의료법 제12조 제1항 참조)을 강조할 필요도 없이 의사는 그의 전문지식에 따라 자유롭게 의약물질의 투여용법이나 투여용량을 결정할 수 있어야 할 것이므로, 의약물질의 투여용법이나 투여용량은 특허대상으로 인정할 수 없다.
> 물건의 발명은 구성상 '시간의 경과'라는 요소를 가지고 있지 아니하다는 점에서 방법의 발명이나 물건을 생산하는 방법의 발명과 구별된다. 투여용법과 투여용량은 '특정용량의 의약을 일정한 주기로 투여하는 방법'과 같은 '시간의 경과'라는 요소를 포함하고 있어 이를 발명의 구성요소로 보는 것은 물건의 발명으로서의 의약용도발명의 성격과 조화되기 어렵다.
> 위와 같은 여러 측면에서 볼 때 물건의 발명인 의약용도발명의 청구범위에 투여용법과 투여용량을 기재하더라도 이는 발명의 구성요소로 볼 수 없다. 그리고 이는 권리범위 확인심판에서 심판청구인이 심판의 대상으로 삼은 확인대상발명이 공지기술로부터 용이하게 실시할 수 있는지를 판단할 때에도 마찬가지라고 보아야 한다.

고 판시하여, 의약의 용량용법은 i) 기존의 발명에 포함되어 있는 것이므로 새로운 발명이 아니고, ii) 의사의 치료방법이므로 특허법 제32조에 의하여 특허를 받을 수 없다는 취지로 판시했다. 물론 특허를 받는다고 하더라도 의료법 제12조 제1항에 의하여 의사의 정당한 치료행위로 인정받아 특허침해를 구성할 수 없을 것으로 해석된다. 다만 의약의 용량용법이 치료방법으로서 특허를 받을 수 없는 것인지 여부에 대하여는 필자의 생각으로는 치료방법에 해당하여 특허를 받을 수 없지만, 여기에서는 본 저술의 논점에서 벗어나므로 논하지 않는다.

두 번째 쟁점에 대하여는, 앞서 언급한 바가 있지만, 대법원 다수의견은

> 의약이 부작용을 최소화하면서 효능을 온전하게 발휘하기 위해서는 약효를 발휘할 수 있는 질병을 대상으로 하여 사용하여야 할 뿐만 아니라 투여주기·투여부위나 투여경로 등과 같은 투여용법과 환자에게 투여되는 용량을 적절하게 설정할 필요가 있는데, 이러한 투여용법과 투여용량은 의약용도가 되는 대상 질병 또는 약효와 더불어 의약이 그 효능을 온전하게 발휘하도록 하는 요소로서 의미를 가진다. 이러한 투여용법과 투여용량은 의약물질이 가지는 특정의 약리효과라는 미지의 속성의 발견에 기초하여 새로운 쓰임새를 제공한다는 점에서 대상 질병 또는 약효에 관한 의약용도와 본질이 같다고 할 수 있다.
> 그리고 동일한 의약이라도 투여용법과 투여용량의 변경에 따라 약효의 향상이나 부작용의 감소 또는 복약 편의성의 증진 등과 같이 질병의 치료나 예방 등에 예상하지 못한 효과를 발휘할 수 있는데, 이와 같은 특정한 투여용법과 투여용량을 개발하는 데에도 의약의 대상 질병 또는 약효 자체의 개발 못지않게 상당한 비용 등이 소요된다. 따라서 이러한 투자의 결과로 완성되어 공공의 이익에 이바지할 수 있는 기술에 대하여 신규성이나 진보성 등의 심사를 거쳐 특허의 부여 여부를 결정하기에 앞서 특허로서의 보호를 원천적으로 부정하는 것은 발명을 보호·장려하고 그 이용을 도모함으로써 기술의 발전을 촉진하여 산업발전에 이바지한다는 특허법의 목적에 부합하지 아니한다.
> 그렇다면 의약이라는 물건의 발명에서 대상 질병 또는 약효와 함께 투여용법과 투여용량을 부가하는 경우에 이러한 투여용법과 투여용량은 의료행위 그 자체가 아니라 의약이라는 물건이 효능을 온전하게 발휘하도록 하는 속성을 표현함으로써 의약이라는 물건에 새로운 의미를 부여하는 구성요소가 될 수 있다고 보아야 하고, 이와 같은 투여용법과 투여용량이라는 새로운 의약용도가 부가되어 신규성과 진보성 등의 특허요건을 갖춘 의약에 대해서는 새롭게 특허권이 부여될 수 있다.

라고 판시하여, 신규성 등 특허요건을 갖추면 새롭게 특허를 받아야 한다고 판시하였다.

(다) 노작(勞作)과 창작(創作) 그리고 'put a new button to an old coat'

대법원의 판결에는 몇가지 근본적인 결함이 존재한다. 첫째, 앞서 언급한 바가 있고, '유전자 정보발견' 사건에서 특허권자인 Myriad Genetics 사의 그레고리 캐스타니아스(Gregory Castanias) 변호사가 주장한 내용을 상기해보자. 그는 두 개의 유전자를 찾는 작업은 엠파이터 스테이트 빌딩 크기에서 숨겨진 모래 한 알을 찾는 고된 노력이었으므로 특허를 받아야 한다고 주장했다. 나아가 '이는 이전에는 어느 누구도 세상에 한 번도 접근할 수 없었던 두 개의 유전자를 탄생시킨 엄청나게 복잡한 일련의 창작활동의 마지막 단계'("It is the final step in an extraordinarily complicated set of inventive actions that led to the creation of this molecule, which had never been available to the world before.")라고 주장했다.

그렇지만 이러한 노력은 특허를 취득함에 있어, 발명이나 특허요건으로 고려되지 않는다. 즉 노작은 특허를 받을 수 없고, 특허대상은 창작성을 요건으로 한다. 공리주의적 특허제도의 목적에는 일부 부합하지만 실정법상의 특허취득하기 위한 요건으로는 전혀 고려되서는 안 된다. 또한 로크의 노동가치론에서도 노작은 충분하고 동등하게 남겨둘 것이라는 단서를 충족하지 못하기 때문에 특허와 같은 배타적 재산권을 취득할 수 없다. 이에 대하여는 로버트 노직이 충분히 논거를 제시했다.[37]

대법원은 재산적 가치와 배타적인 권리로서 재산권(특허권)을 구별하지 못한 것이다. 재산적 가치가 존재한다는 이유만으로 재산권이 인정되는 것은 아니다. 인간의 노력으로 얻은 노작(勞作)의 재산적 가치는 보호하지만 창작(創作)이 아니라면 그 결과에 대하여 배타적인 권리, 즉 특허권을 부여하지 않는다.

노작(勞作)에 대하여 배타적인 권리를 부여하지 않는 이유의 철학적 근거는 존 로크의 재산권 취득의 단서인 '충분하고 동등하게 남겨둘 수 없거나'(enough and as good left), 칸트와 헤겔의 조건인 타인을 해하지 않아야 한다는 단서를 충족할 수 없기 때문이다. 창작은 기존에 존재하지 않은 것이기 때문에 창작한 자에게 배타적 권리를 인정하더라도 공중의 자유를 제한하지 않는다. 로버트 노직의 '약한 단서'(weak proviso)를 충족한다.

37) 본서 "제1장 제1절 4. 나. 해롤드 뎀세츠의 명제(the Demsetz's Thesis)" 참조.

공리주의에서는, Mayo 사건 및 Myriad 사건에서 미국 연방대법원이 지적한 바와 같이, 자연법칙을 발견한 사람에 대하여 특허로 보상을 하면 자연법칙의 발견이 많아질 것이지만, 궁극적으로 자연법칙과 원리는 과학기술적 연구에 대한 기본 도구("the basic tools of scientific and technological work")이기 때문에, 자연법칙 사용에 대한 특허를 부여하는 것은 자연과학적 연구와 발견에 필수 도구를 독점하는 것으로 이는 미래의 혁신을 방해할 위험이 존재할 뿐더러 특허가 일반적인 원리를 자연법칙에 적용하는 것일 때 매우 위험하거나, 또는 자연법칙에 대한 독점이 인간에게 필요한 발견을 방해할 수 있다는 이유로 미국 연방특허법상 특허받을 수 없는 사법적 예외를 판결에 의해 구체화 한 것이다.

물론 사법적 예외에 해당하는 것에 대하여 특허취득을 완전히 금지하는 것은 아니다. 그러한 자연법칙을 이용(application)한다면 특허를 취득할 수 있다. 이러한 법원칙은 특허법이 발전되어 오면서 확립된 법 원칙이다. 1795년 제임스 와트가 발명한 증기기관의 특허성이 문제된 때, 영국의 Lord Chief Justice Eyre는

> Undoubtedly there can be no patent for a mere principle, but for a principle so far embodied and connected with corporeal substances, as to be in a condition to act; and to produce effects in any art, trade, mystery or manual occupation, I think there may be a patent.
>
> ↳ 의심할 여지도 없이, 단지 원리에는 특허가 부여될 수 없지만, 법의 요건에 따라 원리가 사물에 적용된 경우는 그렇지 않다. 기술, 거래 또는 수작업에 의해 발생한 어떤 효과에 대해서, 나의 생각으로는, 특허를 받을 수 있다.

라고 하여, 자연법칙은 그 자체로 특허를 받을 수 없지만 '원리가 사물에 적용된 경우', 다시 말하여 자연법칙의 이용성이 존재하는 경우, 기계나 사물에 구현되었을 때 특허를 받을 수 있다고 판시하였다.

나아가, 1948년 Funk Bros. Seed Co. v. Kalo Inoculant Co. 사건에서 미국 연방대법원은

> The qualities of these bacteria, like the heat of the sun, electricity, or the qualities of metals, are part of the storehouse of knowledge of all men. They are manifestations of laws of nature, free to all men and reserved exclusively to none.

He who discovers a hitherto unknown phenomenon of nature has no claim to a monopoly of it which the law recognizes. If there is to be invention from such a discovery, it must come from the application of the law of nature to a new and useful end.

↳ 태양의 열, 전기, 금속의 속성 등과 같이, 이러한 박테리아의 속성은 모든 사람의 지식을 모은 창고의 일부이다. 그것들은 자연법칙을 명확히 한 것으로 모든 사람에게 공개된 것으로써 어느 누구에게 배타적으로 속하는 것은 아니다. 알려지지 않은 자연현상을 발견한 사람은 법이 인정하는 바와 같이 그 자연현상에 대하여 어떠한 주장도 하지 못한다. 만일 그와 같은 자연현상의 발견으로부터 발명을 한다면, 새롭고 유용한 것을 만드는 자연법칙을 이용한 것이어야 한다.

라고 판시하여, 제임스 와트의 증기기관 판결에서 언급된 '원리가 사물에 적용된 경우'(a principle so far embodied and connected with corporeal substances)는 '자연법칙을 이용한 것'(the application of the law of nature to a new and useful end)이 된다. 이러한 법리는 우리 특허법에도 동일하다.

본 엔테카비르 사건에서도 자연법칙의 이용성이 존재한다면 특허를 취득할 수 있다. 그러나 자연법칙의 이용성을 검토함이 없이, 신규성 등 특허요건을 검토하여 특허를 취득할 수 있다고 하는 것은 법이론적으로 논리적 결함이 존재하는 것이다. 그리고 이러한 결과로 자유주의적 개인주의의 재산권 철학에 부합하지 않을 뿐더러 특허권자 이외의 나머지 공중의 자유권이 제한되어 결국 후생경제학적으로도 파레토 최적을 이탈한 것이 되고, 최대다수의 최대행복이라는 공리성의 원칙을 위반한 것이 된다.

둘째, 판결상 상호모순문제이다. 앞서 본 바와 같이 신규성 등 특허요건이 존재하면 특허를 받을 수 있다는 취지로 판시하고 있고 이점이 본 대법원 판결의 문제라고 지적하였다. 판결에서 언급한, "의약이라는 물건이 효능을 온전하게 발휘하도록 하는 속성"은 제네릭 의약품에서는 타당하지 않다. 청구항 1항의 기재를 보면 이미 원래의 특허발명에서 그 속성이 존재하고 이로 인하여 특허를 취득했기 때문이다. 의약에서 치료효과가 없다면 이를 의약이라고 할 수 없다. 단순히 화합물일 뿐이다. 의약에 대한 발명과 특허는 용량 용법이 필수적이고, 이것은 이미 특허를 받았고, 이를 변경한 것은 "[t]hat that was but to put a new button to an old coat, and it is much easier to add than to invent."('낡은 코트에 새로운 단추 하나 부가하는 것으로 발명보다 훨씬 쉬운 일')이라고 할 수 있다.

나아가 의약의 속성은 결국 자연에 존재하는 물질의 인간에 대한 치료효과인데, 이를 판결에서는 "물건이 효능을 온전하게 발휘하도록 하는 속성을 표현"이라고 다른 표현으로 언급한 것일 뿐이다. 결국 판결에서 언급하는 의약의 속성은 자연에 존재하는 물질의 이용성이라고 할 수 있다. 그럼에도 우리 대법원은 자연법칙의 이용성을 문제시하지 않고 특허요건(신규성, 진보성 등)을 충족하면 특허를 받을 수 있는 것처럼 판시했지만, 이는 특허법의 법리로는 불가능하다. 왜냐하면, 이미 원고가 그 의약의 속성을 포함하여 이미 특허를 받음으로써, 그 의약과 효능은 특허법리적으로는 자연에 존재하는 물질과 현상이 되었기 때문이다. 다만 특허존속기간동안만 보호받을 뿐이다. 결국 대법원은 자연에 대하여 특허를 받을 수 있다고 결론을 맺은 것이다.

결론적으로 보면, 위 판결은 판결의 결론을 내려 놓고, 이에 대하여 논리를 만들다 보니, 법이론적이나 논리적으로 맞지 않는 무리한 내용을 판결로 작성한 것으로 보인다. 거기에는 특허심판원의 심결문의 잘못도 크게 기여했다. 사실 자유실시발명이라는 용어는 맞지 않는다. 발명이란 자연법칙의 이용성이 존재할 때를 의미하는 것이고, 자연법칙의 이용성이 존재해야 발명이라고 할 수 있는데, 이 사건에서 문제된 엔테카비르 의약품은 이미 특허를 받았기 때문에 자연의 일부(특허가 종료되면 공역(the public domain, 공중의 영역))에 위치하여 자연의 일부가 되므로, 자연법칙을 이용한 발명이라고 할 수 없기 때문이다. 특허심판원의 심결은 자연법칙의 이용성이 존재하는지 여부를 검토하지 않은채 자연법칙의 이용성이 존재한다는 전제를 한 것이다. 이로부터 본 사건의 잘못이 시작되었다고 할 수 있다.

기존 의약과 그 의약의 용량용법은 특허기간이 종료되면, 인류 모두가 자유롭게 사용하는 공유재산이 된다. 이러한 공유재산에 대하여, 새로운 발명과 특허요건이 성립되지 않음에도 특정인의 사유화를 인정하는 것은 부당한 일이다.

그러하다면 창작이 아닌 노작을 특허권으로 보호하지 않고, 법률적으로 보호한다면 어떤 방법으로 보호하는지가 문제가 될 것이다. 노작(勞作)의 결과는 재산적 가치가 있는 경우에 영업비밀로 보호하거나 부정경쟁행위로부터 보호한다. 이를 '재산'이라고 하지, 배타적인 의미의 '재산권'이라고 하지 않는다. 특허법과 재산법의 근본적인 법리와 철학에 대한 고찰이 결여되었다고 할 수 있다.

2. 특허계약과 지식의 공유 및 특허명세서

가. 공리주의 철학과 도제조항 및 명세서

발명이 사회에 가져오는 사회적 효용은 명세서 제출 제도에 크게 의존한다고 할 수 있다. 특허제도가 산업혁명을 이룩하는데 결정적 역할을 한 것은 명세서 제도의 발전이 하나의 원인이라고 할 수 있을 것이다. 명세서는 특허발명에 대한 지식을 공중에게 공개하는 것으로서 발명에 관한 지식의 공개는 결국 지식의 공유와 확산을 가져와 산업발전과 산업혁명을 이룩하는데 많은 기여를 한 것으로 평가된다.

명세서 제도는 특허계약의 본질을 이루는데, 특허권자는 일정기간 독점을 받는 대신에 그 지식을 사회에 공개하여 공유하고, 자신의 지식과 기술을 교육하는 의무를 부담하게 되었다. 지식의 공개와 공유는 경쟁자로 하여금 동일한 발명을 위한 중복투자를 방지하는 역할을 하고, 개량발명을 더 쉽게 하도록 한다. 사회적 효용을 증진시킨다. 따라서 기술을 빠르게 발전시킬 수 있다.

발명을 공개하거나 설명하는 것은 특허제도 형성의 초기부터 요구되었다. 1474년 인류 최초의 특허법이라고 알려져 있는 베니스의 특허법에는 특허받기 위해서 발명을 공개시연 하도록 하였다. 1594년 베니스가 갈릴레이에 대하여 부여한 특허에는 '물을 길러 땅에 관개하는 기계로서 말 한 마리의 힘으로 20개의 관개구를 통해 끊임없이 물을 배출하는 기계'("the machine for raising water and for irrigating land which, with the motive power of a single horse will continuously discharge water through twenty spouts....")라고 발명의 설명이 기재되어 있었다. 위 발명의 설명에는 물을 끌어 올려 관개를 한다는 기능, 하나의 호스와 20개의 분출구를 통해 지속적으로 물을 관계한다는 물품의 구조가 기재되어 있었다. 당시 베니스에서는 특허를 받기 위해 도면과 기구 샘플을 요구했다.

특허발명에 대한 설명을 기재한 명세서 제도는 1711년 경부터 영국에서 시행되었고 1734년 명세서 제출이 의무화되었다. 16세기에 본격화된 도제조항에 의한 특허권자에 의한 도제교육의무에서 지식의 전수라는 정신을 찾아 볼 수 있고, 산업혁명이 시작되던 18세기 후반에는 명세서에 의한 지식의 공유와 확산제도로의 변경을 가져왔다.

1711년 이전에도 '명세서'라는 형식적인 문서가 존재했다. 현재 알려진 '명세서'(specification) 또는 '특허명세서'라는 명칭의 문서는 17세기 네덜란드에 파견간 영국대사 Sir William Boswell의 하인이었던 Corpley와 공동으로 Wheeler에게 1642년 특허가 부여되었는데 이때 사용되었다고 한다. 영국 대사 Boswell은 Wheeler에게 부여된 특허의 보증인이 되었는데, Wheeler의 특허에 대한 명세서가 네덜란드 암스테르담에서 발간되었고, 그 특허내용이 영문번역으로 'Supplement to the Specifications,' Vol. I에 기재되어 1858년 출판되었다고 한다. 즉 1642년경에 네덜란드에서 출판된 문헌에 명세서(specification)이란 용어가 사용되었음을 알 수 있다. 현재 이 문서가 영국박물관에 보관되어 있다고 한다.

[Filippo Brunelleschi의 특허인 Badalone][38)]

특허명세서 제출이 요구되지 않았지만, 1421년 Filippo Brunelleschi의 아르노 강의 바지선(Badalone)의 기중기 발명은 그림으로 남아 있어, 현재에도 그 대강의 모양을 알 수 있다. 브루넬리스키는 피렌체의 두오모 성당을 건축하기 위해 카라라(Carrara)의 채석장에서 피렌체의 돔 건설 현장까지 대리석을 운반하는 문제를 해결해야 했다. 우선 채석장에서 채취한 대리석을 피렌체를 가로질러 흐르는 아르노 강으로 운반해야 했다. 브루넬리스키는 이 목적을 위해 아르노 강의 얕은 물 위로 이동할 수 있는 일종의 배인 바지선(Badalone)을 발명했다. 그는 경쟁기술자인 로렌조 기베르티(Lorenzo Ghiberti)가 자신의 기술을 모방하는 것을 꺼려했다. 이미 그는 그의 엘리베이터 발명이 발명자가 아닌 다른 기술자에 의해 모방된 것을 알게 되었는데, 그러한 모방이 선박과 기중기에도 발생하는 것을 원치 않았다.

그는 자신의 선박과 기중기 기술의 모방을 피하기 위해 피렌체 시의회에 기술을 독점할 수 있는 특권을 요청했다. 1421년 6월 19일 시의회는 그가 자신의 발명품의 세부

38) 그림은 다음에서 가져옴: book De Ingenis by Taccola.

사항을 공개하는 것을 장려하기 위해 특허를 부여하고 그의 특권기간인 3년 동안 어떤 새로운 선박의 발명이나 사용을 금지시킨다. 즉 새로운 선박이나 기술이 그의 선박과 동일하거나 동등한 것인지 여부를 불문하고, 선박자체의 발명과 사용을 금지시킨 것이다. 다만 그의 특권에는 그의 선박 발명 이전에 알려진 선박기술이나 선박에는 적용되지 않는다고 명시하고 있었다.

16세기 영국의 엘리자베스 여왕시절 발명에 대한 특허를 받기 위해서는 영국 국민을 도제로 고용하여 그 발명에 대한 지식을 전수하도록 하였다. 1624년 영국의 독점법은 특허기간을 14년으로 하였는데, 그 14년은 도제를 2번 훈련시킬 수 있는 기간으로 이는 특허를 받는 자는 2번에 걸쳐 도제를 훈련시켜 그의 발명에 관한 지식을 사회와 공유하고 후세에 전달할 수 있도록 한 것이다. 16세기 엘리자베스 여왕시절에 특허를 부여하면서 도제를 양성할 것을 요구하는 도제교육을 강제하였는데 이것이 추후에 명세서로 자연스럽게 발전한 것으로 보인다.

이러한 발명에 대한 지식의 공유제도는 매우 오래되었는데, 기록에 나타난 바에 의하면, 기술자에게 특권을 부여하면서 그가 가진 기술을 전수받을 도제를 훈련시키도록 한 것은 엘리자베스 여왕 이전으로 소급한다. 1331년 영국왕 에드워드 3세(Edward III)는 네덜란드 플랑드르 지방에서 영국으로 기술 이민 온 존 켐프(John Kempe)에게 그가 가진 직조기술에 대하여 보호명령을 부여하는데, 그 보호명령서(a Letter of Protection)에는 "[o]n condition of their settling in this country and teaching their arts to those willing to be instructed therein."([본 보호명령은 영국에] 정착하고 정착한 지역에서 교육을 받고자 하는 사람들에게 기술을 가르치는 조건으로....)라고 규정하여 그의 기술을 전수받을 도제를 양성할 것을 조건으로 한다. 그 이후 보호명령서는 특허제도로 변화하는데, 특허를 부여할 때 영국민에게 그 기술을 전수할 것을 조건으로 한다.[39]

이와 같은 특허장에 부여된 교육할 의무조항을 도제조항(apprenticeship clause)이라고 하는데, 도제조항은 영국 공리주의 철학과 특허계약사상을 반영한 것이다. 지식과 기술은 공유하는 것은 최대 다수의 공익을 달성하기 위한 가장 효율적 제도라는 공리주의의 기본 이념이다. 그리하여 공리주의 이념이 주된 원인이 되어, 1449년 헨리 6세

39) 영국 왕이 특허를 부여한 것은 1236년이라고 알려져 있는데, 그 당시 영국 왕인 헨리3세(Henry III)는 당시 영국령이었던 프랑스영내의 보르도(Bordeaux)지방의 산타 컬럼바의 보노퍼수스(Bonofusus de Sancta Columba)에게 15년의 칼러 직조 독점권을 부여한 것이 최초의 특허(특권)로 알려져 있다.

는 네덜란드 플랑드르 지방에서 영국으로 기술 이민을 온 유타이남의 존(John of Utynam)에게 영국 최초로 알려진 특허권을 부여한다. '보호명령제도'에서 '특허제도'로 변화한 것이다.

그러한 특허부여 조건에 기술문서의 공개를 요구했다. 이러한 기술문서는 후에 특허명세서 제도로 변화한다. 예컨대, 다음과 같이 1561년 엘리자베스 여왕이 게러드 온리키(Gerard Honricke)에게 특허를 부여하면서, 영국 국민을 교육하고('teach') 발명보상금 수령 전에 제조비법을 문서화('reduced to writing') 할 것을 요구하고 있다.

> The Queen therefore bargained with Gerard Honricke, 'an almayne Captain,' to come over and teach her subjects 'the true and perfect art of making saltpetre' as good as that made 'beyond the seas,' stipulating, however, that the secrets of the manufacture should be reduced to writing before the promised reward of £300 should be paid.[40)]
>
> ↳ 따라서 여왕은 알메인 선장인 게러드 온리키(Gerard Honricke)와 협상하여, [그의 비밀 기술의 공개에] 약속된 보상금 £300를 지불하기 전에 그 제조 비법을 서면에 기록하는 것을 조건으로, 그녀의 백성들에게 '바다 건너' [외국]에서 만드는 것 만큼 좋은 '초석을 만드는 진실의 완벽한 기술'을 가르치도록 했다.

물론 특허기간이 종료된 이후에 해당 발명에 관한 지식은 누구나 이용할 수 있는 공역(the public domain)에 위치하여 자유롭게 실시할 수 있는 발명이 된다. 즉 공개된 발명은 특허기간이 종료되면 공유지식이 되는 것이다.

나. 명세서의 제출

명세서(specification) 제출을 하기 시작한 초기에는 명세서는 필수적으로 제출하는 것이 아닌 필요에 따라 제출하여야 하는 것으로 알려져 있다. 실무적으로는 명세서는 영국에서 1720년대부터 많이 사용되기 시작하였다고 알려져 있고, 1734년에 의무화되어 본격적으로 명세서를 요구했다.

40) E. Wyndham Hulme, The History of the Patent System under the Prerogative and at Common Law, The Law Quarterly Review, Vol 46 (1896) p 145.

명세서와 도제 수련을 통한 지식의 전달과 확산이 산업발전에 중요한 역할을 한다. 특허를 받은 기술과 비법을 문서에 명확히 기록 한다면, 그 문서에 기록된 지식은 공중에게 알려지고 확산될 수 있다. 또한 특허권자의 입장에서는 특허로 보호되는 자신의 발명의 범위를 명확히 할 수 있었다. 추후에는 명세서를 제출하는 제도로 변경된다. 나아가 특허권자의 경쟁자는 공개된 명세서와 특허장에 기재되어 있는 특허권자의 특허권의 범위를 피하여 새로운 경쟁기술을 개발할 수 있으므로 기술발전을 필수적인 제도가 된다.

그리하여 그와 같은 기술의 문서 기록제도는 현재 사용되고 있는 특허명세서(patent specification) 제도로 발전하였다고 볼 수 있다. 1611년 타일 제조업자인 영국의 Simon Sturtevant는 제임스 1세에게 타일에 대한 특허 청원을 하면서, 자신에게 특허가 부여되면 자신의 발명의 내용을 제출하겠다고 하였다.[41] 공식적으로 영국에서 특허명세서는 앤(Anne)여왕의 통치기간(1702-1714)이었던 1711년 경부터 요구하기 시작하여 1720년대부터 명세서 제출의 관행이 시작하였다고 평가할 수 있다.

앤 여왕의 법무장관 및 법무장관 직속 영국 법원의 판사들은 발명의 성격과 방식을 확인하면서 발명에 대한 서면 설명을 작성하도록 요구했다. 초기의 발명의 설명에는 선행 기술을 구별하고 청구된 발명의 한계를 설명하는 데 사용되었다. 점차적으로 발명가가 원하는 거의 모든 유형의 설명을 요구하는 것에서 특허독점 부여에 대한 대가로써 발명의 공개를 요구하는 것으로 변경되었다. 즉 특허계약의 성립에 필수적인 요건이 되었다.

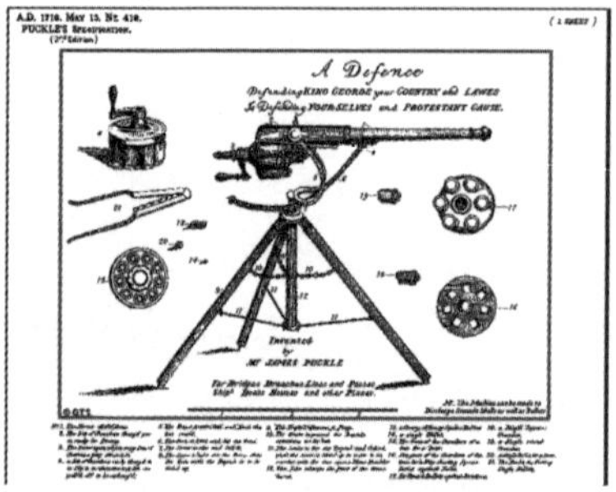

[James Puckle의 1718년 Puckle gun (리볼버 총) 특허[41]발명의 명세서와 도면]

1718년 James Puckle이 특허를 취득한 Puckle gun(등록번호 418)에 특허명세서의 제출을 의무화 하였다고 한다. 왼쪽 도면과 설명은 그때 제출한 명세서로 알려져 있다.

그 후 1734년에 명세서 제출이 특허취득의 일반적인 의무가 되어 본격적으로 명세서를 요구

41) Michael Wogan, Introduction to Patent Law, Ch. 2. History of Patents in Europe and the United States (출처: https://crab.rutgers.edu/users/mwogan/patent/2_History.htm)

42) 영국 Patent No. 418.

했다. 그리고 공리주의가 영국에 확산이 되기 시작한 1778년 영국의 Liardet v. Johnson 사건 이후에는 그러한 기술자에 대한 교육과 기술 및 정보전달이 특허권자에 의한 도제에 대한 교육과 기술전수가 아닌 명세서에 의한 포괄적인 공중에 대한 지식 전달로 변경되었고, 명세서에 의한 발명의 지식의 기록과 공개 그리고 그 지식의 축적이 되어 산업혁명을 촉진하는 수단이 되었다고 할 수 있다.

다. 명세서 기능의 변화와 산업혁명

(1) 명세서의 기능

1778년 Liardet v. Johnson 사건에서 영국의 Lord Mansfield는 배심원에게 다음과 같이 평결을 하도록 지침을 제시한다.

> Then if it is fairly an invention, that it was not in the knowledge of the trade at the time the letters patent were granted. The next consideration is whether the specification teaches you to make it again.
>
> ...
>
> You have the whole of the case before you.... You will settle in your minds whether the defendant has used the composition, whether it is old or new: in the next place whether it is such a one as was in use in the trade at the time of the letters patent; or really and fairly a new invention, which they had not. Whether it was in books or receipts, it never prevailed in practice or in the trade. And the last thing is whether the specification don't teach any other artist to make use of it.
>
> ↘ 그렇다면 그것을 공정하게 말해 발명이라고 한다면, 특허장이 수여될 당시 해당 업계에서 알지 못했던 것입니다. 다음 고려 사항은 명세서가 당신이 그 발명을 구현할 수 있도록 가르침을 주는지 여부입니다.
>
> ...
>
> 배심원 당신들에게 사건의 결과가 전적으로 달려 있습니다.... 당신들은 피고가 그 화합물을 사용했는지 여부, 그것이 새로운 것인지 그렇지 않은 것인지 여부, 그 다음 특허장이 부여될 당시 업계에서 사용되던 것이었는지 여부와, 또는 실질적으로 또는 엄밀하게 말하여 새로운 발명이었는지 그렇지 아닌지 여부를 결정하게 될 것입니다. 그것이 책이든 방법이든, 그것은 실제 또는 거래에서 사용될 수 있도록 결

코 현실화 되지 않았습니다. 그리고 마지막 쟁점은 명세서가 그 발명을 만들어 사용할 수 있도록 다른 장인들에게 그 기술을 가르치는지 여부입니다.

명세서는 특허발명을 공중에게 알리는(teach) 기능이 있었다. 만일 명세서가 다른 기술자(any other artist)로 하여금 그 발명을 재현할 수 없도록 하였다면 그 특허는 특허계약을 위반하였다고 할 수 있다. 따라서 그러한 경우 Lord Mansfield는 특허가 무효라고 판시했을 것이다. 다만 위 배심원 안내사항에 의하면 구체적으로 발명에 대한 설명을 하여 그 기술을 사회에 전달하고 공유하였는지가 중요했던 것으로 판단된다. 즉 특허법의 발전역사를 보면 엘리자베스 여왕시대부터 특허발명을 통하여 공중에게 지식을 전수하고 이를 발전시키는 노력을 해왔던 것을 알 수 있고, 특허명세서 제도는 그와 같은 특허제도의 기능을 수행하는데 결정적인 역할을 해왔다고 할 수 있다.

명세서의 기재방법은 기속적으로 문제되어 왔다. 특히 명세서에 기재된 발명이 특허를 받을 수 없는 자연과학적 원칙(principle)인지 여부와 관련하여 명세서의 기재내용과 방법이 문제된 것이다. 아래의 사건들은 대체로 특허대상과 명세서의 기재가 같이 문제되었던 사건들이다.

(2) 오크라이트(Arkwright)의 방적기 특허

방적기를 발명한 Arkwright는 1769년 특허를 취득했는데, 그 특허 명세서에 제임스와트와 같은 방법으로 특허발명의 구성을 모호하게 기술하였다. 그리하여 그의 특허는 1785년 무효로 선고됐다. 1785년 Rex(King) v. Arkwright 사건[43]에서 Buller 판사는 다음과 같이 판시했다.

> [i]t is clearly settled in law that a man to entitle himself to the benefit of a patent for a monopoly must disclose his secret, and specify his invention in such a way, that others may be taught by it.
>
> ↘ 특허독점에 의해 이익을 받는 사람은 반드시 자신의 비밀을 공개하여 다른 사람이 알 수 있을 정도로 발명을 특정해야 한다는 것은 법에 의해 명백하게 정립된 원칙이다.

43) Rex v Arkwright (1785), 1 Hayward's Patent Cases 245, 286,

즉 자신의 발명을 공개하지 않는다면 특허부여가 공정하지 않다. 특허는 시민을 대리하여 국가가 발명자와 체결하는 쌍무적 계약이기 때문에 계약의 공정하지 않다면 그 계약은 무효이다. 발명자는 계약상의 의무로 자신의 발명을 공개하여 시민에게 그 기술을 전수해야 한다. 1781년 Arkwright가 맨체스터 지방의 방직업자에게 자신의 허락없이 특허발명을 실시하였다고 소송을 제기했는데, 그들은 Arkwright의 발명은 Arkwright의 발명이 아니라고 주장했고, 소송에서 Thomas Highs는 자신이 발명한 회전기계를 Arkwright가 모방한 것이라고 증언했다. 그리하여 Arkwright가 가진 특허들이 무효화 되었다. Arkwright의 특허가 무효화 된 지 10년 후에 영국에는 485개의 방직기 공장이 설립되었다고 한다.

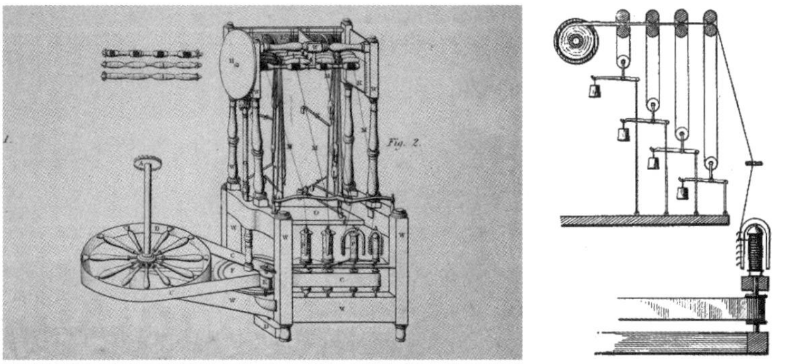

[Arkwright의 회전 방적기][44]

이러한 명세서를 통한 특허발명의 공개 법리는 저작권법제도에도 영향을 미친다. 저작권은 기술의 공개를 하는 것은 아니지만, 저작을 기록한 매체인 원고지는 일반 유체물과 같은 재산으로서 영구적인 권리의 대상이 되지만 그 원고지에 기재된 인간의 사상 감정의 표현은 출판에 의해 공개가 되면 실정법상의 저작권의 보호대상이 되고, 그 실정법상 정해진 한정된 기간의 저작권 보호기간이 종료하면 공중의 공유재산이 된다는 법리가 형성되었다. 이러한 법리는 영국의 1769년 Millar v. Taylor 사건과 1774년 Donaldson v. Beckett 사건을 통하여 형성되었는데, 공개된 저자의 표현은 더 이상 저자의 것이 아니라 공중이 공유하는 인류의 보편적 지식과 표현이라는 철학적 사상이 형

44) 출처: Science Museum Group Collection.

성되었다. 따라서 저작자가 자신의 저작물이라고 주장할 수 없게 된다. 이는 특허발명이 공개되어 공중이 공유하는 인류의 보편적 지식이 된다는 철학과 동일한 철학적 토대로 한다고 할 것이다.

다만 이러한 법리는 현대 특허법상의 재심에 의하여 회복한 특허권[45]이나 일반명칭화가 된 특정인의 상표에 대하여는 적용되지 않는다. 이는 공역에 복종한 특허권이나 저작권 법리가 적용될 수 없는 사실적 기반이 다르기 때문이다.

1790년 미국 특허법은 특허 출원시 명세서에 기존의 선행기술과 구분되는 발명과 발명가와 기술자가 재현할 수 있도록 발명의 내용을 기재한 설명(description)의 제출을 요건으로 하였고, 1793년 특허법 개정시 발명과 '발명에 대한 설명'을 기재하여 제출하도록 했다.

> Patent Act of 1790, Ch. 7, 1 Stat. 109-112 (April 10, 1790) §2.
>
> [T]hat the grantee or grantees of each patent shall, at the time of granting the same, deliver to the Secretary of State **a specification** in writing, containing a description, accompanied with drafts or models, and explanations and models if the nature of the invention or discovery will admit of a model) of the thing or things, ...; which **specification** shall be so particular, and said models so exact, as not only to distinguish the invention or discovery from other things before known and used, but also to enable a workman or other person skilled in the art or manufacture, ... the public may have the full benefit thereof, after the expiration of the patent term; which specification shall be filed in the office of the said Secretary,
>
> Patent Act of 1793, Ch. 11, 1 Stat. 318-323 (February 21, 1793) §3.
>
> a written description of his invention, and of the manner of using, or process of compounding the same, in such full, clear and exact terms, as to distinguish the same from all other things before known, and to enable any person skilled in the art or science, ..., he shall fully explain the principle, and the several modes in which he has contemplated ....

45) 우리 특허법 제103조 참조.

명세서는 발명을 공시할뿐더러, 특허권자와 공중의 계약에 해당한다. 그리고 계약에서는 필수적인 대가관계(consideration)에 해당한다. 따라서 명세서에 기재되지 않아 특허심사를 받지 않은 사항은 추후에 자신의 권리라고 주장하지 못하는 것이다.

(3) 제임스 와트의 증기기관의 명세서

명세서에 관하여는 제임스 와트의 증기압축 증기기관 특허도 문제가 되었다. 볼튼과 와트는 그의 직원이었던 에드워드 불(Edward Bull)에게 특허침해소송을 제기한다.[46) 에드워드 불(Edward Bull)은 제임스 와트 증기기관 특허의 명세서의 문제점을 지적하면서 단순한 자연과학적 원리까지 특허청구범위를 포함되었다는 이유로 특허의 무효를 주장한다. 이에 손해배상소송을 관할하는 커먼로 법원(the Court of Common Plea)은 볼튼과 와트에게 승소판결을 내리지만, 명세서에 대하여는 형평법원의 판단을 구한다. 형평법원은 4명의 다수의견으로 1769년 제임스 와트의 특허의 4번째 청구항이 광범위한 특허청구범위라고 판시하면서 유효성을 인정하지 않는다. 따라서 제임스 와트는 4번째 청구항의 권리범위를 주장할 수 없게 되었다.

1795년 영국의 제임스 와트의 증기기관 특허가 문제되었다. 제임스 와트의 경쟁자이었던 조나단 혼블로워(Johathan Hornblower)와의 소송[47)]에서 혼블로워는 제임스 와트가 주장하는 증기로 상하 운동하는 특징을 가진 발명은 자연법칙('principle')으로 제임스 와트가 최초의 발명자가 아니며 새로운 발명도 아니므로 제임스 와트의 증기기관은 특허받을 수 없다고 주장했다. 혼블로워의 증기 압축기는 제임스 와트의 발명으로부터 가져왔다는 것은 입증되지 않았다. 제임스 와트의 특허발명에 대한 광범위한 권리범위 청구가 문제되었다. 법원은 제임스 와트의 증기기관 특허의 유효성을 인정했지만, 광범위한 특허권의 인정은 그 후 경쟁할 증기기관의 시장진입을 방해하는 결과를 가져와 혁신을 방해하였다는 주장이 존재한다.

46) Boulton & Watt v Bull, (1795) 126 ER 651.

47) Hornblower v. Boulton, (1799) 8 T.R. 95.

(4) 닐슨(Neilson)의 용광로 특허 명세서

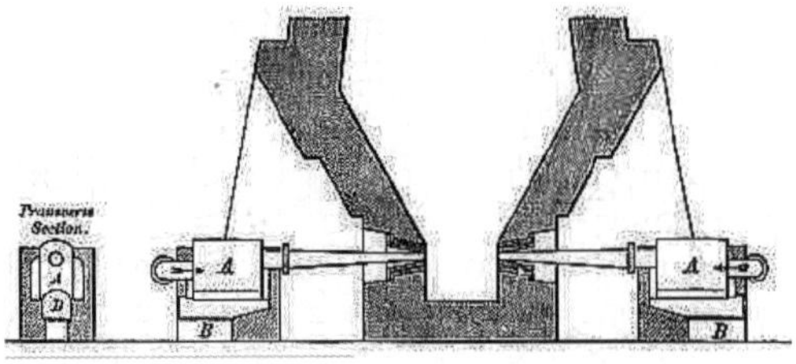

[1929년 Neilson의 글래스고우 제철소에서 사용된 뜨거운 공기(hot air)를 주입하는 용광로 구조][48)]

1841년 Neilson v Harford 사건에서 피고 Harford는 i) 원고의 특허는 실시 가능하도록 기재하여야 하는 명세서 기재방법을 위반했고, ii) 자연과학적 원리를 특허청구 했다고 주장했다. 1심 법원의 배심원은 기재방법은 위반했지만 자연과학적 원리를 청구한 것은 아니라고 평결했다.

1841년 본 사건 무렵에는 명세서에 기재되는 발명의 지식은 통상적인 기술자(ordinary skill in the art)로 하여금 발명을 실시할 수 있도록 기재할 것을 요구했다.[49)]

그의 특허 출원명세서에 그는 그의 발명을 다음과 같이 설명했다.[50)]

> The air vessel or receptacle may be conveniently made of iron, but as the effect does not depend upon the nature of the material, other metals or convenient materials may be used; the size of the air vessel must depend upon the blast, and on the heat necessary to be produced. For an ordinary smith's fire or forge, an air vessel or receptacle capable of containing 1200 cubic inches will be of proper dimensions; and for a cupola of the usual size for cast iron founders, an air vessel capable of containing 10,000 cubic inches will be of a proper size.[51)]
>
> ↘ 공기 용기나 공기수납부(receptacle)는 철로 만드는 것이 편리하지만 그 효과는 그 용기를 만드는 재료의 성질에 좌우되지 않으므로 다른 금속이나 편리한 재료를 사용해도 된다. 공기 용기의 크기는 공기주입과 주입에 필요한 열에 따라 달라진다. 일반적인 제철기술자의 용광로의 경우 1,200입방인치를 담을 수 있는 공기

48) Thomas Turner, The Metallurgy of Iron and Steel, Charles Griffin and Company, Ltd., 1895, p. 21. 용광로에서 철을 제련하는 고로법은 5세기 중국에서 개발되었고, 유럽에서는 중세시대때 사용되었는데, 중세 말엽인 15세기에 벨기에와 영국으로 고로법이 전파되었다. 그리고 석탄에 포함된 황으로 인하여 철의 품질이 떨어지자, 석탄을 목탄화시키는 방법으로 황을 연소시킨 코크스를 만들어 사용하다가, 19세기 초반에 고로를 예열시키는 방법이 개발되었는데, 닐슨(Neilson)이 사용한 방법은 용광로를 예열시키는 방법에 관한 것이다. 그 이후 헨리 베세머(Henry Bessemer)가 고압공기를 사용하여 탄소와 불순물을 없애는 베세머 용광로를 개발했다.

49) 다만 이 당시 명세서의 내용을 검증한 것은 아니었다. Helen Gubby, Developing a Legal Paradigm for Patents, Eleven International Publishing, 2012, p. 196.

50) Richard Godson, A Practical Treatise on the Law of Patents for Inventions and of Copyright, Saunders and Benning, Law Booksellers (2d ed. 1840), pp. 119-20.

51) Thomas Turner, The Metallurgy of Iron and Steel, Charles Griffin and Company, Ltd. (1895), pp. 114-115; Thomas Webster, Reports and Notes of Cases on Letters Patent for Inventions, Volumes 1-2, Thomas Blenkarn, Law Bookseller (1844) p. 274.

용기나 공기수납부가 적절한 크기이다. 주철 기초를 위한 일반적인 크기의 용광로 덮개(cupola)의 경우 10,000입방인치를 담을 수 있는 공기 용기가 적절한 크기이다.

1829년 2월 28일, 넬슨에게 부여된 특허에 대한 특허명세서[51)]

I, the said James Beaumont Neilson, do hereby declare that Specification, the nature of my said invention for the improved application 28th Feb. 1829. of air to produce heat in fires, forges, and furnaces, where bellows or other blowing apparatus are required, and the manner in which the same is to be performed, is particularly described and ascertained as follows: that is to say, a blast or current of air must be produced by bellows or other blowing apparatus in the ordinary way, to which mode of producing the blast or current of air this patent is not intended to extend.

The blast or current of air so produced, is to be passed from the bellows or blowing apparatus into an air vessel or receptacle made sufficiently strong to endure the blast, and through or from that vessel or receptacle by means of a tube pipe or aperture into the fire, forge, or furnace. The air vessel or receptacle must be air-tight, or nearly so, except the apertures for the admission and emission of the air, and at the commencement and during the continuance of the blast it must be kept artificially heated to a considerable temperature. It is better that the temperature be kept to a red heat or nearly so, but so high a temperature is not absolutely necessary to produce a beneficial effect. The air vessel or receptacle may be conveniently made of iron, but as the effect does not depend upon the nature of the material, other metals or convenient materials may be used. The size of the air vessel must depend upon the blast and on the heat necessary to be produced. For an ordinary smith's fire or forge, an air vessel or receptacle capable of containing twelve hundred cubic inches will be of proper dimensions, and for a cupola of the usual size for cast iron founders, an air vessel capable of containing ten thousand cubic inches will be of a proper size. For fires, forges, or furnaces, upon a greater scale, such as blast furnaces for smelting iron and large cast iron founder's cupolas, air vessels of proportionably increased dimensions and numbers are to be employed. The form or shape of the vessel or receptacle is immaterial to the effect, and may be adapted to the local circumstances or situation. The air vessel may generally be conveniently heated by a fire, distinct from the fire to be affected by the blast or current of air, and generally it will be better that the air vessel and the fire by

52) Id., 273-274.

which it is heated should be enclosed in brick-work or masonry, through which the pipes or tubes connected with the air vessel should pass; the manner of applying the heat to the air vessel is, however, immaterial to the effect, if it be kept at a proper temperature.

In witness, & c.

↳ 나, 제임스 비이먼트 닐슨(James Beaumont Neilson)은 1829년 2월 28일 개선된 응용 프로그램에 대한, 벨로우즈 또는 기타 송풍 장치가 필요한 화염, 단조 및 용광로에서 열을 생성하기 위한 공기, 그리고 동일한 작업이 수행되는 방식은 다음과 같이, 즉, 열 폭발 또는 열 기류는 벨로우즈 또는 기타 송풍 장치에 의해 일반적인 방식으로 생성되는, 다만 본 특허는 폭발 또는 기류를 생성하는 방법으로 확장 의도는 없는, 구체적으로 설명되고 확인되는 나의 상기 발명의 본질에 대한 명세서임을 선언한다.

이렇게 생성된 공기의 폭발 또는 기류는 벨로우즈 또는 송풍 장치로부터 폭발을 견딜 수 있을 만큼 충분히 강하게 만들어진 공기 용기 또는 용기로 전달되어야 하며, 불, 대장간, 용광로 통하는 튜브 파이프나 구멍을 통해 해당 용기 또는 용기를 통해 공기 용기 또는 용기로부터 공기 용기로 전달되어야 한다. 공기 통 또는 용기는 공기의 흡입 및 방출을 위한 구멍을 제외하고, 폭발 시작 시 및 지속 중에 기밀하거나 거의 기밀해야 한다. 폭발은 상당한 온도까지 인위적으로 가열된 상태로 유지되어야 한다. 온도를 적열(a red heat)이나 그 정도가 되도록 유지하는 것이 더 좋지만, 유익한 효과를 얻기 위해 매우 높은 온도가 반드시 필요한 것은 아니다. 공기 용기나 공기수납부(receptacle)는 철로 만드는 것이 편리하지만 그 효과는 그 용기를 만드는 재료의 성질에 좌우되지 않으므로 다른 금속이나 편리한 재료를 사용해도 된다. 공기 용기의 크기는 공기주입과 주입에 필요한 열에 따라 달라진다. 일반적인 제철기술자의 용광로의 경우 1,200입방인치를 담을 수 있는 공기 용기나 공기수납부가 적절한 크기이다. 주철 기초를 위한 일반적인 크기의 용광로 덮개(cupola)의 경우 10,000입방인치를 담을 수 있는 공기 용기가 적절한 크기이다. 철을 제련하는 용광로 및 대형 주조용 기초의 원형 돔(cupola)과 같은 더 큰 규모의 화염, 단조 또는 용광로로 사용의 되는 경우 비례적으로 증가된 크기와 수의 공기통(air vessel)이나 공기 용기(air receptacle)를 사용해야 한다. 공기통이나 공기용기의 형태나 모양은 효과에 중요하지 않으며 현지 상황이나 상황에 맞게 조정될 수 있다. 공기통은 일반적으로 불에 의해 편리하게 가열될 수 있으며, 이는 폭발이나 기류의 영향을 받는 화재와는 구획되며, 가열되는 공기 용기와 화염은 공기 용기와 연결된 파이프나 튜브가 통과하는 벽돌이나 석축에 의해 밀폐되고, 다만 공기 용기에 열을 가하는 방식은 공기 용기가 적절한 온도로 유지된다면 효과는 중요하지 않다.

이를 증명하며.

위의 명세서 기재에는 용광로에서 뜨거운 공기의 효과에 대한 자세한 설명이 기재되어 있지 않았다. 즉 어떻게 하여 용광로가 더 뜨거워져 기존의 발명에 비교하여 열효율적인 발명인지에 대한 과학적 원리와 작용기전은 명시하지 않았다. (그 당시 원고가 뜨거운 주입공기가 뜨거운 용광로를 구현한다는 그 작동 원리를 구체적으로 알지 못했던 것으로 판단된다.) 그리하여 피고가 명세서 기재방법이 자세하지 않아서 기술자들이 동일한 발명을 구현할 수 없다고 주장했다.

법원은 특허받은 용광로의 실질적인 작용기전에 대하여 알았던 것과 몰랐던 것이 특허 취득에 영향을 미치는지에 대하여 검토했다. 결국 법원은 특허발명에 적용된 자연과학적 원리를 알고 발명을 했는지는 발명성(inventiveness)에 영향을 미치지 않는다고 판시했다. 즉 발명자가 발명을 하면서 소위 선행기술(prior art)을 알았어야 하는지 여부인데, 선행기술을 알지 못하더라도 그 기술은 선행기술로 존재하고, 발명성이나 신규성에 영향을 미친다.

(5) 사무엘 모스(Samuel Morse)의 전신기 특허 명세서

제임스 와트나 제임스 넬슨의 특허발명의 명세서와 같이 광범위한 특허청구범위를 기재하는 방법은 제동이 걸린다.

1854년 O'Reilly v. Morse 사건에서 미국 연방대법원은 추상적 아이디어는 그것을 이용한 결과와 관련없이 특허를 받을 수 없다고 판시했다. 모스 부호를 개발한 사무엘 모스(Samuel Morse)의 전신기술발명(IMPROVEMENT IN THE MODE OF COMMUNICATING INFORMATION BY SIGNALS BY THE APPLICATION OF ELECTROMAGNETISM)에 대하여 다음과 같은 내용으로 자신의 발명을 특허청구했다:

> do not propose to limit myself to the specific machinery or parts of machinery described in the foregoing specification and claims; the essence of my invention being the use of the motive power of the electric or galvanic current, which I call electro-magnetism, however developed for marking or printing intelligible

characters, signs, or letters, at any distances....[53]

↘ 앞서 기술한 명세서 및 청구항에 기술된 특정 기계 또는 기계 부품에 제한을 두지 않는다. 제 발명의 본질은 전자기력이라고 부르는 전기 또는 갈바닉 전류의 동력을 사용하는 것으로 어느 곳에서나 알 수 있는 문자, 기호 또는 글자를 표시하거나 표시하기 위해 개발되었다.

19세기에는 전기의 전압과 전류를 일정하게 유지하는 기술이 없었으므로 장거리 송신에는 전류가 처음에는 아무리 강하더라도 전선을 따라 전류가 전진하면서 저항으로 인한 전류 손실이 발생했고, 전류는 점차 약해졌다. 이에 전류가 일정 거리를 이동한 후에는 기계적인 효과를 낼 만큼 강하지 않았다.

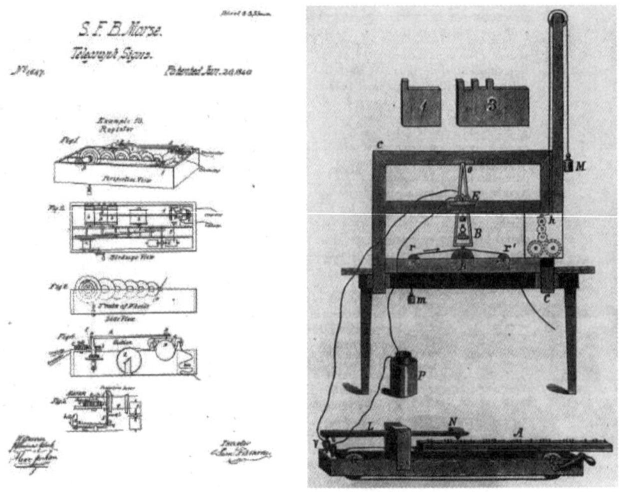

[사무엘 모스의 전신기]

사무엘 모스(Samuel Morse)는 긴 전기 회로에서 감소된 전자기력을 극복하기 위해 두 개 이상의 전기 또는 갈바니 회로를 독립한 배터리와 결합하는 발명을 착상했다. 모스의 발명품은 1832년 유럽에서 돌아오는 배에서 착상되었다. 모스는 리피터 또는 릴레이라고 하는 증폭 장치를 15마일에서 20마일 사이에 설치하여 처음 송전한 전류가 일정하게 유지하도록 했다. 이러한 그의 장치는 전기신호가 장거리를 이동하도록 하

53) O'Reilly v. Morse, 56 U.S. 62, 112 (1853)

였고 이전에는 그와 같은 장치가 없어서 전신 부호를 장거리로 송출을 하지 못했으나, 그의 발명으로 인해 장거리 송신도 가능하게 되었다. 그는 1835년에 실험 라인을 설치했고, 1838년 10월 30일 프랑스 특허를 취득했다. 1840년 6월 20일 모스는 첫 번째 미국 특허(No. 1647)를 취득했다. 1844년 미국 의회는 30,000달러의 건설비용을 승인하여 볼티모어에서 워싱턴까지 전신회선을 구축했다. 1844년 5월 24일 그의 발명은 성공했다. 그의 전신기를 통하여 "What Hath God Wrought?"(하나님께서 무슨 일을 하셨습니까?)라는 그 유명한 메시지가 전송되었다.

모스의 그 유명한 특허청구항 8항은 다음과 같다.

> Eighth. I do not propose to limit myself to the specific machinery or parts of machinery described in the foregoing specification and claims; the essence of my invention being the use of the motive power of the electric or galvanic current, which I call electro-magnetism, however developed for marking or printing intelligible characters, signs, or letters, at any distances, being a new application of that power of which I claim to be the first inventor or discoverer.
>
> ↳ 여덟 번째. 나는 앞의 명세서와 청구범위에 기술한 특정한 기계와 기계의 부품의 사양에 내 자신을 한정할 의도가 없다; 나의 발명의 본질은 내가 전자기라고 부르는 전기 또는 갈바니 전류의 원동력을 사용하는 것으로 내가 최초의 발명자 또는 발견자로 부르는 그 전자기력을 새로이 적용한 것으로 장거리에서 인지할 수 있는 문자, 신호 또는 단어를 표시하거나 인쇄할 수 있는 발명.

연방대법원은 위와 같은 특허청구는 전기력을 이용한 아이디어를 모두 포함할 수 있는 너무 광범위하여 특허를 인정할 수 없다고 판시했다. 모스의 아이디어는 특정한 기술이나 방법과는 거리가 먼 전기력을 이용한 의사의 전달장치에 관한 모든 아이디어를 포함하는 것이었다. 이는 구체적인 유용성(specific utility)이 아닌 추상적 유용성(general utility)으로 모든 특허를 취득하겠다는 의도와 같다. 현재 사용되는 LCD나 LED도 전기력으로 표시되는 것이므로 모스의 특허에 포함될 것이다. 또한 이러한 생각은 기차나 선박의 증기력(steam power)을 독점하는 것과 차이가 없을 것이다. 증기력을 이용한 선박추진장치는 증기력을 이용하여 추진되는 선박을 모두 포함하게 된다.

그리하여 연방대법관 Roger B. Taney는 모스가 원동력이 전기 또는 갈바니(galvani) 전류이고 그 결과 장거리에서 인지할 수 있는 문자, 기호 또는 문자를 표시하거나 인쇄하는 모든 발명에 대한 독점권을 주장하지만, 전자기력을 작동하여 전신 부호를 송신하는데 필요한 기계는 매우 높은 최고 수준의 전기기계 기술이 필요하고 모스는 전자기력이 통과하는 기계나 기계적 장치의 형태에 관계없이 전기 또는 갈바니 전류가 항상 장거리에서 작동된다는 것을 발견한 것은 아니므로 모스가 특허청구한 기계를 발명하지 못했다고 판시했다.

즉 모스의 특허청구항은 너무 광범위하여 '장거리에 전자기 신호를 송신할 수 있는 기계'를 모두 포함한 것이다. 그가 발명한 것은 전기신호를 증폭하기 위해 특정한 방식으로 작동하는 릴레이 또는 리피터를 발명한 것이므로 그와 같은 특정한 작동방식으로 한정되는 발명이어야 한다는 취지이다. 왜냐하면, 전기가 멀리 가는 것은 그 당시에 알려져 있었다. 다만, 그는 특정한 기계를 이용하여 그 전기 신호를 증폭한 것일 뿐이다. 만일 그의 특허청구항이 유효하다면, 전기력의 장거리 송신은, 그 송신 방법 여하를 불문하고, 모스가 특허로 독점하게 될 것이다.

본 사건 판결은 최근의 컴퓨터 프로그램 발명 등에서 문제되는 추상적 아이디어에 대하여 특허청구를 제한하는 역할을 하였다. 추상적 아이디어는 이를 구체적으로 적용한 것에 대하여만 특허를 받을 수 있다는 법리로 발전해 왔다.

라. 명세서 제도에 대한 평가

발명은 자연법칙, 자연현상, 또는 추상적 아이디어가 아닌 그것들을 이용한 결과이다. 명세서에도 자연법칙을 이용한 결과를 구체적으로 기재하여야 한다. 법원은 자연법칙, 자연현상 또는 추상적 아이디어는 자연의 산물(natural products)로서 이를 발견하는 것은 특허받을 수 있는 발명의 대상에서 제외하였는데, 이를 '사법적 예외'(the judicial exceptions)라고 한다. 나아가 미국 법원은 자연법칙, 자연현상 또는 추상적 아이디어를 이용한 발명으로서 특허를 받을 수 있는지 여부를 판단하기 위한 방법을 발전시켰다. 미국 연방대법원은 이러한 '사법적 예외'가 적용되는 범위가 좁더라도 특허는 자연법칙 또는 자연현상 등을 선점할 수 없다고 판결했다. 즉 특허청구범위의 문제가 아니라 자연법칙이나 자연현상 등은 특허대상이 아니라는 취지이다. 만일 사법적 예외에 해당하는 것을 특허독점을 인정한다면, 인류의 기술발전은 기대할 수 없다. 모든 발명은 특허를 받을 수 없는 사법적 예외를 포함하고 있기 때문이다.

명세서의 기능은 발명을 명확히 하여 발명성과 특허성 여부를 판단할 수 있게 하고, 특허받은 기술을 명확히 함으로써 경쟁자들이 특허침해를 회피하여 경쟁기술을 발전시킬 수 있도록 하였다. 명세서 기재방법은 지속적으로 발전해왔고, 명세서는 특허제도와 특허제도를 통한 기술발전의 기본적인 요건이라고 할 수 있다.

제2절

인간의 표현의 자유[54)]

1. 정치적 표현의 자유와 저작권

가. 저작권의 본질: 출판권(copyist's right)과 저작권(author's right)

영어의 copyright라는 용어는 저작권으로 불리고 있지만 실제로는 출판권에 가까운 용어이다. 그 대신에 임마누엘 칸트에 의해 사용된 author's right가 현재 사용하고 있는 저작권에 더 적합한 용어이다. copyer(copier)는 출판(publishing)하거나 복사(copy)하는 사람의 의미일 뿐 어떤 사상감정을 표현하는 사람은 아니다. 현재는 복사하는 기계의 의미일 뿐이다.

그와 같은 용어 차이가 발생한 것은 저작권법의 역사적 형성 과정을 살펴볼 필요가 있다. 실제로 저작권(copyright)이라는 용어가 등장하기 시작한 것은 구텐베르크가 활자인쇄술을 개발한 이후라고 할 수 있다. 그 전에는 필사(筆寫)를 하는 것이 대부분의 출판 방법이었다고 할 수 있다. 독일의 구텐베르크가 활자인쇄술을 개발한 이후, 그 인쇄술이 보급이 되었고, 활자인쇄술에 의해 도서의 복제(reprint)가 수월해졌다.

출판에 관한 권리와 저술에 관한 권리는 두가지가 병존할 수 있지만, 인쇄술이 보편화되던 초기에는 그러하지 않았다. 저술에 관한 권리는 자연법과 커먼로 법리에 의

54) 본 부분은 사법발전재단에서 간행하는 학술지인 '사법'에 게재를 위해 2025. 2. 현재 게재가능여부를 심사중인 논문에 있는 '서문'의 내용이 논리적으로 필요하여, 먼저 발췌하여 본 저술에 맞게 수정한 내용으로, 추후 사법지에 논문 전문이 게재될 예정으로 있음을 주지하고자 한다.

하면 그것을 저술한 사람의 권리이었다. 또한 저술을 필사하거나 복제하는 것은 많은 노력이 들어가는 일이었다. 그리하여 그러한 노력에 권리를 인정하는 주장(the Sweat of Brow School)과 창작에서 그 권리를 인정하는 주장(Creative Original school)이 존재한다.

나. the Sweat of Brow School: 독창성(originality)

저작권의 기초가 되는 창작이 되기 위해서는 어떤 노력이 있으면 충분하다고 본다. 예컨대 전화번호부와 같은 사실을 수집하여 배열한 편집저작물이더라도 저작권으로 보호할 수 있는 독창성(originality)을 인정할 수 있다고 본다. 즉 타인의 노력을 복제한 것이 아니라 스스로 그와 같은 배열을 했다면 저작권의 기초가 되는 독창성이 있고, 독창성에 대하여 저작권으로 보호할 수 있다고 한다.

본 견해가 근거하는 철학은 존 로크의 노동가치론(labor value theory)이기는 하지만, 도덕적 공리주의에서도 기원한다. 특히 로크의 견해에서 출발하는 'Labor Desert Theory'의 경우에는 노동은 불유쾌한 일이므로 노동을 하여 어떤 가치 있는 것을 창조하거나 창작했다면 이를 보호할 충분한 도덕적 근거가 있다고 본다.[55] 이러한 'Labor Desert Theory'와 관련되어 있는 공리주의가 18세기 초반의 영국 공리주의자들에게 나타나는 도덕적 공리주의(Theological Utilitarian)이다. 공리주의는 최대다수의 최대행복이라는 결과에 존재하는 것이기 때문에 공리주의를 결과주의라고 한다. 공리주의가 신학적, 비신학적 기초에 근거하는 것에 상관없이 공리주의적 정당성은 결과의 가치를 가장 중요시한다.

그러나 초기 공리주의에서는 공리주의적 정당성, 즉 최대다수의 최대행복은 신이 요구하는 도덕적 의무로 이해한다. 그리하여 인간이 도덕적이라면 사회전체의 행복을 증진시켜야 할 도덕적 의무가 있다. 또한 이러한 최대다수의 최대행복이라는 도덕적 의무는 신의 의지와도 부합한다. 그러나 18세기 후반 제레미 벤담의 경우에는 최대다수의 최대행복을 신의 명령이나 도덕적 의무로부터 분리하였다. 특히 벤담은 창작을

55) Wheaton v. Peters, 33 U.S. 591 (1834).

보호하는 것에 정당성을 인정했다.

'이마의 땀'(the Sweat of Brow doctrine) 이론은 그 사람 스스로 노력하여 얻은 것이라면 그에게 저작권이 있다는 것이므로 칸트나 헤겔의 인격이론에도 부합하는 면이 있다. 즉 개성(personality)이란 창작적인 것보다는 그 사람의 개성이 체화된 것이지가 문제되는 것이므로 그 사람으로부터 기원된다는 개성의 존재(originality)가 중요하다. 따라서 창작성이 많을 것을 요구하는 것 보다는 그로부터 기원하는 것이 중요하다. 그리하여 독일의 개념은 작은 동전과 같은 적은 가치의 창작이라도 저작물로서 인정할 수 있다는 '작은 동전론'(Kleine Münze)을 발전시켰다.

그러나 복제만을 한 경우에는 커먼로상으로는 저작권을 인정하지 않는다. 이는 단순한 복제일 뿐 어떤 저작자로서의 노력의 결과가 아니기 때문이다. 이러한 법리는 과거 6세기의 필사에 관한 사례에서 유래되어 커먼로상의 원칙으로 확립되었고, 현재에도 같은 법리가 유지되고 있다. 6세기 영국의 아일랜드에서는 비밀자료와 저작물에 대한 권리가 함께 문제된 사례가 존재한다.[56] 성(聖) 컬럼비아(Columbia)는 아일랜드의 선교사이자 아일랜드의 12사도 중의 한 사람이었다. 그는 공부를 매우 열심히 하여 죽을 때까지 300권의 책을 저술한 것으로 알려져 있다.[57] 그는 아일랜드의 클로나리(Clonary/Conard)에 위치한 클로나리 아비(Clonary Abbey/Clonard Abbey)의 성(聖) 피니안(Finnian, 470-549)의 제자가 되었다. 클로나리의 피니안은 클로나리 수도원을 세운 것으로 알려져 있다.

서기 567년 그는 피니안(Finnian)으로 부터 최초로 아일랜드로 수입된 라틴 성서인 Vulgate를 빌려, 피니안으로부터 허락 받지 않은 채 시편(psalter)을 복제하였다. 이에 피니안이 그에게 그 복제본을 이전하여 달라고 요구하였지만 그가 거절하였다. 이에 피니안은 아일랜드의 왕이었던 Diarmait mac Cerbaill (545-565/8)에게 중재를 부탁했다. 그 왕은 원본과 복제본은 같은 것으로서 피니안의 소유라고 판단하면서 다음과 같이 언급했다:

56) 이하 'Finnian v. Columbia' 사건은 본인의, 영업비밀보호법의 철학적 규범적 토대와 현대적 적용, 98 면에서 발췌하여 수정, 보완함. 본 커먼로의 소유권원칙은 John Locke, Second Treatise of Government, §27 에도 언급되어 있다.

57) Suehle Ruth, "The Story of St. Columba: A Modern Copyright Battle in Sixth Century Ireland", (https://opensource.com/law/11/6/story-st-columba-modern-copyright-battle-sixth-century-ireland)

To every cow her calf, and accordingly to every book its copy.[58)]

↘ 모든 암소는 송아지가 있고, 따라서 모든 책도 그것의 복제본이 있다.

위 사건(Finnian v. Columbia)은 비밀자료에 관한 것이기도 했지만 저작권에 관한 최초의 사건 사례라고 주장된다.[59)] 왕이었던 Diarmait mac Cerbaill은 모든 송아지는 암소[주인]의 것이듯이 책의 복제본은 그 책 원본의 주인의 것(To every cow her calf, and accordingly to every book its copy)이라고 판정했다. 이는 저작이 되어 있는 기록 매체의 소유에 관한 영구적인 권리를 인정하는 커먼로 저작권(Common law copyright)과 같은 권리로서, 커먼로상의 발명에 대한 권리와 저작권(common law copyright)의 기원으로 볼 수 있다. 물론 이는 자연법상의 법원칙이라고 할 수 있다. 따라서 칸트의 개성이론의 시초로도 볼 수 있다.

다만, 이러한 기록 매체에 대한 권리가 중세 유럽의 전역에서 인정되었던 보편적인 것은 아니었다.[60)] 1710년 앤여왕법(Statute of Anne 1710)은 복제자에게 저작권을 인정했다. 앤여왕법이 출판업자에게 저작권(copyright)를 부여한 것은 저술이나 창작의 법리를 채용한 것이 아니라 특허법리에 의해 출판업자에게 특권을 준 것에서 유래한다. 즉 현대의 저작권법과는 다른 개념이라고 할 수 있다.

우리나라의 경우, 방탄소년단의 사진집의 무단 발행사건이 문제되었다.[61)] 연예인들의 사진, 기사 등을 주요 내용으로 하는 잡지를 제작·판매하는 자(甲)가 연예인 매니지먼트, 음반 제작, 공연 기획 등 엔터테인먼트 사업을 하는 자(乙)의 허락 없이 그 회사 소속 유명 아이돌 그룹인 방탄소년단의 구성원들에 관한 화보집 등을 제작하여 위 잡지 특별판의 특별 부록으로 판매하려 하자, 乙이 현행 부정경쟁방지법상의 파목의 부정경쟁행위에 해당한다고 주장하면서 甲에게 그 화보집의 제작·배포 등의 금지 등을 구하는 가처분을 신청한 사안에서, 甲이 특별 부록을 제작·판매하는 행위는 공정한 상거래 관행이나 경쟁질서에 반하는 방법으로 자신의 영업을 위하여 乙의 성과 등을 무

58) Laurie Stearns, "Copy Wrong: Plagiarism, Process, Property, and the Law", 80 Cal. L. R. 513, 535 (1992).

59) Alexander Lindey, Plagiarism and Originality, Harper Publishing (1952), pp. 62-72; Christopher May, The Global Political Economy of Intellectual Property Rights: The New Enclosures?, Routledge (2020), p. 129도 있지만 이에 대하여 그 존재를 의심하는 반대의 견해도 있다. Brendan Scott, Copyright in a Frictionless World: Toward a Rhetoric of Responsibility, First Monday 6. no. 9. note 9.

60) Christopher May and Susan K. Sell, Intellectual Property Rights, a Critical History, ⊠Lynne Rienner Pub. (2006), p. 50.

61) 대법원 2020. 3. 26.자 2019마6525 결정.

단으로 사용하는 행위로서 위 파목의 부정경쟁행위에 해당한다고 판시했다.

그러나 본 사건에서 乙의 성과라고 하는 것은 결국 방탄소년단에게 발생한 '퍼블리시티'이거나 goodwill 등이라고 할 수 있을 것인데, 乙은 재무적으로 투자를 한 것에 불과하고 실제로 활동을 한 것은 방탄소년단이라고 할 수 있을 것이다. 결국 방탄소년단에게 발생한 '퍼블리시티'나 goodwill은 그것을 발생하게 한 방탄소년단의 것이라고 할 것이다. 예컨대 송아지는 그것을 나은 암소에게 속하는 것이고 그 암소는 결국 그 주인에게 속하는 것이다. 방탄소년단이 권리주체가 될 수 없는 것이 아니라면, 방탄소년단에게 발생한 퍼블리시티나 goodwill은 방탄소년단에게 귀속될 것이다. 이 사건의 경우에, 을이 방탄소년단의 주인이 아닌 이상 그가 방탄소년단의 퍼블리시티나 goodwill에 대한 권리자가 되는 법리가 불분명하다. 방탄소년단에게 투자한 소속사는 투자금에 대하여 물권적 권리를 가지는가? 방탄소년단에게 투자한 돈을 왜 세상사람들에게 청구하는가? 전혀 납득이 가지 않는 법리이다. 방탄소년단은 권리주체되지 못하는가? 소가 송아지에 대한 소유권을 행사못하는 것은 권리주체가 아닌 가축에 불과하기 때문이다. 방탄소년단의 소속사에게 권리를 인정한 본 대법원 판결의 법리는 절대로 유지되서는 안된다. 다만, 다른 원칙에 근거하여 소속사에 대한 이득분배를 부정하는 것은 아니다.

칸트나 헤겔에 있어서 저작물은 인간의 의식적인 창작이 중요시되지만, 로크의 노동이론은 노동의 결과물의 가치이다. 칸트나 헤겔의 개성이론에 의하면 무의식적인 행위의 결과는 창작성을 인정할 수 없지만, 로크의 노동이론에서는 극단적으로 무의식적인 행위의 결과라도 경제적 가치가 있다면 저작권을 인정할 수 있다는 결론에 이른다. 예컨대 아래에서 언급하는 영국의 1927년 Cummins v Bond 사건[62]은 무의식 중에 행한 행위에도 저작권을 인정할 수 있다는 법리를 인정했다. 그러나 독일은 아직 '작은 동전론'(Kleine Münze)을 유지하고 있고, 작은 동전이 되기 위해서는 자신 스스로 어떤 결정에 의한 결과물을 창작해야 한다. 스스로의 결정이 아닌 틀에 짜여진 순서나 기준 등에 따른 결과라면 창작물로 인정받지 못한다.

62) Cummins v. Bond [1927] 1 Ch 167.

다. Creative Original School: 창작성(creativity)

노동을 투입했다는 것만으로는 부족하고 저작권 보호가 되는 독창성(originality)은 창작성(creativity)이 있어야 충족된다고 한다. 최소한의 창작성은 저작권 보호의 임계점이 된다. 앞서 언급한 바와 같이 창작성은 공리주의에서 그 보호의 정당성의 기초가 된다. 무형물의 창작적 결과는 이를 보호하지 않으면 타인이 쉽게 복제할 수 있고, 그로 인하여 창작에 대한 동기부여(encourage)가 사라지므로 결국 새로운 창작물이 생산되지 않게 된다. 따라서 창작물을 보호해야 결국 최대다수의 최대행복을 달성할 수 있게 된다. 벽돌쌓기와 같은 노작(the Sweat of Brow)은 시장에서 그 가치에 의해서 보호되는 것으로 저작권과 같은 독점으로 보호할 공리성이 없다.

노력에 의한 결과물은 이를 불법으로 복제할 유인은 없다. 따라서 이를 보호할 필요가 없다. 왜냐하면, 동일한 노동을 투입해서 복제해야 하는 경우에는 복제할 유인도 적고 보호할 근거도 적다.

편집저작물은, 저작권을 인정하기 위해 창작성을 필요로 하므로, 편집저작물의 그 소재에 대하여는 편집자에게 어떤 저작권을 인정하지 않으므로 경쟁자는 동일한 소재를 자신의 표현이 가미된 형태로 배열을 하여 편집저작물로 인정받을 수 있다. 보통 데이터 베이스라고 하는 것이 이러한 형태가 많다. 물론 편집저작물의 소재가 되는 것에 대하여 저작자가 있을 경우에는 당연히 그 소재는 저작권으로 보호받는다. 예컨대 'Anthology'라고 부르는 도서는 저작물을 모아서 출판을 하기 때문에 각각의 소재가 되는 저작물에 대하여 저작자가 존재한다.

그리고 편집저작자가 소재를 상당한 노력을 통해 수집(gathering)한 경우에 경쟁자가 그 소재를 무단 복제하여 경쟁상품을 판매 등을 한다면 경쟁자는 타인의 상당한 노력의 결과를 무단으로 복제하는 것으로 부정경쟁방지법상 '파목의 부정경쟁행위'가 성립한다.[63)]

63) 부정경쟁방지 및 영업비밀보호에 관한 법률 제2조 제1호 파. "그 밖에 타인의 상당한 투자나 노력으로 만들어진 성과 등을 공정한 상거래 관행이나 경쟁질서에 반하는 방법으로 자신의 영업을 위하여 무단으로 사용함으로써 타인의 경제적 이익을 침해하는 행위"; International News Service v. Associated Press, 248 U.S. 215 (1918).

2. 존 로크의 노동가치설(labor value thoery)과 저작권

> 네가 흙으로 돌아갈 때까지 얼굴에 땀을 흘려야 먹을 것을 먹으리니 네가 그것에서 취함을 입었음이라 너는 흙이니 흙으로 돌아갈 것이니라 하시니라.
>
> (창세기 제3장 제19절)

가. 인간의 노동과 이마의 땀(the sweat of brow)

존 로크의 재산권 개념의 출발은 '인간의 노동'으로부터 시작된다. 로크의 재산권 철학은 로크가 활동하던 당시의 정치권력의 정치철학적 기반인 왕권신수설의 부정과 왕권신수설이 기반한 성경에 대한 존 로크의 재해석으로부터 시작되었다.

로크는 재산권의 가치를 신의 명령에 의한 인간의 노동의 가치에 대한 인간의 재산권 인정으로부터 찾았다. 노동이라는 행위를 통한 인간의 육체에 땀을 흘려 얻은 가치를 신성한 것으로 여겼다. 그리하여 신은 인간에게 땀을 흘려 얻은 가치에 대하여 인간의 안락함과 평온함을 위해 소비할 수 있도록 허락하였다. 이러한 신의 명령과 말씀은 성경 창세기 제3장 제19절에 있다.

이러한 법이론의 철학적 기반은 존 로크의 재산권 철학에 기반하는 영미법상의 소위 '이마의 땀'(the Sweat of Brow doctrine) 이론의 근간이 되었다. 이웃 독일의 철학이 낭만주의를 바탕으로 하여 근본적으로는 '인간주의'라는 점에서는 두 철학이 같다. 그러나 영미법상의 저작권 철학은 인간의 노동의 객관적 가치에 대한 재산권의 인정이라는 점에서, 본질적으로 인격이라는 주관적 개성을 저작권으로 본 독일과는 근본적으로 달랐다.

'이마의 땀'(the Sweat of Brow doctrine) 이론은 칸트나 헤겔의 저작권 철학에서 요구되는 개성(personality)을 요구하지 않는다. 노동을 했는지가 요구될 뿐이다. 그러나 칸트나 헤겔의 철학에서 요구하는 개성은 인간으로부터 발생했다는 것을 의미하므로 인간의 노동에 의한 결과라면 개성을 인정할 수 있다.

이마의 땀 이론은 공리주의 철학에서는 육체적 노동의 결과는 보호할 유인이 없기 때문에 수용되지 않는다. 다만, 비창작적이든 창작적이든 정신적 노동의 결과는 보호할 유인이 있다. 물론 로크도 노동의 결과의 소유에 대하여 그 노동의 결과를 만든 인간의 신체를 가진 사람의 소유라고 하였으므로 전적으로 객관적인 것은 아니다. 로크의 노동은 인간의 개성을 반영하고 있지만 재산으로 인정하는 노동의 결과는 신체 노동의 결과일 뿐 칸트와는 달리 개성을 중요시하지 않는다.

제레미 벤담(Jeremy Bentham)은 타인의 어떤 노력의 결과를 모방하기 위해서 원래의 노동과 동일한 노동이 필요한 경우와 그렇지 않은 경우를 구분했다. 전자의 경우에는 육체적 노동을 의미한다. 예컨대, 담장쌓기에 있어 타인의 벽돌 조적을 모방하여 벽돌을 이용하여 동일한 담을 쌓는 경우에 다른 벽돌공도 동일한 노동을 투입하여야 때문에 그 원래 담을 쌓은 노동자의 노동의 결과를 특허 등의 독점에 의해 추가적으로 보호할 필요가 없다. 그러나 정신적 노동의 결과와 같은 경우, 예컨대 아이디어의 발명이나 저작물의 창작에는 원래의 노동의 결과를 창출하기 위해서는 많은 노동이 필요하지만 이를 모방하는데는 같은 노동을 투입할 필요가 없다. 따라서 특허 등으로 보호하지 않으면 그 사회에는 새로운 지식을 창출하려는 사람이 없을 것이다. 벤담은 지식의 예를 들어 지식이나 아이디어를 창작하기 위해서는 많은 노력이 필요하지만 이를 모방하는데는 노력이 필요없다고 하고 있다.

제레미 벤담은 그와 같은 상황을 다음과 같이 주장했다.

> Mere labour, exclusive of skill, cannot be copied without equal labour: of mere labour no one therefore can have the benefit but the particular individual at whose expense (sic), or on account of whom, it is exerted. Of skill, on the other hand, it is the property to be capable of being indefinitely imbibed and diffused and that without any exertion of mental labour comparable to that, at the expense of which it was acquired. Of skill, therefore, it is the property that, the benefit derivable from it, unless effectual measures can be taken and are taken for confining it, may and naturally will be reaped by all persons concerned in any of the businesses to which such skill is capable of being applied; and, thereby, to the thousand of the millions into whose possession it is come without any expense, as well as to the individual at whose sole expense it has been acquired.[64)]
>
> ↘ 기술을 배제한 단순한 노동은 동등한 노동 없이는 복제될 수 없다. 그러므로 단순한 노동의 경우에는 노동을 한 사람 또는 그 노동에 대한 비용을 지불한 특정인이 아니

64) Werner Stark, Jeremy Bentham's Economic Writings, vol. 1.[1795], Allen & Unwin (1952), p. 260.

라면 어느 누구도 노동으로부터 이익을 얻을 수 없다. 그러나 기술은 육체적 노동과 비교하여 어떤 정신적 노동을 함이 없이, 취득하기 위해 비용을 지불한 것에 의하여 무한정 이익을 취득하고 복제 확산될 수 있는 재산이다. 따라서 기술은 효과적인 조치를 취하고 이를 제한하기 위한 조치를 취하지 않는 한 그 기술에서 파생되는 이익은 해당 기술을 사용하는 모든 사업에 관련된 모든 사람에게; 그리고, 따라서, 아무런 비용을 지불하지 않은 그 기술을 점유하는 수십억명 뿐만 아니라 기술을 얻기 위해 비용을 지출한 개인에게도 자연스럽게 취득될 수 있는 재산이다.

벤담은 육체적 노작(勞作)과 지적 창작(創作)을 구별했다. 전자는 동일한 육체적 노동이 필요하기 때문에 이를 지적재산권으로 보호하지 않아도 복제로부터 자유로울 수 있지만, 지적 창작은 아무런 노력없이 쉽게 복제될 수 있으므로 이를 지적재산권으로 보호하지 않는다면 어느 누구도 지적창작을 하는 노력을 하지 않을 것이고, 결국은 사회 전체의 지적 창작물의 감소로 이뤄진다. 따라서 지적 노동의 결과에 대하여는 지적재산권으로 보호하여야 하는 정당성이 존재한다. 데이터베이스와 같은 편집에 의해 이뤄지는 노동의 결과는 이를 보호하지 않으면 쉽게 복제할 수 있으므로 어느 누구도 그와 같은 노동을 하려고 하지 않을 것이므로 보호할 유인이 있다. 저작권법의 주된 목적은 대중을 대상으로 예술 및 문학 작품을 홍보하고 보호하는 것이다. 이는 사실의 편집이 일반인의 인식과 지식을 습득하는데 도움을 주고 그 지식을 확산시키기 때문에 사회에 유익하다. 사실(facts)의 수집(gathering)과 편집(compiling)이라도 사회적 이익과 관련하여 가치가 있으므로 보호되어야 할 정당성이 있다. 다만 그 법률적 보호방법에 있어 차이가 발생할 수 있다.

그러나 '이마의 땀'(the Sweat of Brow doctrine) 이론은 제레미 벤담의 논거와 일부 공유하지만, 기본적으로는 다른 입장이다. 땀흘린 노동의 결과는 그것의 성질이 어떠하든 보호되어야 한다. 저작이 담긴 원고(manuscript)는 유체물이다. 그 유체물을 생산한 사람, 즉 저작의 재산권이다. '이마의 땀' 이론은 성경 창세기 제3장 제19절과 존 로크의 노동가치론에 근거한다. 다만 존 로크는 지적창작을 보호하지 않아야 한다는 근거를 제시한 것이 아니다. 로크는 단지 유체물에 대한 재산권의 정당성을 언급했을 뿐이고, 지적창작에 대한 재산권의 정당성을 논하지 않았을 뿐이다. 즉 로크의 재산권 철학은 육체적 노작(勞作) 뿐만 아니라 지적 창작(創作)에 대하여도 재산권의 정당성을 제시한다.

타인이 저작물을 모방하더라도 모방하는데 원저작물과 같은 정도가 아닌 정도의 노력이 들더라도, 이를 저작물로 보호한다. 왜냐하면 모방하는데도 많은 노력이 투입되기 때문이다. 또한 사실의 수집(compilation)도 저작물로 보호한다. 지도나 도표 등에 대하여도 저작권을 인정한다. 칸트가 지도나 도표, 미술품 등에 대하여 인간의 개성이나 생각의 대중에 대한 소통이 없다는 이유로 저작권을 인정하지 않는 것과 대비된다.

로크의 철학을 바탕으로 주장되는 'Labor Desert Theory'도 기본적으로 사회적으로 가치있는 노동의 결과에 대하여 재산권을 인정한다. 노동은 기본적으로 유쾌하지 않는 행위이므로 유쾌하지 않은 노동을 한 사람을 그 자신이 이룬 가치있는 결과에 대하여 재산권을 취득하는 것이 타당하기 때문이다. 그러한 측면에서 Labor Desert Theory는 '이마의 땀'(the Sweat of Brow doctrine) 이론에 대한 정당성을 제시한다.

미국과 영국의 이마의 땀이론에 대응하는 독일의 이론이 '작은 동전론'(Kleine Münze)이다. 작은 동전론은 저작권 보호가 되는 저작물은 그 창작성이 많은 저작물이 아니라고 하더라도 가치가 작은 저작물, 즉 작은 동전에 해당되더라도 동전으로서의 가치가 있듯이, 창작성이 낮은 저작물도 저작물로서 보호된다는 이론이다. 이는 미국과 영국의 이마의 땀이론에 대응하는 독일의 이론이다. 작은 동전론은 1879년 오스트리아의 변호사이자 재무부장관을 지낸 Emil Wilhelm Steinbach가 Carey를 인용하면서 주장한 것이 최초의 기록이다.[65]

나. 전화번호의 수집과 '이마의 땀' (the sweat of brow)

1922년 미국의 제2순회법원은 Jeweler's Circular Publishing Co. v. Keystone Publishing Co. 사건[66]에서 마을의 거리를 다니며 주민 각자의 이름과 직업, 거리 번호

65) Emil W. Steinbach, Das Wesen der Urheberrechte nach der deutschen Gesetzgebung. In: Juristische Blätter. VIII. Jahrgang, Nr. 34, 24. August 1879, S. 422 (eingeschränkte Vorschau in der Google-Buchsuche [abgerufen am 7. Juni 2024]).([S]o fühlt man sich fast versucht, Carey beizustimmen, der immer wieder darauf hinweist, daß der Autorenschutz weniger den Autoren und Gelehrten ersten Ranges, als vielmehr denjenigen Schriftstellern zu Gute komme, welche schon vorhandene Ideen verwerthen und gleichsam in kleine Münze umprägen....) (번역: 저자 보호는 일류 작가와 학자보다는 기존 아이디어를 활용하고 이를 작은 동전으로 전환하는 작가에게 더 많은 혜택을 준다는 점을 반복적으로 지적하는 Carey의 말에 동의하고자 한다....)

66) Jeweler's Circular Publishing Co. v. Keystone Publishing Co., 281 F. 83 (CA2 1922), cert. denied, 259 U.S. 581 (1922).

를 적어 놓은 사람은 자신이 기록한 기록에 대하여 저작권을 취득한다고 판시했다. 그와 같은 노력을 하는데는 많은 이마의 땀이 필요하고 고통이 따르기 때문이다.

본 사건은 '보석 및 보석류 거래의 상표'("Trade-Marks of the Jewelry and Kindred Trades")라는 제목의 편집물에 대해 저작권 침해를 주장하면서 제기된 사건이다. 1915년 2월 15일 원고는 위 편집물에 대하여 저작권 등록번호 391,804의 저작권을 가지게 되었다.

1920년 10월에 출판된 'The Jewelers' Index'라는 제목의 피고 출판물이 원고의 저작권을 침해했다고 주장했다. 원고의 출판물은 일반적으로 한 부당 5달러의 가격으로 수천부가 보석류업 및 동종 업계에 판매되는데 피고의 출판물은 무료로 제공되었다. 피고의 출판물 표지에는 "본 인덱스는 판매된 것이 아니라 대여된 것입니다. 이 책은 Keystone Publishing Company의 자산으로 남아 있으며 새 판을 받으려면 반환해야 합니다."라고 기재되어 있었다.

피고의 출판물의 원고 분량은 610페이지로 326페이지에 불과한 원고의 책보다 그 양이 많았다. 이러한 상황은 피고의 출판물이 원고의 출판물 시장을 대체하여 원고의 출판물은 그 시장가치를 잃게 됨이 분명했다. 그리하여 원고는 피고가 원고의 출판물 판매를 방해하고 새로운 보정판(new supplements edition)이나 새 판(new edition)의 출판시장을 파괴할 뿐만 아니라 원고가 반세기 넘는 동안 쌓아온 원고의 명성(good will and reputation)을 회복할 수 없을 정도로 손상시킬 것이라고 주장했다. 그러나 이러한 주장은 불공정경쟁행위를 주장하는 것이지만, 주어진 사실관계에서 피고는 자유경쟁을 위해 노력한 것일 수 있다. 즉 불공정경쟁이 발생하지 않을 수 있다.

다만 현대의 지적재산권법리에 의해서는 피고의 출판물이 원고의 출판물을 그대로 가져다 사용한 것은 프랑스에서 발전한 불공정경쟁법리인 부정취득이용(misappropriation)으로서, 커먼로 국가인 미국에서 불공정경쟁행위가 성립하는지가 문제될 뿐이다. 그러나 1920년 경 미국에서 부정취득이용이 불공정경쟁행위로 인정되기에는 그 법리적 근거가 부족했다. 물론 1918년 INS v. AP 사건에서 미국 연방대법원이 뉴스를 취재하여 회원사에게 제공하는 통신사 사이의 저작권으로 보호되지 않는 뉴스에 대하여, 투자한 노력과 비용을 회수할 기회를 부여하기 위해 '이마의 땀'(the Sweat of Brow doctrine) 이론에 근거한 부정취득이용을 인정했지만 부정취득이용의 법리는 사칭모용행위(palming off)를 중심으로 구성되어 있는 영미법상의 불공정경쟁행위로 수용되기에는 그 법리적 토대가 부족했다.

원고는 피고가 'The Jewelers' Index'라는 제목의 책을 준비하고 이를 편집 인쇄하면서 자신의 책의 내용을 가져가 불법 복제하여 원고의 책을 작성하는데 투입된 원고의 노력과 비용을 부당하게 취득하여 사용했다고 주장했다. 피고의 책의 많은 부분은 원고 책의 대부분을 가져가고 단순한 편집 작업을 통해 원고의 책의 내용을 대체했지만, 이는 단순히 원고의 책을 내용을 피고가 작성한 것처럼 기망적으로 오인시켰다고 주장했다. 즉 불공정경쟁법(우리나라로는 부정경쟁방지법)상 상품주체사칭행위(palming off/passing off)를 하였다고 주장했다.

피고는 자신의 책이 원고의 책의 내용을 가져다 작성되었다는 점을 부인했다. 피고는 원고의 저작물에 투입된 원고의 노동, 자본의 투자 결과를 부당하게 사용하거나 도용했다는 점을 부인하고, 그러한 결과를 출판물에 포함시켰다는 사실도 부인하며, 그 출판물이 어느 정도 원고의 책을 이용한 결과라는 사실도 부인했다.

그러나 최근의 디지털 기술에 의한 복제 등은 노력이 투입되지 않기 때문에 '얼굴에 땀'을 흘리지 않으므로 '이마의 땀'(the Sweat of Brow doctrine) 이론에 의해 보호할 정당성은 존재하지 않는다. 나아가 '이마의 땀' 이론은 불공정경쟁법상의 부정취득사용(misappropriation)에 대한 정당성을 제시한다. 부정취득사용(misappropriation)은 우리나라 부정경쟁방지법 제2조 제1호 파목의 부정경쟁행위로 입법화 되어 있는데, 타인이 땀을 흘려 얻은 수확물을 아무런 노력없이 가져가는 부당한 행위이다. 즉 파목의 부정경쟁행위는 '이마의 땀' 이론에 의하여 타인이 노력의 결과물에 대한 부당취득행위로부터 보호하는 이론이다.

법원은 목록부(directory)는 영국에서 저작권 보호가 부인되지만, 미국에서는 여전히 저작물로서 보호된다는 점을 지적하면서 다수의 선결례를 인용했다. 나아가 홈즈(Holmes) 대법관이 목록을 저작권 보호대상이라고 지적한 점을 언급하면서 1909년 미국저작권법상 "Books, including composite and cyclopedic works, directories, gazetteers, and other compilations."라는 조문에는 명시적으로 'directories'가 언급되었음을 강조했다.

법원은

The right to copyright a book upon which one has expended labor in its preparation does not depend on whether the materials which he has collected consist or not of matters which are *publici juris*, or whether such materials show literary skill or originality, either in thought or in language, or anything more than industrious collection. The man who goes through the streets of a town and puts down the names of each of the inhabitants, with their occupations and their street number, acquires material of which he is the author. He produces by his labor a meritorious composition, in which he may obtain copyright, and thus obtain the exclusive right of multiplying copies of his work.[67)]

↳ 사람이 노력하여 준비한 책에 대한 저작권은 그가 수집한 자료가 공공의 재산(publici juris)으로 구성되어 있는지 여부, 또는 그러한 자료가 사상이나 언어에서 문학적 재능이나 독창성(originality)이 있는지 또는 부지런한 노력에 의한 수집 이상의 것인지 여부에 달려 있지 않다. 마을의 거리를 다니며 주민 각자의 이름과 직업, 거리 번호를 수집하여 기록한 사람은 그 기록에 대한 저자(the author)이다. 그는 자신의 노동을 통해 저작권을 취득한 훌륭한 작품을 생산하여 자신의 작업을 다수로 복제할 수 있는 독점권을 취득한다.

라고 판시하여, 노력과 노동으로 얻은 결과(the Sweat of Brow works)는 저작권으로 보호받는다고 하였다.

최근까지 미국의 다수의 법원은 저작권법은 '이마의 땀'(the Sweat of Brow doctrine) 이론에 근거하여 저작물을 보호해왔다. 그러나 일부 법원(예컨대, 제5, 9, 11항소법원. 과거에는 이마의 땀이론에서 창작성을 요구하는 것으로 변경한 법원도 있다.)은 '이마의 땀'이론을 채택하지 않고 창작적 결과만이 저작권으로 보호받는 편집물이 될 수 있다고 판시하여 오고 있었다.[68)]

1985년 Southern Bell Telephone v. Associated Telephone 사건에서 원고의 애틀랜타시 전화번호부가 저작권으로 보호되어야 하는지 여부에 대하여 제2순회법원은 다음과 같이 판시했다.

67) Jeweler's Circular Publishing Co. v. Keystone Publishing Co., 281 F. 83, 88 (CA2 1922).

68) Miller v. Universal Studios, Inc., 650 F.2d 1365 (5th Cir. 1981); Harper House, Inc. v. Thomas Nelson, Inc., 889 F.2d 197 (9th Cir. 1989); Worth v. Selchow & Righter Co., 827 F.2d 569 (9th Cir. 1987); Southern Bell Telephone v. Associated Telephone, 756 F.2d 801, 809 (11th Cir. 1985).

> The ability to copyright a compilation does not depend on whether the individual items are themselves capable of being copyrighted; rather, a compilation is capable of being copyrighted even where it merely consists of a selection or arrangement of "facts" which individually would not be copyrightable [but] the originality involved in the selection and/or arrangement of such facts is sufficient to constitute the resulting compilation of protectible literary work.[69]
>
> ↘ 편집물에 대한 저작권이 인정될지는 편집물의 구성하는 개별 항목 자체가 저작권 보호를 받을 수 있는지 여부에 좌우되지 않는다. 오히려 편집물은 그 소재 개별적으로는 저작권이 부여되지 않는 "사실"의 선택 또는 배열로만 구성된 경우에도 저작권이 보호될 수 있지만, 그러한 사실의 선택 및/또는 배열에 포함된 독창성은 저작권으로 보호될 수 있는 문학 작품의 편집결과를 구성하기에 충분하다.

이러한 입장은 법리적으로 독창성(the originality)을 요구하고 있다. 이러한 법리는 제2순회법원이 취해오던 입장을 그대로 유지한 것이다. 편집저작물도 어떤 독창성이 존재하기 때문에 저작권으로 보호받는다는 점을 강조한 것이다. 이러한 미국법원의 입장은 적은 창작성으로도 충분하다는 것으로서, 독일의 작은 동전론(Kleine Münze)과 같은 입장이라고 할 수 있다. 만일 편집저작물에 독창성이 없다면 저작물로 보호받지 못할 것이다. 법원은 연구자의 이마에 땀을 흘려 얻은 정보의 보호는 불공정 경쟁이론 하에서 더 잘 보장될 것이라고 판시했다.

이러한 불공정경쟁법리로 보호될 수 있다는 판시는 샌드라 오코너 대법관이 판결을 쓴 1991년 연방대법원의 Feist v. Rural 사건 판결에서 수용된다. 1991년 Feist v. Rural 사건에서 '이마의 땀'(the Sweat of Brow doctrine) 이론을 포기하여 창작적 노동이론(Creative Original School)을 수용했다고 평가된다. 이는 기존이 존 로크의 노동가치론에 칸트의 저작권 철학을 좀 더 수용한 것으로 볼 수 있다. 위 판결에서 미국 연방대법원은 단순한 사실(전화번호)을 수집한 것은 독창적인 창작(originality)에 의한 것이 아닌 것으로 간주되므로 이를 수집하는 데 많은 노력이 필요하더라도 저작권으로 보호되지 않는다고 판시했다. 전화번호를 수집하여 이를 임의의 순서로 배열한 것은 어느 정도 독창적일 수 있지만, 알파벳순이나 연대순으로 배열한 것과 같이 '간단하고 명백'한

69) Southern Bell Telephone v. Associated Telephone, 756 F.2d 801, 809 (11th Cir. 1985)(quoting Nimmer, §2.04[B] 2-41 to 2-42 n.16).

경우에는 저작권법으로 보호받을 수 있을 만큼 창작적이지 않다고 판결했다. 이는 특허법에서 'put a new button into an old coat'의 법리를 수용한 것으로 볼 수 있다.

다. 영국에서의 로크의 노동가치론과 '이마의 땀' 이론

같은 커먼로 국가인 영국도 '이마의 땀'(the Sweat of Brow doctrine) 이론에 근거하여 저작권법 체계를 구축하였다. 1900년 Walter v. Lane 사건[70]에서 House of Lords는 피고가 원고가 수집하여 출판한 Earl of Rosebery의 연설문집을 요약하고 편집하였는데, 1842년 영국 저작권법상 연설문을 단지 수집하여 출판한 원고를 저자로 볼 수 있으므로 저작권으로 보호받는다고 판시했다. 1916년 University of London Press Ltd v. University Tutorial Press Ltd. 사건[71]에서 통상적으로 출제되는 수학시험문제는 저작권으로 보호받는 저작물이라고 판시했다. 결과적으로, 비록 창작적인 노력이나 창작물이 아님에도 불구하고 저자의 기술, 노력, 판단력은 논문을 독창적인 저작물로 인정할 수 있다는 존 로크의 철학과 이에 기초한 법 논리에 기인했다.

1927년 Cummins v Bond 사건[72]에서도 '이마의 땀'(the Sweat of Brow doctrine) 이론에 근거한 판결이 지속되었다. 무의식에서 저술한 것, 즉 'ghost work'라고 하는 의식이 통제를 할 수 없는 상태에서 영혼이 저자에게 말한 내용을 저자가 이를 기록하는 데 충분한 '노력과 기술'(labor and skill)을 행사한 것이므로 그 기록물은 저작권으로 보호된다고 판결했다.

1944년 G. A. Cramp & Sons, Ltd. v. Frank Smythson, Ltd. 사건[73]에서 영국 법원은 '이마의 땀'(the Sweat of Brow doctrine) 이론을 포기했다. 1심은 저작물성을 부인했지만, 2심은 원고 Frank Smythson 업무일지(diary)에 있는 표형식은 저작권으로 보호받는 것이므로 이를 거의 동일하게 복제한 피고 Kenneth Cramp는 원고의 저작권을 침해했다고 판시했다. 그러나 상고심인 House of Lords는 1심을 지지하면서, 저작물성을 부인했다. 이로써 영국은 '이마의 땀'(the Sweat of Brow doctrine) 이론을 포기했다.

70) Walter v. Lane [1900] AC 539.
71) University of London Press v. University Tutorial [1916] 2 Ch 601.
72) Cummins v. Bond [1927] 1 Ch 167.
73) G. A. Cramp & Sons, Ltd. v. Frank Smythson, Ltd. [1944] A.C. 329.

1912년 창립된 원고 Smythson사가 출판한 "Liteblue"라는 업무일지는 1932년에 1933년도 판이 처음 출판되었다. 1933년 업무일지에는 다음과 같은 내용이 있었다: i) 해당 연도의 '날짜 및 날짜' 선택; ii) 내륙 우편 요금; iii) 영국 및 외국 우편 정보; iv) 미터법 및 영국식 도량형의 다른 도량형 환산표; v) 선택된 몇몇 도시의 등화 시간; vi) 영국 및 외국 시간표(약 30개 장소에서 그리니치의 정오와 동일한 시간); vii) 백분율 표. 원고는 1933년 'Liteblue Diary 1933' 업무일지에 포함된 표를 선택하여 저작권의 보호를 받는다고 주장했다.

피고 Cramp사는 주로 성경과 기도서, 일반 교회 문헌을 출판하는 출판업자이었다. 피고는 1932년 원고를 위해 업무일지 제본을 시작했고, 이 사업 관계는 1941년까지 계속되었다. 1937년 Eckford가 Cramp사의 일기장 관리자이자 판매원으로 일했다. 1937년 7월, 당시 MD(managing director)였던 본 소송 원고 Frank Smythson은 Eckford가 자신의 여러 고객에게 자신의 제품이 Cramp의 제품보다 열등하다고 비난한 편지에 관하여 Cramp사에게 편지를 보냈다. 그리하여 Smythson사와 Cramp사가 회의를 했는데, Cramp사는 더 이상 Cramp사가 Smythson 제품에 대해 '불쾌한 발언'을 하여 Smythson의 고객을 유도하지 않겠다는 약속하기로 동의했다.

위 표 7개가 Smythson의 전 피용인이었던 Eckford에 의해 Smythson사의 업무일지에서 복사되어 피고의 "Surrey Lightweight Diary 1942"에 복사되었다는 점이 인정되었다.

1941년 Smythson은 Cramp에게 저작권 침해소송을 제기했다. 저작권법상 저작권을 취득하기 위해 책이나 기타 편집물의 저자가 그 편집물에 부여해야 하는 지식, 노동, 판단 또는 문학적 기술이나 취향이 얼마나 존재하여야 하는지가 문제가 되었다. 즉 이마의 땀 이론이 적용될 수 있는지 아니면 창작성이 존재하여야 하는지가 문제되었다. 이마의 땀 이론에 따르면, 저작권으로 보호되지 않는 소재를 배열한 편집물이 의미 있는 노력의 결과인 경우 완전한 저작권 보호를 허용한다. 그 소재를 기계적으로 선택하고 배열하더라도 많은 사실을 포함하는 모든 사실적 편집물은 보호된다.

'Liteblue Diary 1933'에 있는 내용들은 사실 인간의 표현이라고 보기에는 기술적인 사항들이다. i) 해당 연도의 '날짜 및 날짜' 선택; ii) 내륙 우편 요금; iii) 영국 및 외국 우편 정보; iv) 미터법 및 영국식 도량형의 다른 도량형 환산표; v) 선택된 몇몇 도시의 등화 시간; vi) 영국 및 외국 시간표(약 30개 장소에서 그리니치의 정오와 동일한 시간); vii) 백분율 표 등은 기계적으로 추출되는 사항에 불과하지만 이를 저작물로 인정한 것이다.

1심법원의 Uthwatt 판사는 저작물성이 문제된 업무일지에는 "목록과 표의 선택과 피고인의 일기의 정리"는 "정보의 평범한 선택과 배열에 지나지 않으며 지식, 노동, 판단 또는 기능의 실제적인 표현 어느 것도 포함되지 않았다"고 판단했다. 항소심 판사인 Luxmoore도 이에 동의하여 "저작권이 주장되는 편집물은 정보를 발췌하여 모은 스크랩에 불과하며, 그러한 정보의 평범한 선택이나 평범한 배열에 지나지 않으며, 실제 노동, 판단 또는 기능의 표현이 없다고 판단했다.

그러나 항소법원의 MacKinnon 판사와 Greene 판사는 다른 견해를 취했는데, MacKinnon 판사는 도표 등을 수집하고 배열하는데, 저작권보호에 충분한 기능, 노동, 판단이 있다고 판단했고, Greene 판사는 Cramp사가 Smythson사의 업무일지를 동일하게 복사("slavishly copied")한 것은 의심의 여지가 없다고 하면서, 쟁점은 Smythson사의 업무일지가 편집부분이 저작물인지 여부라고 했다. Greene 판사는 복사된 내용은 다양한 주제에 관한 정보로서 업무일지의 편집부분은 항상 해당 업무일지의 앞부분에 존재하는데 여기에 있는 정보는 일반 지식의 일부로서 전 세계에 공개된 사실이라고 했다. 만약 Smythson사가 실제로 편집을 한 것라면, 일기의 이 부분을 편집하는 사람은 두 가지 선택 작업을 해야 하는데 첫째는 특정 주제를 선택하는 것이고, 둘째는 각 주제에 대한 글을 표현하거나 선택하는 것이라고 했다. 그리하여 항소법원의 다수의견은 원본 작품에 대한 저작권을 생성하는데 어느 정도의 노동과 기술이 충분한지는 모든 경우에 사실의 판단의 문제로서 그 한계에 있다고 하면서 Smythson사는 Cramp사가 전유한 8페이지의 인쇄물에 대해 저작권을 갖고 있다고 판시했다.

Cramp 사는 House of Lords에 상고했다. 1944년 6월 21일에 내려진 만장일치 판결에서 5명의 Lord는 항소 법원의 결정을 최소하고, 1심의 Uthwatt 판사의 판결을 지지했다. 재판장 Lord 비스카운트 사이먼(Viscount Simon)은 다음과 같이 판시했다. 어떤 정보를 제공해야 하는지에 대한 선택의 요소가 있다는데 동의한다. Smythson사는 업무일지에 사용된 삽입된 표를 선택함으로써 독창성 테스트를 충족한다고 주장하지만, Smythson사가 주장하는 것은 제공된 정보를 모아 놓은 것은 평범한 정보이며, 이는 일반적으로 유용하지만 보통은 업무일지 앞부분에 서비스로 제공하는 것이다.

Smythson사가 선택한 표 모음을 살펴보면 이러한 표가 창작적이거나 특별히 가치 있거나 독창적이라고 지적할 수 있는 특징이 없다. 표의 내용은 수집자의 판단력이나 기술에 의한 것이지 독창성은 없다고 할 수 있다. 나아가 표에 정렬된 순서에 따른 기능은 결국 독창적인 표현이 아니다. 그리하여 재판장 사이먼(Simon)은 Smythson사의 업무일지는 저작물이 아니라고 판시했다. 이러한 점에 대하여 다른 판사들도 동의했다.

라. 미국과 캐나다의 '이마의 땀' 이론과 부정취득이용(misappropriation)

저작권 보호에 있어서 최소한의 창작성 법원리의 적용이 부인되어, 이마의 땀 이론에 의하여 저작물성이 판단된 사건은 Feist v. Rural 사건의 1심 판결과 항소심 판결이다. 그러나 위 사건의 상고심에서 1991년 연방대법원은 이마의 땀이론을 배제하고 최소한의 창작성 이론을 채택했다.[74]

본 사건은 미국 캔사스 주 북서부에서 원고(Rural Telephone Service Co.)는 전화통신사업을 하고 있었는데, 독점적인 전화통신사업의 허가 조건으로 모든 고객의 '인명별 전화번호부'(whitepage telephone book)를 무료로 편집하고 배포해야 하는 법적 의무가 있어, 이에 인명별 전화번호부를 제작하여 배포하고 있었다.

피고 (Feist Publications, Inc.)는 원고회사 보다 더 넓은 지역의 전화번호부 편집을 전문으로 하여 캔사스 주의 다른 11개의 지역 전화사업자들로부터 라이센스를 받아 전화번호부를 제작하였으나 원고는 피고의 사업지역에서 유일하게 전화번호 사용 라이센스를 거부했다. 원고가 라이센스를 거부했음에도 불구하고 피고는 원고의 전화번호부에서 약 4,000개의 인명별 전호번호를 복사했다. 원고는 전화번호의 무단 복제를 방지하고 이를 탐지하기 위해 소수의 실재 존재하지 않는 사람의 전화번호를 기재했었기 때문에 피고가 자신들의 전화번호를 복제한 것을 알게 되었다.

원고가 저작권 침해로 소송을 제기했다. 본 사건이 제소될 때까지 미국법원은 저작권의 본질은 자신의 저작물을 만들기 위해 상당한 양의 시간과 노력을 투자한 사람에게 저작권을 부여하는 '이마의 땀'(the Sweat of Brow doctrine) 이론에 따르고 있었다.

74) Feist Publications, Inc., v. Rural Telephone Service Co., 499 U.S. 340 (1991).

1심과 항소심은 이마의 땀이론을 따라 원고의 인명별 전화번호부를 저작물로 인정하고 피고가 원고의 저작권을 침해하였다고 판시했다.

그러나 연방대법원은 이마의 땀이론을 따르지 않고, 연방저작권법으로 보호되는 저작물이 되기 위해서는 상당한 양의 시간과 노력을 투자한 것으로는 부족하고, 저작자 사후 50년의 보호에 상당하는 최소한의 창작성(minimal creativity)이 필요하다고 판시했다. 이는 사회계약설을 바탕으로, 저작권자가 사회에 제공하는 대가적 가치가 50년의 독점에 부합하는 가치만큼을 제공해야 한다는 쌍무 계약상의 상호 균등한 대가의 법리를 바탕으로 하고 있다.

따라서 전화번호를 수집하고 알파벳 순으로 배열하는 인명별전화번호부(whitepage telephone book)는 50년의 저작권보호기간에 상응하는 최소한의 창작성이 없다고 판시했다. 본 판결은 독창성(originality) 뿐만 아니라 창작성(creativity)을 저작권 발생의 요건으로 했다. 다만 인명별 전화번호부 제작과 같이 상당한 양의 시간과 노력이 필요로 하는 작업결과(勞作)에 대하여는 저작권 보호는 되지 않지만, 부정취득이용(misappropriation)과 같은 불공정경쟁법원리에 의해서 보호될 수 있다. 우리나라는 부정경쟁방지법 제2조에 규정된 부정경쟁행위의 유형중에 현재 파목의 부정경쟁행위가 부정취득이용에 해당한다. 그러나 유의하여야 할 법리는 우리나라 저작권으로 보호되지 않는 모든 것이 부정취득이용의 법리가 적용되는 것은 아니다. 저작권법은 명시적 또는 묵시적으로 저작물의 공정이용 또는 자유이용이 영역을 설정하여 공중의 권리(*publici juris*)를 인정하고 있다.

이러한 공정이용 또는 자유이용의 영역에 존재하는 저작물에 대하여는 부정취득이용의 법리가 적용될 수 없다. 예컨대, 등록하지 않은 상품의 디자인은 디자인 보호법으로 보호받지 못한다. 다만, 부정경쟁방지법상 자목의 상품모방행위[75]로 보호받지만, 법에 명시적으로 규정한 범위내에서 보호받는다. 예컨대, i) 상품의 시제품 제작 등 상품의 형태가 갖추어진 날부터 3년이 지난 상품의 형태를 모방한 상품을 양도·대여 또는 이를 위한 전시를 하거나 수입·수출하는 행위, 와 ii) 타인이 제작한 상품과 동종의 상품(동종의 상품이 없는 경우에는 그 상품과 기능 및 효용이 동일하거나 유사한 상품을

75) 부정경쟁방지법 제2조 제1호 자.

말한다)이 통상적으로 가지는 형태를 모방한 상품을 양도·대여 또는 이를 위한 전시를 하거나 수입·수출하는 행위로 부터는 보호받지 못하다. 본 조항에 의해서 보호받지 못하는 예외, 즉 3년이 지난 디자인이나 통상적으로 가지는 형태는 '파목의 부정경쟁행위'가 될 수 없다. 자목이 보호받지 못한다고 명시하고 있기 때문이다. 그럼에도 불구하고 우리 법원은 파목의 부정경쟁행위를 광범위하게 인정하여 법리적으로 모순되거나 상위규범을 위반하는 해석을 하고 있다.[76)]

본 판결의 영향으로 미국의 저작권법은 최소한의 창작성 이론에 따라 저작권보호가 되기 시작했다. 다만, 전화번호 수집과 편집과 같이 노작(勞作)은 저작권 보호가 부정되고, 1918년 INS v. AP 사건에서 연방대법원이 인정한 부정취득사용(misappropriation) 이론이 부정경쟁행위로 재확인되는 계기가 되었다. 1918년 INS v. AP 사건에서 부정취득사용이 부정경쟁행위로 인정되었지만, 제2순회법원은 부정취득사용(misappropriation) 법리가 불명확하고 불확실하다는 이유로 이의 수용을 거부하고 있었다. 그러나 제2순회법원은 1997년 NBA v. Motolora 사건[77)]을 계기로 부정취득이용을 부정경쟁행위의 하나로 인식하는 계기가 되었다.

다만, 위와 같이 '이마의 땀'(the Sweat of Brow doctrine) 이론을 더 이상 채택하지 않았다고 하더라도 존 로크의 노동가치설을 완전히 배제하는 것은 아니다. 노동이 생산하는 가치 중에서 창작적인 가치(creative value)만을 저작권으로 보호하고, 노작적인 가치(labor value)는 저작권이 아닌 부정취득이용법리로 보호한다.

1957년 Kilvington Bros. Ltd. v. Goldberg et al., 사건에서 캐나다 법원은 저작물이 되기 위해서는 창작자의 생각을 독창적으로 표현한 것, 그가 창작하고 타인의 것을 복제하지 않은 것(original expression of thought of its originator, that originated from him and that he did not copy)을 요구했다. 법원은 기존에 존재하는 것을 자동적 기계적으로 배열한 것은 저작권의 보호를 받지 못한다고 판시했다. 본 판결도 '이마의 땀'(the Sweat of Brow doctrine) 이론을 채택하지 않은 것이다.

영미법의 저작권 개념은 자연에 노동을 가하여 얻은 결과이므로 영구적인 권리를 주장할 수 없었다. 이는 특허권도 같다. 저작물에 대하여 기존에 존재하는 것 또는 자

76) 잘못된 판결의 예로 들 수 있는 대표적 판결이 소위 '눈알가방사건'(대법원 2020. 7. 9. 선고 2017다217847 판결)이라고 할 수 있다.
77) National Basketball Association v. Motorola, 105 F.3d 841 (2d Cir. 1997).

연이 기여한 것이 많이 존재한다. 특허의 대상인 발명이 자연법칙이나 자연현상을 이용한 결과이듯이 저작물 전부를 자신의 창작이거나 노작의 결과라고 할 수 없게 된다.

그러나 독일의 저작권 개념은 인격의 외부에 대한 표현이므로 인격과 불가분이고 인격이 존재하는 동안은 영구적이고 인격이 소멸하면 그 인격에 대한 세상의 평과 같이 존재할 수 밖에 없었다. 따라서 영미법상의 저작권은 제한된 기간동안 보호되는 권리로 여겨질 수 있었고, 영국 최초의 저작권법인 앤여왕법에도 14년과 14년의 연장을 보호기간으로 했다. 그러나 실정법이 아닌 자연법상의 권리로 저작권은 영구적인 권리를 주장하게 된다. 이는 유체물에 대한 권리가 영구적이듯이 커먼로 저작권으로 보호되는 원고(manuscript)는 유체물과 같이 유체물에 기록한 것으로 그 재산권의 대상은 저작이 기록된 유형의 매체(medium)이기 때문이다. 다만 영국은, 같은 커먼로 국가인 미국과 달리, 부정취득이용을 부정경쟁행위로 인정하지 않는다.

마. 편집저작물

편집저작물은 저작권으로 보호되고, 저작권으로 보호되지 않는 편집저작물에 수집되어 기재된 사실(fact)을 복사하는 것을 금지하므로 경쟁자가 편집저작물을 무단으로 복제하여 사용하여 경쟁의 우위에 있게 되는 부당한 상황을 방지한다. 경쟁자는 자신의 편집저작물의 소재를 스스로 수집하여 배열해야 한다. 타인의 편집저작물에 있는 소재를 그대로 복제할 수는 없고, 만일 저작물로 보호되지 않는 소재를 복제하여 간다면 이는 부정경쟁행위가 성립한다.

현행 우리나라 저작권법 상의 데이터 베이스 보호제도가 '이마의 땀'(the Sweat of Brow doctrine) 이론을 따르고 있다. 즉 저작권법 제93조 제1항은 데이터베이스제작자는 그의 데이터베이스의 전부 또는 상당한 부분을 복제·배포·방송 또는 전송할 권리(복제 등 권리)를 가지므로, 자신이 수집 배열한 데이터베이스의 복제 등 권리는 데이터베이스제작자만이 할 수 있다. 다만, 데이터베이스를 이루는 소재는 공중의 영역에 있는 자유이용대상인 경우에, 그 소재는 데이터베이스제작자의 권리에 해당하지 않는다.[78] 그러한 데이터 베이스의 소재를 이루는 것에 대하여는 배타적인 권리를 인정하지 않는다.

3. 임마누엘 칸트와 저작권[79]

저작권에 있어서 개인의 자유를 논하기 위해서는 칸트의 저작권 법철학을 제외하고는 논할 수 없다. 칸트는 언론출판의 자유(freedom of pen), 즉 표현의 자유(freedom of expression)를 '인간의 권리를 보호하기 위한 수호신'("the sole palladium of the people's right")이라고 생각했다. 왜냐하면 언론 출판의 자유(freedom of pen/expression)가 없이는 자신의 생각을 표현할 수 없기 때문이다. 그리하여 칸트의 사상은 저작권을 언론출판의 자유를 보호하기 위한 수단과 도구로서 인식하고 또한 저작권을 '처분할 수 없는 권리'(inalienable right)로서 인정했다. 이는 칸트는 저작권은 저작자를 단순히 저작물의 소유자로 인정한 것이 아니었다. 저작자는 자신이 공중과 한 소통(speech)에 대하여 인격자로서 책임을 지도록 한 것이다. 이는 저자에게 공중과의 소통에 대한 사회적 책임을 부과하여, 저작권에 대한 침해는 개인의 재산권 침해가 아닌 사회와의 담론(speech)에 대한 위협으로 인정하여 그 침해에 대한 정치적 책임을 지우도록 하여 저작의 공중과의 소통을 보호하고자 한 것이다.

결론적으로 칸트는 저자와 사회 사이의 왜곡되지 않은 소통을 보호하고 그와 같은 소통을 방해하는 정치적인 위협으로부터 정치가나 철학자의 사회적 담론과 소통(speech & communication)을 보호하기 위해 내면적이고 불가침의 저작자의 인격적 권리를 정치적, 사회적 권리화 한 것이라고 평가할 수 있다. 칸트에 따르면, 저작자는 자신의 저작물을 공중과 함께 소통하고 평가하기 위해 다른 인간과 공유하도록 한 것이다. 공중은 단순히 저작물의 소비자가 아니라 저작자의 대화를 수용하고 그의 정신을 공유하는 집단이다. 따라서 저작자의 생각에 대한 권리인 저작권과 저작자의 생각을 담은 물리적 매체에 해당하는 책은 그와 같은 저자의 사회적 소통을 올바르게 전달할

78) 저작권법 제93조 제3항.

79) 임마누엘 칸트의 저작권에 관한 서술은 2025년 '사법'지에 심사중인 논문의 일부를 편집하여 게시한 것임.

수 있는 도구인 것이다. 칸트에 따르면 저작권은 매체에 기록되어 있는 무형의 생각이나 사상, 표현에 존재하는 것이지 그것을 기록한 매체에 존재하지 않는다.

칸트, 조한 고틀립 피히테(Johann Gottlieb Fichte), 마퀴스 드 콩도세(Marquis de Condorcet), 드니 디드로(Denis Diderot), 게오르그 헤겔(Georg Hegel) 등과 같은 유럽대륙의 계몽주의자들은 지식이나 사상의 확산을 매우 중요시했다. 저작권은 그러한 지식이나 사상의 확산을 도모할 수 있게 한다.

칸트가 프로이센으로부터 그의 표현에 대한 박해를 받은 이후인 1797년, 칸트는 칸트와 같은 사상가의 생각은 저작자의 허락이나 위임에 의한 복제이든 위임을 받지 않은 복제이든 저작자의 생각을 그대로 전달하는 점에서 저작자의 권리(author's right)를 침해받지 않아야 한다는 그의 생각을 그의 저술을 통해 표현했다. 칸트의 저작권 법리에는 권리소진의 원칙(exhaustion doctrine)과 공정사용의 원리(fair use doctrine)도 반영되어 있는데, 칸트 생각으로는 합법적으로 책을 취득한 사람은 그것을 물리적으로 복제하거나 재출판하더라도 그는 출판자의 권리가 소진된 물리적인 책의 소유자로서 당연히 복제할 수 있는 것이었다.[80] 그리하더라도 저작자의 대중에 대한 표현과 그 전달(speech)이 더욱 더 확산되고, 저작자는 이익은 침해되지 않는다. 오히려 그는 복제된 책을 통해 대중에게 자신의 생각을 알릴 수 있었다. 특히 프로이센의 프리드리히 빌헬름 2세(Friedrich Wilhelm II, 1744-1797, 재위: 1786-1797)의 치하에서 억눌린 정치적 표현의 자유를 회복하기 위해서는 정치가나 사상가 철학가의 생각을 그대로 알리고 확산하는 것이 중요했다. 따라서 일정한 책의 복제는 그것이 허락받지 않은 불법이더라도 사상과 표현의 대중에 대한 표현(speech)인 저작자의 권리(author's right)의 침해라고 할 수 없는 것이다. 저작자의 사상과 생각, 표현을 그대로 전하는 것이기 때문이다.

80) 이러한 칸트의 생각은 1785년 영국의 Sayre v Moore (1785) 1 East 361 사건에서도 발견된다. 본 사건은 Moore 등 몇몇회사가 Sayre가 만든 북미대륙의 지도를 복제하여, 불법복제로 제소된 사건으로, Lord Mansfield는 피고 Moore가 원고 Sayre의 지도와 설명 차트(chart)를 복제한 것은 불법적이 아니라고 하였다. 즉 '아이디어'는 저작권으로 보호되지 않는다고 판시한 것이다. 본 사건에서 지도 제작자와 공중의 두 이해당사자의 이해관계가 모두 중요하다는 점을 다음과 같이 판시했다.

> In deciding we must take care to guard against two extremes equally prejudicial; the one, that men of ability, who have employed their time for the service of the community, may not be deprived of their just merits, and the reward of their ingenuity and labour; the other, that the world may not be deprived of improvements, nor the progress of the arts be retarded.
>
> [번역] 우리는 똑같이 해를 끼치는 두 가지 극단을 경계해야 한다. 하나는 공동체 봉사를 위해 자신의 시간을 바친 능력 있는 사람들이 그들의 정당한 공로와 그들의 독창성과 노동에 대한 보상을 빼앗기지 않도록 하는 것이다. 다른 하나는 세상이 개선되지 않고 예술의 발전이 지연되지 않도록 하는 것이다.

Id., 362.

이러한 그의 견해는 저작권의 처분적 속성을 나타낸 것으로서 불처분적인(inalienable) 인격권의 성격과 다르지만, 궁극적으로 그 불처분적 속성을 완화하여 저자의 사상을 널리 알리고자 했던 그의 의도를 반영한 것으로 볼 수 있다.

칸트는 인간에게 사상과 표현의 자유과 언론의 자유를 인정하지 않는 것은, 토마스 홉스(Thomas Hobbes)의 표현을 빌려와, 군주로부터 모든 권리를 박탈하는 것과 같을 뿐만 아니라 군주가 자신이 그와 같은 지식을 알고 있다면 변경할 수 있고 자신의 지위와 반대되게 할 수 있는 지식을 그 군주로부터 박탈하는 것과 같다고 비유했다. 인간에게 사상과 표현 및 언론의 자유는 보장되어야 하고, 저작권은 이러한 사상과 표현의 자유 및 언론의 자유를 보장하는 수단과 도구가 되었다. 그리하여 칸트는 저작권을 저작자가 언제 어떻게 타인과 소통(speech)하는지에 대한 인격의 일부분으로 생각했다.

그러나 그와 반대로 인쇄된 저작물, 즉 책과 같이 자신의 사상을 공중에게 전달하는 도구(instrument)[81)]를 자유롭게 유통시켜 공중과의 담론을 보장토록 하여 국가에 의한 사상 통제를 막으려고 하였다고 할 수 있다. 이와 같은 그의 저작권 사상은 칸트가 활약하던 당시 독일의 통치체제와 검열상황에 대한 '정치적 저항'의 의미를 담고 있다.

칸트는 사상과 표현의 자유를 인간의 절대적이고 기본적 권리로 생각했다. 칸트는 18세기 후반에 발생한 영국의 서적상들의 전쟁(the Battle of Bookseller)을 목격하면서 언론과 출판의 자유가 왕이 출판업자들에게 부여하는 특권에 불과한 출판권(copyright)에 의해 제한되거나 통제되는 것을 목격했고, 그의 생애 후반기에는 프랑스 혁명 이후 독일과 프로이센의 황제이었던 프리드리히 빌헬름 2세의 통치기간(1786-1797) 동안, 특히 통치계급을 형성한 종교인들과 정치인들에 의하여 언론과 출판의 자유가 종교검열에 의하여 통제되는 것을 목격하였기 때문에 사상과 표현의 자유와 언론출판의 자유를 보장받을 필요가 있었다. 그리하여 그는 외부의 정치권력에 영향받

81) 칸트의 표현에 따르면, 책(book)은 대중에 대하여 사상을 전달하는 도구(instrument)라고 하였다. 그의 'Of the Injustice of Counterfeiting Books, (1785)에 의하면 "The editor furnishes in his own name the mute instrument of the delivering of a speech of the author's to the public."라고 했고, 그에 대한 주에서는 "A book is the instrument of the delivering of a speech to the public, not merely of the thoughts, as pictures of a symbolical representation of an idea or of an event."라고 하여 직접적으로 책은 저자의 사상을 대중에게 전달하는 도구라고 하였다. 칸트는 책을 저작자의 사상을 전달하는 도구라고 인식했다는 점에 대하여 동의하는 견해는 Kawohl, F. (2008).

> Kant denies the concept of "intellectual property" and the idea that any intellectual content is materialised in the book as such. In Kant's view the book is a medium, a mere tool for conveying the author's thoughts, and thus an unlicensed reprint does not encroach on any property as such of the author or publisher. Rather, it is unlawful because it amounts to an 'agency without authority.

는 영국의 출판업자들의 출판권(copyright)과 다르게 사상가가 대중과 소통하는 저작자의 권리(author's right)를 보호할 필요가 있었다. 그리하여 그의 저작권은 인간의 존엄성의 표현으로서 불처분적 권리(inalienable right)로 인정하여 출판자(publisher, printer, copyer)들의 출판에 대하여 국가가 출판권(copyright)이란 특허부여를 통한 통제와 검열을 피하고자 한 것이라고 할 수 있다.

칸트가 주장하는 저작권은 영미법에서 보는 출판을 중심으로 하여 형성된 재산적 권리와는 근본적으로 다르다. 존 로크는 저작을 노동의 결과로 보았지만 칸트는, 물론 칸트를 계승한 헤겔도 근본적으로 개성의 표현으로 본 것은 칸트와 같지만, 사상의 자유를 보장하는 '표현과 언론의 자유'를 보호하기 위하여 필수적인 기본권으로서, 앞서 언급한 "the sole palladium of the people's right"라는 표현에서 보듯이, 인간의 자유를 수호하기 위한 수단이라고 보았다.

칸트의 저작권은 인격적인 권리로서, 본질적으로 금전으로 보상될 수 없는 권리이다. 즉 인격적인 권리는 재산권과 달리 경제적 가치로 평가할 수 없기 때문이다. 경제적 가치를 평가할 수 없는 칸트의 저작권은 제레미 벤담(Jeremy Bentham)이나 존 스튜어트 밀(John Stuart Mill) 등이 언급하는 사회적 기여에 대한 공리주의적 보상(reward)을 할 수 없게 된다. 독일의 저작권법이 영국이나 미국의 저작권법과 그 철학적 기반이 달라진 것이다.

로마법 전통이 강한 유럽대륙에서는 로마법에 따라 재산권은 유체물에 대한 권리이었다. 즉 재산권(property right)은 *'res quae tangi possunt'*라고 하는 물리적인 대상이 존재하는 유체물(tangible thing)에 대한 권리이었다. 로마법상 유체물은 두가지 특징, 즉 배제성(excludability)과 경합성(rivalrous)이 존재하는 것이었으므로 두가지 특징이 존재하지 않는 무체물은 재산의 개념에서 제외되었다. 이러한 로마법은 계몽주의 철학에도 영향을 미쳤다.

다만, 영국의 존 로크(John Locke)의 노동가치설은 육체적 노동 뿐만 아니라 정신적 노동의 결과를 재산으로 인정하는데 매우 유용한 근거를 제시했다. 로크는 재산권(property right)는 생명(Life), 자유(Liberty)와 재산(Property)에 대한 권리이었다. 자신의 신체는 자신의 것이고, 자신의 신체 노동의 결과는 자신의 것이었다. 이러한 논거는 자연법상의 소유의 법리와 같다. 앞서 언급한

To every cow her calf, and accordingly to every book its copy.[82)]

↘ 모든 암소는 송아지가 있고, 따라서 모든 책도 그것의 복제본이 있다.

라는 언급은 자연법에 따른 소유권을 나타낸다. 따라서 로크에게 있어 노동의 주인인 인간은 그 육체에 의한 육체적 노동뿐만 아니라 두뇌에 의한 정신적인 노동의 결과도 자신의 것이라고 주장할 수 있다.

그러나 특히 독일의 개성이론(personality theory)은 정신적 노동의 산물에 대하여 재산으로서 지위를 인정하는데 중심적 논거가 되지 못했다. 왜냐하면, 로크와 다르게, 사상이나 생각, 아이디어는 그 인간의 것이었으므로 그 인간의 개성을 구체화하거나 분명히 하거나 또는 그 개성 자체이었기 때문에 개성과 그 개성의 주체인 인간과 분리될 수 없는 것이었다. 인간의 저술과 같이 정신적 노동이란 인격적 존재인 인간의 본성, 즉 개성의 산물로 여겨졌다.[83)] 따라서 저작도 대중과 소통하기 위한 저작자의 개성의 표현이었다. 그러한 논거의 중심에는 칸트의 철학이 있었다. 따라서 원고에 담긴 저작자의 개성은 그 인격과 불가분적인 것이었으므로 재산권의 객체가 될 수 없다. 이점은 칸트철학과 헤겔철학의 일부 다른 점이다. 헤겔은, 개성과 인격은 하나로서 불가분적으로 본 칸트와 달리, 개성이 화체된 외부 물체에서 개성을 회수함으로서 양도가능한 재산으로 보았다.

로크가 재산권의 정당성에 의하여 인간의 자유와 생명에 대한 권리를 인정하고자 한 자유주의적 개인주의 철학자이었다면, 칸트는 사상과 표현의 자유를 통한 개성을 가진 인간의 정신적 정치적 자유를 주장한 자유주의적 개인주의 철학자라고 할 수 있을 것이다. 칸트는 정치적 자유를 위해 외부로부터 간섭과 영향을 받지 않는 표현과 언론의 자유를 주장하였고, 이를 확보하기 위한 수단으로 저작권을 주장했다.[84)] 따라서 칸트가 보는 저작물은 정신적 노동 산물이라는 로크적 저작권 개념에서 핵심적 역할을 하지 못했다. 정신적 노동의 결과를 담은 책은 단지 전달 매체와 유체물에 불과했

82) Laurie Stearns, "Copy Wrong: Plagiarism, Process, Property, and the Law", 80 Cal. L. R. 513, 535 (1992). Locke, Second Treatise of Government, §27 참조.

83) 칸트의 개성이론은 게오르크 빌헬름 프리드리히 헤겔(Georg Wilhelm Friedrich Hegel, 1770-1831)과 오토 폰 기이르케(Otto von Gierke, 1841-1921)가 발전시켰다. 기이르케는 저작자의 권리는 인성의 일부(sphere of personality)라고 하였다. 헤겔은 칸트의 개성이론(personality theory)을 무체재산권이론(intangible property right theory)으로 발전시켰다.

84) Peter Baldwin, The Copyright Wars: Three Centuries of Trans-Atlantic Battle, Princeton Univ. Press (2014), p. 77.

고, 그 책을 저작권으로 보호하는 것은 단지 저작자의 사상을 담는 그릇을 보호하는 도구적 개념에 불과했다. 왜냐하면, 저작권은 인격과 불가분적이었으므로 인격과 분리되어, 재산권의 대상인, 그 담는 그릇(책, 원고)이 될 수는 없기 때문이다. 앞서 언급한 바와 같이 로마법 전통에서는 재산권은 유체물에 인정되었고, 그릇에 해당하는 책과 원고는 유체물이므로 재산권의 객체가 되었지만, 그 그릇이나 원고에 담긴 저자의 생각과 사상은 인격의 발현일 뿐 유체물이 될 수 없었다. 따라서 책을 출판하는 것은 책에 생각을 담는 그릇을 만드는 것과 같다.

그릇은 그 그릇을 만든 사람이 주인이듯 유체물인 책은 책을 만든 사람, 즉 출판자(publisher)의 소유물이 되었다. 그러나 그 그릇에 담긴 것은 그것을 만든 사람의 것이듯, 책에 담긴 표현과 사상은 그 사상을 표현한 저자의 것이다. 따라서 칸트의 철학에 의하면, 책의 재출판이나 (불법)복제(*Nachdruck*)는 책에 있는 내용은 동일하고 단지 그릇을 만드는 것과 같으므로 그 자체로서는 저자의 권리를 침해할 수 없게 된다. 다만, 그 그릇에 담긴 것을 그릇과 같이 복제하게 되므로 그 그릇에 담긴 것을 출판에 의해 복제할 수 있는 출판자가 저작자로부터 승계/위탁받아 가지고 있는 권리, 즉 출판권을 침해하는 것이다. 18세기, 승계와 위탁의 법리를 통해 출판자는 저작자의 영구적인 권리를 승계하여 자신의 권리도 영구적이라고 하였고, 이는 대세적인 권리를 의미했다. 그러나 나중에 칸트는 출판자의 권리는 저자가 위임하여 발생하는 인적 권리라고 함으로써 그의 견해가 변화가 된 것으로 볼 수 있다.[85] 그러나 그 그릇에 담긴 내용은 원래 그릇이나 그것을 복제한 그릇이나 동일한 표현과 그 소통(speech, communication)이 담긴 것이므로 저작자의 권리를 침해하는 것은 아니라는 결론에 이르게 된다.[86] 따라서 저작(물)에 대한 권리를 불처분적인 인격적 권리로 보는 칸트 철학과 처분적인 재산적 권리로 보게 되는 로크 철학에서와 다르게 된다. 그리고 이러한 칸트의 인격에 기초한 사상은 아이디어/표현의 이분법(idea/expression dichotomy doctrine)의 핵심적 기초가 되었다. 칸트의 철학에서, 아이디어는 공유되어야 지식을 확산할 수 있고, 특정인

85) 이는 필자의 해석에 의한 것으로서, 승계/위탁이라고 서술한 것은 저자의 의뢰에 의한 출판이 위임이나 위탁과 같은 인적권리라는 같은 의미가 있기 때문이다.

86) Immanuel Kant, Von der Unrechtmäßigkeit des Büchernachdrucks essay in Berlinische Monatsschrift 5 (1785) pp. 403-417 (On the Unlawfulness of Reprinting, Berlin (1785)), Kant: On the Unlawfulness of Reprinting, Berlin (1785), Primary Sources on Copyright (1450-1900), eds L. Bently & M. Kretschmer, www.copyrighthistory.org.

의 소유는 타인의 자유를 제한하기 때문에, 추상적 아이디어에 대한 소유를 인정할 수 없다.

저작권에 관한 칸트의 관념은 빌헬름 2세 집권기인 1790년대 프로이센 정부가 검열을 강화하면서 언론 통제를 강화한 후기의 그의 철학에서 좀 더 분명하게 나타난다. 칸트를 포함한 저작권에 대한 독일 전통의 인격이론(personality theory)은 영국, 특히 프랑스의 재산권 개념과 다른 철학이다. 비록 자연법의 영향을 받았지만 칸트는 저작권(author's right)을 재산권(property right)이라고 하지 않았을뿐더러 책에 담긴 생각은 사물이 아닌 행위(act)로써, 출판자의 권리와 별개로, 인간에게 존재하는 것이므로 이를 처분할 수 없고(불처분성, inalienable), 단지 용인(verwilligen)하는 것일 뿐이라고 했다. 조각이나 그림은, 인간과 별개의 것으로 어떤 개인적 인성이나 표현이 담긴 것이 아니므로 저작권의 대상이 될 수 없고, 단지 작품(Werk 또는 opus)이므로 유체물로서 양도할 수 있게 된다.[87] 이러한 철학에서 아이디어 표현의 이분법(idea/expression dichotomy doctrine)과 권리소진의 원칙(exhaustion doctrine)이 도출된다.

결국 저작권은 인간의 표현을 자유를 보호하는 도구로 민주주의 형성에 필수적으로 필요한 권리라고 할 수 있다.

칸트와 헤겔의 인격이론의 영향을 받은 유럽의 경우에는 영국이나 미국과 저작권이 기초하는 철학이 다르다. 앞서 미국이 '이마의 땀'(the Sweat of Brow doctrine) 이론에 기초하고 있지만, 통합된 유럽에서는 이와 다르게 보고 있다. 2012년 EU 통합법원은 축구경기 일정 목록을 작성하는 데는 '중요한' 작업이 필요하지만 저작권 보호에 필요한 창의성이 수반되지 않는다고 판시하면서 축구경기일정은 저작권으로 보호받지 못한다고 판시했다.

본 사건은 영국의 축구경기일정을 상업적으로 판매하는 회사가 야후(Yahoo) 등 회사가 허가없이 축구일정을 공개하였다는 이유로 영국의 저작권법 위반으로 법원에 제소했다. 영국법원은 1959년 이래 축구경기목록을 저작권으로 보호하고 있었다. 해당 사건은 결국 유럽법원의 판단을 받게 되었다. 법원은 "A football fixture list cannot be protected by copyright when its compilation is dictated by rules or constraints which leave

87) Immanuel Kant, Essays and Treatises on Moral, Political, and Various Philosophical Subjects, vol. 1, of the Injustice of Counterfeiting Books (1797), pp. 237-238.

no room for creative freedom"(축구경기목록의 편집이 규칙이나 규정에 따라 창의적일 수 없이 작성되는 경우에는 축구경기목록은 저작권 보호를 받지 못한다.)라고 판시하여 축구경기일정은 저작권보호를 받지 못한다고 하였다. 즉 저작권을 보호받을 수 있을 만큼 창작성이 없다고 판시했다.

독일의 경우, 2021년까지 3차 산업혁명시대에 따라 디지털 복제등의 복제물에 대한 보조적인 저작권을 인정하였다. 그러나 2021년 이후에는 유럽의 저작권 지침(the Directive on Copyright in the Digital Single Market) 제14조에 따라 공중의 영역에 있는 시각적 저작물의 복제에 대하여는 저작권 보호를 하지 않는다. 이는 노력과 비용에 의한 것만으로는 저작권을 보호할 수 없다는 칸트 철학이 반영된 것이다.

미국의 경우에는 1991년 Feist v. Rural 사건 이후, 칸트의 저작권법철학의 영향이 있었다고 할 수 있다. '이마의 땀' 이론에 최소한의 창작성(minimal creativity)을 요구하고 있다. 물론 칸트의 철학과 정확히 일치한다고 할 수는 없다. 인간의 개성이 체화되는 것은 독창성(originality)이라고 할 수 있지 이를 창작성이라고 할 수는 없기 때문이다. 그러나 칸트는 미술 조각 등에 대하여 저작권을 인정하지 않았는데, 이는 저작자의 인격을 대중과 소통하는 것이 아니라고 보았기 때문이다. 즉 칸트도 저작자의 권리를 인정함에 있어 독창성(originality)만을 요건으로 한 것이 아니라, 어느 정도의 인격의 표현을 요구한 것이고, 이를 최소한의 창작성이라고 할 수 있을 것이다.

1991년 Key Publications, Inc. v. Chinatown Today Publishing Enterprises, Inc. 사건[88)]의 경우, 미국내 중국인 사회의 안내서는 그 안내서의 개별적 구성요소는 일반적으로 공개되어 있으므로, 공중이 자유사용할 수 있다고 하여, 기존의 이마의 땀 이론을 포기하여, 최소한의 창작성 이론을 채택하였다.

88) Key Publications, Inc. v. Chinatown Today Publishing Enterprises, Inc., 945 F.2d 509 (2d Cir. 1991).

제3절

저작권과 자유

1. 저작권과 공중의 자유

미국 의회는 공중이 자유롭게 사용할 수 있는 재산권을 소급적으로 박탈하는 입법(*ex post facto law*)을 할 수 없다고 판시했다.[89] 이는 입법권에 의한 경우에는 법원이 입법권의 적정성을 판단할 수 없다고 한 Evans v. Weiss 판결 법리를 사실상 무효화 한 것이다. 과거 미국에서 존속기간이 만료되어 공중의 영역에 있는 특허발명에 대하여 의회의 처분적 법률을 입법하여 다시 보호한 사례들이 있었다. 특허를 취득했으나 산업이 발전하지 않는 등으로 인하여 상업적으로 보상을 받지 못한 경우에 의회에 청원을 하여, 의회가 특허권을 부활시켜주는 경우들이 있었다. 1809년 연방대법원의 Evans v. Weiss 사건[90]판결도 그와 같은 사례이었다.

89) Bonito Boats, Inc. v. Thunder Craft Boats, Inc., 489 U.S. 141, 147-48 (1989) 연방대법원은 제퍼슨의 편지를 인용하면서 다음과 같이 판시했다.

> He viewed a grant of patent rights in an idea already disclosed to the public as akin to an *ex post facto* law, "obstruct[ing] others in the use of what they possessed before." Id. at 326-327. Jefferson also played a large role in the drafting of our Nation's second Patent Act, which became law in 1793. The Patent Act of 1793 carried over the requirement that the subject of a patent application be "not known or used before the application." Ch. 11, 1 Stat. 318, 319. A defense to an infringement action was created where "the thing, thus secured by patent, was not originally discovered by the patentee, but had been in use, or had been described in some public work anterior to the supposed discovery of the patentee."
>
> 제퍼슨은 이미 대중에게 공개된 아이디어에 대한 특허권 부여를 "다른 사람이 이전에 소유했던 것을 [스스로] 사용하는 것을 방해하는" 소급 입법과 유사한 것으로 간주했다. 제퍼슨은 또한 특허 출원의 대상이 "출원 전에 알려지지 않거나 사용되어서는 안 된다"는 요건이 명시된, 1793년에 입법된 미국의 두 번째 특허법 초안 작성에 큰 역할을 했다. "특허로 보호되는 사물이 원래 특허권자에 의해 발견된 것이 아니라 특허권자로 추정된 발견보다 선행하여 공개적으로 사용되거나 기록된 것이라는 침해소송에 대한 항변이 존재한다.

90) Evans v. Weiss, 8 F. Cas. 888, 889 (C.C.D. Pa. 1809). Evans v. Jordan, 13 U.S. (9 Cranch) 199 (1815).

한 때 특허발명이었으나 공중의 영역에 있게 된 발명에 대하여 다시 사유화를 인정한 Evans v. Weiss 사건 판결에 대하여는 많은 비판이 따랐다. 토마스 제퍼슨도 이에 대하여 "[법의 소급적용은] 형사 뿐만 아니라 민사 사건에서도 동등하게 정의롭지 않고, 법에 명시적으로 그와 같은 소급효를 금지하지 않은 것은 잘못된 것을 하는 것을 정당화 하지 않는다."(they are equally unjust in civil as in criminal cases, and the omission of a caution which would have been right, does not justify the doing of what is wrong.[91])라고 하여 강한 비판을 했다. 발명이 공개되면 더 이상 특정인이 사유화 할 수 있는 발명이 아니었다. 즉 공중의 두뇌와 마음에 존재하는 것이 되기 때문에 다시 특허를 취득할 수도 없고 저작권이라고 주장할 수도 없었다. Evans v. Weiss 사건과 같이 보호기간이 종료한 발명에 대하여 다시 법으로 보호하는 것은 예외적인 것이었다. Evans v. Weiss 판결은 의회 입법에 따라 소멸된 특허권이 다시 부활한 것이라는 불가피성이 있었다.

저작물도 공개가 되더라도 그 원고 자체는 물리적인 물체이므로 다른 사유인 동산처럼 영구적 소유권이 인정되었다. 그러나 원고에 담겨있는 저자의 생각은 공중과 공유가 되었다. 그리하여 더 이상 그의 재산이라고 할 수 없었다. 왜냐하면 공중과 공유인 생각, 사고, 아이디어를 특정인이 사유화 한다면 그가 공중의 생각과 아이디어를 통제할 수 있다는 결론에 이르기 때문에 한번 공중과 공유하게 되면 이는 공역(the public domain)에 존재하는 공공의 선물로서 특정인의 사유화를 인정하지 않는다.

이러한 공역(the public domain)의 개념은 1710년 영국의 앤여왕법(the Statute of Anne)에 의해 창설되었다. 그리고 그 공역(the public domain)은 1774년 Donaldson v. Beckett 사건에 의해 확인되었다. 저작권에 대한 법적 보호기간이 종료되면 공역에 놓이게 된다. 저작권이 공역에 놓이지는 않았지만, 저작권의 종료기간은 정해져 있다. 그러한 종료기간이 도달되기 전에 저작권의 보호기간을 연장하는 경우에는 그 효력이 있을까? 과거 종료기간 전에 저작권의 보호기간을 연장하는 그러한 입법은 많이 존재했다.

2003년 Eldred v. Ashcroft 사건에서 반대의견을 제시한 연방대법관 Stevens은

> Congress passed private bills either directly extending patents or allowing

91) Edward C. Walterscheid, "Defining the Patent and Copyright Term: Term Limits and the Intellectual Property Clause", 7 (2) Journal of Intellectual Property Law, 372 (2000).

otherwise untimely applicants to apply for patent extensions for approximately 75 patents between 1790 and 1875. Of these 75 patents, at least 56 had already fallen into the public domain. The fact that this repeated practice was patently unconstitutional completely undermines the majority's reliance on this history as "significant."

Copyright legislation has a similar history. The federal Copyright Act was first amended in 1831. That amendment, like later amendments, not only authorized a longer term for new works, but also extended the terms of unexpired copyrights. Respondent argues that that historical practice effectively establishes the constitutionality of retroactive extensions of unexpired copyrights.

Of course, the practice buttressess the presumption of validity that attaches to every Act of Congress. But, as our decision in INS v. Chadha, 462 U. S. 919 (1983), demonstrates, the fact that Congress has repeatedly acted on a mistaken interpretation of the Constitution does not qualify our duty to invalidate an unconstitutional practice when it is finally challenged in an appropriate case. As Justice White pointed out in his dissent in Chadha, that case sounded the "death knell for nearly 200 other statutory provisions" in which Congress had exercised a "'legislative veto.'" Id., at 967. Regardless of the effect of unconstitutional enactments of Congress, the scope of "'the constitutional power of Congress ... is ultimately a judicial rather than a legislative question, and can be settled finally only by this Court.'"

....

In 1861, Congress amended the term of patents, from a 14-year term plus opportunity for 7-year extension to a flat 17 years with no extension permitted. Act of Mar. 2, 1861, ch. 88, § 16, 12 Stat. 249. This change was not retroactive, but rather only applied to "all patents hereafter granted." Ibid. To be sure, Congress, at many times in its history, has retroactively extended the terms of existing copyrights and patents. This history, however, reveals a much more heterogeneous practice than respondent contends. It is replete with actions that were unquestionably unconstitutional.[92)]

↳ 1790년부터 1875년 사이에 [미국] 의회는 약 75개의 특허에 대해 직접적으로 특허존속기간을 연장하거나 특허출원자들이 궁극적으로 특허존속기간 연장신청을 허용하는 개별 법률을 입법했다. 그 75개의 특허 중 최소한 56개는 이미 공공의 영역에 존재하는 발명이 포함되었다. 이 반복적인 관행이 명백히 헌법에 어긋나는 사실

92) Eldred v. Ashcroft, 537 U.S. 186, 235-7 (2003) (일부 인용표시 생략).

> 은 이러한 반복적인 역사를 [연장된 특허의 유효함에 대한] "중요한" 근거로 보는 다수 의견을 완전히 퇴색시킨다.
>
> 저작권 입법도 유사한 역사를 가지고 있다. 연방 저작권법은 1831년 처음 개정되었다. 그 개정법은 후에 있었던 개정법률들과 마찬가지로 새로운 저작물에 대한 긴 보호 기간을 인정한 것뿐만 아니라 보호기간이 만료되지 않은 저작권의 기간도 연장했다. 피고는 이러한 역사적인 관행이 만료되지 않은 저작권의 추가적 연장의 헌법적 타당성을 효과적으로 입증한다고 주장한다.
>
> 물론, 이러한 [반복적] 관행은 의회의 각 법안에 대한 그 헌법성 추정을 강화한다. 그러나 INS v. Chadha 사건(1983) 판결이 보여 주듯이, 의회가 헌법의 잘못된 해석을 반복했다는 사실은 결국 적절한 사례에서 그 헌법성이 쟁점이 되었을때 헌법에 어긋나는 [의회] 관행(practice)['관행'으로 번역한 이유는 헌법성을 보장받지 못한 반복된 행위이기 때문이다.]을 무효화하는 것은 법원의 의무라고 할 수 없다. Chadha 사건에서 반대 의견을 제기한 White 대법관은, 그 사건이 의회가 "'입법 부인(legislative veto)'"을 행사한 거의 200개 다른 법적 규정에 대해 "'종말의 경고'"를 했다고 지적했다. 불법적인 의회 입법의 영향에 관계없이 "'의회의 헌법적 권한의 범위는 .... 궁극적으로 입법적인 문제보다는 사법적 문제이며, 이 법원에 의해 최종적으로 해결될 수 있다.'"
>
> 1861년, 의회는 특허 기간을 14년 및 7년 연장으로 부터 존속기간의 연장없는 17년으로 변경했다.(1861. 3. 2. 법률, ch. 88, § 16, 12 Stat. 249.) 그 변경은 소급효 없이, 오직 "향후 부여될 모든 특허"에만 적용됐다. 물론, 의회는 과거 수차례 기존 저작권과 특허의 존속기간을 소급적으로 연장하였다. 그러나 피고가 주장하는 것보다 그 소급적 효력의 부여 역사는 훨씬 많은 반복적 관행을 보여준다. 이러한 관행은 의문의 여지없이 헌법에 어긋나는 것임이 분명하다.

라고 판시하였다. 본 사건은 1998년 제정된 'Sonny Bono Copyright Term Extension Act of 1998' 즉, 1998년 제정된 저작권보호기간연장법(Copyright Term Extension Act of 1998, CTEA)이 1976년 저작권법상으로 보호받고 있던 저작물이나 미래의 저작물이나 모두 20년의 저작권 연장을 하였고, 이것이 1978. 1. 1. 출판된 저작물에 대하여는 최장 95년의 보호기간을 제공하고, 직무상 저작물(works for hire), 익명의 저작물 등에 대하여는 120년의 보호기간을 제공하게 된 결과가 되어 연방의회의 입법권한을 넘은 것인지가 문제된 사건이다. 그러나 연방대법원은 저작권이 만료되기 전에 저작권 보호기간을 연장하는 것은 저작권이 만료된 저작권을 다시 보호하는 소급입법이 아니므로 연방의회의 입법권한 내에서 행한 입법에 의한 것이라고 판시했다.

영미법과 대륙법의 저작권에 대한 철학의 차이를 살펴보면, 영미법상의 저작권은 공중의 권리를 중심으로 발전해 왔고, 독일법을 중심으로 한 대륙의 저작권은 저작권자의 권리가 중심으로 발전해 왔다. 영미법상 저작권(copyright)은 저작자가 저작물을 창작할 수 있도록 충분한 동기(incentive)를 제공하여 공공영역의 저작물을 풍부하게 하고 저작물이 제공하는 유용한 사회적 기능, 예컨대 공중의 계몽, 즐거움, 교육, 학문적 담론 등 문화적으로 생산적인 사회를 제공하기 위한 것이다. 예컨대, 우리가 앤 여왕법(Statute of Anne, 1710)으로 부르는 법의 원래 명칭은 "A Bill for the Encouragement of Learning and for Securing the Property of Copies of Books to the Rightful Owners Thereof"라고 하여 "Encouragement of Learning", 즉 '지식습득의 장려'가 앤 여왕법 제정의 주된 목적임이 그 법의 명칭에서 명백히 되었다. 또한 저작권법이 영국 국민을 교육하기 목적임은 1774년 Donaldson v. Becket 사건판결에서도 확고히 확인 되었다. 그리하여 영미법상의 저작권의 특징은 교육목적의 저작물 공유가 목적이 되므로 저작권의 공정사용(fair use)과 한정된 기간동안 저작권 보호를 통하여 공중이 그 저작물을 자유사용함으로서 최대다수의 최대행복을 달성하기 위한 도구로 보았다. 그리하여 저작권은 교육용 저작물의 공개에 대한 경제적 가치의 보상을 중심으로 한 재산권 개념이 발전하였다. 이러한 영미법상의 저작권 철학은 존 로크의 재산권 철학과 공리주의를 바탕으로 한다.

그러나 독일법은 인격이 체화된 것으로서 인격의 발현으로 보았다. 그리하여 독일의 저작권은 양도 등 처분할 수 없는 권리(inalienable right)로 인정되었고, 재산권이라는 개념을 찾을 수 없었다. 이는 저작권을 인격을 발현이라고 생각한 칸트와 헤겔의 철학을 바탕으로 한다. 물론 공중과 소통한 경우에는 저자의 개성이 아닌 아이디어는 더 이상 그의 것이라고 할 수 없다.

따라서 대륙의 저작권(author's right) 체제에서 그 주역은 창작자이지 공중(the public)이나 그 저작물의 소비자가 아니다. 저작자는 자신의 정신적 노동과 창의성을 계발하여 공중과 소통함으로써 유체물에 있는 정신과 사상을 무형적 자산(heritage)으로 소유하게 되었다. 예컨대, 저작자가 시장에 주메뉴가 아닌 디저트를 팔 때 정당한 디저트 판매를 보장하는 것이 유럽에서 저작권 보호 정신의 핵심이었다.

2. 자연에 대한 저작권은 타당한가?: 골프존 스크린 골프장 사건[93]

태초에 하나님이 천지를 창조하시니라.

(창세기 1장 1절)

땅과 거기 충만한 것과 세계와 그 중에 거하는 자가 다 여호와의 것이로다 여호와께서 그 터를 바다 위에 세우심이여 강들 위에 건설하셨도다.

(시편 24편 1-2절)

우리 헌법은 저작자와 예술가의 권리는 법률로써 보호한다는 법률유보조항을 두고 있다.[94] 따라서 저작자와 예술가의 권리는 의회에서 제정한 법이 아닌 법원에 의해 창설될 수 없다. 이는 삼권분립에 위반되는 헌법 위반이다. 그럼에도 불구하고 판결에 의해 자연에 대한 개별적 저작권을 입법화 한 것으로, 기본적인 저작권 법리를 무시하여 공중의 자유를 침해한 판결이 되고 있다.

골프존이라는 회사는 전국의 골프장을 디지털화면으로 변경하여 실내에서 스크린에 비춰진 골프장의 전체적인 구조를 보고 골프게임을 할 수 있도록 하였다. 우리 저작권법은 건축물과 그 설계도에 대하여도 저작권을 인정하고 있다.[95] 건축물의 경우에는 그 건축을 위한 모형 또는 설계도서에 따라 이를 시공하는 것을 저작물의 복제로 인정하고 있다.[96] 따라서 골프장을 설계한 사람의 창조적 개성이 골프장에 반영되었다면 그 설계자는 골프장에 대한 저작권을 가진다. 그러나 본 사건은 골프장 설계자가 아닌, 골프장의 소유자가 부정경쟁방지법상 파목의 부정경쟁행위[97]를 이유로 소송을 제기했다. 즉 골프존이 골프 코스의 레이아웃 등을 항공촬영하여 이를 모방하여 디지털 이미지화 하여 골프장 주인이 상당한 투자나 노력으로 만들어진 골프장의 모습을 공정한

93) 대법원 2020. 3. 26. 선고 2016다276467 판결. 이하 부분은 나종갑, 부정경쟁방지법의 철학적 규범적 토대와 현대적 적용, 173면 이하에 서술된 부분을 일부 가져와 수정 보완을 하고, 본 저술의 주제에 부합하도록 변형을 했음. 골프존 실내골프장 사건의 쟁점은 저작권법 뿐만 아니라 부정경쟁방지법과 중복되는데, 부정경쟁방지법상의 쟁점에 대하여는 본 서 '제3장 제3절 2. 위조상품을 구입한 사람은 진품 소유자에게 부정경쟁행위를 하는 것인가?'에서 자세히 논한다.

94) 헌법 제22조 제2항 "저작자·발명가·과학기술자와 예술가의 권리는 법률로써 보호한다."

95) 저작권법 제4조(저작물의 예시 등) 제1항 제5호 ("건축물·건축을 위한 모형 및 설계도서 그 밖의 건축저작물").

96) 저작권법 제2조 제22호.

97) 부정경쟁방지법 제2조 제1호 파목. "그 밖에 타인의 상당한 투자나 노력으로 만들어진 성과 등을 공정한 상거래 관행이나 경쟁질서에 반하는 방법으로 자신의 영업을 위하여 무단으로 사용함으로써 타인의 경제적 이익을 침해하는 행위"

상거래 관행이나 경쟁질서에 반하는 방법으로 자신의 영업을 위하여 무단으로 사용하여 부정경쟁행위를 하였다는 것이었다.

본 사건은 메타버스(Metaverse)의 프로토 타입(prototype)으로 볼 수 있다. 골프존은 기존의 골프연습장의 개념을 바꾸어 새로운 기술이 새로운 시장을 형성해 나간 것이다. 따라서 어떤 점에서는 획기적이었고, 메타버스의 개념이 일부 구현된 것으로 볼 수 있었다.

그런데, 골프 코스의 레이아웃 등은 건축저작물로서 저작권으로 보호받는 저작물이고, 저작권으로 보호받는 저작물이 아니라면 소위 공중의 영역, 즉 공역에 있는 자유이용의 대상이다. 자연법칙이나 자연현상 및 추상적 아이디어와 같다. 그런데, 앞서 언급한 바와 같이, 골프장에 대한 저작권자는 골프장의 설계자이지 골프장의 주인이 아니다. 책의 저자와 책을 구입하여 소유한 자가 다르듯이 골프장의 소유자는, 예컨대, 책의 구입자와 같은 지위에 있기 때문에 저작권자가 아니다. 그런데도 대법원은 파목의 부정경쟁행위금지 조항에 의하여 골프장 소유자에게 골프장에 대한 변종의 저작권을 인정하였다. 세상 어느 누구에게도 골프장 소유자는 저작권과 같은 권리를 주장할 수 있게 되었으므로 부정경쟁행위에 의한 보호가 아닌 저작권에 의한 보호를 창설하여 골프장 소유자에게 변종의 저작권을 인정한 것이다.

이러한 판결은 헌법 제22조 제2항에 의한 저작자와 예술가에 대한 권리의 법률유보와 국회입법권을 위반하여 법원이 직접 저작권제도를 만든 것으로서 결국 헌법에 위반된 판결이다. 앞서 칸트의 저작권법리에서 출판자가 출판하는 책은 저자의 사상을 담는 그릇(medium)과 같은 도구인데, 골프장도 저작권자인 골프장설계자의 건축물 설계라는 저작을 담는 그릇(medium)과 같은 것이다. 비유하자면, 책을 저술한 저작자 뿐만 아니라 책을 제본하여 만든 출판자에게도 저작권을 인정하는 것과 같은 결과가 된 것이다.

원래 저작물도 일단 공공의 영역에 놓이게 되면 다시 저작권을 회복하지 못한다. 따라서 저작권법이 인정하지 않는 저작권은 인정될 수 없다.[98] 만일 골프존이 골프장을 훔쳐갔다면, 그는 골프장 소유자의 소유권을 침해한 것은 분명하다. 그러나 골프장의

98) 헌법 제22조 제2항.

외관의 모습만 변형하여 차용한 것[99]이므로 골프장 소유자의 권리를 침해하지 않았다. 저작권자 이외의 자에게 골프장의 외형의 모습은 단지 자연의 일부에 해당한다. 자연을 이용하는 것은 어느 누구에 대한 부정경쟁행위가 될 수 없다.

골프존 사건에서 서울고등법원의 판결을 보면, 골프장의 골프코스는 저작권의 대상이 되는 예술적인 표현 보다는 실용적 기능적 저작물인지만, 기능적 요소 이외에 골프코스를 이루는 개개의 구성요소를 판단할 것이 아니라, 골프코스가 차지하는 공간 내에서 개별적인 골프장 구성요소의 배치와 조합으로 구성되는 미적인 형상으로서의 골프코스의 전체적인 디자인이 다른 골프코스와 구분될 정도로 설계자의 창조적 개성이 표현되는 경우에 그 저작물로서의 창작성이 인정될 수 있다고 하였다. 즉 골프장 소유자가 아닌 골프장을 설계한 사람의 건축저작물이 된다. 앞서 책을 구입한 사람이 저작자가 아니라 책을 저술한 사람이 저작자인 것과 같다. 골프장에는 그 소유자의 표현이 아닌 골프장의 설계한 사람의 독창적(original)이고 창작적(creative) 표현이 담겨 있기 때문이다.

각 골프장의 골프코스를 구성하는 각 홀의 경우, 비록 그 구성요소들은 티잉그라운드, 페어웨이, 러프, 퍼팅 그린, 벙커나 워터 해저드 등 일반적으로 골프장의 골프코스의 각 홀을 이루는 개별 구성요소들로 구성되어 있더라도 그 구체적인 배치에 있어서는 각 홀마다 페어웨이의 모양이나 길이, 폭, 꺾어진 방향과 각도, 벙커나 워터 해저드의 위치, 모양 및 크기 등이 모두 달라 전체 각 홀마다 독특한 특색을 가지고 있어 전체적으로는 다른 골프장의 골프코스와 구별되는 차이점이 있다는 점 등을 근거로 골프코스에 대하여 창작성(creativeness)을 인정했다.[100] 이는 골프장 설계자의 창작적 행위라는 의미이다. 골프장도 건축저작물이기 때문에 당연히 저작권의 보호대상이 되는 저작물이다.

그런데, 서울고등법원은 타인의 성과를 무단으로 가져다 사용했다고 하면서 파목의 부정경쟁행위를 인정했고, 대법원은 상고기각을 함으로써 결론적으로 고등법원 판결을 지지했다. 대법원은 골프장의 종합적인 '이미지'는 골프코스 설계와는 별개로 골프장을 조성·운영하는 을 회사 등의 상당한 투자나 노력으로 만들어진 성과에 해당하고,

99) 본서 '제2장 제4절 3. 나. 차용예술은 자유의 실천인가? : 공역(the public domain)' 참조.
100) 서울고등법원 2016. 12. 1. 선고 2015나2016239 판결.

갑 회사의 행위는 을 회사 등의 성과 등을 공정한 상거래 관행이나 경쟁질서에 반하는 방법으로 자신의 영업을 위하여 무단으로 사용함으로써 을 회사 등의 경제적 이익을 침해하는 행위에 해당한다고 본 서울고등법원의 판단에 파목의 부정경쟁행위에 의한 보호대상 등에 관한 법리오해 등의 잘못이 없다고 판시했다.

골프존 사건의 경우, 골프존에서 만들어 낸 골프장의 디지털 이미지는 저작권 법으로 보호받지 못하는데, 부정경쟁행위로 보호하는 것은 새로운 저작권을 만들어 내는 것이다. 골프장의 이미지는 인공건축물과 자연상태가 가미된 것이다. 골프장은 자연상태를 기반으로 만들어진 것이기 때문에 골프장의 자연을 이루는 나무, 숲 등의 위치는 인공적인 미를 가했다고 하더라도 창작성은 극히 낮은 것일뿐더러 나무가 자라고 골프코스의 정착물이 점차 자연화되어 자연에 부합된 것으로 보아야 한다. 저작물이 공개되면 저작권법 이외에 자연법상의 저작권의 보호대상이 될 수 없다는 것은 1774년 영국의 Donaldson v. Beckett 사건과 1834년 미국의 Wheaton v. Peters 사건의 각 판결의 법리이다.

산에 나무 몇 그루를 심으면 그것이 인공물이 되어야 한다고 하여야 할까, 자연에 부합된 것으로 보아야 할까? 그리고 해저드의 위치, 페어웨이 등 골프코스를 이루는 구성요소는 골프코스의 난이도 등을 고려하여 만들어진 것으로서 개별적으로는 매우 약간의 창작성이 가미된 것이기는 하지만, 전체적으로는 자연을 바탕으로 한 것으로 상당 부분은 아이디어를 구성하고, 시간의 흐름에 따라 자연의 일부가 된다고 하여야 할 것이다. 골프장에 워터 해저드, 골프코스는 필수적이므로 모든 골프장에 존재한다. 이에 대하여 얼마나 창작성을 인정할 수 있을까? 따라서 그 구성요소의 세세한 부분까지 거의 동일하게 복제하지 않는 한 실질적 유사성을 인정하기 어렵고 나아가 창작성을 차용했다고 할 수도 없을 것이다. 나아가 디지털이미지이므로, 저작권법상 복제의 정의[101)]에 포함되지 않는다.

앞서 언급한 바와 같이 특허권과 저작권의 보호기간의 차이는 발명과 창작하는데 있어 자연을 얼마나 이용을 했는지가 반영되어 있다. 특허권의 보호기간이 상대적으로 단기인 이유는 발명을 하는데, 자연법칙을 이용하는 것이 필수적이기 때문에 인간

101) 저작권법 제2조 22. ""복제"는 인쇄·사진촬영·복사·녹음·녹화 그 밖의 방법으로 일시적 또는 영구적으로 유형물에 고정하거나 다시 제작하는 것을 말하며, 건축물의 경우에는 그 건축을 위한 모형 또는 설계도서에 따라 이를 시공하는 것을 포함한다."

의 기여가 저작물보다 상대적으로 적다는 이유이다. 임마누엘 칸트가 시와 소설 등 문학작품과 철학사상가의 수필이나 산문, 정치적인 글 등에 저작권을 인정하고, 미술작품에 저작권을 인정하지 않았는데, 그 이유는 저자와 대중과의 사이에 표현과 소통의 정도이었다. 전자의 경우에는 저자가 창작한 생각, 표현 등을 대중과의 사이에 소통을 하는 것이고 미술작품에 대하여는 그와 같은 생각의 표현이나 소통이 없다고 판단하였기 때문이다. 다시 말하면 저작물로 보호되어야 하는 것은 많은 독창적이고 창작적 사상과 표현이 존재하기 때문이다. 기존의 저작물을 이용하는 것은 상대적으로 보호가 적다. 골프장의 골프코스도 자연에 많은 영향을 받기 때문에 상대적으로 보호받을 창작적인 표현이 적을 수밖에 없다.

위와 같은 법리는 저작권법 이론에 의한 것이고, 이러한 법리는 상당한 노력에 의한 성과를 판단할 때 참작해야 한다. 그러나 이 사건의 경우에는 본질적으로 파목의 부정경쟁행위를 성립하여서는 안된다. 파목의 부정경쟁행위를 인정하는 것은 근본적인 법리에 어긋날뿐더러 대법원의 판결을 지지할 법리가 없기 때문이다. 유체물에 대하여 유체물을 절도를 하지 않고 쳐다만 본 것에 대하여도 절도를 인정하는 것과 다를 것이 무엇이 있겠는가?

서울고등법원이 "골프코스가 차지하는 공간 내에서 개별적인 골프장 구성요소의 배치와 조합으로 구성되는 미적인 형상으로서의 골프코스의 전체적인 디자인이 다른 골프코스와 구분될 정도로 설계자의 창조적 개성이 표현되는 경우"에 저작권이 인정된다고 판시하고 있다. 이는 저작권 법리에 비추어 보면 당연하다. 앞서 강조한 바와 같이, 골프장 전체로서 미적인 면이 있을 수 있고, 당연히 저작권으로 보호받을 수 있다. 다만 그와 같은 골프장의 미적인 면이 골프장이 자연의 일부라는 본질적인 면을 고려했을 때 '작은 동전'(Kleine Münze) 만큼의 가치가 존재할지, 또는 최소한의 창작성(minimal creation)이 존재할지는 의문이다. 그러한 가치가 있다고 하더라도 저작권은 골프장을 설계한 설계자의 권리이다.

나아가 법원이 말하는 골프장의 '종합적인 이미지'는 도데체 무엇을 의미하는지 알 수 없다. 종합적인 이미지는 저작권법에 의하여 저작권자인 골프장의 설계자의 저작권으로 보호받는다. 그러나 그 이외에는 저작권법에 의해 공공의 공유인 공역(the public domain)으로 인정한 것이다. 따라서 골프장 소유자는 저작권법에 의하여 골프장의 종합적인 이미지에 대하여 아무런 권리가 없는 것이다. 앞서 1769년 Millar v. Taylor 사건의 요셉 예이츠(Joseph Yeats) 판결과 1774년 Donaldson v. Beckett 사건 판결을 읽어 보면 명확하고도 쉽게 알 수 있다.

골프존 사건에 있어서 실내골프장의 화면에 비치는 디지틀 화면은 그러한 모습보다는, 개별적인 화면에서 골프장 모습을 찾을 수 있고, 그것이 해당 골프장의 코스라고 하니 알 수 있을지 몰라도, 그러한 선입견이 없다면, 스크린 골프장에서 비추는 화면만으로는 실제 골프장과 스크린 골프장의 실질적 유사성을 인식하기는 어렵다. 스크린에 조사된 화면에 나타난 골프장 이미지는 부분만이 나타나 있어, 골프장의 구성요소의 구체적인 배치에 있어서 "각 홀마다 페어웨이의 모양이나 길이, 폭, 꺾어진 방향과 각도, 벙커나 워터 해저드의 위치, 모양 및 크기 등 각 홀마다 독특한 특색"을 그 화면으로는 알아 차릴 수 없다고 보인다. 따라서 전체적으로는 다른 골프장의 골프코스와 구별되는 차이점이 있다는 것도 알기 어렵다. 골프장의 전체와 그 전체를 이루는 부분은 디지털 이미지로 되어 저장장치에 저장되어 있을 뿐 실제로 화면에 비추는 모습은 골프장과 골프코스의 부분적인 모습일 뿐이다. 따라서 저작권 침해가 발생하기 위해서는 화면에 비추는 모습이 골프장이 저작권으로 보호되는 모습과 실질적으로 유사하여야 한다. 이를 미국 저작권법에서는 'striking similarity'라고 한다. 실질적으로 유사하지 않다면 이는 아무런 침해로 인정받지 못하고 자유사용의 대상이 된다. 특허법에서 추상적 아이디어에 대하여 특정인의 소유를 인정하지 않듯이 저작권에서도 추상적 아이디어나 아이디어는 저작권의 보호대상이 아니다. (idea/expression dichotomy)

아이디어는 자연의 산물과 같은 지위에 있기 때문에 만인의 공유이다. 그리하여 저작권 보호대상에서 제외한 것이다. 그렇다면 파목의 부정경쟁행위로 보호하기 위해서는 골프존이라는 피고회사가 원고의 어떠한 재산적 이익을 침해했는지에 대하여 구체적으로 판시해야 한다. 이는 골프장 소유자에게 법에 없는 새로운 권리를 부여하는 것이므로 그 근거를 명확히 하여야 하기 때문이다. 그런데 대법원이 언급하는 '골프장의 종합적인 이미지'라는 것은 도데체 무엇인지 알 수가 없다. 그런데, 골프존 실내골프장에서 보이는 것은 자연에 보이는 골프장을 연상할 수 없는 추상적인 디지털 이미지일 뿐이다.

앞서 인용한 제레미 벤담의 생각을 다시 인용한다.

기술을 배제한 단순한 노동은 동등한 노동 없이는 복제될 수 없다. 그러므로 단순한 노동의 경우에는 노동을 한 사람 또는 그 노동에 대한 비용을 지불한 특정인이 아니라면 어느 누구도 노동으로부터 이익을 얻을 수 없다. 그러나 기술은 육체적 노동과 비교하여 어떤 정신적 노동을 함이 없이, 취득하기 위해 비용을 지불한 것에 의하여 무한정 이익을 취득하고 복제 확산될 수 있는 재산이다. 따라서 기술은 효과적인 조치를 취하고 이를 제한하기 위한 조치를 취하지 않는 한 그 기술에서 파생되는 이익은 해당 기술을 사용하는 모든 사업에 관련된 모든 사람에게; 그리고, 따라서, 아무런 비용을 지불하지 않은 그 기술을 점유하는 수십억명 뿐만 아니라 기술을 얻기 위해 비용을 지출한 개인에게도 자연스럽게 취득될 수 있는 재산이다.

제레미 벤담은 벽돌조적과 같이 동일한 노동을 투입하여야 하는 경우에는 그 성과를 보호할 필요성이 없다고 하고 있다. 동일한 골프장을 건설하는데는 동일한 비용이 든다면 그 골프장 소유자를 보호할 필요가 있을까? 물론 저작권자인 골프장 설계자의 저작권을 침해하는 행위는 별개이다.

설계도에 따라 골프장을 건설하는 일은 벤담이 말하는 단순한 노동이다. "기술을 배제한 단순한 노동은 동등한 노동 없이는 복제될 수 없다." 따라서 이를 보호할 유인은 없다. 물론 단순한 노동이 결과라도 자연법상의 소유권이 인정된다. 그러나 이를 복제하는 것에 대한 권리는 없다. 내가 아파트를 소유하고 있으면 타인은 동일한 모형의 아파트를 소유하면 안될까? 내가 그 골프장을 건설하는데 10,000원이 들었다면 타인도 동일한 골프장을 건설하는데 10,000원이 든다. 내가 먼저 골프장을 건설하면 타인은 골프장을 건설하면 안되는가?

그러나 기술은 다르다. "그러나 기술은 육체적 노동과 비교하여 어떤 정신적 노동을 함이 없이, 취득하기 위해 비용을 지불한 것에 의하여 무한정 이익을 취득하고 복제 확산될 수 있는 재산이다." 따라서 이러한 기술을 보호하지 않으면 어느 누구도 기술을 개발하지 않고, 무임승차하려고 할 것이다. 골프장 설계를 하는데 10,000원이 들지만, 설계도를 복제하는데는 100원이면 충분하다. 따라서 지적재산권법이라는 법제도에 의하여 일정기간 동안 법적독점을 부여하여, 창작적인 행위를 한 사람을 보호한다. 골프장 소유자에게 소유권 이외에 어떤 지적재산권을 인정할 합리적이고 타당한 근거를 찾을 수 없다.

골프존 사건의 법원 판결은 매우 간단하게, 헌법 제22조 제2항이 국회 입법으로 위임한 사항을 헌법상 권한의 범위를 넘어 법원이 행사한 헌법을 위반한 판결이다. 또한 기본적인 저작권 법리에 대한 이해가 부족할뿐더러 부정경쟁행위법리에 대한 이해도 부족하다. 내가 다른 사람이 가진 책을 복제하였다고 하여, 그 저작자가 아닌 그 책의 소유자의 권리를 침해했다고 하여야 하는가? 판결에 의해 출판자에게 저작권을 인정한 것과 같다. 나는 정가 10,000원을 주고 책을 구입했는데, 당신은 5,000원으로 복제하여, 결과적으로 내가 5,000원의 손해를 보게 하였으니, 당신은 나에게 손해배상을 하여야 한다고 할 수 있는가? 나는 10,000원을 주고 구입한 요리책에 설명되어 있는 요리를, 당신은 아무런 비용을 내지 않고 유튜브에 직접 만들어 소개한 것은 돈을 주고 책을 구입한 나에게 부정한 경쟁행위한 것이라고 하여야 할까? 나이아가라 폭포가 위치한 미국은 건너편에 위치한 캐나다에게 나이아가라 폭포를 관광하는 비용을 청구할 수 있을까?

골프장의 종합적인 이미지는 도데체 무엇을 의미하는지 불명확하다. 이것이 어떤 재산적 가치가 있는지도 불명확 하다. 공개된 골프장의 이미지는 역분석(reverse engineering)의 대상이 되지 않는가? 부정경쟁방지법상 금지명령(제4조)를 인정하기 위해서는 어떤 영업상 이익에 대한 침해가 있어야 하는데, 종합적인 이미지가 어떤 재산적 이익일까?

자연이나 자연의 일부는 인간의 창작성이 강한 창작물이라기 보다는 인간에 대한 신의 선물이다. 예컨대, 솔섬 사건의 서울지방법원 판결(재판장 심우용 부장판사)을 보면 이러한 철학적 정신이 담겨 있다.

> 자연 경관은 만인에게 공유되는 창작의 소재로서 촬영자가 피사체에 어떠한 변경을 가하는 것이 사실상 불가능하다는 점을 고려할 때 다양한 표현 가능성이 있다고 보기 어려우므로, 전체적인 콘셉트나 느낌에 의하여 저작물로서의 창작성을 인정하는 것은 다른 저작자나 예술가의 창작의 기회 및 자유를 심하게 박탈하는 결과를 초래할 것이다.[102)]

이러한 판시는 저작권법의 정신과 철학이고, 공역(the public domain)의 법리이다. 앞

102) 서울중앙지방법원 2014. 3. 27. 선고 2013가합527718 판결.

서 대법원이 골프장의 종합적인 이미지에 대한 재산성을 인정한 것과 정반대의 법리이다.

골프존 사건에 대한 우리 대법원 판결을 보면, 미국의 Sony v. Universal City Studios 사건과 Apple v. Microsoft 사건을 연상케 한다. 기술변화에 따라 새로운 기술이 나와서 저작권 침해문제가 발생했을 때, 미국 연방대법원은 새로운 기술의 진보와 이에 따른 공익적 혜택에 판단의 중심을 두었다.

그러나 우리 대법원은 존재하지도 않고, 헌법상 국회 입법유보의 헌법조항[103]과 원칙에도 위반되는 건축물 소유주의 변종 저작권을 인정하여 메타버스를 발전시키고 활용할 수 있는 새로운 기술의 발전을 막았다. 본 판결은 기술발전에 장애가 된 판결이다. 위 Sony 사건을 통하여 법해석의 가치를 다시 한번 생각게 한다.

103) 헌법 제22조 제2항 ("저작자·발명가·과학기술자와 예술가의 권리는 법률로써 보호한다.")

제4절

저작권과 학문 예술의 자유

If I have seen further, it is by standing on the shoulders of giant.

↳ 내가 더 멀리 보았다면 이는 거인들의 어깨 위에 서 있었기 때문이다.

(1130 베르나르 사르트르)

Knowledge has no value or use for the solitary owner: to be enjoyed it must be communicated.

↳ 지식을 홀로 사용하면 아무런 가치가 없다. 즐기기 위해서는 소통과 공유되어야 한다.

(1774 Donaldson v. Beckett)

1. 아이디어 표현의 이분법(idea/expression dichotomy)의 가치와 공리주의

저작권은 표현을 보호하는 법이지 아이디어를 보호하는 법이 아니다. 기술적 아이디어는 저작권으로 보호받을 수 없다. 이는 저작권법이 기초하여 온 아이디어와 표현의 이분법(idea/expression dichotomy)이다. 그러나 저작물의 보호가 결과적으로 기술 발전을 가로막을 수 있다. 아이디어와 표현이 이분법의 역사는 매우 오래되었다. 그 기본정신은 영국의 1741년 Pope v. Curl 사건[104]에서 찾아 볼 수 있고, 그 이후인 1769년 Millar v.

104) Pope v. Curl (1741) 2 Atk. 342.

Taylor 사건과 그로부터 5년후의 1774년 Donaldson v. Beckett 사건에서 찾아 볼 수 있다. 또한 칸트와 같은 철학자의 사상도 아이디어와 표현의 이분법의 근거가 된다. 미국의 1879년 Baker v Selden 사건에서도 아이디어와 표현의 이분법을 확인했다.

아이디어와 표현의 이분법은 저작권에 의한 아이디어 보호를 제한한다. 일반적으로 저작권은 표현을 보호하는 것으로 알려져 있지만, 그 이면에는 '공중의 재산'인 아이디어 보호를 하는 법체계라고도 할 수 있다. 따라서 저작권에 관한 권리는 다른 한편으로 과학기술의 발전에 영향을 끼친다.

저작권으로 아이디어를 같이 지배한다면 인류의 공동자산인 과학기술, 법칙, 원리, 자연현상 등을 특정인이 사유화하는 불편을 가져오고, 결국 인류의 공동자산을 이용한 과학기술 발전은 저해될 것이다. 아이디어와 표현의 이분법은 18세기 저작권법 발전 초기부터 등장한 것으로, 저작권법의 법리에 대한 인류의 경이적인 사고의 결과라고 생각된다.

1769년 Millar v. Taylor 사건의 소수의견을 개진한 요셉 예이츠(Joseph Yates) 판사는 인간의 사상감정의 표현에 대한 저작권 보호는 한시적이어야 하는 이유를 제시[105]하였을 뿐만 아니라 아이디어에 대하여도 다음과 같이 공중의 선물이어야 하는 이유를 제시했다.

> But when the invention is once made known to the world, it is laid open ; it is become a gift to the public : every purchaser has a right to make what use of it be pleases. If the inventor has no patent, any person whatever may copy the invention, and sell it.[106]
>
> ↘ 발명이 일단 공개되면, 그것은 세상에 알려진다; 그것은 공중에 대한 선물이다. 모든 구입자는 그것을 이용하여 원하는 것을 만들 권리가 있다. 만일 발명자가 특허가 없다면, 누구든지 그 발명을 복제하여 판매할 수 있다.

위와 같은 공역에 대한 공중의 권리 개념은 5년후에 Donaldson v. Beckett 사건에서 인류의 보편적인 사고와 철학이 되게 한 판결의 영향이었다. 이 판결은 단순히 하나의

105) 요셉 예이츠(Joseph Yates)판사의 저작권을 제한하여야 하는 이유에 관한 판결문은 '제2장 제4절 4. 마. (1) 권리소진의 원칙의 발전' 참조.

106) Millar v Taylor (1769) 4 Burr. 2303, 2386, 98 ER 201, 246.

판결이 아니라 지식과 문화를 공유하게 하여 인류의 문화예술 뿐만 아니라 과학기술의 발전을 이룩하도록 한 기념비적 판결이라고 평가할 수 있다.

1774년 영국의 Donaldson v Beckett 사건을 기록한 판결집(report)에는 다음과 같은 판결 내용을 기록하고 있다:

> Lord Chief Justice De Grey spoke next. His arguments were substantially as follow:
>
> ....
>
> Abridgments of books, translations, notes, as effectually deprive the original author of the fruit of his labours, as direct particular copies, yet they are allowable. The composers of music, the engravers of copper-plates, the inventors of machines, are all excluded from the privilege now contended for; but why, if an equitable and moral right is to be the sole foundation of it? Their genius, their study, their labour, their originality, is as great as an author's, their inventions are as much prejudiced by copyists, and their claim, in my opinion, stands exactly on the same footing; a nice and subtle investigation may, perhaps, find out some little logical or mechanical differences, but no solid distinction in the rule of property that applies to them can be found. If such a perpetual property remains in an author, and his right continues after publication, I cannot conceive what should hinder him from the full exercise of that right in what manner he pleases; he may set the most extravagant price he will upon the first impression, and refuse to print a second when that is sold. If he has an absolute controul over his ideas when published, as before, he may recal them, destroy them, extinguish them, and deprive the world of the use of them ever after; his forbearing to reprint is no evidence of his consent to abandon his property, and leave it as a derelict to the public.[107)]
>
> ↘ 재판장 De Grey는 다음과 같이 판시하고 있다. 그의 판단은 실질적으로 아래와 같다:
>
> ....
>
> 원저작자의 노력의 결과를 실질적으로 박탈하는 책의 초록, 번역, 노트 등은 직접적인 복제로서 그래도 허용될 수 있다. 음악의 작곡자, 에칭화가, 기계발명가는 현재 논쟁중인 [저작권이라는] 특권으로부터 배제되어 있지만 형평 및 도덕적(moral right[108)]) 권리가 유일한 근거라면 왜 [그들은 보호를 받지 못할까?] 그들의 재능,

107) Donaldson v Becket, Cobbett's "Parliamentary History of England", London, 1806-1820, vol. XVII.) [https://www.copyrighthistory.com/donaldson.html].

108) 여기에서 도덕적이란 말은 저작권에서 저작인격권인 'moral right'의 의미는 아니고, 로크가 말하는 윤리적 의미(deontology)로서 사용된 것으로 판단된다.

그들의 공부, 그들의 노동, 그들의 창작성은 저작자만큼이다 위대하다. 그의 발명은 복제자들에 의해 침해당하고, 나의 생각으로는 그들의 주장은 저작자와 똑같다. [저작과 발명에 대한] 명확하고 절묘한 조사는 아마도 논리적이고 기계적인 차이를 거의 찾지 못할 것이다. 발명과 저작에 적용되는 재산원칙에서 확고히 다른 점은 찾을 수 없을 것이다. 만일 영구적 재산권이 저작자에게 있다면 그의 권리는 출판 이후에도 남아 있어야 하고, 그가 원하는 대로 행사할 수 있는 모든 권리를 행사하지 못하도록 하여야 할 이유를 나는 찾을 수 없다. 그가 처음 생각한 터무니 없는 가격을 설정할 수 있고, 그 책이 판매되었을 때 두 번째 책의 인쇄를 거절할 수 있다. 만일 그가 출판했을 때 그의 아이디어에 대하여 절대적으로 통제를 할 수 있다면, 그는 [앤여왕법상 28년의 저작권 보호기간이] 만료된 후에, 세상 사람들이 그의 저작물을 이용하는 것을 막고, 파괴하고, 소멸시킬 것이다. 그가 복제를 참아내는 것은 자신이 재산을 포기하는 것에 대한 동의의 증거가 될 수 없고, 공중에게 부랑자를 보내는 것이다.

왜 저작권으로 아이디어를 소유할 수 없는가? 아이디어는 독창성(originality)이 없고 보편적(universal)인 것이므로 만일 저작권으로 아이디어를 소유한다면, 타인의 학문의 자유에 대한 많은 제한이 발생하고 결국 인류의 지식과 발전은 저해될 것이다. 독창성은 개성의 표현이므로 개인의 인성이 각 개인마다 다르듯이, 각 개인마다 그 독창성이 다르게 된다. 따라서 독창성을 배타적인 권리로 보호하더라도 타인의 자유에 대한 제한은 적다. 따라서 저작권법에서는 아이디어/표현의 이분법(idea/expression dichotomy)의 법리가 전제가 될 수 밖에 없다.

이러한 아이디어/표현의 이분법은 항해지도가 문제된 1785년의 Sayre v. Moore 사건에서 Lord Mansfield에 의해 인정되었다. 독일에서는 임마누엘 칸트와 칸트의 제자로 알려진 조한 고틀립 피히테(Johann Gottlieb Fichte)가 발전시켰다.

그러나 아이디어는 그와 다르다. 아이디어는 보편적이기 때문에 보편적인 것을 사유화 한다면, 타인의 자유, 특히 동등하게 자유로울 권리를 심각하게 제한하게 된다. 나아가 사회 전체의 이익을 해하게 된다. Donaldson v Beckett 사건 판결에서 재판장 디 그레이(Lord Chief Justice De Grey)는 커먼로 저작권과 같이 영구적인 재산권을 인정하는 경우에 사회 전체에 대하여 많은 해가 발생한다는 점을 지적하고 있다.

물론 Donaldson v Beckett 사건에서는 저작권이 한시적인 권리로 인정되어야 하는 이유에 대하여 그 핵심적인 이유를 설명하고 있다. 만일 한시적인 권리가 아니라 영구적인 권리가 된다면 저작권을 통해서 아이디어를 통제 지배할 수 있고, 그 저술에 있는 아이디어까지 통제 지배한다는 법리로 이어질 것이기 때문에, 그와 같은 아이디어에 대한 영구적인 권리까지 통제 지배할 수 있기 때문이다.

따라서 기술발전에 있어서 저작권이 중요한 역할을 한 경우가 발생한다. 저작권에 의해 기술발전을 이루거나 기술발전을 저해할 수 있기 때문이다. 이러한 문제점을 지적한 판결이 Donaldson v. Beckett 사건[109]이라고 할 수 있다. 동 판결에서 법원은 '모든 사람에게 공유로 인정되어야 하는 권리가 한 사람에게 속하게 되면, 다른 사람들은 자신들의 자유를 박탈당하는 고통을 겪게 된다. 그 한 사람을 위하여 다수의 자유를 억압하는 것은 자연적 정의(natural justice)에 어긋나게 된다'고 언급했다.[110]

> [s]o that the public would be materially injured if the monopoly contended for by the respondents was ratified and confirmed. That it was a monopoly tending to distress the public, injure literature, and contrary to every species of natural justice.
>
> ↘ 그리하여 피고가 주장하는 독점이 비준되고 확인된다면 공중은 실질적으로 피해를 입을 것이다. 이는 공중을 괴롭히고, 문학을 훼손하고, 모든 자연적 정의에 반하는 독점이다.

위 판결 법리는 자연법상의 자연적 정의에 기초한 것이지만, 그러한 자연적 정의가 공리주의의 공리성의 원칙에도 기여함을 언급하고 있다. 나아가 지식은 한 사람이 독점하는 것은 가치가 없고 다른 사람과 소통하여야 한다고 판시하였다.[111]

> They forget their Creator, as well as their fellow creatures, who wish to monopolize his noblest gifts and greatest benefits. Why did we enter into society at all, but to enlighten one another's minds, and improve our faculties, for the common welfare of the species? Those great men, those favoured mortals, those

109) Donaldson v Becket (1774) 2 Brown's Parl. Cases 129, 1 Eng. Rep. 837; 4 Burr. 2408, 98 Eng. Rep. 257; 17 Cobbett's Parl. Hist. 953.

110) Donaldson v Becket, Cobbett's "Parliamentary History of England", London, 1806-1820, vol. XVII.

111) Id.

sublime spirits, who share that ray of divinity which we call genius, are intrusted by Providence with the delegated power of imparting to their fellow-creatures that instruction which heaven meant for universal benefit; they must not be niggards to the world, or hoard up for themselves the common stock. We know what was the punishment of him who hid his talent, and Providence has taken care that there shall not be wanting the noblest motives and incentives for men of genius to communicate to the world those truths and discoveries which are nothing if uncommunicated. Knowledge has no value or use for the solitary owner: to be enjoyed it must be communicated.

↘ 그들은 창조주와 그분의 가장 고귀한 선물과 가장 큰 혜택을 독점하기를 원하는 동료 창조물을 망각한다. 인류의 공동 복지를 위해 서로의 마음을 계몽하고 능력을 향상시키기 위해 우리가 사회를 구성한 이유는 무엇인가? 우리가 천재라고 부르는 신성의 빛을 공유하는 저 위대한 사람들, 은총을 받은 필사자들, 저 숭고한 영혼들은 하늘이 보편적인 유익을 위해 의도한 교훈을 동료 인간들에게 전하는 위임된 권능을 [하느님의] 섭리로부터 위탁받았다. 그들은 세상에 인색한 사람이 되어서는 안 되며, 자기 자신을 위해 공동 재산을 쌓아두어서도 안 된다.
우리는 자신의 재능을 숨긴 자에게 어떤 형벌이 주어졌는지 알고 있으며, 전달되지 않으면 아무것도 아닌 진리와 발견을 세상에 전하는 천재적인 사람들에게 가장 고상한 동기와 인센티브가 부족하지 않도록 섭리께서는 보살펴 주셨다. 지식은 유일한 소유자에는 아무런 가치가 없다: 지식을 즐기려면 전달되어야 한다.

표현에 의하여 지식에 대한 독점을 할 것에 대한 우려는 아이디어와 표현의 이분법의 원리를 낳았다. 저작권법이 발전하던 초기인 18세기에 위와 같은 철학과 법리가 나타났다는 것은 경이적인 일이다. 이러한 판결의 정신은 1710년의 앤여왕법의 이념과도 부합한다. 앤여왕법의 원래의 이름은

An Act for the Encouragement of Learning, by vesting the Copies of Printed Books in the Authors or purchasers of such Copies, during the Times therein mentioned.

↘ 본 법에 명시된 기간동안 인쇄된 출판물을 저자나 인쇄물의 구입자에게 속하게 함으로써 학문을 장려(Encouragement of Learning)하기 위한 법

인바, 결국 법의 목적은 학문을 장려하기 위한 것이다. 따라서 저작자의 표현은 보

호하되 그 표현속을 통하여 알 수 있는 지식과 아이디어는 특정인의 소유로 하면 안되었다.

아이디어와 표현의 이분법과 같은 기능을 하는 저작권법상 또 하나의 원리는 '합체의 원칙'(merger doctrine)라고 할 수 있다. 아이디어가 하나 또는 소수의 방식으로만 표현될 수 있다면, 그 표현은 아이디어와 합체되었기(merged) 때문에 저작권법은 그 아이디어가 합체된 표현을 보호하지 않는다. 두가지 원칙은 표현과 발명을 구분하고, 저작권법과 특허법의 경계를 이룬다. 따라서 저작권법이나 특허법의 한계를 어떻게 정하는지에 의해 특허법이 문화예술의 발전에 영향을 미치고, 반대로 저작권법이 과학기술의 발전에 영향을 미친다.

지적 노동의 성과를 보호하는 데 있어서 특허와 저작권의 역할과 한계에 대하여 1879년 Baker v. Selden 사건[112]에서 미국 연방대법원은 피고가 장부관리 시스템과 같은 저자의 유용한 기술(useful art) 또는 아이디어(idea)에 대한 설명, 삽화 또는 묘사를 복사했는지, 아니면 유용한 기술(useful art)이나 아이디어 그 자체만 복제했는지 여부를 고려하도록 판시했다. 전자의 경우, 설명, 삽화, 묘사 등은 저작권으로 보호받지만 유용한 기술(useful art)이나 아이디어는 저작권으로 보호받지 못한다. 유용한 기술(useful art) 또는 아이디어에 특허가 없는 경우, 작품에 묘사된 유용한 기술(useful art)은 그 아이디어와 함께 직접적인 경쟁자를 포함하여 누구나 이용하고 복사할 수 있다.

나. 저작권과 아이디어 및 공정사용, 학문의 자유

앞서 언급한 1774년 영국의 Donaldson v. Beckett 사건 판결 중, 재판장 디 그레이(Lord Chief Justice De Grey) 판사의 판결문에는 다음과 같은 판시사항이 있다.

> Abridgments of books, translations, notes, as effectually deprive the original author of the fruit of his labours, as direct particular copies, yet they are allowable.
>
> ↘ 직접적인 일부 복제와 같이, 책의 요약, 번역, 노트 등 실질적으로 원본 저작자의 노동의 결과를 뺏는 것은 아직은 허용될 수 있다.

112) Baker v. Selden, 101 U.S. 99 (1879).

이는 현대 저작권법에서 공정이용의 법리와 같은 법리를 언급한 것으로 판단된다. 디 그레이(De Grey) 판사에 의하면, 다른 한편으로 복제 등이 허용되는 영역이 있다고 한 것으로 이는 공리주의적 사고의 다른 표현으로도 보인다. 개성이나 독창성은 거의 모두가 개인의 창작이지만 자연법칙이나 자연법칙을 이용한 발명은 많은 부분은 인류의 공유부분이므로 개성이나 독창성에 숨어 있는 아이디어를 독창성으로 소유한다면 이는 저작권이라는 영구적인 권리로 아이디어까지 독점하는 결과가 된다. 결국 법원은 저작권은 영구적인 권리가 아니라 1710년 앤여왕법이 규정한 28년이라는 한시적인 보호가 제공되는 권리라고 해석하여야 하는 당위적인 근거를 제시한 것이다.

앞서 앤여왕법의 실질적인 목적이 학문연구를 장려하는 것이었는데, 학문의 장려를 위해서는 책의 요약, 번역, 노트 등이 허용되어야 한다고 판시한 것이다. 또한 학문의 장려를 위해 저작에 대한 영구적 보호가 부적절한 것이다. 즉 아이디어 표현의 이분법(idea/expression dichotomy)에 의해 학문발전을 위해 저작권으로 아이디어를 보호하지 않아야 하는 당위성 그리고 출판 이후에는 권리소진(exhaustion)에 의하여 일정기간 이후에는 저작자의 표현도 공중의 영역(the public domain)에 존재하게 하여 공유하도록 하여 학문발전의 기초를 삼아야 하는 이유를 찾아 볼 수 있다. 그리하여 위의 판시에서 저작물의 공정이용(fair use) 법리의 이념적 기원을 찾을 수 있고,[113] 결국 저작권의 제한된 기간 보호는 학문의 장려와 학문의 자유 보장을 위한 것이었다고 할 수 있다. 이와 같은 저작권 철학과 법리에는 지식은 공유되어야 최대다수의 최대행복을 달성할 수 있다는 공리주의 철학의 이념을 찾아 볼 수 있다. 공역의 법리(the public domain)는 지식의 공유를 바탕으로 하는 것으로 공리주의 철학의 반영이라고 할 수 있다.

예술에 있어 비평, 풍자, 찬양 등은 학문을 탐구하는데 있어 지식의 공유가 필요하듯이, 그 비평, 풍자, 찬양의 대상인 예술의 인용이 필요하다. 영미법상의 저작권법 철학에는 공리주의가 흐른다. 문화 예술작품이 공중에 공개되면 이는 공중의 공정한 자유이용의 대상이 되며, 따라서 공중은 이를 이용하여 비평, 풍자, 찬양 등을 할 수 있다.

113) 미국에서의 공정이용은 1841년 Folsom v. Marsh 사건에서 요셉 스토리(Joseph Story) 판사에 의해 제시된다. 본 사건에서 스토리 판사는 조지 워싱턴의 편지를 재출간한 것은 저작권 침해라고 판시하면서, 공정이용이 성립하기 위해서는 i) the "nature and objects of the selections made"(선택의 성격과 대상), ii) the "quantity and value of the materials used"(사용된 원저작물의 양과 가치), 및 iii) the "degree in which the use may prejudice the sale, or diminish the profits, or supersede the objects, of the original work"(사용이 원본 저작물의 판매를 침해하거나 이익을 감소시키거나 목적을 대체할 수 있는 정도)의 세가지 요건을 제시하였다. 그리하여 미국은 1976년 저작권법에서 공정이용의 요건을 명시했다.

책의 요약, 번역, 노트, 부분 발췌 등은 1700년대에는 저작권 침해로 인정하지 않았지만, 예외적으로 일부 사건에서는 사실상 저작권 침해가 발생할 것으로 예상되는 경우에는 저작권 침해로 인정되었다.[114] 1741년 Gyles v. Wilcox 사건[115]에서 진정한 요약, 축약('true abridgements')은 허용되지만, 가장된 요약('coloured shortenings')에 의한 원문의 대체는 공정사용이 아니라고 판시했다. 영국은 1911년에 공정사용의 법리를 법에 명시하면서 요약, 축약이나 번역, 변형 등을 저작권 침해행위로 명시했다. 이와 같이 요약, 번역 등이 허용되는 것으로 해석한 이유는 앤여왕법의 법 명칭에서 본 바와 같이 학문연구를 장려하기 위한 목적이었다고 할 수 있다.

114) 1721년 Burnett v Chetwood 사건에서 Lord Macclesfield은 앤여왕법상의 저작권을 침해하지 않고 'Archaeologiae Philosophicae'의 번역이 가능한지 여부를 판단했다. Lord Macclesfield는 '번역가가 자신의 관심과 수고를 쏟았기 때문에 번역은 원본을 재출판하는 것과 동일하지 않으므로 앤여왕 법의 금지 범위에 속하지 않는다고 판시했다. 그러나 다음의 두 사례에서 발췌, 요약은 저작권 침해로 인정되었지만 발췌나 요약 자체가 저작권 침해로 인정된 것이 아니라 비침해인 부분 출판에 의하여 실질적으로 저작권으로 보호되는 타인의 책 전체를 재출판 하는 것을 금지한 것이다. 1739년 Austen v. Cave 사건에서 원고(Austen)는 자신이 출판한 Joseph Trapp의 "The Nature, Folly, Sin and Danger of Being Righteous Over-Much(1739)"에 대한 저작권을 보유한 출판자이었다. "Gentleman's Magazine"의 발행자 피고 Edward Cave는 원고가 출판한 Joseph Trapp의 책을 일부분 발췌하여 재출판하였는데, 원고의 저작권을 침해했다는 이유로 제소되었다. Cave는 자신이 항상 책을 발췌하였고, 이러한 발췌나 요약은 일반적으로 출판사와 작가로부터 지지 받았던 것으로 책 전체가 아닌 일부만을 재출판할 의도였으며 저작권에 관한 규정을 너무 엄격하게 적용한다면 앤여왕법이 주된 목표로 하고 있는 지식의 확산에 방해가 될 것이라고 주장했다. 그러나 법원은 Cave가 작품 전체를 다시 출판하려는 의도가 없었다는 것을 입증하는 것을 해제조건으로 금지명령을 내렸다. 이 당시 영국에서는 관행적으로 부분 발췌(복제)는 저작권을 침해하는 것으로 인정되지 않았기 때문에 정기간행물에 원저작물의 일부분을 계속 출판하는 경우가 발생했고, Edward Cave도 정기간행물의 출판자로서 그와 같이 부분 발췌 출판을 한 것으로 보인다. 그리하여 법원이 그와 같이 부분 발췌 출판을 통하여 책 한권 전체를 출판하는 것을 금지하고자 한 것으로 보인다. 그러나 피고는 자신이 전체를 출판할 의도가 없다는 것을 입증을 하지 못했다. 1743년 Cogan v. Cave 사건에서도 "Gentleman's Magazine"의 발행자 Edward Cave은 Eliza Haywood의 Memoirs of an Unfortunate Young Nobleman (1743)을 발췌하여 출판했다. 저작권자 Thomas Cogan은 금지 명령을 받았지만 Cave가 일부 출판의 목적을 입증하고, 이에 금지명령은 취소되었다. Ronan Deazley, The Origin of the Right to Copy, Hart Publishing (2004). pp. 79-80.

115) Gyles v. Wilcox, (1741) 3 Atk 143, 26 ER 489.

2. 문화 예술의 자유, 표현의 자유 및 저작권

가. 자연을 인간이 복제하는 행위

독일의 임마누엘 칸트는 다른 언어로 말하는 것, 즉 번역은 원본 저작자의 표현을 번역자가 자신의 언어로 번역하는 것에 불과하므로 원저작자의 표현의 변경이 없다고 하였다. 이는 번역은 원본 노동자의 노동을 뺏는 것이 아니라고 한 영국에서의 견해와 같다. 칸트는 어느 누구도 저자와 동일하게 공중에게 말할 수 없지만 그의 이름으로는 가능하다고 하였다. 그러나 어떤 사람이 어떤 저자의 책을 그 저작자 이름으로 축약, 증가, 또는 수정 등으로 변경하거나 이를 원저자의 이름으로 하는 것은 잘못된 것이라고 했다. 예컨대, 번역은 번역자가 한 것이지 원저작자가 한 것은 아니기 때문이다. 다만, 출판자의 이름으로 수정하는 것은 위조는 아니므로 금지되는 것은 아니라고 하였다. 왜냐하면, 다른 저작자가, 편집자를 통하여, 저작물을 변경하여 원저작자와 다른 일을 하더라도 그 결과로 공중에 대한 저자의 활동을 침해하는 것은 아니고, 공중에게 자신을 말하는(speech) 저자로서의 저자를 대표하는 것은 아니고, 단지 다른 사람의 자격으로 말하는 것이기 때문이다. 칸트는 다른 언어로 번역하는 것은 위조가 아니라고 하였다. 왜냐하면 원저자의 생각은 번역에서도 정확히 같기 때문에 저자와 다르게 말하는 것은 아니기 때문이다.[116)]

카메라로 찍은 사진은 창작물로서 저작권의 대상으로 인정된다. 모든 사진은 창작성이 있는 것이 아니므로 저작물로 인정되는 것은 아니다. 예컨대, 증명사진은 창작적인 표현이 담긴 것이 아니라 얼굴을 있는 그대로 복사하여 타인이 사진상의 인물과 동일인임을 알아볼 수 있도록 하는 것에 목적이 있으므로 어떤 감성적인 표현이 있다고 볼 수 없다. 따라서 저작물로 인정받지 못한다. 어떤 사전 각본없이 진행되는 스포츠 경기도 마찬가지이다. 그러나 사전의 각본에 의해서 진행되는 스포츠, 예컨대 체조 중 마루운동, 발레, 피겨스케이팅, 싱크로나이즈드 스위밍 등은 저작권으로 보호된다.

카메라는 구텐베르크에 의한 활자인쇄술의 발견에 비견되는 발명 이상으로 평가되

116) Kant, Essays AND TREATISES ON MORAL, POLITICAL, AND VARIOUS PHILOSOPHICAL SUBJECTS, vol. 1, OF THE INJUSTICE OF COUNTERFEITING BOOKS (1797), p. 238.

기도 한다.[117] 카메라가 발명된 직후에는 사진에 대하여 저작권을 인정하지 않았다. 당시 사진은 인간의 표현이 담긴 지적 창작성이 있는 저작물로 보는 견해가 있었고,[118] 다른 한 견해는 사진은 영혼이 없는 카메라라고 불리는 기계가 자연을 그대로 기록한 물품(soulless or mindless product)이라는 견해가 존재했다.[119] 사진은 '자연의 연필'(the Pencil of Nature[120])로서 묘사되었고, 이에 의하면 어떤 인간의 정신적 개입이 존재하지 않는 자연 그대로를 옮겨 놓은 것에 불과했다. 인간이 지적 작업에 의한 새롭고 창작적인 그림이나 조각과는 구별되었다.[121] 물론 로크의 노동가치론에 의거하여 고스트 워크(ghost work)에도 저작권을 인정한 영국 법원의 예[122]에 따르면 저작권 인정이 쉽다.

영국에서는 1883년 Nottage v. Jackson 사건[123]에서 법원은 사진은 사진작가의 작가적이고 감독적인 노력에 의한 창작물이라고 인정했다. 사진에 대한 사진작가의 구도 등의 선택에 의한 저작권을 인정했다.[124] 법원은

> The nearest I can come to is that it is the person who effectively is as near as he can be the cause of the picture which is produced -- that is, the person who has superintended the arrangement, who has actually formed the picture by putting the persons in position, and arranging the place where the people are to be -- the man who is the effective cause of that.
>
> ↳ 내가 말할 수 있는 것은 자신이 할 수 있는 한 가장 가까이 있는 사람이 바로 그 그림의 원인이라는 것이다. 다시 말하면, 배치를 감독한 사람, 사람을 제자리에 배치

117) "The Pencil of Nature". Metropolitan Museum of Art. Retrieved September 22, 2020. https://timeline.photomuseumireland.ie/timeline/the-pencil-of-nature-is-the-first-commercially-published-book-to-include-photographs/#:~:text=William%20Henry%20Fox%20Talbot's%20The,installments%20between%201844%20and%201846.

118) Christopher Kul-Want, Philosophers on Art from Kant to the Postmodernists: A Critical Reader
To try to capture fleeting mirror images," it said, "is not just an impossible undertaking, as has been established after thorough German investigation; the very wish to do such a thing is blasphemous. Man is made in the image of God, and God's image cannot be captured by any machine of human devising. The utmost the artist may venture, borne on the wings of divine inspiration, is to reproduce man's God-given features without the help of any machine, in the moment of highest dedication, at the higher bidding of his genius.
Id., 104.

119) Wood v. Abbot, 30 F. Cas. 424, 425 (C.C.S.D.N.Y. 1866) (No. 17, 938). Christine Haight Farley, "The Lingering Effects of Copyright's Response to the Invention of Photography", 65 U. PITT. L. REV. 385, 395-396, 399-400 (2004).

120) 자연의 연필(the Pencil of Nature)은 1844년 출간한 William Henry Fox Talbot의 책으로 최초로 사진을 삽화로 도입한 상업적인 책이라고 한다.

121) 임마누엘 칸트는 조각 등은 인간의 표현과 소통(speech)이 아니라는 이유로 저작물로 인정하지 않았다.

122) Cummins v. Bond [1927] 1 Ch 167.

123) Nottage v. Jackson, 11 Q.B. 627 (1883) (Eng. C.A. 1883).

124) Melville v Mirror of Life [1895] 2 Ch. 531. Nottage v. Jackson, 11 Q.B. 627 (1883) (Eng. C.A. 1883).

하고 사람들이 있어야 할 장소를 배치하여 실제로 그림을 구성한 사람이고, 그 사람이 가장 효과적으로 그와 같은 결과를 가져왔다.

[1882년 사진작가 나폴레옹 새로니(Napoleon Sarony)가 촬영한 오스카 와일드의 초상사진][125]

라고 하여, 사진은 사진의 구도 등을 통제한 사람의 창작물이라고 판시했다.

미국에서 저작권으로 인정받은 것은 나폴레옹 새로니(Napoleon Sarony)라는 사진작가가 미국 유명한 극작가인 오스카 와일드(Oscar Wilde)의 초상 사진의 인물사진을 찍은 이후이었다.

1884년 Burrow-Giles Lithographic Co. v. Sarony 사건에서 미국 연방대법원은 카메라는 기계로 담은 사진에 대하여 저작물성을 인정했다.[126] 이 사건에서 피고는 아래와 같이 사진을 담는 것은 지적인 노력이 가미되어야 한다는 것을 인정했지만 이는 사소한 것이고 거의 모든 결과는 기계에 의한 것이라고 주장했다.

But it is said that an engraving, a painting, a print, does embody the intellectual conception of its author, in which there is novelty, invention, originality, and therefore comes within the purpose of the Constitution in securing its exclusive use or sale to its author, while a photograph is the mere mechanical reproduction of the physical features or outlines of some object, animate or inanimate, and involves no originality of thought or any novelty in the intellectual operation connected with its visible reproduction in shape of a picture. That while the effect of light on the prepared plate may have been a discovery in the production of these pictures, and patents could properly be obtained for the combination of the chemicals, for their application to the paper or other surface, for all the machinery

125) 나폴레옹 새로니(Napoleon Sarony)와 본 사진에 대한 자세한 사항은 다음을 참조. Christine Haight Farley, "The Lingering Effects of Copyright's Response to the Invention of Photography", 65 U. PITT. L. REV. 385, 406-412 (2004).

126) Burrow-Giles Lithographic Co. v. Sarony, 111 U.S. 53 (1884).

by which the light reflected from the object was thrown on the prepared plate, and for all the improvements in this machinery, and in the materials, the remainder of the process is merely mechanical, with no place for novelty, invention, or originality. It is simply the manual operation, by the use of these instruments and preparations, of transferring to the plate the visible representation of some existing object, the accuracy of this representation being its highest merit.[127)]

↘ 그러나 조각, 그림, 판화는 새로움, 발명성, 독창성이 있는 작가의 지적 사상을 구현하므로 저작자에 대한 독점 사용 또는 판매를 보장하는 헌법의 목적에 부합하지만, 사진은 생물이든 무생물이든 어떤 물체의 물리적 특징이나 윤곽을 단지 기계적으로 재현한 것이며, 사고의 독창성이나 그림 형태의 가시적 복제와 관련된 지적 조작의 참신함도 포함하지 않는다. 종이 또는 기타 표면에 적용하기 위해, 물체에서 반사된 빛을 준비된 판에 비추는 모든 기계에 대해, 그리고 이 기계와 재료의 모든 개선을 위해 준비된 사진판에 빛이 미치는 영향은 이러한 사진을 제작하면서 발견되었을 수도 있고 화학 물질의 조합에 대한 특허를 적절하게 얻을 수 있었을 것임에도 불구하고, 사진 촬영의 나머지 작업은 단지 기계적인 것일 뿐이며 새로움, 창작성 또는 독창성을 위한 자리는 없다. 단순히 이러한 도구와 준비물을 사용하여 기존 물체의 가시적 표현을 판에 옮기는 수동 작업이며, 이 표현의 정확성이 가장 큰 장점이다.

사진은 그 피사체를 가장 잘 담는 것이 가장 가치가 높은 것이므로 카메라라는 기계를 이용하여 정확하게 묘사하는 것이 가장 가치를 많이 부여받는 것이다. 따라서 사진 찍는 작업은 자연 그대로, 있는 현상 그대로 사진판(필름)에 기계를 통하여 빛을 담는 단순한 기계적인 작업일 뿐이므로 어떤 저작권의 보호대상이 되지 못한다고 주장했다.

연방대법원은 1883년 영국의 Nottage v. Jackson 사건[128)] 판결문을 인용하면서 사진의 특성상 사진기 앞에 있는 현상을 그대로 담는 기계적인 작업이지만 사진작가의 지적인 간섭이 존재하는 것이므로 피사체의 인상, 사진의 구도, 소품 등을 통제하는 사진작가의 저작물로 인정했다.

127) Id., 58-59.

128) Nottage v. Jackson, 11 Q.B. 627 (1883) (Eng. C.A. 1883).

나. 차용예술은 자유의 실천인가? : 공역(the public domain)

예술의 자유와 표현의 자유는 타인의 저작권과 갈등관계에 있다. 새로운 예술행위가 등장하면서 기존의 저작권 법리와 충돌이 된다. 이는 자유와 권리 간의 갈등이다. 궁극적인 면에서 보면 개인의 자유와 개인의 자유 간의 갈등이다.

사진은 있는 사실 그대로 가장 정확하게 담는 것이라는 견해는 1980년대 1930년대 활약한 다큐멘타리 사진 작가 워커 에반스(Walker Evans)의 사진을 그대로 담은, 소위 차용예술의 선구자라고 할 수 있는 쉐리 래빈(Sherrie Levine)에 의해 재현되었다. 워커 에반스는 1930년대 대공황 시절 피폐해진 미국 농촌의 현실을 사실적으로 묘사했다. 그 중의 하나가 아래 사진으로 알라바마 주의 한 농장의 소작농의 아내를 찍은 사진이다. 1979년 이 사진을 쉐리 레빈이 그대로 포토카피하여 사진으로 담았다.

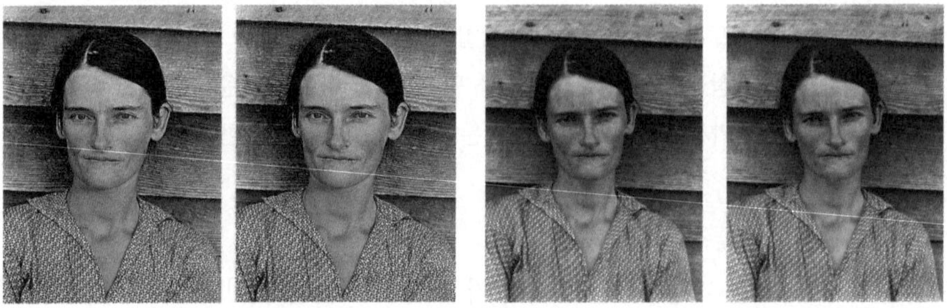

[워커 에반스의 알라바마 소작농의 부인, 앨리 매 보로
(Allie Mae Burroughs, the wife of an Alabama sharecropper)의 사진과 복제사진]

위 사진 중 하나(각각 왼쪽으로 추정)는 워커 에반스 (Walker Evans)의 알라바마 주에 사는 어느 한 농부의 부인을 찍은 사진으로 '알라바마 소작 농부의 부인'("Alabama Tenant Farmer's Wife" (1936))이라는 사진 작품이다. 위 작품은 1930년대 대공황 이후의 미국 농촌의 피폐한 삶을 농부의 아내의 얼굴 표정 사진을 통해 묘사한 것으로 평가되고 있다.

각각 우측 사진으로 추정되는 사진은 1970년대와 80년대에 활동한 쉐리 레빈(Sherrie Levine)의 워커에반스 이후("After Walker Evans")라는 작품이다. 쉐리 레빈은 워커 에반스가 사진을 찍어 공개한 이후에는 그 사진은 공중의 영역(the public domain)에 있는 역사적 사실이므로 본인은 역사적 사실을 사진으로 담은 것에 불과하다고 주장했다. 또한 쉐리 래빈은 차용예술을 그녀는 워커 에반스이후(After Walker Evans) 뿐만 아니라 1991년 마르셀 뒤샹 이후(Fountain: After Marcel Duchamp)라는 차용예술을 선보인다. 1917년 마르셀 뒤샹은 소변기를 소재로 한 Fountain이라는 작품을 선보인다. 그것을 다시 그대로 사진에 담았다.

쉐리 레빈은 새로운 시각에서 자신의 자유를 행사하고 있다고 주장한 것이다. 이에 반하여 워커 에반스의 상속인들은 쉐리 레빈이 저작권을 침해하고 있다고 주장하였다. 결국 양자간의 분쟁은 합의로 종결되었다. 다만 인간이 가지는 표현의 자유는 일정한 한계를 가지고 있다. 저작권은 모든 인류가 가지는 권리이지만 타인의 표현의 자유를 침해해서는 안된다. 아이디어/표현의 이분법은 이와 같은 권리의 경계를 획정하는 원리가 되었다.

이러한 법 원리가 잘 나타나있는 우리 법원 판결이 있다. 소위 '솔섬' 사건이다. 대한항공이 사진 공모전을 개최하고 그 응모된 사진 중에서 아래의 칼러 사진이 입상을 하였다.

[대한항공 사진 공모전에서 입상한 사진(컬러사진)]

[영국 사진 작가 마이클 케냐의 솔섬사진(흑백사진)]

그런데 본 사진의 피사체인 섬과 소나무는 영국의 사진작가 마이클 케냐의 솔섬사진에도 있었다. 두 사진의 구도는 동일하다고 봐도 무방하다. 즉 동일한 장소에서 담았기 때문이다. 다만, 두 사진은 컬러 사진과 흑백 사진이라는 점과 빛의 표현이 다르다는 점을 지적할 수 있겠다.

마이클 케냐는 사진을 찍기 위해 많은 노력을 하여 특정한 지점을 선택하여 솔섬사진을 담았던 점은 인정된다. 그러나 그의 사진은 저작권보호를 받지 못했다. 1심법원인 서울지방법원(재판장 심우용 부장판사)은 자연은 신이 인간에게 부여한 것(the Common)이라는 이유로 만인의 공유재산(the Common)이라고 판시했다.

> ① 동일한 피사체를 촬영하는 경우 이미 존재하고 있는 자연물이나 풍경을 어느 계절의 어느 시간에 어느 장소에서 어떠한 앵글로 촬영하느냐의 선택은 일종의 아이디어로서 저작권의 보호대상이 될 수 없는 점, ② 비록 이 사건 사진저작물과 이 사건 공모전 사진이 모두 같은 촬영지점에서 '물에 비친 솔섬을 통하여 물과 하늘과 나무가 조화를 이루고 있는 모습'을 표현하고 있어 전체적인 콘셉트(Concept)나 느낌이 유사하다 하더라도 그 자체만으로는 저작권의 보호대상이 된다고 보기 어려운 점(자연 경관은 만인에게 공유되는 창작의 소재로서 촬영자가 피사체에 어떠한 변경을 가하는 것이 사실상 불가능하다는 점을 고려할 때 다양한 표현 가능성이 있다고 보기 어려우므로, 전체적인 콘셉트나 느낌에 의하여 저작물로서의 창작성을 인정하는 것은 다른 저작자나 예술가의 창작의 기회 및 자유를 심하게 박탈하는 결과를 초래할 것이다), ③ 이 사건 사진저작물은 솔섬을 사진의 중앙 부분보다 다소 좌측으로 치우친 지점에 위치시킨 정방형의 사진인 데 반하여, 이 사건 공모전 사진은 솔섬을 사진의 중앙 부분보다 다수 우측으로 치우친 지점에 위치시킨 장방형의 사진으로, 두 사진의 구도 설정이 동일하다고 보기도 어려운 점, ④ 빛의 방향은 자연물인 솔섬을 찍은 계절과 시각에 따라 달라지는데 이는 선택의 문제로서 역시 그 자체만으로는 저작권의 보호대상이 되기 어려울 뿐만 아니라, 이 사건 사진저작물과 이 사건 공모전 사진은 각기 다른 계절과 시각에 촬영된 것으로 보이는 점(이 사건 사진저작물은 늦겨울 저녁 무렵에, 이 사건 공모전 사진은 한여름 새벽에 촬영된 것으로 보인다), ⑤ 나아가 이 사건 사진저작물의 경우 솔섬의 좌측 수평선 부근이 가장 밝은 데 반하여, 이 사건 공모전 사진은 솔섬의 우측 수평선 부근에 밝은 빛이 비치고 있어 빛의 방향이 다르고, 달리 두 저작물에 있어 빛의 방향이나 양의 조절이 유사하다고 볼만한 자료가 없는 점, ⑥ 비록 두 사진 모두 장노출 기법을 사용하기는 하였으나, 이 사건 사진저작물의 경우 솔섬의 정적인 모습을 마치 수묵화와 같이 담담하게 표현한 데 반하여, 이 사건 공모전 사진의 경우 새벽녘 일출 직전의 다양한 빛과 구름의 모습, 그리고 이와 조화를 이루는 솔섬의 모습을 역동적으로 표현하고 있어 위와 같은 촬영방법을 통해 표현하고자 하는 바가 상이한 점, ⑦ 그 밖에 카메라 셔터의 속도, 기타 촬영 방법, 현상 및 인화 등의 과정에 유사점을 인정할 만한 자료가 없는 점

따라서 자연을 사진으로 담는 것은 자유이므로 자연을 담은 사진의 저작권 보호를 부인했다.[129] 동 판결의 핵심적인 법리는 위 밑줄을 그은 판결내용에 있다. 자연 경관은

129) 서울중앙지방법원 2014. 3. 27. 선고 2013가합527718 판결.(사진이 저작권으로 보호받지만, 본 사건에서는 저작권으로 보호받는 부분이 적기 때문에 피고의 사진은 원고의 저작권 침해를 하지 않았다는 의미임.)

만인에게 공유되는 창작의 소재로서 촬영자가 피사체에 어떠한 변경을 가하는 것이 사실상 불가능하다. 따라서 자연을 담은 사진은 다양한 표현 가능성이 있다고 보기 어렵다. 시간에 따른 빛의 변화를 선택하거나 사진을 담는 장소에 따른 구도의 차이가 있을 뿐이다. 만인이 공유하는 같은 장소에서 사진을 담는 경우에는 그곳에서 담은 모든 사진은 시간의 변화에 따른 빛의 변화 이외에는 같은 느낌을 받을 수 밖에 없다. 따라서 전체적인 콘셉트나 느낌에 의하여 저작물로서의 창작성을 강하게 인정하는 것은 자연에 대한 독점을 인정하는 것으로 다른 저작자나 예술가의 창작의 기회 및 자유를 심하게 박탈하는 결과를 초래할 것이다. 위 판결의 요지는 자연은 공유이고 독점할 수 없다는 것이다.

법원은 아이디어 표현의 이분법(idea/expression dichotomy)과 합체의 이론(merge doctrine)에 의하여, 저작권은 사진을 찍은 장소까지 보호하는 것은 아니라고 판시했다. 만일 동일한 구도를 가진 사진을 저작권 침해라고 한다면, 저작권은 자연에 대한 독점을 불러 일으킨다. 이는 1774년 Donaldson v. Beckett 사건 판결에서 지식에 대한 독점을 허용하는 것이 자연적 정의에 위반된다고 지적한 것처럼 사진에 의해 자연을 독점하는 것도 자연적 정의에 위반하는 것이다.

물론 마이클 케냐가 솔섬사진을 찍기 위해 노력한 것은 인정된다. 그는 한국의 사진을 찍기 위해 한국에 도착하여 개인적으로 택시기사를 고용하여, 전국을 일주하면서 사진 찍을 위치를 찾았다. 그리하여 그가 찾은 곳이 강원도 삼척의 한 장소 있었고, 거기서 찍은 사진이 솔섬사진이다. 그의 노력은 평가할 만하다. 그의 노력은 이마의 땀(the Sweat of Brow doctrine) 이론에 의하면 보호될 수 있다. 그러나 현대 저작권법은 노작이론이 아닌 창작이론으로 변화하였다는 점은 앞서 언급한 바가 있다. 이러한 사안에서, 다른 일부 판결들과 같이, 부정경쟁방지법상 파목의 부경경쟁행위를 인정하였다면 그 판결은 한편의 코미디가 되었을 것이다.

2013년 예술가 리차드 프린스(Richard Prince)가 패트릭 카리우(Patrick Cariou)의 사진을 차용한 것이 저작권 침해인지 공정사용인지가 문제되었다.[130] 아래의 좌측사진은 패트릭 카리우의 원본 사진이고 우측사진은 리차드 프린스가 좌측사진을 차용하여 변

130) Cariou v. Prince, 714 F.3d 694 (2d Cir. 2013).

형한 것이다.

패트릭 카리우는 2000년 자메이카의 Rastafarian 공동체에 대한 흑백 사진을 담은 책인 'Yes, Rasta'를 출판했다. 그로 부터 8년 후에 리차드 프린스는 카리우의 사진을 통합한 예술 작품 시리즈인 Canal Zone을 제작했다. 프린스의 작업에는 원본 사진을 복사하고 사진의 사이즈 변형, 흐리게 하거나 선명하게 하기, 일부는 컬러화를 포함하여 콘텐츠의 추가, 때로는 여러 사진을 함께 또는 다른 작업과 함께 사진을 합성하는 등으로 다양한 변형을 시도하였다. 프린스는 자신의 변형된 작품 컬렉션을 뉴욕 가고시안 갤러리에 전유 예술로 전시했다.

2009년 카리우는 리차드 프린스, 가고시안 갤러리(Gagosian Gallery), 가고시안 갤러리의 창립자이자 소유주인 래리 가고시안(Larry Gagosian), 리차드 프린스의 전시 사진 카타로그를 인쇄한 RCS MediaGroup을 상대로 저작권 침해 소송을 제기했다. 본 사건은 사진가와 예술산업계의 이해관계가 엇갈려, 사진가는 원고 카리우를, 예술산업계는 피고 프린스를 지지하여 사회적으로도 많은 관심을 끌었다.

1심법원인 뉴욕주 남부지방법원(Southern District of New York, SDNY)은 프린스의 작품은 변형을 했다고 인정하지 않았는데, 그 판결 결론의 일부 원인은 프린스가 원본 작품에 대해 '논평'("commenting upon")한다고 주장하지 않았기 때문이다. 법원은 프린스의 판매되지 않은 작품과 Rizzoli의 카탈로그를 압수하여 파기하도록 명령했다.

2심법원인 제2순회항소법원은 프린스의 작품 대부분은 실제로 '합리적인 관찰자'("reasonable observer")에게 '변형적 작품'("transformative work")이므로 공정사용에 해당한다고 판시하면서 1심법원 판결을 취소했다. 항소법원은, 비록 '살짝 덧칠하는 정도의 변형'("any cosmetic changes to the photographs would necessarily constitute fair use")은 새로운 저작물로 인정될 수 있는 변형이라고 할 수 없지만,

> A secondary work may constitute a fair use even if it serves some purpose other than those (criticism, comment, news reporting, teaching, scholarship, and research) identified in the preamble to the statute....
>
> ↳ 2차적 저작물은 법령 전문에 명시된 목적(비평, 논평, 뉴스 보도, 교육, 학문, 연구) 이외의 목적으로 사용되더라도 공정 사용으로 간주될 수 있다.

라고 하여, 반드시 법에 명시된 2차적 저작물의 형태에 한정하지 않았다. 즉 기존의 예술을 이용하더라도 새로운 표현이 가미된다면 원본의 변형이 이뤄진 것으로서 기존 저작물을 침해하는 것이 아니라는 입장을 취한 것이다. 법원은 '카리우의 사진으로부터 전적으로 다른 미적 창조를 한 것이 명백하다'("[m]anifest an entirely different aesthetic from Cariou's photographs.")고 판시했다.

[원고 Cariou의 원본 좌측사진과 피고 Prince의 변형된 우측사진]

나아가 2순회항소법원은 1심법원이 해당 예술가에게 원본 작품에 대한 논평(commenting upon)을 요구한 것은 잘못된 판단으로 어떤 작품이 새로운 미학적 감각을 제시한다면 변형적인 것이라고 판단했다. 그리하여 2순회항소법원은 30개의 문제된 작품중에서 25개는 변형적 공정사용(transformative fair use)에 해당한다고 판시했다.

이 사건과 앞서 논의한 골프존 실내골프장 사건을 비교해보면, 자연에 존재하는 골프장의 모습이 실내골프장에서 화면에 비춰지는 디지털 이미지가 변형된 것은 물론이거니와 골프장이라는 유형물의 권리(소유권)를 침해할 수 없다는 것은 논의할 가치도 없다. 즉 변형된 것임에 분명하고, 이를 골프장 소유자에 대한 변종의 저작권 침해를 인정한 것은 부정경쟁방지법과 저작권법의 퇴화이다.

[Patricia Caulfield의 사진 작품이 게재된 Modern Photography]

앤디 워홀(Andy Warhol)은 대중매체의 이미지를 활용하여 실크스크린 기법으로 다수의 작품을 완성하여는데, 그 중에서 Flower라는 제호의 작품은 Modern Photography 1964년 6월에 게재된 사진작가 파트리지아 카울피엘(Patricia Caulfiel)의 광고용 사진인 히비스커스의 이미지를 차용해 왔다.

[Andy Warhol의 Flower 시리즈 중의 하나][131]

패트리샤 콜필드(Patricia Caulfield)는 1960년대 Modern Photography라는 사진 전문 잡지의 수석 편집자로 일하던 중 자신이 히비스커스 꽃으로 만든 사진을 유용했다는 이유로 앤디 워홀을 저작권 침해로 소송을 제기했다.[132]

패트리샤 콜필드와 앤디 워홀은 결국 합의를 하였고, 합의에 따라 워홀은 콜필드를 위해 두 개의 새로운 "꽃" 그림을 그렸다. 그 그림은 Castelli 갤러리에서 이 그림을 6,000달러에 판매되었는데, 꽃 그림 인쇄 포트폴리오에서 파생된 로열티의 25%를 그녀에게 지불하였다.

현대 미술에 있어서는 이미지 차용을 하여 작가의 새로운 해석과 멧세지를 통한 예술작품을 창작해 내는 행위들이 많이 일어나고 있다. 어떤 경우에는 이를 표절이나 불법복제로 인정하기도 하지만 어떤 경우에는 패러디나 오마주와 같은 별개의 예술작품으로 인정하여 저작권 침해에 대한 새로운 경계를 획정한다.

[골드 스미스의 Prince 1981년 미출간 사진]

[앤디워홀의 Orange Prince]

2023년 연방대법원은 변형적 사용과 공정이용에 대한 판결을 내린다. 2023년 Andy Warhol Foundation for the Visual Arts, Inc. v. Goldsmith 사건[133]은 앤디워홀의 차용예술과 공정이용이 문제된 사건으로 국내에서도 많이 알려졌다.

골드스미스는 1981년 Newsweek과의 계약에 의해 찍은 Prince 사진을 양도하고, 저작권은 보유하기로 했다. 3년 후, Vanity Fair라는 잡지사는 골드스미스와의 동의하에 그녀의 이름을 한번 사용하는 조건으로 앤디 워홀이 음악가인 Prince 시리즈라는 실크

131) https://www.nytimes.com/2023/09/07/arts/patricia-caulfield-dead.html

132) Andy Warhol Foundation for the Visual Arts, Inc. v. Goldsmith, 598 U.S. 508 (2023).

133) Id.

[린 골드스미스의 사진과 앤디워홀의 Price 시리즈 팝아트][134)]

스크린 일러스트레이션에 대한 참고 자료로 사용하고 출간할 수 있도록 이미지에 대한 라이선스를 부여했다. 앤디 워홀은 골드스미스로부터 아무런 허락이나 동의없이 그 사진을 Prince 시리즈의 기초사진으로 사용했다. 골드스미스는 Vanity Fair의 출판사의 발행인인 Condé Nast가 2016년 Prince 사망 후, Prince를 기리는 특별 헌정 잡지의 표지 이미지로 앤디 워홀 재단(AWF)의 라이선스를 받은 앤디 워홀이 제작한 Prince 이미지를 사용했을 때 비로소 워홀의 Prince 시리즈 이미지의 존재를 알게 되었다. 1984년에 제작된 음악가 프린스의 초상화 16장 세트인 워홀의 "Prince 시리즈"가 자신이 찍은 사진을 기초로 하여 제작된 것임을 알게 됐다. 그리하여 골드스미스는 그와 같은 사실을 앤디 워홀 재단(AWF)에 알렸지만, 재단(AWF)은 워홀이 골드스미스의 이미지를 사용한 것이 적법하고 침해가 발생하지 않았다는 확인을 구하는 소송을 제기했다.

1심법원인 뉴욕남부지구연방법원(Southern District of New York, SDNY)은 공정사용으로 판결하였지만 항소법원은 워홀이 원본 이미지를 크게 변경하지 않았기 때문에 원본 이미지에 "공정한 사용"이 없다고 판결했다. 즉 변형적 사용(transformative use)이 없다고 판시했다.

제2순회항소법원은 그 법리적 근거를 2013년 Cariou v. Prince 사건 판결의 법리에 의거하였는데, 미학적으로 다르다는 이유만으로 2차 저작물이 원본을 반드시 변형할 필요는 없고, 예술적인 취지가 다른 점이 명백하여야 하는데, 본 사건에서 사용된 잡지 커버에 사용된 Prince의 모습에는 그와 같은 예술적 취지가 다른 점이 인정되지 않는다고 판시했다.[135)]

상고심인 연방대법원은 앤디 워홀의 변형적 사용은 상업적 목적을 위한 공정 사용에

134) 출처: https://www.npr.org/2023/05/18/1176881182/supreme-court-sides-against-andy-warhol-foundation-in-copyright-infringement-cas

135) Andy Warhol Foundation for the Visual Arts, Inc. v. Goldsmith, 332 F.3d 99 (2nd Cir., 2021).

속하기에는 충분히 변형되지 않았다고 판시했다. 다수의견을 작성한 소토마이어 대법관은 앤디 워홀의 작품은 잡지 기사에서 Prince를 묘사하는 것과 유사한 목적을 공유한 것으로 제품의 상업적 성격을 강조했다. 특히 골드스미스와 앤디 워홀의 사용은 경합적인 사용으로서 공정사용에는 양자의 경쟁관계가 적합하지 않음을 강조했다. 앤디 워홀의 작품이 원본 사진의 미학적 변화나 표현적 변화를 가져왔다고 하더라도 그 미학적인 변화나 표현적 변화 자체가 앤디 워홀 작품의 본질을 변화시키는 것은 아니며, 앤디 워홀이 제시하는 작품의 의미나 메시지는 작품의 목적을 판단할 때 고려될 수 있지만, 마찬가지로 그 쟁점의 판단에 있어서는 결정적인 요인은 아니라고 판시했다.

나. 패러디와 오마주, 그리고 공정사용[136)]

비판을 위한 차용은 당연히 허용되어야 한다. 많은 작가들이 비판와 풍자, 해학을 위해 기존의 작품을 차용한다. 학자들도 기존의 업적을 인용하여 새로운 저술을 한다. 어떤 경우에는 타인의 저작물을 기초로 저작한 경우에도 그 타인이 저작권 침해를 주장할 수 없는 경우가 발생한다. 이를 공정사용이라고 한다.

앙리 로베르 마르셀 뒤샹(Henri Robert Marcel Duchamp)은 1919년 레오나르도 다빈치의 모나리자에 콧수염을 붙인 L.H.O.O.Q라는 작품(아래 그림)을 제작했다. 그 그림이 성격상 레오나도르 다빈치의 모나리자를 기반으로 할 수 밖에 없다. 거의 모든 예술과 학문은 기존의 업적에 자신의 업적을 더하는 형태로 발전한다. 어떤 예술사조가 추구하는 표현방식에 따라 타인의 업적을 인용하는 것은 불가피한 공정사용(fair use)에 해당한다. 패러디는 사회적으로 논란이 되거나 논란의 소재를 예술적 또는 반예술적으로 해석하거나 풍자, 비판을 위해 사용된다. 마르셀 뒤샹은 그와 같은 반예술적 풍자를 한 사람으로 유명한데, 그는 L.H.O.O.Q로 명명된 아래의 모나리자의 해학적인 그림을 통해 레오나드로 다빈치의 모나리자의 과한 유명세를 비판했다. L.H.O.O.Q는 불어 발음상, '그녀의 엉덩이는 뜨겁다'라는 의미가 된다고 한다.

136) 권혜원, [미술이야기] 이미지 차용, 표절인가 예술인가?를 참조하고 인용하였음. https://m.post.naver.com/viewer/postView.nhn?volumeNo=16735654&memberNo=856760&vType=VERTICAL

[모나리자, 마르셀 뒤상][137]

[뚱뚱한 모나리자, 페르난도 보테르][138]

위와 같은 작품의 재해석이나 비판을 통한 패러디는 원본을 가져와 그 위에 자신의 해석이나 비판을 가하기 때문에 원본을 차용할 수 밖에 없다. 그러나 이를 저작권 침해라고 하지 않는다. 이는 예술적 해석이나 비판을 하기 위하여 필수적으로 사용하여야 하는 일종의 공정사용에 해당하기 때문이다.

현대 저작권법에서 사용하는 공정사용(fair use)의 개념은 영미 저작권법의 특징이 되었다. 즉 저작자의 인적 개성적 권리가 중심이 되는 대륙법체계의 저작권법 보다는 공리주의하의 공중의 권리 중심으로 발전해 온 영미법에서 발전한 개념이다.[139] 물론 현대 저작권법에서는 모두 공정사용의 법리를 인정하고 있다. 공정사용의 법리는 1710년 앤여왕법에서 그 씨앗이 태동이 되어, 1741년 Gyles v Wilcox 사건[140]에서 형평의 법리를 바탕으로 공정한 요약(fair abridgement)의 원칙이 형성되기 시작하였고 후에 공정사용법리로 발전을 했다. 위 사건은 Fletcher Gyles 등 서적판매상 들이 1736년 7월 '매튜 해일의 왕의 간청의 역사'(The History of Pleas of the Crown by Matthew Hale)이란 책을 출판하자, Wilcox와 Curl이라는 출판업자가 Barrow라는 작가를 고용하여 60파운드를 지급하고, 곧바로 8월에 그가 요약한 책의 요약을 'Modern Crown Law'으로 하여 출판하자, 원본의 출판자인 Gyles가 Willcox와 Borrow를 상대로 책의 출판을 금

137) 출처: Wikipedia.

138) 출처: Wikipedia.

139) Lenz v. Universal Music Corp., 801 F.3d 1126 (9th Cir. 2015) 사건에서 미국의 제9항소법원은 공정사용을 침해에 대한 방어가 아니라 공중의 권리로 인정했다.

140) Gyles v Wilcox, (1741) 3 Atk 143;26 ER 489.

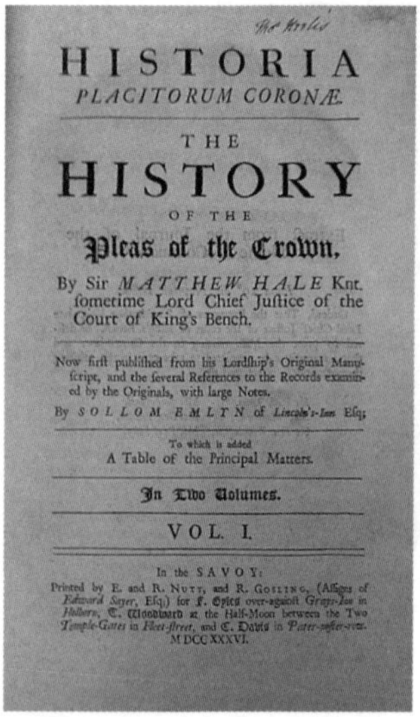

HISTORIA
PLACITORUM CORONÆ.
THE
HISTORY
OF THE
Pleas of the Crown.
By Sir MATTHEW HALE Knt.
sometime Lord Chief Justice of the Court of King's Bench.
Now first published from his Lordship's Original Manuscript, and the several References to the Records examined by the Originals, with large Notes.
By SOLLOM EMLYN of Lincoln's-Inn Esq;
To which is added
A Table of the Principal Matters.
In Two Volumes.
VOL. I.
In the SAVOY:
Printed by E. and R. Nutt, and R. Gosling, (Assigns of Edward Sayer, Esq;) for F. Gyles over-against Gray's-Inn in Holborn, T. Woodward at the Half-Moon between the Two Temple-Gates in Fleet-street, and C. Davis in Pater-noster-row.
MDCCXXXVI.

[플레처 자일이 출간한 'Matthew Hale's Pleas of the Crown'의 제목 페이지][141)]

지하는 소송을 제기한 사건이다.

위 사건의 쟁점은 책의 요약이 저작권 침해인지 여부와 새로운 책으로 볼 수 있는지 여부가 문제되었다. 18세기에 유럽 여러 곳에는 불법출판이 문제가 되었는데, 책의 요약이 그와 같은 불법출판의 문제인지 여부가 문제된 것이다. 그 당시 영국에서 책의 요약, 번역 등은 저작권 침해로 인정되지 않았다. 앞서 언급한 바와 같이 학문을 증진시키기 위해서는 요약, 번역, 노트 등이 필요했기 때문이다.

판결문을 작성한 재판관 하드윅(Lord Hardwicke)은, 존 로크의 노동가치설의 입장에서 요약(abridgements)은 '진정한 요약'("true abridgements")과 '가장된 요약'("coloured shortenings")으로 나눌 수 있는데, 진정한 요약은 편집자로서의 노력, 독창성, 교육 및 판단이 있어야 하고, 이러한 노력이 존재한다면 새로운 책으로서 저작권 침해라고 할 수 없지만, '가장된 요약'은 저작권법을 회피하기 위한 단순한 복제라고 하였다. 그리하여 Lord 하드윅은 'Modern Crown Law'은 '가장된 요약'이라고 판시했다.

Lord 하드윅은 진정한 요약이 허용되는 이유에 대하여 앤여왕법의 목적에서 찾았다. 앤 여왕법의 정식명칭은, 앞서 언급한 바와 같이, "A Bill for the Encouragement of Learning and for Securing the Property of Copies of Books to the Rightful Owners Thereof"라고 하여, 그 명칭에서 법의 목적이 교육을 장려하기 위한 것임을 명백히 언급하고 있다. Lord 하드윅은 이 점을,

> It is an Act made for the Encouragement of Learning, and is useful to that End. This shews that the Act is for the publick Benefit and Advantage, and therefore the Act is not to be construed strictly, but according to the Intention of the Legislature;

141) 그림 출처: wikipedia.

↘ [앤 여왕법]은 교육의 장려를 위해 제정된 법률이며, 그 목적에 유용하다. 이는 그 법이 공익을 위한 것이므로 엄격하게 해석해서는 안 되며, 입법부의 의도에 따라야 함을 보여준다.

라고 판시하면서, 법상 두 번째 책이 책을 축약했더라도 첫 번째 책과 다른 것이 없다면 두 번째 책은 첫 번째 책과 같은 것이라고 판시했다. 그리하여 Lord 하드윅은 두 번째 책은 첫 번째 책의 요약이라는 것 이외에 달라진 것이 없으므로 같은 책이라고 판시했다. 그 후 Hawkesworth v. Newbery 사건[142]에서 요약은 원본에 대한 저작권 침해가 아니라 오히려 허용되고 칭찬받을 만한 행위라고 판시했다.

19세기 중반 미국에서는 Folsom v. Marsh 사건[143]에서 당시 메사추세스 주법원 판사였던 요셉 스토리(Joseph Story) 판사에 의해 공정이용의 개념이 구체화 되었다. 위 사건 원고 Jared Sparks는 조지 워싱턴의 사적, 공적 문서에 대한 저작권을 가지고 있었고, 그 문서를 다른 원고 'Folsom, Wells and Thurston'과 함께 'The Writings of George Washington'라는 12권의 서적으로 출판했다. 작가이자 선집학자(anthologist)인 피고 Charles Upham 목사는 피고 Marsh, Capen 및 Lyon이 출판한 두 권의 저작인 The Life of Washington in the Form of an Autobiography에 Spark가 출판한 위 책에서 워싱턴 대통령의 글 353페이지를 복제하여 게재했다. 원고 출판회사는 피고 Upham이 Spark의 책에 실린 글을 그대로 복사하여 갔기 때문에 피고가 자신의 저작권을 침해했다고 주장했다.

그와 같은 피고의 복제행위가 1841년 저작권상 불법복제에 해당하는지가 문제되었다. 스토리 판사는 피고가 원고의 편지를 사용한 것은 공정사용이 아니라고 판시했다. 스토리 판사는 공정사용이 되기 위해서는 사용된 재료의 가치, 사용으로 인해 원본 저작물의 판매가 훼손되거나 이익이 감소하거나 대상이 대체될 수 있는 정도에 이르지 않을 것을 요구했다.

요셉 스토리 판사는

142) Hawkesworth v. Newbery (1774) Lofft 775.
143) Folsom v. Marsh, 9 F. Cas. 342 (C.C.D. Mass. 1841).

[A] reviewer may fairly cite largely from the original work, if his design be really and truly to use the passages for the purposes of fair and reasonable criticism. On the other hand, it is as clear, that if he thus cites the most important parts of the work, with a view, not to criticize, but to supersede the use of the original work, and substitute the review for it, such a use will be deemed in law a piracy ....
It is certainly not necessary, to constitute an invasion of copyright, that the whole of a work should be copied, or even a large portion of it, in form or in substance. If so much is taken, that the value of the original is sensibly diminished, or the labors of the original author are substantially to an injurious extent appropriated by another, that is sufficient, in point of law, to constitute a piracy *pro tanto*....
In short, we must often ... look to the nature and objects of the selections made, the quantity and value of the materials used, and the degree in which the use may prejudice the sale, or diminish the profits, or supersede the objects, of the original work.[144)]

저작권 침해를 구성하기 위해 저작물 전체 또는 상당 부분을 형식이나 내용으로 복제해야 하는 것은 아니다. 많은 양을 복제하여 원본 저작물의 가치가 명백히 감소하거나 원본 저작자의 노력이 실질적으로 다른 사람에 의해 해로운 정도까지 도용되는 경우에 이를 법에서는 불법 복제로 간주함은 명백하다.

....

평론가는 공정하고 합리적인 비평의 목적을 위해 해당 부분을 실제로 사용하려는 의도라면, 원본 저작물에서 상당 부분을 인용할 수 있다. 반면에, 그가 비판하려는 의도가 아니라 원본 저작물의 사용을 대체하고 그에 대한 리뷰를 대체할 목적으로 저작물의 가장 중요한 부분을 인용한다면, 법은 그러한 사용을 불법복제로까지 간주한다.

...

간단히 말해, 우리는 종종... 선택의 성격과 대상이 된 이유, 사용된 원본 저작물의 양과 가치, 사용이 원작의 판매를 저해하거나 이익을 감소시키거나 대상을 대체할 수 있는 정도를 살펴보아야 한다.

라고 판시하여, 인용된 부분의 마지막에 있는 3가지의 공정사용의 요건을 제시했다.[145)] 위 요건은 1976년 미국 저작권법에 수용되었다.

144) Id., 344-345. 348,

145) 다만, 위 판결에 대하여 강한 반대의견이 있고, 위 사건 당시에 영국에서 책의 요약은 일종의 허용되는 행위였다. Patterson, L. Ray, "Folsom v. Marsh and Its Legacy", 5 Journal of Intellectual Property Law, 431-452 (1998).

공정사용은 저작권 침해 주장에 대한 방어로서 침해로 간주될 수 있는 법에 명시된 제한된 사용을 허용함으로써 창작물의 보다 광범위한 배포 및 사용에 대한 저작권자의 이익과 공공 이익의 균형을 맞추고 있다. 반대로 해석하면 공정사용이 저작권법에 명시된 현대 저작권법하에서 저작권의 한계는 원칙적으로 공정사용에 명시된 것에 한한다고 할 수 있다. 다만 우리 저작권법은 제35조의5를 새롭게 창설하여 일반조항으로서 공정사용의 법리를 수용하여 탄력적으로 적용할 수 있도록 하고 있다.

패러디와 같이, 공정사용의 영역으로 이용되는 것이 오마주(homage)라고 하는 존경과 찬양을 위한 인용이다. 오마주(homage)는 중세시대에 봉건 소작인이나 가신이 봉건 영주에게 존경과 복종을 맹세하고 그 대가로 그의 새로운 지위(임직)에 대한 상징적 직위를 받는 의식을 의미한다. 오마주(homage)는 'homme'라는 '그의 사람'이라는 의미이다.

앞서 쉐리 레빈(Sherrie Levine)의 '워커 에반스 이후'("After Walker Evans")도 일부는 오마주의 의미도 있다고 보인다. 예컨대 유명작가의 사진 앞에 존경의 모습으로 관람하는 모습을 담은 사진이나 그림 같은 경우에는 당연히 원본이 제시되어야 그 예술을 할 수 있다. 따라서 패러디나 오마주와 같은 새로운 장르는, 물론 사안에 따라 다를 수 있지만, 불가피한 인용이 될 수 있다. 왜냐하면, 원본의 제시없이는 해당 예술을 할 수 없기 때문이다. 또한 저작물은 출판하는 것은 독자들로 하여금 이를 사회적으로 비평, 해학, 평가 등의 학문과 예술의 자유를 행사할 수 있는 공공의 영역(the public domain)에 놓이게 한 것이기 때문이다. 또한 사회는 공공의 영역(the public domain)에 있는 문학 예술에 대하여는 비평, 해학, 예술적·문학적·비평적 평가 등의 할 수 있는 학문과 예술의 자유가 있다. 따라서, 요셉 스토리 판사가 언급한 바와 같이, 원본 저작물의 공정하고 선의의 요약은 그와 같은 공공이 가지는 자유권의 범위 내에서 행해진 것이므로 저작자의 저작권 침해가 아니라고 할 수 있다. 다만 원본을 대체하기 위해서 인용한 것처럼 가장하는 것이라면, 이는 정당한 인용으로 볼 수 없다. 이러한 오마주의 법리는 상표법상으로는 지명적 공정사용(nominative fair use) 법리가 있다.

저작권과 학문과 예술의 자유의 한계의 문제에 부딪힌다. 저작물이 공개되면 불가피하기 그것을 인용하고 새로운 예술이 탄생하게 된다. 앞서 아이삭 뉴튼이 인용한 '거인의 어깨 위에'는 오래전부터 인류가 허용하였던 학문과 예술의 한계이고, 다른 한편으로 자유의 범위라고 할 수 있다.

3. 저작재산권과 저작인격권의 충돌: 도라산역 벽화 폐기사건[146)]

가. 헌법상의 인격권 v. 저작권법상의 인격권

화가가 그린 벽화를 그 화가의 동의없이 철거하여 문제된 소위 '도라산역 벽화'사건의 대법원 판결은 저작물은 궁극적으로 헌법상의 인격권에 의해 보호된다고 하였으므로, 헌법 제22조 제2항에 의하여 구체적인 인격권을 규정한 저작권법보다 법관의 헌법의 해석에 의한 추상적인 인격권이 우선하게 되므로, 궁극적으로 저작권은 헌법상의 인격권에 의하여 보호된다는 변형된 이원론에 해당하게 된다. 또한 입법부가 제정한 실정법의 명시적 규정보다 법관이 해석이 우선하는 사법부해석우위론이 출현했다.

우리나라에서는 헌법과 저작권 사이의 관계에 대한 논의가 존재한다. 헌법상 인격권과 저작권법상의 인격권을 하나의 권리로 보는 견해와 다른 권리로 보는 견해가 있다.[147)] 기본적으로 두 견해의 대립은 헌법상의 인격권과 저작인격권이 동일한 것(일체설)인지 다른 것(분리설)인지에 관한 것이다.[148)] 그러나 우리 헌법상 인격권 조항[149)]이 있고 이를 국가가 보호할 의무가 있는데, 저작권법에서 헌법과 다른 인격을 보호할 수 있는 것인지 국가의 법 체계상 의문이 제기된다. 인간의 인격을 보호하는 것은 헌법이나 저작권법이나 같다. 법체계상 헌법상의 권리에 의하여 저작권법상의 권리가 발생하고[150)], 저작권법은 헌법에 위반될 수 없다는 것은 분명하다. 그렇다면 헌법상의 인격권과 전연 별개의 저작인격권이 존재할 수 있을까? 저작권법상 저작인격권은 헌법 제10조의 국가가 개인의 기본적 인권을 보호할 의무와 다른 인격권 보호가 존재하는가? 저작자가 가지는 저작인격권은 개인의 기본적 인권과 다른 인권일까? 저작자는 인간이 아니라는 의미일까? 우리 헌법은 저작자와 예술가의 권리는 법률로써 정한다고 규정하고 있다.[151)] 위 헌법조항에 의하여 탄생한 것이 저작권법이다. 즉 저작권법 조항에

146) 제1심 판결, 서울중앙지방법원 2012. 3. 20. 선고 2011가합49085 판결; 항소심 판결, 서울고등법원 2012. 11. 29. 선고 2012나31842 판결; 상고심 판결: 대법원 2015. 8. 27. 선고 2012다204587 판결.

147) 학설에 대하여는 "강명수, 저작인격권에 관한 고찰", 동아법학 58호 (2013), 739면 이하.

148) Id. 참조.

149) 헌법 제10조 "모든 국민은 인간으로서의 존엄과 가치를 가지며, 행복을 추구할 권리를 가진다. 국가는 개인이 가지는 불가침의 기본적 인권을 확인하고 이를 보장할 의무를 진다."

150) 헌법 제22조 제2항.

151) 헌법 제22조 제2항.

규정한 저작자와 예술가의 권리가 가장 우선하고, 저작자와 예술가의 권리에 의하여 공중의 권리가 확정된다. 물론 저작권법의 개별조항의 해석에 의하여 저작자와 예술가의 구체적인 권리의 성격 및 범위가 결정됨과 동시에 그와 상반(trade off)관계에 있는 공중의 권리가 확정된다. 헌법 제10조의 인격권 조항은 추상적 인격권이고, 제22조 제2항은 저작자와 예술가에 대하여는 특별한 규정으로 저작인격권을 보호할 수 있도록 한 규정으로 보아야 하고, 이를 근거로 저작인격권을 보호한 것이라고 보아야 할 것이다.

나. 저작인격권과 저작재산권의 본질론

저작권법의 본질론으로 대표적으로 독일법상의 일원론(Monist Theory)과 프랑스법상 이원론(Dualist Theory)이 존재한다. 대표적으로 독일과 오스트리아 및 예전의 스위스 저작권법은 저작인격권으로 구성되어 있다고 보는 일원론(Monist Theory)을 취한다. 보통 프랑스 법과 프랑스 체계를 따르는 다수의 유럽국가의 이원론(Dualist Theory)은 저작권법이라는 하나의 법에 인격적인 권리인 저작인격권과 경제적인 권리인 저작재산권이 혼재되어 있으므로 특이한 법체계(*sui generis*)를 따른다고 한다.

이원론은 저작권이라는 개념에서 인격적인 권리를 보호하는 것이 아니라 일반적인 인격권을 바탕으로 인격권을 보호하기 때문에 저작이라는 형식에 구애받지 않는다고 생각된다. 따라서 퍼블리시티(publicity)와 같은 권리는 일원론적 입장에서는 저작권의 개념이 아니므로 저작권법에서 보호하는 것이 매우 부적절하고 부조화스럽다. 그러나 이원론적 입장에서 퍼블리시티(publicity)는 저작권 인격권은 아니지만 저작재산권으로 보호할 수 있다는 입장이 될 수 있다. 필자의 사견으로, 퍼블리시티(publicity)는 표장(mark)성이 강한 것으로 저작물이 될 수 없다. 만일 인격적 권리와 경제적 권리를 분리하는 예를 든다면 그와 같은 퍼블리시티와 같은 법리가 예로 제시될 수 있다는 것이다.

전통적으로 프랑스, 독일, 이탈리아 등 유럽국가는 저작물은 인간의 개성과 철학, 감성 등의 표현에 대한 것이므로 유체물인 기록 매체와 매체에 표현되어 있는 개성, 감성, 철학을 구분한다. 그리하여 저작권은 저자와 그 저자의 표현에 대한 경제적, 인적 보호를 하는 것이다. 저작재산권이 경제적 이익을 보호하는 것임에 반하여 저작인격권은 인격권에 의하여 표창되는 비경제적 가치를 보호한다. 저작권은 저작재산권과 저작인격권으로 구성되지만, 자연인이 아닌 법인은 저작인격권의 주체가 될 수 없다.

프랑스 법리에서 저작권은 경제적 권리와 인격적 권리를 나누고 경제적인 권리는 처분할 수 있다고 보는 반면에 독일은 저작권을 인적속성을 토대로 한 인격적 권리로 보기 때문에 저작권을 처분하는 것은 원칙적으로 불가능하다. 그러나 단지 이용을 허락하는 것은 단지 부제소 합의나 침해에 대한 면책일 뿐이므로 인격의 침해에도 이러한 법률행위는 가능하다. 이에 따라 인격에 대한 이용, 즉 자유를 부여하는 것은 허용된다.

저작인격권이 보호된 것은 1814년 Billecocq v. Glendaz 사건에서 프랑스 법원이 대본을 제출한 출판사가 텍스트를 무단으로 수정하는 것을 방지할 수 있는 저자의 권리를 인정한 것으로부터 시작된다고 할 수 있다.[152] 위 사안은 저자의 승낙없이 저자의 이름으로 원고의 내용이 출판된 사건이었다. 법원은 출판사가 저자의 동의 없이 원고의 텍스트를 수정하거나 편집할 권리가 없다고 판결했다. 또한 1828년 프랑스 대법원은 당시 유명한 음악가인 Vergne의 상속인이며 미망인과 채권자 사이에서 발생한 사건에서 Vergne의 출판되지 않은 음악 작품을 소유할 수 없다고 판결하여 저자에 대한 공표권(*droit de divulgation*)을 인정했다.[153]

헌법상 인격권 조항은 저작권법상 저작인격권의 개별조항 해석의 바탕이 되는 논리를 제공한다. 이미 저작인격권[154] 조항에 우리나라 성문 헌법상 인격권 조항[155]이 반영되어 있는 것이다. 그런데 도라산역 벽화사건에서 대법원은 "동일성유지권 침해의 성립 여부와는 별개로 저작자의 일반적 인격권을 침해한 위법한 행위"라고 하는 언급은 헌법 제22조 제2항을 무시한 판결로 보인다. 왜냐하면, 저작자의 인격권은 저작권 인

152) Billecocq v. Glendaz, Tri. Civ. Seine, August 17, 1814. J.A.L. Sterling, The World Copyright Law, Sweet and Maxwell, 3rd ed. (2004), p. 392. Jonas Brown-Pedersen, "The Inadequacy of UK Moral Rights Protection: A Comparative Study on the Waivability of Rights and Recontextualisation of Works in Copyright and Droit D'auteurs Systems", 3 London Sch. Econ. L. Rev. 115, 119 (2018).

153) Widow Vergne v. Creditors of Mr. Vergne, Cour d'appel [CA] [regional court of appeal] Paris, le ch., Jan. 11, 1828; Robert C. Bird & Lucille M. Ponte, "Protecting Moral Rights in the United States and the United Kingdom: Challenges and Opportunities Under the U.K.'s New Performances Regulations", 24 B.U. INT'L L.J. 213, 223 (2006).

154) 저작인격권에 관한 판결은 1845년 프랑스의 판결에서 보인다. "[T]he author must always preserve the right to review and correct his work, to control its faithful reproduction, and to choose the moment and the mode of its publication." July 17, 1845, D.P. 1845, II, 128, 128 (Fr.), Rigamonti, "Deconstructing Moral Rights,"47 Harv. Int'l L. J. 354, 382 (2006) 주 153에서 인용.

155) 헌법 제10조 제1문 ("모든 국민은 인간으로서의 존엄과 가치를 가지며, 행복을 추구할 권리를 가진다."). 대법원 2006. 10. 13. 선고 2004다16280 판결 ("사람은 누구나 자신의 얼굴 기타 사회통념상 특정인임을 식별할 수 있는 신체적 특징에 관하여 함부로 촬영 또는 그림묘사되거나 공표되지 아니하며 영리적으로 이용당하지 않을 권리를 가지는데, 이러한 초상권은 우리 헌법 제10조 제1문에 의하여 헌법적으로 보장되는 권리이다.")

격권에 의해 구체화 되었기 때문이다. 구체화 된 권리가 구체화 되지 않은 추상적이고 이념적 권리보다 아래에 있을 수 없기 때문이다. 또한 저작인격권이 구체화 되면 그에 따라 공중의 권리도 확정이 되므로 저작자의 추상적 권리에 의해 공중의 권리가 제한될 수 없다. 저작물을 공표하면, 더 이상 저작자의 개성만으로 이뤄진 권리가 아니라 공중의 마음속에도 존재하는 공중의 권리도 형성된다. 헌법의 위임을 받은 저작권법이 그와 같이 규정한 것이고, 저작물에 대한 인격권도 그 법리하에서 해석되어야 한다.

다. 저작인격권의 철학적 기원

(1) 임마누엘 칸트의 저작권법철학과 일원론(Monist Theory)

저작인격권 일원론(Monist Theory)은 저작권은 저작인격권 단일로 구성된 권리라고 본다. 일원론은 임마누엘 칸트의 철학(Immanuel Kant)을 바탕으로 유겐 울머(Eugen Ulmer)가 주장한 것이다. 칸트철학은 저작물은 자신의 개성을 대중과 소통한 것이라는 인적 이론의 토대가 되었고, 인적 이론은 저작권은 인간의 인격을 바탕으로 하는 처분불가능한 권리가 된다.

일원론에서 저작인격권으로 분류되는 권리들이 헌법상의 일반적인 인격권이라고 하는 일원론적 입장에서는 육체적 자기동일성에 자유, 명예 등에 관한 권리가 합체되어 있다고 보기 때문에 육체를 이전할 수 없듯이 자유, 명예에 관한 권리가 처분되거나 이전될 수 없다고 본다. 저작인격권은 인간의 인격에서 출발하는 인간의 대중에 대한 표현과 소통에 대한 권리이므로 인격과 분리하여 처분할 수 없는 권리(inalienable right)가 된다. 재산의 사용에 대한 침해가 있듯이 저작자의 저작물 이용에 대한 침해도 존재한다. 결국 이러한 권리의 출발점은 인간의 인격이다. 따라서 이러한 관점에서 이원론적 관점은 유지되지 않는다. 또한 우리법은 저작재산권과 저작인격권을 그 본질상 구분하므로 독일식의 일원론(일체설 분리설, monist theory)은 그 출발점부터 다르다.

헌법으로 보장되는 일반적인 인격권에는 프라이버시, 초상, 성명, 명성 등이 포함된다. 따라서 이러한 인격의 외부에 대한 표현과 소통에 대한 권리가 임마누엘 칸트의 저작권(author's right)이다. 일원론의 경우에 저작권법에 저작권으로 포괄하여 하나의 저작권을 이루는 권리들이 이원론(Dualist Theory)에서는 저작권법은 저작인격권 뿐만 아니라 그로부터 파생되는 저작재산권을 보호한다. 과거 영미법상에서는 저작재산권만을 저작권으로 보호했다. 물론 저작재산권도 인간의 노동에 의해 발생하는 것이므로 인간의 개성이 반영되었지만 이를 저작인격권으로 보호하지는 않았다.

그러나 독일의 칸트는 저작재산권을 인정하지 않고, 저작자의 권리는 인간의 개성을 외부에 대한 표현과 그 표현은 외부와 소통에 대한 권리이고, 이는 순수한 개인적인 권리, 즉 개성을 표현하는 인격적인 권리로 보았다. 따라서 헌법상 인격권과 저작권법상의 인격권은 다른 것이 아니다. 저작권은 결국 인간의 표현의 자유를 보장하기 위한 권리이고 헌법상의 기본적 인권을 보호하는 구체적인 권리이기 때문이다. 개인의 인격적 권리가 저작권법에서 저작자의 인격권으로 구체화 된 것이다. 아이러니하게도 칸트는 예술가의 저작권을 인정하지 않았다. 이는 공리주의 철학을 바탕으로 한 영국에서도 같았다.

(2) 게오르크 W. F. 헤겔의 철학과 이원론(Dualist Theory)

인간은 자유의지의 요소를 제외하고는 언제든지 자신이 소유한 물건에서 자신의 자유 의지를 철회할 수 있다. 이러한 경우에는 그 물건에서 인격적 속성은 사라진다. 즉 외부의 소유한 물에 대한 자신의 개성을 제외하는 경우에는 그 물의 인적 속성은 사라지기 때문에 처분할 수 있다.[156] 만일 그가 그의 저작물을 처분하는 경우에는 더 이상 그의 표현이 되지 않는다. 처분하기로 결정하면 그 재산은 더 이상 개성적이 아니라 처분적이다. 헤겔의 철학에 따르면, i) 창작물과 ii) 외부에 표현한 창작 및 iii) 동일한 창작적인 표현을 통해 자신의 개성을 표면화 하는 것을 포함하여 자신을 표현한 수단을 구분할 수 있는데, i) 창작물과 ii) 외부에 표현한 창작은 저작자의 기능의 생산물이므로 개성을 제외하여 처분이 가능하지만, iii) 자신의 개성을 표면화 한 것과 자신을 표현한 수단은 처분이 불가능하다. 저작물도 그와 같은 권리로 구성되어 경제적 가치와

156) Justin Hughes, The Philosophy of Intellectual Property, 77 Geo. L.J. 287, 345 (1988).

인격적 가치를 모두 반영한다.

인격적 가치와 경제적 가치를 구분하는 헤겔의 철학은 1769년 Millar v. Taylor 사건에서 Lord Mansfield의 판결[157]과 1774년 Donaldson v. Beckett 사건 판결 법리와 본질적으로 같은 것으로 헤겔의 저작권법 철학과 일치한다. Lord Mansfield의 판시는 존 로크의 철학에서 기원하는 것으로 로크는 자신의 신체를 소유한 자는 그 신체의 노동의 결과에 대하여 재산권을 취득한다고 하였고[158], 이는 자연법상의 기본원리와 커먼로상의 소유권 법리의 근거가 되었다.[159] 로크의 재산권 철학에서 재산권이 인격적 속성을 가지는 근거가 된다. 그리하여 영국법원은 그와 같은 로크의 철학에 기하여 재산권 법리를 확립하여 왔다.

이러한 점은 헤겔과 쾰러의 철학이 저작권의 경제적 가치를 인정하는 것과 맞물려 칸트의 재산권 철학과 다른 점으로 로크의 재산권론에 수렴하는 것이라고 하겠다. 또한 이러한 이론을 발전시킨 학자가 조제프 쾰러(Josef Kohler)[160]이다. 19세기 독일의 유명한 지적재산권법 학자이자 법철학자였던 조제프 쾰러(Josef Kohler)는 자신의 출판물과 출판물에 담겨있는 대중에 대한 소통에 대한 저작자의 개인적 권리는 그가 출판 행위를 완료하는 순간, 적어도 출판이 이루어지는 순간 소멸되기 때문에 저자에게 배포에 대한 법적 권리를 더 부여한다는 것은 그가 인간 생활에 개입할 수 있도록 허용한다는 것을 의미하므로 어떤 법률도 배포가 적법하게 이뤄진 표현과 저작물에 대한 원본이나 적법한 사본을 공중으로부터 철회할 수 있는 법적 권리를 저작자에게 부

157) Millar v. Taylor (1769) 4. burr 2303, 2398.

[B]ecause it is just, that an author should reap the pecuniary profits of his own ingenuity and labour. It is just, that another should not use his name, without his consent. It is fit, that he should judge when to publish, or whether he ever will publish. It is fit he should not only choose the time, but the manner of publication; how many; what volume; what print. It is fit, he should choose to whose care he will trust the accuracy and correctness of the impression; to whose honesty he will confide, not to foist in additions.

저작자는 자신의 인적 능력과 노동으로 발생하는 경제적 이익을 취득할 수 있어야 한다. 다른 사람은 저작자의 동의없이 그의 이름을 사용해서는 안된다. 저작자는 언제 출판할지 또는 출판할지에 대하여 결정해야 하는 것은 타당하다. 저작자가 출판 시점 만이 아니라 출판의 방법, 몇부의 책, 몇 권의 책, 어떤 종류의 인쇄를 결정하여야 한다. 저작자는 임의로 [책의 내용을] 추가하지 않고 표현의 정확성을 신뢰할 수 있고, 자신의 명예를 신뢰할 수 있는 [출판자를] 선택하여야 하는 것이 타당하다.

158) John Locke, Second Treatise of Government, §27("[e]very Man has a Property in his own Person. This no Body has any Right to but himself. The Labour of his Body, and the Work of his Hands, we may say, are properly his.")

159) Finnian v. Columbia 사건에서 중재를 맡은 Diarmait mac Cerbaill 왕이 "To every cow her calf, and accordingly to every book its copy."(모든 암소는 송아지가 있고, 따라서 모든 책도 그것의 복제본이 있다.)라고 한 것은 커먼로 법원리 뿐만 아니라 로크의 통치론(Second Treatise of Government, §27)(상게 306주에서 언급)에도 수용되어 있다.

160) Josef Kohler, Das Autorrecht, eine zivilistische Abhandlung (Jena, 1880), p. 139

여할 수 없다고 주장했다.[161)]

19세기 후반 프랑스의 André Morillot는 문학재산(*propriété littéraire*, Literary and Artistic Property)의 인적속성에 기하여 저자의 권리(*droit d'auteur*)는 인적 권리라고 하였는데, 그러한 인적 권리는 인간의 자유를 행사하는 것이었다. 따라서 저작권은 세상에 대한 자신의 자유권을 행사하는 것이고, 저작을 상업화하거나 내지 경제적 이익을 취득하는 것은 자신의 인적 권리의 '이용'을 넘어 자유를 적극적으로 행사하는 것이었다. 그리하여 자신의 저작물에 대하여 경제적 이익을 취득하는 것은 인격권의 행사에 발생하는 부수적인 것이다.[162)] 이러한 견해도 결국 헌법상의 추상적 인격권이 구체화된 것이 저작인격권에는 다름이 없으나, 저작인격권의 적극적인 행사에 의하여 취득하는 경제적 이익이 저작재산권으로 인정된 것이다. 결국 이러한 견해에서도 추상적 인격권이 저작권법을 통해 그 인격권이 구체화 된 것이라고 할 수 있다. 그의 이론이 프랑스의 저작권 법리에 반영되어 있다.[163)]

(3) 공리주의적 저작권과 저작인격권

공리주의 하에서 저작자의 저작물에 대한 인격적 권리는 존재하지 않았다. 1710년 앤여왕법에 의해 초기 공리주의 이념이 저작권법에 도입되기 시작하면서 공중의 권리(*publici juris*)가 강화되었다. 그러나 인격적 권리는 자연법에서 기원하는 것으로서 저작자의 영구적인 권리를 인정하는 것이므로 공중의 권리를 제한하게 된다. 이는 공리주의 원칙에 반하는 것이 되므로 영국에서 저작인격권 개념은 수용되지 않는다. 물론 저작재산권도 자연권 개념에서 출발하였으나, 출판에 의하여 공개되면 공중과 공유하는 것이 되어 저작권을 인정하기 어렵지만 공리주의 철학의 기반에서 희생 또는 기여에 대한 보상으로 한시적으로 보호하게 된다.

특히 1769년 Millar v. Taylor 사건에서 앞서 언급한 바와 같이 Lord Mansfield는 저작

161) Id.

162) Natalie C. Suhl, "MORAL RIGHTS PROTECTION IN THE UNITED STATES UNDER THE BERNE CONVENTION: A FICTIONAL WORK?" 12 Fordham Intell. Prop. Media & Ent. L.J. 1203, 1210-1211 (2002).

163) 이점에서 프랑스 저작권법이 저작인격권과 저작재산권을 다른 것이라고 이해하는 것은 재고할 필요가 있다. 우리나라의 일원론과 이원론의 내용에 관해서는 강명수, 저작인격권에 대한 고찰, 동아법학, 제58호, 2013, 739면 이하 참조.

인격권 개념을 언급했으나 공리주의 원칙이 주류가 된 1774년 Donaldson v. Beckett 사건에서 자연법에 기한 영구적 저작권은 출판이나 공개된 이후에는 인정되지 않는다. 그 이후 1928년 베른 협약에 체결될 때까지 영국에서는 저작인격권은 문제되지 않았다. 그리고 출판이나 공개는 영구적 저작권을 상실한다는 법리는 프랑스나 독일에서도 같이 법리로 수용되어 발전되었다.

영국과 미국은 재산권과 같은 개념인 bundle of right 개념에 의해 저작권을 인정한다. 저작재산권과 저작인격권은 저작권을 구성한다고 하는 이론이다. 그리하여 저작권은 저작재산권과 저작인격권으로 구성되는데, 특히 미국은 시각예술가에 대하여 한정적으로 인정하는 법체계를 유지하고 있다. 이러한 법체계는 patchwork theory라고도 한다. 프랑스의 저작재산권과 저작인격권으로 구성되었다고 하는 이론을 수용한 것으로도 볼 수 있다. 다만 프랑스는 저작인격권이 주된 권리이고 저작재산권이 종된 권리개념으로 시작되었으나 영국과 미국은 저작재산권으로 시작되었다는 점이 다르다고 할 수 있다.

라. 외국의 법제와 비교연구

(1) 독일 저작권법

임마누엘 칸트(Immanuel Kant)의 개성이론(personality theory)에 따르는 독일 저작권법의 경우에는 저작물에 화체된 표현과 대중에 대한 소통은 인간의 개성이기 때문에 처분할 수 있는 것은 아니다. 따라서 독일저작권법은 그 저작자의 개성이 존속하는 동안, 즉 그가 살아 있는 동안(inter vivos)에 처분할 수 없고, 단지 타인에게 이용만 할 수 있도록 하고 있다. 독일 저작권법의 해당조항을 옮기면 다음과 같다.

독일저작권법

第29조 (저작권에 관한 법률행위) (Rechtsgeschäte üer das Urheberrecht)

(1) 저작권은 이전될 수 없으나(nicht üertragbar), 다만 사인처분(死因處分, Verfüung von Todes wegen)의 이행 또는 상속재산분할 (Erbauseinandersetzung)로 인해 공동상속인에게 이전되는 경우는 예외이다.

(2) 이용권(제31조)의 설정, 활용권에 대한 계약상 사전동의, 그리고 제39조상 저작인격권에 관한 법률행위는 각 허용된다.

第31조 (이용권의 설정) (Einrämung von Nutzungsrechten)

(1) 저작자는 타인에게 저작물을 개별적(einzeln) 이용방법(Nutzungsarten) 또는 모든 이용방법으로 이용할 수 있는 권리[이용권, Nutzungsrecht]를 설정할 수 있다. 이용권은 단순하게(einfach) 또는 배타적으로, 그리고 장소적, 시간적, 내용적으로 제한되어 설정될 수 있다.

(2) 단순 이용권은 보유자에게 타인에 의한 이용을 배제하지 않은 채 저작물을 허락된(erlaubte) 방법으로 이용할 권리를 부여한다.

(3) 배타적 이용권은 보유자에게 모든 타인을 배제한 채 저작물을 허락된 방법으로 이용하고 아울러 이용권을 설정할 권리를 부여한다. 저작자에 의한 이용은 여전히 유보된 채 남아 있도록 정할 수 있다. 제35조는 영향받지 않고 존속한다.

(4) (삭제됨)

(5) 이용권의 설정시 이용방법이 명시적이고 개별적으로 표시되지 않았다면, 어떤 이용방법에까지 권리가 미치는지는 양 당사자 사이에 기초가 된 계약의 목적에 의해 정해진다. 이는 이용권이 설정되었는지 여부, 단순 이용권 또는 배타적 이용권인지 여부, 이용권과 금지권(Verbotsrecht)이 미치는 범위 및 이용권에 어떠한 제한이 있는지의 문제에 대해서도 준용된다.

第39조 (저작물의 변경) (Äderungen des Werkes)

(1) 달리 약정된 바 없는 경우 이용권 보유자는 저작물, 그 제목 또는 저작자표시(제10조 제1항)를 변경해서는 안 된다.

(2) 신의성실에 비추어 저작자가 사전동의를 거절할 수 없는 경우라면 저작물 및 그 제목의 변경이 허용된다.

이러한 독일의 저작권법 체계 저작물은 인격에 일부이므로 본인도 처분이 불가능하다. 따라서 본인이 처분할 수 없는 것을 타인이 처분할 수 있는 것이 아니다. 그러나 표현과 소통(speech)을 담는 매체에 불과한 책은 책을 구입한 자의 소유물일 뿐이다. 따라서 동산소유권과 같이 그 매체를 이전한 경우에 그것은 그 소유자에게는 그가 가지는 하나의 소유물일 뿐이다. 동일성유지권이 존재하는 이유는 대중과 소통하고자 하는 저자의 생각과 표현이 변경되기 때문이다. 그러나 소통을 담은 유체물이 저작물이 파괴되는 것은 저자의 대중에 대한 표현이나 소통이 변경되는 것은 아니다. 이러한 칸트의 철학은 헤겔에도 계승되었다.

도라산역 사건의 1심인 서울중앙지방법원(재판장 한규현 부장판사)은

> 예술가의 동일성유지권은 자신의 작품인 저작물에 대한 외부적 평가가 예술가 자신의 사상, 노력, 명성, 명예 등 인격적 이익과 밀접하게 연관되어 있음에 비추어 인정되는 예술저작물의 유지와 무흠결에 대한 이익이라 말할 수 있는데, 저작물의 동일성을 유지한 채 부분적으로 개변한 것이 아니라 저작물을 완전히 파괴하는 경우에는 작품에 대한 외부적 평가 자체가 상실되므로 위와 같은 예술가의 이익이 침해되었다고 보기 힘든 점....

이라고 지적하면서 해당 미술가의 권리를 부인하고 있다. 즉 저작인격권에 대하여는 칸트와 헤겔의 철학과 같이, 저작물이라는 '물리적인 매체'를 파괴하는 것은 저작자의 사상과 생각을 파괴하는 것이 아니다. 따라서 위 판시와 같이 매체를 파괴하는 것은 저작자의 사상이나 철학에 대한 대중에 대한 왜곡된 소통을 만들어 내는 것은 아니므로, 칸트와 헤겔의 철학에 따르더라도 어떤 저작권을 침해하는 것은 아니다. 저자의 생각과 사상을 담은 '그릇'을 파괴한 것이지 그 저자의 '사상'을 파괴할 수는 없다. 특정인에게 일신전속적으로 귀속한 것을 물리적으로 파괴할 수 있다는 법논리는 성립하지 않는다. 책을 소각했다고 하여 그 책에 있는 저자의 생각은 파괴되지 않는다. 저자에게 일신전속적인데 파괴가 되겠는가?

저작물의 동일성은 동일성이 유지되지 않고 공중에게 노출됨으로써 저자와 저작물을 통한 저자의 표현과 소통에 대한 공중의 생각이 왜곡되기 때문에 보호할 필요성이 존재한다. 그렇지만 저작물을 파괴하는 경우에는 그와 같은 소통이나 표현이 왜곡되지 않는다. 또한 소유권자의 소유권의 행사일 뿐이다.

칸트(Kant)는 미술저작물은 개인의 개성을 인간과 소통하는 것이므로 그러한 소통을 담지 않는 미술품은 저작물이 아니라고 보았다. 순수한 칸트의 철학에 의하더라도 미술품의 파괴는 그의 저작권(author's right)를 침해하는 것은 아니다. 물론 그러한 칸

트의 철학은 그 후세들에 의해 변경이 되었다.

우리나라 저작권법은 저작인격권과 저작재산권을 모두 인정하고 있는데, 이는 영미법식 저작재산권법을 기초로 프랑스 저작권법의 저작인격권 체계를 도입한 것으로 볼 수 있다. 왜냐하면, 저작인격권과 저작재산권이 충돌할 때 우리나라 저작권법은 저작재산권을 우선하고 있기 때문이다. 칸트 철학을 계승한 독일식의 저작권법에서는 저작재산권이라는 개념 자체가 존재하지 않으므로 처분(alienable)이라는 개념이 도입될 수도 없을뿐더러[164] 단지 이용의 허락만이 가능한데[165], 이용권의 설정은 어떤 적극적인 재산권을 설정하는 것이 아니라 인격의 침해의 용인에 불과하다. 처분할 수 있는 저작재산권이 존재하지 않는데, 재산권의 이용허락이나 일부분을 처분을 할 수 있다는 법리의 형성은 불가능하기 때문이다. 그러나 영미식의 저작권법과도 다르다. 영미법체계에서는 우리법의 저작인격권과 다르기 때문이다. 결국 우리법은 부분적으로 보면 독특한 법해석을 하고 있다.

저작권법상의 저작자와 공중사이의 권리 배분이 헌법의 위임범위[166]에 어긋난다면, 이는 저작권법의 문제이지 저작권법에 따른 저작권의 행사가 문제되는 것은 아니다. 즉 공중의 권리는 저작권법에 의하여 공중이 가지는 적극적인 권리이다. 다만 공중의 권리는 명시적으로 규정하지 않았지만, 저작권자의 권리가 확정되면 그와 상관관계(trade off)에 있는 공중의 소극적으로 권리가 확정된다. 따라서 저작권법에 규정하지 않는 권리에 의해 공중의 권리가 훼손되서는 안된다. 저작물의 소유자가 국가 기관이건 공공기관이건 사기업이건 모두 공중에 해당한다.

나아가 저작물을 양도받은 저작물 소유자의 권리도 저작권법에 따른 것이다. 본 사안을 판결하기에 앞서 저작권법의 위헌성이 먼저 판단되어야 한다. 철회권이 인정되지 않을 뿐만 아니라 매체(medium)의 소유자가 자신이 가진 매체를 처분하는 것은 소유권자로서의 권리행사이다. 저작권법에 부합하는 권리행사가 헌법의 추상적 인격권 위반된다면 이는 저작권법이 위헌이기 때문이지, 저작물 소유자의 권리행사가 위헌인 것은 아니다. 헌법재판소에서 저작권법의 위헌성이 판단되지 않았음에도 대법원이 저

164) 독일 저작권법 제29조 참조.
165) 독일 저작권법 제31조 참조.
166) 헌법 제22조 제2항.

작권법에 적합한 저작물의 소유자의 권리행사가 헌법에 위반된다고 판단할 권한이 없다. 도라산역 벽화사건에서, 저작권법상의 저작물 소유자가 저작물을 파괴한 행위가 타인의 인격권을 침해한다는 대법원 판결은 결국 저작권법에 따른 행위가 헌법에 위반된다는 것이므로 저작권법이 위헌이라는 의미이다.

그러나 제1심 법원은 다음과 같이 그와 같이 저작권법에 부합하는 권리행사라면, 위헌이라고 할 수 없다고 판시하고 있다. 타당한 법 논리이다.

> 2) 그러나 피고가 이 사건 파괴 행위를 함에 있어 이 사건 벽화에 대한 관광객들의 부정적인 여론을 근거로 설문조사 및 전문가와의 간담회를 개최하는 등 일응의 내부적 절차를 거친 점은 앞서 본 바와 같은바, 이에 비추어 볼 때, 피고가 이 사건 벽화에 대한 부적절한 평가를 하여 이 사건 벽화를 파괴하기에 이르렀다고 하더라도 이는 피고의 정책 판단이 부적절함을 지적하는 근거가 될 수는 있을지언정 원고의 예술의 자유 내지는 인격권이 침해되었음을 인정하는 근거가 될 수는 없다.
>
> 3) 또한 피고가 원고에게 사전 협의나 동의를 구하였더라면 이 사건 파괴 행위가 보다 적절한 공권력 행사가 될 수 있었음은 별론으로 하고, 실정법상 피고가 저작자인 원고에게 저작물의 철거에 대한 사전 협의나 동의를 구해야 하는 의무를 부담하고 있지 아니한 이상 그 불이행을 두고 원고의 예술의 자유 내지는 인격권이 침해되었다고 볼 수도 없다.

소유권자의 자신의 소유물에 대한 지배 통제권은 절대적인 것이다. 자신의 소유물을 언제든지 임의적으로 처분할 수 있고 파괴할 수 있다.

만일 저작권법상의 저작인격권에 의한 권리행사가 헌법위반이 된다면, 저작권법은 위헌법률이 될 것이다. 따라서 저작권법상의 권리행사가 헌법위반이 될 수 없다. 저작권법은 저작자의 권리 뿐만 아니라 공중의 권리도 정하고 있다. 저작권자의 권리는 적극적으로 규정된 내용에 따라 보호되는 것이며, 공중의 권리는 저작자의 권리로 명시되지 않는 경우에 인정된다.

저작인격권에 대하여 유럽의 일부 국가에서는 철회권(right of withdraw)을 명시하고 있다. 그러나 우리나라는 저작자에게 철회권을 부여하지 않고 있다. 그리고 철회권을 인정하는 나라에서도 저작물의 멸실이나 파훼는 철회권으로 보호하지 않고 있는데,

이는 권리소진의 원칙에 따라 저작물의 소유자는 자신의 소유물에 대한 처분권을 가지고 있을 뿐만 아니라 저작물의 멸실이나 폐기된 경우, 저작물이 존재하지 않기 때문에 저작자의 명성이나 명예를 훼손하지 않기 때문이다.

독일식의 저작권법에서는 자유로이 처분가능한 저작재산권을 인정하지 않으므로 저작재산권의 행사나 처분이라는 개념이 도입될 수도 없을뿐더러(독일 저작권법 제29조 참조) 단지 이용의 허락(동법 제31조)만이 가능한데, 이용권의 설정은 어떤 적극적인 재산권을 설정하거나 양도하는 것이 아니라, 단지 침해의 용인에 불과하다. 처분할 수 있는 저작재산권이 존재하지 않는데, 재산권의 이용허락이나 부분적 처분을 할 수 있다는 법리의 형성은 불가능하다.

(2) 프랑스 저작권법

앞서 본 바와 같이 프랑스에서 저작인격권이 보호된 것은 1814년 Billecocq v. Glendaz 사건에서 저작물의 무단 수정을 금지할 수 있는 저자의 권리를 인정한 것에서부터 시작했다.[167] 그후 채권자의 출판전 악보에 대한 압류집행을 거부한 Veuve Vergne v creanciers Vergne 사건[168]과 공개강연으로 인하여 저작자의 저작에 대한 통제권을 상실하지 않는다는 1845년 Marle v. Lacordaire 사건[169]을 통하여 저작에 대한 저작자의 인격적 권리가 확인되었다.[170] 그후 1957년 프랑스 저작권법에 저작인격권을 명시하였지만, 추상적인 규정의 성격으로 인해, 구체적인 내용은 법원의 해석에 의할 수 밖에 없었다. 1992년 법 제121-2조에는 저작자는 그의 성명, 저작자의 지위와 그의 저작물에 대하여 존중받을 불처분의 영속적인 일신전속권을 인정하고 있고, 사망으로 인하여 상속과 유증의 대상으로 할 수 있음을 규정하고 있다. 또한 공표권(제121-2조)과 보

167) Billecocq v. Glendaz, Tri. Civ. Seine, August 17, 1814은 다음에서 인용됨 Stromholm at pp. 10, 124, 132 as given in J.A.L. Sterling, The World Copyright Law, Sweet and Maxwell, 3rd ed. (2004), p. 392. Jonas Brown-Pedersen, "The Inadequacy of UK Moral Rights Protection: A Comparative Study on the Waivability of Rights and Recontextualisation of Works in Copyright and Droit D'auteurs Systems", 3 London Sch. Econ. L. Rev. 115, 119 (2018).

168) Veuve Vergne v creanciers Vergne, Court of Paris 11 January 1828.

169) Marle v. Lacordaire, Cour royale de Lyon, July 17, 1845, D. 1845, 2, 128; S. 1845.

170) 각 사건에 대한 자세한 내용은, 조희경, "프랑스 저작인격권법의 기초 판례에 관한 연혁적 연구", 강원법학 제56권 (2019) 533면 이하에도 자세히 설명되어 있으니 참조하시기 바람.

상을 조건으로 한 철회권(제121-4조)[171]을 규정하고 있다.

프랑스는 헤겔(Hegel)의 법철학과 그의 철학을 계승한 쾰러(Kohler)의 저작재산권과 저작인격권의 이원론(Dualist Theory)을 따랐다. 칸트는 저작권은 인적 개성의 표현에 대한 권리로서 인적 권리를 인정하였다. 헤겔은 이러한 칸트의 철학을 발전시켜 인격적 권리 뿐만 아니라 재산적 권리를 인정하여 저작인격권과 저작재산권의 이원론(Dualist Theory)의 토대를 제시하였는데, 이를 프랑스가 저작권법에 수용했다.

(3) 우리 저작법상의 권리는?

조제프 쾰러(Josef Kohler)와 유겐 울머(Urgen Ulmer)에 따라 국내에서 일원론(monist theory)과 이원론(dualist theory)으로 구분하는 견해들은 그 견해가 시작되는 일원론과 이원론의 정의에서 조금씩 차이가 있다. 따라서 견해를 나누어 분석하는 것은 의미가 없다. 다만 칸트의 철학과 헤겔의 철학과 그 차이점 및 각각의 철학을 독자적으로 수용한 독일식과 프랑스식을 명확히 하는 것이 저작인격권 및 저작재산권을 명확히 이해하는데 도움이 될 것이다.

칸트 철학에서 기원하는 개성 내지 인격이론을 저작인격권으로 인식한 독일과 칸트의 인격이론을 발전시켜 저작인격권과 저작재산권의 두가지 권리로 구성된 저작권 개념을 인정한 헤겔과 헤겔 철학을 수용 발전시킨 프랑스식의 이원론(dualist theory)은 저작권법상의 인격권과 일반적인 인격권을 인간의 이중 인격이나 별개의 인격 또는 다중 인격에 대한 권리라고 보는 것으로는 판단되지는 않는다. 왜냐하면 독일과 프랑스의 대륙식 법체계에서 인간의 인격은 자연법으로 보호되는 것이고, 그러한 자연법을 계승하여 인권선언과 자연권으로서의 저작권, 즉 자연법에 기초한 인간과 그의 저작인격권을 인정하는 것이므로 결국 자연법에서 기원하는 인간의 인격에 대한 권리는 추상적으로 하나일 뿐이기 때문이다. 그리하여 헌법상 추상적 인격권과 저작권법에서 보호하는 저작인격권이 인간의 다른 인격을 보호한다고 할 수 없다. 인간의 (추상적) 인격은 하나이지, 인간은 이중인격자이거나 다중인격자가 아니다.

171) 프랑스 지적재산권법상 철회권 규정은 본 장 주 186 참조.

프랑스식의 이원론(Dualist Theory)에서도 저작인격권이 저작권의 주된 법리로 보호되었고, 그러한 저작인격권의 파생적 권리가 저작재산권으로 발전했다. 이점은 19세기 프랑스의 André Morillot의 저작인격권 개념으로 보면 분명해진다. 조제프 쾰러(Josef Kohler)는 그가 처음으로 저작인격권(moral right)을 사용했다고 한다.[172] 또한 독일식의 일원론은 저작재산권의 개념을 인정하지 않고 저작권 자체를 인격적 권리로 보는 점에서 국내의 일원론과 다르다. 미국식의 저작인격권은 저작의 성질에 따라 저작인격권을 인정하고 그 권리들이 모여서 저작인격권을 이루며 그 저작인격권은 일반적인 인격권으로 구성한다는 점에서 국내의 일원론적 견해와 다르다. 다만, 국내의 일원론은 저작인격권은 헌법상의 일반적 인격권을 이루는 점에서는 미국식의 조각이론/권리집합설(patch work theory/bundle of right theory)나 독일의 일원론(monist theory)과 유사하다. 다만 확실한 점은 도라산역 벽화사건에서 우리 대법원이 인정한 저작인격권과 일반적인 인격권과는 다르다고 할 수 있으므로 프랑스의 법리를 수용했다고 할 수 없고, 독창적(*sui generis*)인 한국식의 인격권을 인정한 것이라고 할 수 있다.

미국식의 조각이론/권리집합설을 따르면, 저작인격권을 침해하면 일반적 인격권을 침해한 것이 된다. 일반적 인격권을 침해하지만 저작인격권을 침해하지 않는다는 논리는 도출되지 않는다. 왜냐하면 저작인격권을 침해하지 않는 영역은 공중의 자유권의 영역이므로, 저작인격권이 문제되는 사안에서 저작인격권을 침해하지 않으면서 일반적 인격권을 침해할 수는 없다. 도라산역벽화 사건에서 대법원의 판시와 같이 저작인격권을 침해하지 않다고 인정하면, 침해자로 제소된 자(피고)의 행위는 공중의 자유권의 영역에서 행위한 것이므로 일반적 인격권을 침해했다고 할 수 없을 것이다. 만일 그의 행위를 위법한 것으로 하는 사정이 있다면 그는 자신의 자유권의 영역에서 행위한 것이 아니다. 그와 같은 법리를 유지하는 경우에, 저작권법에서 허용하는 행위가 일반적 인격권을 침해하였다고 볼만한 특별한 사정이 무엇인지 문제가 된다.

이에 대하여 대법원은

172) Josef Kohler, 21 Kritische Vierteljahresschrift für Gesetzgebung und Rechtswissenschaft 510, 512-13 (1879)., Cyrill P. Rigamonti, "The Conceptual Transformation of Moral Rights", 55 Am. J. Comp. L. 67, 105(2007) 및 fn 180에서 재인용.

> 피고로서도 이 사건 벽화의 가치와 의미에 대하여 홍보까지 하였으므로 단기간에 이를 철거할 경우 원고가 예술창작자로서 갖는 명예감정 및 사회적 신용이나 명성 등이 침해될 것을 예상할 수 있었음에도, 피고가 이 사건 벽화의 설치 이전에 이미 알고 있었던 사유를 들어 적법한 절차를 거치지 아니한 채 그 철거를 결정하고 그 원형을 크게 손상시키는 방법으로 철거 후 소각한 행위는 현저하게 합리성을 잃은 행위로서 객관적 정당성을 결여하여

위법하다고 하였다. 그러나 무엇이 적법한 절차인지는 대법원이 밝히지 않고 있다. 자신의 소유물을 자신이 처분하는 것은 재산권의 행사로서 정당한 행위이다. 만일 우리 법이 통상적으로 외국에서 인정되는 저작권자의 철회권을 인정하고 있다고 하더라도, 자신의 소유물을 소각하는 행위는 철회권의 침해가 아니다.

대법원은 사상감정을 담은 유형물인 매체와 저작을 구분하지 못한 것이다. 철회권을 인정하는 것은 매체에 대한 변경을 우려하는 것이 아니라 저작의 임의적인 변경이 저작자가 대중에 대하여 표현하고 소통한 사상감정을 왜곡하기 때문이다. 매체의 소각으로 인하여 저작자의 사상감정이 변경된 것은 아니다. 단지 사상감정을 담은 매체가 그 매체의 소유자의 권리행사에 의해 사라진 것일 뿐이다. 대법원은 대중과 소통하기 위해 외부에 표현한 무형의 사상 감정과 그 사상 감정을 기록한 유형적인 매체에 대한 권리를 구분하지 못한 것이다. 매체가 소각되거나 멸실되더라도 저작자가 대중과 소통한 사상감정은 변형되지 않는다.

저작인격권이 저작자의 저작권에 필수적으로 동반되는 것으로 간주된다면 저작권법 체계 내에서 보호되어야 한다. 프랑스와 독일의 저작권법은 저작권 보호의 두 가지 속성과 목적, 즉 도덕적 권리와 경제적 권리를 명확하게 구분한다. 두가지 권리, 즉 저작재산권과 저작인격권이 분리되어 존재한다는 것은 독일의 조제프 쾰러(Josef Kohler)의 이론이고[173] 두 권리가 하나의 저작권을 이룬다는 권리는 유겐 울머(Eugen Ulmer)의 이론이다.[174]

유겐 울머는 소위 '나무이론'(Tree Theory)을 통해, 하나의 나무줄기가 두 개의 뿌리

173) J.A.L. Sterling, World Copyright Law: protection of authors' works, performances, phonograms, films, video, broadcasts, and published editions in national, international, and regional law, London, Sweet and Maxwell, 3rd ed. (2008), p. 61.

174) Id.

를 가지고 있는데, 하나의 뿌리는 경제적 가치이고 다른 하나의 뿌리는 인격적 가치라고 했다. 저작자의 권리는 나뭇가지를 이룬다. 저작물의 이용권(exploitation right)은 도덕적 권리 부분을 이루고 도덕적 권리들은 그 침해시에 금전적 손해배상을 청구할 수 있는 권리이고 저작자의 경제적 보상에 대한 권리를 이룬다. 인격적 가치와 경제적 가치의 두 개의 권리는 무형물에 대한 권리를 구성하고, 그 무형물에 대한 권리는 저작자의 인격을 보호하기 위한 것이 아니라 저작자의 저작물에 대한 연결성을 보호하는 것이다. 따라서 저작자는 어떤 것을 소유하는 것이 아니므로 자신의 권리를 포기하거나 양도할 수 없다.

독일의 일원론적 견해는 인격과 개성에 관한 권리는 하나의 권리로서 비경제적 이익 뿐만 아니라 경제적 이익도 보호한다고 한다. 따라서 라이센스는 자신의 저작권을 경제적으로 이용을 하더라도 이에 대하여 법적 문제를 제기하지 않겠다는 면책을 하는 것이 된다. 경제적이용은 인격권이 인정된 이후에 발생하는 파생적이고 부수적이고 타인의 침해를 용인할 수 있는 소극적 것일 뿐이다. 파생적이고 부수적이라는 점에서는 프랑스의 이원론과 유사하지만 '적극적으로 양도할 수 있는 권리'가 아니라는 점에서 차이가 있다. 양도할 수 있는 적극적 권리 자체가 존재하지 않기 때문이다. 결국 일원론에서는 저작권을 이용한 경제적인 이익의 향유하는 것도 인격적인 권리의 내용이므로 양도나 이전 등 처분을 할 수 없고, 다만 이용을 허락하는 것, 즉 침해에 대한 면책이 된다. 우리 민법상의 개정안을 제시된 초상의 영리적 이용권이 이러한 독일식의 법리를 바탕으로 한다고 할 수 있다. 즉 이용권은 이용에 대한 저작권자에 대한 자유권을 설정하는 라이센스(license)의 개념이 된다.

그러나 라이센스는 예외적인 상황에서 취소될 수 있고, 일정한 기간이 지나면 종료하기 때문에 그 권리의 근본적인 권리(mother right)인 인간의 개성에 관한 권리와 완전히 독립된 권리라고 할 수 없고, 라이센스는 개성에 관한 권리에 '종속된 이전'("tied transfer", 종속된 거래) 이라고 할 수 있다. 저작권법상의 이용허락의 법리를 따르기 때문에 일부는 저작권법을 적용한다. 저작자의 권리와 같이 개성에 관한 권리는 일신전속적이라고 하는 그 권리의 본질상 '양도'(assignment)는 할 수 없으나[175] 그 이용을 허

175) 독일저작권법 제29조 참조.

락하여(license) 침해소송을 제기하지 않을 수 있다. 즉 재산권이 아닌 이용권의 개념[176]으로 침해를 하지 않겠다는 부제소 합의와 같은 것이라고 할 수 있다.

미국식의 법리는 재산권이 권리의 집합(bundle of right)이듯이 헌법상의 일반적 인격권도 다수의 구체적 인격권으로 구성되었다고 보는 것이 patchwork theory이다. 일반적 인격권을 구성하는 인격권 중의 하나가 저작인격권이다. 미국에서는 연방 헌법의 저작권-특허권 조항의 법률유보조항에 의해 의회 입법에 의해 추상적 인격권이 구체적 인격권화 한다. 의회 입법이 없이는 구체적 인격권은 존재하지 않는다.

저작인격권과 헌법상의 인격권에 관하여 판시하기 위해서는 단어 몇 개로 판단할 수 없다.[177] 몇 개의 단어만으로 저작인격권과 헌법상 인격권과의 관계를 판단한 대법원의 법적 논리의 신뢰성에 강한 의문을 제기하게 한다. 우리 저작권법은 헌법 조항에 의하여 저작인격권을 명시하고 있다. 법원이 판결에 의해 저작권법에 인정되지 않는 저작인격권을 창설하는 것은 헌법상 국회입법주의와 법률유보조항을 위반하는 헌법 위반판결이라고 하지 않을 수 없다.

단순히 재판관의 즉흥적이고 개인적 생각으로 판단한 것이 아니라면, 우리나라 헌법과 저작권법, 그리고 이론적 배경에 대하여도 언급이 있어야 한다고 생각된다. 도라산역 벽화사건에서 대법원은 저작권법 이외의 다른 인격권과의 관계 등에 대하여 언급하고, 저작권법상의 저작인격권 이외에도 다른 헌법상의 인격권이 존재하므로, 저작권법상의 저작인격권은 그 내용에도 불구하고 법으로 해석 적용하지 못하는지에 대하여 합리적으로 납득할 수 있는 최소한의 만큼의 판결 내용이 있어야 한다. 그러나 대법원 판결은 저작인격권 법리에 대한 기본적인 상식에 어긋난 판결이다. 왜 우리나라가 대법원 판결에서 언급하는 저작인격권 이외에 추상적 인격권에 의해 저작자의 인격권 침해가 될 수 있다는 법리가 성립하는지 논리적이고 합리적인 판시가 없다. 도라산역 벽화사건의 대법원 판결은 헌법 위반판결이라고 하지 않을 수 없다.

176) 독일저작권법 제31조 1-3항 참조.

177) 다만, 저작인격권 일원론과 이원론을, 저작재산권과 저작인격권의 일원론과 이원론의 문제로 보고 저작재산권과 저작인격권의 이원론이 타당하다는 견해도 있다. 강명수, 저작인격권에 대한 고찰, 동아법학, 제58호, 2013, 739면. 다만 이 견해도 저작인격권이 일반적 인격권과 본질적으로 같은 것이지 여부에 대해 이를 긍정하는 일체설과 부정하는 분리설로 나누고 있어, 용어의 문제에 따라 이러한 설명을 하기도 한다. 본질은 저작인격권과 헌법상의 일반적인 인격권의 본질이 다른 것인지 같은 것인지의 문제이다.

마. 저작물의 매매와 권리소진의 법리

(1) 권리소진의 원칙의 발전

저작물이나 특허권 등 지적재산권행사에 의하여 생산된 물품은 권리소진의 원칙이 적용된다. 저작물등 지적재산권에 의하여 보호되는 물품을 최초로 판매하는 경우에 그 물품에 대한 지적재산권의 권리가 상실된다는 권리소진의 원칙은 앞서 언급한 바와 같이, 저작권을 통하여 저작물의 통제권을 행사하여 거래질서를 왜곡하는 것을 방지하는 역할을 한다. 원래 동산의 매매에 적용되던 법리는 앞서 본 바와 같이 1769년 영국의 Millar v. Taylor 사건의 요셉 예이츠(Joseph Yates) 판사에 의하여 주장되었고, 곧바로 1774년 Donaldson v. Beckett 사건에서 저작권 법리에 수용되었다. 그 이후 권리소진의 원칙은 저작권법 뿐만 아니라 특허권과 상표권 등의 지배적인 원리(doctrine)가 되었다.

저작권을 자연권으로 보아 영구적 권리로 이해했던 1769년 Millar v. Taylor 사건 판결에서 소수의견을 통하여 출판 이후의 저작권의 자연권성을 부인한 예이츠 판사는 출판을 하는 것은 공중의 영역에 놓아 모든 사람의 점유하에 이용케 하는 것이라고 했다. 이미 인용했지만 다시 인용한다.

> If the author had not published his work at all, but only lent it to a particular person, he might have injoined that particular person, "that he should only peruse it ;" because, in that case, the author's copy is his own ; and the party to whom it is lent contracts to observe the conditions of the loan : but when the author makes a general publication of his work, he throws it open to all mankind.
>
> ...
>
> But when an author prints and publishes his work, he lays it entirely open to the public, as much as when an owner of a piece of land lays it open into the highway. Neither the book, nor the sentiments it contains, can be afterwards recalled by the author.[178]
>
> ↳ 만약 저자가 자신의 작품을 전혀 출판하지 않고 특정인에게 빌려주기만 했다면, 그

178) Millar v Taylor (1769) 4 Burr. 2303, 2364, 98 ER 201, 234.

는 그 특정인에게 "그는 그것을 정독하기만 하라"고 명할 수도 있다. 왜냐하면 그 경우에는 저자의 원고가 그 자신의 것이기 때문이다. 그리고 그것을 빌려준 당사자는 빌려준 조건을 준수하기로 계약했다. 그러나 저자가 자신의 저작을 일반 출판할 때 그는 그것을 모든 인류에게 공개한 것이다.

...

그러나 작가가 그의 작품을 인쇄하고 출판할 때, 그는 토지 소유자가 자신의 토지를 공공도로로 개방하는 것과 마찬가지로 자신의 작품을 대중에게 완전히 공개한다. 책이나 그 안에 담긴 저자의 감정은 저자가 후에 자신의 것이라고 주장할 수 없다.

이러한 생각은 아이디어에 대하여도 같았다.

But when the invention is once made known to the world, it is laid open ; it is become a gift to the public : every purchaser has a right to make what use of it be pleases. If the inventor has no patent, any person whatever may copy the invention, and sell it.[179]

↘ 발명이 일단 공개되면, 그것은 세상에 알려진다; 그것은 공중에 대한 선물이다. 모든 구입자는 그것을 이용하여 원하는 것을 만들 권리가 있다. 만일 발명자에게 특허가 없다면, 누구든지 그 발명을 복제하여 판매할 수 있다.

결국 공개된 사상과 표현에 사회는 이를 바탕으로 새로운 생각을 부가하여 새로운 생각을 표현하는 것이고, 사회 전체가 공개된 다른 사람의 생각, 사상, 아이디어에 의존하게 하는 것이므로 저작을 외부에 표현한 저작자는 자신의 의사에 기한 행위에 대하여는 금반언의 의무를 지는 것이다. 이렇게 해석하는 것이 17세기부터 현재까지 정치철학자의 공동선이라고 할 수 있는 '타인과 동등할 자유'(equal freedom)를 존중하는 것이다. 이러한 판결의 정신과 철학에서 권리소진의 개념(the public domain)과 공정이용의 법리(fair use)가 형성되고 실정법상 저작권법이 도출되었다. 최초 판매에 의하여 권리가 소진되지 않으면, 자신의 저작물을 통제하고 사상과 철학을 통제할 수 있다. 저작인격권도 제한되지 않으면, 저작인격권에 의해 타인의 사상과 철학을 통제할 수 있게 된다. 저작의 사상과 표현에 대한 사회의 비판은 저작자의 인격적 이익 또는 저작인

179) Id., 246.

격권을 침해한 것이라고 보아야 하는가?

저작물이 양도나 이전된 경우에는 권리소진의 원칙에 의해 저작권법상의 권리 이외에 자연법상의 권리, 본 도라산역 벽화사건의 경우에는 예술의 자유나 인격권의 행사를 할 수 없는 것이다. 이에 대하여 제1심 법원은 다음과 같이 권리소진이 되었으므로 저작물에 대한 소유권 행사가 저작자의 인격권을 침해할 수 없다고 판단하고 있다.

> 이 사건 파괴 행위가 이 사건 벽화의 철거, 훼손 및 소각을 포함하는, 전체적으로 하나의 행위인 점은 앞서 본 바와 같은바, 이 사건 파괴 행위의 과정에서 이 사건 벽화가 훼손되었다고 하더라도, 피고의 소유권 행사로 인한 이 사건 벽화의 파괴가 정당한 이상 그 훼손행위만을 두고 원고의 예술의 자유 내지는 인격권이 침해되었다고 볼 수 없다.

'거래로 인하여 권리소진이 발생하고, 그 소유물은 나의 재산으로 나의 처분에 따르게 된다.' 그것이 확립된 법원리이다. 위와 같은 1심판결의 법리는 위의 예이츠 판사의 권리소진의 법리 뿐만 아니라 칸트와 헤겔의 철학에 의해서도 뒷받침 된다. 저작자는 표현에 대하여 권리를 가지는 것이고, 그 표현에 담긴 아이디어에까지 저작권이 미치지 않는다는 것이 칸트와 헤겔의 철학이다.

만일 저작물이 거래되었더라도 예술의 자유에 의하여 제한된다면, 이는 모든 거래에서도 제한이 될 것이다. 대법원의 논리라면, 저작물 뿐만 아니라 기타의 모든 유체물이나 서비스 거래에도 동일한 문제에 부딪힌다. 인간이 생산한 유체물이나 서비스는 인격이 반영된 것으로 해석된다. 이는 칸트나 헤겔의 철학 뿐만 아니라 존 로크의 철학에서도 동일하다. 칸트의 자율성과 헤겔의 자유의지는 소유의 근원이 되고, 인간 개성의 출발점이 된다. 재산은 자율적인 인간의 자유를 보호하기 위한 수단이 된다.

또한 로크에 있어서 재산은 자신의 생명에 대한 권리와 자신의 노동에 대한 권리로부터 나오는 것이다. 모든 인간은 자신의 신체에 대하여 권리를 가지고 있으므로 노동은 신체로부터 나오는 것이고, 그 신체를 소유한 인간은 노동의 결과에 대한 재산권을 가지게 된다.("The labour of his body, and the work of his hands, we may say, are properly his.")[180] 이러한 객관적인 노동의 결과도 결국 주체적인 인간의 노동으로부터

180) Locke, Second Treatise of Government, §27.

나오는 것이다. 따라서 거래에 의하여 그와 같은 개인의 개성이 소멸되지 않는다면, 권리소진도 발생하지 않고, 저작자는 저작인격권이나 인격권을 통하여 자신의 표현과 사상을 영구히 통제할 수 있다는 결과가 된다. 따라서 저작인격권은 저작물에 대한 소유권보다 우선할 수 없다.

나아가 저작물의 소유자도 표현의 자유가 있다. 저작자의 저작인격권도 타인의 권리에 제한된다. 나의 자유의 한계는 타인의 자유의 시작에 있다. 이러한 자유주의적 개인주의 철학은 로크의 타인을 해하지 않을 것과 충분하고 동등하게 남겨두어야 한다는 단서(provisos) 뿐만 아니라 칸트와 헤겔이 재산권 인정의 단서로서 타인을 해하지 않을 것을 제시한 것에도 찾아 볼 수 있다.

소유자도 자신이 가진 타인의 저작물에 대하여 표현의 자유의 행사를 할 수 있다. 타인 저작물의 파훼는 소유자가 가지는 표현의 자유의 한계 내의 행위라고 할 수 있다. 저작자의 표현의 변경이나 왜곡없이 저작자의 명예를 훼손하지 않는 방법으로 그 저작물에 대한 표현의 자유와 소유권을 행사한 것으로 볼 수 있다. 책을 구입한 사람은 그 책을 영구히 보존하여야 하는가? 답은 지극히 간단하다.

권리소진의 원칙은 커먼로의 동산의 유통에 관한 법리에서 출발한다. 16-17세기 영국 법률가인 에드워드 코크(Edward Coke)의 저술에 의하면, 동산이 자발적으로 '판매'된 경우에 판매자가 가진 모든 권리가 양수인에게 이전된다고 하였다. 즉 모든 권리가 자발적으로 처분되었으므로 양도인의 권리는 모두 소진된 것이다. 코크는 1628년 출간한 그의 'Institutes of the Lawes of England' 제1권[181]에서 유체물의 권리소진의 법리에 대하여 동산이나 부동산 소유권을 가진 자가 자신의 모든 권리를 부여한 양수인(donee or vendee)이 동일한 권리를 가지지 못한다는 조건을 부과한 경우에 그러한 조건은 무효라고 하였다. 그와 같은 양수인이 가지는 권리에 대한 제한을 하는 계약 조건

181) Edward Coke, Institutes of the Lawes of England I, Sec. 360, p. 223.
And so it is if a man be possessed of a horse or any other chattel, real or personal, and gives his whole interest or property therein, upon condition that the donee or vendee shall not alien the same, the same is void, because his whole interest and property is out of him, so that he hath no possibility of reverter; and it is against trade and traffic and bargaining and contracting between man and man.
사람이 말이나 다른 가재도구, 부동산이나 동산을 소유하고, 양수인이 양도하는 것을 금지하고, 양도를 무효로 한다는 조건으로 자신의 전체 권리나 재산을 양도한 경우에, 양도인의 전체 권리는 양도인으로부터 발생하므로, 그 [양도인]은 [양도로 인하여 자신의 권리 모두가 소멸되었으므로] 권리를 회복할 가능성이 없고, 나아가 사람과 사람 사이의 거래협상과 계약 및 거래에 위반된다.

이 무효인 이유는 권리를 모두 양도한 경우에는 양도인 자신은 어떠한 권리도 갖지 못하고, 따라서 자신의 권리의 회복가능성도, 회복할 권리도 존재하지 않기 때문이다. 그 후 1769년 Millar v. Taylor 사건에서 예이츠 판사의 소수의견과 1774년 Donaldson v. Becket 사건의 De Grey 재판장의 판결에서 그 기본적 법리를 찾아 볼 수 있다. 즉 출판을 하면, 그 출판물 속의 표현은 공개되어 공중의 정신과 마음속에 공유하게 되어 더 이상 저작자의 독점적 통제권의 범위를 벗어나는 것이다. 만일 출판에도 불구하고 계속 저작자의 권리를 주장할 수 있다면, 그는 출판을 통해 공중의 사상과 철학을 지배할 수 있게 된다. 결국 타인의 평등하게 자유로울 권리를 침해한다. 1871년 영국의 Betts v. Willmott 사건[182]에서 법원은 특허제품에 대하여도 최초판매에 의한 권리소진을 인정한다. 소위 지적재산권은 유체물의 처분에 종속된다.

에드워드 코크에 따르면 권리소진의 법리가 인정되어야 하는 이유에 대하여, 자신의 권리를 모두 자발적으로 처분한 판매자가 구입자와 타인간의 거래를 제한하는 것은 사람과 사람 사이의 거래관계에 어긋나기 때문이라고 하였다. 즉 권리소진의 원칙을 인정하지 않는다면 인간의 자연적 자유를 제한하게 된다. 예컨대 동산에 대한 질권을 설정한 때에 그 질권이 소멸하면, 그 동산의 소유자의 질권이 소멸한 완전한 소유권은 회복되지만, 소유자가 그 동산에 관한 권리를 모두 양도한 경우에는 그의 권리는 모두 양수인에게 이전되었으므로 자신이 가진 권리가 양도에 의하여 모두 소진된 것이다. 따라서 동산의 양도인에게는 더 이상 회복될 수 있는 권리가 전연 남아 있지 않다. 권리소진을 인정하지 않는다면, 양수인의 소유자로서의 권리와 처분의 자유를 제한한다. 동산의 양도에 의하여 발생하는 권리소진의 법리는 인간의 본질적인 자유권에 기한 것으로 지적재산권법 분야에서의 권리소진의 원칙의 법리적 토대라고 본다.[183]

이와 같이 타인에게 자신의 저작재산권을 양도한 사람은 저작인격권으로 저작재산권을 통제할 수 없다. 오히려, 저작권법은 저작재산권과 저작인격권 간의 이해관계를 조정하는 규정을 두고 있다. 이에 대하여는 아래 '피팅모델사건'에서 본다. 저작권법에 정해진 저작인격권을 침해하지 않는 이상 저작물의 소유자는 자신의 자유권과 소유권

182) Betts v. Willmott(1870-71)LR 6 Ch App 239.(특허제품이 판매된 경우 반대 합의가 없는 한, 구매자는 제품을 처분할 권리가 있으며, 영국 이외의 지역에서 판매가 이루어지는 경우에도 구매자의 권리는 그 특허제품을 영국으로 수입하여 영국에서 판매하는 것까지 확장된다.)

183) Note, "Right of a Patentee to Restrict the Price and the Use of a Patented Article Source", 31 Harvard Law Review, Dec., 300 (1917).

을 행사할 수 있다.

미국에서도 1873년 Adams v. Burke 사건[184]에서 특허권자나 특허권자로부터 정당한 권한을 받은 자에 의하여 판매된 특허제품은 그들에 의해 처음 판매된 이후에는 특허독점으로부터 자유롭다고 인정되었다. 1908년 Bobbs-Merrill Co. v. Straus 사건[185]에서 미국 연방대법원은 저작권자와 저작물 소유자에게 부여된 권리의 범위에 관하여 판결을 내렸다. Bobbs-Merrill Company는 저작권이 있는 Hallie Erminie Rives의 소설 'The Castaway'를 출판하여 판매하면서 '이 책의 소매 가격은 순 1달러입니다. 어떤 딜러도 이 책을 더 낮은 가격에 판매할 수 있는 허가를 받지 않았으며 더 낮은 가격에 판매하면 저작권 침해로 간주합니다'("The price of this book at retail is $1 net. No dealer is licensed to sell it at a lower price, and a sale at a lower price will be treated as an infringement of the copyright.")라는 문구를 서적의 저작권 표시 바로 아래에 인쇄했다. R.H. Macy & Co.를 대표하는 피고 Isidor와 Nathan Straus는 대량의 책을 도매로 구입하고, 그 책을 한 권당 89센트에 소매점에서 판매했다.

피고들의 저가 도서 판매행위는 도서를 판매한 출판사가 저작권 관련 법령에 구체적으로 명시되지 않은 저가 판매금지라는 추가조건에 위반된 것이 되는데, 그와 같이 출판사가 자신이 책의 소유권을 이전하기 위해 판매한 도서에 대하여, i) 판매 이후를 통제하는 저가 판매금지를 설정한 것이 합법적인지 및 ii) 해당 저작물은 피고들에게 라이센스된 것으로 판매되지는 않았다는 원고의 주장이 타당한지가 문제되었다.

연방대법원은 저작권법은 저작권자와 판매자의 권리는 그들로부터 책을 구입한 판매자의 재판매에 대하여 어떠한 제한을 할 수 있는 권리를 부여하지 않았다고 판시했다. 저작권법상의 최초판매함으로서 발생하는 권리소진을 제한하는 당사자의 구체적인 계약은 효력이 없다는 것이다. 그리하여 이 사건 이후 저작권법상 권리소진의 원칙은 1909년 미국 저작권법에 명시된다. 이러한 권리소진이 원칙과 그 강행규범성은 위 판결로부터 5년후, Bauer & Cie. v. O'Donnell 사건에서도 인정되었다.[186] 본 사건에도 특정가격 이하로 판매를 금하는 내용의 권리소진을 제한하는 판매조건이 있었지만 법

184) Adams v. Burke, 84 U.S. (17 Wall.) 453 (1873).
185) Bobbs-Merrill Co. v. Straus, 210 U.S. 339 (1908).
186) Bauer & Cie. v. O'Donnell, 229 U.S. 1 (1913).

원은 이를 인정하지 않았다.

(2) 권리소진의 원칙과 도라산역 벽화의 처분

권리소진은 저작재산권의 처분에만 적용되는 것이지만, 원래 우리 저작권법이 기초하고 있는 법제 중의 하나인 영국의 저작권법 철학에는 저작인격권 개념이 존재하지 않았다. 18세기 후반 Lord Mansfield의 철학과 법원리에는 저작인격권의 개념이 존재했다.[187] 그러나 그러한 그의 철학과 이론은 발전되지 않았지만 권리소진의 원칙을 변경할 수는 없었을 것이다. 저작권법리상 저작권이나 저작물을 양도하면 양수인이 그에 대한 권리를 승계한다. 즉 저작물의 처분권까지 승계한다. 따라서 해당 저작물의 폐기 등을 할 권리가 당연히 저작재산권자에게 귀속한다.

물론 동일성유지권(right of integrity)은 그 개념으로, 저자의 명예와 명성에 해가될 수 있는 경멸적 취급을 받지 않을 권리를 포함하고 있다. 그러나 우리나라 저작권법 제13조의 동일성유지권에 폐기가 비명예적 취급으로 인정받을 수 있는 권리가 포함되는지 강하게 의문이 든다. 저작인격권을 규정하는 법제에서는 동일성 유지권과 구분되는, 추급권과 같은 별개의 권리로서 철회권(right of withdraw)을 명시적으로 규정하기 때문이다. 또한 저작자가 철회권을 행사하여 자신의 저작물을 회수하기 위해서는 먼저 보상을 해야 한다.

영국의 경우, 도라산역 벽화사건에 유추될 수 있는 유사 규정을 두고 있다. 현대의 영국 저작권법은 명예로울 저작인격권이 침해되는 경우에 대하여 제80조(Right to object to derogatory treatment of work)에 규정하고 있는데, 그 중에서도 제4항 및 제5항에는 예술품에 대하여 규정하고 있다. 동항을 옮기면 다음과 같다.

187) Millar v Taylor (1769) 4 Burr. 2303, 98 ER 201.

영국 저작권법

제80조 경멸적 취급에 반대할 권리

(4) 예술 작품의 경우, 다음과 같이 취급하는 사람에 의해 그 권리가 침해된다:

(a) 저작물을 경멸하는 방법으로 상업적으로 출판하거나 공개적으로 전시하는 경우, [또는 대중과 소통하는] 해당 저작물을 경멸하는 내용의 시각적 이미지,

(b) 저작물을 경멸적으로 취급하는 시각적 이미지가 포함된 영화를 공개적으로 상영하거나 그와 같은 영화의 복사본에 공개적으로 문제화하는 경우, 또는

(c) 다음과 같은 경우-

(i) 건물에 대한 모형 형태의 건축물,

(ii) 조각품, 또는

(iii) 예술적 기능적 작품,

을 저작물의 경멸적으로 취급함을 보여주는 그래픽 저작물 또는 사진의 공개된 복제본을 발행하는 경우

(5) (4)항은 건물 형태의 건축물에는 적용되지 않는다. 그러나 그러한 저작물의 저작자가 건물에 명시되어 있고 그것이 경멸적인 대우를 받는 경우라면 그는 저작자가 특정되는 것의 제거를 요구할 권리가 있다.

위 조항 중 특히 제5항의 경우에는 오히려 저작권자가 경멸적 취급에 대하여 그 제거를 요청할 수 있도록 하고 있다. 즉 최초판매원칙과 권리소진의 원칙이 지배하는 저작물의 거래와 유통법리하에서 예외적으로 저작인격권에 대한 명예로운 취급을 받을 권리를 제정한 것이다. 저작물이 유통되는 경우에 저작물의 소유자의 권리가 원칙이다. 권리소진의 원칙은 이러한 저작물 소유자의 권리를 보장하는 법리이다. 저작물이 유통될 수 없는 소각의 경우에는 그와 같은 법리가 적용될 수 없음은 명백하다.

물론 프랑스나 독일의 저작권법은 저작인격권의 모태인데, 철회권은 저작인격권으로 인정되고 있다. 다만 프랑스나 독일은 영국이나 미국과 같이 소유의 권리를 이전하는 개념이 아니라, 불처분적인 권리로 보므로 소유권의 양도보다는 저작물의 이용권의 허락으로 보게 된다. 이용권의 경우, 저작자와 출판자가 그 출판된 저작물의 소유자의 관계가 밀접하다. 이점에서 철회권을 인정할 수 있는 근거가 된다. 그러나 우리나라는 영미법과 같은 저작물의 소유권이 양도되는 관념이므로 프랑스나 독일과는 다르게 저작권자와 저작물 소유자의 관계가 단절된다는 점을 고려해야 한다.

프랑스에서 철회권(droit de retrait et de repentir)은 저작자는 자신의 작품이 출판된 후 시장에서 철회할 권리로 인정되지만 저작물 철회로 인해 발생한 피해에 대해 해당 저작물의 지적재산권 양수인에게 그 손해를 보상해야 한다.[188] 독일의 경우에는 철회권은 저작인격권으로 보호하는 것이 아니라[189] 저작자는 자신의 저작물이 더 이상 자신의 생각을 표현하지 않는다고 생각하는 경우에 그러한 표현의 변경을 저작물 소유자가 동의하지 않을 경우에 그 저작물의 소유자에게 보상을 하고, 그 소유자가 저작물을 더 이상 미래에 이용하지 않도록 하는 저작권법상의 권리이다.[190] 즉 소유자에게 비용을 배상 또는 보상을 하여야 한다. 같은 유럽국가이지만, 핀란드, 스웨덴, 덴마크 등의 국가는 철회권을 인정하지 않는다.[191]

우리나라나 국제사회에서는 저작물의 파괴에 대하여 저작인격권의 침해라고 보는

188) 프랑스 CPI, L121-4.
(프랑스 정부 웹페이지: https://www.legifrance.gouv.fr/codes/article_lc/LEGIARTI000006278894)
Nonobstant la cession de son droit d'exploitation, l'auteur, même postérieurement à la publication de son oeuvre, jouit d'un droit de repentir ou de retrait vis-à-vis du cessionnaire. Il ne peut toutefois exercer ce droit qu'à charge d'indemniser préalablement le cessionnaire du préjudice que ce repentir ou ce retrait peut lui causer. Lorsque, postérieurement à l'exercice de son droit de repentir ou de retrait, l'auteur décide de faire publier son oeuvre, il est tenu d'offrir par priorité ses droits d'exploitation au cessionnaire qu'il avait originairement choisi et aux conditions originairement déterminées.
이용권의 양도에도 불구하고, 양수인이 자기의 저작물을 발행한 뒤에도 저작자는 양수인에 대하여 철회권 또는 취소권을 가진다. 그러나 그 철회 또는 취소로 인하여 양수인에게 손해를 입힐 가능성이 있는 때에는 그 손해를 사전에 보상할 것을 조건으로만 그 권리를 행사할 수 있다. 철회권 또는 취소권을 행사한 뒤에, 저작자가 자기의 저작물의 발행을 결정한 때에는, 그는 처음에 정한 조건에 따라, 처음에 선택한 양수인에 대하여 자기의 이용권을 우선적으로 제공할 의무를 진다.

189) 독일 Urheberrechtsgesetz(UrhG)(Act on Copyright and Related Rights), s. 42. (독일정부의 공식영어번역: https://www.gesetze-im-internet.de/englisch_urhg/englisch_urhg.html#p0302)
(1) The author may revoke a right of use vis-à-vis the rightholder if the work no longer reflects the author's conviction and the author can therefore no longer be expected to agree to the exploitation of the work. The author's successor in title (section 30) may exercise the right of revocation only if he or she can prove that the author would have been entitled to exercise this right prior to his or her death and was prevented from exercising the right or provided for its exercise by testamentary disposition.
(2) The right of revocation may not be waived in advance. Its exercise may not be precluded.
(3) The author must adequately compensate the holder of the right of use. The compensation must at least cover the costs which the holder of the right of use incurred until such time as the revocation was declared; however, no account is taken of costs attributable to those uses of the work which have already been made. The revocation does not become effective until the author has reimbursed the costs or provided security therefor. The holder of the right of use is to inform the author of the amount of the costs within three months after the revocation is declared; if the holder of the right of use does not fulfil this obligation, the revocation becomes effective upon the expiry of this period.
(4) If the author wishes to resume exploitation of the work after revocation, he or she is obliged to offer a corresponding right of use to the previous holder of the right of use on reasonable conditions.
(5) The provisions of section 41 (5) and (7) apply accordingly.

190) Basak Bak, "Reviving a European Idea: Author's Right of Withdrawal and the Right to Be Forgotten under the EU's General Data Protection Regulation (GDPR)" (2022) 19:1 SCRIPTed 120.

191) Id.

견해와 그렇지 않다는 견해가 나뉘어 있다.[192] 저작재산권 제도에 기초하여 저작권법을 만든 우리나라에서는 저작물에 대한 권리는 저작재산권 양도법리와 최초판매의 원칙 내지 권리소진의 원칙에 의해서 결정해야 한다. 즉 저작물의 판매는 단지 유체 재산에 해당하므로 기본적으로 유체재산의 소유자가 정하는 것이다. 그렇지 않다면, 시중에 유통되는 저작물 뿐만 아니라 특허품, 상품 등의 관리 처분에 관하여 정말 많은 제약이 발생하고, 궁극적으로 재산권에 대한 심각한 제한이 발생한다.

바. 대법원 판결에 대한 평가: 왕의 권한에서 의회의 권한으로, 의회권한에서 대법원의 권한으로

본 판결로 인하여, 과거 영국에서 특허권 부여가 왕의 권한에서 1624년 의회의 권한으로 이전되었던 것이, 우리나라에서는 매우 특이하게도 대법원의 권한으로 이전된 것이다. 즉 헌법 제22조 제2항에 의하여 국회입법권도 불구하고 대법원이 저작권법에 추가하여 임의로 새로운 저작인격권을 입법한 것이 된다. 즉 이 사건의 경우에도 대법원이 국회의 헌법상 권한을 행사한 것이다.

도라산역 벽화사건의 대법원 판결은 현행 저작권법의 정신과 부합하지 않는다. 저작재산권이 저작인격권의 통제를 받는다면, 더 이상 저작재산권이라고 할 수 없고, 저작인격권만이 남는다. 따라서 그림을 완성하도록 하는 계약에서 별다른 특약이 없는 한, 저작재산권자의 관리와 처분에 복종하는 것이다. 명시적인 입법이 없이, 저작인격권과 법원 판결에 의하여 별개의 저작인격권을 인정하고, 그 법원 판결이 창설한 저작인격권의 행사에 의해 헌법에 의하여 인정된 저작재산권과 재산권이 제한이 된 것이다. 결국 대법원이 판결로 입법한 저작인격권이 국회에서 제정한 저작권법보다 우월적 지위를 인정하였다. 이는 우리 헌법상 삼권분립원칙을 위반한 것이다.

아래의 "피팅모델사건"에서 언급한 바와 같이 우리 저작권법상 저작물에 대한 권리가 우선하는 저작재산권 우월조항은 본 사안에도 적용될 수 있다. 따라서 저작물에 대한 권리가 이전되는 경우에는 저작인격권에 대하여도 저작물의 소유자의 권리를 우선하는 권리소진의 원칙을 적용해야 한다. 권리소진의 원칙은 실정법상의 한정된 기간

192) 이상정, "소유권과 관련된 저작권 판결에 관한 일고", 계간저작권 겨울호 (2012), 84면.

보호되는 저작권법리와 합치한다.[193] 다만 권리소진의 원칙이 항상 우월한 것이 아니라 저작자의 명예를 훼손하는 경우에는 저작인격권에 의해 제한된다고 보아야 할 것이다.

대법원은 저작물의 폐기행위는 저작물 소유자의 정당한 행위로 보았지만 저작권법에 정해진 인격적 이익 이외의 다른 인격적 법익을 침해한 것으로 보았다.

> 저작권법은 공표권(제11조), 성명표시권(제12조), 동일성유지권(제13조) 등의 저작인격권을 특별히 규정하고 있으나, 작가가 자신의 저작물에 대해서 가지는 인격적 이익에 대한 권리가 위와 같은 저작권법 규정에 해당하는 경우로만 한정된다고 할 수는 없으므로 저작물의 단순한 변경을 넘어서 폐기 행위로 인하여 저작자의 인격적 법익 침해가 발생한 경우에는 위와 같은 동일성유지권 침해의 성립 여부와는 별개로 저작자의 일반적 인격권을 침해한 위법한 행위가 될 수 있다.

그동안 우리나라에서의 저작인격권과 헌법상 보호되는 일반적인 인격권을 일반적인 인격권의 성격을 갖는다고 보는 견해가 다수라고 할 수 있다. 그러한 견해에서는 저작인격권을 헌법상 일반적 인격권의 개별적 발현 형태로 보고 있으므로 초상권이나 프라이버시권도 저작 인격권과 법률적 성질이 같다고 할 수 있다. 그와 같이 해석하는 이유는 헌법상의 인격권은 최상의 권리일 뿐만 아니라 헌법 제22조 제2항에 의하여 저작자와 예술가의 권리는 법률유보를 하고, 이에 저작권법이 저작인격권을 규정하였기 때문이다. 저작권법의 저작인격권 조항은 일반적 인격권을 구체화한 조항으로서 적극적으로는 저작자의 인격권을 소극적으로는 공중의 권리를 규정한 것이다. 따라서 원칙적으로 저작인격권에 명시하지 않은 저작자의 인격권은 인정될 수 없다.

그러나 도라산역 벽화사건에 대한 대법원 판결은 이러한 법리상의 문제에 대한 논리적인 언급도 없이, 두 권리가 다른 것이고, 법의 명시적 규정보다 일반론적인 헌법상의 추상적 개념을 구체화하는 법원의 해석을 우선하는 어처구니 없는 법해석을 하였다. 공중이 가지는 권리보다 우선하는 법해석을 하기 위해서는 공중의 권리보다 법에 명시되지 않은 저작자의 추상적 인격권이 우선하여야 하는 이유를 명시적으로 제시해

193) 이는 앞서 Donaldson v Becket (1774) 2 Brown's Parl. Cases (2d ed.) 사건의 De Grey 재판장의 판결에서 찾아 볼 수 있다.

야 한다.

저작권법상으로 저작인격권을 침해하지 않는 허용되는 합법적인 행위를 했는데, 추상적 인격권을 침해했다는 논리가 성립하는가? 법이 모순이 되는 것을 개인이 책임을 져야 하는가? 위헌적인 법률이면 먼저 위헌 제청을 하여야 하는 것이 아니가? 위 대법원 판결로 인하여 저작권자는 인격권은 사후에도 가지는 권리가 되므로 'life-long veto right' 및 'permanent veto right' 가지게 된 것이 아니가? 저작권자가 일부 공중들에게는 모욕적인 감정을 느끼게 하더라도, 그 공중들은 모욕적인 감정을 평생 느끼면서 살아가야 하는가? 공공건축물이 낡거나 주위환경이 변화해서 그 건축물을 개선하여야 함에도 불구하고 저작권자가 반대를 하면 개선할 방법은 없는가? 자신의 소유물에 폐기를 못하고, 자신의 비용을 들여 영구적으로 미술품을 보존 하여야 하는가? 예술품 뿐만 아니라 일반 문학저작물의 작가도 같은 권리를 가지는가? 자신의 저술한 책이 불태워지거나 찢어 지거나 이용이 안되면 명예에 대한 손상을 느끼는 저자들을 위해 '책의 장례식'을 치러주어야 하는가? 그 보존 비용과 장례식 비용은 대법원이 지급하는가? 이러한 문제들에 대한 검토하거나 답변 없이 단순히 인격권에 의한 권리를 가진다고 하는 것은 대법원의 책임있는 판결이 아니다. 법원에게 입법권을 부여하지 않은 이유다. 그러한 이해관계가 얽히는 사안은 국회의 공청회 등을 통하여 의견을 수렴하여 입법을 해야 한다. 법원 판결로 저작자에게 매우 강력한 철회권을 인정하는 것은 공중의 자유를 제한하는 배타적이고 강력한 저작인격권을 저작자에게 인정하는 것이다.

대법원은 단순히 사건 하나를 해결하는 것이 아니라, 법의 해석에 대한 이론적 근거와 방향을 제시하여야 한다. 단순히 "동일성유지권 침해의 성립 여부와는 별개로 저작자의 일반적 인격권을 침해한 위법한 행위가 될 수 있다"라는 10여개의 단어만으로 대법원이 그와 같이 해석한 이유를 알 수가 없다. 수백년 간 연구하여 형성된 저작권 역사와 철학, 그러한 철학을 세우기 위해 엄청난 사색과 고심을 한 위대한 법률가들과 철학자들을 좌절 시키는 것이다. 타인에게 판매한 저작물의 저작자의 명예는 존중되어야 하고, 저작물 소유자의 재산권은 안중에 없는 것일까? 이러한 판결은 대법원의 법률해석의 권위와 신뢰를 잃게 한다.

다시 한편으로 그 그림을 보질 않기를 원하는 사람의 자유도 생각해야 한다. 한 미국의 사례에서 미국 법원은 교회 벽에 있는 프레스코화에 대한 명성은 그림을 완성한

1938년 신도들의 평가이고, 세월이 지나 후대의 교인들의 평가는 달라질 수 있다고 하고 있다. 저작자의 명예훼손을 목적으로 하는 것이 아닌 한, 소유물에 대한 처분의 법리에 의하여 자신들의 재산권을 행사할 수 있다고 보아야 한다.[194]

타인의 권리를 침해하는 예술의 자유는 인정될 수 없다. 예컨대 경멸적인 예술과 예술적 표현에 의해 타인의 명예를 훼손하는 것은 정당화 될 수 없다. 이는 예술가가 가지는 예술의 자유의 범위를 넘기 때문이다. 즉 모든 사람은 동등하게 평등할 자유(equal freedom)를 가지고 있으므로 나의 자유는 타인을 해할 수 없다.

이는 인간의 자유보호가 최대의 목표인 자유주의적 개인주의 철학자들이 주장한 것이다. 예컨대 존 로크는 타인을 해하지 않을 것을 조건으로 자유권을 포함한 재산권을 주장했고, 임마누엘 칸트와 게오르크 헤겔도 개성에 기초한 자유에는 타인의 자유를 해하지 않을 것을 조건으로 했다. 19세기에 가장 위대한 철학자로 꼽히는 허버트 스펜서(Herbert Spencer)도 동등하게 자유(equal freedom)로울 권리를 주장했다. 내가 자유로울 권리를 가지듯이 타인도 나와 동등한 만큼의 자유로울 권리를 가진다.

도라산역 벽화사건에서 대법원은 마치 절차적 위법성이 있는 것처럼 판시하면서 손해배상을 인정했다. 그러나 저작권법은 저작물 소유자, 저작재산권자의 권리와 동일성유지권이라는 저작인격권과의 관계를 명시하고 있다. 그와 같은 권리를 행사함에 있어 어떤 절차가 그림을 그린 저작자의 권리를 침해하였다고 하는지 불명확하다.

사. '달력 재활용 사건'에 대한 평가

도라산역 벽화사건과 유사한 사건으로는 달력사건을 들 수 있다. 달력에 있는 사진만을 오려내어 다시 병원 복도에 전시한 경우에 저작권을 침해하는지 또는 권리소진의 원칙에 의하여 저작물 소유자의 이용방법에 지나지 않는지가 문제되었다.

1심법원은, 달력에 있는 사진을 오려내어 벽에 걸어 두었다고 하더라도 사진의 형태는 아무런 변형이 없는 것으로, 달력을 판매한 자는 이를 구입한 자가 달력만을 오려내어 벽이나 기타 장소에 걸어 두는 형태로 각 사진을 전시하는 것을 허락한 것으로 보

194) Crimi v. Rutgers Presbyterian Church, City of N.Y, 194 Misc. 570, 576 (N.Y. Sup. Ct. 1949) (법원은 Trustees of First Baptist Church of Ithaca v. Bigelow, 16 Wend. (N. Y.) 28, 판결에서 교회 걸상을 처분한 것은 교회의 재산권을 행사한 것이라고 한 판결을 인용했다.)

았다. 어떤 형태이든 사진을 전시한 것은 변함이 없으므로, 원래의 판매시의 목적과 허락의 범위내에서 사용한 것으로 보았다.[195)]

2심인 서울중앙지법 합의부는

> 원고는 사진저작물을 대여함에 있어 액자·전시·게시, 포스터, 달력, 신문광고 및 잡지·광고 등 용도별, 매체별로 사용가격에 차별을 두고 있는데 달력용 사진에 비하여 액자용 사진의 대여료가 더 고가인 사실, 원고의 사진저작물을 사용하는 사람이 허가된 사용범위 및 내용을 변경해서 사용하고자 할 때는 반드시 사전에 저작권자에게 이를 통보하도록 정하고 있는 사실, 원고는 달력의 각 월의 계절적 특성에 부합하는 사진 11점을 위 이현규에게 대여하였고, 이에 위 이현규는 이 사건 달력의 각 월의 계절적 특성에 부합하는 사진을 해당 월에 게재하여 달력을 제작한 사실, 원고는 위 이현규에게 이 사건 각 사진을 달력에 게재하는 용도로 그 사용을 허락한 사실 등을 인정할 수 있는바, 이 사건 달력에 게재된 이 사건 각 사진은 각 월별의 계절적 특성을 시각적으로 표현하기 위하여 날짜·요일과 함께 게재된 것인데 사진이 달력으로부터 분리될 경우에 이러한 시각적 효과를 기대할 수 없을 뿐만 아니라 분리된 사진을 통하여는 날짜와 요일을 전혀 알 수 없으므로 이는 이미 달력의 일부라고 할 수 없고 단지 독자적인 사진예술품으로 인식되는 점, 달력을 판매함에 있어 전시를 허락한 직접적인 대상은 어디까지나 달력 전체이고 그 안에 포함된 사진은 달력 전체를 하나의 저작물로 전시할 수 있는 범위 내에서 부수적으로 그 사진에 대한 전시도 허락된 것에 불과한 점, 달력에서 사진을 분리하여 이를 독자적으로 전시하는 것은 달력의 일부로서가 아니라 새로운 사진작품을 전시하는 것에 해당되는 점, 인쇄기술의 발달로 인하여 달력에 게재된 사진과 필름으로부터 바로 인화한 사진의 구별이 용이하지 않은 점, 원고가 사진저작물을 대여함에 있어 액자로 전시하는 경우와 달력에 게재하는 경우를 구별하고 있는 점, 그 밖에 이 사건 변론에 나타난 제반사정을 감안하면, 원고는 이 사건 각 사진을 달력에 게재하여 전시하는 용도로만 그 사용을 허락하였다고 봄이 상당하므로 이 사건 달력을 구입한 사람들이 달력에 게재된 방법으로 이 사건 각 사진을 전시하지 아니하고 달력에서 이 사건 각 사진을 오려낸 후 액자에 넣어 일반공중이 볼 수 있는 장소에 전시하는 행위는 허락된 범위를 넘는 것이라고 할 것이고, 따라서 특별한 사정이 없는 한 피고는 이 사건 각 사진의 독립된 게시를 통하여 원고의 전시권을 침해

195) 서울지방법원 2003. 9. 18. 선고 2003가단 215194 판결.

하였다고 판시했다.[196]

그러나 달력을 판매하는 행위로 인하여 저작물에 대한 권리는 소진되므로, 달력 사진에 대하여 판매자가 통제를 할 수 있다는 법리는 권리소진의 원칙과는 부합하지 않는다. 1769년 요셉 예이츠 판사는 그와 같은 문제점을 이미 예견했다.

달력 사진 재사용행위와 다르지만, 사진이 불가피하게 복제되고 전시되는 행위에 대하여 독일 법원은 저작권 침해를 부인했다.[197] 본 사건 원고는 사진 작가의 사진을 벽지로 판매했는데, 자신의 벽지 사용에 대하여 저작권 침해위반을 이유로 3 명을 각각 제소했다. 1번째 사건의 피고는 자신의 집에 배경화면을 적용하고 그곳에서 배경화면을 보여주는 동영상을 여러 편 제작해 페이스북에 게시했다. 2번째 사건의 피고는 테니스 클럽의 웹사이트를 만드는 온라인 및 미디어 대행사를 운영했는데, 그가 고용된 테니스 클럽 레스토랑의 벽에 벽지를 적용하여 그 레스토랑 웹사이트에는 벽지가 적용된 레스토랑 사진이 게재되었다. 피고는 자신이 완료한 프로젝트의 예로 그와 같은 사진을 자신의 웹사이트에 사용했다. 3번째 사건에서는 피고가 호텔을 운영하면서 그 중 한 방에 벽지를 붙이고, 호텔 광고를 위해 객실 사진을 찍어 여러 웹사이트에 게시했다. 원고는 피고들을 저작권 침해 혐의로 제소했다. 1심과 2심 법원은 원고 주장을 기각했다. 원고는 독일 대법원에 항소했다.

원고가 벽지에 대한 사진의 저작권을 가지고 있다는 것, 그 사진의 사진/비디오 촬영이 복제물에 해당하며, 사진/비디오의 온라인 게시가 대중에게 공개하는 것에 해당한다는 점은 다툼이 없었다.

독일 대법원은 피고들의 사진 사용에 대한 원고의 단순한 묵시적 동의가 있었다고 인정했다. 그와 같은 사용 동의는 저작권자가 제한 없이 저작물을 제공하고 피고의 사용이 관례적이며 권리 보유자가 그러한 사용을 예상한 경우에 인정된다고 판시했다. 법원은 그와 같은 허락된 사용은 썸네일과 같이 사용하는 것 뿐만 아니라 사진을 그대로 사용하는 것도 포함하는 것으로 해석했다. 독일 대법원은 벽지를 벽에 영구적으로 붙이는 방의 관례적인 사용에는 다양한 목적으로 사진과 비디오를 촬영하는 것이 포함된다는 하급 법원의 판결을 지지했다. 즉 방을 소개하는데 부수적으로 벽에 보이는

196) 서울중앙지방법원 제7민사부 2004. 11. 11. 판결, 2003나51230.
197) I ZR 139/23, I ZR 140/23 and I ZR 141/23.

사진은 공정사용의 범위에 포함된다고 할 수 있다. 이러한 행위는 우리 저작권법 제35조의5에 규정한 일반적인 공정사용의 범위를 넘지 않는다고 판단된다.

벽에 걸어 사용하는 달력을 그 사진만을 오려 벽에 사용한 것은 통상적이고 관례적인 사용방법인지에 대한 검토가 필요하다고 할 것이다. 위 사건에서 원고가 소외 이현규와의 계약 내용이 달력을 구입한 피고에게 적용되어야 하는 이유가 분명해야 한다. 그렇지 않고는 권리소진의 원칙을 넘는 배타적인 권리를 원고가 세상 사람들에게 주장하는 것과 같다. 그러한 권리는 당연히 법에 규정되어 있어야 한다. 항소심 법원은 이러한 점에 대하여 법리적 검토를 했어야 한다.

4. 프라이버시권과 초상권의 한계 및 저작재산권: 피팅모델사건[198)]

가. 피팅모델 사진에 대한 법적 쟁점

초상을 사용하는 모델은 보통 초상권과 퍼블리시티권의 문제가 발생하는데, 이는 자유권과 재산권의 충돌을 가져온다. 모델이 가지는 초상이나 퍼블리시티권은 모델의 사진을 찍는 사진 작가 및 그 모델 사진이 제3자와의 의뢰에 의하여 수행되는 경우에는 모델이 자신의 초상과 퍼블리시티에 가지는 권리, 모델을 고용한 고용주, 광고주 그리고 사진작가와의 법률적 관계가 문제된다.

보통 사진 작가의 경우에는 보통 광고주나 모델을 고용한 고용주와의 고용계약에 의하여 사진 촬영작업이라는 노무를 제공하기 때문에 민법상 고용관계가 발생하고, 그 고용계약상 사진의 귀속은 고용주의 것이라고 해석된다.[199)] 고용계약의 경우, 사진의 귀속은 고용계약상의 노무제공의무에 따른 것이므로, 당연히 양도나 이전 절차 없이 원시적으로 고용주의 것이 된다.

도급계약으로 사진작업을 한 것이라고 하더라도 완성된 목적물의 인도와 동시에 지

---

198) 모델과 저작권 부분은, 나종갑, "광고모델은 자신의 인격과 초상을 판매할 수 있는가? - 피팅모델사건 판결의 평석을 겸하여", 지식재산연구 제18권 3호, 지식재산연구원 (2023), 75면 이하에서 일부 발췌하여 본 저술에 맞게 수정 보완함.

199) 민법 제655조 ("고용은 당사자 일방이 상대방에 대하여 노무를 제공할 것을 약정하고 상대방이 이에 대하여 보수를 지급할 것을 약정함으로써 그 효력이 생긴다.")

급하도록 한 법조항(민법 제665조)에 따라 도급계약상의 보수를 지급하는 계약상대방에게 귀속한다. 다만 이 경우 사진의 저작인격권의 문제도 발생하지만, 고용계약관계에 의하여 모델노무를 제공하면서 사진촬영작업을 한 것이므로 'work for hire' 조항인 저작권법 제9조를 유추하여 저작인격권도 고용주에게 귀속한다고 보아야 할 것이다.

다만 사진의 모델이 고용주에게 귀속된 자신의 모델 사진에 대하여 자신의 초상권이나 퍼블리시티권을 근거로 모델계약해지를 하거나 모델 사진의 사용기간이 도과했다고 하면서 초상권침해 또는 퍼블리시티권의 침해로 인한 불법행위나 사진사용금지청구를 하는 경우에는 그러한 주장이 타당한지가 문제된다.

대법원 2021. 7. 21. 선고 2021다219116 판결은 액세사리에 대한 광고모델과 그 광고주 사이에 모델사진의 초상권을 두고 법적 분쟁이 일어난 사건 판결이다. 도라산역벽화사건이 저작자의 철회권(동일성 유지권도 포함)이 문제되어 있다면 본 사건은 초상의 주체인 광고모델의 철회권이 문제된 사건이라고 할 수 있다.

대학생이면서 모델활동을 아르바이트 형식으로 하던 원고는 여성용 팔찌, 목걸이 등 액세사리의 온라인 판매업을 영위하는 피고 회사와 액세사리의 피팅모델을 하는 노무제공을 목적으로 하는 고용계약을 체결했다. 원고와 피고 회사 사이의 고용계약에는 피팅모델로 촬영한 액세사리 사진의 사용기간에 대하여는 따로 정하지 않았다. 피고회사가 자신이 판매하는 액세사리를 착용한 원고의 사진을 촬영한 후 그 사진을 인터넷 쇼핑몰 등에 광고와 상품을 소개하는 웹사이트에 게재하여 사용하였는데, 원고가 연예활동을 위해 전문 연예인 매니지먼트 회사에 전속계약을 체결하면서 피고 회사에게 그 사진에 대한 사용 허락을 철회한다고 밝히면서 해당 사진 사용의 중지를 요구했다. 그러나 피고회사는 계속하여 동 사진을 광고에 사용했다.[200]

액세사리 광고에서 피팅모델의 역할은 자신의 초상이나 퍼블리시티보다는 마네킹을 대신하여, 액세사리를 착용한 부위만을 사진으로 찍어 그 사진을 광고에 사용하기 때문에 초상에 의하여 인적 동일성을 특정할 수 있는 사진은 매우 제한적이다. 목걸이 사진이나 귀걸이 사진에서 얼굴 부분이 나오는 경우가 있고, 그런 사진으로는 인적 동

200) 피팅모델사건에서는 2017. 6. 22. 원고는 피고 회사와 연예인 전속계약을 체결하였고, 사진촬영과 그 사진을 이용한 광고와 홍보가 시작된 이후인 2018. 11. 28. 피고 회사에게 촬영계약의 해지를 통보하면서 문제된 사진에 대한 사용허락을 철회하고 그 사진들의 사용 중지를 요구했다.

일성을 특정을 할 수 있다. 광고주의 입장에서는 그 모델의 유명성을 이용하는 것이 아니라 단지 마네킹 대신에 인간의 신체일부를 모델을 사용하는 것이므로 그 모델의 초상은 중요하지 않다.

이 사건 피팅모델노무를 제공하기 위해서는 그 고용계약의 이행으로 촬영된 모델사진에 대한 초상권의 포기가 필수적이었다. 1심법원은 원고와 피고가 체결한 계약상 피고가 원고의 모델사진을 상업적으로 사용할 권한이 발생한다고 볼 수 없다고 판시하고 있다.[201] 1심 법원은 단순히 그 계약서의 명칭("촬영계약서"라고 되어 있음)과 같이 촬영계약만을 체결한 것으로서 상업적으로 광고로 사용하는 계약이 아니라고 했다. 그러나 고용계약상의 의무이행을 목적으로 행하는 모델촬영계약에서는 초상권 포기가 전제가 되는 것이므로 모델계약은 초상권을 포기하는 계약으로 보아야 한다. 그렇지 않으면 계약의 목적을 달성할 수 없기 때문이다. 원고도 피팅모델을 아르바이트로 행하던 학생이었으므로 피팅광고모델이 어떠한 일을 하는지와 해당 고용계약의 수행을 위해 모델사진촬영을 한 것임을 알고 있었으므로 자신의 광고모델사진이 고용주의 인터넷 홈페이지에 게시된다는 점을 알고 있었다고 할 수 있다. 그리하여 자신이 매니지먼트 회사와 전속계약을 체결하기 전까지는 아무런 문제를 삼지 않았다고 추정된다. 1심법원은 초상에 관한 권리를 처분불가능한 인격권으로 인정하면서, 처분가능한 재산권 법리를 적용하고 있어 판결 자체로서 모순이 된다. 앞서 독일과 프랑스의 일원론(Monist Theory)과 이원론(Dualist Theory)의 법리를 보면 1심 판결의 모순점은 쉽게 알 수 있다.

그러나 항소심인 서울고등법원은 원고의 인격권을 근거로 한 주장을 인정하지 않고, 사진촬영의 경위 등에 비추어 촬영된 사진의 사용기간을 제한하였다고 볼 수 없다는

201) 서울중앙지방법원 2020. 5. 13. 선고 2018가합591790 판결.

등의 이유로 항소심은 1심판결을 취소하고 원고 청구를 기각했다.[202)]

퍼블리시티는 그 모델의 유명성이라는 경제적 가치를 이용하는 것이지만, 피팅모델 사건에서는 모델의 유명성을 이용한 것이 아니라 마네킹을 대체한 인격적 존재를 이용한 것이다. 재산권으로서 퍼블리시티권이 쟁점이 된 것이 아니라 인격적 존재로서의 인간의 초상을 이용한 것이라고 할 수 있다. 그나마 식별가능한 초상이 문제된 경우는 매우 적은 사진에 해당한다. 대부분은 손목 등 그 주체를 특정할 수 없는 경우가 많았다. 초상은 불처분적인 인격권이므로 그의 재산적 가치를 평가하는 것은 예외적인 것이다. 그 평가는 인격권의 처분에 대한 대가가 아니라 그 침해의 용인 등에 대한 위자료 성격이다.

상고심인 대법원은 원고와 피고 사이에 체결된 촬영계약과, 거래 관행 등을 고려하면, 원고가 피고 회사에 그 사진을 피고 회사가 판매하는 상품을 광고하는 목적을 위하여 상업적으로 사용하는 것에는 동의하였다고 볼 수 있으나, 위와 같은 촬영계약의 내용으로 보면 그 사진의 사용 기간의 제한 없이 피고 회사에 사진의 사용권을 부여하는 내용이라고 해석하는 것은 사진의 광범위한 유포 가능성에 비추어 원고의 사진에 관한 초상권을 사실상 박탈하여 중대한 불이익을 부과하는 것인 점, 촬영 동기 및 경위, 경제적 지위, 원고의 식별 정도, 사진의 내용과 양 등까지 고려하면, 사용 기간에 대한 명백한 합의가 존재하지 않는 위 사진의 사용 기간은 거래상 상당한 범위 내로 한정된다고 보는 것이 합리적인 점 등을 종합하여 보면, 사진의 촬영자이자 공표자인 피고 회

202) 피팅모델사건의 2심인 서울고등법원 2021. 2. 4. 선고 2020나2018284 판결. 피팅모델사건의 원피고 사이에 체결된 계약서 제5조 제5항에는 "갑은 촬영본을 개인적인 목적에만 사용할 수 있습니다. 촬영본의 제3자에 대한 상업적인 제공 및 2차 가공은 불가능하며, 상업적 활용 및 제3자에 대한 제공이 필요한 경우, 갑과 을은 상호 합의하에 진행하여야 합니다."라고 되어 있었다. 여기에서 갑은 피팅모델인 원고, 을은 원고를 모델로 고용한 액세사리 판매업체, 즉 피고라고 판단된다. 1심 법원은 위 계약 조문을 인용하면서 "피고가 이 사건 사진을 피고 상품의 광고에 사용하는 등 상업적으로 사용하기 위해서는 원고와의 별도 협의가 필요하다고 판단되는데,..."라고 판시했다. 그러나 위 조문상의 계약 문장의 주어는 1심 판결처럼 '피고'가 아닌 '원고'로 이해된다. 즉 모델이었던 원고가 피고 소유의 사진을 상업적으로 사용하고자 하는 경우에는 원고(모델)와 피고(광고주)가 협의하여야 한다는 의미라고 할 수 있다. 나아가 위 계약서 제4조[수정작업]에서는 "피고는 테이터의 수정을 사회규범에 반하지 않는 내에서 임의로 진행할 수 있으며, 수정에 따른 전반적인 책임은 피고에게 있습니다."라고 규정하고 있어, 제5조 제3항에서 "2차 가공은 불가능하며"라는 문구의 주어를 피고라고 하면, 제4조와 모순되기 때문에 제5조 제3항에서의 주어는 원고일 수 밖에 없다. 그리고 1심이 원고가 받은 보수가 '이례적으로 소액'이라고 한 판시와 위 제5조 제3항의 해석상 주어를 원고에서 피고라고 한 판시를 보면, 1심 판결은 원고와 피고의 지명조차 명확하지 않은 편견에 입각하여 내린 판결으로 밖에 보이지 않는다. 참고로 원고는 피고와 전속계약을 맺은 것은 아니므로 피고와의 고용계약에 구속됨이 없이 자유롭게 일할 수 있고, 1일당 45만원을 받았으므로 1년에 100일만 일한다면, 4,500만원의 연수입을 갖게 된다. 위 금액을 이례적으로 소액이라고 할 수 있을는지 의문이 들고, 나아가, 법원이 초상권의 판매 대가로서는 위 금액이 소액이라고 판단한 것은 인간의 존엄과 가치를 무시한 판결이 된다. 인간의 인격의 가치는 어느 누구도 금전으로 환산하여 평가할 수 없다. 오히려 법원은 인격을 판매하는 모든 계약은 무효라고 하여야 한다. 저작인격권을 불처분적 권리라고 하는 것과 그 이치가 같다. 그러나 이사건 원고가 받은 금원은 자신이 고용계약의 의무이행으로서 한 모델노무의 제공 대가일 뿐 인격을 판매한 대가가 될 수 없고, 되어서도 안 된다. 2심인 서울고등법원판결에서는 그 점을 지적하고, 원심판결을 취소하면서, 원고청구를 기각하는 이유 중의 하나로 제시하고 있다.

사가 원고로부터 사진에 포함된 상품을 판매하는 동안이면 기간의 제한 없이 사진을 사용할 수 있는 권한을 부여받았다고 보기는 어렵다고 판시했다.

즉 대법원은 모델사진은 반영구적으로 사용할 수 있으므로, 모델사진의 사용기간을 제한하지 않으면, 사실상 그 사진이 영구적으로 사용되는 경우에는 모델의 초상권을 사실상 박탈하는 결과가 되는 점을 가장 중요한 근거로 하여 본 사건에서 피팅모델의 사진의 사용기간을 제한한 것으로 보인다.

그런데, 위와 같은 대법원의 법리상으로 간과한 가장 중요한 쟁점이 발생한다. 초상권을 만능의 권리로 인식하여 타인의 사진에 대한 저작권을 침해하는 문제가 발생한다. 위와 같은 대법원의 법 논리를 적용한다면, 특정 인물의 전기를 출판한 경우에는 그 특정인물의 프라이버시권으로 저작권을 통제할 수 있고, 각종 신문, 방송, 잡지, 인터넷 등 현대 사회에 발전한 여러 가지 전달 매체에서 사용되는 모든 사진이나 개인정보를 초상권과 프라이버시권으로 통제할 수 있다는 결과가 된다. 이러한 대법원의 법리는, 제4차 혁명시대에 의한 사회발전에는 해가 되는 법리라고 할 수 있다. 제3차 산업혁명은 인터넷으로 연결되는 초연결사회이자 정보사회이다. 모든 세상은 개인은 이제 단순한 개인이 아니라 타인과 연결된 개인이다. 나의 행위는 타인에게 영향을 미친다. 이러한 관계를 의존관계(reliance)라고 한다.

다수를 위해서 소수가 희생될 수는 없다. 이는 공리주의 원칙에도 어긋난다. 개인의 자유는 다른 사람의 자유를 희생해서는 안된다. 모든 사람은 동등한 자유를 가지고 있기 때문이다. 인터넷으로 연결된 정보사회에서는 개인의 영향도 크고, 개인의 이익을 무시한다면 개인의 희생도 커질 수 밖에 없다. 따라서 개인과 전체 및 사회의 연결성을 고려하여 판단해야 한다.

저작권법은 불가피하게 저작자의 개성과 저작물의 재산적 가치가 충돌하기 때문에 두 가치가 조화를 하도록 규정을 두고 있다. 그리고 민법상의 노무계약이나 도급계약에서도 개성이 반영된 노무가 제공되고 그러한 노무가 제공되었을 때에 일부에 대하여 민법은 명시적으로 조화를 하도록 하는 규정을 두고 있다. 모델은 노무제공을 위해 그의 개성을 포기할 수 밖에 없고 법도 그러한 문제에 대하여도 명시하고 있다.

나. 인격권과 초상권, 민법상 고용의 법리

일반적으로 초상권은 불가분, 불가양의 권리(inalienable rights)라고 하고, 퍼블리시티에 대한 권리는 가분적인 권리의 집합(bundle of rights) 개념으로, 처분할 수 있는 권리(alienable rights)라고 한다. 그러한 법리에 의하면 모델에 대한 초상권은 금전으로 환산할 수 없는 인격적인 권리이다. 물론 그 침해에 대하여 위자료라는 금전으로 환가한 손해배상액을 지급하도록 하고 있지만, 이는 의제적인 것일 뿐 불처분적인 인격권 자체의 본질을 변화시키는 것은 아니다. 이미 대법원은 "저작인격권은 저작재산권과는 달리 일신전속적인 권리로서 이를 양도하거나 이전할 수 없는 것이므로, 비록 그 권한 행사에 있어서는 이를 대리하거나 위임하는 것이 가능하다 할지라도 이는 어디까지나 저작인격권의 본질을 해하지 아니하는 한도 내에서만 가능하고 저작인격권 자체는 저작권자에게 여전히 귀속되어 있으며"라고 판시[203]하고 있는 바, 이러한 불처분적이고 비경제적인 인격권의 속성을 반영한 법리라고 할 수 있다.

그러나 인격권은 그 침해가 될 수 있는 행위에 대하여, 그 행위의 용인을 하여 비침해로 할 수 있는 권리이다. 이는 초상사진을 제공하는 모델노무제공 계약에 있어서는 필수적으로 수반되는 법리이다. 우리 민법제658조 제2항은 "약정한 노무가 특수한 기능을 요하는 경우에 노무자가 그 기능이 없는 때에는 사용자는 계약을 해지할 수 있다."

모델노무제공을 목적으로 하는 고용계약에서는 그 계약에 침해의 용인이 포함되어 있는 것이다. 모델계약을 고용이라는 전제하에서 민법 제658조 제2항을 적용한다면, 그 모델이 노무를 제공하기 위해서 필수적으로 갖추어야 하는 재능의 일부라고 할 수 있다. 이러한 재능에는 인격적 속성이 있을 수 밖에 없다. 우리의 현실생활에도 인격적 속성을 가진 재능으로 인하여 타인에게 대체를 할 수 없도록 하고 있는데, 이는 고용에 관한 제657조 제2항 "노무자는 사용자의 동의없이 제삼자로 하여금 자기에 갈음하여 노무를 제공하게 하지 못한다."라는 규정에서 찾을 수 있다. 그리하여 인격적 속성이 강한 강의, 교육, 강연, 지도를 포함하여, 모델노무 제공은 특정인에 의해 제공되는 것

203) 대법원 1995. 10. 2.자 94마2217 결정 참조.

이 중요하다. 고용계약에서 계약 상대방의 능력 등을 고려하는 이유가 여기에 있다.

모델노무를 제공하는 고용계약에 있어서 특정인의 초상이나 신체의 일부 등이 사진에 포함되어야 하는 것은 고용계약에서 본질적이고 필수적인 계약요건이다. 따라서 초상권을 이용하여 모델 노무제공한 것에 대하여, 자신을 고용한 사람에게 계속 사용하는 것은 인격적 속성을 침해한다고 사용 제한을 하는 것은 명시적인 특약이 없는 한 효력이 없다고 해야 한다. 물론 그러한 경우에는 모델 노무제공계약이 성립하지 않거나 이미 성립된 계약은 해지하거나 종료된다고 하여야 할 것이다. 이러한 경우, 그 계약은 쌍무계약으로 볼 수 없기 때문에 고용계약이 될 수 없다.

자신이 제공한 노무에 대하여 영구적인 통제를 할 수 있다는 법리는 어디에도 존재하지 않는다. 예컨대, 과외선생이 과외한 내용에 대하여 과외비용이 적다는 이유로 1년 후에 더 이상 지식으로 사용하지 말라고 할 수 있을까? 과외내용은 저작권으로 보호받는다. 그러나 저작권 이외에 그 전달한 지식에는 자신의 인격적 속성이 존재하므로 그 인격적 속성에 기하여 자신이 통제를 할 수 있다고 주장하는 것이 타당한가? 모델의 노무제공에는 인격적 속성인 신체의 일부가 필수적으로 제공된다. 이는 모델노무의 속성이다. 따라서 인격적 속성을 이용하여 제공한 모델 노무의 이용을 제한하는 것은 모델계약 자체를 침해하는 것이다. 모델은 처음부터 자신의 초상이나 신체의 일부가 제공된다는 것을 알고 노무를 제공한다. 따라서 추후에 초상권을 주장하는 것은 금반언의 원칙에 위반된다. 이러한 법리가 지적재산권에 반영된 것이 최초판매의 원칙 또는 권리소진의 원칙이다.

다. 모델의 권리와 저작권의 역사철학적 비교

(1) 저작권의 역사철학

세계적으로 유명한 '안네의 일기'("The Diary of a Young Girl")의 실제 주인공 '안네 프랭크(Anne Frank)'는, 출판되어 유통되고 있는 '안네의 일기'가 자신의 사생활과 인격권을 침해한다고 주장하면서 그 '안네의 일기'의 유통을 언제든지 금지할 수 있다고 하여야 할까? 저작물의 공개와 출판은 저작인격권의 일부 포기를 수반하여야 하고, 이를 인정하는 것이 저작권법의 명제이다. 그리고 확립된 저작권법리에 의하면 출판이 공개된 이후에는 더 이상 자신의 사생활이라고 할 수 없다.

저작권을 자연권으로 보아 영구적 권리로 이해했던 1769년 Millar v. Taylor 사건 판결에서 소수의견을 제시한 저작권의 자연권성을 부인한 요셉 예이츠(Joseph Yates) 판사는 출판을 하는 것은 자신의 생각을 공중의 영역에 놓아 모든 사람의 점유하에 이용케 하는 것이라고 판시했다. 공개된 사상과 표현은 공중과 공유하는 사상과 표현이 된다. 만일 공개된 사진을 초상권이나 저작인격권으로 통제할 수 있다면 공중은 좀비가 되는 것이다. 그리하여 권리소진의 법리가 저작재산권 뿐만 아니라 저작인격권이나 본 피팅모델사건과 같은 인격권이 문제되는 사건에도 적용되어야 하는 것이다. 앞서 본 영국의 1769년 Millar v. Taylor 사건 판결에서 저작권의 자연권성을 부인한 요셉 예이츠 판사의 판결에서 저작권의 철학적 변화를 감지할 수 있었다. 위 판결로부터 5년 후인 1774년 Donaldson v. Beckett 사건에서 예이츠 판사의 견해가 주류가 되었고, 1834년 미국의 Wheaton v. Peters 사건[204]에서 미국에서도 보편적인 생각이 되었으며, 이제 지적재산권법의 원리가 되었다. 아쉽게도 예이츠 판사(1722-1770)는 1770년 6월 48세로 사망을 하여, 그의 견해가 주류가 되는 것을 목격하지는 못했다.

Donaldson v. Beckett 사건의 재판장 디 그레이(De Grey)는 다음과 같이 판시하고 있음을 상기할 필요가 있다.

> 발명과 저작에 적용되는 재산원칙에서 확고히 다른 점은 찾을 수 없을 것이다. 만일 영구적 재산권이 저작자에게 있다면 그의 권리는 출판 이후에도 남아 있어야 하고, 그가 원하는 대로 행사할 수 있는 모든 권리를 행사하지 못하도록 하여야 할 이유를 나는 찾을 수 없다. 그가 처음 생각한 터무니 없는 가격을 설정할 수 있고, 그 책이 판매되었을 때 두 번째 책의 인쇄를 거절할 수 있다. 만일 그가 출판했을 때 그의 아이디어에 대하여 절대적으로 통제를 할 수 있다면, 그는 [앤여왕법상 28년의 저작권 보호기간이] 만료된 후에, 세상 사람들이 그의 저작물을 이용하는 것을 막고, 파괴하고, 소멸시킬 것이

204) Wheaton v. Peters, 33 U.S. (8 Pet.) 591 (1834).
The argument that a literary man is as much entitled to the product of his labor as any other member of society cannot be controverted. And the answer is that he realizes this product in the sale of his works when first published.
문학가가 다른 사회 구성원과 마찬가지로 자신의 노동 생산물에 대한 권리를 갖고 있다는 주장은 논쟁의 여지가 없다. 그리고 그 답은 그가 처음 출판했을때 작품의 판매를 통해 그의 생산물의 가치를 취득했다는 것이다.
Id., 657.

다. 그가 복제를 참아내는 것은 자신이 재산을 포기하는 것에 대한 동의의 증거가 될 수 없고, 공중에게 부랑자를 보내는 것이다.

즉 예이츠 판사가 지적하는 바와 같이, 저작권을 영구적인 권리라고 한다면 자신이 공표하고 유통시킨 저작물의 이용이나 유통을 막고, 양도에 의하여 자신의 노동에 대하여 보상을 받은 이후에도 타인의 지배에 있는 저작물에 대하여 실질적인 통제를 할 수 있기 때문이다. 그와 같은 비합리적인 결과를 막기 위해서는 저작권은 실정법상의 보호기간 이후에는 공중의 영역에 존재하는 것이다. 이러한 점을 통해 영미법에서 저작인격권을 인정하지 않는 이유를 설명할 수 있다.

이러한 고민은 영국에서는 Donaldson v. Becket 사건 이후, 미국에서는 1834년 Wheaton v. Peters 사건[205] 이후에는 더 이상 존재하지 않는다. 즉 저작물은 공개하면 그 이후에 그 저작물에 담긴 그의 생각은 인류의 공유가 된다는 것이다. 그렇지 않다면 그는 그의 생각을 통해 인류의 생각과 표현을 지배할 수 있게 된다. 다만, 그의 창작을 위한 노력에 대한 보상은 실정법이 정하는 보호기간이다. 이것이 사회계약에 기초한 저작권자의 보호이다.

1834년 Wheaton v. Peters 사건에서 미국연방대법원은

> So if the bookseller should give a like notice of the author's claim, and a purchase of a book made without any express stipulation not to republish, the law would imply an assent to the condition. And any circumstances from which such an undertaking could be reasonably inferred would lead to the same legal consequences. The nature of the property and the general purposes for which it is published and sold show the use which is to be made of it. The usual and common object which a person has in view in the purchase of a book is for the instruction, information, or entertainment to be derived from it, and not for republication of the work. It is the use of it for these purposes which is implied in the sale and purchase. And this use is in subordination to the antecedent and higher right of the author, and comes strictly within the maxim *sic utere tuo ut alienam non laedas*. But the case is not left to rest on any implied notice of the author's claim and the conditions on which he makes it public. This is contained

205) Wheaton v. Peters, 33 U.S. 591 (1834).

on the title page of the very book purchased, and cannot be presumed to escape the notice of the purchaser. It is there in terms announced, that the author claims the right of publication, and whoever purchases therefore does it with notice of such claim and is bound to use it in subordination thereto. Mr. Justice Yeates admits that every man is entitled to the fruits of his own labor, but that he can be entitled to it only subject to the general rights of mankind and the general rules of property, and that there must be a limitation to such right; otherwise the rights of others are infringed. The force of such limitation upon the right is not readily perceived. If the right exists, it is a common law right, growing out of the natural justice of the case, being the result of a man's own labor. He thinks the Statute of Anne fixes a just limitation. But suppose no statute had been passed on the subject; where would have been the limitation? The right existing, who would have authority to say where it should end? It must necessarily be without limitation, and it is no infringement of the rights of others. They enjoy it for the purpose intended and according to the nature of the property. The purchaser of the book has a right to all the benefit resulting from the information or amusement he can derive from it. And if, in consequence thereof, he can write a book on the same subject, he has a right so to do. But this is a very different use of the property from the taking and publishing the very language and sentiment of the author, which constitute the identity of his work.[206]

↘ 따라서 도서 판매자가 저작자의 주장에 대해 유사한 통지를 하고 재출판하지 말라는 명시적인 규정 없이 책을 구입했다면 법은 그와 같은 재출판금지 없는 계약조건에 동의하는 것으로 간주한다. 그리고 그러한 계약을 합리적으로 추론할 수 있는 모든 상황에서도 동일한 법적인 결과를 가져온다. 재산의 성격과 출판 및 판매되는 일반적인 목적은 그 재산이 만들어진 용도를 나타낸다. 개인이 책을 구매할 때 일반적으로 고려하는 일반적인 목적은 책으로부터 교육, 정보 또는 오락을 얻는 것이지 저작물의 재출판을 위한 것이 아니다. 책의 판매 및 구매에는 이러한 목적으로 책을 사용하는 것이 내포되어 있다. 그리고 책의 구매자가 가지는 이러한 사용은 저작자가 가지는 권리보다 선행하고 상위인 권리에 존재하며, 엄밀히 말하면 자기의 재산사용이 타인을 해하면 안된다(*sic utere tuo ut alienam non laedas*)는 격언에 존재한다. 그러나 이 사건은 저자의 주장과 이를 공개하는 조건에 대해 묵시적으로 통지하였다는 것에 존재하지 않는다. 이는 구입한 바로 그 책의 제목 페이지에 [명시적으로] 포함되어 있으며, 구매자가 통지를 받은 사실을 부인할 수 있다고

206) Id., 673-674.

단정할 수 없다. 공표된 조항에는 저자가 출판권을 주장한다는 내용이 명시되어 있고, 따라서 구입한 사람은 누구나 그러한 주장이 있는 책을 구입하고 그 통지에 따라 사용할 의무가 있다. [1769년 Millar v. Taylor 사건에서 요셉] 예이츠 판사는 모든 사람이 자신의 노동의 결실을 누릴 권리가 있지만 인류의 일반적인 권리와 재산의 일반 규칙에 따라서만 그 권리를 가질 수 있으며 그러한 권리에는 제한이 있어야 한다는 점을 인정한다. 그렇지 않으면 [동등한 권리를 가진] 타인의 권리가 침해된다. 권리에 대한 그러한 제한의 힘은 쉽게 인식되지 않는다. 권리가 존재한다면 그것은 인간의 노동의 결과가 존재한다는 사실에 기인하는 자연적 정의에서 비롯되는 관습법상의 권리이다. 그는 앤여왕법이 [그 자연법상 권리에 대하여] 제한을 하고 있다고 생각한다. 그러나 이 주제에 관한 법령[앤여왕법]이 [의회 의결을] 통과되지 않았다고 가정하면, 그 자연법상의 권리의 한계는 어디에 있을까? 저자의 자연법상 권리에는 필연적으로 제한이 없고 그리하여 다른 사람의 권리를 침해함이 없어야 한다. 책의 구입자는 의도한 바와 재산의 본질에 따라 즐길 수 있다. 책의 구입자는 책으로부터 발생하는 정보나 즐거움의 결과의 모든 이익에 대한 권리가 있다. 그리고 만일 그와 같다면, 그 구입자는 동일한 주제에 대하여 책을 저술할 수 있고, 저술할 권리가 있다. 그러나 원저자의 작업과 동일한 것을 구성하는 동일한 언어와 감성을 가지고 출판하는 것으로부터 매우 다른 재산의 사용이다.

위의 판결에는 우리나라 법원 판결에서는 결코 찾을 수 없는 심오한 철학이 담겨 있다. 위 미국 연방대법원 판결은 모든 인류가 동등한 자유를 가지기 때문에 자신의 자유권이나 재산권 행사가 타인의 자유나 재산을 침해하면 안된다(*sic utere tuo ut alienam non laedas*)는 자유권과 평등권의 한계 인식으로부터 출발한다. 그렇지만 그와 같은 제한이 저작권자의 권리에도 존재한다는 사실을 쉽게 알지 못한다("The force of such limitation upon the right is not readily perceived.")고 강조한다. 왜냐하면 권리는 타인에게 주장하는 것일 뿐 타인도 같은 권리가 있다는 것을 인식하기 어렵기 때문이다. 저자가 자연법상의 권리를 가지고 있다면, 타인도 자연법상의 권리를 가지고 있다. 저자가 자신의 재산으로부터 이익을 누릴 수 있지만 책의 구입자도 자신이 구입하여 자신의 재산인 책으로부터 모든 이익을 누릴 수 있고, 원저작가 느꼈던 어떤 감성이나 언어로부터 자신도 자신만의 같은 감성이나 언어를 느낄 수 있다. 물론 두 사람이 느끼는 것은 동일한 것으로 보이지만 동일한 것은 아니다. 왜냐하면 원저자와 책의 구입자는 동일한 사람이 아니기 때문이다. 그들이 느낀 감성이 동일하거나 동일한 언어(의미)라고 할 수 있겠는가? 그렇지만 일단 책이 공개되면, 그 공개된 내용속의 저자의 생각과 표현, 철학은 그것을 읽은 저자와 공유하는 공유재산이 된다. 따라서 저작의 권리는 상실하게 된다는 것이다.

1769년 Millar v. Taylor 사건에서 요셉 예이츠 판사가 출판하여 공개된 책에 대하여 앤여왕법에 규정한 권리만을 인정한 이유는 출판으로 인하여 저자 자신의 감성과 언어가 공개된 경우에는 그 책을 구입한 사람은 자신이 구입한 책으로부터 저자가 표현하고 소통하려 했던 감성과 언어를 느낄 수 있고, 같은 방법으로 표현할 수 있기 때문이다. 그러나 그 감성을 느끼는 주체가 다르므로 책의 저자가 책을 통하여 표현한 사상과 감정, 감성 등과 책의 구입자가 느낀 저자의 표현과 사상, 철학, 감성은 동일한 것 같지만 사실은 동일한 것은 아니라고 판시한 것이다. 위와 같은 이유로 책을 출판하면, 더 이상 책이 담겨있는 표현, 감성, 언어는 저자의 것이 될 수 없다는 의미이다. 책이 출판을 통해 그 내용이 공개되면, 사회전체는 그 책에 대한 의존관계(reliance)가 발생한다. 다만 위의 법리들은 무체재산의 개념보다도 유체재산인 책의 소유권의 행사와 관련하여 법리를 구성한 것으로 볼 수 있다.

공개된 것은 그것을 인식하는 만인의 공유라는 법리는 상표법이나 부정경쟁행위법에서도 찾아 볼 수 있다. 예컨대 우리 대법원이

> 원고가 사용하는 "**예술의전당**" 표지는 .... '예술의 전당' 자체는 문화예술업무의 성질·용도 등을 나타내는 것으로 독창성이 인정되지 않는 기술적 표장에 해당하는 점, 그 영업표지들에 피고들의 명칭이 각각 부가되어 있고 원고와 피고들의 업무활동이 이루어지는 시설이 서로 멀리 떨어져 있으며 주로 해당 지역을 중심으로 거주하는 사람들이 그 시설을 이용하고 있어 수요자가 중복된다거나 업무활동이 경합·경쟁관계에 있다고 보기 어렵고[207]

라고 판시한 것도 "**예술의전당**" 표지는 모든 사람의 일상생활의 기초가 되었으므로 모두의 공유재산으로 사용되어야 한다는 철학에 기인하는 것으로 볼 수 있다. 물론 상표의 일반명칭화(genericism)도 특정인의 재산이었던 상표가 모든 사람이 공유로

207) 대법원 2009. 4. 23. 선고 2007다4899 판결.

사용하면 공유가 된다는 철학에 의한 것이다.

특히 과거 공리주의하의 영국에서는 저작인격권을 인정하지 않았지만[208] 저작인격권을 제한하지 않는다면, 저작인격권에 의하여 자신이 유통을 시켜 보상을 받은 저작물에 대하여 통제를 할 수 있다는 의미가 된다. 따라서 우리 저작권법상의 저작인격권은 저작물에 대한 구체화 된 집행가능한 권리이다. 즉 헌법상의 추상적 인격권을 저작자에 대하여 구체화한 권리라고 할 수 있다.[209] 따라서 저작물에 대하여는 저작권법상의 저작인격권 이외에 다른 인격권은 존재하지 않는다고 해석해야 한다. 이것이 국회의 법률유보를 정한 헌법 제22조 제2항의 의미이다. 만일 그렇지 않게 해석한다면 저작권법에서 구체화된 권리를 추상적 권리에 의해 통제할 수 있다는 결과가 되기 때문이고, 사법부의 권한을 넘어 입법권을 침해한 헌법 위반의 판결이 되기 때문이라고 할 수 있다.

저작권법상의 권리는 저작재산권이건 저작인격권이건 자연법상의 권리가 구체화된 실정법상의 권리이고 헌법상의 인격권은 자연법상의 권리라고 할 수 있다. 헌법 제22조 제2항에 따라 국회에서 제정된 '저작권법'에서 정한 저작인격권 이외의 저작인격권은 인정되지 않을뿐더러, 헌법상 '일반적인 인격권'은 '타인의 소유물에 있는 자신의 저작'에 대하여는 인정될 수도 없다.[210] 저작자는 인간으로서 인격권을 가지지만, 이는 자신의 신체와 인격에 대하여 가지는 권리일 뿐 타인에게 귀속된 저작물에 대하여는 저작권법상의 권리만을 가진다고 하여야 한다. "당신에게 귀속한 물건에 대하여 헌법상 나의 일반적 인격권이 존재하므로 내가 생산한 물건에 대하여 당신의 행동과 생각을 조종할 수 있는 것은 헌법이 정한 나의 기본권이다."라고 주장할 수 있을까? 자신의 소유물에 의하여 정치적 표현을 할 수 있는 자유도 제한되어야 하는가? 내가 정치적으로 항의하는 작가의 책을 사서 불태우는 행위는 저작자의 일반적 인격권을 침해하는 것인가?

208) 다만, 1769년 Millar v. Taylor (1769) 4 Burr. 2303, 98 ER 201 사건에서 로드 맨스필드(Lord Mansfield)의 판결에서 저작인격권의 개념을 찾아 볼 수 있다.

209) 헌법 제22조 제2항 참조.

210) 만일 일반적인 인격권이 타인 소유의 나의 저작에 인정된다면, 언제까지 인정되어야 할까?

[불타는 책의 사진은 그 책의 저자의 일반적 인격권을 침해하는 것인가?][211)]

이러한 법원리는 영국의 1774년 Donaldson v. Becket 사건과 미국에서는 1834년 Wheaton v. Peters 사건의 법이론적 논거가 되었다. 자연권에 기초한 영구적인 저작권은 출판을 하여 공개된 이후에는 더 이상 자신의 자유는 무제한의 자연권이 되지 않는다. 자신의 인격권으로 타인이 소유한 소유물에 대한 통제가 타당하지 않다.

공개된 사진의 경우에도 같은 원리가 적용되어야 하고, 사진의 초상모델에게도 같은 법원리가 적용되어야 한다. 자신의 인격이 담긴 생각을 자신의 이름으로 출판하여 공개한 사람과 자신의 얼굴을 사진으로 담아 출판한 사람에게 다른 법원리가 적용되어야 하지는 않는다고 생각된다.

자신의 얼굴을 타인이 찍은 사진을 통하여 출판된 경우에도 동일한 법원리가 적용되어야 한다. 자기가 자신을 찍은 경우와 타인이 자신을 찍은 경우에 저작권의 법리가 달라져야 할 이유가 전연 없다. 이미 공개된 사진에 대하여 어떤 사생활 보호(privacy)나 초상권에 의한 통제를 할 수 없다. 이미 공개되었기 때문이다. 그리고 더 이상 사생활이라고 할 수 없다.

나아가 출판을 하는 경우에는 출판을 하여 사회적으로 자신의 노력과 창작에 대하여 보상을 받고, 자신의 저작물을 공개하여 사회적 관계에 놓이도록 하고, 사회는 그러한 저작물을 이용하여 다른 관계를 맺게 된다.[212)] 출판은 그와 같은 사회적 의존 관계(reliance)를 설정하는 의미가 존재한다. 따라서 출판에 의하여 자신의 사상과 표현이 공개가 되면, 그에 대한 사회의 보상과 사회적 관계, 즉 사회적 상호 의존관계가 발생하므로 법에 정해지지 않은 일반적인 인격권이나 저작재산권에 의하여 자신의 출판물을 통제하지 못하도록 하는 법리가 형성된 것이다. 물론 저작권법상의 저작인격권도 법이 정한 범위내에서 인정된다.

앞서 본 유럽 뿐만 아니라 미국에서도 이러한 법리가 수용되어 있는데, '일정한 경

211) 사진 출처: amazon.com
212) Wheaton v. Peters, 33 U.S. 591 (1834).

우’ 초상 등 인격적 이익을 타인이 이용하는 것에 대한 동의는 그 취소 내지 철회가 제한된다고 하고 있다. 1995년에 간행된 미국의 리스테이트먼트 불공정경쟁(Restatement, Unfair Competition)은 최근까지 형성된 미국의 커먼로상의 불공정경쟁법리를 정리한 것인데, 이에 의하면 초상 등의 이용동의에 대한 취소 내지 철회가 금반언에 해당하는 경우에는 그 동의의 철회는 효력이 없다고 하고 있다.(“However, if a person is estopped or otherwise precluded from terminating the consent, an attempted termination is not effective.”)[213] 그 뿐만 아니라 그 동의의 취소 내지 철회가 명시적이거나 묵시적인 조건에 위반되는 경우에도 그 동의의 취소 내지 철회는 제한된다고 설명하고 있다. 당사자의 특정한 동의내용을 평가하여 그 동의에 따라 상대방이 어떤 행위를 한 경우, 즉 A의 행위에 대하여 B가 의존(reliance)[214]하여 특정한 행위를 한 경우에 A가 한 동의의 취소 내지 철회가 형평에 어긋나는 경우에는 그 동의의 종료, 철회 내지 취소는 할 수 없다고 설명하고 있다.[215]

이러한 의존이론은 보스턴 대학교(Boston University), 로스쿨 교수인 웬디 고든(Wendy J. Gordon)의 주장이 두드러진다. 그는 지적재산권에 의한 재산권 부여 또는 독점의 정당성을 합리화 시키는 이론으로 의존이론(reliance theory)을 주장했는데, 그 핵심은 ‘사람의 지위를 변경시키는 간섭자(inventor)는 새로운 지위에서 사람들이 생존에 필요한 도구를 갖는 것을 거부하지 못한다’라는 주장으로서, 본 피팅모델 사안과 같은 경우에 피고가 원고의 광고사진 사용 동의에 대한 의존(reliance)이 발생한 경우에 원고가 자신의 초상을 이용하지 못하도록 함으로써 피고가 자신의 영업이 파괴되게는 할 수 없으므로 계속적으로 원고의 사진을 이용할 수 밖에 없거나 원고가 피고에게 피고가 계속 이용하지 못함으로써 발생하는 손실에 대한 보상을 하여야 한다는 결론에 이르게 된다. 또한 어떤 특허받은 의약품으로 생명을 구하거나 질병을 치료하도록 하였다면 특정인에게 그 약의 공급을 제한할 수 없다. 윤리적인 문제가 법적 문제로 구체화 된 것이다. 즉 윤리판단이 아닌 법적 판단이 된 것이다. 이러한 결론은 자연법적 정의에 부합하는 것으로 형평(equity)의 법리에 의해 구체적으로 구현된다고 볼 수 있다.

---

213) Restatement of the Law, Third, Unfair Competition, Sec. 46, cmt. f.

214) Wendy J. Gordon, “A Property Right in Self-Expression: Equality and Individualism in the Natural Law of Intellectual Property”, 102 Yale L.J. 1533 (1993).

215) Restatement, Unfair Competition, (1985) Sec. 46 cmt. f,

미국의 유명 영화배우 브룩쉴즈(Brooke Shields)는 브룩쉴즈가 10살 때 그녀의 부모는 아동 누드사진 모델에 동의하여 브룩쉴즈는 아동누드사진을 찍었다. 그녀가 성인이 된 후에 그 여러 곳에 전시되어 있던 누드사진의 광고나 판매 등의 금지를 요구하였다. 그러나 법원은 부모의 유효한 동의에 의하여 촬영한 사진이었고, 그 동의에는 어떤 시간상의 제한이 없다는 이유로 브룩쉴즈의 사진사용금지청구를 기각했다.[216] 이 경우 법원은 자유롭고 부모에 의한 합법적인 동의에 의하여 초상이 공개되는 것을 허락하였으므로 이를 철회하거나 취소할 근거가 없다고 판시한 것이다. 항소법원의 광고와 상업(uses of advertising and trade)용으로는 해당 사진을 영구적으로 사용할 것을 금하는 금지명령[217]을 취소했다. 법원이 추상적 윤리적 판단에 의해 그 규범이 명시된 법적 판단이 왜곡되는 것을 거부한 것이다.

그 뉴욕주 관할 법원은 자녀의 공개 및 노출을 제한하려고 한다면 그 적법한 권한이 있는 부모는 그와 같은 제한을 하면 된다는 것이다. 그렇게 하지 않았다면 부모가 원한 것이므로 후에 그것을 자녀가 취소할 수 없다고 했다. 법원은 사생활 침해 청구로부터 피고가 면책되는 범위는 피고에게 허용된 동의보다 넓지 않기 때문인데("[fo]r a defendant's immunity from a claim for invasion of privacy is no broader than the consent executed to him."),[218] 본 사건에서 피고가 원고 브룩쉴즈의 사진을 행위는 그의 부모가 사용허락을 한 동의 범위보다 넓지 않으므로 적법하다고 판시하면서 원고 청구를 모두 기각했다. 이미 법에서 윤리적인 문제를 고려하여 부모에게 권한을 부여했고, 부모가 한 결정이 관한 법원의 절차를 따르는 등 적법절차를 준수했다면, 더 이상 윤리적인 문제로 법적인 문제를 평가할 수 없다는 것이다. 이미 법원이 브룩쉴즈의 부모의 동의에 대하여 후견 감독과 통제를 했기 때문이다. 이것이 법치주의라고 할 수 있다. 이미 모델노무제공계약이 합법적으로 이뤄졌다면 그 전제가 된 초상모델제공자체는 아무런 문제가 없다. 우리 법원도 법치주의 원칙을 따라야 한다.

우리 저작권법은 공표권, 성명표시권 및 동일성 유지권 3가지 저작인격권을 인정하고 있다. 일부 국가에서, 3가지의 저작인격권에 추가적으로 인정되는 권리중의 하나로

216) Shields v Gross, 58 N.Y.2d 338 (1983).
217) Shields v. Gross, 88 A.D.2d 846 (N.Y. App. Div. 1982).
218) Shields v Gross, 58 N.Y.2d 338, 347 (1983).

서 철회권은 인격권 중 가장 논쟁의 여지가 많고 가장 적게 인정되고 적용되는 권리이다. 철회권을 통하여 저작자는 자신의 생각이 변경되는 등으로 인하여 자신의 저작물이 더 이상 자신의 사상 감정을 표현하지 않는 경우에 그 저작물의 배포를 중단할 수 있다. 철회권은 저작인격권 중에서 가장 이상적이고 이념적인 권리라고 할 수 있는데, 이러한 이상적이고 이념적인 권리가 당사자의 저작물 매매계약보다 우선하기 때문에 그 인정에 매우 소극적인 것이다. 저작물을 철회하는 것은 공공의 영역(the public domain)의 법리를 가장 심하게 위반하는 것이다. 즉 공중의 기억[219] 속에서 특정한 기억을 지우도록 하는 것으로 오히려 공중의 인격권을 침해하는 권리가 된다. 따라서 국회의 청문절차, 공청회, 국민을 대표하는 의원에 의한 다수결에 의한 표결 등 입법적 절차 없이 법원 판결로 철회권을 인정하는 것은 자의적인 재판행위로서 위헌적인 판결이 되고, 또한 심각한 공중의 인권침해를 일으킨다.

(2) 프랑스에서의 모델사진 (용인, 동의, 계약)

(가) 일반론

프랑스에서도 초상권 이용 동의(consent)에 의하여 동의를 한 타인의 초상권의 침해는 인정되지 않는다는 것이 통설이라고 할 수 있다.[220] 프랑스법에서도 동의는 침해에 대한 용인(tolerance; 유서(宥恕)와 유사) 및 이용계약(contract)과 구별된다. 용인(tolerance)은 침해에 대하여 적극적으로 어떤 조치를 취하지 않는 것일 뿐 권리의 포기는 아니다.[221] 용인(tolerance)의 경우에는 언제든지 침해에 대한 적극적인 조치(예컨대, 용인의 철회/취소)를 취할 수 있으므로 묵시적인 이용허락과 같은 개념이다. 다만 장기간 적극적인 행위를 하지 않아 포기로 간주될 수 있다.

용인은 사진 촬영과 그 활용('exploitation')에 대한 일방적 동의(consent)이지만, 계약

219) Millar v Taylor (1769) 4 Burr. 2303, 98 ER 201 (예이츠 판사는 다음과 같이 언급했다. "But when an author prints and publishes his work, he lays it entirely open to the public, as much as when an owner of a piece of land lays it open into the highway.")

220) 이하 프랑스법은 다음의 책을 참조하였다. Huw Beverley-Smith, Privacy, Property and Personality: Civil Law Perspectives on Commercial Appropriation (Cambridge Intellectual Property and Information Law, Series Number 7), Cambridge University Press, 2006, pp. 192 이하.

221) Id., 192.

에 따라 동의한 경우에는 적극적인 의사표시이기 때문에 동의에 의해 곧바로 그 효력이 발생한다. 따라서 그 동의가 편무적이건 쌍무적이건 일방적인 철회나 취소가 허용되지 않는다고 할 수 있다.[222] 만일 철회나 취소가 허용된다면, 계약상 또는 형평에 따라 보상을 하여야 하는 것이 타당하다.

(나) 동의(consent)[223]

프랑스에서도 초상권은 처분이나 양도가 불가능한 권리(inalienable right)이고 그러한 성질 때문에 초상권을 사전에 일반적으로 포기(waive)하는 것은 인정되지 않고, 본 사건과 같이 특정한 행위에 대하여 초상권 주장을 포기하는 것은 가능하다. 즉 가능한 행위는 초상권 침해에 대한 적극적인 동의(consent)가 허용되는 것으로 결국 불제소 합의 내지 동의와 같다고 할 수 있다.[224] 프랑스 법상 무상의 사진촬영 허락으로는 사진촬영만 허락되고, 그 사진을 출간/출판하는 허락은 포함하지 않고, 사진 촬영에 특정한 목적이 있으면 그 목적에 그 사진의 이용이 제한된다고 한다. 그 뿐만 아니라 특정인이나 특정 언론에 대한 이용허락은 그 특정인이나 언론이 아닌 다른 사람이나 언론에 대한 허락은 아니라고 한다. 또한 프랑스 법원은 초상에 대한 묵시적인 이용허락은 인정하지 않고 있다.

그러나 본 피팅모델사건과 같은 경우는, 유상의 고용계약으로 고용계약서를 작성하였다는 것 이외에도 액세사리를 피팅하고 사진을 촬영했다는 자체에서 원고의 명시적인 허락이 있었고, 그 액세사리 판매 목적으로 사진을 촬영한 것이었으므로 액세사리 판매목적으로 원고의 사진을 활용(exploitation)할 수 있다고 해석할 수 있다.

프랑스법에서도, 쌍무적인 계약에 의한 경우가 아니라면, 초상권 등 인격권(right of personality)에 관한 권리행사의 포기(waive)의 철회는 언제든지 인정된다고 한다.(수정·철회권, droit de repemtir ou de retrait, the right of withdraw) 사진 이용('use')의 동의

222) Id., 197.

223) 여기에서 동의는 예컨대, 인터뷰를 하면서 사진을 찍어 해당 인터뷰를 기사화 하든지, 인터넷 등에 게시하는 것을 의미하는 것으로, 일방적으로 사진의 이용동의를 하는 것을 의미한다고 판단된다. 반드시 계약이 수반되는 것을 의미하는 것으로 판단되지 않는다. 이는 독일법이나 미국법의 경우에도 같다.

224) Id., 193-194

내지 포기는 언제든지 철회 내지 취소할 수 있다.

대륙의 저작권의 구체적인 권리로서 공표권, 성명표시권 및 동일성 유지권 이외에 비교적 최근 독일과 프랑스는 저작인격권에 철회권(right of withdraw)을 인정하였다. 철회권은 2차 세계대전 기간 중인 1941년 무솔리니 치하의 이탈리아에서 도입한다.[225] 프랑스는 1957년, 독일은 1965년에 도입한다. 이는 권리소진을 부정하는 것으로서, 그 철회권의 인정기간에 따라 영구적 저작권이 존재하는 것이 된다. 다만 저작인격권이 특정승계는 인정하지 않지만 상속을 인정하고 있다. 그러나 철회권은 저자나 그 권리자의 사망과 함께 소멸한다. 초상의 철회의 경우에도 같은 법리가 적용되어야 할 것이다.

앞서 본 바와 같이 그러한 독일이나 프랑스에서도 철회권의 행사는 장래를 향하여 효력이 있고, 철회로 인하여 상대방이 입는 손실을 고려해야 한다.[226] 이와 같이 언제든지 철회를 할 수 있는 법률적인 근거는 사생활(privacy right)을 보호하는 권리라는 속성에 기하는데, 적극적인 이용을 목적으로 형성된 권리가 아니라 인격권을 보호하기 위한 소극적인 권리라는 데서 언제든지 철회를 허용하는 정당성(raison d'être)을 찾을 수 있다.[227] 이러한 철회 내지 취소권은 칸트와 헤겔의 법리에 기초한 저작권법에도 존재한다.[228]

초상의 이용(use)에 대한 동의나 권리행사의 포기를 철회할 수 있는 것은 오래된 프랑스법상의 원칙이지만 아직도 그 원칙은 유효하다.[229] 저작물에 대하여 철회권의 행사가 보상을 조건으로 하는 것과 같이 초상의 이용동의의 철회도 보상을 전제로 한다. 초상의 이용에 대한 동의나 초상권 행사의 포기의 철회는 그 상대방(초상의 이용을 허락받은 자)을 면책시키는 한 언제든지 할 수 있지만, 상대방의 손해에 대한 보상을 전제로 하는 것이다. 그리고 동의나 권리행사의 포기를 철회하는 것이 권리 남용이 아니

225) 이탈리아 저작권법 (Law No. 633 of April 22, 1941, as last amended by Legislative Decree No. 68, of April 9, 2003), §§142-143.

226) 이는 프랑스 저작권법(INTELLECTUAL PROPERTY CODE, Literary and Artistic Property, Articles L111-1 to L343-4)의 영향으로 보인다. 프랑스 저작권법은 저작인격권을 존중하여 저작권의 이용허락 후에도 그 허락의 철회를 인정하고 있다. (프랑스 저작권법 제121조의4, 원문과 번역은 주 322 참조)

227) Huw Beverley-Smith, Privacy, Property and Personality: Civil Law Perspectives on Commercial Appropriation (Cambridge Intellectual Property and Information Law, Series Number 7), Cambridge University Press, 2006, p. 197.

228) Edward J. Damich, "The Right of Personality: A Common-Law Basis for the Protection of the Moral Rights of Authors", 23 Ga. L. Rev. 1, 6-25 (1988).

229) Huw Beverley-Smith, Privacy, Property and Personality: Civil Law Perspectives on Commercial Appropriation (Cambridge Intellectual Property and Information Law, Series Number 7), Cambridge University Press, 2006, p. 195.

어서 정당하다고 하더라도 상대방에 대한 보상을 하여야 한다. 이와 같이 상대방에게 보상을 하여야 하는 이유는, 동의의 철회나 취소가 어떤 과실이나 어떤 불성실(bad faith) 등에 의하여 인정되는 것이 아니기 때문이다. 자신의 인격에 대한 평가 등의 대한 변화에 대한 형평적 고려를 하는 것이라면 상대방에 대하여도 형평적 고려를 하여야 하기 때문이다. 따라서 자신의 초상의 이용을 허락하거나 침해주장을 포기하였다고 하더라도 초상은 자신의 인격에 관련된 것이기 때문에 언제든지 그 이용을 철회하여 상대방으로 하여금 자신의 초상을 이용(use)하지 못하도록 하여 자신의 인격권을 보호할 수 있지만, 그 대신에 자신의 행위로 인하여 발생한 상대방의 손해는 보상 또는 배상을 하도록 하는 것이 공평하기 때문이다. 이는 미국에서, 어느 누구의 고의 과실에 기한 것이 아니더라도 '공평한 결과'를 추구하는 '형평'의 원칙을 적용하여 보상을 하도록 하는 법리와 동일하다.[230] 이와 같은 프랑스 법리는 다음과 같은 문구에서 찾아볼 수 있다.

> [t]he model who revokes his consent deprives the contracting party of the advantages the latter could have gained from the contract.[231]
>
> ↘ 자신의 동의를 철회하는 [사진의] 모델은 그 계약으로부터 얻는 상대방의 이익을 박탈한다.

이러한 프랑스의 법 원칙도 이용자의 이용에 의하여 사진을 찍은 사람(예컨대 모델)의 사생활이 위협을 받는 경우에는 그 이용 동의를 변경할 수 있다. 초상 이용에 대한 동의는 제한적이고 엄격하게 해석된다. 예컨대, 특정 물품에 대한 광고에 자신의 초상의 이용을 허락한 것은 다른 물품에 대한 이용을 의미하지는 않는다. 동의의 존속기간이나 그 범위는 초상의 이용을 허락한 자의 이익이 되도록 엄격하게 해석한다. 초상이나 인격을 보호하기 위한 권리라는 점에 그 권리의 정당성이 있기 때문이다.

위의 법리는 계약법상의 원칙과도 같다. 그러나 계약상 원칙에 따르면 계약이 성립

230) 프랑스 민법 제1194조는 "Contracts create obligations not merely in relation to what they expressly provide, but also to all the consequences which are given to them by <u>equity</u>, usage or legislation."라고 규정하여, 계약에도 형평(equity) 원리가 적용된다고 명시하고 있다.

231) Huw Beverley-Smith, Privacy, Property and Personality: Civil Law Perspectives on Commercial Appropriation (Cambridge Intellectual Property and Information Law, Series Number 7), Cambridge University Press, 2006, p. 195.

한 경우에는 i) 법령 등에 의해 허용된 경우, ii) 계약조건에 명시되거나 iii) 불이익을 받은 상대방의 동의가 필요하다.[232)]

(다) 계약에 의한 동의(consent)

프랑스 법에 의하면 사진 등 초상의 활용(exploitation)을 위한 동의가 계약에 의한 경우라면, 그 계약이 편무적이건 쌍무적이건 임의로 그 동의를 취소하거나 철회할 수 없다.[233)] 그러나 예외적으로 철회나 취소가 허용되는데 동의한 사람의 사진 등을 이용하는 것이 그의 인격(personality)에 심각한 손상을 일으킬 수 있는 경우에는 이익형량을 하여 취소 내지 철회가 인정된다.

계약에 의해 타인의 초상을 이용하는 사람이 그 타인의 개성에 대한 이용으로 인하여 취득하는 이익은 그 이용 동의가 자발적이고 상호적이고 쌍무적인 '계약에 의한 것'이라는 점에 더 무게가 주어져야 한다. 나아가 그 이용 동의에 대한 대가가 지급된 유상계약이나 쌍무계약은 계약상 의무에 더욱 구속되게 된다고 할 수 있다. 이러한 법리는 우리법에서도 타당하다고 한 것으로 판단된다. 유상, 쌍무계약은 그 계약의 상호성으로 인하여 그 계약의 이행에 대한 구속력이 강하기 때문이다.

본 사건과 같이 프랑스에서 모델사진을 상품의 피팅목적에 이용한 것이므로 고용계약에 의한 사진의 활용(exploitation)이라고 할 수 있다. 그러한 피팅모델 사진의 활용은 모델인 원고와의 고용계약에 의한 것이므로 그 동의자인 원고의 인격에 심각한 손상이 발생하지 않는 한 계약을 임의로 취소하거나 철회할 수 없다고 해석되고, 여전히 원고와 피고 사이의 계약상 조건에 구속된다고 볼 수 있다.

본 피팅모델 사건에 프랑스 법을 유추적용한다면, 해당 액세사리에 대하여 사진을 촬영함으로써 그 액세사리에 대하여 이용을 허락한 것이다. 즉 프랑스 법을 적용하는 경우에 초상의 인물에 의한 일방적 동의에 의한 경우 또는 계약에 의하여 일반적인 초상의 이용허락은 그 범위의 불명확성과 포괄성으로 인하여 이를 언제든지 그 동의를

232) 2016 French Civil Code, Art. 1193. (Contracts can be modified or revoked only by the parties' mutual consent or on grounds which legislation authorises.)

233) 2016 French Civil Code, Art. 1193. Huw Beverley-Smith, Privacy, Property and Personality: Civil Law Perspectives on Commercial Appropriation (Cambridge Intellectual Property and Information Law, Series Number 7), Cambridge University Press, 2006, p. 197.

철회하거나 계약을 취소할 수 있다고 해석된다. 그러나 본 사건과 같이 액세사리 피팅 모델의 노무를 제공하기 위해 특정 액서사리를 착용한 모습을 찍은 사진은 고용계약에 의한 것이므로 그 모델사진에 대한 이용허락을 한 것이 의제된다고 할 수 있다. 모델사진사용의 동의가 없다면, 고용계약의 목적을 달성할 수 없기 때문이다. 피팅모델 사건의 1심 법원[234]은 단순히 촬영계약만을 체결한 것으로서 상업적으로 광고로 사용할 수 있는 계약이 아니라고 판시했는데, 피팅모델을 이용한 광고사진을 찍는데, 그 모델사진을 상업적으로 이용하는 계약이 아니라면, 그 모델촬영을 위한 고용계약은 왜 체결하였을런지 참으로 궁금하다.

(3) 독일

(가) 서론

독일 연방대법원(Bundesgerichtshof)은 1954년 이래로 독일 헌법(Grundgesetz) 제1조와 제2조 그리고 민법(Bürgerliches Gesetzbuch) 제823조 제1항은 고의 과실에 의하여 다른 사람의 생명이, 신체, 건강과 자유를 침해하는 경우에 이에 대한 배상을 하도록 하고 있는데[235], 이는 개성에 관한 권리를 인정하고 있다고 할 수 있다. 개성을 바탕으로 하는 권리는 일의적으로 정의할 수 없지만, 인간의 개성을 바탕으로 하는 권리, 즉 인격권이라고 할 수 있고, 인격권에 의해 자신의 사진에 대한 권리를 인정할 수 있다.[236] 이러한 인격권의 발전은 18세기 후반 독일 낭만주의 시대에 인간 개성과 인간 존엄성에 대한 인식이라고 할 수 있다. 그 당시 임마누엘 칸트나 요한 고틀립 피히테(Johann Gottlieb Fichte, 1762-1814) 등의 철학자들에 의한 자유로운 자아와 개성을 가

234) 서울중앙지방법원 2020. 5. 13. 선고 2018가합591790 판결 ("이 사건 촬영계약만으로 피고가 이 사건 사진을 피고의 상품을 광고하는 등 상업적으로 사용할 권한이 발생한다고 보기 어렵고, 피고가 이 사건 사진을 피고 상품의 광고에 사용하는 등 상업적으로 사용하기 위해서는 원고와의 별도 협의가 필요하다고 판단되는데, 그와 같은 협의가 있었음을 인정할 증거가 없다."). 본 사건 계약서 제5조 제5항에는 모델인 원고가 피고가 저작권과 사용권을 보유한 사진을 제3자에게 상업적 제공을 위해서는 원고와 피고가 협의하도록 되어 있는데, 이는 모델을 고용한 피고에게 상업적 사용권이 있음을 전제로 한 규정이고, 이미 쇼핑몰에 사용하고도 있었으므로 원고가 사진을 인터넷 쇼핑몰에 사용한다는 점을 모르고 고용계약을 체결하였다는 것은 인정될 수 없다고 보인다.

235) German Civil Act Art. 823 ("(1) A person who, intentionally or negligently, unlawfully injures the life, body, health, freedom, property or another right of another person is liable to make compensation to the other party for the damage arising from this.")

236) Corinna Coors, "Image rights of celebrities vs. public interest - striking the right balance under German Law", 9 (10) Journal of Intellectual Property Law & Practice 835, 836 (2014).

진 인간성의 인식이 큰 역할을 하였다고 할 수 있다. 그러한 철학적 바탕은 인격에 대한 탄력적인 권리로서 수용을 가능케 하였다.

1907년 효력이 발생한 독일 예술저작권법(Kunsturhebergesetz; Act on the Protection of the Copyright in Works of Art and Photographs; Artistic Copyright Act of 1907)[237] 제22조[238]는 자신이 대중에게 어떻게 표현될지 결정할 수 있는 권리를 부여하고 있다. 제22조는 개인의 사진 등 이미지를 광고나 상업적 목적으로 이용하기 위해서는 그 개인의 동의가 있어야 합법적이라고 규정하고 있다. 그러나 위 규정은 뉴스 등에 게재하기 위한 사진의 경우에는 제한이 된다. 또한 동법 제23조는 몇가지 예외를 규정하고 있는데,[239] 예컨대, 거리 사진에서 어떤 인물이 부수적으로 나오는 경우에는 그 인물의 동의가 없어도 사진을 게시할 수 있도록 하고 있다. 그러나 독일 저작권법 제23조 제1항은 일반적으로 현시대의 인물의 묘사를 허용하지만, 그의 사진이 배포가 된다면 독일 저작권법상의 인물 묘사는 독일예술저작권법 제23조 제2항에 의하여 제한이 된다. 특히 유명인의 경우, 그의 사진 등을 상업적으로 이용하는 경우에는 그의 동의를 얻어야 한다는 것이 일관된 법원의 판결이다.[240]

237) 본 법은 비스마르크의 장례식에서 정당한 허락없이 비스마르크의 사진을 찍은 행위로 인하여, 그 제정논의가 시작되었고, 허락없이 사진 찍는 것을 금지하기 위해 제정되었다. 현재에는 몇 개 조항만이 그 효력이 존재하는데 다음에서 언급하는 제22조 및 제23조는 현재 유효한 조항이다.

238) 독일 German Artistic Copyright Act(Kunsturhebergesetz), 제22조
Images may only be disseminated or publicly displayed with the consent of the person depicted. In case of doubt, consent is deemed to have been granted if the person portrayed received remuneration. If a person is depicted after his death, then the consent of the relatives must be obtained for a period of 10 years after his death. In the sense of this Act, members of the family are the surviving spouse or life partner and the children of the person depicted and, if neither a spouse or life partner nor children are present, the parents of the person depicted.
https://www.gesetze-im-internet.de/kunsturhg/__22.html (출처).

239) https://www.gesetze-im-internet.de/kunsturhg/BJNR000070907.html (영어번역)
Kunsturhebergesetz, 제23조
(1) contains an explicit exception for the dissemination of portraits: the following may be disseminated and displayed without the consent required pursuant to Art. 22:
1) The portrait is in the sphere of a contemporary historical event (Contemporary historical events not only include occurrences with historical-political meaning or spectacular and unusual incidents, but all questions of general interest. Provided that there is a (strong) public interest in these events; this has to be weighed against the legitimate interests of the person depicted. Note: The exception allows e.g. politicians, celebrities from show business at least in the public sphere as well as criminal offenders in the context of major lawsuits
(2) The power, however, does not extend to a distribution or exhibition which violates a legitimate interest of the person depicted or, if the latter dies, of his family members. Note: this means, in particular, that the person can neither be economically exploited nor have their honour violated.
https://www.gesetze-im-internet.de/kunsturhg/__23.html (출처).
https://www.gesetze-im-internet.de/kunsturhg/BJNR000070907.html (영어번역)

240) BGH of 1 December 1999, I ZR 49/97 - Marlene Dietrich-, BGHZ 143, 214. (the Franz Beckenbauer case); BGH of 20 February 1968 - Ligaspieler - GRUR 1968, 652, 653.(the Panini case); Unreported, 13 January 2004, OLG Hamburg (the Oliver Kahn case); OLG Frankfurt of 11 January 1988, NJW 1997, 402 (The Boris Becker case) ; BGH of 11 March 2009, I ZR 8/07 -Guenther Jauch-, NJW 2009, 3032 (the Günther Jauch case). Corinna Coors, "Image rights of celebrities vs. public interest - striking the right balance under German Law", 9 (10) Journal of Intellectual Property Law & Practice 835, 837-840 (2014).

예컨대, 유명한 독일의 축구선수 프란츠 베켄바우어(Franz Beckenbauer)가 독일 국가대표로서 그리스와의 축구경기 도중의 찍힌 사진이 달력에 그의 동의 없이 사용된 사건에서 1999년 독일 연방대법원(Der Bundesgerichtshof)[241]은 유명인의 허락없이 그의 사진이 특정제품의 홍보와 마케팅의 목적으로 판매된 것이라면 불법적인 사용이라고 판시하였다. 왜냐하면, 그러한 목적의 유명한 축구선수인 베켄 바우어의 사진의 사용은 결국 베켄바우어가 그 상품을 홍보하고 그 상품을 사용하도록 소비자들에게 권하는 것이 되기 때문이다. 따라서 이러한 목적으로 사용하는 경우에는 위 독일 예술저작권법 제22조에 따라 그의 허락을 받아야 한다.

해당 사건에서 베켄바우어는 독일 예술저작권법 제23조 제1항의 유명인으로 판단되었고, 따라서 동조 제1항에 의하면 역사적인 사건에서의 유명인의 사진(The portrait is in the sphere of a contemporary historical event)은 동의없이 사용할 수 있는데, 독일과 그리스간의 축구 대항전은 역사적인 사건에 해당하므로 동 조항에 의하여 베켄바우어가 그리스와의 축구경기에서 경기를 하는 모습의 사진을 사용하는 것은 그의 동의가 필요없지만, 동조 제2항에 의하면, 상업적으로 이용되거나 그의 명예가 침해되는 방법으로 이용되는 경우("be economically exploited nor have their honour violated.")에는 그의 동의가 필요하고, 그의 사후에는 가족의 동의를 얻도록 되어 있으므로 달력에 사용하는 것은 그의 동의가 필요하다고 판결했다.[242]

2018년 사건에서 쾰른 법원은 건물철거를 찍은 사진속의 건물 경비원 사진은 독일 예술저작권법 제23조에 의해 언론의 자유의 행사대상이라고 판시했다. 해당 사진속 인물은 그 사진이 있는 텔레비전 프로그램의 방송중단을 요청하는 금지명령을 신청했다. 쾰른 법원은 역사적으로 중요한 이미지를 개인의 동의 없이 게시할 수 있도록 허용하는 독일 예술저작권법 제23조 제1항 제1호를 적용하여, "역사적 중요성"이라는 용어는 역사적, 정치적 중요성을 지닌 사건뿐만 아니라 일반적인 사회적 관심을 끄는 모든

241) 독일연방법원(Der Bundesgerichtshof)은 민사와 형사사건에 관한 독일의 최고법원으로 우리 대법원과 같이 법률심이다. 독일연방법원이 내린 판결은 독일의 기본법인 독일헌법을 위반한 경우에만 연방헌법재판소에 의해서만 취소될 수 있다. 영문으로는 "the German Federal Court of Justice"로 표기한다.

242) BGH of 1 December 1999, I ZR 49/97 - Marlene Dietrich-, BGHZ 143, 214. Panini 사건이나 Oliver Kahn 사건의 경우에는 역사적 사건에 관한 사진을 스티커에 사용하는 사적 이용은 동의를 얻어야 한다고 판시했다. 그 사건 내용은 Coors, Corinna, "Image rights of celebrities vs. public interest - striking the right balance under German Law", 9 (10) Journal of Intellectual Property Law & Practice 835, 838 (2014).

현재 및 역사적 사건을 한다고 판시하면서 원고의 청구를 기각했다.[243)]

이러한 언론의 자유를 우선시하는 판결은 유명한 테니스 선수 보리스 베커(Boris Becker) 사건에서도 계속된다. 독일 신문 Frankfurter Allgemeine Sonntagszeitung에 "the faltering favourite"라는 표현과 함께 보리스 베이커의 사진을 1면에 게시하였는데, 이 사진은 결과적으로 홈페이지와 신문의 홍보가 되었다. 베이커는 37백만 유로화를 손해배상으로 청구했다. 법원은 신문의 적절한 판에 있는 청구인(보리스 베커)의 묘사와 홍보나 광고를 비교할 수 없다고 판시했다. 즉 1면에 사용되어 전국적으로 관심을 받고, 이로 인하여 신문이 홍보가 되더라도 이는 광고목적으로 사용된 것은 아니라고 하였다. 그러나 항소법원인 독일연방법원은 신문의 광고목적의 상업적 사용을 인정하여 광고 제목은 신문의 초판이 발행된 후 변경되어야 하며 2001년 11월 신문 판촉 캠페인이 종료된 시점부터 청구인에게 120만 유로의 라이선스 료를 지급하도록 판시했다.[244)]

위와 같은 사례는 사진촬영과 그 활용에 대한 동의가 없는 일방적으로 사진을 찍어 활용한 사건이다. 다만 베켄바우어 사건의 경우에는 그가 게임을 하던 도중에 찍은 사진으로서 이는 공공의 이익과 관심이 헌법 제1조 및 제2조 제1항에 의하여 베켄 바우어의 일반적인 인격권보다 앞서는 것이다. 그러나 사적인 초상사진은 그의 동의가 없는 한 상업적 활용을 할 수 없다. 베켄 바우어 사건과 같은 결론을 내린 사건은 테니스 스타 보리스 베커(Boris Becker)의 테니스 교재 사진사용 사건이다.[245)] 보리스 베커 사진은 테니스 지도서의 표지로 활용되었다. 그 책에는 다수의 유명 테니스 선수의 자세를 설명하는 내용도 있었는데, 법원은 책의 내용으로 볼 때 헌법 제5조 제1항에 의해 보호되는 공공의 이익과 언론의 자유는 보리스 베커의 사적이익에 우선한다고 판시했다.

독일은 개성에 관한 권리 중에서 경제적인 가치는 상속할 수 있다고 판시하고 있지만[246)], 개성에 관한 권리를 타인에게 라이센싱을 할 수 있는지에 대해서는 명확한 결론이 나있지는 않다. 그러나 개성에 관한 권리(personality right)는 양도(assignment)를 할

243) "German Art Copyright Act Applies Even With GDPR In Effect", 2018. 8. 31. https://www.jdsupra.com/legalnews/german-art-copyright-act-applies-even-68926/

244) Corinna Coors, "Image rights of celebrities vs. public interest - striking the right balance under German Law", 9 (10) Journal of Intellectual Property Law & Practice 835-840 (2014).

245) BGH of 29 October 2009, I ZR 65/07 - Boris Becker - GRUR 2010, 546.

246) Marlene Dietrich-, BGHZ 143, 214; BGH of 26.10.2006, I ZR 182/04

수 없다. 그러나 개성에 대한 침해를 묵인이나 허락하는 것은 가능하다. 다만 그 성질에 대하여 권리의 포기(waiver)라는 견해와 의료행위에 있어 의사 등 의료인을 면책을 시키는 동의(consent)와 같다는 견해가 존재한다.

최근에는 저작권에 대한 이용동의와 같은 동의(license)를 허용하는 견해들이 있다. 다만, 독일저작권법은 저작인격권과 저작재산권을 분리하여 규정하지 않음으로써 저작권은 그 이용을 라이센스를 할 수 있지만, 처분은 원칙적으로 불가능하다. 칸트의 철학에 따라 불처분적인 권리로 보고 있기 때문이다. 사실 이용의 라이센스, 즉 이용허락은 침해에 대한 동의이므로 비침해가 되는 용인이라고 할 수 있다.

독일 예술저작권법을 정리해 보면, 독일에서 타인의 초상 등을 경제적으로 이용하기 위해서는 최소한 (일방적이라도) 동의가 필요하다.[247] 경제적으로 이용을 하지 않는 경우에는 언론의 자유 등에 의하여 그 초상의 주인공의 개성에 관한 권리는 제한된다.[248] 사진에 대한 보상을 받은 경우에는 공표동의가 간주된다.

독일법상 동의에 의한 타인의 초상 등의 이용이라고 하더라도 동의를 한 사람은 언제든지 그 동의를 철회할 수 있으나, 상대방이 그동안 지출한 비용에 대해서는 보상을 하도록 하고 있고, 이용동의를 철회하는 계약에 의한 것이라면, 그 철회나 취소가 합법적으로 가능하다고 해석하더라도, 보상은 필요하다고 할 것이다. 그것이 형평의 원리에 부합한다.

(나) 권리행사의 포기

개성에 관한 권리는 인간과 분리할 수 없으므로 양도나 라이센스가 불가능하지만 모든 사람은 자신의 권리침해주장을 포기(waiver)할 수 있다. 동의(consent)와는 달리 권리침해주장의 포기(waive)는 침해구제를 인정하지 않는다. 동의는 특정인에 대한 것이지만 포기는 권리자체를 포기하는 것이다. 포기는 금지명령과 손해배상을 청구할 수 있는 권리를 배제하는 계약이라고 하기도 하지만, 포기의 상대방에게 자신에 대한

247) Corinna Coors, "Image rights of celebrities vs. public interest - striking the right balance under German Law", 9 (10) Journal of Intellectual Property Law & Practice 835, 838-839 (2014).

248) ECtHR(Grand Chamber of the European Court of Human Rights), Caroline von Hannover v. Germany (no. 59320/00). (일부판결: 왕족의 건강에 대한 염려는 공공의 이익에 관련되어 있어 개성에 관한 권리 침해가 아니다.).

침해행위에 대하여 법적인 조치를 할 수 있는 자신의 권리를 제한하는 권리포기의 의무를 지우는 계약이라고도 한다.

(다) 인적 속성의 라이센스[249)]

독일법은 초상에 관한 권리는 개성에 관한 권리로 보고 있으므로 인적 속성을 반영하여 불처분적인 권리를 처분가능한 권리로 이론적 변형을 하였다. 따라서 이를 이용허락하는 것은 법률적으로 많은 어려움이 존재한다. 재산적 가치와 같이 인적속성도 이용허락을 할 수 있다는 견해들이 존재한다. 인적 속성에 대한 권리의 처분불가성을 주장하는 전통적인 견해에 따른다면, 양도인이 자신의 권리 전부를 포기하는 양도와 일부를 이전하는 이용허락과 상호 구별을 할 수 없다. 사용동의가 있지 않은 한 유명인이나 비유명인이나 그의 초상사진의 상업적 사용은 허용되지 않는다. 물론 이때에는 공공의 이익이 사적 이익보다 우선한다면 사용이 가능하다고 한다.[250)]

독일 연방법원은 유명인의 사진을 그의 허락없이 그와 관련이 없는 기사의 인터넷 클릭수를 늘리기 위한 미끼로 사용한 경우에 불법행위를 인정했다.[251)] 법원은 개인 사진을 허락없이 상업적으로 사용하는 것은 자신의 이미지에 대한 '재산적 관련 측면'에 대한 침해라고 했다. 본질적으로 개인은 자신의 이미지 사용을 결정할 권리가 있고, 그 침해에 대하여 독일 민법 812조 부당이득 규정에 따라 사용료를 청구할 수 있다. 이러한 사안의 경우, 독일 예술저작권법 제23조 제1항이 적용되지 않는다.

이용허락에 의해 허용되는 행위가 특정되지 않은 경우에는 그 라이센스의 목적에 의해 그 범위가 결정된다.[252)] 이용허락을 받은 자는 이용허락을 한 자와의 계약에 정하는 경우에 자신의 이용할 수 있는 지위를 양도할 수 있다.[253)] 저작권의 이용허락은 저작자의 예술적 신념(artistic views)이 변화한 경우에 종료될 수 있다.[254)] 이와 같이 예술

249) Huw Beverley-Smith, Privacy, Property and Personality: Civil Law Perspectives on Commercial Appropriation (Cambridge Intellectual Property and Information Law, Series Number 7), Cambridge University Press, 2006, p. 132.

250) Corinna Coors, "Image rights of celebrities vs. public interest - striking the right balance under German Law", 9 (10) Journal of Intellectual Property Law & Practice 835, 840 (2014).

251) German Federal Court of Justice Case No. I ZR 120/19.

252) 독일저작권법 제31조 5항.

253) 독일저작권법 제34조 1항.

254) 독일저작권법 제42조 1항.

적 신념이 변화하여 이용허락을 종료하는 경우에는 그는 이용허락을 받은 자가 부담하거나 이용허락으로 인하여 발생한 비용에 대하여 보상을 하여야 한다.[255] 그 뿐만 아니라 불행사에 대하여 동의 철회권을 규정하는 독일 저작권법 제41조 제6항도 형평에 따라 이용동의를 하였던 상대방에게 보상을 하도록 하는 조항을 두고 있다.

위와 같은 독일 저작권법의 법리를 보면, 저작물에 대한 이용허락은 그 저작권이 존속하는 기간 동안 존재함을 전제로 한다는 것을 알 수 있다. 이러한 법리는 우리 저작권법도 동일하다. 저작권법 자체가 저작물의 이용의 확산을 위한 목적을 가지고 있어, 저작권법의 근본적인 법이념이고, 따라서 모든 저작권법이 같은 법리 체계, 즉 특별한 제한이 없는 한 저작권의 존속기간 동안 이용할 수 있음을 전제로 하고 있다고 할 수 있다. 예컨대 신문에 동의하에 게재된 초상 사진의 그 이용기간은 저작권이 존속하는 동안 그리고 그 이후에는 저작권법과 관계없이 영구하게 존속하게 된다.

독일 법원이 개성에 관하여 허락이 없는 경우에 손해를 인정하고 있으므로, 허락이 있으면 면책된다고 할 수 있다. Nena 사건[256]은 '99개의 빨간 풍선'("Ninety-nine red Ballons")이란 노래로 유명한 Nena라는 가수가 시각적 음향적인 모든 권리를 상품화 권리자에게 배타적 이용권을 설정한 사건이다.[257] 그 상품화 권리자는 Nena의 초상이 그려진 포스터와 티셔츠를 허락없이 판매한 제3자에게 소송을 제기했다. 독일연방대법원은 부당이득법리에 기초하여 원고의 주장을 인정했지만 라이센시인 원고가 Nena의 인격권을 근거로 그 침해자에게 청구할 수 있는 법리적 근거에 대해서는 명확히 설명을 하지 않았다. 위 판결은 앞서 언급한 인격에 관한 권리를 배타적으로 라이센스할 수 있다는 이론이나 소송법상 자신의 이름으로 소송의 제기가 허용된다는 이론 모두에서 설명이 가능하다.

1999년 Marlene Dietrich 사건[258]에서 법원은 방론으로, 개성에 의한 권리에 의해 보호되는 경제적인 이익은 비경제적 이익을 보호하는 개성에 관련된 것은 아니라고 판시했다. 개인의 일반적인 권리와 그 특별한 표현(예: 자신의 사진에 대한 권리 및 이름

255) 독일저작권법 제42조 3항.

256) BGH GRUR 1987, 128.

257) Huw Beverley-Smith, Privacy, Property and Personality: Civil Law Perspectives on Commercial Appropriation (Cambridge Intellectual Property and Information Law, Series Number 7), Cambridge University Press, 2006, p. 134.

258) Marlene Dietrich Case BGH 1 ZR 49/97.

에 대한 권리)은 비물질적 개인 이익뿐만 아니라 상업적인 개인 이익도 보호한다. 금전적 가치가 있는 인격권의 구성요소가 인격의 그림, 이름 또는 기타 특징의 무단 사용으로 인해 침해된 경우, 인격권 보유자는 그 침해정도와 관계없이 손해 배상을 청구할 수 있다.

독일저작권법[259]

제41조 (불행사를 이유로 하는 철회권) (Rückrufsrecht wegen Nichtausübung)

(1) 배타적 이용권의 보유자가 권리를 행사하지 않거나 불충분하게(unzureichend) 행사하였고 이를 통해 저작자의 정당한 이익이 현저히(erheblich) 침해된 경우 저작자는 이용권을 철회(zurückrufen)할 수 있다. 이용권의 불행사 내지 불충분한 행사가 저작자 스스로 충분히 해결(Behebung)할 수 있으리라 기대되는 사정(Umständen)에 주로 기인하는 경우 이는 적용되지 않는다.

(2) 철회권은 이용권의 설정 또는 이전시로부터, 저작물이 그보다 늦게 제공된 경우는 제공시로부터, 각 2년이 경과하기 전에는 행사될 수 없다. 신문에의 기고문(Beitrag)인 경우 그 기간은 3개월, 매월 또는 그보다 짧은 간격(Abstände)으로 발행되는 잡지에의 기고문인 경우 그 기간은 6개월, 기타 잡지에의 기고문인 경우 그 기간은 1년이다.

(3) 철회 의사는 저작자가 이용권의 보유자에게 이용권을 충분히 행사할 수 있는 적절한 유예기간(Nachfrist)을 정해 철회를 고지(Ankündigung)한 후에야 비로소 표시될 수 있다. 보유자가 이용권을 행사하는 것이 불가능하거나 행사를 거절한 경우, 또는 유예기간을 부여함으로써 저작자의 주요한 이익이 위태롭게 되는 경우에는 유예기간을 정할 필요가 없다.

(4) 철회권은 사전에 포기될 수 없다. 권리의 행사는 사전에 5년이 넘게 배제될(ausgeschlossen) 수 없다.

(5) 철회권의 효력이 발생함(Wirksamwerden)으로써 이용권은 소멸한다.

(6) 형평(Billigkeit)에 맞는 경우 그러한 한도 내에서 저작자는 이해관계인(Betroffenen)에게 배상하여야 한다.

(7) 다른 법률 조항에 의한 관련자(Beteiligten)의 권리 및 청구권은 영향받지 않고 존속한다.

259) 2015년 서울중앙지법 하상익 판사, 독일 프라이부르크 대학 해외연수 보고서에서 발췌.

제42조 (변경된 신념을 이유로 하는 철회권) (Rückrufsrecht wegen gewandelter Überzeugung)

(1) 저작물이 저작자의 신념(Überzeugung)에 더 이상 부합하지 않고 그로 인해 그가 저작물을 활용(Verwertung)하리라고 더 이상 기대될 수 없는 경우 저작자는 이용권 보유자를 상대로 이용권을 철회할 수 있다. 저작자의 권리승계인(제30조)은 오직, 저작자의 사망 전에 저작자에게 철회에 대한 권리가 있었고, 철회의 의사표시가 방해되었거나 유언처분을 통해 철회의 의사표시가 이뤄졌음을 각 입증한(nachweisen) 경우에만, 철회 의사를 표시할 수 있다.

(2) 철회권은 사전에 포기될 수 없다. 그 행사는 배제될 수 없다.

(3) 저작자는 이용권 보유자에게 적절히 배상해야 한다. 배상은 적어도 철회 의사가 표시된 때까지 이용권 보유자가 행한 비용지출(Aufwendung)을 전보해야만(decken) 한다; 다만 이미 이뤄진(gezogen) 이용행위와 관련된(entfallen) 비용지출은 고려되지 않고 남는다. 철회는 저작자가 지출된 비용을 상환하거나(ersetzt) 이를 위해 담보(Sicherheit)를 급부한 경우 비로소 효력이 있다. 이용권 보유자는 저작자에게 철회의 의사표시 후 3개월의 기간 내에 지출된 비용을 통지해야 한다; 그가 이 의무를 따르지 않으면, 철회는 위 기간의 경과로써 효력이 있다.

(4) 저작자가 철회 이후에 저작물을 다시 활용하고자 한다면, 저작자는 예전 이용권 보유자에게 상응하는 이용권을 적절한 조건으로 제공할 의무가 있다.

(5) 제41조 제5항 및 제7항이 적용된다.

라. 초상권의 본질과 동의의 철회

초상을 촬영하는 모델계약은 인격권과 초상권의 침해에 대한 동의가 수반되는 모델노무의 제공을 목적으로 하는 고용계약이다. 고용계약을 통하여 고용주는 피팅모델이라는 노무를 제공받고, 피용자는 보수를 받는다. 이러한 계약에는 자신의 초상을 통하여 그 노무제공이 필수적이므로 초상의 침해에 대한 면책 동의(consent)가 필수적으로 수반된다.

모델계약이 일을 완성을 목적으로 하는 도급계약이라고 하더라도 그 결론에 있어서는 차이가 없다. 도급에는 일을 완성하여야 하기 때문에 침해에 대한 면책동의가 필수적으로 있어야 한다.

고용계약이나 도급계약과는 별개로, 자신의 초상과 사진을 광고에 사용토록 하는 것은, 고용계약의 본질과는 관련없이도, 자신의 권리를 포기한 것으로 보아야 한다. 이러한 법리는 앞서 언급한 1769년의 Millar v. Taylor 사건 판결의 법리와 출판에 의해 공개된 저작물은 그 영구적인 권리성을 상실하고 실정법에 의한 제한된 기간 동안만 보호된다는 1774년 Donaldson v. Becket 사건에서 찾을 수 있다. 사회는 이러한 공개된 사실과 표현, 아이디어를 바탕으로 새로운 관계를 형성하기 때문이다. 의존관계(reliance)가 성립되기 때문이다.

인격적인 권리가 절대적인 권리라고 하여, 위와 같은 사례에서 정당하게 유통되고 있는 저작물의 유통을 금지할 수는 없다. 저작인격권은 그 저작인격권자의 사망으로 소멸한다. 그와 같이 자신이 저작인격권의 침해주장을 포기할 수 있다. 물론 저작인격권은 인격적인 권리이므로 포기할 수 없지만, 침해주장을 포기할 수 있다. 고용계약에 수반되어 인격권 침해주장을 사전에 포기할 수 있다.

앞서 1769년 Millar v. Taylor 사건의 판결에서 요셉 예이츠 판사는 저작권의 공표(출판)이나 특허권의 취득에는 공중에 대한 공개가 수반되었으므로 추후에 자신의 배타적인 권리 주장을 못한다는 판시를 했다. 즉 "그러나 작가가 그의 작품을 인쇄하고 출판할 때, 그는 토지 소유자가 자신의 토지를 공공도로로 개방하는 것과 마찬가지로 자신의 작품을 대중에게 완전히 공개한다. 책이나 그 안에 담긴 저자의 감정은 저자가 후에 자신의 것이라고 주장할 수 없다."라고 판시하였고, 그 법리가 그 판결로부터 5년 후인 1774년 Donaldson v. Beckett 사건의 법리에 수용되어, 현대 저작권법의 토대가 되었다. 동 판결의 법리는 실정법상 한정된 기간을 보호받는 권리의 개념과 권리소진의 원칙으로 나와 있다. 현대 저작권 법리는 저작권 법에 정해진 보호기간이 종료하면, 인류의 공동자산으로 간주하고 있다. 영구적 재산권으로 이해하거나 권리소진을 인정하지 않는다면, 공중(the public domain)의 공유재산(*the publici juris)*, 즉 공공영역(the public domain)의 개념을 인정할 수 없게 된다.

즉 광고모델은 자신의 고용계약상 채무의 이행으로 사진을 찍는다면, 그 계약상 의무로 사진에 대한 권리의 포기나 사용동의가 발생하는 것이고, 고용계약상의 채무가 아닌, 스스로 사진의 피사체가 되고 그 사진의 공개에 동의한다면, 자신의 인적권리를 함께 포기하거나 사용동의 한 것으로 보아야 한다.

저작재산권의 이전에 따라 저작인격권은 포기나 사용에 대한 동의가 되어 침해주장을 할 수 없는데, 모델은 그와 같은 권리를 가지고 있다는 것은 법의 논리에 맞지 않는다. 소위 셀피의 경우에는 저작권법이 적용되어 공표동의가 추정될까 아니면 위 피팅 모델사건과 같이, 무상의 사진 촬영이라면, 동의의 철회는 언제나 가능한 것일까? 저작권법은 유상 무상을 가리지 않는다. 저작재산권이 무상으로 이전되더라도 공표권, 성명표시권, 동일성 유지권을 행사하지 않겠다는 동의가 추정된다.

본 사건에서 법원이 모델사진의 이용기간이 정해지지 않았다는 이유로 그 사진의 이용기간의 존재에 대한 입증책임을 피고회사에게 부과했다. 그러나 앞서 본 바와 같이 침해면책은 모델제공이 노무계약에 따른 채무의 이행에 필수적인 전제가 된 것이다. 독일에서의 법리인 이용권의 개념은 고용계약이 존재하지 않을 때 면책을 위해 필요한 것일 수 있지만, 본 사건은 고용계약에 면책동의가 수반된 것으로 보아야 한다. 즉 별개로 면책동의를 받을 필요가 없다. 즉 면책은 그 반대의 사정이 없는 한 영구적인 것으로 보아야 한다.

우리 저작권법은 저작권과 초상권이 충돌할 때, 그 조화를 위한 다수의 규정을 두고 있다.

조	항	조문내용	설명
11조	2항	저작자가 공표되지 아니한 저작물의 저작재산권을 제45조에 따른 양도, 제46조에 따른 이용허락, 제57조에 따른 배타적발행권의 설정 또는 제63조에 따른 출판권의 설정을 한 경우에는 그 상대방에게 저작물의 공표를 동의한 것으로 추정한다.	• 저작재산권의 양도 등, 권리 사용에 필요한 부분은 명시적인 내용이 없으면, 그에 수반하여 공표권이라는 인격권도 동의된 것으로 규정하여 불처분성을 회피하여, 저작재산권의 거래안전 보호 • 결국 저작재산권의 거래를 보호하기 위해 저작인격권을 제한하여 저작재산권의 거래보호
	3항	저작자가 공표되지 아니한 미술저작물·건축저작물 또는 사진저작물(이하 "미술저작물등"이라 한다)의 원본을 양도한 경우에는 그 상대방에게 저작물의 원본의 전시방식에 의한 공표를 동의한 것으로 추정한다.	
	4항	원저작자의 동의를 얻어 작성된 2차적저작물 또는 편집저작물이 공표된 경우에는 그 원저작물도 공표된 것으로 본다.	
	5항	공표하지 아니한 저작물을 저작자가 제31조의 도서관등에 기증한 경우 별도의 의사를 표시하지 아니하면 기증한 때에 공표에 동의한 것으로 추정한다.	

조	항	조문내용	설명
12조 2항		저작물을 이용하는 자는 그 저작자의 특별한 의사표시가 없는 때에는 저작자가 그의 실명 또는 이명을 표시한 바에 따라 이를 표시하여야 한다. 다만, 저작물의 성질이나 그 이용의 목적 및 형태 등에 비추어 부득이하다고 인정되는 경우에는 그러하지 아니하다.	• 저작재산권의 이용을 위해 성명표시권이라는 저작인격권을 제한하여 저작인격권 보호
13조 2항		저작자는 다음 각 호의 어느 하나에 해당하는 변경에 대하여는 이의(異議)할 수 없다. 다만, 본질적인 내용의 변경은 그러하지 아니하다. 1. 제25조의 규정에 따라 저작물을 이용하는 경우에 학교 교육 목적을 위하여 부득이하다고 인정되는 범위 안에서의 표현의 변경 2. 건축물의 증축·개축 그 밖의 변형 3. 특정한 컴퓨터 외에는 이용할 수 없는 프로그램을 다른 컴퓨터에 이용할 수 있도록 하기 위하여 필요한 범위에서의 변경 4. 프로그램을 특정한 컴퓨터에 보다 효과적으로 이용할 수 있도록 하기 위하여 필요한 범위에서의 변경 5. 그 밖에 저작물의 성질이나 그 이용의 목적 및 형태 등에 비추어 부득이하다고 인정되는 범위 안에서의 변경	• 저작재산권자가 저작물을 변형한다면, 일정한도 내에서 동일성 유지권을 제한하여 저작재산권 보호
17조		저작자는 그의 저작물을 공연할 권리를 가진다.	• 저작재산권의 행사를 위해 저작자의 이름을 사용가능하여 저작재산권자 보호
19조		저작자는 미술저작물 등의 원본이나 그 복제물을 전시할 권리를 가진다.	• 전시권의 행사때 저작자의 이름 사용가능하여 저작재산권 보호
20조		저작자는 저작물의 원본이나 그 복제물을 배포할 권리를 가진다.	• 저작재산권이 저작물의 배포권에는 저작인격권은 행사하지 못함
22조		저작자는 그의 저작물을 원저작물로 하는 2차적저작물을 작성하여 이용할 권리를 가진다.	• 저작재산권 행사하는데 저작인격권은 이를 제한 못함

조	항	조문내용	설명
35조	1항	미술저작물등의 원본의 소유자나 그의 동의를 얻은 자는 그 저작물을 원본에 의하여 전시할 수 있다. 다만, 가로·공원·건축물의 외벽 그 밖에 공중에게 개방된 장소에 항시 전시하는 경우에는 그러하지 아니하다.	• 미술저작물의 원본의 저작재산권자가 저작인격권(예, 공표권, 성명표시권)에 제한 없이 전시권 행사 가능
	2항	제1항 단서의 규정에 따른 개방된 장소에 항시 전시되어 있는 미술저작물등은 어떠한 방법으로든지 이를 복제하여 이용할 수 있다. 다만, 다음 각 호의 어느 하나에 해당하는 경우에는 그러하지 아니하다. 1. 건축물을 건축물로 복제하는 경우 2. 조각 또는 회화를 조각 또는 회화로 복제하는 경우 3. 제1항 단서의 규정에 따른 개방된 장소 등에 항시 전시하기 위하여 복제하는 경우 4. 판매의 목적으로 복제하는 경우	• 상동
	3항	제1항의 규정에 따라 전시를 하는 자 또는 미술저작물등의 원본을 판매하고자 하는 자는 그 저작물의 해설이나 소개를 목적으로 하는 목록 형태의 책자에 이를 복제하여 배포할 수 있다.	• 미술저작물의 거래를 위해 저작인격권인 공표권 제한

[우리 저작권법상 저작재산권 우위조항]

위 조항들은 저작인격권에 대비하여 저작재산권의 우위성을 나타낸다. 즉 저작인격권은 저작재산권의 거래와 유통을 위해 제한되도록 하는 많은 규정이 존재한다. 모델 사진도 저작물이다. 모델 사진을 찍은 사진가의 저작인격권은 제한이 되는데, 그 피사체의 인격권은 제한이 안된다는 것은 법의 모순을 가져올 뿐이다. 위와 같은 조항으로 인하여 우리나라는 인격권 우위를 바탕으로 하고 있는 프랑스 법이 아닌 커먼로 체계에 좀 더 가까운 것으로 해석되는 것이다.

우리나라의 남자 가수그룹인 BTS 초상사진의 무단이용사건에서 법원은 부정경쟁방지법상 파목의 부정경쟁행위를 인정하면서 소속사에 대한 부정경쟁행위를 인정했다. 그러나 본 사건에서의 초상사진의 주체는 BTS 그룹의 멤버 가수이었으므로 멤버가수가 초상사진의 무단이용을 용인하지 않았다면 그 가수들이 소송의 주체가 되어야 했다. 그럼에도 불구하고 법원은 소속사가 소송주체가 된 것에 대하여 1심법원은 BTS의 "구성원으로부터 성명, 사진 등을 독점적으로 이용하도록 허락을 받은 자의 지위에서 이 사건 신청을 한 것으로 선해한다."라고 판시했다.[260]

260) 서울남부지방법원 2019. 5. 2.자 2019카합20050 결정.

대법원도 이러한 소속사의 소송이 유효하다는 것을 전제로 연예인 소속사는 구성원을 선발하여 전속계약을 체결한 후, 훈련을 통해 구성원들의 능력을 향상시켰고, 소속사는 해당 전속계약에 따라 그룹의 멤버 가수들의 음악, 공연, 방송, 출연 등을 기획하고, 음원, 영상 등의 콘텐츠를 제작·유통시키는 등 그 가수들의 활동에 상당한 투자와 노력을 하였다. 그로 인해 그 가수들과 관련하여 쌓인 명성·신용·고객흡인력이 상당한 수준에 이르렀는데, 이는 '상당한 투자나 노력으로 만들어진 성과 등'으로 평가할 수 있으므로 해당 사진사용금지 가처분 신청사건의 피신청인이 무단으로 그 가수들의 사진을 이용하여 화보집을 출판한 것은 파목의 부정경쟁행위에 해당한다고 판시했다.

그러나 퍼블리시티나 초상은 현재까지 우리나라 법상으로는 양도가능한 물권의 개념이 아니다. 해당 인적 주체의 전속적인 인적주체성에 대한 침해이다. 따라서 그 침해를 용인하는 것은 가능하지만 양도할 수 있는 권리는 아니다. 따라서 그 침해도 침해를 받은 인적주체, 즉 해당 사진과 화보집상에 사용된 사진의 주체가 소송의 원고나 신청인이 되는 것이 당연하다. 자신의 초상이나 퍼블리시티를 이용할 수 있는 인적 주체(사진으로 이용된 가수)에 대한 침해이고 그 주체가 침해를 용인할 수 있는 것일 뿐, 그 주체에 대한 재무적 투자자(소속사)에 대한 침해가 아니다. 본 사건 판결은 그 소송주체에 대한 특정이 잘못되었다고 할 수 있다. 그리고 전속계약은 인적인 계약일 뿐, 그 계약이 제3자에 대한 대세적인 효력이 있는 것은 아니다. 따라서 전속계약을 한 매니지먼트 회사가 소송주체가 될 수는 없다.

위 사건과 비교하여 연구할 수 있는 사건은 제임스 딘의 상표출원사건이다. 유명 영화배우 제임스 딘(James Dean)이 사망후 그 상속재단은 신탁을 통하여 제임스 딘의 퍼블리시티를 상속했다.[261] 캘리포니아 주법은 사망후 퍼블리시티 존속기간을 제한된 기간동안으로 인정하고 있어 상속이 가능하도록 명문의 법을 가지고 있다.[262] 예컨대, 퍼

261) 특허법원 1998. 9. 24. 선고 98허218 판결, 대법원 1997. 7. 11. 선고 96후2173 판결 등 참조.

262) California Civil Code § 990. Midler v. Ford Motor Co., 849 F.2d 460 (9th Cir. 1988) 사건에서 본 § 990에 이한 보호는 재산권으로 보호한다고 판시했다.("The companion statute protecting the use of a deceased person's name, voice, signature, photograph or likeness states that the rights it recognizes are "property rights.",,,By analogy the common law rights are also property rights. Appropriation of such common law rights is a tort in California."). 현재는 California Civil Code § 3344로 규정하고, 사망자에 대하여는 California Civil Code § 3344.1 (a) (1) Any person who uses a deceased personality's name, voice, signature, photograph, or likeness, in any manner, on or in products, merchandise, or goods, or for purposes of advertising or selling, or soliciting purchases of, products, merchandise, goods, or services, without prior consent from the person or persons specified in subdivision (c), shall be liable for any damages sustained by the person or persons injured as a result thereof. ....

블리시티 침해로 인한 손해배상청구권의 상속은 배우자나 자녀 등을 명시적으로 규정하고 있고,[263] 계약에 의하여도 이전이 가능하도록 명시하고 있다. 따라서 법에 의해 퍼블리시티권의 행사주체가 퍼블리시티의 주체와 달라질 수 있다.

그러나 명시적인 양도나 상속에 대한 법규정이 없는 우리나라에서는 퍼블리시티에 관한 부정경쟁행위를 인정하더라도 그 행사주체는 아직 일신전속적인 성격을 가지고 있다고 보아야 한다. 예컨대 법무부 개정민법안(민법 개정안 제3조의3(인격표지영리권))으로 알려진 '인격표지영리권'은 영리적 이용을 허락할 수 있도록 규정하고 있을 뿐 양도가능성을 규정하고 있지 않다. 이는 법률적 의미로 침해에 대한 용인에 불과하다. 다만 사망후 30년간의 한정으로 상속성은 인정하고 있지만 양도가능한 재산권으로 인정하지는 않는다.

263) California Civil Code § 3344.1 (d) 등.

제5절

저작권과 과학기술발전

1. 서론

일반적으로 저작권제도는 학문과 예술을 발전시키기 위한 것이고, 특허권제도는 과학기술을 발전시키기 위한 것으로 이해하고 있다. 저작권제도는 문화산업을, 특허권제도는 상품산업을 발전시기키 위한 제도로 이해하고 있다. 그러나 역사적으로 저작권제도가 아이디어/표현의 이분법을 발전시킨 것은 과학기술을 포함한 학문 발전을 위한 것이다.

저작권법과 제도가 아이디어를 보호하지 않음으로서, 많은 도서에 기재되어 있는 아이디어가 공유될 수 있었고, 그 아이디어를 통하여 과학기술 발전을 가져올 수 있었다. 이는 앞서 본 바와 같이 1710년 앤 여왕법의 목적은 교육과 연구를 위한 것이었고, 1769년 Millar v. Taylor 사건에서 요셉 예이츠(Joseph Yates) 판사의 사상이기도 했다. 그의 철학은 5년 후인 1774년 Donaldson v. Beckett 사건에서 주류 사상이 된다. 이는 저작권 제도가 과학기술 발전에 지대한 영향을 미칠 수 있음을 영국의 선현들은 일찍이 간파한 것이라고 할 수 있다.

그리하여 공리주의의 영국과 미국에서는 그와 같이 아이디어에 대하여 특허를 받아, 공유하도록 하는 법제가 발전했다. 특허제도는 저작권제도보다 짧은 기간 보호한다. 그러함으로서 아이디어의 공유가 빨라졌고, 그러한 아이디어는 새로운 아이디어의 바탕이 되었다. 다음에 언급하는 판결들은 저작권에 관련된 것이지만 인류의 과학기술에 많은 영향을 미친 사례들이다.

2. Sony v. Universal City Studios 사건[264)]

본 사건은 소위 "Betamax case"라고 불리는 사건이다. 1970년대 기술적 혁신을 가져온 소니(SONY) 사의 가정용 영상녹화장치가 저작권 침해를 조장한다는 이유로 제소가 되었다. 1970년대에 일본의 SONY 사는 베타막스(Betamax) 방식의 비디오 리코딩 기계(VTR)를 발명하여 판매했다. SONY 사의 방식은 자신이 독자적이고 폐쇄적인 기술을 구현했기 때문에 기술적인 우월성에도 불구하고 나중에, 히다치, 빅터, 파나소닉 연합으로 개발한 VHS 방식의 VTR에 의해 시장에서의 우월적 지위를 상실했다.

그러나 SONY 사의 기술개발에 의한 가정용 비디오 녹화기계의 출현은 미디어 시장에 대격변을 일으켰고, 가정에서는 영화나 드라마 등 TV 방송물을 녹화하여 원하는 시간에 시청할 수 있었다. 이러한 비디오 녹화의 기술적 변화와 미디어 시장의 변화에 대하여 우려와 경계한 곳들이 유니버설 스튜디오와 월트 디즈니 컴퍼니, MGM 등 영화사와 엔터테인먼트 회사들이었다. 그리하여 미국 영화사와 엔테인먼트 사들은 소니사를 저작권 기여침해를 주장하며 법원에 제소했다. 가정에서 저작권으로 보호받는 영화의 녹화는 저작권 침해에 해당하고, SONY 사가 녹화기계를 판매하여 저작권 침해를 도와주어 저작권 침해에 대한 기여침해를 했다는 것이다.

1976년 영화사와 엔터테인먼트 회사들은 미국 캘리포니아 중부 지방 법원에 SONY 사를 상대로 소송을 제기했다. 이 소송은 SONY 사가 가정에서 비디오 방송물의 저작권 침해에 사용될 수 있는 가정용 영상녹화 장치를 제조하여 판매했기 때문에 그 가정용 영상녹화장치를 구입한 가정에서의 저작권 직접침해(TV에서 방영하는 영화를 가정에서 녹화할 수 있도록 장비를 제조 판매 함)에 대해 SONY 사가 간접침해 책임(contributory infringement)이 있다고 주장했다. 초기에는 미국의 연방상표법인 랜햄법(Lanham Act)에 규정된 불공정 경쟁행위도 포함되어 있었으나 소송 과정에서 기각됐다.

소송이 제기되고 2년이 지난 후, 1심 법원은 가정에서의 비상업적 영상녹화가 공정사용(fair use)으로 간주되고, 무료 공공 정보에 대한 접근이 수정 헌법 제1조의 공익적

264) Sony Corp. of America v. Universal City Studios, Inc., 464 U.S. 417 (1984).

사용에 해당된다는 이유로 저작권의 기여침해가 아니라고 하는 판결을 내렸다. 그러나 제9순회법원에서 SONY 사의 Betamax VTR의 주요 목적이 복제라고 하면서 피고 SONY가 저작권 침해에 기여한 책임이 있다고 판결했다.[265]

미국 연방대법원은 5대 4의 의견으로 SONY 사의 저작권의 기여침해를 부정했다. 연방대법원은 가정에서 공중파 방송이나 케이블 방송을 통해 실시간으로 방영되는 영화 등 저작물을 Betamax VTR를 통해 복제하였다가 후에 이를 시청하는 것은 불법 복제가 아닌 '시청 시간의 연기'("time shift")일 뿐이라고 판시했다.

본 사건 이후, 영화산업계의 우려와는 달리, 가정에서 VTR를 통하여 비디오 테이프에 기록된 영화를 개별적으로 볼 수 있게 되었고, 이러한 기술적 변화는 홈비디오 렌탈 시장이 새롭게 열려 영화사에게 개봉관 극장 이후에 2차 시장을 형성함으로써 영화사들에게 많은 추가적 이익을 가져다 주었다.

본 사건 판결은 기술적으로 새로운 디지털시대, 인터넷 시대를 통한 정보통신혁명이 열리게 한 사건으로 평가할 수 있다. 우리나라 대법원이 메타버스의 프로토 타입의 시작이라고도 볼 수도 있는 골프존 사건을 통해서 보여준 기술과 법, 사회적 책임에 대한 무지한 판결과 비교된다. 저작권법리에 대한 기본 조차 이해하지 못한 골프존 사건의 우리 대법원 판결[266]은 메타버스와 같은 새로운 기술의 발전을 방해하는 판결로서 사회 악이라고 평가할 수 있는 나쁜 판결이다.

미국 연방대법원은 '시간이동(time-shifting)'이라는 기계의 '기술적 사용(technical use)'이 법적으로 저작권의 침해가 되지 않는다고 판시하였는데, 그 내용을 보면 다음과 같다.

> The question is thus whether the Betamax is capable of commercially significant noninfringing uses. In order to resolve that question, we need not explore all the different potential uses of the machine and determine whether or not they would constitute infringement. Rather, we need only consider whether on the basis of the facts as found by the District Court a significant number of them would be noninfringing. Moreover, in order to resolve this case we need not give precise

265) Universal City Studios v. Sony Corp. of America, 659 F.2d 963 (9th Cir. 1982).
266) 대법원 2020. 3. 26. 선고 2016다276467 판결.

content to the question of how much use is commercially significant. For one potential use of the Betamax plainly satisfies this standard, however it is understood: private, noncommercial time-shifting in the home. It does so both (A) because respondents have no right to prevent other copyright holders from authorizing it for their programs, and (B) because the District Court's factual findings reveal that even the unauthorized home time-shifting of respondents' programs is legitimate fair use.[267)]

↘ 본 사건의 쟁점은 Betamax가 상업적으로 중요한 비침해적 사용이 가능한지 여부이다. 본 쟁점을 해결하기 위해, 우리는 기계의 다양한 잠재적 용도를 모두 조사하고 그것이 침해에 해당하는지 여부를 판단할 필요가 없다. 오히려, 우리는 (1심인) 지방법원이 발견한 사실에 기초하여 [가정용의 사용 중에서] 상당수가 비침해인지 여부만 고려하면 된다. 더욱이, 본 사건을 해결하기 위해 얼마나 많은 사용이 상업적으로 중요한지에 대한 질문에 정확한 답변을 제공할 필요가 없다. Betamax의 잠재적인 용도 중 하나는 [침해] 기준을 간단히 충족하지만, 그러나 그러한 사용은 집에서 개인적이고 비상업적 시간이동으로서의 사용이라고 해석된다. 그 사용은 (A) 피고는 저작권 보유자가 자신의 프로그램에 대해 사용승인하는 것을 막을 권리가 없으며 (B) 지방법원의 사실 판단에 따르면 피고의 프로그램에 대한 가정에서 허락 없는 시간이동 사용도 적법한 공정사용이기 때문이다.

가정에서 Betamax VTR의 사용이 저작권 침해가 되지 않으므로 SONY 사의 저작권 기여침해도 성립하지 않는다. 법원은 가정에서의 영화 녹화를 하여 후에 시청하는 것은 개인적이고 비상업적인 것이라고 하였다. 또한 피고는 가정에서 시청 시간의 이동(time-shifting)에 대하여 이를 통제할 권리가 없을뿐더러 피고 프로그램에 대하여도 가정에서 적법하게 시청시간이동을 할 수 있기 때문이라고 판시했다.

본 사건은 하나의 판결로 끝이 난 것이 아니다. 본 사건 판결은 여러 가지 긍정적 효과, 즉 사회적 효용을 극대화하는 공리주의와 실용주의 결과를 나았다. 첫째로, 비디오 녹화기술의 기술적 진보를 가져올 수 있도록 하였다. Betamax VTR시대에는 자기 테이프에 기록하는 아나로그 방식의 녹화 기술이 사용되었지만, 그 후에 컴퓨터 등을 통한 차세대의 디지털 녹화 기술로 진보하는데 저작권 침해 등의 문제가 제거되었다. 이에 관련 컴퓨터와 디지털 녹화 기술발전을 이룩하는데 아무런 법적 장애가 사라졌다.

267) Sony Corp. of America v. Universal City Studios, Inc., 464 U.S. 417, 442 (1984).

따라서 전자기기 회사들이 디지털 신호를 개발하여 TV를 시청하도록 하고, 디지털 리코딩을 합법적으로 함으로써, 컴퓨터 하드웨어, 비디오, 오디오, 통신시장, 통신과 리코딩 등 소프트웨어 시장을 조기에 도래하도록 하였다고 평가할 수 있다. 이와 같은 기술은 현대 3차 정보산업혁명 뿐만 아니라 4차 혁명시대를 조기에 도래하도록 하는데 큰 기여를 하였다고 평가할 수 있다. 그리고 이러한 기술의 출현을 도와준 판결이 본 사건 판결이라고 할 수 있다.

두 번째로 본 사건으로 인하여 결국 영화사들은 홈비디오 렌탈이라는 2차 영화시장을 창출했다는 것이다. 본 사건 이전에는 영화가 개봉관에서 개봉을 한 후, 2차 영화관에서 상영된 후에는 극히 일부만 TV를 통하여 방송되었는데, 본 사건 이후로 비디오 리코딩 시장과 렌탈 시장을 형성하게 하였다. 앞서 본 바와 같이 최근의 골프존 사건에 대한 우리 대법원의 판단과 비교가 된다. 판결 하나가 보이지 않게 사회발전에 얼마나 나쁜 영향을 미치고 국민의 삶을 더 개선할 수 있도록 하는 기회를 상실케 한다. 사회에 대한 혜안과 지식의 무지가 불러오는 사회적 재앙이다.

본 판결 이후 미국의 대응이 주목할 만하다. 1992년 미국은 Audio Home Recording Act를 제정하여 digital audiotape recorder (DAR)를 규제하고, 1998년 Digital Millennium Copyright Act('DCMA')를 제정함으로써 디지털 리코딩 기술을 허용하고 대신에 저작권 침해를 방지하는 기술(circumvent technical protection measures (TPMs))을 도입하도록 함으로써 저작권자와 일반 사용자간의 이해관계의 조정을 도모하고 디지털 기술혁신과 조화를 이루도록 했다.[268)]

DCMA는 디지털 리코딩 기술발전을 위해 SONY 사가 주장했던 공정이용(safe harbor) 조항에 대한 원칙적 허용으로 변화했다. 즉 소비자가 자유롭게 복제할 수 있도록 하되, 저작권자가 자신의 저작물을 보호하기 위한 기술적 수단(TPMs)을 개발하도록 하고 이를 회피하는 것을 방지하도록 했다. 공정이용을 보장하여 공중의 이익을 보호하되, 기술적인 복제방지 등의 기술을 우회하지 못하도록 함으로써 디지털 기술이 더욱 더 발전할 수 있는 계기를 만들고 다른 한편으로 저작권자의 이익도 도모할 수 있도록 했다. 의회가 입법을 통한 대응을 통하여 새로운 전환을 도모하도록 했다.

268) Paul Goldstein, Copyright's Highway: From Gutenberg to the Celestial Jukebox 129 (rev. ed. Stanford Univ. Press 2003) (1994)

본 사건은 예상치 못한 기술의 출현과 국회 입법의 미비속에서 법원이 저작권을 통해서 새로운 기술발전에 어떻게 대응할지에 대하여 명확한 답을 제시한 위대한 판결로 평가할 수 있다.[269)]

3. Apple v. Microsoft 사건[270)]

1994년 판결된 Apple v. Microsoft 사건은 Sony v. Universal City Studios 함께 저작권에 관한 법원 판결이 컴퓨터 산업의 발전에 지대한 영향을 미친 사건 중의 하나라고 할 수 있다.

1980년대 후반 Microsoft 사는 Apple 사로부터 그래픽에 기반한 사용시스템(GUI) 기반의 윈도우 프로그램에 대한 라이센스를 취득하여 개인용 컴퓨터의 작동 프로그램인 윈도우 2.0부터 GUI를 기반으로 한 컴퓨터 운용체제를 개발했다. 그런데 그 라이센스 계약에는 라이센스 기간 종료후에 지속적 사용을 하도록 하는 조항이 있었다. 다만 본 조항의 의미에 대하여는 Microsoft 사와 Apple 사의 견해 차이가 있었다. 라이센스기간이 종료된 후 Microsoft 사가 GUI를 지속적으로 사용하자 Apple 사는 저작권 침해소송을 제기했다.

원래 GUI는 1970년대 후반 제록스가 제작하고 있었으나, Apple 사가 제록스 사에게 투자기회부여조건으로 기술시연을 요구하면서 제록스 사의 기술탈취가 발생한 것이다. GUI는 1981년에 만들어진 '제록스 스타(Xerox Star)'에 마우스와 함께 제록스 사에 의해 제작된 것인데, 이것은 상업적으로 성공하지 못했다. 사실 제록스 사는 1960년대 복사기로 사무실에 혁명을 가져와 1970년대에는 승승장구하던 회사이었다. 제록스 사의 실리콘 밸리 연구소인 PARC (Palo Alto Research Center, '제록스 파크')는 실리콘 밸리의 자유스런 연구분위기를 주도한 연구소로서 현재 실리콘 밸리의 쟁쟁한 회사를 세운 기술자들이 연구하던 곳이었다. PARC 출신의 기술자는 객체지향 프로그래밍의

269) Pamela Samuelson, "The Generativity of Sony v. Universal: The Intellectual Property Legacy of Justice Stevens", 74 Fordham L. Rev. 1831, 1876 (2006).

270) Apple Computer, Inc. v. Microsoft Corporation, 35 F.3d 1435 (9th Cir. 1994).

기초개념을 세우고 PARC에 합류한 David Canfield Smith로 하여금 스탠포드 대학원생 시절에 아이콘을 개발토록 조언을 한 유타대학을 졸업한 Alan Key, 이더넷(Ethernet)을 만들고 인터넷의 구축을 돕고, 후에 3Com사의 공동창업자인 MIT와 하바드 졸업생 Robert Metcalfe, 어도비(Adobe) 시스템즈의 공동창업자인 유타대 졸업생인 John Warnock, 마이크로소프트에 GUI를 소개하고, 초기 버전의 MS 오피스 프로그램 개발을 주도한 Charles Simonyi, 인터넷의 전신인 ARPA net 구축을 지휘하고, 한국전쟁에도 참여한 Robert Taylor, 그 외 제록스 스타의 휴먼 인터페이스 연구를 주도하였다가 후에 Apple 사로 이직한 Larry Tesler와 Lawrence Verplank 등 실리콘 밸리의 기술을 주도하던 기술자이자 사업가들이 PARC 연구소 출신이다.

['제록스 스타'의 아이콘][271]

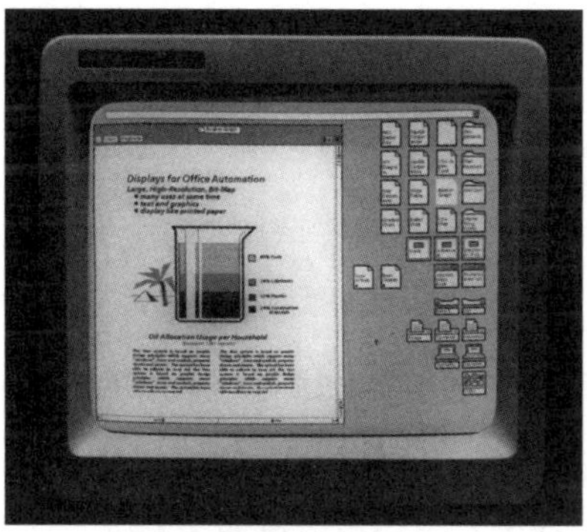

[GUI를 채택한 최초의 컴퓨터, 제록스 스타(1981-1985)][272]

컴퓨터의 GUI에 대하여 영향을 준 것은 다양하고, 다수의 사람들에 의해서 발전되었다. 간단하게 요약해보면, 초기의 아이디어는 미국의 과학연구소의 Vannevar Bush가 제시한 것이라고 알려져 있다. 그는 방대한 양의 링크된 데이터에 접근할 수 있는 버튼과 레버가 있는 일종의 컴퓨터를 "memex"라고 불렀다. 이는 하이퍼링크를 예상한 아이디어이었다. 그의 아이디어가 미국 해군연구소의 Douglas Engelbart에게

271) https://www.researchgate.net/publication/290461655/figure/fig36/AS:614365153742858@1523487475694/Xerox-Star-icons.png
https://i.pinimg.com/originals/5a/f0/aa/5af0aaa93f64dc0e42b6e0eeab671d20.jpg

272) https://www.digibarn.com/collections/screenshots/xerox-star-8010/xerox-star-8010-04.jpg

영감을 주었고, 그가 모니터 스크린상의 문서에 시각적 포인트를 주었고, 그것이 여러 문서, 윈도우 등으로 분할되게 하였다. 그리하여 그와 그의 연구팀은 현재 마우스의 원조가 되는 도구를 발명한다.

그 다음의 GUI의 혁신은 1970년대에 제록스 사의 캐리포니아 소재 PARC에서, 제록스 연구소로 이직하여 마우스를 개발한 Douglas Engelbart에 의해 발전된다. 그리고 제록스 회사의 팔로 알토 연구소의 David Canfield Smith는 컴퓨터의 아이콘(Icon)을 발전시킨 것으로 알려져 있다. 1973년 그가 박사학위 논문을 준비할 때 그에게 도움을 준 PARC의 Alan Kay는 텍스트를 표시하는 것뿐만 아니라 사람들이 프로그래밍하는 데 도움을 주기 위해 실험적인 Alto의 그래픽 성능을 사용하는 방법을 제안했다. 그리하여 Smith는 '네가 보는 것은 네가 취득하는 것'("what you see is what you get"(WYSIWYG))라는 모토 아래 현재의 윈도우 시스템과 아이콘으로 알려진 컴퓨터 시스템을 개발한다. Smith는 아이콘(Icon)이라는 용어를 러시아 정교회에서 가져온다.

제록스 사는 자신의 기술에 대하여 특허를 취득했으나 일부는 성공적이지 못했다.[273] 나아가 제록스 사의 법무팀(patent committee)은 제록스 기술에 대하여 정확한 이해가 부족했다는 평가도 있다. 즉 하드웨어에 대한 특허를 출원했어도 소프트웨어에 대한 특허출원을 하지 못했다. 제록스 사의 Star 개발팀은 GUI와 관련된 12개의 특허를 제안했지만, 제록스 사의 법무팀은 하드웨어에 관한 두 가지를 제외하고 모두 특허출원을 거부했다. 특허출원한 것의 하나는 BitBlt에 관한 것이고, 다른 하나는 Star 아키텍처에 관한 것이다. 당시 특허를 취득하려면 전체 기술 공개가 필요했는데 당시에는 소프트웨어 특허 소송에서 승리한 선례가 없었기 때문에 제록스 사의 법률팀이 특허출원을 거부한 것이라고 알려져 있다.

1973년에 PARC는 GUI를 사용한 두 대의 컴퓨터 중 첫 번째인 프로토타입 Alto를 개발했다. 1200개 이상의 Alto가 제작 및 테스트되었다. 1975년부터 Alto의 개념을 바탕으로 제록스 사의 시스템 개발 부서는 Xerox Star를 개발하여 1981년에 출시했다. 이는 대중에게 판매된 최초의 사용자 친화적인 컴퓨터였다.

1979년 애플이 기업공개시에 제록스에게 100만달러를 투자할 수 있는 권리를 주면

273) 1975년 연방거래위원회는 제록스 특허에 대하여 독점규제법 위반으로 제한을 하게 된다. "The 1975 Xerox Consent Decree: Ancient Artifacts and Current Tensions", Willard K. Tom. Retrieved December 16, 2008.

서, 1979년 12월 PARC를 방문하여 Alto PC를 보게 된다. 애플은 제록스가 GUI를 개발하고 있음을 알게 되지만, 제록스 엔지니어들은 기술을 제대로 알려주지 않았다. 스티브 잡스는 다시 제록스 사에 전화하여 더 많은 것을 보여달라고 요구하여, 엔지니어들과 방문했다. 그러나 제록스 사 엔지니어들은 데모 버전만 보여주었지만, 스티브 잡스는 제록스 사의 기술 연구상황을 습득하였으므로 핵심기술이 빠진 것을 알고 있었다. 스티브 잡스는 제록스 본사에 항의하였고, 이에 제록스 본사는 PARC 엔지니어들에게 기술을 보여줄 것을 명령했다. 이에 다시 방문한 스티브 잡스는 GUI와 마우스를 개발한 제록스 사보다 먼저 GUI와 마우스의 가치를 알게 된다. 후에 스티브 잡스는 제록스 사의 PARC에서 GUI를 본 10분의 순간을, 자신의 인생에서 가장 중요한 순간이었다고 회상한다.[274)]

제록스는 복사기 전문기업으로 탄생한 만큼, 제록스 스타(Xerox Star)는 자신들의 전문분야인 디지털 출판과 각 개인용 컴퓨터의 네트워크 연결등의 사무환경의 개선의 목적으로 개발하였지만 너무나 비싼 가격과 낮은 성능으로 인하여 2,000대만이 생산되어 한정적으로 이용되었다. 결국 Xerox Star 프로젝트는 실패로 끝나게 된다. 그러나 GUI는 애플사에 와서 그 꽃을 피웠다.

1980년 스티브 잡스는 제록스 스타를 개발한 Robert L. Belleville과 PARC의 Larry Tesler를 스카웃 하여, LISA 컴퓨터 개발을 한다. GUI는 Apple 사의 LISA 및 Mac 시스템에 탑재하고 특허출원하여 특허를 취득한다. Microsoft 사가 Apple 사로부터 GUI 등을 라이센스 하여 Window 1.0을 출시한다. 이때의 라이센스에는 그 사용기한에 대하여 의견이 불일치하여 분쟁이 발생했다. Apple 사는 1회 라이센스라고 주장했고, Microsoft 사는 무기한이라고 주장했다. Microsoft 사가 Windows 2.0에서 윈도 창 겹치기 기능(모습)과 Macintosh GUI에서 발견된 기타 기능을 추가하여 출시하자 Apple 사는 소송을 제기했다.

1988년 3월 Apple 사는 Microsoft 사와 Hewlett-Packard 사를 상대로 GUI에 대한 지

274) "I thought it was the best thing I'd ever seen in my life. Now, remember, it was very flawed-what we saw was incomplete, they'd done a bunch of things wrong, but we didn't know that at the time. It still, though they had-the germ of the idea was there and they'd done it very well. And within, you know, 10 minutes, it was obvious to me that all computers would work like this someday."
출처: https://www.bhooshan.com/2017/12/07/quotes-steve-jobs-lost-interview/

적재산권 침해소송을 제기했다. Microsoft Windows 2.03의 화면표시는 Mac의 시청각 저작물을 불법복제하고 나아가 Microsoft Windows 2.03은 Apple 사의 Windows 1.0의 화면표시가 Apple 사의 LISA 및 Mac의 화면표시에서 파생된 것임을 Microsoft 사가 인정한 1988년 11월의 라이센스 계약에서 Microsoft 사에게 부여된 권리를 초과한다고 주장했다. 또한 Apple 사는 허락 없이 저작권으로 보호받는 Macintosh의 "audio visual computer display"를 불법복제한 Microsoft Windows 2.03을 필수적으로 사용하는 HP의 New Wave Interface는 결국 Apple 사가 가지는 저작권을 침해했다고 주장했다.

1989년 3월, William W. Schwarzer 판사는 Microsoft 사가 Windows 2.03을 만드는데 있어 라이센스 범위를 초과했다고 판결했다. 그 후 1989년 7월, Schwarzer 판사는 Apple 사가 라이센스 계약을 초과했다고 소송에서 주장한 260개 항목 중 11개를 제외한 모든 항목이 실제로 두 회사간의 1985년 라이센스 계약에 따라 사용 가능하다고 판결했다.

Apple 사의 저작권이 유효한지, Microsoft 사와 HP 사가 이를 침해했는지 여부는 이제 1990년에 심리되는데, 이때 저작권법 학자인 Pamela Samuelson 등 다수의 전문가는 Apple 사의 윈도 창의 겹치기 기능과 아이콘 GUI는 이미 특허를 받은 것으로 저작권으로 보호되는 표현이 아닌 기능적인 것이므로 저작권으로 보호받을 수 없다고 증언한다.

Apple 사의 대리인은 화면상으로 "look and feel"의 방법에 의하여 전체적으로 판단하여야 하고, 그 방법으로 판단하였을 때는 저작권 보호가 가능하다고 주장했다. 나아가 Apple 사는 저작권 보호가 허용되지 않으면 기업은 시장 기술 혁신에 대한 경제적 인센티브를 잃게 된다고 주장했다. Apple 사가 자신이 이룬 혁신을 활용하려는 회사에 라이선스를 부여할 수 없다면 Apple 사가 LISA와 Macintosh 개발에 대한 투자를 회수할 방법이 없다고 했다.

Xerox 사는 Apple 사를 상대로 제기한 저작권 침해소송은 성공하지 못했다. 또한 Apple 사가 Microsoft 사와 HP 사를 상대로 제기한 저작권 침해소송에서 Apple 사의 GUI는 독창성(originality)이 결여된 것으로 인정된다. 왜냐하면 GUI는 위에서 설명했다시피 제록스 사의 것을 거의 그대로 가져왔기 때문에 Apple 사의 저작물로 인정받기 위한 독창성(originality)이 부족하다고 인정받았기 때문이다. 결국 Apple 사는 휴지통 아이콘과 HP 사의 NewWave 윈도의 폴더 아이콘을 제외한 모든 청구에서 패소하게 된다.

또한 1989년 Apple Computer, Inc. v. Microsoft Corp. 간의 라이센스와 저작권 분쟁이 발생했을 때 제록스 사도 Apple 사를 상대로 특허권 침해로 제소했으나, 소송시효 3년이 도과하여 기각된다.

최종적으로 1994년 제9항소법원에서 Apple Computer, Inc. v. Microsoft Corp. 간의 소송은 기각되었고, Apple 사의 GUI에 대한 특허도 제록스 사보다 후발명자로 인정되어 무효가 되었다. 연방대법원에 대한 상고도 기각되었다. 1997는 두 회사는 다수의 분쟁을 포함하여 최종적으로 합의를 했다. Apple 사는 그 당시 시장에서 그 지위를 잃어버리던 웹브라우저인 Netscape를 포기하고 Microsoft 사가 개발하여 시작에서 주도적 위치를 차지하기 시작한 Internet Explorer를 기본 웹 브라우저로 하는데 동의하고 Microsoft 사는 향후 5년 동안 Microsoft Office 및 Mac용 기타 소프트웨어를 계속 개발하기로 합의했다. Microsoft 사는 의결권이 없는 Apple 사 주식 1억 5천만 달러를 매입했고 특허에 대하여 크로스 라이센스 계약을 체결했다.

NY Times, 1988. 3. 18. Sec D. 3면에는 다음과 같은 기사가 게재되어 있다.

> Hoping to protect a key selling point of its Macintosh, Apple Computer Inc. filed a copyright-infringement suit against the Microsoft Corporation and the Hewlett-Packard Company. Apple said software programs sold by the two companies infringed on copyrights Apple held for the way information is presented and controlled on Macintosh screens. The programs are New Wave, sold by Hewlett-Packard, and Microsoft's Windows version 2.03. New Wave cannot run without Windows, but the Microsoft program is also sold separately. The suit couldhave broad repercussions in the industry because virtually all personal computermakers are moving toward more of a Macintosh look.That appearance is based on what the industry calls a graphical user interface,.....
>
> ↳ 매킨토시의 핵심 판매 전략을 보호하기 위해 Apple 사는 Microsoft 사와 Hewlett-Packard 사를 상대로 저작권 침해 소송을 제기했다. Apple 사는 두 회사가 판매한 소프트웨어 프로그램이 매킨토시 화면에서 정보가 표시되고 제어되는 방식에 대해 Apple 사가 보유한 저작권을 침해했다고 밝혔다. 그 프로그램은 Hewlett-Packard 사에서 판매하는 New Wave와 Microsoft 사의 Windows 버전 2.03이다. New Wave는 Windows가 없으면 실행할 수 없지만 Microsoft 사 프로그램도 별도

로 판매된다. 거의 모든 개인용 컴퓨터 제조업체가 매킨토시 모양을 지향하고 있기 때문에 이 소송은 업계에 광범위한 영향을 미칠 수 있다. 이러한 모양은 업계에서 그래픽 사용자 인터페이스라고 부르는 것에 기반을 두고 있다....

결국 Microsoft 사가 사용한 GUI라는 새로운 기술이 원 발명자인 제록스의 특허와 그 파생 특허발명인 애플의 특허로부터 보호받지 못하여, 제록스 사와 Apple 사의 시장에서 경쟁관계에 있던 Microsoft 사 등의 경쟁자들이 자유롭게 사용하여, 그 기술은 결국 산업의 표준이 되어 발전한 것이다. 이 판결로 인하여, Microsoft 사의 윈도우 프로그램은 발전을 거듭하였고, Apple 사의 강력한 경쟁자가 되어 시장의 혁신적 주도자가 되었다.

본 판결도 기술발전과 시장에 큰 영향을 준 판결이다. 역사에 가정은 없다고 하지만, 만일 본 사건이 Apple 사의 승리로 끝이 났다면, 전 세계 컴퓨터 산업은 30년 전의 모습을 하고 있을지도 모른다. 법원은 '그래픽 사용자 인터페이스 아이디어 또는 분명히 제록스 사의 아이디어에서 나온 데스크탑 메타포 아이디어에 대하여 특허 유사한 보호를 취득할 수 없다.'("Apple cannot get patent-like protection for the idea of a graphical user interface, or the idea of a desktop metaphor which concededly came from Xerox."[275]) 라고 함으로써 제록스 사에서 차입한 개인용 컴퓨터의 아이디어, GUI의 아이디어에 대한 특허권과 같은 권리를 저작권으로 보호할 수 없다고 판시했다. 결국 GUI는 기능적인 것이라고 판시하였다. 이는 결국 아이디어/표현의 이분법(idea/expression dichotomy)에 의해 모두가 자유롭게 사용할 수 있는 공유재산으로 인정한 것이다. 따라서 인류는 그 이후 30년 동안 컴퓨터의 기능적 발전을 기할 수 있게 되었다. 본 사건도 저작권에 관한 판결이 기술의 발전에 큰 영향을 끼친 판결 중의 하나로 평가할 수 있다.

275) Apple Computer, Inc. v. Microsoft Corp., 35 F.3d 1435, 1443 (9th Cir. 1994).

제3장

거래의 진실성과 정직성, 불공정거래로부터 자유

제1절

거짓과 허위로부터의 자유

너희는 재판에든지 도량형에든지 불의를 행치 말고 공평한 저울과 공평한 추와 공평한 에바와 공평한 힌을 사용하라.

(성경 레위기 제19장 제35-36절)

1. 상거래의 진실성[1)]

가. 상거래의 진실성을 위한 행정규제의 발전

상표법은 불공정거래법에서 파생된 법으로 두 법 모두 거래의 정직성과 공정성을 추구하여 사회의 효용성과 안정성을 보호하는 법 제도이다. 상표법(trade mark law)과 그 조부법(祖父法)인 불공정경쟁법(law of unfair competition)은 거래에 있어 진실을 말하도록 하는 법체계이다. 특히 상거래에 있어서 거짓말로 상대방을 속이는 행위를 불법으로 한 것은 매우 오래되었다. 이러한 거짓과 기망행위는 국가의 법령에 의해 엄격히 규제되었다.

성경에는 매우 많은 거짓말을 금지하는 말씀이 있다. 출애굽기 제20장 제15절에는

1) 이하는 나종갑, "표시광고법의 연혁과 수요자 보호의 기원", 법학연구 제27권, 인하대학교 법학연구소 (2024) 일부 발췌하여 본 저술의 취지로 수정 보완함.

'네 이웃에 대하여 거짓 증거하지 말지니라'라고 하고, 위에 언급한, 레위기 제19장 제35-36절에는 공평한 저울 등을 사용하라고 명령하고 있는 것처럼, 거짓말은 인류에게는 금기시되는 타부이었다. 그럼에도 불구하고 인류의 거래역사에 거짓말이 존재하지 않은 적은 없었다. 그리하여 고대로부터 많은 법령과 사회제도가 정직하고 공정한 거래를 위해 만들어졌다.

불공정경쟁법은 상품의 제조자와 상품의 내용에 대한 기망적 표시광고 등 허위표시(misrepresentation)를 금지하는 법리로부터 발전하여 왔다. 그 이후 자신의 상품을 타인의 상품으로 표시광고하는 행위는 상사불법행위를 구성하는 불법행위로 인정되었다. 산업혁명으로 인하여 시장경제제도가 확립된 19세기에는 독점시도 등 경쟁에 있어서 선택의 자유를 침해하여 시장질서를 왜곡하는 불공정거래행위를 포함하게 되었다.

위와 같은 불공정행위의 특징 중의 하나는 부당이득(unjust enrichment)[2]과 불법행위법(law of torts)에 그 기원을 두고 있다는 것이다. 전자의 경우에는 프랑스에서 특히 발전한 법리로서 현대에는 부정취득이용(misappropriation) 법리가 형성되었고, 후자는 영국에서 발전한 법리 사칭모용행위(palming off) 법리에 의해 허위표시(misrepresentation) 법리가 형성되었다.

영미법상 커먼로에서는 불공정경쟁법(law of unfair competition)으로 부터 상표법(law of trademark)이 발전해 독립된 법 영역을 갖게 되었지만, 커먼로가 형성된 영국에 밀접한 유럽대륙의 프랑스에서는 불공정경쟁법과 상표법은 다른 체계를 가지고 발전해왔다.

어떤 정보나 자기 상품의 내용을 알리는 표시광고는 상거래가 활성화되기 이전부터 존재했다고 할 수 있다. 최초의 광고는 BC 10000년경 이집트의 테베에서 파피루스에 기재된 도망간 노예를 찾는 광고[3]이고, 또한 사람들의 평에 의해 테베에서 가장 아름다운 양탄자로 선정된 것을 광고하는 것으로 알려져 있다.[4] 도자기 서예 등 예술 품등에서 그 제조자나 창작자를 표시 및 광고하는 것(potter's mark)은 BC 5000년 이전부터 존재했다.

---

2) 부당이득(unjust enrichment)에 관한 법리가 형평(equity)을 그 기원으로 하고 있지만, 현재에는 부당이득(unjust enrichment)이 오로지 형평에 바탕을 두고 있는지에 대해서는 논쟁이 있다.

3) James Playsted Wood, The Story of Advertising, Ronald Press Company (1958), p. 27.

4) "The history of Advertising. From Ancient Egypt to the last century" https://www.hydrogen-code.com/en/the-history-of-advertising-from-ancient-egypt-to-the-last-century/ (그림출처) 그 광고 문구는 "The shop of the weaver Hapù, where the most beautiful canvases in all of Thebes are woven, according to everyone's taste."라고 한다.

중국, 이집트 등에서는 창작물이나 상품에 대한 정보의 진실성을 표시하기 위해 특정한 표장을 사용하기 시작했다.[5] BC 5000년 경 이집트의 그릇에서 발견되는 표장을 상품의 진실성을 표시하기 위한 상표라고 하는 견해도 있다.[6] BC 2000경 이집트에서는 철판에 에칭을 하여 공중에게 자신의 영업이나 상품을 알리는 방법이 사용되었다고 한다. BC 750년경 그리스에서는 손님을 유치하는 방법으로 대자보(Signboards)나 소리 표장(sonic logo)을 사용하였다.[7]

거래에 있어서 진실성과 정직성을 보호하는 불공정경쟁법은 다양한 기원을 갖고 있어 그 본질에도 영향을 미치고 있다. 다만, 불공정경쟁법의 특성은 상사불법행위가 상거래의 발전에 따라 다양한 불법행위와 부당이득행위를 포섭하여 현재의 불공정경쟁행위를 이르는 것으로 이해할 수 있다. 불공정경쟁법은 경쟁행위에 관련된 상거래질서법이고, 상표법은 상품의 출처를 나타내는 상표의 배타적 지배에 관련된 재산법으로 요약할 수 있다. 상표법은 불공정경쟁법에서 재산법으로 독립된 불공정경쟁법의 한 영역이다. 불공정경쟁법은 경쟁자 사이와 수요자와의 관계에 적용되고, 상표법은 상표사용자와 상품과의 관계 및 상표위조자에게 적용된다.

불공정경쟁법과 상표법은 상거래의 진실성을 보호하여 상거래를 활성화시키기 위한 점에서는 같은 목적을 갖는다. 상표법과 같이 불공정경쟁법은 거래의 진실성을 보장하여 공정한 경쟁질서를 보호하기 위한 법이다. 현재 우리가 불공정경쟁법 또는 부정경쟁방지법이라고 부르는 법체계의 본질은 상사불법행위법(law of commercial torts)이다.[8] 상사불법행위는 상거래에서 발생하는 불법행위와 부당이득을 포함한 불공정한 행위를 말한다.

민사상 불법행위법은 재산법에 대응하는 법체계를 의미한다. 상사불법행위는 궁극적으로 상거래의 진실성과 공정성을 보장하기 위한 법으로써 상거래의 발전에 따라 부당이득법(unjust enrichment)과 불법행위법(law of torts)에서 독립하여 독자적인 법체계로 발전하여 현재 불공정경쟁법 또는 부정경쟁방지법으로 불리는 법체계를 구축하

5) Jef I. Richards, A History of Advertising: The First 300,000 years, Rowman & Littlefield Publishers (2022), p. 12

6) Id.

7) 아리스톨(Aristotle)이나 아리스토파네스(Aristophanes) 등은 대자보(signboard)를 이용했다고 한다. Henry Sampson, A History of Advertising from the Earliest Times, Chatto and, Windus (1875), p. 19-20.

8) 영문 용어상으로도 다수가 존재한다. 예컨대, unfair competition, unfair trading, unfair methods of competition, trade restraints 및 unfair trade practices는 같은 의미라고 할 수 있다.

였다.

불공정경쟁법(The Law of Unfair Competition and Trade-Marks)이라는 책을 저술한 Harrig D. Nims는

> This action of unfair competition is the embodiment in law of the rule of the playground-- "Play fair!" For generations the law has enforce justice.... The maxim caveat emptor is founded on justice; the more modern rule that compels the use of truth in selling goods is founded on fairness. It conflicts with the rule of caveat emptor.[9)]
>
> ↳ 이러한 불공정경쟁행위는 운동경기장의 원칙인 "공정경쟁"("Play Fair!")을 법으로 구현한 것이다. 여러 세대에 걸쳐 법은 정의를 집행해 왔다.... '매수자부담원칙'(caveat emptor)이라는 격언은 정의에 기초를 두고 있다. 상품 판매에 진실을 사용하도록 강요하는 보다 현대적인 원칙은 공정성에 기초를 두고 있다. 이는 '매수자부담원칙'(caveat emptor)과 충돌한다.

라고 하였다. Harry D. Nims는 불공정경쟁법은 공정한 경쟁을 위한 법임을 강조하고 있다.

법은 공정성을 추구해왔다. 매매에 적용되는 매수자부담원칙(caveat emptor)이 매도자부담원칙(caveat venditor)으로 변경된 것은 공정성의 추구했던 법의 철학과 이념이 변경된 것을 의미한다. 과거의 상거래는 대면거래를 할 수 밖에 없었고, 물건의 매수자는 자신이 구입하려는 상품에 대하여 면밀한 조사를 할 수 있었다. 따라서 물건의 하자에 대하여 자기부담으로 매수가 가능했다.

그러나 산업혁명이후 상품의 대량생산과 도로와 유통망의 확충, 우편거래의 활성화 등으로 인하여 비대면거래가 활발해졌고, 상표제도의 발전으로 상표를 통한 신용거래가 가능해졌다. 상표는 제조자와 판매자를 대신하여 그 상표의 가치만으로 상품거래를 가능케 했다. 상품의 질은 상표를 통하여 표시되었다. 따라서 상품에 대한 면밀한 조사를 하지 않더라도 상표나 상호 등만으로 그 상품의 품질을 측정할 수 있게 되었다. 결국 상표나 상호는 그 상표가 사용되는 상품의 제조자와 판매자의 신용을 나타내는

9) Harry D. Nims, The Law of Unfair Competition and Trade-Marks, Voorhis & Co. (1929), p. 25.

것이었고 상표나 상호만으로 거래를 하게 되었다. 따라서 상품을 면밀히 조사하지 않아도 되었으므로 상품의 하자는 상품을 제공하는 자가 알고 있으므로 그가 부담하는 것이 상거래를 활성화 하는 방안이 되었다. 상거래가 활성화 되고 효율적이 되었다. 따라서 상품의 하자는 매수인이 부담하는 것보다는 매도인이 부담하는 것이 상거래를 활성화하고, 궁극적으로는 상품 판매자에게도 이익이 되었다.

Nims는 매매에 있어서 매매목적물의 하자를 매수자가 부담한다는 매수자부담원칙(caveat emptor)[10]의 법언은 '정의'에서 기원하지만, 현대적인 매매거래에 있어서 진실에 입각하여 거래를 강제하는 원칙은 '공정성'에 기초하는데, 현대적인 거래 원칙인 '매도자부담원칙'은 과거의 '매수자부담원칙과 충돌한다'고 강조하고 있다.

불공정경쟁법은 산업혁명이란 새로운 문명과 대량생산시대에 맞추어 기존의 법적 패러다임을 변화시켜 공정성(fairness)에 기초한 공정거래라는 새로운 법 원칙을 도입한 것으로 설명하고 있다. 정의(justice)에 기초한 매수자부담원칙(caveat emptor)은 산업혁명 이후 인류가 맞이한 대량 거래라는 상거래 시대에 부합하지 않기 때문이다.

특히 비대면 거래가 일상화 된 현대사회에서 매수자부담원칙은 판매자와 구매자 사이의 거래되는 상품이나 서비스에 관한 정보의 비대칭성으로 인하여 원활하게 거래를 성립시키기 어렵게 된다. 따라서 새로운 법적 패러다임이 필요한 것이다. 불공정경쟁법은 이러한 법적 패러다임의 변화에 따라 발생하는 새로운 거래현상과 분쟁에 대하여 불공정경쟁행위로 수용할지를 결정하여야 할 것이다. 불공정경쟁법은 정직하고 진실된 거래를 보장하여 거래가 활성화되어 현대 사회의 공정한 거래질서가 확립될 수 있도록 하여야 한다.

상거래에 대한 진실성을 보호하는 수단은 꽤 오래전부터 존재했다.[11] 이러한 상거래의 진실성을 보호하는 제도는 현대 상표법 제도의 기원이 되고 있다. 상거래의 진실성을 보호하기 위해 상품에 대한 정확한 정보를 제공하는 것은 상품의 출처표지 등으로 나타났는데, 예컨대, 난파선의 상품에 표시된 상인표(merchants marks)는 선박에 선적

10) 반대되는 원칙은 "caveat venditor"이다. "caveat venditor"는 "let the seller beware"라는 의미이고 "caveat emptor"는 "let the buyer beware"라는 의미이다.

11) 거래수단으로서 상표의 존재에 대해서는 BC2698년 중국의 도자기라고 하는 견해가 있고 (Abraham S. Greenberg, "The Ancient Lineage of Trade-Marks", 33 J. Pat. Off. Soc'y 876, 878 (1951)), 이에 반대하는 견해도 있다.(Magdalen Beyerling, "Trademark-Their Origin and Development", 32 Trade Mark Bull 256, 259 (1937)). BC 5000년 경 이집트의 그릇에서 발견되는 표장이 상표의 기원이라고 하는 견해도 있다. Gerald Ruston, "On the Origin of Trademarks", 45 Trademark Rep 127, 128, 130 (1955).

된 물품의 소유자를 표시하던 표장(property marks)으로 사용되었다. 중세에 길드에서 자신들이 생산한 상품에 사용되었던 표장은 해당 상품의 제조자를 나타내거나 상품의 품질을 알리는 목적으로 사용되었다.

이집트나 소아시아에서 발견되는 벽돌에는 이름이 새겨져 있는데, 이러한 이름은 그 벽돌을 제조한 사람들이라고 추정된다. 로마에서도 상거래에 제공되는 상품에 표장을 새기는 것은 보편적으로 행해졌다.[12)] 그리스 시대에도 미술품에 자신의 이름을 새겼다. 로마시대의 표장은 상품의 품질과도 관련이 있었다. 예컨대, 건축에 사용되는 벽돌에는 감리자의 이름과 때에 따라서는 제조자의 이름이 새겨져 있었다. 로마제정 시대에는 벽돌을 굽는 가마의 소유자, 공장의 소유자나 임차인 그리고 벽돌을 구웠던 자유인이나 노예 등의 이름도 나타나고 있는데, 건축재료로 사용된 벽돌은 계절적 영향을 많이 받아 품질에 많은 영향을 미쳤고, 그러한 환경에서 제조된 로마시대 벽돌은 제조 장소에 따라서는 좋지 않은 재료와 환경으로 인하여 제조일로부터 2년에서 5년이 지나면 건축에 사용되지 못하였다고 한다. 이 당시 벽돌에 새겨진 이름은 결국 벽돌을 생산한 자를 나타내는 것으로서 현재의 상표와 같은 역할을 하는 것이었다고 할 수 있다. 그 재료와 환경의 영향으로 그 품질의 차이가 발생할 수 있는 벽돌에 새겨진 이름은 벽돌의 진정한 제조자와 그 품질을 보증하는 상표의 기능을 수행한 것이라고 할 수 있다.[13)]

중세에 상품에 대한 허위 정보전달은 엄하게 처벌되었다. 도량형과 같은 계량단위를 엄격하게 하는 것은 거래상대방을 속이지 못하게 하는 행위와 관련되어 있다. 영국에서 측정관련 법은 이미 10세기에 나타나 있는데, 화폐단위에 관한 것이었다. 영국왕 Edgar (재위 958-975)는 다음과 같이 도량형에 대한 일반적인 규제를 하였다.

> And let one money pass throughout the king's dominion; and that let no man refuse: and let one measure and one weight pass; such as is observed at London and at Winchester; and let the wey of wool go for 120 pence; and let no man sell it cheaper; and if any one sell it cheaper, either publicly or privately, let each pay xl

---

12) Benjamin G. Paster, "Trademarks-Their Early History": Part I, 59 Trademark Rep. 551 (1969).

13) Edward Sidney Rogers, Good Will Trade-marks and Unfair Trading, the Lawbook Exchange, Ltd. (2002) pp. 34-35.

shillings to the king.[14)]

↘ 왕의 영토에 1의 돈을 통용한다. 어느 누구도 이를 거부하지 못한다. 1 측정과 1 무게를 통용한다. 이는 런던과 윈체스터에서 준수될 것이다. 양털 182파운드(1 wey)는 120펜스로 한다. 어느 누구도 그 이하로 판매하지 못한다. 만일 그보다 싸게 판매한다면 공식적으로나 사적으로 40실링을 왕에게 납부해야 한다.

이미 그 전에도 측정단위인 'yard'라는 단어가 사용되는 규제 관련 법령도 존재했다. 예컨대, King of Wessex으로 재임했던 Ine(a) (Ine(s) of Wessex, 재위 688-728) 시대의 Law of Ina라는 법령에는 다음과 같이 yard라는 단어가 사용되었다.

If a man agree for a yard of land (...) or more, at a fixed rent, and plough it; if the lord desire to raise the land to him to service and to rent, he will not take it upon him, if the lord do not give him a dwelling; and let him lose the crop.[15)]

↘ 만일 어떤 사람이 일정한 임대료로 1 야드 (...) 또는 그 이상의 땅을 경작하기로 동의하면; 주인이 그 땅을 경작과 임대료를 위해 그가 경작하길 원하지만, 만일 토지 주인이 그에게 집을 주지 않으면, 그는 그 땅을 갖지 않을 것이며; 그가 농작물을 잃게 내버려 두어야 한다.

이 당시 'yard'라는 측정단위가 사용되었음을 알 수 있다.

우리나라의 경우에도 적어도 통일신라 때부터 조선시대까지 일정한 양의 세금을 낼 수 있는 능력을 기준으로 토지의 면적을 산출하는 방식인 「결부법(結負法)」또는「결부속파법(結負束巴法)」이라고 불리는 단위 체계를 사용해 왔다.[16)] 아직도 사용하는 논(畓)의 면적 단위인 「마지기」는 일정한 소출을 기준으로 논의 면적을 정한 단위이다. 또한 「멱짐뭇줌법」은 한줌(1巴), 한뭇(1束), 한짐(1負), 한멱(1結) 등 10진법으로 면적단위를 정한 우리나라만이 사용한 계량체계이다. 조선시대에는 도량형 제도를 정비하여, 조선 전기에 예조판서, 우의정 영집현전춘추관사 세자부 등을 역임한 허조는 태종때

14) C. M. Watson, British Weights and Measures as described in the Laws of England from Anglo-Saxon Times, London, John Murray (1910), p. 8.

15) Id.,

16) 이하 우리나라의 계량단위의 역사적인 부분은, 송주영, 역사 속 생활 계량 단위 이야기, 한국계량측정협외, 계량과측정 2014. 167호, 20면 이하와 한국민족문화대백과사전을 참조함.

오례 제정에 필요한 정확한 표준자로서 「조례기척」을 만들었고, 세종 때 박연은 「황종척」을 만들었다고 한다. 그리고 집현전에서 가례의 주척을 교정하여 표준 주척을 제정하였고, 세종 28년에는 구리로 표준 도량형기를 만들어 서울과 지방에 반포하고 전국의 명산과 사고(史庫)에 보관하게 하였다고 한다.[17]

조선시대의 도량형 제도는 성종대에 편찬된 「경국대전」에 자세히 기록되어 있고, 영조 때 편찬된 「속대전」에는 공용 및 개인용 말과 섬에 낙인이 없거나 규정에 맞지 않는 경우 곤장 60대에 1년의 유배형을 정하기도 하였다고 하며, 다산 정약용도 도량형을 서울은 공조에서, 지방은 감영에서만 제조하여 판매하는 개혁안을 제시하였다고 한다.[18]

표준 도량형기 (標準 度量衡器)19)

① 표준척(標準尺) : 상고 때부터 사용되어온 기전척(고구려척)과 양지척(量地尺)인 십지(十指)가 있었다. 또, 백제에서는 중국의 양기척(量器尺)인 상앙양척(商鞅量尺)이, 통일신라 때는 중국 당나라에서 도입된 당대척(唐大尺)과 주척(周尺)이 있었으며, 조선 세종 때는 황종척(黃鐘尺)·주척·영조척(營造尺)·포백척(布帛尺)이 있었다.

② 표준양기(標準量器) : 조선 세종 때까지 전해진 고려 문종 때의 미곡기(米斛器)가 있었다. 이것의 기원은 기전척으로 입방체로 제작된 것으로 보아 삼국시대 이전으로 추측되는 표준원기이다. 이 원기에 근거한 제2차적인 표준양기가 바로 세종 때의 표준양기들이다. 옛 표준양기가 입방체로 만들어진 데 반하여 세종 때의 표준양기들은 직방체로 만들어졌다. 이것이 후대로 내려감에 따라 변형되어 저광구협형(底廣口陜形)의 양기로도 되었다.

③ 표준중량기(標準重量器) : 아직까지는 발견되지 않고 있으나 세종 때의 것으로는 박연(朴堧)에 의하여 제작된 황종음률관이 있다.

④ 일제강점기의 도량형표준기 : 우리의 옛 도량형기는 모두 없애고 일본의 도량형표준기를 사용하게 되었다. 척도는 일본 곡척이, 양기는 일본 양기(용적 1승이 1803. 9㎤)가 사용되었으며, 형량표준은 1근을 600g으로 하는 것이 사용되었다. 광복 후 1960년부터는 미터법이 제정되어 실시되고 있다.

17) 송주영, 역사 속 생활 계량 단위 이야기, 한국계량측정협회, 계량과측정 2014. 167호, 20면 이하 글에서 가져옴.

18) 송주영, 위 글에서 가져옴.

19) 한국민족문화대백과사전에서 가져옴.

영국에서 최초의 생필품에 대한 규제는 존 왕(King John)이 빵과 맥주에 대하여 행정규제를 하기 시작한 때라고 알려져 있다. 1266년 영국의 헨리 3세가 제정한 제빵업자에 관한 법(Statutum de Pistoribus; Statute concerning Bakers, etc.)은 "[A] a Baker must set his owne proper marke upon every loafe of bread that hee maketh and selleth, to the end that if any bread be faultie in weight, it may bee then knowne in whom the fault is"(빵의 무게에 결함이 있으면 누구의 잘못인지 알 수 있도록 제빵사는 자신이 만들고 판매하는 모든 빵 한 덩어리에 자신의 적절한 표시를 해야 한다.)라고 규정하였는 바, 이 법에 따르면 제빵업자들이 빵의 부피를 늘리는 방법으로 소비자를 기망하는 경우에 형사처벌하였다.[20] 이 법도 제빵업자가 생산한 빵에 대한 정보를 정확하게 전달하여 거래의 진실성을 보장하기 위한 것이었다. 맥주(ale)나 맥주통(barrels)에 대한 규제 뿐만 아니라 금과 은의 세공[21]에 있어서도 조악한 상품을 만든 자를 처벌하였다.

1282년 이탈리아의 파르마(Parma)에서 시행된 법은 길드가 사용하는 표장에 관한 법률을 제정하였다. 동 법은

> A chapter for the protection of guilds and artisans in this state, and to prevent many frauds which are or may be committed upon them; that no person in the trade or guild shall use the mark of any other person in such trade or guild, nor place such mark, or a similar one, upon knives or swords; and if any person in such guild has continuously used a mark upon knives, swords or other steel or iron articles for ten years, and any other person is found to have used, within one or two years, the same mark or an imitation thereof, whether stamped or formed in any other way, the latter shall not in future be allowed to use such mark upon knives, swords or other steel or iron articles, under penalty of ten pounds of Parma for each and every offense, and that regardless of any compromise or award of arbitrators which may have been made. Tenth session, 1282, Aug. 28.
>
> ↘ 이 나라에서 길드와 기술자를 보호하고, 그들에게 발생하는 수많은 사기행위를 방지하기 위한 명령; 거래와 길드의 어느 누구도 칼(knives)이나 검(劍, swords)에 그러한 거래나 길드의 어느 누구의 표장을 사용하거나 부착할 수 없거나 유사한 것을

20) 브리테니카 백과사전에 의하면 baker's dozen은 13개를 의미하는데, 이는 중세에 제빵업자들의 속임수를 처벌하였기 때문에 이를 피하기 위해 추가하여 빵을 더 주던 관행으로 생겼다고 하는 것이 유력한 견해라고 한다.

21) Statute of 28 Edw. I c. 20: Statutes of the Realm, I, 410-1.

할 수 없고; 그리고 만일 길드의 어느 누가 지속적으로 칼이나 검, 또는 다른 철물 제품에 10년 이상 표장을 사용한 경우에 그리고 어느 누가 동일 또는 유사한 표장을 1, 2년 이내에 사용한 것을 발견한 경우에, 그 표장이 새겨진 것이든 다른 형태로 사용된 것이든 그러한 판단자의 약속이나 평결에 관계없이 각각의 행위에 10 파르마 파운드의 벌금과 함께 후자는 칼이나 검 또는 다른 철물제품에 그러한 표장을 사용하는 것은 더 이상 허용되지 않을 것이다. 10 회기, 1282년 8월 29일.

라고 규정하여 길드의 표장을 함부로 사용하지 못하도록 하였고, 유사한 표장도 사용하지 못하도록 하였다. 그리고 그러한 각 위반행위 마다 10 파르마 파운드의 벌금도 부과했다.

프랑스에서도 상품의 표장은 상품의 출처로서의 역할을 했다. 1374년 프랑스 아미앙(Amiens)의 조례는 모든 대장장이(smith)로 하여금 누가 만들었는지 알 수 있도록 각자가 서로 다른 마크를 새기도록 했다.[22] 물론 이러한 규제는 대장장이 뿐만 아니라 금세공사(gold smith)나 직조공 등에도 확장되었다. 그 뿐만 아니라 자신이 새긴 표장(mark)을 타인에게 사용토록 하지 않도록 요구되었다. 그러한 사용허락은 신의성실과 조례에 위반되는 것으로 인정되었다. 이러한 표장의 양도금지는 19세기 후반기에 해제되었다.

14세기 프랑스에서는 상품에 제조자를 특정하여야 하는 것은 의무적이었다. 벨기에의 찰스 5세는 벽에 장식하는 타피스트리를 제조하는 장인에게 어느 도시의 어느 장인이 만들었는지를 표시하도록 강제하였다.[23] 14세기 신성로마제국의 영토이었던 팔츠 선제후국에서는 가짜 와인의 판매는 매우 나쁜 기망행위로 인정하여 가짜 와인을 독일의 유명한 Rüdesheimer로 판매하는 호텔주인을 교수형에 처했다고 한다.

독일에서도 상인표(Merchants' Marks)를 사용하도록 하였다. 상인표는 누구에 의해서 유통된 상품인지를 추적할 수 있도록 하였기 때문에 가짜 상품이나 품질이 낮은 상품을 유통하는 것을 방지하는 역할을 했다. 1420년 단치히(Danzig)의 상업장부에는 제노아(Genoa), 암스테르담(Amsterdam)과 영국으로부터 온 상품에 상인표가 새겨져 있었다. 한자 동맹의 맹주도시인 뤼벡(Lübeck)은 길드의 상인과 해당 상인표를 기록하고

22) Edward Sidney Rogers, Good Will Trade-marks and Unfair Trading, the Lawbook Exchange, Ltd. (2002) p. 40.
23) Benjamin G. Paster, "Trademarks-Their Early History" Part I, 59 Trademark Rep. 556 (1969).

있다. 1418년 함부르크에서는 수출품에 소유자를 증명하기 위한 소유자 표시 표장(property marks)을 사용하여 운송중에 상품을 분실한 경우에 그 소유자를 찾을 수 있도록 하였다.[24] 중세의 독일에서도 예술품 등에 예술가나 장인의 이름이나 모노그램 또는 다른 식별표지가 사용되는 것은 일반적인 것이었다.

1266년 영국의 제빵업자에 대한 규제와 같은 종류의 맥주 양조장 규제로 들 수 있는 것이 1487년 시행된 독일의 맥주순수령(Reinheitsgebot)이다. 맥주순수령은 조악한 품질의 맥주의 유통을 규제하기 위한 국가의 행정규제의 하나이다. 이는 상품의 품질을 유지하기 위한 허위표시규제의 일환으로 볼 수 있다.

[1516년 4월 23일 제정된 맥주순수령][25]

독일 동남부지역의 바바리아(Bavaria, 현재 뮌헨이 있는 지역)의 바이에른 공작 알브레트 4세가 맥주를 만들 때에는 물, 맥아, 그리고 홉으로만 만들도록 했고, 맥주 가격에 대한 규제도 시행했다. 1516년 바바리아의 빌헬름 4세 공작이 맥주순수령을 채용하여 널리 시행되게 되었다. 비위생적인 도시 환경에서 맥주가 음료수를 대체했는데, 맥주양조장에서 환각물질 등을 혼입하여 맥주를 만들고 가격을 올리는 등으로 인하여 이에 시민들의 건강이 위협을 받고 물가가 상승하자, 그와 같은 시민에게 해가 되는 맥주 제조를 막기 위해 맥주의 원료를 제한한 것이었다. 당시 밀을 맥주에 사용하는 것은 빵의 부족을 일으켜 금지되었다고 한다.

1512년 뉘렘베르크의 시민회의는

> Whereas, a certain foreigner, who sells engravings under the Council Chamber has, among others, certain ones bearing the signature of Albrecht Durer, Now, therefore, it is ordered that he shall obliterate all such signatures, and keep no more such engravings in future, and if he shall neglect so to do, he shall be brought before the Council for fraud.

24) Abraham S. Greenberg, "The Ancient Lineage of Trade-Marks", 33 J. Pat. Off. Soc'y 876, 882 (1951).

25) 바바리아의 빌헬름 4세의 맥주순수령, 출처: https://www.historytoday.com/archive/months-past/bavarian-beer-purity-law

시의회 [권한을 가진] Albrecht Durer의 서명이 새겨진 것을 판매하는 특정 외국인의 경우, 그 외국인에게 그러한 서명을 모두 지우도록 명하고, 더 이상 그러한 서명을 하지 않도록 하며, 만일 그러한 의무를 소홀히 한다면 그는 사기로 시 의회에 제소될 것이다.

라고 하여 허위의 타인 서명이 있는 판화를 판매하지 못하도록 선포하였다.

1456년 영국 헤이(Haye)의 길버트 경(Sir Gilbert)이 Honoré Bonet의 L'arbre des batailles를 번역하였는데, 그 번역내용에 스코틀랜드에서 상표를 보호했다는 기록이 존재한다. 타인의 갑옷을 모방한 장인을 처벌하였다는 기록도 있다.[26] 금과 은세공업을 규제하는 "Anent the reformacione of golde and silver wrocht be goldsmythis"라고 하는 1457년 스코틀랜드 법은 금세공 장인이 있는 지방정부로 하여금 제품의 검사를 할 집사를 두도록 하고, 그 집사는 해당 금세공자의 표장을 확인하도록 했다. 그 뿐만 아니라 주요 수출품이던 생선에 대해서도 그 포장 도구인 나무통(barrel)에 상품의 생산에 관련된 브랜딩을 하도록 했다. 그리하여 "The binde of Salmond, and measure thereof"라고 명명된 1487년 법은 모든 지방정부로 하여금 연어를 담은 나무통에 둥근 쇠 테두리를 두르고, 그 나무통에 "a burning iron to marke the samin, under the paine of escheit of the barrel un-marked"라고 상품의 내용을 브랜딩하도록 규정했다. 여기서 브랜딩이라는 현대의 용어가 기원되었다.

1300년대 경부터 사자 머리 표장(Leo-pard Head Mark)은 왕명에 의해 금은 세공품의 진품과 품질을 나타내는데 이용되었다. 1300년 영국의 에드워드 1세(Edward I, 재위 1272-1307)는 금은 제품의 품질표준과 통화가치를 정하기 위해 "Vessels of Gold shall be essayed, touched, and marked. The King's Prerogative shall be saved"(28 Edw. 1. c. 20, Vessels of Gold, Assaying, etc., of Act 1300)를 제정하였다. 동 법에 의해 금은 세공품에 사용된 사자의 머리표지(사자를 뜻하는 Leo의 Leo-part head가 Leopard head로 오기되어 표범머리형상으로 잘못알려졌다고 하는 견해도 있고, 원래는 표범머리형상이었는데, 실제는 사자머리가 사용됐다는 견해도 있다.)는 왕실 무기에 있는 세마리의 사자의 문장에서 가져왔다. 또한 영국의 Sterling 화폐(Stg.)의 은가치 기준이 설정되었다.

26) W. C. Fairweather, "Early Scots Law on Trade-Marks", 31 Trademark Rep. 45 (1941).

1478년에 사용된 사자 머리문장에 왕관을 씌우는 것으로 변경했는데, 변경전과 변경 후에 제작된 세공품을 구별하기 위한 것이었다. 이때 런던의 금세공업자들의 조합은 최초의 시금자(Common Assayer)인 크리스토퍼 엘리오트(Christopher Elyot)를 임명하고, 금은 세공업자들은 자신들의 도구에 홀을 새기기 위해 금세공업자의 홀에 가져오도록 했다. 이때 Hallmark라는 단어가 최초로 사용되었다. 초기의 사자머리 형태에서 1822년이후에는 표범의 머리형태로 변화한다.

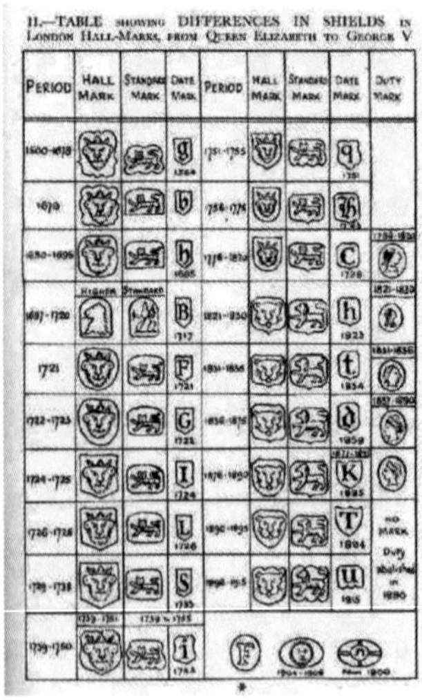

[Leopard Hall Mark: 1500-1750의 일부][27]

기록상 중세 때부터 보이는 상품의 내용을 표시하도록 하는 법은 현대의 표시광고제도와 법의 기원이 되는데, 영국에서는 1507년, 1661년 및 1693년 등 계속하여 제정되었다. 이러한 상품의 내용을 표시하도록 하는 법은 위조 상품을 만들지 못하도록 하고, 위조 상품을 만드는 경우에는 처벌하였다.[28] 1680년에 제정된 법[29]은 표장에 관련된 법리를 가지고 있었고, "Act for advancing and establishing the fishing trade in and about this Kingdom"로 명명된 1705년 법[30]에도 표장을 등록하도록 하였다.

허위표시는 출판업계에도 존재했다. 구텐베르크가 활자를 발명하였지만 곧바로 인쇄물에 대해서는 저작권 보호가 확립된 것은 아니었다. 초기에는 상표제도를 통하여 인쇄물을 보호하였다.[31] 불법적인 출판이 많이 이뤄졌기 때문이다. 영국의 런던에는 많은 출판업자와 서적상들이 있었지만 최초의 저작권법으로 불리는 영국의 앤여왕법(Statute of Anne 1710)이 적용되지 않는 스코틀랜드를 포함하여 스위스, 프랑스의 리용 등은 해적판의 출판지로 유명했다. 앞서 영국의 서적상들의 전쟁(the Battle of Bookseller)으로 불리는 일련의 저작권 침해에 관한 분쟁도

27) 그림 출처: https://www.silvercollection.it/LEOPARDDICTIONARY1bis.jpg

28) W. C. Fairweather, "Early Scots Law on Trade-Marks", 31 Trademark Rep. 45 (1941).

29) Id., 45-6.

30) Id.

31) Edward S. Rogers, "Some Historical Matter concerning Trade-Marks", 9 Mich L. Rev. 29, 35 (1910); Benjamin G. Paster, "Trademarks-Their Early History" Part I, 59 Trademark Rep. 551, 557 (1969); Maurizio Borghi, A Venetian Experiment on Perpetual Copyright in Privilege and Property edited by Ronan Deazley, Martin Kretschmer, et al., Privilege and Property. Open Book Publishers (2010), p 137.

앤여왕법이 적용되지 않던 스코틀랜드에서 불법복제된 책이 런던에서 판매됨으로써 시작되었다.

최초의 인쇄물 보호에 관한 법령은 1517년 베니스에서 제정되었다.[32] 1517년 8월 1일에 선포된 베니스 시의회령[33]은 새로운[34] 출판물에 대하여 특권을 부여하는 법령이었다. 이전에 개별적으로 부여된 출판물에 대한 특권은 무효로 되었다. 1533년에 선포된 시의회령은 특권을 부여한 지 1년 이내에 출판이 되지 않으면 부여한 특권을 무효로 하였다. 1537년에도 가짜 출판물과 저급 출판물에 대한 제재와 구제에 관한 시의회령이 제정되었다. 1544년에도 저자의 인증이 없이는 책을 출판하지 못하도록 하는 시의회령이 제정되었다.[35] 그렇지만 출판물에 대한 배타적인 권리를 부여하는 법령은 없었다. 다만 출판물에 대해서는 출처를 표기(printer's mark)하였으므로 상표로서 보호받을 수 있었다.

[Aldo Manuzio(Aldus Manutius)의 출판자 마크와 위조된 출판자 마크]

위 출판자 마크중의 하나는 불법복제된 책에 사용된 위조된 것이다. 이는 허위표시

32) Maurizio Borghi, A Venetian Experiment on Perpetual Copyright in Privilege and Property edited by Ronan Deazley, Martin Kretschmer, et al., Privilege and Property. Open Book Publishers (2010), p. 146.

33) Joanna Kostylo, Commentary on the Venetian Senate's first Decree on Press Affairs 1517, p 2.

34) 이 당시 새롭다(novelty)는 개념은 특허의 신규성과 같은 객관적으로 새롭다는 개념이었다. Maurizio Borghi, A Venetian Experiment on Perpetual Copyright in Privilege and Property edited by Ronan Deazley, Martin Kretschmer, et al., Privilege and Property. Open Book Publishers (2010) p. 147.

35) Venetian Decree on Author-Printer Relations (1545).

에서 사칭모용행위(palming off)로 나아간 것이다. 알더스 만티우스(Aldus Manutius)는 16세기에 유명한 출판업자이었는데, 그는 돌고래 표장을 자신의 출판한 책에 사용하고 있었다. 그런데 불법출판이 성행하고 자신의 책에 사용하는 표장을 모방한 돌고래 표장이 나타나자 1518년 Aldus가 출판한 Livy의 책의 서문에는 다음과 같은 자신의 표장을 모방한 불법출판을 알리는 글을 게시하고 있다:

> 마지막으로, 우리 만큼 정확하고 명확하게 프린팅하는 것을 보여주지 못한 피렌체의 일부 출판자가 자신들의 보통의 예술적 능력에 의존한다는 점을 학생들에게 주지시켜야 합니다. 우리 사무실에 인쇄된 알다스 Institutiones Grammaticae에 그들은 우리의 유명한 닻(Anker) 둘레에 상처있는 돌고래 표장을 붙였습니다. 그러나 그들은 우리의 상품인 책에 누구든지 잘 알 수 있는 뻔뻔스러운 사기행위를 볼 수 있습니다. 돌고래의 머리가 좌측으로 돌아가 있기 때문인데, 우리의 유명한 표장은 오른쪽으로 돌아가 있습니다.

상거래가 발전하면서 수요자를 속이는 위조 상품이 많이 제조되었음은 위와 같은 광고로서 추정할 수 있다. 이러한 수요자 기망행위들은 불공정경쟁법의 발전을 가져왔다.

나. 불공정경쟁법의 발전

현재 상업적 경쟁은 기본적으로 두가지 법체계에 의해 규제된다. 그 중 하나는 산업혁명이 완성된 이후 19세기 말에 독점금지법을 통한 시장의 규제인데, 독점금지법은 시장 전체의 이익을 위해 경쟁을 왜곡할 가능성이 있는 시장 참여자의 행동을 제한하는 일련의 법제도를 발전시켜왔다. 독점금지법은 시장을 통제할 수 있는 정부에 대하여 규제권한을 부여했고, 행정위원회인 공정거래위원회를 창설하여 시장질서를 왜곡하는 행위에 대하여 직접적인 규제를 시행했다.

과거에 상거래의 진실성을 보장하기 위한 법률들은 먼저 행정규제법으로부터 시작되었는데 이를 상거래법으로 확장하였다. 현재의 불공정거래법의 연혁적인 형태로서 기망적인 상거래로부터 수요자를 보호하여 상거래의 진실성을 담보하기 위한 경찰법과 같은 것으로서 상거래질서 위반에 대한 행정형사법과 행정(경찰)질서법에 해당한다고 할 수 있다. 즉 이 당시 불공정거래법의 핵심적인 법 정신은 허위표시 등을 수반하는 수요자 기망적 거래로 부터의 국가의 적극적인 행정권의 발동에 의한 수요자 보호라고 할 수 있다. 현행 우리 헌법 제119조 제2항에 국가가 상거래에 적극적으로 개입할 수 있도록 하는 규정을 두고 있다.

수요자 기망적 거래는 불공정 또는 부정한 행위의 핵심이었다. 즉 수요자에 대하여 허위의 정보를 제공하여 경쟁자의 고객을 자신의 고객으로 돌리는 것이었다. 이러한 기반위에 확립된 법리는 불법행위(law of torts)에 기반을 둔 허위표시(misrepresentation)를 금지하는 불공정경쟁법리이다.

허위표시(misrepresentation)은 넓게는 자신의 상품을 타인의 상품으로 속여 판매하는 사칭모용행위(palming off)와 고객과의 관계를 침탈하는 고객탈취행위를 포함한다. 영국에서 발전한 커먼로 하에서는 불공정경쟁법은 사칭모용행위(palming off) 법리에 제한되어 있다. 영국은 커먼로 전통으로 인하여 불공정경쟁법의 개념이 사칭모용행위로부터 타른 행위로 확장되지 않았다. 그 이유는 커먼로에서는 프랑스나 독일과 같이 대륙법 전통에서 법의 원칙을 일반화하여 적용하는 것을 선호하지 않았기 때문이다.[36] 법과 규제의 구체성과 추상성은 커먼로와 대륙법사이의 큰 차이점이다. 커먼로는 구체성을 원했고, 대륙법은 추상성은 원했다.

그 뿐만 아니라 영국 법원은 법의 일반원칙에 의하여 법원에 소송이 남발되는 것을 원하지 않았기 때문에 불공정경쟁법이라는 특정화 되지 않은 법의 영역을 개척하는 것을 원하지 않았다. 이는 같은 커먼로 국가인 미국이 20세기 초반에 부정취득사용(misappropriation) 법리에 의해 불공정경쟁법을 확장하기 시작한 것과는 다르다. 미국은 1918년 INS v. AP 사건[37]에서 연방대법원이 부정취득이용법리를 불공정경쟁법리로 수용한다. 물론 미국도 불공정경쟁법은 palming off 법리에 제한하는 커먼로 전통이 있었으므로 부정취득사용(misappropriation)을 불공정경쟁행위로 인정하는 것이 쉽지 않았다. 미국의 각주들은 개별적으로 부정취득사용(misappropriation)을 주법에 편입시키

36) Rogier W. De Vrey, Towards a European Unfair Competition Law: A Clash Between Legal Families: a Comparative Study of English, German and Dutch Law in Light of Existing European and International Legal Instruments, Brill (2006), p. 205.

37) International News Service v. Associated Press, 248 U.S. 215 (1918).

는 입법을 하기도 했는데, 연방 법원은 1990년대에 돼서야 다시 부정취득사용(misappropriation)을 불공정경쟁행위에 편입시키는 노력을 하고 있다.

나아가 불공정의 의미를 무임승차(free riding)에 의하여 경쟁자의 노력을 자신의 것으로 하는 행위(misappropriation) 등에 대해서도 적극적으로 확장하였다. 또한 허위표시로부터 수요자를 보호하는 것 뿐만 아니라 무임승차로부터 경쟁자 보호를 위해서도 불공정경쟁행위를 인정하고 있다. 형평(equity)과 부당이득(unjust enrichment)에 기초한 부정취득이용행위(misappropriation)는 프랑스에서 발전시켰다. 우리나라 부정경쟁행위 중에서 파목의 부정경쟁행위[38]가 대표적인 부정취득이용행위이다.

19세기 초, 거래행위가 통제되지 않아 불공정한 경쟁으로 이어졌던 자유방임(laissez-faire) 주의를 취하던 많은 국가들, 특히 자유방임을 표방했던 프랑스에서 평등하고 공정한 거래와 경쟁을 보장하기 위해 경쟁에 대한 법적 제한을 하기 시작했다.

다른 하나는 시장에서 허위표시의 규제로부터 시작된 불공정경쟁법을 통하여 경쟁자간의 구체적인 행위를 규제하고 개별 경제주체간에 상거래에서 발생하는 부정직하거나 사기성 경쟁행위를 방지하였다. 이러한 제도는 현재 불공정경쟁법 또는 부정경쟁방지법으로 구체화 되어 있다.

프랑스는 불공정경쟁법이라는 특별법 영역을 창설하지 않고 민법의 불법행위 조항에 근거하여 상거래상 발전하는 불공정경쟁행위에 적용하는 방식을 취했다. 프랑스에서는 구체적인 사건에 민법상의 불법행위 조항을 적용하는 법원의 판결에 의하여 다양한 불공정경쟁에 관련된 법리가 형성되었다. 민법상의 불법행위 조항은 매우 추상적인 규정이어서, 그 자체로는 아무런 구체적인 불공정경쟁행위의 구체적인 기준을 제시할 수 없었고, 민법의 불법행위 조항을 근거로 한 불공정경쟁행위는 법원에서 구체화 될 수 밖에 없었다. 따라서 프랑스에서는 법원 판결에 의한 부정경쟁행위법리가 구체화되고 발전된 것이라고 할 수 있다.

프랑스 불공정경쟁법리 형성의 핵심은 의도적 불법행위를 잘못(fautive)이라고 인정하여 손해배상책임을 부담시키는 것에 있다. 이러한 잘못에는 고의 과실에 의한 위법행위인 불법행위 뿐만 아니라 경쟁자의 고객을 참탈하는 행위도 포함되었다. 법원 판

38) 부정경쟁방지 및 영업비밀보호에 관한 법률 제2조 제1호 파목 ("그 밖에 타인의 상당한 투자나 노력으로 만들어진 성과 등을 공정한 상거래 관행이나 경쟁질서에 반하는 방법으로 자신의 영업을 위하여 무단으로 사용함으로써 타인의 경제적 이익을 침해하는 행위").

결에 의하여 형성된 불공정경쟁법은 다수의 법령에 의하여 보충되었다. 다만 그와 같이 제정된 특별법령은 불공정경쟁행위에 대하여 직접적인 적용 목적으로 제정되거나 개정되는 것은 아니었으므로 여전히 민법의 불법행위에 관한 조항이 불공정경쟁행위 직접적 근거 조항이 되었다.

독일은 19세기 말에 형식적 법치주의로 불리는 법실증주의의 영향으로 법에서 규정하지 않는 경우에는 규제하지 않는다는 원칙을 유지했다. 그리하여 프랑스 부정경쟁행위를 참고하여 제정한 1896년 최초의 부정경쟁방지법이 시행되기 전까지 부정경쟁행위에 대하여 자유방임의 입장을 취했다. 왜냐하면 금지하지 않는 것은 허용된다는 법실증주의 원칙을 고수했기 때문이다.

2. 상거래에서 진실성 보장과 상거래의 활성화

> 아, 대감께서 애초에 천한 길동을 위해 아버지를 아버지라 부르게 하고 형을 형이라 부르게 하셨다면 이렇게 되지는 않았을 것입니다.
>
> (허균, 홍길동 전)

법은 상거래에서 진실을 말할 표현의 자유를 보장해야 한다. 즉 상업적 언론에 대하여도 표현의 자유를 인정해야 한다. 상표법과 부정경쟁방지법은 상거래에 있어서 정직과 진실을 보호하여 거래의 신뢰성을 확보하고, 그러한 신뢰성이 있는 거래를 통하여 거래를 활성화하는 이념과 정신을 가지고 있다.

거래에 있어서 상품거래의 주체에 대한 정확한 정보와 상품의 내용에 관한 정보에 대하여는 진실을 말하도록 하고, 거짓말을 하지 못하도록 하고 있다. 그리하여 허위의 정보를 제공하는 허위광고 표시는 부정경쟁행위로 다루고, 자신이 생산한 상품이나 서비스를 타인의 상품이나 서비스인 것처럼 하거나(passing off), 타인이 생산한 상품이나 서비스를 자신이 제공하는 것처럼 하는 행위(reverse passing off)도 부정경쟁행위로 인정하여 거래의 진실성을 위협하는 행위로 간주한다.

상표는 부정경쟁행위를 효율적으로 방지하기 위해, 상표 사용자에게 상표에 관한 재산권을 부여하여 상표권의 침해자에게 금지명령과 손해배상을 청구하여, 상표침해를 방지하도록 함으로써 수요자를 보호하면서 궁극적으로 상표를 통한 신용있는 거래를 활성화 하기 위한 법제도이다. 따라서 상표법과 부정경쟁방지법은 진실된 거래를 활성화 하기 위한 철학과 정신에 의하여 해석되고 적용되어야 한다.

제2절

상거래에 있어서 진실을 말할 자유

1. 버버리 병행수입 사건[39)]

가. 사실관계

버버리 병행수입사건은 거래에서 진실을 말하는 표현의 자유와 상표제도의 기능을 수행하는 경우에는 상표권에 의한 제한을 할 수 없도록 한 사건으로, 그 법리는 거래의 진실성과 공정성에 기초한 것으로 평가할 만한 판결로 이어졌다. 본 사건 판결은 궁극적으로 국내에 상표등록자인 버버리 영국 본사가 버버리 상품 판매가 시작된 영국에서 판매하는 버버리 상품에 비하여 국내 상품가격 높아 국내수요자의 이익을 침탈하는 것을 방지하기 위하여 상표품의 병행수입을 인정하고, 병행수입품에 대하여도 해당 상표를 사용할 수 있도록 하였다.

본 사건은 영국에서 생산판매하는 버버리 상표품인 의류가 영국보다 국내에서 많이 높은 가격에 판매되자 영국에서 버버리 의류 상품을 병행수입하여 국내에 판매하던 피고회사인 '이엠이씨'와 이엠이씨로부터 병행수입품을 공급받아 다시 국내에서 판매하던 피고들이, 국내의 상표사용에 대한 권리가 없음에도 불구하고, 특허청에 등록한 버버리 상표가 부착된 병행수입품을 판매하여, 우리나라의 특허청에 등록된 상표권 침해 및 부정경쟁행위로 제소된 사건이다.

39) 1심: 서울지방법원 1998. 5. 29. 선고 97가합32678 판결. 항소심: 서울고등법원 1999. 6. 22. 선고 98나35466 판결. 상고심: 대법원 2002. 9. 24. 선고 99다42322 판결.

피고는 영국에서 버버리 상표가 부착된 상품(상표품)을 직수입하여 그 버버리 상표가 부착된 상태 그대로 버버리 의류를 압구정동 등의 매장에서 판매하면서, 버버리 상표를 이용하여 광고도 했다. 이에 영국의 버버리 상표권자이자 국내에 상표등록을 한 버버리 영국 본사는 국내의 '유로통상'이라는 회사[40]만이 독점적으로 버버리 상표가 부착된 의류를 판매를 할 수 있는 상표의 전용사용권을 허락했다.

피고들이 버버리 상표를 부착한 병행수입품을 판매하면서 광고를 하고, 내·외부 간판, 포장지, 쇼핑백, 명함에도 사용할 뿐만 아니라 원고 버버리사의 광고사진[41]도 이용하여 판매를 하자, 국내의 버버리 상표권자와 전용사용권자는 원고들은 상표법과 부정경쟁방지법 위반으로 제소했다.

1심 법원은 병행수입업자가 당해 상품 생산업체의 영업표지를 사용할 수 있는 한계는 '진정상품 그 자체를 가지고 하는 것과 동일시 할 수 있는 방법에 의한 사용행위' 또는 '병행수입품의 광고에 상품 생산업체의 영업표지를 기술적·설명적으로 표기하는 정도의 사용행위' 등과 같이 최소한의 범위 내에서만 버버리 상표를 사용할 수 있다고 판단했다. 그러나 2심인 서울고등법원은 상표권자가 아닌 피고들의 버버리 상표사용행위 모두가 상표법과 부정경쟁방지법위반이라고 하였다.

대법원은 상표제도의 목적과 기능은 거래의 진실성과 상품의 신용보호라고 하면서 그와 같은 목적과 기능을 해하지 않는 행위들에 대하여는 상표법 위반이라고 인정하지 않았다. 그러나 원고 유로통상의 판매 매장과 혼동을 일으킬 만큼 유사하게 꾸민 피고들의 판매매장은 수요자로 하여금 원고 유로통상과 상품판매자를 혼동시키는 부정경쟁행위라고 판시했다.

40) 유로통상은 국내의 상표권도 보유한 버버리사와 독점적인 수입·판매대리점 계약을 체결하고, 버버리사로부터 그 상호, 표장 등을 사용할 수 있는 권한을 부여 받았다. 버버리사가 제조한 의류등을 수입하여 전국적으로 면세점에 17개, 일반 백화점 등에 35개의 매장을 개설하여 버버리사의 제품을 판매했다.

41) 광고사진에 대하여는 1997. 10. 1. 서울지방법원은 광고사진저작물의 사용을 금지하는 내용의 가처분(97카합2513호)을 인정했다.

나. 병행수입의 법리와 대법원 판결의 평가

병행수입 법리는 권리소진을 전제로 한다. 권리소진의 법리는 유체물에 대한 법리가 무체물에 적용되었다. 앞서 언급한 바와 같이 1769년 영국의 Millar v. Taylor 사건에서 요셉 예이츠(Joseph Yates) 판사가 저작권에 대한 영구적 권리를 부인하는 법리로 제시하였다. 저작자와 그를 승계한 출판업자의 영구적 권리가 된다면 권리소진은 발생하지 않고, 영구히 권리를 행사할 수 있게 된다. 그렇게 된다면 궁극적으로 거래가 활성화 되지 않는다. 내가 소유한 책의 저자가 자신의 권리를 행사한다면, 그 책의 소유자 어느 누구도 좋아 하지 않을 것이기 때문이다.

18세기와 19세기의 학자들은 저작자가 자신의 표현을 공개한 경우나 자신의 아이디어를 공개한 경우에는 그 표현과 아이디어는 공중의 재산으로 생각했다. 그러한 법리를 따르면 자신의 출판물을 출판하여 판매하거나 특허물품을 판매한 경우에는 그 물품에 대한 저작권이나 특허권은 소진되어, 그 물품은 자유로운 유통에 놓여지게 되어 결국 거래가 활성화 된다. 상품의 재판매나 중고판매가 활성화 된다.

상품거래에 있어서도 같은 법리가 적용되어야 한다. 저작물이나 특허물품이나 모두 상품이기 때문이다. 그리하여 상품도 판매되어 상거래에 놓여진 경우에는 그 상품에 대한 모든 권리는 그 매수자에게 이전된다. 그와 같이 권리가 소진되더라도, 그 상품을 제조하거나 판매한 주체는 변함이 없으므로 그 상품에 부착된 상표는 당연히 그 상품의 진실한 출처를 나타나게 되므로 그 상표가 부착된 상품 그대로 판매할 수 밖에 없다.

저작물의 경우에는, 오히려, 저작자의 표시를 변경하면 저작인격권 침해로 인정된다. 상품에 부착된 상표에도 그 인적속성이 반영되어 있는 것이다. 따라서 병행수입자도 원래의 상표를 부착한 상품을 그대로 판매하는 것이 거래의 진실성을 보장하는 것이다. 대법원은 그와 같은 거래의 진실성을 보장하기 위해 진정상품의 병행수입자에 대하여 상표사용을 인정한 것이다. 본 사건은 상품 수출국인 영국과 우리나라의 상표권자가 같은 경우이어서 상표사용을 하는 것이 거래의 진실성을 보장하는 것이었지만 국내외에 상표권자가 다른 경우에는 본 사안의 법리가 적용될 수는 없다.

2. 새우깡 사건

가. 새우깡 상표등록거절과 항고심판을 통한 기사회생

[새우 전쟁 (경향신문, 1986년 10월18일 피 튀기는 새우깡 전쟁)]

등록번호: 4000218090000 등록일: 1971.04.17

등록번호: 4000298620000 등록일: 1973.03.26

사실 농심 새우깡이 상표 등록되기 이전에 상품분류 03(과자와 당류: 건과자, 증과자, 동과자, 비스켓, 카스테라, 드롭프스, 설탕, 사탕)에 '왕새우'라는 상표가 등록되어 있었다.

농심(등록시에는 "롯데공업주식회사")은 새우깡에 대하여, '새우'는 원재료 표시로서 식별력이 없는 부분이라고 하여, 상표등록을 하되, 권리가 없는 부분을 명확하게 공지하는 권리불요구제도를 통하여 좌측 상표(등록번호: 4000298620000)를 상표등록 출원했다.

농심이 '새우깡' 상표를 등록출원(1972.1.18.)하기 1년 전, 이미 한국 특허청(당시 상공부 특허국)에 '왕새우'라는 상표가 등록되어 있었다. 농심의 '새우깡' 상표는 이미 선등록되어 있던 '왕새우' 상표와 칭호 및 관념이 유사하다는 이유로 상표등록이 거절되었다. 이에 농심은 이에 불복하여 '거절사정불복심판(1972허원197)'을 제기했는데, 특허국 특허심판소는 특허청의 거절결정을 유지했다.

이에 특허국 항고심판소에 항고(72항고심판197)를 하였는데, 항고심판소는 원사정을 파기하면서, 상표의 외관, 칭호 및 관념에 있어서 유사한 바가 없으므로 '새우깡' 상표는 등록될 수 있다는 판단을 내렸다. '새우깡'과 '왕새우' 상표에 '새우'라는 문자가 각각 서두와 후미 부분에 동일한 문자로 구성되어 있어 부분적으로 유사하지만, '새우깡'이 국내에서 저명하여 그 저명도에 있어 거래자나 일반수요자간에 식별될 수 있고, 양자의 외관은 비유사하다고 판단 하였다.

두 상표의 칭호에 관하여 본원상표는 "새우깡"이라고 일음적으로 호칭되며, 이를 발음할 때 "깡"이라는 강음이 수요자에게 강한 인상을 주는데 반하여 인용상표는 "왕새우"라 호칭되는 것으로서 "왕"의 발음이 앞에 옴으로서 인상적이고 큰 발음이 나므로 일반 수요자가 양 자의 칭호를 명확하게 식별할 수 있다고 보는 것이 사회 경험칙상 타당하다 할 것이며, 따라서 양 상표의 칭호는 비유사하다고 판단했다.

관념에 있어서 본원상표 "새우깡"을 연속적으로 표현하여서 강한 발음인 "깡" 자체가 특별한 의미를 갖지 아니하는 하나의 조어로 볼 수 있으며, 소비자가 부르기 쉽게 한 어미에 지나지 아니한데 반하여 인용상표 "왕새우"는 큰 새우라는 관념이 나타나며, 새우의 종류를 나타내는 것이라고도 할 수 있어 양 자의 관념은 다르다고 결정했다.

당시의 결정은 법이론과 논리적으로는 맞지 않는데, 그 당시 우리나라에는 상표법리가 발전하지 않았기 때문이라고 할 것이다. 새우깡은 기술적 명칭으로서 기본적으로 상표로서 등록을 할 수 없다. 다만 본 사안에 대하여 적용되는 1963. 3. 5. 시행된 상표법(법률 제1295호)은 사용에 의한 식별력이 발생한 경우, 상표등록을 허용하는 규정이 없었다. 다만 상표는 식별력이 존재할 것이 상표법의 명제이므로 사용에 의하여 식별력이 발생한 경우에 상표등록을 허용하더라도, 당연히 기술적 의미(descriptive meaning)의 표장은 식별력이 없으므로 상표등록을 허용하지 않거나 등록상표침해를 인정할 수 없다. 당시 상표법 제3조 제1항 제5호에 "동종의 상품에 널리 관용하는 표장과 동일 또는 유사한 것" 및 제6호에는 "상품의 성질만을 설명하거나 상표를 사용할 상품의 그림만을 표시한 것"은 식별력이 없어 상표등록을 허용하지 않고 있었으므로, '왕새우'와 '새우깡' 상표가 식별력이 있는지 여부를 먼저 심리했어야 한다.

또한 동 조항 제11호에는 "타인의 등록상표와 동일 또는 유사한 상표로서 동종의 상품에 사용하는 것"은 상표로 등록할 수 없었다. 당시 특허국 항고심판소는 이점에 대하여만 심리를 한 것이다. 인용상표이자 선등록상표인 "왕새우" 상표도 제3조 제1항 제6호에 의하여 기술적 명칭에 불과하여 상표등록을 할 수가 없는 상태이었으므로 제11호를 검토하는 것 자체가 의미가 없었다.

어쨌든 농심은 항고심판을 통하여 등록거절을 극복하여 '새우깡' 상표를 등록받아 사용하였는데, 그 후 '상표권존속기간갱신등록출원(출원번호 : 5019830000728)'을 하고, 지정상품의 추가등록제도를 통해 '건과자', '건빵', '설탕', '식빵', '아이스크림' 등 '지정상품을 추가로 등록출원(출원번호 : 7019820000318)'해 등록을 받았다고 한다.

나. 삼양식품의 상표등록출원의 거절결정과 거절이유의 타당성

1980년대 후반, 삼양식품 주식회사(이하, 삼양식품/ 구 삼양식품공업 주식회사)는 자사의 제품명에 '새우깡'이라는 단어를 사용하기 위해 '삼양 생새우깡', '삼양 왕새우깡', '삼양 새우깡' 등의 상표를 등록출원하고 농심의 '새우깡'의 '지정상품추가등록'과 '상표등록존속기간갱신등록'을 무효화하는 소송을 제기했다.

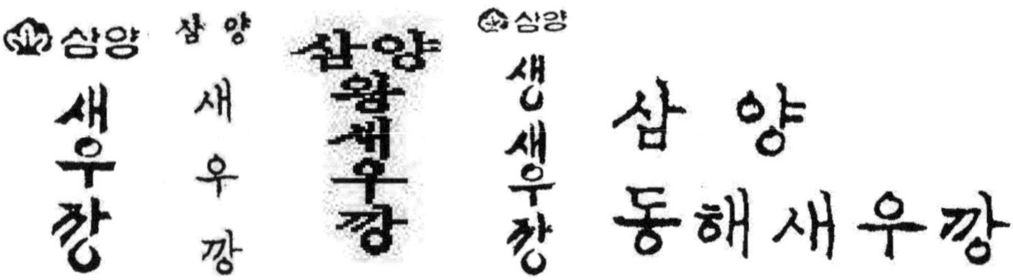

[삼양식품이 상표등록을 시도했던 표장들]

위의 표장들은 모두 삼양식품이 출원했다가 거절당한 것들이다. 현대의 상표법리로 보면, 최소한 '삼양'이라는 문자부분이 식별력이 있는 부분이기 때문에 위 상표들은 상표등록을 할 수 있었을 것으로 보인다. 그러나 어찌된 일인지 모르지만, 모두 상표등록에 실패했다. 이러한 잘못된 이유는 둘 중의 하나라고 생각된다. 특허청이나 법원이 상표법리를 이해하지 못하였다는 점은 알 수 있을 것이다.

아래의 내용은, 연구논문[42], 웹에 게시 내용[43] 등을 참조하고 사건 판결[44]을 찾아 정리했다.

42) 구대환 & 장재원, "번호이동성제도에 따른 상표의 식별력 변화와 대응 전략", 지식재산21 제89호, 특허청 (2005) 3-30.
43) 이하는 다음 웹페이지의 글을 참조하고, 사실조사를 통해 수정을 했다. 출처:https://www.designmap.or.kr/ipf/IpTr04FrD.jsp?p=21.
44) 대법원 1990. 12. 21. 선고 90후38 판결.(등록상표 "새우깡"을 장기간의 사용에 의한 특별현저성이 형성된 상표라고 함).

삼양식품은 위의 상표들을 새우로 만든 과자에 대한 상표로 출원하면서, 농심이 지정상품을 추가하고, 상표의 존속기간갱신등록을 하자, 농심의 상표등록존속기간갱신등록 무효심판을 제기하면서 새우깡 상표에 대한 쟁송을 제기했다.

삼양식품은 '새우깡'이 지정상품(새우로 만든 과자)의 원재료 표시인 '새우'라는 문자와 과자류를 의미하는 관용화된 표장 '깡'이라는 문자[45]가 결합되어 식별력을 결여했다고 주장했다. 이에 농심은 '새우깡'이 일련불가분으로 구성된 상표이며, 장기간 사용하면서 수요자에게 현저하게 인식되었기에 식별력이 있다고 반박했다. 특허청 항고심판소는 등록상표의 존속기간갱신등록출원일 당시에 농심의 새우깡 등록상표가 상표법 제8조 제2항 소정의 특별현저성을 취득하였다고 심결했다.[46] 그러나 이러한 항고심판소의 주장은 새우깡 상표의 원등록 당시에는 식별력이 없었다는 것을 의미하게 되므로 1972년 항고심판소의 상표등록결정 자체(72항고심판197)가 무효임을 스스로 자인하는 의미로도 될 수 있다. 심판의 신뢰성에 대하여 의구심을 갖게 하는 논거라고 생각된다. 어쨌든 삼양이 불복하여 대법원에 항고심판소 심결의 취소소송을 제기했다. 두 회사간의 분쟁은 대법원에서 '상표등록존속기간갱신등록'에 대한 무효소송[47]에 의해 결정되었다.

대법원은 문자의 결합(새우+깡)으로 이루어진 상표에 관한 식별력의 판단은 전체적(새우깡)으로 관찰하는 것이 타당한데, 등록상표 "새우깡"의 구성요소 중 "새우"는 지정상품의 원재료 표시이어서 구 상표법 제8조 제1항 제3호의 규정에 해당되고 "깡"은 지정상품이 과자류인 경우에는 관용화된 표장이지만 "새우깡" 자체가 관용표장이라고 할 수 없고, "새우깡"에 대한 선전 광고 사실과 1973년 이래 현재까지 이 사건 등록상표가 계속 사용되어 온 사실에 비추어 이 사건 등록상표가 수요자 간에 널리 인식되었고, 또한 현실적으로도 우리의 주위에서 이 사건 등록상표가 피심판청구인의 상표인지 쉽게 알 수 있을 정도로 널리 알려져 있음이 거래실정이라면, 이 사건 등록상표는 그 전체를 하나의 상표로 봄이 타당하며, 같은 법 제8조 제2항 소정의 장기간의 사용에 의한 특별현저성이 형성된 상표라고 판시했다. 그리하여 삼양식품의 주장을 기각

45) 대법원 1975.1.14. 선고, 73후43 판결은 "깡"을 과자에 관용화 된 표장으로 인정했다.

46) 특허청 1989.12.15. 자 86항당137 심결.

47) 대법원 1990. 12. 21. 선고 90후38 판결.

했다.

결국 새우깡 전쟁은 농심의 승리로 끝났지만, 그 특허청 항고심판소나 대법원이 판단한 법리적 내용은 전연 뒷받침 되지 않는 법리에 기초한 것이므로 전혀 수긍을 할 수 없다. 왜냐하면, 새우로 만든 과자 상품에 대하여 식별력이 없는 원재료 표시에 해당하는 기술적 용어인 '새우'와 과자의 관용명칭인 "깡"을 결합하여 새로운 관념 등이 창작되면 본질적인 식별력이 있거나 또는 사용에 의한 이차적인 식별력을 발생할 수 있고, 이러한 경우에 상표등록을 할 수 있다는 점은 동의한다.

그러나 새우로 만든 과자에 대하여 "새우깡"은 어떤 본질적인 식별력이 발생하지 않는다. 새우깡에서 새우로 만든 과자라는 의미가 직감되기 때문이다. 즉 본 사안에서 본질적인 식별력(inherent distinctiveness)이 없고, 사용에 의한 식별력(acquired distinctiveness)만이 존재할 수 있는 것이다. 새우로 만든 과자에 대하여 '새우깡' 상표가 본질적인 식별력이 있다고 주장할 수 있으나, 이러한 주장은 조소와 조롱만을 만들 뿐이다. 1972년 새우깡을 상표등록 출원했을 때는 농심과 삼양사이의 상표분쟁시에 적용되었던 상표법 제8조 제2항은 존재하지 않았다. 따라서 이는 1972년 특허국 항고심판소의 상표등록결정 심결이 잘못되었다는 점을 자인하는 근거가 될 수 있음은 위에서 지적했다.

또한 '새우깡' 상표에 본질적인 식별력이 존재하지 않는다는 점은 '장기간의 사용에 의한 특별현저성이 형성된 상표'로 이미 특허청 항고심판소와 대법원이 인정하고 있다. 법원도 농심의 새우깡 상표가 본질적인 식별력이 없음을 인정하였고[48], 사실 농심이 새우깡을 등록한 것은 사용에 의한 식별력(이차적 의미)이 발생하였다는 주장을 하여 법원이 이러한 이차적 의미가 발생한 상표로 인정하여 그 등록의 유효성을 인정받은 것이다. 결국 새우깡 상표에 본질적인 식별력은 존재하지 않는다.

그렇다면, 삼양식품의 새우깡 상표도 식별력이 없는 기술적 의미의 상표이다. 다만, 그대로 상표등록을 하지 않고 사용하더라도 출처표시로서의 사용, 즉 상표로서의 사용이 아니므로 농심의 상표권을 사용하는 것은 아니다. 다만, 본질적인 식별력이 없으므로 상표등록을 할 수 없고, 사용에 의한 이차적 의미가 발생하면 상표등록을 할 수

48) 대법원 1990. 12. 21. 선고 90후38 판결은 등록상표 "새우깡"을 관용명칭 상표가 아니라 장기간의 사용에 의한 특별현저성이 형성된 상표라고 하였다. 즉 본질적인 식별력이 아닌, 사용에 의한 식별력이 발생했다고 판시했다.

있는 것이다. 그러나 사용에 의한 이차적 의미의 발생은, 새우깡이라는 삼양식품의 상표를 출처표시로 사용을 해야 그 발생이 가능한 것인데, 이때에 삼양식품의 새우깡 상표는 출처표시 기능을 하는 상표로서의 사용이 되므로 농심의 등록상표인 새우깡 상표의 상표권을 침해하게 될 수 있다. 현재에는 이러한 문제는 병존사용제도(공존동의제도)를 통해 해결하고 있다.

그러나, '삼양+새우깡' 상표는 '삼양' 부분이 식별력이 있으므로 식별력이 없는 '새우깡' 부분과 함께 상표등록을 할 수 있다. 이 경우에 등록한 상표는 삼양부분에만 상표권이 발생하는 것이지, 새우깡 부분은 식별력이 없는 부분으로 상표권의 효력이 없다. 이는 농심의 새우깡 상표에 있어서, 본질적인 식별력이 없는 것과 같은 이유이다.

결국, '삼양'이 포함된 새우깡 상표에 대한 수긍할 수 없는 등록거절로 인하여, 한 회사는 자신의 영업의 자유를 상실했고, 경쟁회사는 이득을 얻게 되었다. 그러나 그 이득은 제대로 된 법리적용에 의한 것은 아니다. 행정부와 법원의 법리에 대한 지식이 부족하여 한 회사의 권리가 침해된 것이라고 할 것이다. 이하의 일련의 사건 판결의 평석을 통하여, 본 판결의 부당함이 다시 드러날 것이다.

3. 수원삼성도매센터 사건[49]

가. 사안의 정리 및 쟁점

산업이 발전하고 거래가 활성화 된 현대사회에서는 상품의 제조자를 통한 직접적인 유통거래보다는 상표를 통한 거래유통이 필수요건이다. 따라서 상품을 유통하는 사람은 자신이 유통하는 상품의 상표를 사용할 수 밖에 없다. 그리하여 상품거래 초기부터 상표법은 권리소진의 원칙을 발전시켜오고 있다. 권리소진의 원칙은 상품을 판매하여 그 소유가 변경된 경우에는 그 상품에 사용된 상표권은 소멸된다는 원칙이다. 그리하여 상표가 부착된 중고품 거래도 상표권을 침해하지 않게 된다. 권리소진의 원칙은 상

49) 대법원 1996. 6. 11. 선고 95도1770 판결. 본 '삼성수원도매센터' 사건에 관한 설명은 '상표법 주해'(정상조, 박성수 대표편집)중 필자의 집필부분을 발췌하여, 본 저술의 취지에 따라 수정 보완했음.

표권 뿐만 아니라 특허권이나 저작권에도 인정되고 있다.[50)]

전기 전자용품의 제조 판매업자가 그 대리점 등을 통하여 유통업이나 판매전략업, 고장수리업 등 관련 서비스업에도 다양하게 진출하고 있는 거래사회의 실정을 고려하면 "삼성수원도매센타"라는 서비스표로 전기 전자용품의 판매 등 관계 서비스업을 영위하는 경우 일반 수요자는 "삼성수원도매센타"를 "삼성전자"의 등록상표권자인 삼성전자 주식회사의 대리점으로 오인하여 그 서비스업의 출처나 신용 및 품질 등에 관하여 혼동할 가능성이 있다고 보아야 한다고 한 대법원 판례가 있다.[51)] 그러나 본 사건에서 문제된 삼성수원도매센터에서는 정당하게 유통된 삼성전자제품만 판매하였다면 판시와 같은 결론에 도달할지 의문이다. 삼성제품을 판매하면서 삼성이라는 명칭을 사용하는 것이 상표법 위반이라면, 홍길동이 아버지를 아버지라고 부르는 것이 죄가 될 것이다.

본 사건에서 피고는 기본적으로 삼성수원도매센터를 상호(trade name)로서 사용한 것으로 보인다. 보통 간판에 표시하는 것은 상호이기도 하지만 서비스표나 상표의 사용행태이기도 하다. 본 사건의 경우에는 '간판'에 '사용'하였기 때문에 상표나 서비스표의 사용과 유사하다. 그러나 상호를 간판에 사용하는 것 자체가 잘못된 것은 아니다. 상호를 어디에 사용하든 그것은 자유이다. 보통 상표와 상호를 혼용해서 사용하고, 상호와 상표를 같이 사용하기도 하는데 이는 불법적인 것이 아니라 합법적인 것이다. 이러한 경우를 '상호상표'라고 부른다. 상호를 상표로 또는 그 반대로 사용한다는 의미이다. 다만 상호상표인 경우에는, 상호에 관한 상법조항과 상표법이 동시에 적용된다.

나. 상품의 진실성을 나타내는 것이 상표법과 부정경쟁방지법 위반인가?

상호사용이 문제가 되는 것은 자신의 동일성(identity)이 아닌 자신이 제공하는 서비스나 제조판매 등을 하는 상품의 출처로 표시하는 경우이다. 기본적으로 상호는 자신의 헌법상의 기본권인 인격권의 표지로서 사용하는 것이므로 상품의 출처표시인 상표, 즉 재산권보다 우선한다고 보아야 한다. 물론 자신이 상호를 사용하는 것이 인격적

50) 저작권법은 권리소진의 원칙을 명시하고 있는데, 저작권법 제20조 및 제21조에 규정하고 있다.

51) 대법원 1996. 6. 11. 선고 95도1770 판결(본 사건은 민사사건이 아닌 형사사건이다).

인 권리라고 하여도 타인의 재산권을 침해하는 것이 정당한 것은 아니다. 자유의 한계를 넘는 행위가 된다. 그러나 '부정경쟁의 목적'으로 혼동을 발생시켜 재산권인 상표권을 침해한 것이 아니라면 인격적 표지의 사용을 상표권으로 제한할 일은 아니다.[52]

대법원은 '보령제약사건'에서

> 원판결에 의하면 피고가 그가 경영하는 약국에 「수원보령약국」이라는 상호를 그 판시와 같은 방법으로 그 약국이 있는 곳에 세운 아크릴제 간판과 그 약국 유리창에 표시하고 극장 관람권에 그 약국명을 표시하여 일반수요자에게 배포하고 경기지구 약품판매업자 명부에 피고 경영의 약국 명칭을 「보령」으로 표시하였다는 것인데 피고가 위 상호를 이와 같은 방법으로 사용한 것이 단순히 피고가 경영하는 약국을 일반수요자에게 널리 알리기 위하여 그의 명칭을 광고하고 선전하는 것인지 또는 그렇지 않고 그와 아울러 그 약국에서 판매하는 어느 의약품에 관해서 광고하고 선전하는 것인지 불명확한 바 이렇듯 피고의 위 행위가 피고의 영업 그것만에 관한 것인지 또는 그렇지 않고 그 영업에서 취급하는 어느 상품에 관한 것까지 포함하는 것인지를 명확히 하지 않고는 피고의 그 행위가 상표권 침해라고 할 것인지의 여부를 가리지 못할 것이므로 피고의 위 판시와 같은 행위를 곧 상표권의 침해로 단정할 수 없을 것이고...

라고 판시하여, "삼성수원도매센터"와 같은 사용행태를 상호사용인지 서비스표로서 사용하는 것인지 구분하여야 한다고 한 바 있다. 이 건의 경우에는 "삼성수원도매센터"는 서비스를 나타낸 것임을 나타내는 사실관계가 판결문상 명시된 바가 없어 확인되지는 않지만 상호 사용으로 못 볼 바가 아니다.[53] 즉 상호상표로 보인다. 상호를 쉽게 확인하는 방법은 거래명세서나 영수증에 거래 주체, 즉 발행인의 상호를 확인하면 된다. 의약품의 발명자의 이름인 "Dr. Johnson's Yellow Ointment"으로 판매한 피고를 원고가 제소한1783년 영국의 Singleton v. Boulton 사건에서 Lord Mansfield는

> If the defendant had sold a medicine of his own under the plaintiff's name or mark, that would be a fraud for which an action would lie. But here both the plaintiff and defendant use the name of the original inventor, and no evidence

52) 상표법 제90조 제1항 제1호 참조.

53) 본 사건이 형사사건임을 감안하면, 분명한 판시가 있어야 한다.

was given of the defendant having sold it as if prepared by the plaintiff. The only other ground on which the action could be maintained was that of property in the plaintiff, which was not pretended, there being no patent, nor any letters of administration.

↘ 피고가 원고의 이름이나 상표를 사용하여 자신의 약품을 판매했다면 이는 소송의 청구원인이 된다. 그러나 본 사안에서 원고와 피고 모두 원래 발명자의 이름을 사용한 것으로서, 원고의 물품인 것처럼 피고가 판매했다는 증거가 없다. 본 소송이 유지될 수 있는 유일한 다른 근거는 원고의 재산을 침해한 경우인데, 이는 주장되지 않았으며 재산이라고 인정될 근거인 특허나 행정증서도 없다.

위 판결은 현대 상표법의 기초법리를 확립한 사건으로 평가받고 있다. 1783년의 위 사건과 1990년의 수원삼성도매센터 사건이 다른 것은 무엇일까?

자신의 간판에 위 삼성전자의 등록상표인 "SAMSUNG", 3개의 별모양과 비슷한 위 삼성전자의 로고를 사용한 것으로서 자신의 영업에서 취급하는 삼성전자 제품을 판매하는 '서비스표' 사용으로 볼 수 있는 여지는 있다. 그렇다고 하더라도 삼성전자 상품에 대한 '상표'의 무단 사용으로는 인정되지는 않는다.[54] 즉 판결은 상표침해를 인정했지만 상표침해가 성립되지 않는다는 것이다. 그 뿐만 아니라 대법원 판시와 같이 대리점 관계로 오인한다고 하더라도 이는 상표가 보호하는 상표권이나 서비스표권의 사용범위가 아니다. 그럼 불구하고 대법원은 "일반 수요자에게 등록상표권자인 삼성전자 주식회사의 대리점으로 오인케 하여 그 서비스업의 출처나 신용 및 품질 등에 관하여 오인, 혼동을 초래할 가능성이 있다고 보아야 할 것" 이라고 하여 등록상표 침해를 인정하고 있다. 그러나 본 판결은 상표권과 서비스표권이 구분된다는 기본적인 법리를 무시한 판결이다.

피고인이 "삼성수원도매센터"를 서비스표나 상표로서 사용한 것이라고 하더라도 이는 권리소진의 원칙이 적용될 수 있고, 권리소진이 되는 경우에는 상표권의 효력이 미치지 아니한다. 따라서 상품에 상표가 표시된 상태로 판매할 수 있다. 즉 거래에 제공된 상품은 거래에 의하여 그 상품의 상표권, 특허권 및 저작권 등의 권리가 소멸하므

54) 자세한 것은 신성기, 등록상표를 서비스표로 사용하는 것은 상표법위반죄가 성립되는지 여부, 대법원판례해설, 제25호 법원도서관(1996) 참조. ("상표와 서비스표 사이에서 출처혼동의 우려가 있어 그 금지권의 효력이 미친다 하더라도 이는 상표나 서비스표의 등록을 거절하고, 등록이 된 권리를 무효로 할 수 있다는 것에 불과하고 형사상의 처벌까지 가능한 것은 아니라고 보아야 하는 것이다.").

로, 재판매나 중고판매를 하더라도 그와 같은 권리침해가 발생하지 않는다.

우리 대법원은 '버버리병행수입사건'에서

> 상표는 기본적으로 당해 상표가 부착된 상품의 출처가 특정한 영업주체임을 나타내는 상품출처표시기능과 이에 수반되는 품질보증기능이 주된 기능이라는 점 등에 비추어 볼 때, 병행수입업자가 위와 같이 소극적으로 상표를 사용하는 것에 그치지 아니하고 나아가 적극적으로 상표권자의 상표를 사용하여 광고·선전행위를 하더라도 그로 인하여 위와 같은 상표의 기능을 훼손할 우려가 없고 국내 일반 수요자들에게 상품의 출처나 품질에 관하여 오인·혼동을 불러일으킬 가능성도 없다면, 이러한 행위는 실질적으로 상표권침해의 위법성이 있다고 볼 수 없을 것이므로, 상표권자는 상표권에 기하여 그 침해의 금지나 침해행위를 조성한 물건의 폐기 등을 청구할 수 없다고 봄이 상당하다고 할 것이다.

고 판시했다.[55] 즉 국내에 상표권이 없는 사람이 영국의 버버리 본사의 제품을 영국에서 직접 병행수입하여 국내 판매하면서 버버리라는 국내 등록상표를 상표권자나 전용사용권자 등으로부터 사용허락없이 사용하더라도 상표권 침해가 없다고 판시한 사건이다.

이는 비록 병행수입물품이어서 국내의 상표권자가 적법한 상표권 행사에 의해 생산 판매하는 제품이 아니더라도, 원래 버버리가 생산하여 판매하는 제품이므로 '버버리'라는 상표 부착하고, 이를 광고한다고 하더라도, 버버리 제품을 버버리 제품으로 판매하는 것이어서 진정한 상품을 진정하게 판매하는 것이다. 따라서 이러한 상표사용은 거래의 진실성과 공정성을 해하지 않는다. 즉, 홍길동이 아버지를 아버지라고 부르는 것이기 때문에 진실에 반하지 않고, 표현의 자유의 영역에 존재한다는 것과 같은 이치이다. 따라서 거래의 진실성을 위협하지 않으므로 상표법의 기능에 일치하여 상표법 위반이 없다는 것이다.

버버리 병행수입사건에서 본 바와 같이 병행수입업자라도 당연히 상표를 사용할 수 있다. 다만 병행수입업자가 그 병행수입한 물품을 버버리 상표권자나 전용사용권자 또는 통상사용권자 등의 영업이나 상품과 혼동(즉 '누가' 판매하는지에 대한 혼동)을

55) 대법원 2002.09.24. 선고 99다42322 판결.

발생시킨다면, 이는 수요자 기망이 발생하는 것이므로 거래의 진실성과 공정성을 위협하는 부정경쟁행위에 해당한다. 대법원의 판결도 동일한 결론을 내렸다.

굳이 위 판시된 권리소진 법리를 언급하지 않더라도, 삼성전자가 자신의 제품을 유통망에 편입시킨 이상 피고인은 "삼성수원도매센타"에서 자신이 판매하는 상품인 삼성전자의 상표 등을 매장내에도 사용할 수 있고, 적극적으로 광고를 할 수도 있다. 상품과 거래의 진실에 부합하므로 거래의 진실성과 공정성을 해하는 것은 아니다. 삼성전자제품을 판매하는 판매자가 "삼성수원도매센타"라는 상호를 내걸고 자신의 삼성전자제품을 판매하는 서비스업을 광고하면서[56] 삼성전자 상표가 부착된 상품을 판매하여도 "삼성전자"가 등록한 이 사건 상표를 침해하였다고 할 수는 없는 것이다. 상표의 기능을 훼손이 문제되는 것이 아니다. 삼성전자가 중간판매상을 통하여 자신이 생산한 상품을 소비자에게 판매한다면 자신의 상표사용을 적극적으로 허용, 즉 보증한 것으로 보아야 하기 때문이다. 유통업자와 판매업자에 의한 그와 같은 상표사용이 삼성전자에게 이익된다. 진실된 삼성전자의 상품을 판매하기 때문이다.

중간 판매자로서는 OEM으로 제조된 상품이 아닌 한 제조자의 상표가 부착된 상표품을 구입하여 판매하는 것을 전제로 통상적인 상거래가 성립되는 것이라고 볼 수 밖에 없다. 본 사건에서 명시적인 반대 입증이 없는 한 제조자인 삼성과 판매상인 피고인 사이의 관계[57]때문에 판매상인 피고인은 상표권자인 제조자의 상품을 상표품으로 하여 판매할 수 있도록 적극적으로 허용한 것으로 보아야 한다.[58] 삼성전자는 자신이 제조한 상품을 중간 판매상을 통하여 유통시키는 한, 권리소진원칙(권리소진원칙은 1769년 영국의 Millar v. Taylor 사건에서 그 기본 철학과 법리가 제시되었고, 현재 지적

56) 자신이 제공하는 서비스와 상호를 연결시키는 광고를 하였다면 상호를 서비스표로 사용했다고 볼 수 있다고 생각한다.

57) 본 사건에서는 삼성전자와 피고인 사이에 직접적인 계약이 성립한 것이 아니라 삼성전자와 제1매수인간의 판매계약이 존재하고 이 판매에 의하여 권리소진이 된 것으로 판단된다. 다만, 계약에 의하여 권리소진의 원칙을 유보시킬 수 있는지에 대한 우리 판례는 존재하지 않는 것으로 보인다. 본인의 판단으로는 (라이센스) 계약에 의하여 권리소진원칙을 유보시킬 수 있다고 생각되지만, 일반 다중에 대한 판매에서는 권리소진을 유보시키는 것은 불가하다고 생각된다. 본 사건에서는, 권리소진이 유보되었는지에 대하여 불명하지만, 권리소진의 원칙이 유보된 것으로 보이지 않는다.

58) 권리소진원칙을 계약에 의하여 배제할 수 있는지에 대한 우리 판례는 아직 존재하지 않는 것으로 보인다.

재산권법의 근간을 이루는 법리이다)을 제한하는 명시적인 계약없이는[59] 중간 판매상에게 상표권 주장이나 침해 주장을 할 수 없다. 그와 같이 해석하는데 있어서 삼성전자와 중간판매상 사이에는 직접적인 대리점 계약 등의 계약이 필요하지 않다. 왜냐하면 피고인이 삼성전자 제품을 판매하고, 이로 인하여 삼성전자는 그러한 피고인의 물품 판매로부터 이익을 얻고 있기 때문이다.[60] 따라서 삼성전자와 판매상인 피고인 사이에는 대리점이나 기타 관계에 있는 것으로 보일 수 밖에 없을뿐더러, 오히려 그런 관계의 존재를 의제하여야 한다. 왜냐하면 그러한 관계가 존재하여야 수요자는 정당한 상품을 구입하는 것이기 때문이다.[61]

본 건 피고인의 상표나 서비스표 사용은 상표의 지명적 공정사용(nominative trademark fair use)에 해당할 수 있다. 지명적 공정사용이란 자신의 상품을 기술/설명하기 위해 타인이 상표를 사용을 해야 하는 것이다. 예컨대, 현대자동차의 자동차에 사용되는 부품이라면, 현대자동차나 해당 자동차를 표시해야 한다. 마이크로 소프트 사의 윈도우 프로그램을 설명하는 사용설명서 서적은 마이크로 소프트 사의 윈도우라는 상표를 자신의 서적이 기재하여야 한다. 우리나라에서도 이러한 취지의 판례가 존재한다.[62]

미국에서는 지명적 공정사용을 위하여는 일반적인 공정사용보다 좀 더 엄격한 요건을 요구하여 i) 타인의 상표를 사용할 수 밖에 없는 불가피성, ii) 합리적 범위내에서의 타인의 상표 사용 및 iii) 비혼동이 있어야 공정사용을 인정한다.[63]

59) 권리소진원칙을 계약에 의해서 명시적으로 배제 내지 유보할 수 있다는 전제를 하는 경우이다. 권리소진의 원칙이 배제 내지 유보되어도 최종소비자에게는 권리소진이 된다고 하여야 한다. 이에 대하여는 미국의 Quanta Computer, Inc. v. LG Electronics, Inc., 553 U.S. 617 (2008) 사건이 있다. 본 사건은 방법특허에 관한 것으로, 라이센스 계약상의 권리소진의 제한은 그 계약의 당사자가 아닌 제3자(Quanta Compouter, Inc.)에게 적용되지 않는다고 판시했다. 물건발명에 대하여는 일찍이, United States v. Univis Lens Co., 316 U.S. 241 (1942) 사건에서 권리소진을 인정했다. 이에 반하여, 우리나라의 소위 '도라에몽' 사건(대법원 2023. 12. 7. 선고 2020도17863 판결)은 현대 지적재산권법상의 권리소진의 원칙의 법리와 거꾸로 가는 법리를 채용했다. 대법원은 중국에서 국내로 직접 판매한 회사(B)는 일본의 저작권자(A)로부터 중국 내에서만 제품을 판매할 수 있다는 이용 방법 및 조건의 범위 안에서 도라에몽 캐릭터에 관한 이용허락을 받은 것이므로 저작물을 이용할 수 있는 범위는 저작물 이용허락 계약에 따라 정해지므로, 중국내 판매사(B)가 일본의 저작권자로부터 이용허락 계약에서 정한 판매지역을 넘어서 국내회사인 피고인(C)에게 직접 도라에몽 블록 제품을 판매한 행위는 저작재산권자의 허락을 받지 않은 것으로 볼 수 있다고 하였다. 그러나 저작권에 대한 이용허락의 범위 등을 제한 사항을 공시하지 않는 이상, 그와 같은 A사와 B사의 제한은 C 사에게 대항할 수 없다고 봐야 한다. 권리소진의 원칙은 계약상의 제한을 넘는 저작권법과 지적재산권법상의 법리이다. A 사는 B 사에게 채무불이행 책임을 묻는 외에 C 사에게 저작권 침해주장을 하는 것은 타당하지 않다고 보인다. 계약에 의해 사적 독점을 창설하는 것이 되기 때문이다. 즉 법이나 관습법이 아니라 임의로 물권을 설정하는 것과 같다.

60) 삼성전자와 판매상인 피고인 사이에는, 커먼로(common law)에서 말하는, privity가 존재하는 것이다.

61) 만일 그러한 관계가 없다면, 하자담보 책임이나 보증서비스 등을 받을 수 없게 되는 문제가 발생한다.

62) 대법원 1999.12.7.선고 99도3997판결; 대법원 1998.5.22. 선고 98도401판결; 대법원 1995.5.12.선고 94후1930판결.

63) New Kids on the Block v. News America Publishing, Inc., 971 F.2d 302, 306 (9th Cir. 1992) 참조.

미국 상표법상의 지명적 공정사용 요건에 비추어 보더라도 삼성전자의 상품을 판매하기 위해 삼성이라는 상표를 사용하여야 하기 때문에 불가피성이 존재하고, 합리적 범위내의 상표사용이라고 보인다. 전자제품 판매업은 상품을 판매하는 것이므로 삼성의 전자제품(상품)과 피고인의 서비스표인 "삼성수원도매센터" 사이에 혼동이 발생한다고 할 수 없다.[64] 권리소진의 원칙에 의하여 판매상들이 소진된 상표를 자유롭게 사용할 수 있기 때문이다.

그 뿐만 아니라, 앞서 언급한 바와 같이, 제조자와 중간 판매자의 판매계약에 의하여 판매자가 제조자의 상표품을 판매할 수 있는 권리를 부여한 것으로 봐야 한다. "삼성수원도매센터"와 "삼성" 또는 "Samsung"과의 관련성, 즉 후원관계(association)는 삼성전자제품을 판매한다는 판매업과 그 상품사이에 필연적으로 발생하는 관계이다. 그 상호나 서비스표의 사용 행태(본 사건에서는 "삼성수원도매센터")가 어떻든 이러한 관계는 발생한다. 삼성전자의 제품을 판매하고 피고인이 삼성제품을 판매한다는 사실이 진실이기 때문에 이를 혼동관계라고 할 수는 없다. 대리점 관계가 존재하든 그렇지 않든 삼성전자의 제품을 판매하는 것 자체가 진실인 한 문제시 되서는 안 된다. 삼성전자가 자신의 제품을 직접 판매하지 않고 중간 판매상들을 통하여 판매하는 것 자체에서 삼성전자 상표 등 판매에 필요한 것을 자유롭게 사용할 수 있도록 허용한 것이기 때문이다. 삼성전자와 판매상 사이의 관계는 대리점 관계일 수도 그렇지 않을 수도 있다. 따라서 대리점 관계가 없더라도 피고인은 삼성전자 상표를 자유롭게 사용할 수 있다. 위 판결에서 대법원은 수요자들이 "삼성수원도매센터"와 삼성전자 사이에 대리점 관계가 있다고 오인한다고 판시하고 있지만, 삼성전자 대리점만 삼성전자 제품을 유통 판매하는 것이 아니므로 삼성전자와 피고인 사이에 대리점 관계가 존재한다는 오인혼동을 문제 삼을 수 없다. 형사 소송에 가장 중요하기 기본 원칙인 증거에 의한 판결이 아니라 대법원의 추측에 의한 판결이라고 할 수 있다. 그 뿐만 아니라 대법원 판결은 삼성전자 제품을 판매하는 모든 판매상이 삼성전자의 대리점인지 여부는 판단결과에 영향을 미치는 것이 아니라는 점을 간과했다.[65] 왜냐하면 삼성전자가 삼성제품

64) 신성기, 등록상표를 서비스표로 사용하는 것은 상표법위반죄가 성립되는지 여부, 대법원판례해설, 제25호 법원도서관 (1996).

65) 본인은 이 점에 대해서는 판결문에 나와 있지 않기 때문에 정확히 판단할 수는 없지만 그 당시 삼성제품을 판매하는 모든 판매상이 삼성전자의 대리점이었을 것이라고 생각하지 않는다. 피고인을 제외한 모든 판매상이 대리점 관계에 있다고 하더라도 판결문에 나타난 사실만으로 상표법 위반이 되지 않는다고 생각된다.

을 유통과정에 놓을 때 삼성과 그 판매상은 삼성제품을 판매할 수 있는 대리점관계나 기타 어떤 관계가 존재하기 때문에 판매상이 삼성제품을 판매할 수 있고, 판매상을 통하여 판매를 하고 있는 삼성전자는 수요자가 삼성전자와 판매상간에 대리점 관계가 존재한다고 오인을 하더라도 이를 감수한 것으로 보아야 하기 때문이다.[66] 이러한 결론은 판매상이 어떤 상호나 서비스표를 사용한 것인지 여부에 관계없다.

결론적으로 가장 중요한 쟁점은 상호를 상호적으로 사용하는 그 자체를 문제 삼을 수가 없다는 것이다. 인격권의 행사는 재산권의 행사보다 항상 우선할 수 밖에 없는 것이기 때문이다. 다만, 문제가 된다면 피고인이 자신의 상호를 상호가 아닌 상표(서비스표)로 사용하는 것이다. 그러나 앞서 본 바와 같이 삼성전자의 상표권은 이 사건과 같은 서비스표적 사용에 대하여 권리가 미치지 않고 기타 삼성전자의 상표침해가 발생하지 않는다는 점은 앞서 지적한 바와 같다.

타인의 상표사용이 상표침해를 구성하지 않는다고 하더라도 부정경쟁행위의 성립을 방해할 수 없다. 상표법과 부정경쟁방지법은 별개의 법익을 보호하고, 그 구성요건도 다르기 때문이다. 예컨대, 아스피린 약은 아스피린으로 불리고 있어 상표등록을 할 수 없으므로 등록 상표로 보호받지 못하지만, 타인이 특정한 제조자 또는 판매자가 사용하는 동일한 유명한 아스피린 표장을 사용한다면 수요자에게 혼동을 일으켜 부정경쟁행위가 될 수 있다.

피고가 삼성제품을 판매하는 관계에서는 판매자와 삼성전자와 대리점이나 판매점의 상거래 관계[67]가 있고, 수요자들은 삼성전자와 피고인 사이에 형성된 그러한 상거래 관계를 바탕으로 삼성전자 제품을 피고인으로부터 구입하기 때문에 부정경쟁행위를 인정할 수 없다. 그 뿐만 아니라 피고인이 삼성전자와 대리점 관계가 있다고 적극적으로 기망하였다고 하더라도 그것만으로는 상품주체나 영업주체에 대한 혼동이 발생하지 않으므로 부정경쟁행위가 성립된다고 보이지 않는다. 왜냐하면, 수요자는 진정한 삼성제품을 구입한 것이고, 삼성전자로부터 구입한 것이 아니라 삼성제품을 판매한다는 피고인으로부터 구입한다는 사실을 알고 있기 때문이다. 또한 피고인은 삼성전자

66) 실제 대리점 관계로 오인하였는지도 불명하고, 대리점 관계로 오인하였다고 하더라도 위에 언급한 바와 같이 상표법 위반과는 전연 무관하다.

67) 수요자에게는 대리점인지 판매점인지가 중요하지 않다. 수요자에게는 삼성전자 제품인지 여부가 문제될 뿐이다.

가 제조하여 자신에게 판매한 진정상품을 판매하였을 뿐 허위로 삼성전자의 상품을 제조판매(위조품)하거나 자신이 삼성전자라고 사칭하면서 판매행위를 한 것은 전연 없기 때문이다.

부정경쟁행위가 성립하는 사칭행위(palming off 또는 passing off)란 자신의 물품(서비스)을 타인의 물품(서비스)으로 가장하거나 타인의 물품(서비스)을 자신의 물품(서비스)으로 가장하는 것이기 때문이다. 후자의 경우에는 특히 역사칭(reverse passing off 또는 reverse palming off)이라고 하기도 한다.

물론 자신이 대리점이 아닌데, 또는 도매로 판매하는 것이 아닌데 대리점 관계가 있는 것처럼 하거나 도매로 판매하는 것처럼 거짓말 하는 허위광고로 인하여 다른 법을 침해할 가능성이 있지만, 이는 해당 법률[68]에서 문제 삼을 일이다. 다만, 위 대법원판결은 상표법 위반이 문제된 사건이다. 결국 이 사건은 대법원이 상표법원리와 부정경쟁방지법상의 혼동의 개념을 잘못 이해하여 개인의 영업상 자유라는 헌법상의 기본권을 침해한 판결이라고 평가할 수 있다.

68) 부정경쟁방지 및 영업비밀보호에 관한 법률에서도 허위광고는 부저경쟁행위로 규정하고 있지만, 그 행위는 동법 제2조 제1호 바목의 "상품의 품질, 내용, 제조방법, 용도 또는 수량을 오인" 하는 행위이므로 본 사건에서의 피고인의 행위와는 관련이 없다. 다만, 소매판매인데 도매판매라고 하는 행위가 위 바목의 상품에 대한 것을 서비스에 확대적용하는 것이 죄형법정주의하에서 금하는 유추해석인지 확장해석인지 논란이 있을 수 있고, 또한 소매판매하면서 도매판매하는 것이 형법상 사기인지 또는 사회상규상 허용되는 과장광고로 인한 것인지 논란이 있을 수 있다. 표시·광고의 공정화에 관한 법률 제3조 제1항 제1호는 거짓·과장의 표시·광고를 금지하고 있는데, 거짓, 과장광고인지는 문제될 수 있다.

4. 우리은행 사건

가. 사안의 개요 및 쟁점

본 사건의 대법원 판결은 한마디로 정상적인 법리에 의한 판결이라고 볼 수 없다. 대법원은 소위 "우리은행사건"[69]에서 "등록서비스표 "우리은행"의 등록을 허용한다면 '우리'라는 단어에 대한 일반인의 자유로운 사용을 방해함으로써 사회 일반의 공익을 해하여 공공의 질서를 위반하고, '우리'라는 용어에 대한 이익을 그 등록권자에게 독점시키거나 특별한 혜택을 줌으로써 공정한 서비스업의 유통질서에도 반하므로, 위 등록서비스표는 현재 상표법 제34조 제1항 제4호(당시에는 구 상표법(2007. 1. 3. 법률 제8190호로 개정되기 전의 것으로, 제7조 제1항 제4호이었으나, 현재 상표법의 조문으로 설명한다)에 정한 '공공의 질서 또는 선량한 풍속을 문란하게 할 염려가 있는 상표'에 해당하여 등록을 받을 수 없는 서비스표에 해당한다"고 판시하고 있다. 그러나 본 판시는 법리를 잘못 적용하여 부당한 결론을 내린 대법원 판결[70]의 법리를 그대로 유지하기 위한 방편으로 내린 판결로 보일 뿐 그 타당성이 없다.

69) 대법원 2009.5.28. 선고 2007후3301 판결. 우리은행사건은 다음과 같이 3개의 판결이 있으나 그 법리는 별차이가 없으므로 2007후3301판결을 중심으로 판단한다.

특허법원	대법원	관련된 서비스표	비 고
2007.7.11. 선고 2005허9886	2009.5.28. 선고 2007후3301	우리은행	
2007.7.11. 선고 2005허9954	2009.5.28. 선고 2007후3318	우리 은행 Woori Bank	
2007.7.11. 선고 2005허9961	2009.5.28. 선고 2007후3325	우리은행	도형과 문자가 파란색인 결합표장임

70) 예컨대, 대법원 1996. 5. 13. 자 96마217 결정 등.

나. 선행판결인 '재능교육' 사건에서 대법원의 법리

위 우리은행사건에서 원심은 우리은행 서비스표는 사용에 의한 식별력을 취득하였음을 인정하였다.[71] 따라서 사용에 의한 식별력을 취득한 경우에는 현재의 상표법 제33조 제2항에 의해서 등록했으므로 제33조 제2항에 의해서 등록한 경우에 제90조의 적용이 없다는 대법원 판결[72]이 존재한다.

우선 현행 상표법 제33조 제2항은 다음과 같이 규정하고 있다.

> ① 다음 각 호의 어느 하나에 해당하는 상표를 제외하고는 상표등록을 받을 수 있다.
> 1. 그 상품의 보통명칭을 보통으로 사용하는 방법으로 표시한 표장만으로 된 상표
> 2. 그 상품에 대하여 관용(慣用)하는 상표
> 3. 그 상품의 산지(産地)·품질·원재료·효능·용도·수량·형상·가격·생산방법·가공방법·사용방법 또는 시기를 보통으로 사용하는 방법으로 표시한 표장만으로 된 상표
> 4. 현저한 지리적 명칭이나 그 약어(略語) 또는 지도만으로 된 상표
> 5. 흔히 있는 성(姓) 또는 명칭을 보통으로 사용하는 방법으로 표시한 표장만으로 된 상표
> 6. 간단하고 흔히 있는 표장만으로 된 상표
> 7. 제1호부터 제6호까지에 해당하는 상표 외에 수요자가 누구의 업무에 관련된 상품을 표시하는 것인가를 식별할 수 없는 상표
>
> ② 제1항제3호부터 제7호까지에 해당하는 상표라도 상표등록출원 전부터 그 상표를 사용한 결과 수요자 간에 특정인의 상품에 관한 출처를 표시하는 것으로 식별할 수 있게 된 경우에는 그 상표를 사용한 상품에 한정하여 상표등록을 받을 수 있다.

1990년대에 이에 대응하는 조항은 상표법 제6조이었는데, 그 당시 제6조는 다음과 같이 규정하고 있었다.

71) 특허법원 2007.7.11. 선고 2005허9961 판결. 다만, 우리은행이 주장한 서비스업 모두에 식별력을 취득하였다고 인정한 것은 아니다. 일부에 대해서만 사용에 의한 식별력 취득을 인정하였다.

72) 예컨대, 대법원 1996. 5. 13. 자 96마217 결정 등.

> ① 다음 각호의 1에 해당하는 상표를 제외하고는 상표등록을 받을 수 있다.
>
> 1. 그 상품의 보통명칭을 보통으로 사용하는 방법으로 표시한 표장만으로 된 상표
> 2. 그 상품에 대하여 관용하는 상표
> 3. 그 상품의 산지·품질·원재료·효능·용도·수량·형상·가격·생산방법·가공방법·사용방법 또는 시기를 보통으로 사용하는 방법으로 표시한 표장만으로 된 상표
> 4. 현저한 지리적 명칭·그 약어 또는 지도만으로 된 상표
> 5. 흔히 있는 성 또는 명칭을 보통으로 사용하는 방법으로 표시한 표장만으로 된 상표
> 6. 간단하고 흔히 있는 표장만으로 된 상표
> 7. 제1호 내지 제6호외에 수요자가 누구의 업무에 관련된 상품을 표시하는 것인가를 식별할 수 없는 상표
>
> ② 제1항제3호·제5호 또는 제6호에 해당하는 상표라도 제9조의 규정에 의한 상표등록출원전에 상표를 사용한 결과 수요자간에 그 상표가 누구의 업무에 관련된 상품을 표시하는 것인가 현저하게 인식되어 있는 것은 그 상표를 사용한 상품을 지정상품(第10條第1項 및 第47條第2項第3號의 規定에 의하여 지정한 商品 및 추가로 지정한 商品을 말한다. 이하 같다)으로 하여 상표등록을 받을 수 있다.

현재의 상표법과 기본적인 차이는 없다. 그리고 상표권의 효력을 제한하고 있는 현행 상표법 제90조 제1항 제2호는 다음과 같이 규정하고 있다.

> 2. 등록상표의 지정상품과 동일·유사한 상품의 보통명칭·산지·품질·원재료·효능·용도·수량·형상·가격 또는 생산방법·가공방법·사용방법 및 시기를 보통으로 사용하는 방법으로 표시하는 상표

1990년대의 조항과 현재 조항은 사실상 변함이 없어 법리상 차이가 발생하지 않으므로 인용하지 않는다.

1996년 '재능교육' 사건에서 대법원은 기술적 상표가 등록 후 사용에 의하여 상표법 제6조 제2항의 특별현저성을 취득한 경우, 그 상표권의 효력이 상표법 제51조 제2호 소정의 상표에도 미치는지 여부에 대하여 다음과 같이 판시했다. (여기서 인용하는 본 사건에서 문제된 명칭은 "재능교육"이라는 표장이므로, '재능교육' 사건으로 부르기로 한다.)

기술적 표장이 상표법 제6조 제2항에 의하여 등록이 되었다면 그러한 등록상표는 같은 항에 의하여 특별현저성을 갖추게 된 것이어서 상표권자는 그 등록상표를 배타적으로 사용할 수 있는 권리를 가지게 되었다고 볼 것이며, 그러한 등록상표에 관한 한 그 상표권은 상표법 제51조 제2호 소정의 상표에도 그 효력을 미칠 수 있다고 보아야 하므로, 그 상표권자는 상표법 제51조 제2호의 규정에 불구하고 타인이 그 등록상표와 동일 또는 유사한 상표를 그 지정상품과 동일 또는 유사한 상품에 상표로서 사용하는 것을 금지시킬 수 있고, 이는 기술적 상표가 등록이 된 이후에 사용에 의하여 상표법 제6조 제2항에서 규정한 특별현저성을 취득한 경우에도 마찬가지라고 봄이 상당하다.[73)]

위 판결에서 문제된 피신청인의 상표사용금지를 청구한 신청인은 “재능”, “재능교육”이 포함된 문자 상표를 초·중·고등학생용 ‘학습지’에 대한 상표로 등록하였고, 피신청인은 같은 종류의 학습지에 “꿈을 키우는 재능교육” 등의 제호로 된 월간지를 발행하였다. 이에 신청인이 피신청인을 상대로 “꿈을 키우는 재능교육”의 상표에 대하여 자신의 상표권에 기해 방해금지 및 예방을 청구했다.

신청인의 상표는 교육학습지에 대한 관계에서는 기술적인 상표임이 분명하고, 법원도 이를 인정했다. 그런데 기술적인 상표는 현 상표법 제33조 제2항에 의하여 사용에 의한 식별력이 발생하면, 상표등록을 할 수 있도록 하고 있다. 공개된 판결문에 의해 등록상표를 알 수 있는 것은 1988. 12. 19. 과 1993. 8. 30. 에 등록되었다는 정보 이외에 다른 자료가 없어, 어떤 상표가 문제되었는지 쉽게 알 수 없고, 특허청에 등록한 상표를 한국특허정보원이 제공하는 상표검색서비스를 통해 찾은, 신청인 주식회사 재능교육[74)]이 등록한 상표는 아래 상표들이다.

73) 대법원 1996. 5. 13.자 96마217 결정.(“재능교육사건”)

74) 나무위키를 검색한 결과 ‘주식회사 한국프로그램재능교육원’이 ‘주식회사 재능교육’으로 사명을 변경했다고 한다. 상표등록일 : 1988. 12. 19. 등록번호 : 4001649400000 상표는 ‘주식회사 한국프로그램재능교육원이 상표등록자이다.

1. 재능교육 상표등록일 : 1988. 12. 19. 등록번호 : 4001649400000

2. 재능교육 상표등록일 : 1993. 8. 30. 등록번호 : 4002730610000

위 상표들은 사실, '재능교육'이라는 문자상표의 식별력이 있어서 상표등록을 한 것이 아니라, 좌측의 도형의 식별력에 의해 등록한 상표로 판단된다. 따라서 '재능교육'이라는 문자 부분은 상표권이 있는 부분이 아니라고 판단된다. 따라서 세상 사람들 어느 누구도 '재능교육'이라는 단어를 어느 분야에 사용하든, 위의 등록상표로는 어떤 법적 제한을 할 수 없다. 즉 상표권이 없음에도 불구하고 그 부분을 상표권으로 인정하여 피신청인에게 금지명령을 인정한 어처구니 없는 판결로 보인다. (이와 같은 어처구니 없는 법리는 다음에서 논하는 '커피빈' 사건과 '서울대학교' 사건에서도 지속된다.)

왜냐하면, 우리나라는 등록주의 상표법 체계를 따르므로 사용에 의하여 식별력이 발생하더라도 이를 상표등록하여야 상표권의 효력이 발생한다. 사용주의를 취하는 미국에서는 상표 사용사실에 의하여 상표권이 발생하는 법체계를 따르므로 등록을 하지 않더라도 상표권의 효력을 인정하는데 아무런 문제가 없다. 물론 미국도 사용에 의하여 식별력이 발생한 상표에 대하여는 상표등록을 인정한다. 우리나라는 상표출원을 하여 상표등록심사에 의한 등록을 하지 않으면 상표권이 존재하지 않는다. 아무리 널리 알려진 좋은 상표이거나 식별력이 발생한 상표라도 상표등록을 하지 않으면 상표권의 효력이 없다. 이러한 경우, 상표등록을 하지 않더라도 부정경쟁행위로부터는 보호받을 수 있다.

대법원은 "재능교육"이라는 문제가 된 상표 부분이 상표법 제33조 제2항의 사용에 의한 식별력이 있다고 판단하여, 상표로서의 효력을 인정하고, 피신청인의 사용상표에 대하여 가처분을 인정하였는데, 이는 상표법과 부정경쟁방지법의 법리를 구별을 못한 판결이다.

상표법은 등록상표의 식별력을 보호하는 법이므로 법적 절차에 따라 상표등록을 하여야 한다. 본 사건에서 '재능교육'이라는 문자 부분은 식별력이 없으므로 곧바로 상표등록을 할 수 없고 제33조 제2항에 따라 식별력이 발생한 이후에 상표출원을 하여 적격심사를 거친 후에 상표등록결정이 내려지면, 이에 상표등록할 수 있다. 본 사건은 이러한 절차를 거치지 않은 것으로 보이고, 그러하다면 "재능교육" 부분은 상표권이 인정되지 않는다. 그럼에도 불구하고, 대법원은 원심이 당시 상표법 제51조 제2호의 적용을 하지 않은 것을 문제 삼으면서,

> 따라서 등록상표인 경우에 상품의 효능, 용도 등을 표시하는 기술적 상표라고 하더라도 그 사정만으로 곧바로 그와 동일, 유사한 상표에 대하여 상표권의 효력이 미치지 않는다고 할 것은 아니고, 상품의 효능, 용도 등을 '보통으로 사용하는 방법으로 표시하는' 상표에 대하여서만 그 효력이 미칠 수 없다고 보아야 할 것이므로, 등록된 기술적 상표의 상표권이 위 규정에 따라 효력을 미치지 않는다고 하기 위하여는 그 대상 상표 등이 상품의 효능, 용도 등을 '보통으로 사용하는 방법으로 표시하는' 상표인지가 우선 확정되어야 한다고 할 것이다.

라고 판시하여, 신청인의 상표중에서 "재능교육" 부분이 상표등록되어 있는 것을 전제로 판시하고 있다.

그러나 해당 상표의 특허청등록에 관한 서지사항을 확인하여보면, 사용에 의하여 식별력이 발생한 이유로 상표등록을 한 것으로 보이지 않을뿐더러, 재능교육 사건에 대하여 대법원의 부정경쟁방지법에 관한 판시를 보면, 상표등록을 하지 않음이 좀 더 분명해진다. 위 상표들이 등록될 수 있었던 것은 부분과 부분이 특이한 도형으로 구성되고, 이에 도형의 식별력이 인정되어 식별력이 없는 부분을 포함하여 전체가 상표등록을 한 것으로 판단된다. 그러나 전체가 등록되었다고 하더라도 식별력이 없는 부분은 상표권의 효력이 발생하지 않는다. 따라서 등록상표중 식별력이 없는 **재능교육** 및 **재능교육**은 등록을 했더라도 상표로서의 효력을 주장할 수 없다.

다만 사용에 의하여 식별력이 발생하면 상표등록을 할 수 있는데(현행 상표법 제33조 제2항), 이에 관하여 상표로 등록하였다는 언급은 없고, 판결문상으로 보면 상표등록절차가 없었다. 그런데 위에 인용한 판결문으로 보면, 등록되지 않은 상표에 대하여 대법원에서 상표로서 효력을 인정한 것으로 보인다.(이점은 아래의 '커피빈 사건'에서도 동일하게 나타난다)

대법원 판결중

> 어느 기술적 표장이 상표법 제6조 제2항에 의하여 등록이 되었다면 이러한 등록상표는 같은 항에 의하여 특별현저성을 갖추게 된 것이어서 상표권자는 그 등록상표를 배타적으로 사용할 수 있는 권리를 가지게 되었다고 볼 것이며, 이러한 등록상표에 관한 한 그 상표권은 앞서 본 상표법 제51조 제2호 소정의 상표에도 그 효력을 미칠 수 있다고 보아야 할 것이므로,...

라는 판시에서 찾아 볼 수 있다. 위 대법원 판시에 의하면 등록상표의 식별력이 없던 부분인 **재능교육** 및 **재능교육** 부분은 당시 사용에 의한 식별력의 요건인 '특별현저성'을 갖추게 되어, 등록상표를 배타적으로 사용할 수 있는 권리를 가지게 되었다고 언급하고 있다.

등록상표는 등록에 의하여 배타적으로 사용할 권리를 가지게 되는 것이므로, 위 판시는 결국 위 문자부분에 대하여 등록상표로서 배타적인 효력이 발생한다는 취지로 보인다. 그러나 사용에 의한 식별력은 이차적 의미에 대하여만 발생하는 것이지, 주된 의미에 대하여 식별력이 발생하여 상표권이 발생하는 것은 아니다. 주된 의미는 만인이 공유(the Common)하는 부분으로 특허법에서 자연법칙이나 자연현상, 저작권법에서 아이디어와 같이 어느 누구도 사유화 할 수 없는 부분이다. 따라서 위와 같은 판결은 앞서 언급한 바와 같이 현 상표법 제33조 제2항(당시 상표법 제6조 제2항)을 정면으로 위반하는 판시이다. 당시의 법조문을 보면, 사용에 의한 식별력이 발생한 상표는 상표등록을 받을 수 있다고 하고 있을 뿐, 주된 의미까지 상표권의 효력이 인정된다고 하지 않고 있다. 상표등록을 하더라도 현 상표법 제90조(당시에는 상표법 제51조)에 의하여 상표권의 효력이 제한되는 부분이다. 결국 이와 같은 판결은 법원이 국회의 본질적 기능인 입법권을 행사한 것이어서 헌법상 입법권은 국회에 속한다는 헌법에 위반된 판결이다.

나아가 위 판시 중에서 "이러한 등록상표에 관한 한 그 상표권은 앞서 본 상표법 제51조 제2호 소정의 상표에도 그 효력을 미칠 수 있다고 보아야 할 것이므로,..."라고 한 부분도 상표법의 지식이 부족하여 발생한 오류이다. 현 상표법 제90조 제1항 제2호(당시 상표법 제51조 제2호)에 나열되어 있는 해당 상품의 일반명칭, 관용명칭 및 기술명칭은 인류의 공유(the Common)이 속하는 것이고, 헌법상 표현의 자유와 진실을 말할 권리를 보호하기 위한 확인적 규정에 불과하다. 즉 상표법 제90조 제2항(당시 상표법

제51조 제2호)는 헌법상 표현의 자유로 인하여 법리상 당연히 인정되는 법리이므로 위 상표법 조항은 헌법상의 원칙을 확인한 것에 불과하다.

이는 앞서 새우깡 상표에서 설명한 바와 같이, 상품의 원재료 표시는 기술적 명칭의 주된 의미(primary meaning) 또는 원래의 의미(original meaning)이라고 하는 부분으로서, 상품의 내용을 수요자에게 전달하기 위해 누구든지 사용해야 하는 공유재산인 표현이다. '새우깡'의 원래의 의미는 새우로 만든 과자라는 의미로서 그 상품의 원재료('새우')를 설명하고 과자('깡')의 관용명칭이어서 원칙적으로 상표등록을 하여 주지 않고 있다. 다만 식별력이 발생하면 그 발생한 부분(secondary meaning)에 한하여 상표권으로서 효력을 인정한다. 다만 우리나라는 등록주의이므로 상표등록을 위한 출원과 심사절차를 진행하여야 한다.

그와 같이 심사를 통해 등록한 상표는 그 권리가 약하다. 예외적으로 보호하는 것이기 때문이다. 이는 자신의 노력으로 인한 결과(acquired meaning, secondary meaning)는 그의 것이라는 자연법과 로크의 노동가치설에 근거한다. 물론 공리주의하에서도 예외적으로 그가 창작한 식별력은 그에게 귀속시키는 것이 최대다수의 최대행복을 달성한다는 공리성의 원칙에 부합한다.

만일 현 상표법 제90조 제2항(당시 상표법 제51조 제2호)에 해당하는 부분을 재능교육의 상표권자의 상표권의 대상으로 한다면, 이는 자연법과 공리주의 원칙에 위반된다. 왜냐하면 그 상표권자 이외에 다른 사람들은 예컨대, 대법원 법리를 적용하면, 새우로 만든 과자라는 설명적, 기술적 의미의 새우깡이라는 단어를 사용하지 못하므로 새우로 만든 과자라는 단어를 사용할 방법이 거의 없다. 앞서 새우깡 사건에서 경쟁회사인 삼양새우깡의 예가 그러하다. 이러한 대법원 판결은 공역(the Common)에 위치하여 만인의 공유재산을 사유화 한 것으로서 자연법 원리에 어긋난다. 또한 공리주의 철학에 따르면 상표권자 한 사람의 이익을 위해 그 사람을 제외한 만인의 이익을 희생한 것이므로 공리성에 위반된다. 이러한 대법원의 법리에 따르면, 홍길동이 말하는 "아버지를 아버지라 부르게 하고 형을 형이라 부르게 하셨다면 이렇게 되지는 않았을 것입니다."의 상황이 재연되는 것이다.

다. 우리은행 사건의 문제점: Woori Bank v. our bank

우리은행사건은 재능교육사건의 법리에 따르면, 사용에 의하여 식별력이 발생한 우리은행은 현 상표법 제90조 제2항(당시 상표법 제51조 제2호)에 규정된 만인을 위한 공역(the Common)에 있는 부분도 상표권의 효력을 주장할 수 있게 된다. 이러한 결과는 그동안 각국에서 형성된 보편적인 상표법 원리에 위반된다. 우리은행을 '우리은행'으로 부르는 상표는 이차적 의미(secondary meaning)로서의 '우리은행(Woori Bank)'이고 우리은행(Woori Bank)을 이라는 고유명사를 제외하고, 우리은행을 포함하여 모든 은행사람들이 자신들의 은행을 부르는 '우리은행'은 원래의 의미(original meaning) 또는 주된 의미(primary meaning)로서의 '우리은행'(our bank)이므로 상호 충돌하지 않는다.

그러나 재능교육사건에서 대법원이 판시한 법리에 따르면, 우리은행(Woori Bank)을 제외한 나머지 은행 사람들은 자신들의 은행을 우리은행(our bank)이라고 부르지 못하는 결과가 된다고 한다. 예컨대, 국민은행 직원들이 자신들이 다니는 은행을 우리은행(our bank)이라고 부르지 못하는 결과가 된다고 주장한다. 이점은 다음의 대법원 판결에서 확인할 수 있다.

> 이 사건 등록서비스표인 '우리은행'(이하 '서비스표 은행'이라 한다)은 자신과 관련이 있는 은행을 나타내는 일상적인 용어인 '우리 은행'(이하 '일상용어 은행'이라 한다)과 외관이 거의 동일하여 그 자체만으로는 구별이 어렵고 그 용법 또한 유사한 상황에서 사용되는 경우가 많아, 위 두 용어가 혼용될 경우 그 언급되고 있는 용어가 서비스표 은행과 일상용어 은행 중 어느 쪽을 의미하는 것인지에 관한 혼란을 피할 수 없고, 그러한 혼란을 주지 않으려면 별도의 부가적인 설명을 덧붙이거나 '우리'라는 용어를 대체할 수 있는 적절한 단어를 찾아 사용하는 번거로움을 겪어야 할 것이며, 특히 동일한 업종에 종사하는 사람에게는 그러한 불편과 제약이 가중되어 그 업무수행에도 상당한 지장을 받게 될 것으로 보인다. 이러한 결과는 '우리'라는 단어에 대한 일반인의 자유로운 사용을 방해하는 것이어서 위에서 본 사회 일반의 공익을 해하여 공공의 질서를 위반하는 것이라 하겠고, 나아가 위 서비스표 은행의 등록을 허용한다면 지정된 업종에 관련된 사람이 모두 누려야 할 '우리'라는 용어에 대한 이익을 그 등록권자에게 독점시키거나 특별한 혜택을 줌으로써 공정한 서비스업의 유통질서에도 반하는 것으로 판단된다.

원래 사용에 의하여 식별력을 인정하는 상표는 원래의 의미/주된 의미(original meaning/primary meaning)와 이차적 의미(secondary meaning/acquired meaning)를 구별한다. 그리하여 우리은행 사건에서 국민은행 직원들이 자신들의 은행을 지칭할 때 그것을 그 단어 본래의 의미라는 뜻에서 원래의 의미/주된 의미(original meaning/primary meaning/inherent meaning)라고 하고, 우리은행 직원들도 원래 자신들의 은행을 지칭할 때도 원래의 의미/주된 의미(original meaning/primary meaning)로 사용한다. 이러한 의미는 상표로서 등록을 허용하지 않는다. 상품이나 서비스에 대한 관계에서 기술적 의미이고, 모든 사람들이 사용하여야 할 공유재산(*publici juris*)이기 때문이다. 그런데, 우리은행이 사용에 의하여 식별력이 발생했다고 할 때에는 원래의 의미와 구별되고, 원래의 의미와 별개로 존재하는 식별력이 발생한 의미로써 이차적 의미(secondary meaning)라고 한다.

따라서 두가지 의미(meaning)는 상호 간섭이나 충돌이 발생하지 않는다. 다만, 때로는 실제 사용례에서 사실상 그 의미가 불분명할 때가 발생하는데, 이는 원래 식별력이 없는 상표를 상표로 사용한 사람이 책임을 지게 된다. 즉 상표권 침해로 인한 손해배상청구나 금지명령이 어렵다는 취지이다.

그런데 대법원은 재능교육사건에서 잘못된 판결을 회피하기 위해, 우리은행을 상표등록하면 공서양속에 반한다는 해괴한 논리를 도입한 것이다. 그렇다면 그와 같은 논리는 새우깡이나 재능교육도 마찬가지이고, 다음에서 보는 '커피빈' 사건도 마찬가지이고, '서울대학교' 사건도 마찬가지로 공서양속에 위반된다고 해야 함에도 위 판결들에서는 공서양속에 위반된다고 하지 않았다.

원래의 의미/주된 의미(original meaning/primary meaning)로 사용하는 우리은행, 새우깡, 재능교육, 커피빈, 서울대학교라는 명칭을 사용하는 것은 헌법상 표현의 자유에서 발생하는 기본권으로서 자유권이다. 따라서 진실을 말하는 권리는 인간의 기본적인 자유권의 행사이다. 이에 반하여 이차적 의미(secondary meaning)는 자신의 상표사용 노력에 의하여 발생한 재산으로서, 상표법 제33조 제2항에 따라 상표등록을 하면 상표권이 발생하고 이는 헌법상 경제질서조항에 의하여 제정된 상표법에 의해 발생하는 배타적 독점적 권리, 즉 재산권이다. 따라서 두 권리가 충돌한다면 기본적으로 원래의 의미/주된 의미(original meaning/primary meaning)로서의 사용이 우선한다. 이는 자

[건포도(raisin)와 겨(bran)의 의미를 가진 상표 'Raisin Bran', 피고의 상표]

연법상의 권리이고 헌법이 보장하는 자유권의 내용이기 때문이다.

1925년부터 시리얼에 'Raisin-BRAN' 상표를 사용한 원고(항소인)이 1942년부터 'Raisin Bran'라는 상표를 사용한 피고(피항소인)를 상대로 상표침해와 부정경쟁행위를 이유로 금지명령을 청구했다. 1심 법원은 원고의 청구를 기각했다. 이에 원고가 항소하였는데, 미국의 제9항소법원은

> The name "Raisin-BRAN" could not be appropriated as a trade-mark, because: "A name which is merely descriptive of the ingredients, qualities or characteristics of an article of trade cannot be appropriated as a trade-mark and the exclusive use of it afforded legal protection. The use of a similar name by another to truthfully describe his own product does not constitute a legal or moral wrong, even if its effect be to cause the public to mistake the origin or ownership of the product....[75]
>
> ↘ "Raisin-BRAN"이라는 이름은 상표로 사용될 수 없다. 왜냐하면 "상품의 성분, 품질 또는 특성을 단순히 설명하는 이름은 상표로 사용할 수 없고, 법적 보호가 제공되는 독점 사용권을 가질 수 없기 때문이다. 다른 사람이 자신의 상품을 진실되게 설명하기 위해 유사한 이름을 사용하는 것은, 비록 그 결과 공중이 상품의 출처나 소유권을 오해하게 만드는 경우에도 법적 또는 도덕적 잘못을 구성하지 않는다...."

라고 하여, 우리 대법원이

> 그 용법 또한 유사한 상황에서 사용되는 경우가 많아, 위 두 용어가 혼용될 경우 그 언급되고 있는 용어가 서비스표 은행과 일상용어 은행 중 어느 쪽을 의미하는 것인지에 관한 혼란을 피할 수 없고, 그러한 혼란을 주지 않으려면 별도의 부가적인 설명을 덧붙이거나 '우리'라는 용어를 대체할 수 있는 적절한 단어를 찾아 사용하는 번거로움을 겪어야 할 것이며, 특히 동일한 업종에 종사하는 사람에게는 그러한 불편과 제약이 가중되어 그 업무수행에도 상당한 지장을 받게 될 것으로 보인다.

75) Skinner Mfg. Co. v. Kellogg Sales Co., 143 F.2d 895, 898 (8th Cir. 1944)(판결문에서 인용된 선례는 삭제함).

라고 판시한 것과 대조를 이룬다. 왜냐하면 일상용어로 사용되는 '우리은행'과 특정의 은행을 나타내는 '우리은행'이 식별되지 않는다면, 이는 특정은행을 지칭하는 '우리은행'에 식별력이 발생한 것이 아니므로 상표법 제33조 제2항에 의한 사용에 의하여 식별력이 발생하였다는 이유로 상표등록을 허용할 수 없다. 만일 상표등록이 되었다면 그 상표등록은 무효이다. 위 대법원 판결이 지적하는 우려가 전혀 발생하지 않는다.

나아가 우리 대법원은, 우리은행 사건에서 사용에 의하여 등록된 우리은행이라는 상표를 사용하는 것에 대하여

> 이러한 결과는 '우리'라는 단어에 대한 일반인의 자유로운 사용을 방해하는 것이어서 위에서 본 사회 일반의 공익을 해하여 공공의 질서를 위반하는 것이라 하겠고, 나아가 위 서비스표 은행의 등록을 허용한다면 지정된 업종에 관련된 사람이 모두 누려야 할 '우리'라는 용어에 대한 이익을 그 등록권자에게 독점시키거나 특별한 혜택을 줌으로써 공정한 서비스업의 유통질서에도 반하는 것으로 판단된다.

라고 판시하였다. 그러나 그 점에 대하여, "Raisin-BRAN" 사건에서 미국 법원이

> That the name "Raisin-BRAN" was registerable and registered as a trade-mark under the Act of 1920, did not affect the question of its validity as a trade-mark.... Concededly, the appellees had the right to market their products in competition with the appellant. Having that right, they also had the right to call their products "Raisin Bran," that being an appropriate, if not the most appropriate, description of them."
>
> ↳ "Raisin-BRAN"이라는 이름이 1920년 법에 따라 상표로 등록가능하고 등록되었다는 사실은 상표로서의 유효성 문제에 영향을 미치지 않는다. 물론, 피항소인[1심 피고]은 항소인[1심 원고]과 경쟁하여 자신의 제품을 판매할 권리를 가진다. 그러한 권리를 갖고 있는 피항소인들 또한 자신들의 제품을, 가장 적절하지 않더라도, "Raisin-BRAN"이라고 호칭할 적절한 권리도 가진다.

라고 한 판시와 대조를 이룬다. 즉 원고가 시리얼에 'Raisin-BRAN'이라는 상표를 등록하였다고 하더라도 피고가 시리얼에 'Raisin Bran'이라고 사용하는 것은 상표침해가 발생하지 않는다. 전자와 후자는 앞서 강조한 바와 같이 각자가 그 사용영역이 다르기

때문이다.

보통 사용에 관한 식별력을 얻은 상표의 효력에 관하여 상표법에서 확립된 법 원리는 1924년 William R. Warner & Co. v. Eli Lilly & Co. 판결에서 찾아 볼 수 있다. 동 사건에서 미국 연방대법원은

> [t]he use of a similar name by another to truthfully describe his own product does not constitute a legal or moral wrong, even if its effect be to cause the public to mistake the origin or ownership of the product.[76]
>
> ↘ 자신의 상품을 진실되게 설명하기 위해 다른 사람이 유사한 이름을 사용하는 것은, 공중으로 하여금 상품의 출처나 소유에 관하여 실수를 하도록 한다고 해도 법적으로나 도덕적으로 잘못이 없다.

라고 하였는데, 이는 원래의 의미/주된 의미(original meaning/primary meaning)를 사용하는 것은 표현의 자유라는 기본적 인권의 행사이기 때문이다. 그리하여 공중에게 일어나는 불이익은 결국 식별력이 없는 상표를 사용하여 식별력을 취득한 사람에게 귀속되게 된다. 식별력이 없는 상표를 사용하여 식별력을 얻었지만, 자신의 권리는 매우 적은 상표를 가진 사람이 그와 같은 불이익을 감수하는 것은 당연하기 때문이다. 이는 자연법 원리와 공리성에 부합하는 결론이다.

그러나 우리나라는 그와 반대로 상표사용자 한 사람의 이익을 위해 그 사람 이외의 모든 사람의 이익을 도외시한 판결을 한 것이다.('새우깡' 사건, '재능교육' 사건, '서울대학교' 사건) 이에 반하여 '우리은행' 사건은 상표사용자의 권리를 해한 결과를 가져왔으나, 본 판결 또한 공리주의에 부합하는 판결은 아니다. 공중과 상표사용자 모두에게 이익이 되는 법리가 있음에도 불구하고, 이치에 맞는 않는 논거로 상표사용자인 '우리은행'의 이익을 부당하게 해했기 때문이다.

2004년 KP Permanent Make-Up, Inc. v. Lasting Impression I, Inc. 사건에서 미국연방대법원은 다시금 앞서의 법원리를 확인했다.

76) William R. Warner & Co. v. Eli Lilly & Co., 265 U.S. 526, 528, 44 S.Ct. 615, 68 L.Ed. 1161 (1924).

The common law's tolerance of a certain degree of confusion on the part of consumers followed from the very fact that in cases like this one an originally descriptive term was selected to be used as a mark, not to mention the undesirability of allowing anyone to obtain a complete monopoly on use of a descriptive term simply by grabbing it first. .... The Lanham Act adopts a similar leniency, there being no indication that the statute was meant to deprive commercial speakers of the ordinary utility of descriptive words. "If any confusion results, that is a risk the plaintiff accepted when it decided to identify its product with a mark that uses a well known descriptive phrase." .... This right to describe is the reason that descriptive terms qualify for registration as trademarks only after taking on secondary meaning as "distinctive of the applicant's goods," 15 U. S. C. § 1052(f), with the registrant getting an exclusive right not in the original, descriptive sense, but only in the secondary one associated with the markholder's goods,....[77]

↘ 수요자에게 어느 정도의 혼란을 허용하는 관습법의 관용은, 어느 누구에게나 기술적 용어를 단순히 먼저 점유하여 사용한 것에 의하여 완전한 독점을 취득하도록 허용하는 것이 바람직하지 않다는 점은 말할 것도 없이, 원래의 설명적 용어를 상표로 사용하기 위해 선택했다는 바로 그 사실에서 비롯된다.... Lanham[연방상표] 법은 설명적/기술적 용어를 통상적인 사용 방법으로 상업 표현을 하는 것을 박탈하는 의미라는 것에 대한 어떠한 지침이 없으므로 [커먼로와 같이] 유사한 관대함을 채택하고 있다. "[기술적 상표의 사용으로 수요자에게] 혼란이 발생한다면 이는 원고[상표권자]가 잘 알려진 설명적 용어를 사용하는 표장을 [자신의] 상품을 식별하기로 선택했을 때 감수한 위험이다.".... 이러한 상품을 설명하는 권리는 기술적 용어가 원래의 [설명적 의미에](the original [meaning]) 대한 것이 아니라 상표사용자의 상품에 관련한 이차적 의미에 대하여만 등록자가 배타적인 권리를 가지는 "출원인의 상품을 식별하는" 이차적 의미(the secondary [meaning])가 발생한 이후에 상표로 등록할 자격이 생기는 이유이다.(15 U.S.C. § 1052(f)).

미국에서 상표법에 관하여 신망받을 만한 백과사전을 출판한 토마스 매카티(J. Thomas McCarthy)는 가장 최신판(5th ed.)의 자신의 저술에서 다음과 같이 서술하고 있다.

77) KP Permanent Make-Up, Inc. v. Lasting Impression I, Inc., 543 U.S. 111 (2004).

Rationales for the Classic Fair Use Defense.

This "fair use" defense for descriptive marks is founded upon much the same principles as the defenses of freedom to describe geographical origin, and the defense of the right to use one's own personal name.

To be used as a protectable mark, a "descriptive" term requires proof of secondary meaning to be protected. Assuming such proof to be sufficient, the word or symbol has two meanings: (1) its old, primary descriptive meaning which existed prior to plaintiff's usage and (2) its new, secondary, trademark meaning as identifying and distinguishing only plaintiff's goods or services.

The only aspect of the mark which is given legal protection is that penumbra or fringe of secondary meaning which surrounds the old descriptive word. Plaintiff has no legal claim to an exclusive right in the primary, descriptive usage of the mark. The only kind of use plaintiff can prevent is use by others in a trademark sense such that there is a likelihood of confusion by buyers. The world is still free to use the word in its old, primary and descriptive sense, so long as such use will not tend to confuse customers as to the source of goods or services. Thus, when charged with the alleged infringement of a descriptive term that has secondary meaning, defendant may raise the defense that it is not using the term as a mark, but merely as a common descriptive adjective, and hence is not guilty of trademark infringement or unfair competition.

The policies of free competition and free use of language dictate that trademark law cannot forbid the commercial use of terms in their descriptive sense:

> The principle is of great importance because it protects the right of society at large to use words or images in their primary descriptive sense, as against the claims of a trademark owner to exclusivity.

As a matter of legal policy applying to all fair use cases, in balancing the right of the public and of trademark owners to prevent confusion against a merchant's right to use descriptive terms, the United States Supreme Court saw the balance as tipping slightly in favor of the merchant's right to use descriptive terms in a nontrademark sense. The Court said that "there [is] no indication that the [Lanham Act] was meant to deprive commercial speakers of the ordinary utility of descriptive words." The Supreme Court quoted from the Second Circuit: "If any confusion results, that is a risk the plaintiff accepted when it decided to identify its product with a mark that uses a well known descriptive phrase."[78]

78) McCarthy on Trademarks and Unfair Competition, Fifth Edition, § 11:45. Classic fair use: Use of term in its primary descriptive meaning.

↘ 기술적 상표에 대한 이러한 "공정한 사용"의 방어방법은 상품에 대하여 지리적 출처를 기술할 자유에 기한 방어방법, 개인이 자신의 이름을 상표로 사용할 권리에 기한 방어방법과 거의 동일한 법리적 원칙에 기초하고 있다.
상표법에 의한 보호 가능한 표장으로 사용되기 위해서는 "기술적" 용어가 상표로 보호되기 위한 이차적 의미가 존재한다는 증거가 필요하다. 그러한 증거가 충분하다고 가정하면 단어나 기호는 두 가지 의미가 있다: (1) 원고가 사용하기 이전에 존재했던 오래되고 주된 설명적 의미(primary descriptive meaning) 그리고 (2) 원고의 상품이나 서비스만을 식별하고 구별하는 것을 의미하는 새로운 2차적 출처로서의 의미(new, secondary, trademark meaning)이다.
법적인 보호를 받는 상표의 유일한 부분은 원래의 기술적 의미(original meaning)를 둘러싸고 있는 2차적 의미의 경계 또는 가장자리이다. 원고는 상표의 주된 기술적 사용에 관하여 가지는 배타적인 권리에 대하여 어떤 법적권리의 주장을 할 수 없다. 원고가 상품의 사용자에게 발생하는 혼동가능성이라는 상품의 출처를 나타내는 상표적 의미(a trademark sense)에서 다른 사람이 사용하는 것을 방지할 수 있을 뿐이다. 세상은 여전히 수요자에게 상품이나 서비스의 출처에 대해 혼동을 주지 않는 한, '이전부터 사용하는 주된 그리고 기술적인 의미'(its old, primary and descriptive sense)로 그 단어를 자유롭게 사용할 수 있다. 따라서 이차적인 의미를 갖는 기술적 용어를 침해한 혐의로 제소된 경우, 피고는 해당 용어를 상표의 출처를 나타내는 표장[상표적 의미]으로 사용하는 것이 아니라 단지 일반적인 기술적 형용사로 사용하고 있으므로 상표권 침해 또는 불공정경쟁행위가 아니라는 방어를 할 수 있다.
자유경쟁정책과 언어사용의 자유에 따라 상표법은 기술적인 의미에서 해당 용어를 상업에서 사용하는 것을 금지할 수 없다:

> 이 원칙은 독점권에 대한 상표 소유자의 주장에 반하여 사회전체가 주된 기술적 의미로 단어나 이미지를 사용할 수 있는 권리를 보호하기 때문에 매우 중요하다.

모든 공정사용사례에 적용되는 법정책의 문제로서, 기술적 용어를 사용할 상인의 권리에 대한 혼란을 방지하기 위해 공중과 상표소유자의 권리 사이의 균형을 맞추는 과정에서 미국 연방대법원은 그 균형을 비상표적 의미에서 기술적인 용어를 사용할 수 있는 상인(merchant)의 권리에 약간 우호적인 입장에 맞추고 있다. 법원은 "[Lanham Act]가 기술적 용어의 통상적인 이용을 하는 상업적 표현을 하는 사람으로부터 권리를 박탈한다는 징후는 없다"고 판시하고 있다. 대법원은 제2순회법원의 "[상표에] 혼동이 발생하면, 그러한 위험은 잘 알려진 기술적 의미로 사용되는 상표의 상품을 지칭하기 위해 상표로 결정했을 때 원고가 그 혼동의 위험을 인수한 것이다"라는 판시를 인용했다.

매카티(McCarthy)에 의하면, 미국 연방대법원은 공리주의 원칙에 의하여 다수인 공중의 이익을 더 증진하는 입장에 서 있다고 평가할 수 있다. 이는 다수인 공중의 이익을 위해, 유일한 당사자인 상표권자의 이익을 조금 희생하였다고 한 것이다.

그러나 필자는 이러한 미국 연방대법원의 입장은 상표권자의 이익을 희생한 것이 아니라, 상표권자와 공중의 이익이 균형점에 있다고 판단한다. 왜냐하면, 기술적 명칭을 상표로 선택한 자는 공중이 기술적 명칭으로 사용하는 것을 알면서, 그와 같은 식별력이 없는 상표를 선택한 것이기 때문이다. 그와 같은 위험을 사전에 감수한 것이다. 기술적 명칭을 상표로 선택하여 사용하는 것은 상표선택에 있어 초기 투자비용이 거의 들지 않는다.[79] 또한 식별력의 창작이 적기 때문에 적게 보호받는 것은 당연하다.

기술적 명칭을 상표로 사용하는 자의 상품을 지칭하거나 자신의 상품을 지칭하는 의미로 사용하는 것이 아니라, 그 단어의 원래의 의미, 즉 원래의 의미/주된 의미(original meaning/primary meaning)로 사용하는 것은 본질적으로 인간의 자유권의 문제이다. 모든 인간은 자신의 상품을 설명할 자유가 있다. 상표법은 그러한 자유를 보장한다. 이는 모든 인간이 누리는 동등한 자유(equal freedom)의 영역이다. 자유주의적 개인주의 입장에서도 미국 연방대법원 판결의 입장과 같다.

미국 연방대법원의 법 논리가 타당하다. 우리 대법원 판결은 논리적 정연성이나 철학이 결핍된 주관적 생각을 담은 수필과 같은 판결이다. 우리 상표법은 분명 주된 의미와 이차적 의미를 구별하고 있고, 이차적 의미가 발생했을 때 심사받아 등록하여야 상표로서 효력이 발생한다. 재능교육사건에서 대법원은 사용에 의한 식별력이 발생하였

79) KP Permanent Make-Up, Inc. v. Lasting Impression I, Inc., 543 U.S. 111 (2004).

The common law's tolerance of a certain degree of confusion on the part of consumers followed from the very fact that in cases like this one an originally descriptive term was selected to be used as a mark, not to mention the undesirability of allowing anyone to obtain a complete monopoly on use of a descriptive term simply by grabbing it first … . The Lanham Act adopts a similar leniency, there being no indication that the statute was meant to deprive commercial speakers of the ordinary utility of descriptive words.

Id., 122. Cosmetically Sealed Industries, Inc. v. Chesebrough-Pond's USA Co., 125 F.3d 28, 30 (2d Cir. 1997) ("If any confusion results, that is a risk the plaintiff accepted when it decided to identify its product with a mark that uses a well-known descriptive phrase.").

는지 심사를 받지도 않은 상표를 등록한 상표권과 동일한 효력을 인정했다. 그런데 심각한 문제는 그 판결의 법리가, '우리은행', '커피빈', '서울대학교' 사건에도 계속되고 있다는 점이다. 이는 근본적으로 상표법은 식별력을 보호하고 부정경쟁방지법은 유명성을 보호한다는 기본적인 법원리를 착오하여 발생하는 잘못으로 보인다.

'재능교육' 사건에서 우리 대법원이 취한 판결의 법리에 따르면, 우리은행은 제90조의 제한을 받지 않는 매우 강력한 서비스표권을 갖게 된다. 그러한 논리의 귀결은 공중(the public)은 우리은행을 기술적/설명적으로도 사용하지 못하는 결과를 가져온다. 따라서 그러한 논리를 따르다 보면, 이성적으로 수인하기 힘든 결과를 가져오므로 궁여지책으로 대법원이 제34조 제1항 제4호의 공공질서 위반이라는 논리를 제시한 것으로 볼 수 밖에 없다.

'우리은행' 사건에서 대법원은

> '우리'라는 단어는 "'우리 회사', '우리 동네' 등과 같이 그 뒤에 오는 다른 명사를 수식하여 소유관계나 소속 기타 자신과의 일정한 관련성을 표시하는 의미로 일반인의 일상생활에서 지극히 빈번하고 광범위하게 사용되는 용어이고('나'를 지칭하는 경우에도 '우리'라는 용어가 흔히 쓰이고 있을 정도이다), 한정된 특정 영역에서만 사용되는 것이 아니라 주제, 장소, 분야, 이념 등을 가리지 않고 어느 영역에서도 사용되는 우리 언어에 있어 가장 보편적이고 기본적인 인칭대명사로서, 만일 이 단어의 사용이 제한되거나 그 뜻에 혼란이 일어난다면 보편적, 일상적 생활에 지장을 받을 정도로 일반인에게 필수불가결한 단어"라는 것이다. 그리하여 "어느 누구든지 아무 제약 없이 자유로이 사용할 수 있어야 할 뿐 아니라 위에서 본 바와 같은 위 단어의 일상생활에서의 기능과 비중에 비추어 이를 아무 제약 없이 자유롭고 혼란 없이 사용할 수 있어야 한다는 요구는 단순한 개인적 차원이나 특정된 부분적 영역을 넘는 일반 공공의 이익에 속하는 것이라고 봄이 상당하다.

고 한다. 그리하여 이러한 상표를 등록하는 것은 현행 상표법 제34조 제1항 제4호의 공공질서위반에 해당한다고 한다.

그러나 이러한 판결은 "이차적 의미"의 의의를 오해한 것이다. 상표법 제33조 제2항에 의해 식별력이 발생한 '우리은행' 서비스표를 우리은행이 출원하여 등록하더라도 공중은 기술적 의미로서 우리은행이라고 사용할 수 있다. (참고로 재능교육사건이나 커피빈사건 등의 판결에 의하면, 우리나라는 식별력이 발생하면 상표등록없이 상표권이 발생하는 사용주의 입법을 취하는 법리를 근거로 했다. 이러한 대법원 판결법리에 의하면 상표등록을 할 필요가 없다.)

이러한 경우, 공중은 우리은행이라는 의미를 원래의 의미(original meaning) 또는 주된 의미(primary meaning)의 기술적/설명적 의미로 사용하기 때문에 우리은행의 서비스표를 침해하는 것이 아니다.[80] 이러한 사용은 기술적인 의미로 사용하는 것으로, 대법원도 인정하는 출처표시로서의 상표 사용인 "상표적 사용"이 아니기 때문이다. 대법원이 '우리'라는 단어를 공중이 사용할 수 없을 것이라고 염려하는 바와는 전혀 달리, 우리은행이 "우리은행"을 서비스표로 사용하더라도 일반 공중은 보편적, 일상적 생활에 지장을 받는 것은 아니다. 우리은행은 출처표시로서의 의미, 즉 이차적 의미에 대하여만 상표법상의 권리를 갖는다.[81]

이러한 법리는 사용주의를 취하는 미국 연방대법원과 학자들의 일관된 통설이다. 앞서 언급한 토마스 매카티 교수가 인용한, Car-Freshner Corp. v. S.C. Johnson & Son, Inc. 사건에서 미국 제2순회항소법원은

> 이 원칙은 독점권에 대한 상표 소유자의 주장에 반하여 사회전체가 주된 기술적 의미로 단어나 이미지를 사용할 수 있는 권리를 보호하기 때문에 매우 중요하다.[82]

라고 판시하여, 공리주의 철학을 주된 바탕으로 하고 있음을 명확히 하고 있다. 한 사람의 상표권자보다는 그 한 사람을 제외한 나머지 전체의 자유가 중요하다. 사실 그 상표권자는 여전히 사용에 의해 발생한 식별력에 의한 상표권을 행사할 수 있으므로 그의 이익을 침해하는 것은 아니다. 그리고 그러한 불이익이 있다면, 그와 같은 상표로 선택하여 사용한 상표권자가 부담하는 것은 당연하다.[83]

우리은행이 상표법 제33조 제2항에 의해서 "우리은행"을 서비스표 등록하더라도 상

80) 정상조, "상표의 식별력:"우리은행"관련 특허법원 판결에 대한 비판적 검토," Law & Technology, 제4권 제1호 (2008), 64-65 면.

81) Southland Corp. v. Schubert, 297 F. Supp. 477, 160 U.S.P.Q. 375 (C.D. Cal. 1968); 7-11 Minit Markets, Inc. v. Southland Corp., 301 F. Supp. 1000, 161 U.S.P.Q. 562 (D. Nev. 1969).

82) Car-Freshner Corp. v. S.C. Johnson & Son, Inc., 70 F.3d 267, 269, 36 U.S.P.Q.2d 1855 (2d Cir. 1995) ("The principle is of great importance because it protects the right of society at large to use words or images in their primary descriptive sense, as against the claims of a trademark owner to exclusivity.")

83) KP Permanent Make-Up, Inc. v. Lasting Impression I, Inc., 125 S. Ct. 542, 550, 160 L. Ed. 2d 440, 72 U.S.P.Q.2d 1833 (U.S. 2004).

표법 제90조에서 규정하는 바와 같이 상표권의 제한을 받게 되므로 공중이 보통으로 사용하는 방법으로 사용하는 한, 제90조에 따라 상표권의 효력은 제한된다. 그러나 공중의 사용으로 우리은행 서비스표와 혼동이 발생하는 경우에는 부정경쟁행위가 될 수 있음은 당연하다.[84] 그러나 혼동이 발생한다는 것은 그때의 사용이 상표로서의 사용(출처표시로서의 사용)을 하는 것이므로 상표권 침해가 발생한다.

> 상표법 제90조(상표권의 효력이 미치지 아니하는 범위)
>
> ① 상표권(지리적 표시 단체표장권은 제외한다)은 다음 각 호의 어느 하나에 해당하는 경우에는 그 효력이 미치지 아니한다.
>
> 1. ....
>
> 2. 등록상표의 지정상품과 동일·유사한 상품의 보통명칭·산지·품질·원재료·효능·용도·수량·형상·가격 또는 생산방법·가공방법·사용방법 및 시기를 보통으로 사용하는 방법으로 표시하는 상표

라. 부정경쟁행위가 성립하는 경우

위 조항에 따라 어떤 사람이 해당 상품의 일반명칭이나 기술적 명칭(산지·품질·원재료·효능·용도·수량·형상·가격 또는 생산방법·가공방법·사용방법 및 시기)을 보통으로 사용하는 방법으로 사용한다면, 해당 상표의 상표권자는 상표권의 효력을 주장할 수 없다. 예컨대, 우리은행이나 새우깡이 여기에 해당한다. 우리은행을 서비스표로 사용하는 우리은행은 경쟁은행이 자신의 은행을 우리은행이라고 할 때 그의 등록 상표권의 효력을 주장하지 못한다. 새우깡을 등록한 농심은 삼양식품이 새우로 만든 과자에 대하여 '새우깡' 또는 '삼양새우깡' 이라고 사용하더라도 상표의 효력을 주장하지 못한다. 다만 이러한 경우에도 상품포장 등이 유사해서 그 상품을 제조하거나 판매하는 사람이 같은 사람이라는 혼동이 발생한다면 이는 부정경쟁행위를 구성한다. 상표법상의 문제는 아니다. 상표에서는 일정부분 혼동이 발생하기도 한다.

부정경쟁행위에는 상표법과 구별을 하는 것은 부정경쟁행위가 성립하기 위해서는

84) 대법원 2006.1.26. 선고 2004후1175 판결 참조.

국내에 널리 알려진 유명상표이어야 하기 때문이다. 상표법은 등록하기만 하면 되고, 유명할 것을 요구하지 않는다.

그런데 우리 대법원은 이 부분에 대하여 오해를 하고 있다. 상표가 사용에 의해 등록하기 위해서는 사용에 의한 식별력이 존재하여야 하는데, 이를 부정경쟁방지법상의 유명상표가 되어야 사용에 의한 식별력이 발생한다고 믿고 있기 때문이라고 생각된다. 이는 두 개념을 이해하지 못하여 발생하는 오해이다.

원래 기술적 표장에 식별력이 발생한 경우에 상표권을 인정하는 것은 부정경쟁행위로부터 적극적으로 보호하기 위해 상표등록을 인정한 것이었다. 다만, 앞서 언급한 바와 같이 "우리"라는 본질적 식별력이 없는 단어를 서비스표로 선택한 은행은, 경쟁은행을 포함한 공중이 기술적 의미로 우리은행이라는 단어를 사용하여 어느 정도의 식별력에 대한 위협이 발생하더라도, 그와 같은 공중의 사용이나 경쟁은행의 사용은, 그 우리은행이라는 상표를 선택할 때 예상한 것이므로, 그에 대한 불이익은 우리은행이 감수해야 한다. 경쟁은행이나 공중의 사용이 기망을 일으키지 않는 한 보호받을 수는 없다. 왜냐하면 그러한 위험은 식별력이 없는 단어를 서비스 표로 선택한 은행의 책임이기 때문이다.[85)]

'우리은행' 사건 판결이 강조하는 바와 같이 "우리"는 기본적인 인칭대명사로서 일반인에게도 그 사용이 필수 불가결한 언어라면 그 언어는 본질적으로 식별력이 없는 언어이고, 공역(the Common)에 존재한다. 따라서 제33조 제1항 제1호의 일반명칭이라고 인정하여 상표등록을 할 수 없다.[86)] 사용에 의해서 일반명칭에 대한 식별력이 발생하였다면 이는 부정경쟁행위로부터 보호되는 사실상(*de facto*)의 식별력에 불과하

85) Cosmetically Sealed Industries, Inc. v. Chesebrough-Pond's USA Co., 125 F.3d 28, 30(C.A.2 N.Y.,1997); KP Permanent Make-Up, Inc. v. Lasting Impression I, Inc. 543 U.S. 111, 122 (2004).

86) 본 사건의 원심법원인 특허법원은 우리은행에 대해서 사용에 의한 식별력을 취득했음을 인정했다.(특허법원 2007.7.11. 선고, 2005허9886). 그리고 필자는 상표법 제33조 제2항에 의해서 상표등록을 할 수 있는 것은 기술명칭과 상표법 제33조 제1항 제4호 내지 제6호에 준하는 표장이지, 상표등록을 하고자 하는 상품에 대한 일반명칭과 관용명칭은 제33조 제2항에 의해서 상표등록을 할 수 없다는 것을 주지하고자 한다.

다.[87] 우리은행은 가사 일반명칭이라고 할 수 없어도 제33조 제1항 제6호의 '간단하고 흔히 있는 표장'이 될 수 있다고 보인다. 이러한 기술적인 명칭은 사용에 의해서 식별력이 발생한 경우 제33조 제2항에 의해서 상표 등록을 할 수 있지만, 이 경우 공중은 원래의 의미 내지 주된 의미로서 그 상표를 자유로이 사용할 수 있다.

결국 우리은행 사건에서 대법원은 부당한 판결[88]의 법리를 유지하기 위해서 공공질서 위반이라는 사유를 근거로 한 것으로 볼 수 밖에 없다. 물론 상표법 제33조 제1항 제6호의 '간단하고 흔히 있는 표장'에 대해서는 제90조에 의해서 그 효력이 제한되는 경우로 명시되지 않았지만, 식별력이 발생한 부분에 대해서만 등록에 의하여 상표권을 취득하고, 식별력이 발생하지 않은 부분은 상표권을 취득하는 것이 아니므로 결론에 있어서는 같다.

'우리은행' 사건에 대한 대법원 판결에 대하여, 아래의 '커피빈' 사건 판결 때문에 상표로 등록했다가 이를 사용하지 못한 '커피빈 칸타빌레'의 상표등록자의 입장은 무엇일까?

87) 일반명칭에 대해서 제33조 제2항의 적용을 긍정하는 견해(이동흡, "상표의 특별현저성," 지적소유권에 관한 제문제(하), 재판자료 제57집, 법원행정처, 78 쪽 이하 등)와 그러한 취지로 판시하고 있는 듯한 특허법원 판례(특허법원 2000.8.11. 선고 99허9861 판결)가 있다. 그러나 일반명칭에 대해서는 제6조 제2항의 적용을 부인하여야 한다. (특허법원 1999.7.8. 선고 98허185 판결) 다만, 일반명칭화된 상표의 경우는 예외로서 제33조 제2항이 적용될 수 있다고 보인다. 예컨대 미국상표법도 일반명칭에 대해서는 이차적 의미 취득에 의한 상표취득을 부인하지만, 일반명칭화된 상표는 다시 상표성을 인정하는 것이 미국판례와 연방상표법이다. (15 U.S.C. § 106(3) 참조) 나종갑, 미국상표법, 165쪽. 영국법도 일반명칭화된 상표는 이차적 의미 취득에 의한 상표취득을 인정한다. (1994년 영국상표법 제3조 1항 단서). 독일 상표법도 영국법과 같다.(1998년 독일상표법 제8조 제3항) 다만, 독일상표법은 식별력이 없는 표장(동법 제8조 제2항 제1호)에 대해서 식별력이 발생하면 상표등록을 할 수 있는 것 같이 규정하여(동법 제8조 제2항 제1호) 일반명칭도 식별력이 발생하면 상표등록을 할 수 있는 것 같이 규정하고 있으나, 동 조항은 우리법 제33조 제1항 제7호와 같이 식별력이 없는 상표의 의미이고, 일반명칭의 의미는 아니라고 보인다. 왜냐하면 기본적으로 우리상표법과 미국상표법은 식별력의 분류체계를 "Abercrombie Test"(일반/관용-기술-암시-임의선택-조어/창작의 분류법)에 의하여 구분하고 있지만, 영국이나 독일 상표법은 그러한 분류체계를 따르지 않고 있을 뿐만 아니라 독일법 제8조 제2항 제3호가 일반명칭화된 상표에 대해서 식별력이 발생하면 상표등록을 할 수 있도록 규정하고 있으므로 일반명칭과 일반명칭화된 상표를 구별할 실익이 있을뿐더러, 일반명칭상표는 동조 제2항 제5호의 공공정책에 위반된 상표로 인정될 수 있다. 따라서 독일이나 영국법이 일반명칭에 대해서 식별력이 발생하면 상표등록을 인정한다고 보는 견해(김대원, "사용에 의한 식별력 판단기준과 이에 의해 등록된 상표권의 효력 -상표법 제6조 제2항 관련-", 창작과 권리 제28호, 64면)에 동의할 수 없다.

88) 대법원 1996. 5. 13. 자 96마217 결정 등.

5. 커피빈 사건

가. 사안의 정리 및 쟁점

본 사건은 커피에 대한 일반명칭인 커피라는 명칭을 사용한 상표에 대하여 상표권로서의 독점권을 인정한 사건이다. 이 사건은 흔히 볼 수 있는 커피빈이라는 커피전문점이 커피빈(coffee bean)라는 명칭에 대하여 상표로서의 독점을 허용한 것으로써, 모두의 공유자산인 커피콩, 커피빈(coffee bean) 등의 일반명칭에 대하여 독점을 허용한 잘못된 판결이다.

지적재산권법철학에서는 일반명칭은 특허법에서는 자연법칙, 자연현상, 및 추상적 아이디어, 저작권법에서는 사실, 아이디어, 기능 및 상표법에서는 해당 상품의 기술적 명칭이나 기능과 같은 지위에 있다고 판단한다. 즉 특정인의 사유화는 그를 제외한 모든 공중의 자유를 침해한다.

원고 '인터내셔날 커피 앤 티'(International Coffee and Tea)라는 회사는 현재 우리에게 잘 알려진 '커피빈'이라는 커피 전문점을 운용하는 회사로서 "The Coffee Bean"이라는 상표를 출원 등록하여, 2001년부터 우리나라에 'The Coffee Bean & Tea Leaf'라는 커피 전문점을 운영해왔다.

사실 'The Coffee Bean & Tea Leaf'은 커피전문점이나 커피산업, 커피관련제품에서 일반명칭이거나 기술적 명칭에 해당하여 본질적인 식별력이 없으므로 상표로 등록될 수 없으나, 아래의 상표에서 보듯이 문자부분이 아닌 도형부분의 본질적인 식별력으로 인하여 문자부분이 포함된 전체가 상표등록은 가능하다. 다만 상표를 등록했다고 하더라도 원래 문자 부분에 대한 식별력은 존재하지 않으므로 상표권의 권리부분에 해당하지 않는다. 따라서 경쟁자가 'coffee bean' 또는 '커피콩'이라는 단어를 포함한 상표를 사용하더라도 이에 대하여 상표권의 침해주장을 할 수 없다. 오히려 상표법 제119조 제1항 제1호에 의해 상표등록이 취소되어야 한다.

[원고의 등록상표]

피고 '코리아 세븐'이라는 음료제조회사는 커피 차, 초콜릿 등 상품분류기준으로 '30류'[89]에 대하여 "커피빈 칸타빌레" "coffee bean cantabile"라는 상표 등록하고, 초콜릿을 판매했다.

coffee bean cantabile, 커피빈 칸타빌레

[피고의 등록상표]

피고 상표 중 "coffee bean" 부분은 그 지정 상품인 커피의 명칭이거나 원재료를 나타내는 기술적 의미이어서 식별력이 없으나, "cantabile", "칸타빌레" 부분의 식별력이 있어, 선출원등록된 원고 상표에 저촉되지 않고 상표 등록을 할 수 있었다. 양 표장의 식별력이 없는 "coffee bean"과 "Coffee Bean"의 부분이 공통되지만, 이는 상표로서는 기술적 명칭으로 된 상표이어서 상표효력을 주장할 수 없고, 두 회사의 상표 중 식별력이 있는 부분(커피빈 상표의 도형 부분 v. 칸타빌레)은 서로 유사하지 않다고 할 수 있다. 따라서 두 상표가 등록되는 데는 아무런 문제가 없었다.

v. 칸타빌레, cantabile

[두 상표 중에서 식별력이 있는 부분의 비교]

The Coffee Bean

[원고의 상표중 사용에 의해 식별력을 얻은 부분]

89) 30류는 다음의 상품이다:
커피, 차(茶), 코코아 및 그 대용물; 쌀, 파스타 및 국수; 타피오카 및 사고(sago); 곡분 및 곡물 조제품; 빵, 페이스트리 및 과자; 초콜릿; 아이스크림, 셔벗 및 기타 식용 얼음; 설탕, 꿀, 당밀(糖蜜); 식품용 이스트, 베이킹 파우더; 소금, 조미료, 향신료, 보존처리된 허브; 식초, 소스 및 기타 조미료; 얼음

원고(심판청구인)는 피고 코리아 세븐(피심판청구인)이 부당한 이익을 얻을 목적으로 자신의 상표권을 침해하였다고 주장하면서 코리아 세븐의 "커피빈 칸타빌레" "coffee bean cantabile"의 상표등록무효심판을 청구했으나, 특허심판원은 이를 기각했다.[90]

이에 불복한 커피빈은 특허법원에 상표등록무효소송을 제기했으나 특허법원은 커피빈의 주장을 인정하지 않았다. 커피빈은 커피의 원재료인 커피콩이라는 일반명사이므로, 커피관련 산업에서는 기술적 명칭으로 사용할 수 밖에 없었으므로, 특허법원은 커피빈이 이를 상표로 등록하여 커피에 대하여 독점을 할 수 없다고 판시했다.[91] 커피빈 칸타빌레는 위의 '식별력 대조'에서 보다시피, 양 상표가 권리부분에서 충돌되는 부분이 없다. 따라서 누가 누구의 상표권을 침해하는 관계가 성립되지 않는다. 이러한 특허법원의 판결은 상표법리를 정확히 반영한 것이다.

나아가 특허법원은 대법원 2007. 12. 13. 선고 2005후728 판결을 인용하면서, 등록상표의 구성 중 일부분이 상표등록결정을 할 당시에 상표의 식별력이 없었다면 그 부분은 상표법이 정한 일정한 요건과 절차를 거쳐 등록된 것이 아니어서 그 부분만을 분리하여 보호할 수 없고, 그 등록상표의 등록결정 이후 그 부분만을 분리하여 사용한 실태를 고려할 수 있는 것도 아니어서, 그 부분이 등록상표의 등록결정 이후에 사용에 의한 식별력을 취득한 경우 그 부분을 부정경쟁방지 및 영업비밀보호에 관한 법률 소정의 주지표지로 보호하는 것은 별론으로 하고 식별력이 없던 부분이 등록상표에서 중심적 식별력을 가지는 부분으로 될 수 있는 것은 아니라고 판시했다.

위 특허법원은 커피빈 상표의 문자부분인 The Coffee Bean은 커피전문카페 등에 기술적 명칭이거나 커피콩에 대한 일반명칭이므로 본질적인 식별력이 없고, 커피빈을 다년간 운영하여 널리 알려지기는 했지만, 그로 인하여 The Coffee Bean 명칭이 식별력을 얻었다고 볼 수 없으므로 사용에 의한 식별력을 인정하지 않았다.

물론 특허법원이 식별력을 인정했다고 하더라도, 식별력은 얻은 것은 커피빈 전문전의 운영으로 제한된 상표로서의 식별력 부분이고, 기술적/설명적 의미의 The Coffee Bean의 의미에 대하여 상표권을 취득하는 것이 아니다. 따라서 coffee bean cantabile 상표의 coffee bean에 대하여 권리주장을 할 수 있는 것은 아

90) 특허심판원 2010. 8. 13.결정 2009당2708 심결.

91) 특허법원 2011. 4. 13.선고 2010허7549 판결.

니다. 피고의 상표중에서 coffee bean 부분은 설명/기술적 의미로 사용되는 것이기 때문이다.

이에 커피빈은 대법원에 상고했다. 대법원은[92)]

> 기록에 의하면, 지정상품을 '과자(커피빈 성분이 함유된 제품), 빵(커피빈 성분이 함유된 제품), 커피, 가공된 커피, 무카페인 커피, 인스턴트커피, 인조커피, 천연커피원두' 등으로 하는 이 사건 등록상표 coffee bean cantabile의 등록결정시는 2009. 9. 1.인 사실, 원심 판시 선사용상표들 외에 각 사용서비스업을 '커피전문점경영업, 커피전문점체인업'으로 하는 선사용서비스표 1" "과 선사용서비스표 2 " The Coffee Bean,"를 사용하는 매장이 2001. 5. 10. 청담점 1호점으로 개설된 이후, 2007년 말까지는 총 111개, 2008년 말까지는 총 148개, 2009년 말까지는 총 188개의 매장이 전국적으로 개설된 사실, 이들 매장을 관리하는 주식회사 커피빈코리아의 매출액은 2006년 350억 원, 2007년 679억 원, 2008년 917억 원, 2009년 1,112억 원을 기록한 사실, 2008. 5. 1.자 머니투데이에는 "세종로 중앙청사에 외국계 커피전문점 '커피빈'이 들어온다."라는 제목의 기사가, 2008. 11. 16. YTN 뉴스에는 "불황 모르는 별다방, 콩다방"이라는 제목으로 "스타벅스에 이어 매장수 150여 개로 국내 2위의 커피체인점인 커피빈도 한국에서는 불황을 모릅니다."라는 내용의 기사가, ...
>
> 이러한 사실관계를 앞서 본 법리에 비추어 살펴보면,.... 선사용서비스표들을 사용하는 매장들은 거래계에서 '커피빈'으로 약칭되어 왔고 특히 스타벅스가 '별다방'으로 애칭되는 것과 대비하여 커피빈은 '콩다방'으로 애칭되기도 하였으므로, 이 사건 등록상표의 등록결정시인 2009. 9. 1. 무렵에는 선사용서비스표들이 거래사회에서 오랜 기간 사용된 결과 선사용서비스표들의 구성 중 애초 식별력이 없었거나 미약하였던 'coffee bean' 부분이 수요자 간에 누구의 업무에 관련된 서비스업을 표시하는 것인가 현저하게 인식되어 있었다고 볼 여지가 충분히 있다.
>
> 그렇다면 이 사건 등록상표가 상표법 제7조 제1항 제11호의 '수요자를 기만할 염려가 있는 상표'에 해당하는지 여부를 판단함에 있어서는 선사용서비스표들의 구성 중 이 사건 등록상표의 등록결정시에 식별력을 취득한 'coffee bean' 부분을 그 사용서비스업인 '커피전문점경영업, 커피전문점체인업'에 관하여 요부로 보아 상표의 유사 여부를 살피고 등록상표가 수요자를 기만할 염려가 있는 상표에 해당하는지 여부를 판단할 수 있다 할 것이다.

92) 대법원 2013. 3. 28. 선고 2011후835 판결.

라고 판시했다. 대법원 판결의 요지는 '커피빈'의 상표가 특별 현저하게 되었으므로, '커피빈 칸타빌레' 상표가 현재의 상표법 제34조 제1항 제12호 "수요자를 기만할 염려가 있는 상표"에 해당하는지를 심리 판단하여야 한다는 것이었다.

대법원은 피고의 등록상표인 '커피빈 칸타빌레'의 등록결정시인 2009. 9. 1. 무렵에는 원고의 선사용서비스표들이 거래사회에서 오랜 기간 사용된 결과 선사용서비스표들의 구성 중 애초 식별력이 없었거나 미약하였던 'Coffee Bean' 부분이 수요자 간에 누구의 업무에 관련된 서비스업을 표시하는 것인가 현저하게 인식되어 있었다고 볼 여지가 충분히 있으므로 피고의 등록상표가 원고의 선등록 상표에 대하여 상표법 제34조 제1항 제12호(조문의 변동이 있어, 조문번호는 판결시와 동일하지 않다.)의 '수요자를 기만할 염려가 있는 상표'에 해당하는지 여부를 판단함에 있어서는 원고가 선사용한 상표의 구성 중 피고의 등록상표의 등록결정시에 식별력을 취득한 'Coffee Bean' 부분을 그 사용서비스업인 '커피전문점경영업, 커피전문점체인업'에 관하여 식별력이 있는 부분으로 보아서 원고 상표와 피고 상표의 유사여부를 검토하여 피고가 늦게 등록한 상표(coffee bean cantabile)가 원고의 선등록상표와 유사하여 이 두 상표를 수요자가 동일한 상표라고 오인하게 하고, 결국 피고의 상표는 수요자를 기만할 염려가 있는 상표에 해당하여 상표등록을 할 수 없는 상표이었는지 여부를 판단할 수 있다고 하였다.

나. 인류의 공유자산의 사용과 진실의 표현 및 정직한 상거래

커피빈 사건은 앞서 우리은행사건에서 제시한 쟁점의 많은 부분을 공유한다. 특정 상품을 설명하는 기술적 단어를 그 상품에 사용하는 경우에는 표현의 자유에 해당한다. 왜냐하면 그 상품을 설명하는 단어들은 상품을 정확하게 설명하여 수요자에게 정직하고 진실한 정보를 제공하는 것이기 때문이다.

어떤 표장의 사용은 i) 상표로서의 사용은 상품을 누가 만들고 누가 판매하는지에 대한 상품의 출처표시로서의 사용인 상표적 사용과 ii) 상품에 대한 사용은 상품이 무엇인지에 대한 설명, 즉 상품에 필요한 단어나 언어인 경우의 두가지 나눌 수 있는데, 두가지는 서로 비경쟁적이고 비간섭적이다. 따라서 상표침해가 발생할 수 없는 것이다.

두 가지 사용을 구별하는 하나의 방법은, 해당 표장이 그 표장이 사용되는 상품에 대한 명사로서의 사용인지 형용사나 부사로서의 사용인지를 구별하는 것이다. 이러한 사용은 상표로서의 사용이 아닌 상품에 대한 사용이다. 그리고 그러한 상품에 대한 사용이 아닌 경우에는 상품의 출처표시, 즉 상표로서의 사용인 경우가 대부분이다. 많은 경우, 명사로서의 사용인 경우에는 상표로서의 사용이든지 일반명칭으로서의 사용이든지 둘 중의 하나이다. 후자가 상품의 일반명칭으로 사용하는 경우라면 상표로서의 사용이 될 수 없다. 단지 그 상품의 일반적인 이름이기 때문이다. 사과를 사과라고 하는 것과 같다. '빨간 사과'의 경우에 '빨간'은 상품의 상태를 설명하는 기술적, 설명적 용어이다. 이러한 경우에도 상표로서 독점할 수 없다. 상품을 설명하는 단어를 상표로 독점한다면, 경쟁자나 일반 공중은 빨간 사과를 빨간 사과라고 할 수 있는 방법이 없기 때문이다. 이러한 경우에 법은 상표로 등록하여 해당 단어를 해당 상품에 독점하는 것을 인정하지 않는다. 그러나 빨간 사과라는 단어를 사과라는 상품에 계속하여 사용한 결과 그 원래의 의미(빨간색의 사과)이외에 특정한 상품의 의미가 더 부가되었을 때, 그 부가된 부분에 한하여 상표로서 독점을 인정한다. 이 경우에 빨간색의 사과라는 의미는 인류의 공유이므로 상표로서 독점을 인정하지 않는다. 그러나 특정인이 생산하거나 판매하는 사과라는 의미의 빨간 사과에 대하여 상표등록을 허용하여 '빨간사과'를 사과로 사용할 수 있다. 이 경우 법에서는 원래의 의미와 이차적 의미 두가지를 인정한다.

그런데 우리나라 법원은 앞서 언급한 바와 같이 두가지 의미가 있음을 구별하지 못하고 있어, 상표법의 기본법리를 이해하지 못하고 있다고 할 수 있다. 이러한 법원의 오류는 예전 1970년대와 1980년대 문제된 새우깡에 대한 상표에도 존재하였고, 그 판결의 유산이라고 할 수 있다.

지적재산권법의 철학과 법원리에 따르면, 식별력이 없는 어떤 상품의 일반명칭이나 기술적 명칭을 등록상표가 아닌 사실상의 상표로 사용하는 것도 가능하고, 경쟁자가 식별력이 없어 등록 상품의 일반명칭이나 기술적 명칭을 상표로 사용하면 부정경쟁방지법상 혼동의 발생하는 것도 가능하다. 따라서 이러한 경우에는 현재 우리 상표법 제34조 제1항 제12호의 '수요자를 기만할 염려가 있는 상표'에 해당하여 상표등록이 거절될 수 있다.

예컨대, 미국의 '아스피린' 사건은 상표등록을 할 수 없는 일반명칭이더라도 상품주체의 혼동이 발생하여 부정경쟁행위가 될 수 있다고 판시했다. 1921년 Bayer Co. v. United Drug Co. 사건[93]에서 아스피린에 대한 부정경쟁행위가 문제되었다. 원래 ASPIRIN라는 상표는 상표등록했지만 일반명칭화로 인하여 미국 특허청은 무효화 했다. 이러한 무효화 조치에 대하여 상표소유자가 아무런 이의 절차를 밟지 않아, 무효가 확정되었다. 그러나 상표소유자는 경쟁자가 ASPIRIN이라는 상표로 동종 상품을 판매하자 상표의 사용에 의하여 사실상 식별력이 발생한 상표(common law trademark)의 침해사건으로 연방법원에 소를 제기하였다. 법원은 의약품에 대하여 잘 모르는 일반수요자와 의약품에 대하여 잘 아는 전문가인 수요자(의사 약사, 화학자, 약학자 등)을 구별하여, 일반인들에게는 ASPIRIN 상표는 일반명칭화 되었으므로 자유롭게 사용할 수 있는 공역(the public domain)에 있지만, 약을 판매하거나 취급하는 전문가들에게는 아스피린의 출처에 대하여 혼동이 발생할 우려가 있으므로 피고는 ASPRIN 상표사용자인 Bayer가 판매하는 방법(예컨대, 1병당 100정 이상 등)과 구별하여 혼동이 발생하지 않는 방법으로 판매하도록 하였다. 이에 1병당 50정 이하로 포장판매하도록 하였다. 또한 직접적으로 Bayer의 ASPIRIN라는 상표와 외형과 유사한 디자인과 형상으로서 ASPIRIN이라는 상표는 쓰지 못하도록 했다. 다만 일반명칭으로서 aspirin이라는 용어의 사용은 가능하다고 판시했다. 즉 상표법과 부정경쟁방지법은 상호 법익이 다르고 그 성립요건도 다르므로 상호 간섭이 발생하지 않는다.[94]

즉 커피빈도 혼동이 발생한다는 수요자 혼동에 의한 부정경쟁행위가 발생할 수 있고, 이러한 경우에는 수요자 기망이 발생할 수 있다. 그러나 기본적으로 커피빈은 만인이 사용할 수 있는 단어이다. 그리고 대법원 판결과 같은 결론에는 전제가 필요하다. 상표등록하면 수요자 기망될 문제된 상표인 **coffee bean cantabile**와 커피빈 칸타빌레 중에서 **coffee bean**, 커피빈 부분이 사용에 의하여 식별력이 발생하여 동 상표의 식별력이 있는 부분이 되어야 한다. 그러나 이 사건 상표에서 보면 그와 같은 식별력 취득을 위한 노력을 하였다는 아무런 증거도 없다. 결국 피고가 **coffee bean**, 커피빈을 자신의 상표의 일부로 사용한 것은 표현의 자유를 행사한 것이고, 거래의 진실성을 위한

93) Bayer Co. v. United Drug Co., 272 F. 505, 510 (S.D.N.Y. 1921).

94) 부정경쟁방지법 제15조 참조.

것이다. 커피빈이 자신의 권리를 주장한다면, 자신의 권리를 넘어 타인의 자유를 침해하는 것이다.

> My Freedom Ends Where Yours Begins.
> ↳ 나의 자유는 타인의 자유가 시작되는 곳에서 끝난다.

물론 원고와 피고의 상표가 유사한 단어를 사용하여 두 상표 사이에 사실상 어떤 혼동의 문제가 발생할 수도 있다. 이는 해당 표장의 사용 용법이 i) 상표적 사용인지 ii) 기술적 사용 또는 iii) 일반명칭으로 사용인지에 대하여 상대방이 인식을 잘못하여 발생하는 경우이다. 이에 대하여 법원칙은 확고하게 정해져 있다고 할 수 있다.

이러한 문제에 대하여 앞서 본 2004년 KP Permanent Make-Up, Inc. v. Lasting Impression I, Inc. 사건에서 미국연방대법원은 식별력이 없는 기술적/설명적 용어를 상표로 사용한 상표사용자가 식별력이 약해서 발생하는 책임을 부담하는 것이 바람직하다는 판시를 하였고,[95] 또한 상표법에 관한 저명한 커먼로 학자이자 실무가인 토마스 매카티(J. Thomas McCarthy)도 같은 취지의 설명을 한 바가 있음을 앞서 우리은행사건에서 살펴보았다.

피고의 사용을 함부로 상품의 출처로서 사용하는 상표적 사용으로 인정해서는 안된다. 원고가 기술적 명칭에 이차적 의미를 형성시켜 상표로서 등록하여 사유화를 하더라도 사유화를 한 부분은 이차적 의미가 존재하는 부분일 뿐 기본적으로 커피빈의 기술적 의미는 만인이 공유로 사용할 수 있는 공역의 영역에 있다.

피고는 결국 커피빈을 자신의 상표에 포함시켰을 때, 그로 인하여 발생하는 어느 정도 혼동을 감수한 것이다. 결국 원고의 커피빈, The Coffee Bean 상표는, 모든 사람과 경쟁자에게 자유사용으로 유보된 단어를 사유화 하여, 경쟁자의 영업과 거래의 자유를 위협하는 상표가 되었다. 우리 법원은 만인이 누려야 할 자유와 상거래의 자유를 적절하게 보호하지 못하였다는 비판을 면치 못한다. 오히려 상표법 제119조 제1항 제1호에 의해 타인의 업무와 관련된 상품과 혼동을 불러 일으키는 상표로서 상표등록이 취소되어야 한다. 대법원에 의해 피해자가 가해자가 되었을 수 있다.

95) KP Permanent Make-Up, Inc. v. Lasting Impression I, Inc., 543 U.S. 111 (2004).

로크, 칸트, 헤겔 등 자유주적 개인주의 철학자들은 항상 인간의 자유의 범위에 대하여 고민을 해왔다. '나의 자유는 타인의 자유가 시작되는 곳에서 끝난다.' 이는 과거 위대한 철학자들이 인간의 자유를 주장하기 위해 제시하는 명제이다.

사. 서울대학교 사건[96)]

(1) 사건의 개요

본 사건은 인간의 기본권인 자유권의 한계를 넘는 판결이라고 할 수 있고, 실정법 상으로는 상표법 제90조 제1항 제2호를 위반한 판결이라고 할 수 있다.

서울 관악구 신림동 소재 서울대학교는 지정상품을 농산물이유식 등으로 하여 **서 울 대 학 교**로 구성된 상표를 등록출원했다. 특허청 심사관은 위 상표가 상표법 제33조 제1항 제4호의 현저한 지리적 명칭('서울'은 현저한 지리적 명칭임)으로 구성된 상표 및 기타 식별력이 없는 상표라고 하여 상표등록을 거절했다. 이에 위 상표를 출원한 서울대학교가 등록거부에 대한 취소심판을 제기했으나 특허심판원이 이를 기각하자[97)], 특허법원에 그 등록거절을 취소하여 달라는 소송을 제기했고, 이에 특허법원이 서울대학교의 청구를 인용하면서 특허청의 거절 결정을 취소하자[98)], 특허청이 이에 불복하여 대법원에 상고했다.

특허법원은 현저한 지리적 명칭인 '서울'과 흔히 있는 명칭인 '대학교'가 불가분적으로 결합됨에 따라, 단순히 '서울에 있는 대학교'라는 의미가 아니라 '서울특별시 관악구 등에 소재하고 있는 국립종합대학교'라는 새로운 관념이 일반 수요자나 거래자 사이에 형성되어 충분한 식별력을 가지므로 상표법 제6조 제1항 제4호, 제7호에 모두 해당하지 아니하여, 위 각 지정상품에 대한 상표등록이 허용되어야 하며, (2) 상표법 제6조 제1항 제4호, 제7호에 해당하지 아니하는 이상, 상표법 제6조 제2항에 의하여 각 지정상품에 대하여 개별적으로 사용에 의한 식별력을 취득하였는지 여부를 별도로 따질

96) 대법원 2015. 1. 29. 선고 2014후2283 판결.
97) 특허심판원 2014. 2. 10.자 2013원4612 심결
98) 특허법원 2014. 9. 18. 선고 2014허2092 판결.

필요가 없다는 취지로 판단하였는데, 대법원은 특허법원의 본 판시를 지지했다.

(나) 평가

본 판결은 같은 법리에 대하여 '우리은행' 사건과 반대의 모순된 결론에 이른 판결이다. 즉 법철학적이나 법논리적으로 상호모순이 발생하는 나쁜 판결이다. 본 판결은 상표법의 기초인 표장의 원래의 의미(original meaning)와 이차적 의미(secondary meaning)를 구분하지 못한 판결이라고 할 수 있다. 그리고 부정경쟁방지법상의 현저한 표장과 상표법상의 식별력을 구분하지 못한 것으로 부정경쟁방지법과 상표법의 법리를 구분하지 못하였다고 할 수 있다. 대법원은 "새로운 관념이 일반 수요자나 거래자 사이에 형성"되었다고 판시하였는바, 이를 상표법리에서는 '이차적 의미(secondary meaning)'라고 한다. 만일 '이차적 의미'가 아니라는 취지의 판시라면, 이는 법의 해석이 아닌 언어의 유희, 즉 '말장난'이다. 예컨대 서울시립대학교는 그 영어로는 University of Seoul라고 표기한다. 번역하면 '서울의 대학교' 또는 '서울대학교'가 된다.

부정경쟁방지법은 '널리 알려진 표장'을 보호한다. 서울대학교는 널리 알려진 표장이라고 함에는 이견이 없을 것이다. 그러나 식별력은 별개의 문제이다. 식별력은 상표로 사용하려는 표장과 상품과의 관계에서 발생한다. 즉 서울대학교에서 서울은, 위 법원에서 인정하는 바와 같이, 현저한 지리적 명칭에 불과하다. 따라서 본질적인 식별력이 없음은 상표법이 명시하고 있다.

그러나 상표법 제33조 제2항에 의하여 사용에 의하여 식별력이 발생하면 상표등록을 할 수 있다. 즉 사용에 의하여 식별력이 발생하였다는 의미는 결국, 현저한 지리적 명칭(원래의 의미)으로서 '서울'을 전제로 하는 이차적인 의미로서 식별력을 말한다. 다만 '대학교'는 대학교에는 일반명칭이지만, 이유식 등에 대하여는 임의선택표장이다. 컴퓨터에 사과의 품종인 '매킨토시'를 상표로 선택한 것과 같다. 그렇지만 '서울대학교'는 전체적으로 하나의 의미가 발생하므로 현저한 지리적 명칭으로 봐야

할 것이다.[99]

대법원 판결상 '서울대학교'의 식별력	상표법의 의미
현저한 지리적 명칭인 '서울'과 흔히 있는 명칭인 '대학교'가 불가분적으로 결합됨에 따라, 단순히 '서울에 있는 대학교'라는 의미가 아니라 '서울특별시 관악구 등에 소재하고 있는 국립종합대학교'라는 새로운 관념이 일반 수요자나 거래자 사이에 형성되어 충분한 식별력을 가지므로	상표법 제33조 제2항 "그 상표를 사용한 결과 수요자 간에 특정인의 상품에 관한 출처를 표시하는 것으로 식별할 수 있게 된 경우"

이와 같이 이차적 의미가 형성되어 상표법 제33조 제2항에 따라 등록이 가능하다는 법리는 대법원의 선행 판결인 '경남대학교' 사건의 판결[100]과 부합한다.

예컨대, 아스피린은 널리 알려진 상표로 사용되지만, 현재 상표법상 식별력은 없다고 평가한다. 전자, 즉 널리 알려진 상표라는 의미는 부정경쟁방지법의 문제이고 후자, 즉 식별력은 상표법의 문제이다. 상표법 제33조 제2항에 의하여 등록할 수 있는 상표는, 널리 알려진 상표이어서가 아니라 식별력이 발생한 상표이기 때문에 상표로서 등록을 허용하는 것이다. 물론 널리 알려진 경우에는 식별력이 발생하였다고 할 수는 있어도 널리 알려진 상표가 반드시 상표법적 의미의 식별력이 발생한 상표라고 할 수 없는 것이다. 본 '서울대학교' 사건 판결은 대법원의 우리은행사건 판결의 법리와 반대의 법리가 적용된 것으로 두 판결을 조화하기는 어렵다. 이는 궁극적으로 국회의 입법권을 침해하는 판결이다.

서울대학교 사건과 같은 취지의 판결로는 **AMERICAN UNIVERSITY**의 상표가 문제된 사건도 들 수 있다.[101] 물론 본 사건도 상표법의 원리와 부합하지 않는다.[102] 본 판결은 서울대학교 판결과 함께 인류의 평등하게 자유일 권리(the right of equal freedom)를 침해한다.

해당 상품의 일반명칭이나 현저한 지리적 명칭은 공역(the public domain)에 존재하

99) 현재 특허청 상표심사기준상으로 예컨대, '불국사'를 현저한 지리적 명칭으로 들고 있는데, 만일 불국사가 현저한 지리적 명칭이 아니라고 한다면, 서울대학교도 현저한 지리적 명칭이 아니라고 할 수 있다. 다만 서울에 있는 대학교의 의미도 있다고 할 것이다.

100) 대법원 2012. 11. 14. 선고 2011후1982 판결 (경남대학교는 그 업무와 관련하여 이차적 의미가 형성되었다고 판시)

101) 대법원 2018. 6. 21. 선고 2015후1454 전원합의체 판결.

102) 비판적 견해로, 박준석, 현저한 지리적 명칭의 식별력 취득을 어떤 논리로 인정할 것인가? - 대법원 최근 판례들에 대한 비판 -, 法曹 제732호, 법조협회 (2018), 87면 이하 참조.

는 것으로 인류의 공유재산(*publici juris*)이다. 상표법 제33조는 그와 같은 법리를 확인하고 있는 것이다. 나아가 이차적 의미가 발생한 경우에 상표등록을 허용하는 제33조 제2항은 노동, 즉 사용에 의해 식별력의 창작에 대하여 창작된 부분만을 그 창작자에게 독점을 주는 것이다. 이러한 법리는 특허법의 신규성이나 저작권법의 창작성 법리에 부합하는 것이다. 나아가 근본적으로 자유주의적 개인주의 철학이나 공리주의적 도구주의 철학 모두에 의하여 지지받는 법리이다.

제3절

상거래상 제공 정보의 진실성

1. 공정하고 정직한 거래에 관한 법의 정신

1857년 미국의 Bloss v. Bloomer 사건[103]에서 미국 뉴욕주 대법원 Erasmus Darwin Smith 판사는 사실에 대한 허위표시가 불공정경쟁행위가 되는 이유를 다음과 같이 판시했다:

> If the legislature and the courts are thus sedulous to protect the rights of individuals in respect to their own inventions, labels and devices, it would seem to be implied that such individuals should not themselves attempt or allow any imposition upon the public by the false and fraudulent use of such labels, devices and names or inventions, for the sale of spurious or simulated articles. The fact that the defendant contracted to purchase, and the plaintiffs to sell, a large number of empty papers or bags for seeds, with the plaintiffs' labels thereon, implies, as was doubtless the fact, that the plaintiffs had acquired a high credit with the public for the good qualities of their seeds, and that their labels upon bags or papers of seeds would secure for them a ready sale and at appreciating prices. Money received by the defendant on the sale of the seeds he was to put in these bags and papers sold to him by the plaintiffs, would be money obtained by deceit and fraud, if not by false pretenses. Perhaps the provision in the contract, that the defendant should fill the bags with seeds of a good quality, might save the parties from a conviction for a conspiracy to commit an act "injurious to trade

103) Bloss v. Bloomer, 23 Barb. 604, 609-10 (S. Ct. NY, 1857).

or commerce," under subdivision 6 of section 8, chapter 1st of part 4th of the revised statutes. But if it be a crime to counterfeit labels, words or devices previously appropriated to distinguish property, or to vend goods thus stamped, without disclosing the fact to the purchaser, it is equally an offense against the spirit of the law, equally injurious to trade and commerce, and equally an imposition upon the public to palm off spurious goods under cover of genuine labels and devices. Contracts to do this are clearly against public policy, and should not be upheld and enforced by the courts. The demurrer in this case to the second cause of action--as the consideration is entire--is well taken, and the decision of the special term should be reversed.

↳ 입법부와 법원이 자신의 발명품, 라벨 및 식별수단과 관련하여 개인의 권리를 보호하는 것이 매우 엄격한 것은 개인이 위조된 제품의 판매를 위하여 라벨, 식별수단 및 이름 또는 발명을 기망적으로 사용하여 공중에게 허위 사실을 알리거나 그러한 시도해서는 안 된다는 것을 의도하는 것처럼 보일 수 있다. 원고의 라벨이 부착된 다수의 빈 종자 종이 또는 봉투에 대하여 피고가 구매 계약을 체결하고 원고가 판매한 사실은 의심할 여지 없이 원고가 자신의 종자의 좋은 품질에 대한 대중의 높은 신용을 얻은 것 그리고 종자의 종이나 봉투에 부착된 원고의 라벨이 판매량과 적절한 가격을 보증할 수 있다는 사실을 의미한다. 원고가 피고에게 판매한 종이와 봉투에 피고가 종자에 대한 대가로 피고가 허위의 기망에 의하여 채워 넣은 것이 아니라면, 피고가 일반 수요자에게 종자 매매대금으로 받은 돈은 기망이나 사기에 의하여 취득한 것일 수 있다. 아마도 피고가 양질의 씨앗을 봉지에 채워야한다는 [원고와 피고사이의] 계약 조항은 개정된 법령의 제4부 1장 제8조 제6항 하에서 양 당사자를 "무역이나 상업에 해를 끼치는 행위"를 하는 음모에 대한 혐의로부터 벗어나게 할 수 있다. 수요자에게 [진실된] 사실을 공개함이 없이, 자신의 소유물을 구별하기 위해서, 또는 자신의 상품을 판매하기 위하여 소인된, 선택한 라벨, 단어 또는 식별수단을 위조하는 것이 범죄가 된다면, 이것은 동일하게 법의 정신에 대한 공격이고, 상거래와 상업에 해가 되는 것일뿐더러 진정한 라벨과 식별수단으로 가장된 가짜상품으로 공중을 속이는 것이다. 이와 같은 계약은 공공정책에 명백히 위반되는 것이고 법원에 의해서 승인되어서도 집행되어서도 안 된다. 대가성(consideration)이 전부인 두 번째 청구원인에 대한 이건 소송의 피고가 적절하게 선택되었고, 이러한 판결은 취소되어야 한다.

가짜 상표를 부착하는 것 뿐만 아니라 진실한 표장이나 상표를 붙인 상품의 포장에 그 상표부 상품과 출처가 다른 출처의 상품을 넣어 판매하는 것도 진실되지 않는 부정한 거래라는 의미이다. 즉 자신의 상품이 아닌 상품에 자신의 상표를 부착하도록 한 것은 공중의 기망행위라고 판시했다. 본 판결 당시에는 상표의 이전이나 라이센스가 허용되지 않았다. 이미 신용이 화체화 되어 있는 상표에 의한 상품의 출처를 기망하는 행위였기 때문이다. 즉 상표의 진정한 취지는 거래의 진실성이다. 누가 만들었고, 누가 판매하는지에 대하여 정확하고 진실된 정보를 제공하는 것이다.

동일한 상표가 사용된 상품은 그 출처가 다르더라도 동일한 품질을 유지하면 상표의 기능을 다한다는 것이 현대 상표법의 부정경쟁방지법의 법리이다. 그러한 조건을 지키지 못하고 등록된 상표를 사용했다면 그 상표의 등록취소사유가 된다.

공정한 거래에 관한 법률은 사람간에 거래가 존재할 때부터 존재했다. 거래되는 상품에 대한 표식이나 제조자 표시 등은 그러한 예이고, 중세 때에 존재했던 상품에 대한 정확한 내용의 표시는 거래의 진실성을 보호하여 거래의 신뢰성을 증진시킨다. 결국 거래가 활성화 되게 된다.

저작물을 포함하여 그 제작자나 상품에 관한 정보를 허위로 하는 경우에는 저작권법상의 성명표시권과 별개로 부정경쟁행위로 인정한다. 우리 저작권법 제137조는 저작자나 실명자가 아닌 자를 저작자로 하거나 실연자로 표시하여 저작물을 공표하거나 실연을 공연 또는 공중 송신 등을 한 자를 형사처벌하고 있다. 이는 허위의 저작자나 실연자를 기재하여 공중을 속이는 행위를 처벌하는 것으로 저작권법상의 특별부정경쟁행위에 해당한다.

19세기 영국의 유명 시인인 바이런(Byron)은 많은 위조 저작물로 시달렸다. 1816년 영국의 Lord Byron v. Johnston 사건[104]은 허위의 저작물에 관한 소송으로, 영국의 유명 시인 '바이런'은 바이런의 작품이라고 거짓으로 특정 시를 광고 판매한 출판사에 출판금지명령을 청구했다.[105] 이와 같은 행위는 성명표시권이라는 저작인격권을 침해하는 행위이지만, 19세기 영국은 저작인격권을 인정하지 않았다. 그러나 영국 법원은 커먼로의 전통적인 부정경쟁행위인 'palming off'(사칭행위) 법리를 유추하여 금지명령을 인정했다. 1816년 R. S. Kirby와 W. Allason에 의해 Reflections on Shipboard라는 제호

104) Lord Byron v. Johnston, 35 Eng. Rep. 851 (1816).

105) Janet Osen, "The cream of other men's wit: Plagiarism and misappropriation in cyberspace", Computer Fraud & Security, Vol. 1997, Issue 11, November 1997, pp. 13-19.

로 출간된 바이런의 시집은 바이런의 허락없이 출판되었고, 1823년 William Dugdale가 출간한 바이런의 Beppo라는 책은 바이런의 허락없이 출간되었다.[106] 이러한 행위는 책의 출처를 속이는 부정경쟁행위에 해당한다.

저작인격권은 저작물의 저작자 허위표시를 금지하여 도서 거래의 진실성과 공정성을 담보하지만, 불공정경쟁법, 즉 우리나라의 부정경쟁방지법은 허위의 상품의 거래를 금지하여 일반적으로 거래의 진실성과 공정성을 확보하는 법이다. 따라서 허위의 저작물의 거래는 저작인격권을 침해하고, 자신의 저작물을 타인의 저작물인 것처럼 하거나 그 역(reverse)의 부정경쟁행위이다.

한편, 매수자 부담원칙(caveat emptor)과 판매자 부담원칙(caveat venditor)도 거래의 진실성과 공정성을 확보하는 법원리이다.[107] 산업혁명시까지도 매수자 부담원칙이 적용되었다. 이는 매수자가 물품의 하자에 대한 책임이 있다는 것으로 매수자는 자신이 구입하려는 물품에 대하여 꼼꼼히 살펴 구입을 하고, 만일 구입후에 하자가 발견된다고 하더라도, 이는 판매자의 책임 아니라는 원칙이다. 예컨대 과거 영국에서 매수자 부담원칙이 적용되어, 말고기를 구입한 사람은 구입당시에 그 고기의 상태를 꼼꼼히 살펴 구입하여야 하고, 구입한 이후에 그 고기가 상했다고 하더라도 이를 판매자의 책임으로 돌릴 수 없다는 매수자 부담원칙(caveat emptor)이 적용되었다. 이러한 거래는 시장에서 대면거래에 의하여 개별적 상품거래방식에 의해 거래가 되던 시대의 법원칙이었다.

그러나 산업혁명이후 물품의 대량생산과 거래는 매수자 부담원칙을 유지하기 어려워졌다. 왜냐하면 정보의 비대칭성은 매수자 부담원칙을 유지하기에는 매수자에게 부담이 되었고, 이로 인하여 거래가 활성화 되지 않았기 때문이다. 이에 19세기 후반까지 법원리를 변경하여 판매자 부담원칙으로 변경하여, 거래 물품의 하자가 있는 경우에 그 하자는 판매자가 책임을 지도록 하였다. 우리 민법 제569조 이하에도 매매거래시 거래목적물의 하자가 있을 때 규율하는 법규정이 있다. 이러한 판매자 거래원칙은 익명거래를 활성화시켰고, 현대 사회에서 많이 이용되는 인터넷을 통한 비대면 거래의 기본적인 토대법리가 되었다.

106) Gary Dyer, Byron in Context, Ch. 6. Piracies, Fakes and Forgeries (ed. by Clara Tuite), Cambridge Univ. Press, 2019, pp. 53-60.
107) "caveat venditor"는 "let the seller beware"라는 의미이고 "caveat emptor"는 "let the buyer beware"라는 의미이다.

2. 화투그림의 대작과 거래의 진실성

가. 화투그림 사건

가수 조모씨는 우리나라에서 오락에 많이 애용되어 오던 화투를 그림으로 그려 이를 판매하였다. 그동안 화투를 소재로 한 그림은 없었기 때문에 한동안 그의 그림은 화제를 불러 일으켰다. 그의 그림은 300만원에서 1,200만원 사이에서 거래되었다고 전해졌다.

그런데 조씨가 구체적이고 세밀(detail)하게 화투그림을 그릴 수 있는 기능이 없다는 것이 알려지면서 대작의혹이 불거졌고, 결국 미국 유학파 출신의 작가인 송모 등이 그림당 10여 만원의 수고비를 받고 조씨의 작품을 그렸고, 조씨는 약간의 덧칠을 하거나 자신의 사인만 더해 그림을 완성했다고 알려졌다. 이에 그림을 구입한 사람들이 사기거래라고 하여, 조씨를 형사 고소하였고, 조씨는 사기죄로 기소되었다.

이를 계기로 국내에서는 그림 대작논란이 불거졌고 미술계의 관행이라는 주장도 있었다. 또한 17세기 초반 네덜란드 화가인 렘브란트도 많은 조수를 두고 그림을 그렸던 것으로 미술계에서는 큰 문제가 아니라는 취지의 주장도 있었다.

나. 형사소송의 경과

본 사건은 국내에서 많은 화제가 되었다. 사기죄의 성립에 결정적인 기술 보조를 통해 작품을 제작했다는 점을 화투그림의 구매자들에게 사전에 고지할 의무가 있는지가 쟁점이 되었다. 검사가 기소한 공소사실은 조씨가 화가 갑(甲)에게 돈을 주고 자신의 기존 콜라주 작품을 회화로 그려오게 하거나, 자신이 추상적인 아이디어만 제공하고 이를 갑이 임의대로 회화로 표현하게 하는 등의 작업을 지시한 다음 갑으로부터 완성된 그림을 건네받아 경미한 작업만 추가하고 자신의 서명을 하였음에도, 위와 같은 방법으로 그림을 완성한다는 사실을 고지하지 아니하고 사실상 갑 등이 그린 그림을 마치 자신이 직접 그린 친작(親作)인 것처럼 전시하여 피해자들에게 그림(미술작품)을 판매하고 대금 상당의 돈을 편취하여 사기죄를 범하였다는 취지이었다.

기소된 사건에서 핵심적인 것은 고지의무의 존재이었는데, 고지의무는 단순히 규범적으로 판단할 것이 아니라 그림을 구입하는 사람들이 위와 같이 실제 그림을 그린 사람들이 따로 있었고, 조씨는 약간의 가필을 하거나 서명만을 한 사실을 알았다면, 그림 구입에 영향을 미치련지 여부이다.

그러나 부정경쟁방지법과 부정경쟁행위로 인한 형사처벌은 형법상의 사기와는 그 구성요건이 다르다. 실제 그림을 그린 사람은 부정경쟁행위로 나열된 행위중에서, 가목과 바목의 부정경쟁행위(각 공범 포함), 즉 자신의 그림(상품)을 타인의 상품으로 판매하였는지이고, 이에 조씨는 i) 바목의 직접사칭의 주체 ii) 가목의 간접사칭에 의한 부정경쟁행위에 대한 갑과 공동정범과 역혼동(reverse palming off)에 해당하여 이에 대한 형사책임이 있는지 여부가 될 것이다. 다만 본 사건은 부정경쟁방지법 위반으로 기소되지는 않은 것으로 보인다.

[문제된 화투 그림]

검사가 형법상 사기죄로 기소한 사건에서 1심 법원은 징역4월의 유죄[108], 2심 법원은 무죄[109]를 선고하였다. 이에 본 사건은 대법원에서 최종적으로 무죄로 판단했다.[110] 대법원에서 무죄가 확정되자 추후 관련사건에서도 무죄로 판단받았다.

대법원은

> 저작권은 구체적으로 외부에 표현한 창작적인 표현형식만을 보호대상으로 하므로, 2인 이상이 저작물의 작성에 관여한 경우 그중에서 창작적인 표현형식 자체에 기여한 자만이 그 저작물의 저작자가 되고, 창작적인 표현형식에 기여하지 아니한 자는 비록 저작물의 작성 과정에서 아이디어나 소재 또는 필요한 자료를 제공하는 등의 관여를

108) 서울중앙지방법원 2017. 10. 18. 선고 2016고단5112 판결.
109) 서울중앙지방법원 2018. 8. 17. 선고 2017노3965 판결.
110) 대법원 2020. 6. 25. 선고 2018도13696 판결.

> 하였더라도 그 저작물의 저작자가 되는 것은 아니다. 여기에서 사상이나 감정이 '표현' 되었다고 하려면 머릿속에서 구상된 것만으로는 부족하고 어떤 형태나 방법으로든 외부에 나타나야 한다. 그 나타나는 방법이나 형태에 대하여는 아무런 제한이 없다.
> 저작물 중에서도 미술저작물은 인간의 사상이나 감정이 시각적 형상이나 색채 또는 이들의 조합에 의하여 미적(미적)으로 표현되어 있는 저작물이다(저작권법 제4조 제1항). 미술저작물은 다른 일반 저작물과 달리 그것이 화체된 유체물이 주된 거래의 대상이 되며, 그 유체물을 공중이 볼 수 있도록 공개하는 '전시'라는 이용형태가 특별히 중요한 의미를 가진다. 미술저작물의 창작행위는 공개적으로 이루어지지 않는 경우가 많으므로 실제 누가 저작자인지 다투어지는 경우가 많이 있다. 저작물을 창작한 사람을 저작자라고 할 때 그 창작행위는 '사실행위'이므로 누가 저작물을 창작하였는지는 기본적으로 사실인정의 문제이다. 그러나 창작과정에서 어떤 형태로든 복수의 사람이 관여되어 있는 경우에 어느 과정에 어느 정도 관여하여야 창작적인 표현형식에 기여한 자로서 저작자로 인정되는지는 법적 평가의 문제이다. 이는 미술저작물의 작성에 관여한 복수의 사람이 공동저작자인지 또는 작가와 조수의 관계에 있는지 아니면 저작명의인과 대작(대작)화가의 관계에 있는지의 문제이기도 하다. 그런데 미술저작물을 창작하는 여러 단계의 과정에서 작가의 사상이나 감정이 어느 단계에서 어떤 형태와 방법으로 외부에 나타났다고 볼 것인지는 용이한 일이 아니다. 본래 이를 따지는 일은 비평과 담론으로 다루어야 할 미학적 문제이기 때문이다. 그러므로 이에 관한 논란은 미학적인 평가 또는 작가에 대한 윤리적 평가에 관한 문제로 보아 예술 영역에서의 비평과 담론을 통해 자율적으로 해결하는 것이 사회적으로 바람직하고, 이에 대한 사법 판단은 그 논란이 법적 분쟁으로 비화하여 저작권 문제가 정면으로 쟁점이 된 경우로 제한되어야 한다.

저작물은 자신의 사상이나 감정의 표현이다. 따라서 구체적인 기능의 문제가 아니라 누구의 사상감정이 표현되었는지 여부에 의해 판단되어야 한다. 이점에 대하여 대법원은 저작권법의 원칙론을 언급했다. 그러나 대법원은 '그 논란이 법적 분쟁으로 비화하여 저작권 문제가 정면으로 쟁점이 된 경우'에 한정하여야 한다고 판시하여 그 대법원으로서의 역할을 포기했다. 본 사안이 사기죄가 성립되는지는 누구를 저작권자로 하여야 하는지가 판단되어야 한다. 따라서 대법원은 자신의 판시와 모순되게 최고 법원으로서의 역할을 포기한 것이라고 평가할 수 있다.

사기죄 성부와 별개로 부정경쟁행위에 대하여 판단한다면, 저작물이라도 거래에 제공된 경우에는 거래법의 영역에 들어오게 된 것이므로 거래법도 적용되어야 한다.

우리 부정경쟁방지법은 거래의 진실성에 관하여 다수의 조항을 두고 있는데, 부정경쟁행위의 정의를 하는 제2조 제1호 가목 내지 바목까지가 거래의 진실성에 관한 조항이다.

본 조항들에서 타인의 상품을 사칭하여 수요자를 혼동시키거나 거래되는 물품의 내용에 관하여 허위표시를 하는 경우에 부정경쟁행위를 인정한다. 또한 타인의 상품을 사칭하는 경우에는 내가 제작한 상품을 타인의 상품으로 둔갑시키는 것 뿐만 아니라 타인의 상품을 나의 상품으로 둔갑시키는 경우를 포함한다. 이를 역혼동(reverse confusion) 내지 역사칭 (reverse palming off) 이라고 한다. 우리 대법원도 역혼동 내지 역사칭을 부정경쟁행위로 인정하는 취지로 판시하고 있다. 따라서 자신이 그리지도 않은 그림을 자신의 이름하에 판매하는 것은 부정경쟁행위를 구성한다. 물론 이는 저작권법상 누구가 화투 그림의 저작자인지가 판명이 되어야 한다. 이는 저작권법상의 저작인격권 침해행위로서 특별부정경쟁행위도 구성하는 것으로 판단된다.

부정경쟁방지 및 영업비밀보호에 관한 법률

제2조(정의) 이 법에서 사용하는 용어의 뜻은 다음과 같다.

1. "부정경쟁행위"란 다음 각 목의 어느 하나에 해당하는 행위를 말한다.

가. 다음의 어느 하나에 해당하는 정당한 사유 없이 국내에 널리 인식된 타인의 성명, 상호, 상표, 상품의 용기·포장, 그 밖에 타인의 상품임을 표시한 표지(標識)(이하 이 목에서 "타인의 상품표지"라 한다)와 동일하거나 유사한 것을 사용하거나 이러한 것을 사용한 상품을 판매·반포(頒布) 또는 수입·수출하여 타인의 상품과 혼동하게 하는 행위

1) 타인의 상품표지가 국내에 널리 인식되기 전부터 그 타인의 상품표지와 동일하거나 유사한 표지를 부정한 목적 없이 계속 사용하는 경우

2) 1)에 해당하는 자의 승계인으로서 부정한 목적 없이 계속 사용하는 경우

바. 타인의 상품을 사칭(詐稱)하거나 상품 또는 그 광고에 상품의 품질, 내용, 제조방법, 용도 또는 수량을 오인하게 하는 선전 또는 표지를 하거나 이러한 방법이나 표지로써 상품을 판매·반포 또는 수입·수출하는 행위

가목의 부정경쟁행위는, 간접사칭에 관한 조항으로, 국내에서 널리 알려진 타인의 성명이라고 하고 있지만, 타인의 상품을 자신의 상품으로 판매하는 행위(역사칭과 역혼동)도 포함한다고 함이 대법원 판결이다.[111]

바목 전단의 '타인의 상품을 사칭(詐稱)하거나'는 직접사칭에 관한 규정으로, 본 사건에서는 조씨가 지인들에게 직접 판매한 것으로 보이는데, 이러한 경우에는 자신의 그림이라고 한 것으로 보이므로 직접사칭의 형태(역직접사칭 포함)의 성립될 수 있다. 즉 갑과 공동정범으로 사칭(바목)과 혼동(가목)의 공동정범/종범이거나, 역사칭과 역혼동을 인정하는 우리 대법원의 판결에 의거하여 역사칭(바목)과 역혼동(가목)의 정범의 가능성이 존재한다.

본 대법원 판결은, 형사기소가 사기죄로 되어 있었기 때문에 저작권법이나 부정경쟁방지법이 직접적으로 문제된 것은 아니다. 이에 대법원이 '미학적인 평가 또는 작가에 대한 윤리적 평가'라고 하고, 또한 저작권법이 직접적으로 문제된 경우에만 저작자가 누구인지 판단을 하여야 한다고 하였지만, 사기죄에 있어서도 누가 그린 것인지 고지의무는 누가 저작자인지에 의하여 결정되는 것이다. 따라서 본 사기죄 여부가 문제된 사건에서도 당연히 누가 저작자인지 판단했어야 함에도, 언어의 유희로 그 점을 판단하지 않아 대법원의 역할을 회피한 것이라고 할 수 있다. 어쨌든 본 사안은 종료되었다.

그러나 부정경쟁행위에 관련된 내용은 판단이 되지 않았으므로 법리적으로 판단하고, 추후 본 사건과 같은 유사한 사건으로 인하여 사기죄가 성립되지 않는다는 오해를 불러 일으킬 수 있으므로, 부정경쟁행위와 저작권법상의 문제에 대하여 본다.

111) 대법원 2002. 2. 26. 선고 2001다73879 판결 (상호사용에 있어 역혼동 가능성 인정, 다만 역혼동이 성립되지 않는다고 판시). 대법원 2014. 8. 20. 선고 2012다6059 판결 ("어떤 상표가 정당하게 출원·등록된 이후에 등록상표와 동일·유사한 상표를 그 지정상품과 동일·유사한 상품에 정당한 이유 없이 사용한 결과 그 사용상표가 국내의 일반 수요자들에게 알려지게 되었다고 하더라도, 사용상표와 관련하여 얻은 신용과 고객흡인력은 등록상표의 상표권을 침해하는 행위에 의한 것으로서 보호받을 만한 가치가 없고 그러한 상표의 사용을 용인한다면 우리 상표법이 취하고 있는 등록주의 원칙의 근간을 훼손하게 되므로, 위와 같은 상표 사용으로 시장에서 형성된 일반 수요자들의 인식만을 근거로 하여 상표 사용자를 상대로 한 등록상표의 상표권에 기초한 침해금지 또는 손해배상 등의 청구가 권리남용에 해당한다고 볼 수는 없다."고 하여 역혼동 사실은 인정했으나 오히려 등록주의 원칙에 의해 등록상표의 유효성 인정)

• 갑의 책임

갑의 행위	부정경쟁행위 가능성
자신이 그린 그림을 조씨에게 주어 조씨의 서명 및 명의로 판매하도록 함	가목의 혼동행위의 정범 (교사방조의 종범가능)
조씨가 자신의 그림으로 판매하도록 직접사칭하도록 함	바목의 직접사칭의 정범 (교사방조의 종범가능)

• 조씨의 책임

조씨의 행위	부정경쟁행위 가능성
갑이 그린 그림을 자신의 그린 그림인 것처럼 서명 등을 하여 구입자에게 혼동을 발생시킴	가목의 혼동행위의 공동정범(송모와 공동) 가목의 역혼동행위의 정범
자신의 그림이라고 직접 사칭하여 판매한 경우	바목의 직접사칭의 정범 (송모와 공동) 바목의 역직접사칭의 정범

앞서 저작인격권이 문제된 외국의 사례에서 보듯이 누가 저작자인지 저작자의 명예와 관련하여 많은 문제들이 있어다. 앞서 언급한 바와 같이 19세기 영국의 유명시인 바이런은 많은 위작에 시달려야 했다. 그리하여 우리 저작권법은 성명표시권을 규정하면서 이를 위반한 경우에도 저작권법위반으로 형사처벌한다.

저작권법

제12조(성명표시권) ①저작자는 저작물의 원본이나 그 복제물에 또는 저작물의 공표 매체에 그의 실명 또는 이명을 표시할 권리를 가진다.

제136조(벌칙)

②다음 각 호의 어느 하나에 해당하는 자는 3년 이하의 징역 또는 3천만원 이하의 벌금에 처하거나 이를 병과할 수 있다.

1. 저작인격권 또는 실연자의 인격권을 침해하여 저작자 또는 실연자의 명예를 훼손한 자

제137조(벌칙) ①다음 각 호의 어느 하나에 해당하는 자는 1년 이하의 징역 또는 1천만원 이하의 벌금에 처한다.

1. 저작자 아닌 자를 저작자로 하여 실명·이명을 표시하여 저작물을 공표한 자

제139조(몰수) 저작권, 그 밖에 이 법에 따라 보호되는 권리를 침해하여 만들어진 복제물과 그 복제물의 제작에 주로 사용된 도구나 재료 중 그 침해자·인쇄자·배포자 또는 공연자의 소유에 속하는 것은 몰수한다.

3. 공유물과 창작적 기여: 히딩크 넥타이 사건

지적재산권법은 예술품과 실용적인 상품을 구분한다. 예술품은 순수미술(pure arts)의 영역이므로 저작권법으로 보호하고, 실용미술은 소비를 목적으로 창작되어 이용되는 것이므로 디자인보호법이나 상표법 및 부정경쟁방지법이 적용된다. 그런데, 어떤 순수미술은 예술작품이 아닌 실용상품이나 대량생산되어 소비를 목적으로 이용되는 상품에 사용된다. 이러한 경우에는 저작권법과 상표법, 디자인보호법 및 부정경쟁방지법이 동시에 적용되는 경우가 발생한다.

그리고 우리 민족 전통의 문양으로서, 우리 모두의 공유 재산(*publici juris*)이라고 하더라도, 이를 이용한 창작이 발생한 경우에는 그 '창작'은 창작한 자의 재산이라고 할 수 있다. 나아가 이를 저작권으로 등록하거나 디자인권으로 등록한다면, 그의 재산권이라고 할 수 있다. 다만 기존의 공유재산을 바탕으로 한 창작이므로 그 재산권의 범위는 매우 적다고 평가할 수 있다.

[히딩크와 히딩크 넥타이 디자인][112)]

이러한 문제가 되었던 것이 '히딩크 넥타이' 사건을 들 수 있다. 히딩크 넥타이 사건은 2002년 한일 월드컵 국가대표 축구감독이었던 히딩크 감독이 월드컵 경기 중에 채용했던 넥타이의 디자인이 문제되었기 때문에 히딩크 넥타이 사건이라고 한다. 히딩크 넥타이에 사용된 디자인은 국내 디자인업체 누브티스라는 회사가 2002년 월드컵에서 한국선수단의 선전을 기리기 위하여 우리 민족 전래의 태극문양 및 팔괘문양을 이용하여 디자인한 것이었다. 그 디자인을 이용하여 넥타이를 제조하여 당시 축구 국가대표 감독인 히딩크 감독에게 선물하였다. 2002년 월드컵 대회에서 우리나라 선수단이 선전하여 유명해지고 이에 따라

112) https://m.blog.naver.com/PostView.naver?isHttpsRedirect=true&blogId=naverlaw&logNo=221191568678 (출처, 네이버 N법률 미디어)

[왼쪽은 히딩크 넥타이, 오른쪽은 한국관광공사 넥타이]

히딩크 감독이 채용한 넥타이가 유명세를 얻자, 그 디자인을 모방하여 제조한 넥타이를 제작하는 업체가 많아졌고, 그리하여 그와 같은 모방품을 만들던 사람들을 상대로 저작권 침해를 주장하여 고소하였다. 고소당한 피고소인 중에는 한국관광공사도 있었다. 한국관광공사 직원은 언론을 통해 누브티스 디자인을 본 뒤, 외주업체에 의뢰하여 히딩크 넥타이와 아주 유사한 디자인을 이용하여 해외 귀빈용 넥타이 530개를 만들었다.

2005년까지 2년이나 계속된 형사 소송 결과는 누브티스의 저작권 침해로 결론이 났다. 1심과 2심(서울중앙지법)에선 한국관광공사와 담당 직원에게 무죄가 선고됐다. 그러나 3심인 대법원은 원심을 파기환송했다. 파기환송심(서울중앙지법 항소부)은 한국관광공사와 담당 직원에게 각각 벌금 100만원을 선고했다.

2003년 8월 3일 1심법원은

> 저작권법에 의하여 보호되는 저작물이기 위하여는 어디까지나 문학, 학술 또는 예술의 범위에 속하는 창작물이어야 하고, 본래 산업상의 대량생산에의 이용을 목적으로 하여 창작되는 응용미술품 등에 대하여 의장법 외에 저작권법에 의한 중첩적 보호가 일반적으로 인정되게 되면 신규성 요건이나 등록 요건, 단기의 존속기간 등 의장법의 여러 가지 제한 규정의 취지가 몰각되고 기본적으로 의장법에 의한 보호에 익숙한 산업계에 많은 혼란이 우려되는 점 등을 고려하면, 이러한 응용미술작품에 대하여는 원칙적으로 의장법에 의한 보호로써 충분하고 예외적으로 저작권법에 의한 보호가 중첩적으로 주어진다고 보는 것이 의장법 및 저작권법의 입법취지라 할 것이므로 산업상의 대량생산에의 이용을 목적으로 하여 창작되는 모든 응용미술작품이 곧바로 저작권법상의 저작물로 보호된다고 할 수는 없고, 그 중에서도 그 자체가 하나의 독립적인 예술적 특성이나 가치를 가지고 있어 위에서 말하는 예술의 범위에 속하는 창작물에 해당하여야만 저작물로서 보호된다고 할 것이다(대법원 1996. 2. 23. 선고 94도3266 판결 참조).
> 위와 같은 입장에서 살펴보면, 이사건 도안은 우리 민족 고유의 E문양 및 F문양을 상하좌우 연속 반복한 넥타이 도안으로서 응용미술작품의 일종에 해당된다고 할 것이나, 그 제작경위와 목적, 색채, 문양, 표현기법 등에 비추어 볼 때 실용물인 넥타이와 분리된 도안 그 자체가 하나의 독립적인 예술적 특성이나 가치를 가지고 있는 창작물이라

고 보기는 어려우므로(증인 D의 증언에 의하면 위 증인은 이 사건 넥타이에 관하여 의장등록 출원을 종료하였다.) 실제로 이 사건 넥타이 도안은 저작권법의 보호대상이 되는 저작물에 해당되지 아니한다 할 것이다.

라고 판시[113]하면서, 범죄의 입증이 없는 경우이므로 무죄를 선고했다. 한편 항소심도 1심판결을 유지하면서 무죄를 선고했다.

항소심은

응용미술작품이 상업적인 대량생산에의 이용 또는 실용적인 기능을 주된 목적으로 하여 창작된 경우 그 모두가 바로 저작권법상의 저작물로 보호될 수는 없고, 그 중에서도 그 자체가 하나의 독립적인 예술적 특성이나 가치를 가지고 있어 예술의 범위에 속하는 창작물에 해당하는 것만이 저작물로서 보호된다(대법원 1996. 2. 23. 선고 94도3266 판결, 1996. 8. 23. 선고 94누5632 판결, 2000. 3. 28. 선고 2000도79 판결 등 참조). 같은 취지에서 원심이, 이 사건 '히딩크 넥타이' 도안은 우리 민족 전래의 태극문양 및 팔괘문양을 상하 좌우 연속 반복한 넥타이 도안으로서 응용미술작품의 일종에 해당된다고 할 것이나, 그 제작 경위와 목적, 색채, 문양, 표현기법 등에 비추어 볼 때 저작권법의 보호대상이 되는 저작물에 해당하지 않는다고 판단한 것은 정당하고, 거기에 검사의 항소이유 주장과 같은 채증법칙 위반, 사실오인, 법리오해의 위법이 없으므로, 검사의 이 부분 주장은 이유 없다.

그리고 피고인들이 이경순의 의장권을 침해하였다는 점은 이 사건 공소사실에 포함되어 있지도 않을 뿐만 아니라 기록을 모두 살펴보아도 이 점을 인정할 증거가 없고, 나아가 공소장의 예비적 변경은 검사의 신청이 있어야만 가능한 것인데 이 사건에서 검사는 그러한 신청을 하지 아니하였으므로, 이 사건 '히딩크 넥타이' 도안이 저작권법의 보호대상이 되는 저작물에 해당하지 않는다는 이유로 피고인들에 대하여 무죄를 선고한 원심판결에 심리미진의 위법이 있다고 할 수 없으니, 검사의 이 부분 주장도 이유 없다.

라고 하여, 1심과 같이 무죄를 선고했다.[114]

위와 같은 무죄 선고에 대하여 검사가 대법원에 상고했는데 대법원은 무죄를 선고

113) 서울지방법원 2003. 8. 14. 선고 2003고단3524 판결.

114) 서울지방법원 2003. 11. 19. 선고 2003노7459 판결.

한 원심판결을 파기하고, 유죄 취지로 원심에게 환송했다. 대법원의 판결[115]을 보면 다음과 같다.

> 구 저작권법(2000. 1. 12. 법률 제6134호로 개정되기 전의 것, 이하 같다)은 제4조 제1항 제4호에서 '회화·서예·도안·조각·공예·응용미술작품 그 밖의 미술저작물' 등을 저작물로 예시하고 있었으나, 저작권법(2000. 7. 1.부터 시행되었다)은 제2조 제11의2호에서 '응용미술저작물'을 '물품에 동일한 형상으로 복제될 수 있는 미술저작물로서 그 이용된 물품과 구분되어 독자성을 인정할 수 있는 것을 말하며, 디자인 등을 포함한다'고 규정하고, 제4조 제1항 제4호에서 응용미술저작물 등을 저작물로 예시함으로써 응용미술저작물의 정의를 규정하고 응용미술저작물이 저작권의 보호대상임을 명백히 하고 있다.
> 기록에 의하면 판시 '히딩크 넥타이' 도안은 고소인이 저작권법이 시행된 2000. 7. 1. 이후에 2002 월드컵 축구대회의 승리를 기원하는 의미에서 창작한 것인 사실, 고소인은 위 도안을 직물에다가 선염 또는 나염의 방법으로 복제한 넥타이를 제작하여 판매하였고, 피고인 1 역시 같은 방법으로 복제한 넥타이를 제작하여 판매한 사실을 각 인정할 수 있고, 원심의 인정과 같이 위 도안이 우리 민족 전래의 태극문양 및 팔괘문양을 상하 좌우 연속 반복한 넥타이 도안으로서 응용미술작품의 일종이라면 위 도안은 '물품에 동일한 형상으로 복제될 수 있는 미술저작물'에 해당한다고 할 것이며, 또한 그 이용된 물품(이 사건의 경우에는 넥타이)과 구분되어 독자성을 인정할 수 있는 것이라면 저작권법 제2조 제11의2호에서 정하는 응용미술저작물에 해당한다고 할 것이다.
> 그렇다면 판시 '히딩크 넥타이' 도안이 그 이용된 물품과 구분되어 독자성을 인정할 수 있는 것이라면 저작권법의 보호대상인 저작물에 해당하고, 그렇지 아니하다면 저작물에 해당하지 아니한다고 할 것인데도, 원심은 위 도안이 그 이용된 물품과 구분되어 독자성을 인정할 수 있는 것인지에 관하여 심리를 하여 보지 아니한 채 위에서 본 이유만으로 위 도안이 저작권법의 보호대상인 저작물에 해당하지 아니한다고 판단하고 말았으니, 원심판결에는 응용미술저작물에 관한 법리를 오해하였거나 필요한 심리를 다하지 아니하여 판결에 영향을 미친 위법이 있다고 할 것이다.

위 판결의 쟁점은 결국 도안이 그 이용된 물품과 구분되는 독자성이 있는지 여부이다. 이의 의미는 원래 디자인은 상품의 일부를 구성하는 것이므로 상품으로 보호될 뿐

115) 대법원 2004. 7. 22. 선고 2003도7572 판결.

저작물로 보호되지 못한다. 독자성이란 상품과 구분되어 다른 상품에도 사용될 수 있는지 등이 하나의 독자성 판단의 기준이 될 수 있다. 나아가 저작권으로 보호받기 위해서는 다른 저작물과 같이 그 디자인이 창작성이 있어야 한다. 그런데, 디자인은 저작물로 인정되어 상품으로 유통되므로 거래법인 부정경쟁방지법과 상표법의 적용을 받을 수 있다.

본 사안은 일명 "히딩크 넥타이"의 도안이 문제된 것으로, 그 도안은 우리 전통의 문양을 이용한 것으므로 기본적으로 그 문양은 우리 모두의 공유이다. 그런데 이를 이용하여 새로운 창작을 할 수 있고, 그 창작이 '물품에 동일한 형상으로 복제될 수 있는 미술저작물'이고, 또한 그 이용된 물품과 구분되어 다른 물품에도 사용될 수 있으므로 독자성을 인정할 수 있다. 따라서 저작권법상 응용미술저작물에 해당한다. 즉 디자인이 물품과 분리될 수 있어 물품과 디자인이 구별이 된다면 독자성을 인정할 수 있고, 이는 창작자의 권리로 볼 수 있다. 다만 우리 민족이 공유하는 전통문양을 이용한 것이므로 저작권으로 보호받은 창작성은 매우 적다.

제4절

타인의 노력에 편승하는 부정한 경쟁의 금지

24. 그리고 한 달란트를 받았던 종이 주인에게 와서 말했다. '주인님, 저는 주인님이 심지 않은 데서 거두고, 씨 뿌리지 않은 데서 거두는 완고한 분이라 생각했습니다.
25. 그래서 두려운 마음으로 밖에 나가 돈을 땅에 숨겼습니다. 이제 주인님이 제게 주신 돈을 도로 받으십시오.'
26. 주인이 대답했다. '이 악하고 게으른 종아! 너는 내가 심지도 않은 데서 거두어 들이고, 씨 뿌리지 않은 곳에서 거두어 들인다고 생각했느냐?
27. 그렇다면 너는 내 돈을 은행에 넣어 두었어야 했다. 그러면 내가 다시 돌아왔을 때 이자와 함께 내 돈을 돌려받았을 것이다.

(마테복음 제25장 제24절-제27절)

1. 부당이득(unjust enrichment)의 법리

부정경쟁행위를 이루는 또 하나의 법리는 부당이득법리이다. 부당이득법리는 영미법에서는 부정경쟁행위로 인정하지 않았다. 미국은 약 100년전인 1918년 AP v. INS 사건에서 부당이득법리에 기초한 부정취득이용(misappropriation) 법리를 인정하였지만, 불공정경쟁법(우리법으로는 부정경쟁방지법)의 적용을 하는 각 주법원에서 불확정 개념이라는 이유로 이를 수용하는 것을 꺼려 했다. 나아가 연방법원인 순회항소법원에서도 부정취득이용법리를 인정하길 꺼려 했었다. 그리하여 일부 순회항소법원에서는 부당이득법리에 기초한 부정취득이용을 인정했지만 다수의 순회항소법원에서는 이를 인정하지 않았다.

1918년 AP v. INS 사건은 1차 세계대전 중에 Associated Press("AP")라는 통신사가 유럽 전선에 특파원을 보내 전쟁기사를 취재하였는데, AP보다 규모가 적은 International News Service ("INS")라는 경쟁 통신사가 유럽 전선에 특파원을 보내지 않고, AP사의 직원들에게 뇌물을 제공하고 기사를 얻거나 AP사의 속보판에서 기사를 취재하여 자신들의 회원사에게 기사를 제공하였다. AP사는 INS사를 제소하였다.

본 사건에서 쟁점은 신문의 뉴스(news)는 저작권 보호대상이 아니었기 때문에 저작권 침해가 성립되지 않지만, 커먼로상 부정취득(misappropriation)행위로 보호할 수 있는지 여부였다. 연방대법원은 뉴스가 저작권 보호대상은 아니므로 최초로 게재되면 재산적 가치를 상실하지만, 취재하는데 많은 비용, 자본기업, 숙련성, 노동이 투입되고, 그 뉴스를 이용함에 있어서 다른 상품들과 마찬가지로 비용을 지불하고 있다는 점을 지적하였다. 그리하여 원피고가 뉴스에 대하여 같은 분야에서 같은 시간에 이익을 창출하려고 하고 있으므로 공중에 대한 관계에 상관없이 원피고사이에는 금지명령을 할 수 있는 준재산권(quasi property)으로 간주할 수 있다고 하면서 금지명령을 인정하고 손해배상을 명했다.

그러나 부정취득개념의 불확실성으로 인하여 다수 순회항소법원이 수용하지 않았다. 그리하여 가장 영향력이 있는 순회항소법원인 제2순회항소법원이 1997년 Nat'l Basketball Ass'n v. Motorola, Inc. 사건("NBA")[116]을 통하여 INS 사건[117]에서 확립된 연방 커먼로의 존재를 사실상 인정하였다.

본 사건은 통신기기 제조판매회사인 Motorola가 NBA 경기의 점수와 통계를 실시간으로 전송하는 휴대용 기계(소위 삐삐의 일종임)인 SportsTrax 통하여 경기내용을 수요자들에게 알려주었다. 같은 종류의 기계를 통하여 경기내용을 실시간으로 중계하는 서비스를 제공하려고 하던 NBA는 Motorola를 상대로 서비스 중단을 요청하는 법원에 영구적 금지명령을 신청하였다.

1심 법원은 Motorola가 NBA의 가장 중요한 재산(how news)의 본질을 침해하였다고 판시하면서, 뉴욕 주법상 부정취득행위를 하였다고 인정하여 영구적 금지명령을 인정

116) Nat'l Basketball Ass'n v. Motorola, Inc., 105 F.3d 841 (2d Cir. 1997).

117) International News Service v. the Associated Press, 248 U.S. 215 (1918).

하였다. 항소법원인 제2순회법원은 운동경기는 연방법인 저작권보호대상이지만, 경기결과는 저작권보호대상이 아니라고 하였다. 다만, 뉴욕주법상 경기결과의 취득사용이 부정사용에 해당하는지 여부에 대해서도 경기결과를 포함한 경기내용에 관한 사항은 연방저작권법이나 주법상의 부정사용에 해당하지 않는다고 하였다.

다만, 항소법원은 'how news'가 부정경쟁행위로부터 보호될 수 있는 추가적 요건(extra element)을 제시했는데, 다음과 같다.

> i) 원고가 비용을 들여 정보를 생산하거나 수집하고,
> ii) 해당 정보가 시간 민감(time sensitive)하고,
> iii) 피고가 원고의 노력에 무임승차하고,
> iv) 원고가 제공하는 상품이나 서비스에 대하여 피고가 직접적인 경쟁관계에 있고,
> v) 원고의 노력이나 다른 자의 노력에 대하여 다른 당사자가 무임승차하는 것이 상품이나 서비스의 생산이나 장려를 감쇄시키거나 그러한 상품이나 서비스의 질이나 존재를 실질적으로 위협하는 경우

우리나라의 경우에는 부정경쟁행위중 파목에 해당하는 행위가 부정취득이용에 해당한다. 본 부정경쟁행위는 소위 NAVER 사건[118]과 주몽사건[119]을 통해 인정된 판결법

118) 서울고등법원 2008. 9. 23.자 2008라618 결정; 대법원 2010. 8. 25.자 2008마1541 결정.
Naver 사건은 인터넷 포탈인 NAVER 가 장기간 동안 상당한 노력과 투자에 의하여 정보검색, 커뮤니티, 오락 등의 다양한 서비스를 제공하는 국내 최대의 인터넷 포털사이트인 '네이버'(www.naver.com)를 구축하여 인터넷 사용자들로 하여금 위 서비스 이용 등을 위하여 네이버를 방문하도록 하고, 그 방문객에게 배너광고를 노출시키거나 우선순위 검색결과 도출서비스를 제공하는 방법 등으로 광고영업을 해 오고 있었는데, 상대방이, 인터넷 사이트를 이용한 광고시스템인 프로그램('이 사건 프로그램')을 개발하여 이를 배포하고 있는 회사로서, 자신이 운영하는 인터넷 사이트인 'www.uplink.co.kr'를 통하여 인터넷 사용자들에게 이 사건 프로그램을 다운로드 받을 수 있도록 하였다. 이 사건 프로그램은 피신청인의 인터넷 사이트에서 회원가입 여부와 상관없이 다운로드 받을 수 있는바, 이 사건 프로그램(프로그램의 파일명은 'MyAD.exe'이다.)을 다운로드 받아 실행하면, 프로그램이 설치되는데, 이 사건 프로그램을 컴퓨터에 설치한 인터넷 사용자가 인터넷상의 특정사이트(주로 포털사이트)를 방문하였을 때 인터넷 사용자의 컴퓨터에 설치된 이 사건 프로그램은, 신청인(네이버)의 인터넷 사이트의 여백을 스스로 찾아내어 피신청인이 선택한 배너광고를 노출하는 방식('삽입광고방식'), 신청인(네이버)이 제공하고 있는 광고란에 피신청인이 선택한 배너광고를 덮어쓰는 방식('대체광고방식') 또는 신청인(네이버) 인터넷 사이트의 검색창 하단과 신청인이 제공하는 키워드광고 사이에 피신청인이 제공하는 키워드광고를 삽입하는 방식('키워드광고방식')으로 각 동작했다. 대법원은 이러한 광고는 위와 같이 인터넷 사용자들이 네이버에서 제공하는 서비스 등을 이용하기 위하여 네이버를 방문할 때 나타나는 것이므로, 이는 결국 네이버가 가지는 신용과 고객흡인력을 무단으로 이용하는 것이고 그 광고방식도 네이버가 제공하는 광고를 모두 사라지게 하거나(대체광고 방식) 네이버가 제공하는 검색결과의 순위를 뒤로 밀리게 하는(키워드삽입광고 방식) 등의 방법을 사용함으로써 네이버의 영업을 방해하면서 네이버가 얻어야 할 광고영업의 이익을 무단으로 가로채는 행위는 위와 같은 광고행위는 인터넷을 이용한 광고영업 분야에서 서로 경쟁자의 관계에 있는 네이버가 상당한 노력과 투자에 의하여 구축한 네이버를 상도덕이나 공정한 경쟁질서에 반하여 자신의 영업을 위하여 무단으로 이용함으로써, 네이버의 노력과 투자에 편승하여 부당하게 이익을 얻는 한편, 앞서 본 바와 같이 법률상 보호할 가치가 있는 이익인 네이버포탈을 통한 네이버의 광고영업 이익을 침해하는 부정한 경쟁행위로서 민법상 불법행위로 인정했다.

119) 대법원 2012. 3. 29. 선고 2010다20044 판결 ('대장금, 주몽'사건).

리를 부정경쟁행위로 입법화 한 것이다.

파목의 부정경쟁행위 조항은 그 조문의 모호함과 광범위함으로 인하여 많은 사례들에 적용되어 부정경쟁행위를 인정하였는데, 학계와 일부 판결에서는 광범위한 적용을 매우 우려했다. 이는 법리상으로 부정경쟁행위가 성립되지 않는 경우에도 법원이 파목의 부정경쟁행위로 인정했기 때문이다. 아래에서는 그중에서 골프존 사건에 관하여 본다. 골프존 사건에 관해서는 앞서 저작권에 관하여 논할 때 일부 쟁점에 관해 논한 바 있다.

2. 위조상품을 구입한 사람은 진품 소유자에게 부정경쟁행위를 하는 것인가?[120]

가. 골프존 사건의 사안과 쟁점 및 판결

실내골프장을 운영하는 골프존은 국내의 골프장의 골프 코스를 항공촬영한 후, 이를 디지털 이미지화 하여 실내화면에 비추고, 그 앞에서 골프공을 치면 설치된 센서에 의하여 골프 코스의 낙하 위치를 계산하여 화면에 그 위치를 표시하여 주었다. 다시 실내에서 공을 치면, 그 공에 대하여 다음의 위치를 화면에 표기하여 주었다. 이러한 방식은 골프장의 코스의 아이디어를 차용한 것은 사실이지만, 화면에 비춰지는 모습은 실제 골프장은 아니었고, 실사한 사진도 아닌 디지털화 한 모습이었으므로 골프장과 화면상으로는 전혀 실질적 유사성을 인정하기에는 어려운 사정이었다.

골프장은 건축저작물이므로 골프장을 설계한 설계자는 저작권이 인정되지만, 골프장 소유자는 유체 부동산의 소유자일 뿐 무체물을 창작한 저작자가 아니므로 저작권이 인정될 수 없었다. 물론 설계에 관한 저작재산권을 양도받으면 저작재산권을 취득할 수 있었는데 그와 같은 양도는 없었던 것으로 추정된다.

120) 대법원 2016다276467.

> 저작권법
>
> 제2조(정의) 이 법에서 사용하는 용어의 뜻은 다음과 같다.
>
> 22. "복제"는 인쇄·사진촬영·복사·녹음·녹화 그 밖의 방법으로 일시적 또는 영구적으로 유형물에 고정하거나 다시 제작하는 것을 말하며, 건축물의 경우에는 그 건축을 위한 모형 또는 설계도서에 따라 이를 시공하는 것을 포함한다.
>
> 제4조(저작물의 예시 등) ①이 법에서 말하는 저작물을 예시하면 다음과 같다.
>
> 5. 건축물·건축을 위한 모형 및 설계도서 그 밖의 건축저작물

이에 골프장 소유자가 자신은 저작권자가 아니므로 저작권 침해를 인정할 수 없으므로 부정경쟁방지법상 파목의 부정경쟁행위로 골프존을 제소했다.

> 부정경쟁방지 및 영업비밀보호에 관한 법률
>
> 제2조(정의) 이 법에서 사용하는 용어의 뜻은 다음과 같다.
>
> 1. "부정경쟁행위"란 다음 각 목의 어느 하나에 해당하는 행위를 말한다.
>
> 파. 그 밖에 타인의 상당한 투자나 노력으로 만들어진 성과 등을 공정한 상거래 관행이나 경쟁질서에 반하는 방법으로 자신의 영업을 위하여 무단으로 사용함으로써 타인의 경제적 이익을 침해하는 행위
>
> 제4조(부정경쟁행위 등의 금지청구권 등) ① 부정경쟁행위나 제3조의2제1항 또는 제2항을 위반하는 행위로 자신의 영업상의 이익이 침해되거나 침해될 우려가 있는 자는 부정경쟁행위나 제3조의2제1항 또는 제2항을 위반하는 행위를 하거나 하려는 자에 대하여 법원에 그 행위의 금지 또는 예방을 청구할 수 있다.
>
> 제5조(부정경쟁행위 등에 대한 손해배상책임) 고의 또는 과실에 의한 부정경쟁행위나 제3조의2제1항 또는 제2항을 위반한 행위(제2조제1호다목의 경우에는 고의에 의한 부정경쟁행위만을 말한다)로 타인의 영업상 이익을 침해하여 손해를 입힌 자는 그 손해를 배상할 책임을 진다.

골프장 소유자는 골프장의 건설에 막대한 자금을 투자하여, 골프장을 건설하였는데, 피고 골프존이 그 골프장을 코스를 항공촬영한 다음 복제하여 자신의 영업을 위해 사용하고 이로써 이익을 얻고 있고 이로 인하여 자신들에게 손해를 가하고 있으므로 파목의 부정경쟁행위에 해당한다고 주장하였다.

사실 본 사건에서 원고의 골프장이 어떤 영업상 손실을 얻었는지 불분명했다. 피고

의 영업이 오히려 원고 골프장의 광고역할도 하고 있어 오히려 실제 골프장이 이익을 얻는 경우도 발생하므로 상호간의 경쟁관계를 인정할 수 없어 부정경쟁행위가 성립하기가 어려운 사정이 있었다.

골프장의 구조 등은 공개된 것이므로 영업비밀이라고 주장할 수는 없다. 다만, 골프코스의 구성이나 배치 등은 아이디어이기도 하지만 때에 따라서는 골프 코스에 인간의 사상과 감정의 표현이 가미될 수 있음을 부정할 수는 없지만, 그것이 저작권보호에 필요한 최소한의 창작성을 인정할 수 있는 만큼인지는 확신이 들지 않는다. 왜냐하면, 골프장 건설에는 거리, 위치 및 해저드의 위치나 개수 등을 설치하도록 하는 일정한 규칙이 있었고, 일정수준의 모든 골프장은 공식적인 골프경기 개최를 위해서는 그와 같은 룰을 지켜야 했을뿐더러 골프장은 그 위치하는 자연에 제약을 받아야 하므로 골프장 설계자의 창의적인 개성이 표현되기는 쉽지 않다. 사실 골프장이 국제 규격을 지켜 건설되었는지는 골프장의 가치를 증명하는 것이기 때문에 그 규칙을 준수하여 건설하는 것이 중요했다. 만일 창의성이 반영되려면 많은 비용이 들 수 밖에 없다. 우리나라 도시의 거리에 있는 많은 건축물 중에서 개성이 표현된 저작물로 인정받을 만한 건축물은 거의 없다는 점을 상기해 보라.

또한 골프장은 인위적인 건축부분과 자연과 구별하기 어려운 점이 있다. 건물빌딩과 같은 경우에는 그 모두가 인공의 건축이고, 그 중에서도 창작성이 있는 건축물은 저작권이 존재한다고 할 수 있다. 예컨대 다보탑이나 첨성대 등은 어떤 기능을 가지고 있지만 그 기능을 구현하기 위하여 필요한 외형으로 건축된 것이 아니므로 그 외형 자체가 매우 창작적인 모습이라고 할 수 있으므로 인간의 개성을 표현한 창의적인 건축물이라고 할 수 있다. 그러나 깍두기나 두부를 잘라 놓은 것 같은 외형의 건축물에서는 어떤 창의성을 보기 힘드므로 저작물인 건축물이라고 할 수 없다. 골프장도 마찬가지이다.

[창의성이 있다고 판단되는 불국사 다보탑][121)]

[상호간에 유사한 경주 불국사 3층 석탑(일명 석가탑)[122)]과 경주 고선사지 삼층석탑[123)]]

석가탑의 경우에는 유사한 탑들이 보인다. 멀리서 본 석가탑의 전체적인 외형과 다른 탑과 비교하면 어떤 창의성이 있다고 평가할 수 있을까? 물론 국가 유산으로서의 가치가 있지만, 국가유산과 창의성은 별개의 문제이고, 부분적으로 보면 독창적인 부분이 보인다. 특히 상층부를 자세히 보면 독창적인 부분이 있다. 그렇지만 전체적으로 경주 고선사지 삼층석탑과 매우 유사하다.

121) 사진 출처: 국가유산청 홈페이지
122) 사진 출처: 국가유산청 홈페이지
123) 사진 출처: 경주시청 (경주문화관광) 홈페이지

골프장의 경우, 자연의 상태에 대하여 일부 변형을 거치지만 골프장 건설에 필요한 벙커, 그린의 크기와 위치 등이 제한이 있으므로 그와 같은 제한을 따라 만든 골프장에서는 어떤 인간의 창의적인 표현이 구현된 요소가 적다고 할 수 있다. 골프장들이 매우 유사한 이유가 거기에 있다.

골프장에 있는 나무와 같은 경우에는 많은 조경의 작업에 의해 인위적으로 인간의 사상이나 감정이 표현된 것이 아니라면 심어진 그 자체로서 자연에 부합되어 자라나는 것이므로 많은 부분은 자연의 일부가 된다고 할 수도 있다. 따라서 앞서 '솔섬' 사건에서 보았다시피 인간의 창작적인 표현이 골프장 건축물에 많이 구현되었다고 보기에는 어려운 사정이 있다. 따라서 저작권이 인정된다고 하더라도 저작적인 표현은 매우 적은 저작물이라고 할 수 있다.

그러한 골프장의 외관 모습이, 골프존의 실내골프장의 스크린에 구현되는 것은 골프장을 실사한 이미지, 즉 골프장을 사진으로 복사한 2D 이미지가 아니라, 디지털화 되어 실제 골프장이라고 할 수 없는 이미지 이어서, 골프장의 모습과 디지털화 된 모습이 실질적으로 유사하다고 할 수 없으므로 저작권 침해가 된다고 보기는 어렵다.

그런데 1심은 원고 등이 소유한 제1, 2, 3골프장은 클럽하우스, 연결도로, 홀(티 박스, 페어웨이, 그린, 벙커, 러프 등), 연못과 그 밖의 부대시설 등의 구성요소가 골프장 부지 내에서 배치되고 서로 연결됨에 있어 각각 다른 골프장들과 구별할 수 있을 정도로 창조적인 개성이 인정된다고 할 것이므로, 저작권의 보호대상인 저작물에 해당한다고 볼 수 있다고 판시했다. 그런데, 다른 골프장과 구별되는 것은 자연적이고 지형적인 면이 고려되었을 수 있고, 동일하게 만들려고 의도적으로 건축한 것이 아니라면, 그 골프장들이 다를 수 밖에 없다. 그것을 저작권으로 보호하는 창작적인 것이라고 할 수 있을까? 그렇지 않다고 보인다. 지형적인 위치가 다르다면 그러한 건축물들은 달라질 수 밖에 없기 때문이다. 나아가 골프장이 창작성이 인정된다고 하여, 그 창작성은 골프장 소유자의 것이 아닌 골프장 설계자가 가지는 저작권의 목적이다. 골프장 소유자는 부동산의 소유자일 뿐 지적재산권자가 아니다.

골프장 구성요소중에 티박스, 티잉그라운드, 페어웨이, 워터 해자드, 샌드 해자드, 그린 등으로 구성되는 18개 페이웨이와 홀은 반드시 구성되어야 하는 필수적인 구성요소이고, 자연적, 지형적 제약이 많은 건축물이므로, 인간의 사상감정의 표현이 구현되는 것은 어렵다. 나아가 골프존에서 전체적인 항공이미지로 구축한 이미지와 이를 디지털 화면화 한 이미지의 유사성 등은 저작물 침해라고는 할 수 없는 것이다.

즉 실내골프장에서 보는 것은 프로젝션으로 조사되어 평면 스크린에서 보여주는 골프장의 골프 코스의 아이디어나 기본적인 구조인 골프 코스의 길이, 곡선구조, 기울기 등의 아이디어를 모방하여, 각종 센서 등을 동원하여 친 공의 위치를 기계적으로 계산하여 골프장에서 치는 느낌으로 구현해 주는 것이 불과한 것이었다. 따라서 저작권에서 말하는 어떤 복제나 이차적 저작물로 인정하기는 심각히 어려운 점이 있었다.

또한 골프장의 소유자는 저작권자가 아니므로 저작권 침해를 주장할 수 없다. 본 사안은 예컨대, 정품의 상품을 구입한 사람이 위조상품을 구입한 사람을 상대로 부정경쟁행위 소송을 한 것과 마찬가지였다. 즉 저작권 등 아무런 지적재산권이 없는 골프장의 주인이 자신은 골프장의 저작권자로부터 저작권이 있는 골프장을 정식으로 건축하거나 구입하였으므로 자신은 저작권이 문제없는 정품의 골프장을 구입했는데, 당신은 그러한 저작권자로부터 허락을 받지 않고 저작권이 있는 골프장의 모습을 모방하여 이용하면서 저작권을 침해하였을 것이고, 또한 그와 같은 디지털로의 복제에 거의 비용을 지출하지 않았으니, 골프장을 건축하거나 구입하기 위해 비용을 지출한 나에게는 파목의 부정경쟁행위를 하였다고 주장하는 것이었다.

이에 서울고등법원은 골프코스는 저작권의 대상이 되는 예술적인 표현 보다는 실용적 기능적 저작물인지만, 기능적 요소 이외에 골프코스를 이루는 개개의 구성요소를 판단할 것이 아니라 골프코스가 차지하는 공간 내에서 개별적인 골프장 구성요소의 배치와 조합으로 구성되는 미적인 형상으로서의 골프코스의 전체적인 디자인이 다른 골프코스와 구분될 정도로 설계자의 창조적 개성이 표현되는 경우에 그 저작물로서의 창작성이 인정될 수 있다고 하였다. 각 골프장의 골프코스를 구성하는 각 홀의 경우, 비록 그 구성요소들은 티잉그라운드, 페어웨이, 러프, 퍼팅 그린, 벙커나 워터 해저드 등 일반적으로 골프장의 골프코스의 각 홀을 이루는 개별 구성요소들로 구성되어 있더라도 그 구체적인 배치에 있어서는 각 홀마다 페어웨이의 모양이나 길이, 폭, 꺾어진 방향과 각도, 벙커나 워터 해저드의 위치, 모양 및 크기 등이 모두 달라 전체 각 홀마다 독특한 특색을 가지고 있어 전체적으로는 다른 골프장의 골프코스와 구별되는 차이점

이 있다는 점 등을 근거로 골프코스에 대하여 창작성을 인정했다.[124)]

그렇더라도 창작성의 정도는 매우 낮을 것이다. 나아가 골프장의 창작성이 있다고 하더라도 이는 골프장에 대한 저작권을 가진 저작권자에게 귀속하는 것이다. 골프장을 모방한 것이 골프장 소유자에 대한 파목의 부정경쟁행위가 되는 것은 법리적으로 별개의 문제임을 주의해야 한다.

그리하여 서울고등법원은 골프존이 모방한 것은 타인의 성과를 무단으로 가져다 사용했다고 하면서 카목의 부정경쟁행위를 인정했다. 대법원도 골프존의 상고를 기각함으로써 고등법원 판결을 지지했다.[125)]

나. 저작물 소유자의 권리

저작물 소유자는 유체물의 소유자일 뿐 저작자가 아니다. 골프장은 사실 자연미가 많고, 실내골프장은 그와 실질적 유사성을 인정하기 어려워 저작권 침해도 인정될 수 없는데, 부정경쟁행위가 성립한다는 것은 저작물 소유자에게 변종의 저작권을 인정하는 것이다. 헌법과 법에 근거하지 않는 저작권을 인정한 것이다.

나아가 이 사건에서는 경쟁관계를 인정할 수 없다. 오히려 실내골프장에서 연습을 하는 행위는 실제로 골프장에 나가는 경우에 도움이 될 수 있다. 최근 유튜브 등을 보면, 영화 리뷰 등의 프로그램이 많은데 그러한 리뷰프로그램은 사안에 따라 저작권 침해가 인정될 수 있지만, 원작의 광고역할도 한다. 18세기 영국에서는 요약(abridgment)은 저작권 침해를 인정하지 않았다. 현대의 저작권법리에서도 공정사용으로 인정될 수 있다.

공리주의 철학자인 영국의 제레미 벤담은 노동을 두가지로 구분하여 모방하기 위해서 원래의 노동과 동일한 노동이 필요한 경우와 그렇지 않은 경우를 구분했다. 전자의 경우에는 육체적 노동을 의미한다. 예컨대, 담장쌓기에 있어 타인의 벽돌 쌓기를 모방하여 동일한 벽돌 담을 쌓는 경우에는 모방하는 벽돌공도 동일한 노동을 투입하여야 동일한 담장을 쌓을 수 때문에 그 원래 담을 쌓은 노동자의 노동을 특허 등의 독점에

124) 1심: 서울중앙지방법원 2015. 2. 13. 선고 2014가합520165 판결, 항소심: 서울고등법원 2016. 12. 1. 선고 2015나2016239 판결.
125) 대법원 2020. 3. 26. 선고 2016다276467 판결.

의해 추가적으로 보호할 필요가 없다.

그러나 정신적 노동과 같은 경우에는 아무런 비용의 투입없이도 간단하게 복제할 수 있으므로, 원래의 노동의 결과를 창출하기 위해서는 많은 노동이 필요하지만 이를 모방하는데는 같은 노동을 투입할 필요가 없다.

골프장의 설계에는 많은 노력이 들지만, 골프장 설계를 모방하는 것은 몇장의 복사로서 가능하다. 그러나 실제 골프장을 모방하는데는 같은 비용과 같은 노동력이 필요하다. 골프장 소유주에게도 지적재산권에 의한 보호가 필요할까?

앞서 인용한 제레미 벤담의 주장을 다시 인용해 본다.

> Mere labour, exclusive of skill, cannot be copied without equal labour: of mere labour no one therefore can have the benefit but the particular individual at whose expense (sic), or on account of whom, it is exerted. Of skill, on the other hand, it is the property to be capable of being indefinitely imbibed and diffused and that without any exertion of mental labour comparable to that, at the expense of which it was acquired. Of skill, therefore, it is the property that, the benefit derivable from it, unless effectual measures can be taken and are taken for confining it, may and naturally will be reaped by all persons concerned in any of the businesses to which such skill is capable of being applied; and, thereby, to the thousand of the millions into whose possession it is come without any expense, as well as to the individual at whose sole expense it has been acquired.[126]

> ↳ 기술을 배제한 단순한 노동은 동등한 노동 없이는 복제될 수 없다. 그러므로 단순한 노동의 경우에는 그 비용을 지불한 사람 또는 그 지불한 사람 때문에 사용되는 경우를 제외하고는 어느 누구도 이익을 얻을 수 없다. 반면에 기술은 무한정 흡수되고 확산될 수 있는 재산이며, 그것을 획득하는 데 드는 비용에 상응하는 정신적 노동을 전혀 하지 않고도 얻을 수 있는 재산이다. 따라서 기술은 효과적인 조치와 이를 제한하기 위한 조치를 취하지 않는 한 그 기술에서 파생되는 이익을 해당 기술을 사용하는 모든 사업에 관련된 모든 사람이 얻을 수 있고 또한 자연스럽게 얻을 수 있는 재산이다. 그리고 이를 통해 아무런 비용 없이 그것을 소유하게 된 수백만 명이나, 그것을 유일하게 비용을 지불하고 획득한 한 사람의 개인이나, [비용지불여부에 관계없이] 동일한 가치로 사용할 수 있는 재산이다.

126) Werner Stark, Jeremy Bentham's Economic Writings, vol. 1.[1795] 1954, p. 260.

골프장의 소유자가 가진 재산은 물리적인 골프장이고, 골프장의 외관 이미지는 골프장 소유자의 재산이 아니다. 골프장 소유자가 골프장의 컨셉과 추상적인 이미지를 이용하여 영업을 하는 제3자에게 부정취득이용을 주장할 수 있을까?

골프장 소유자가 '상당한 투자나 노력으로 만들어진 성과'라고 할 수 있는 것은 골프장 자체가 아닌가? 골프존이 골프장 소유자의 골프장을 이용하여 몰래 도둑 영업이라도 한 것일까? 내가 타인이 저술한 지적재산권법 책을 이용하여 공부하는 것은 그 타인의 상당한 투자나 노력으로 만들어진 성과를 이용하는 것이 아닐까? 내가 다보탑을 보고 아름답다고 감탄하는 것은 타인의 상당한 투자나 노력으로 만들어진 성과를 이용한 것이 아닐까? 학교 강의용 교재를 구입하여 10번을 반복하여 본다면, 타인의 상당한 투자나 노력으로 만들어진 성과를 과도하게 이용하는 것일까? 노벨문학상 작가인 한강씨가 타인의 건축물을 자신의 소설에서 묘사하면 골프존 골프장처럼 건축물을 무단으로 이용하여 부당한 이익을 취한 것일까? 모두 터무니 없는 주장일 뿐이다.

법원의 판결은 매우 중요하다. 타인의 권리의무에 영향을 미치기 때문이다. 법원의 판결로 인하여 골프장 소유자는 저작권과 같은 권리를 영구히 가지게 되었다. 그는 그의 골프장의 외관을 사진으로 촬영하는 모든 사진 작가 등에도 부정경쟁방지법 파목의 부정취득이용이라는 부정경쟁소송을 제기할 수 있고, 결과적으로 자신의 권리가 배타적인 권리로 인정받을 수 있게 되었다. 법원의 판결이 골프장 소유자 이외의 사람에게는 불공정한 판결이 아닐까? 골프존 판결은 저작자와 예술가의 권리는 국회에서 법으로 정하여 보호하라고 규정한 헌법 제22조 제2항을 위반한 판결로 보인다.

제4장

기술전쟁과 산업스파이로부터의 보호

제1절

기술전쟁

"Ipsa scientia potestas est."

"Knowledge itself is power."

↘ "아는게 힘이다."

(Meditationes Sacrae (1597), Francis Bacon)

1. 산업스파이

가. 기술전쟁의 역사[1)]

(1) 세계는 '기술 전쟁'중: 중세 시대부터 현재까지

최근 부쩍 산업 스파이가 증가했다. 우리 국민과 기업들이 애써 개발한 기술이 탈취돼 경쟁국에게 넘어가고, 얼마 후에는 그 기술로 만들어졌을 것이라고 생각되는 경쟁 상품이 수입돼 우리 기업들을 당혹하게 한다. 21세기는 기술 전쟁이라고 해도 과언이 아니다. 그러나 기술 개발은 선의의 경쟁만이 있는 것은 아니다. 상업적인 기술뿐만 아니라 의료 기술, 국방 군사 기술에 대한 탈취도 만연해 있다.

최근 국내 언론에 북한이 우리나라의 방산 기술을 탈취해 갔다는 기사가 보도됐다.

1) 나종갑, 기술전쟁과 좋은 특허, 나쁜 특허, 연세소식, 2023. 12. 15.자에 게재를 일부 발췌함.

북한은 비단 방산 기술뿐만 아니라 백신, 가상 화폐, 핵과 미사일 등 첨단 국방 기술 등의 탈취에 혈안이 돼 있다. 가상 화폐는 핵 개발에 필요한 자금이 되고, 탈취한 위성 기술은 자신들의 위성을 만드는 데 사용한 것으로 추정하고 있다. 그러한 탈취 국가에는 자신들의 우방인 러시아도 포함돼 있어, 세상을 놀라게 했다.

경쟁 국가의 기술 탈취는 중세에도 만연했다. 태양왕으로 불리는 루이 14세(1638-1715, 재위 1643-1715)는 거울을 좋아했지만 프랑스에는 거울 제조 기술이 없었다. 루이 14세 치하의 프랑스 재무 장관이던 콜베르(Colbert)는 프랑스에서 직접 유리와 거울을 만들기 위해 그 당시 거울 제조 기술이 앞서 있던 이탈리아 베니스의 유리와 거울 제조 기술자를 회유하고 납치했다. 베니스는 프랑스에 간 그 기술자들에게 돌아올 것을 회유했으나 목적을 달성하지 못하자 그 기술자들을 독과 총으로 살해했다. 과거 프랑스가 철 제조 기술을 확보하기 위해 스웨덴의 철 기술자를 납치했다는 것 또한 널리 알려져 있다.

산업 스파이였던 영국의 롬비(Lombe) 형제가 1716년 이탈리아에서 1년 동안 고용돼 일하면서 고용주의 실크 제조 기계 도면을 복사 절취했고, 영국은 그들이 훔쳐 온 기술에 대해 1718년 특허를 부여하기도 했다. 중세부터 시작된 특허 부여 제도에는 산업스파이를 장려하는 목적이 존재했다. 이에 기술을 탈취당한 국가는 도망간 기술자를 추적해 잡아 오는 현상금 사냥꾼(bounty hunter)에게 현상금을 줘 기술 탈취를 막기도 했다.

프랑스의 유명한 과학자인 쟌 안톤 놀리에(Jean-Antoine Nollet, 1700-1770)는 1749년 프랑스 상무부로부터 요청을 받아 이탈리아 북서부의 Piedmont라는 도시의 비단제조 기술을 습득하기 위한 산업스파이가 되었다고 알려져 있다. 몽테스키외는 산업스파이를 극도록 혐오하여, 스파이 활동을 하지 말 것을 청원하기도 했지만, 18세기의 프랑스에서, 아마도 유럽전체가 같았다고 추정되는데, 군사기술 등에 대하여 산업스파이가 국가에 의해 장려되었다. 영국의 엘리자베스 여왕이 프란시스 드레이크(Francis Drake) 등 영국의 해적에 투자하여 해적을 장려한 것과 같다.

중세 시대에 길드(guild)에서 기술을 배운 도제들은 그 도시에서 독자적인 영업을 하는 데 많은 제약이 있었다. 따라서 자신이 배운 기술을 가지고 직업을 수행하기 위해서는 다른 도시로 이주할 수밖에 없었지만 다른 도시로의 이주는 기술 유출이라는 문제에 부딪히게 된다.

길드가 발달한 이탈리아 베니스에서 베니스 시(市)와 길드는 자신들의 전문성을 확보하기 위해 기술의 외부 유출에 대해 엄격한 규제를 했다. 예컨대 유리 세공 기술을 가진 베니스의 베트라이(Vetrai) 길드는 자신들의 이익을 보호하기 위해 유리 세공 기술 자체, 유리 세공에 관련된 정보와 유리 세공 기능의 외부 유출을 엄격히 금지했다. 유리 세공 기술은 개인 재산이 아닌 베니스에 이익이 되도록 사용해야 하는 사회 재산(communal property)으로 간주됐다.

1271년 베니스의 길드 참사회(guild capitularies)는 유리 세공 기술을 외부에서 실시할 목적으로 베니스 밖으로 유출하면 벌금에 처한다고 경고했다. 1295년에 베니스 대의회(Great Council)는 트레비소(Treviso), 빈센차(Vincenza), 파두아(Padua), 만투아(Mantua), 페라라(Ferrara), 안코나(Ancona) 및 볼로냐(Bologna) 등의 경쟁 도시에 베니스의 유리 용광로 용해 기술이 유출된 것에 대해 깊은 유감을 표시하고, 기술을 유출한 자는 베니스에서 일하는 것을 금하는 조례를 제정했다.

궁극적으로 이러한 기술 유출은 베니스에 위협이 됐으므로 사형으로 처벌했다. 제노바의 경우에도 이와 다를 바 없었다. 제노바는 기술자들이 타 지역으로 이민을 가면서 이로 인해 기술 경쟁력을 상실했다. 그리하여 1529년에 제노바 시는 도망간 기술자를 죽이는 경우에 200두캇의 현상금을 줬다. 이탈리아의 루카(Lucca) 시(市)도 1314년 이래 타 도시로 이민 간 기술자를 죽이는 경우에 포상금을 제시했다. 피렌체도 이민 간 기술자를 참수형에 처했다.

베니스는 기술이 발전한 사회여서 기술의 외부 유출에 관심이 많았지만, 모순적으로 1453년 망한 동로마의 기술자를 받아들이기 위한 목적으로 '1474년 베니스 특허법'을 제정한 것으로 알려져 있다. 이러한 외국 기술자의 자국으로의 이민을 장려해 기술을 탈취하는 특허 제도는 중세 유럽에 널리 퍼져 나갔다.

(2) 정치철학과 함께 발전한 특허법

특허제도는 외국의 기술자를 유혹하기 위한 수단으로 유럽국가들이 도입한다. 외국의 기술자들에게 특허를 부여하는 것은 기술이민을 장려하기 위한 유혹이었다. 특히 북부 이탈리아는 수공업이 발전한 지역이었는데, 이탈리아 기술자들은 기술이민의 유혹이 컸다. 그들은 유럽각국의 기술자로 기술을 널리 퍼트리는 역할을 했다. 중세 유럽은 국가가 조직적으로 기술탈취를 제도화 하였다고 할 수 있다. 기술탈취는 기술자의 이민 뿐만 아니라 산업스파이를 통해서도 이뤄졌다.

그러나 특허제도는 기술이민이나 기술발전을 위한 제도는 아니었다. 특허권을 판매함으로써 왕실의 재정을 풍부히 하는 제도로도 악용되었다. 특허제도를 악용한 군주로서 영국의 엘리자베스 여왕은 유명하다. 그리하여 여왕의 사후에 왕의 독점 부여권을 박탈하여 의회의 권한으로 가져오는 입법을 하고, 새로운 발명에 대하여만 특허를 부여하는 제도가 정착이 된다.

영국은 '1624년 독점법(the Statute of Monopolies 1624)'을 제정해 특허 제도를 정비한다. 이 당시 특허법의 제정에는 인간 권리 신장의 목적이 컸다. 16세기 후반에 법무부 장관을 지내기도 한 에드워드 코크(Edward Coke)는 엘리자베스 여왕의 무분별한 특허 부여가 국민의 생존의 자유를 위협하기 때문에 왕의 특허부여권을 반대했다. 엘리자베스 여왕의 뒤를 이은 제임스 1세 시대에는 왕의 특허 부여권을 박탈해 영국 의회의 권한으로 하는 1624년 독점법 제정에 앞장선다.

그의 정신에는 인간의 자연권 개념이 존재했다. 그의 정신은 정치철학자인 존 로크(John Locke)에 영향을 미치고 로크의 개인주의적 자유주의 철학은 독일의 임마누엘 칸트(Immanuel Kant)와 게오르그 헤겔(Georg W. F. Hegel) 등에게도 영향을 미친다. 존 로크는 재산을 취득하는 것이야말로 인간의 생명과 자유를 획득하는 것이라고 하여 자유민이 되기 위해서는 재산이 필요하고, 재산권은 신이 부여한 권리라고 했다. 이는 국왕도 개인의 재산권을 박탈할 수 없는 신이 부여한 자연권이 되기 때문에 왕의 권리를 옹호한 왕당파와 대립했고, 결국 로크는 네덜란드로 망명하게 된다.

로크의 정치철학은 칸트와 헤겔에도 영향을 미쳐 칸트와 헤겔은 자유로운 인간과 자유를 보장하기 위한 재산권을 주장한다. 로크나 칸트, 헤겔에 있어서 국가란 시민의 자유와 재산을 보장하기 위해 시민들이 구성한 정치 단체에 불과했다. 특히 칸트가 주장한 권리에는 저작권도 포함돼 있다. 칸트는 자신과 같은 저작자의 사상이 널리 퍼지기를 원했기 때문에 공중과 저작자 간의 표현과 소통(speech)을 보호하기 위한 법적 권리로서 저술가의 저작권(author's right)을 주장한다. 당시 독일이 종교 전쟁을 종결하는

1648년 베스트팔렌 조약에 따라 300여 개의 제후국으로 분열돼 있었다는 점을 고려할 때, 칸트가 저술가의 저작권을 주장한 것은 독일 통일을 외치던 독일 사상가들의 정신과 철학이 군주들의 정치적 목적에 의해 왜곡되지 않고 독일 시민들에게 널리 퍼지기를 원했기 때문일 것이다. 칸트는 표현의 자유와 언론의 자유를 '인간의 권리를 보호하기 위한 유일한 수호신'("the sole palladium of the people's right")라고 생각했다. 저작권(author' right)은 표현의 자유와 언론의 자유를 보호하기 위한 수단이 되었다.

한편 공리주의자인 제레미 벤담(Jeremy Bentham)과 존 스튜어트 밀(John Stuart Mill)로 대표되는 영국의 공리주의는 독점을 극도로 혐오했지만, 기술자 보호를 위한 특허 제도는 기술을 개발하기 위한 기술자의 개인적 희생에 대한 보상이나 새로운 기술을 개발해 사회적 이익을 가져온 기여에 대한 보상책으로 그 필요성을 인정했다. 또한 19세기 영국은 프랑스 혁명 정신이 영국 내로 퍼져 프랑스와 같이 인간의 자연권을 주장하는 혁명이 일어나는 것을 두려워해, 독일과 달리 저작자의 권리가 아닌 인쇄업자의 권리를 규정한, 세계 최초의 저작권법(copyright act)으로 평가받는 '1710년 앤 여왕 법(the Statute of Anne, 1710)'을 공고히 한다. 사실 저작권의 어원이 되는 영어 'copyright'는 저작권이나 저작자와는 거리가 먼 인쇄업자나 출판업자의 권리라는 의미이다. 앤 여왕법은 저작물을 이용하여 학문과 교육을 장려하기 위하여 저작자의 권리를 제한한 법이다. 이로써 영국의 저작권 제도는 저작자보다는 공중의 이익을 위한 제도라는 토대를 공고히 했다. 이러한 영미법 전통은 현재에도 이어진다.

벤담은 자연법이나 자연권은 매우 추상적인 권리로서, 구체적인 의회법보다 우위에 있는 자연권이나 자연법을 주장하는 것은 이치에 맞지 않는 쓸모없는 소리('nonsense on stilts')라고 주장했다. 영국에서는, 특히 저작권이나 특허권은 신이 부여한 자연권이라는 개념은 사라지고, 의회법이 제정한 실정법이 구속력이 있는 규범이라는 사고가 공고히 된다. 근대 독일에서 발전한 법실증주의 개념은 이미 청교도 혁명 이후 영국의 주류적 사고가 된 헨리 아이어턴(Henry Ireton) 등 의회주의자들의 의회법 만능주의에서 그 싹이 텄다. 그러한 의회법 만능주의는 공리주의적 단체주의 사고의 바탕이 되고, 이것이 독일의 형식주의와 법실증주의의 토대가 됐다고 할 수 있다.

이러한 영국의 정신은 다양한 사회 현상과 더불어 산업 혁명의 밑바탕이 됐다. 산업혁명은 많은 인간에게 도움을 줬지만, 역설적으로 많은 인간의 희생하에서 이뤄졌다.

13세기 영국 농촌의 변화가 이뤄지기 시작한 인클로저 운동(Enclosure Movement)으로 인해 토지 경작권을 잃은 많은 농민들은 도시의 빈민 노동자가 됐고, 가난한 어린이들도 생존을 위해 장시간 노동에 시달리게 되었다. 18세기 그들의 값싼 노동력은 영국이 산업 혁명을 이룩하는 데 필요한 공장 노동력이 됐다.

특허제도는 발명가를 보호하기 위한 수단이 됐고, 나중에는 특허권의 공유자 수에 제한이 없어지면서 산업 자본으로 구성한 회사가 특허권을 보유하기 시작하며 많은 투자가 필요한 산업 기술의 개발이 이룩됐다. 특허법도 산업 발전을 위해 필요한 법 이론을 많이 수용한다. 이때는 19세기로서 공리주의가 영국을 지배하던 시기이다.

(3) 좋은 지식 재산, 나쁜 지식 재산

특허 제도는 기술을 보호하기 위한 제도였지만 다른 한편으로 인간의 자유와 생존을 억압한 역사도 있었다. 영국의 엘리자베스 여왕 시절에는 전쟁 비용 등 영국 왕실의 재정 지출을 감당하기 위해 엄청나게 많은 특허권을 민간에게 판매했고, 이로 인해 특허가 없는 일반 시민들은 자신들의 생존권을 위협받을 정도였다. 애덤 스미스(Adam Smith)는 그의 저서 '국부론(The Wealth of Nations)'에서 영국 엘리자베스 여왕 시절의 특허권의 폐해를 기술하고 있는데, 첫 번째로 특허 침해를 한 경우에는 그의 모든 물품을 몰수하고 1년의 징역형 후에 왼쪽 손목을 잘라 시장에 걸고, 두 번째 침해는 중범죄로서 사형에 처한다고 언급해 그 당시 특허가 얼마나 국민 생활에 위협이 됐는지 강조하고 있다. 그럼에도 불구하고 특허를 침해하지 않으면 생활을 할 수 없었고, 특허 침해로 인한 이익이 불이익을 상쇄할 만큼 많았기 때문에 특허 침해가 계속 발생했다고 한다. 이는 특허 등의 지적 재산이 인간의 삶을 황폐하게 한 나쁜 지식 재산(bad intellectual property)의 예라고 할 수 있을 것이다.

현대에도 특허 제도를 포함해 지적 재산권 제도는 가진 자와 선진국을 위한 제도라는 비판을 많이 받는다. 영국 케임브리지 대학의 한국인 교수인 장하준 교수는 특허 제도를 '선진국에 의한 사다리 걷어차기(kicking away the ladder)'라고 비판한다. 기술 선진국들이 특허 제도를 통해 기술 독점권을 취득한 후에 그 독점권을 이용해 후진국들이 기술을 개발하지 못하도록 방해한다는 비판이다. 이는 한편으로 타당한 비판이기도 하고, 일부 특허 제도의 흑역사이기도 하다.

그러나 그와 같은 나쁜 역사만으로 특허 제도 등 지식 재산 제도를 나쁘다고 할 수 없다. 오히려 지식을 장려하고 기술 투자 등을 늘려서 새로운 기술을 개발하도록 해 왔던 것이 현재와 같이 인간이 질병과 가난으로부터 자유롭도록 도와준 것이라고 평가할 수 있다. 특허제도는 자본주의의 기초가 되었다고 할 수 있고, 그러한 자본주의의 확립에는 좋은 지식 재산(good intellectual property)이 존재한다.

나. 우리나라와 동양에서의 기술보호

우리나라 영화 '최종병기 활'과 '신기전'에는 애기살에 관한 장면이 나온다.

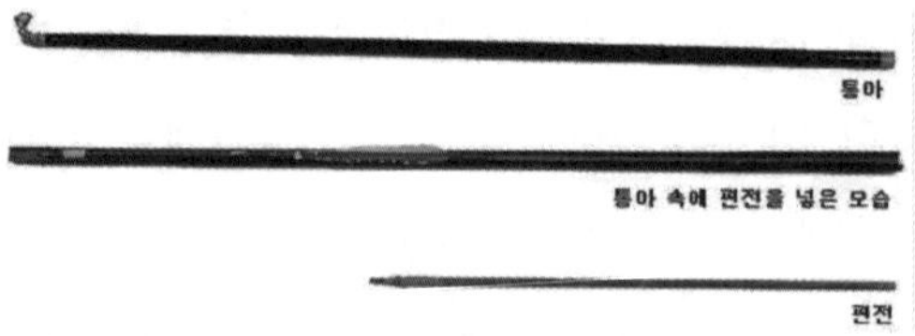

[애기살(편전)][2)]

[조선의 비밀 병기, '애기살' 쏘는 모습][3)]

이수광의 지봉유설(1624)에는 '왜적들은 중국의 창법, 조선의 편전, 일본의 조총이 천하제일이라고 항상 말했다'고 언급하고 있다. 그 만큼 조선의 애기살은 훌륭한 무기

2) 사진 출처: 나무위키

3) 영화 '신기전' (사진 출처: 나무위키).

이었다.

조선은 애기살을 군사기술로 여겨 적국으로 넘어가는 것을 방지하고자, 국경에서 연습하는 것을 금했다. 그 외에도 다수의 문헌에서 애기살에 관한 언급이 나오는데, 조선이 가진 비밀병기임이 확인되고 있다.

중국은 고구려의 고선지 장군이 당나라와 중앙아시아 국가 들이 싸웠던 탈라스 전투에서 서양으로 넘어가 제지술, 화약, 나침반 등의 기술은 국가 비밀로 간주하여 외국으로 넘어가는 것을 금했었다는 것은 잘 알려진 사실이다. 또한 당나라의 공주가 동로마에 가져갔다는 누에고치도 자국의 자산이 외국으로 누설되는 것에 대한 염려를 담고 있다. 고대로부터 가치있는 기술은 비밀로 유지되어, 공개되는 것을 금했다.

2. 기술의 확산과 공유

영업비밀제도가 기술이 탈취되는 것을 막는 제도라면 특허제도는 영업비밀의 탈취제도의 역할을 했다고 할 수 있다. 중세 이탈리아는 가내 수공업이 발달하여 기술을 가진 전문기술자 들이 많았다. 앞서 언급한 바와 같이 프랑스의 루이 14세는 거울 기술자를 스카웃하기 위해 이탈리아에 재상 콜베르를 보냈다. 또한 프랑스는 스웨덴의 제철기술을 탐내어 기술자를 납치하기도 했다.

장인(master)으로부터 기술을 배운 도제(apprentice)는 자신이 배운 기술을 활용하여야 했지만, 도제 교육이 끝난 후에 자신의 영업을 여는 것은 자신이 도제로 들어갈 당시 자신의 스승이 될 장인과 체결한 경업금지의무로 인하여 어려움이 있었다. 그러나 자신이 배운 기술을 가지고 다른 도시국가나 다른 국가로 이주하는 것을 금하고 있었고, 도망간 기술자 사냥꾼들은 도망간 기술자를 찾아 납치하거나 살인을 했기 때문에, 그마져도 여의치 않았다.

중세가 끝나가던 무렵 1414년 영국에서 발생한 "Dyer's Case"[4]에서 길드에서 일한 도제가 어떤 상황에 있었는지를 알 수 있었고, 기술확산에 대한 일면을 알 수 있게 한

4) Dyer's Case (1414) 2 Hen. V, fol. 5, pl. 26.

다. 다만 그 당시에도 법의 적용을 통해 인간의 기본권 존중 철학이 존재함을 알 수 있다.

본 사건은 마스터(master)와 도제(apprentice)사이에 도제기간이 끝나고, 마스터가 자신의 도제의 직업자유의 제한을 하는 사적 계약이 위법행위가 되는지 문제가 된 사건이다. 도제였던 John Dyer는 자신의 마스터인 원고와 도제기간이 종료된 후 6개월 동안 원고가 영업하는 마을에서 원고의 영업과 동종의 영업거래행위를 하지 않겠다는 경업금지계약(Non-competition agreement)을 체결했다. 본 경업금지의무를 체결함에 있어 원고인 마스터는 도제였던 피고 John Dyer에게는 아무런 대가를 제공함이 없었고, 피고의 일방적인 영업금지의무만을 계약의 부담조건으로 하였다. 피고의 도제 수업이 종료된 후 원고가 피고를 상대로 법원에 위 계약의 이행을 청구하였으나, 다행히 법원은 위와 같이 일방의 영업을 제한하는 계약은 커먼로와 신(God)의 명령에 위반된다는 이유로 원고의 청구를 인정하지 않았다. 판사는 그와 같은 의무가 무효이며 원고가 왕에게 벌금을 지불할 때까지 투옥된다고 판시했다. 위 사건은 중세에 도제가 처한 열악한 상황을 말해주는 것으로 15세기에 이미 법원이 자연권적 권리로서 직업의 자유를 인정하였다는 점은 매우 주목할 만한 철학과 법리를 반영하고 있다.

그리하여 어떤 기술자들은 자진하여 외국으로 이민을 하기도 했고, 그 나라는 특허를 부여하여 기술자를 이민시켰다. 이러한 제도는 유럽에서 기술을 확산시키는 역할을 했다. 또한 특허부여조건으로 자국의 국민을 교육시키도록 했고(apprenticeship clause), 현재의 특허명세서 제도의 기원이 되기도 했다.

영국의 헨리 8세 때에는 베니스에서 이민 온 안토니오 귀도치(Antonio Guidotti)라는 기술자는 1537년 당시 헨리 8세의 비서실장이었던 토마스 크롬웰(Thomas Cromwell)에게, 이탈리아의 어떤 실크 직조공이 영국의 사우스 햄턴에 이민와 정착할 예정이고, 이민 올 이탈리아의 그 실크 직조기술자에게 15년 내지 20년간 그가 독점적으로 실크를 제조할 특권(특허)을 부여해 줄 것을 헨리 8세에게 간청해주도록 요청하는 서면을 보냈지만, 그 결과에 대한 기록은 없다고 한다.[5]

특허제도는 지식과 기술의 확산을 가져와 서구 유럽이 산업혁명을 이룩하는데 많은

5) Allan A. Gomme, Patents of Invention: Origin and Growth of the Patent System in Britain, Longmans (1946), p. 8.

기여를 한 것으로 평가되지만, 영업비밀은 그와 반대이다. 영업비밀보호가 역설적으로 이민을 촉진하여 기술을 확산을 가져왔지만, 산업혁명을 이룩하였다고 볼 수는 없을 것이다. 영업비밀보호법이 본격적으로 발전하기 시작한 것은 1차 산업혁명이 완성된 이후인 19세기 후반이다.

3. 영국의 적기법(Red Flag Acts)과 영국의 자동차 산업의 퇴보

18세기 영국은 1차 산업혁명으로 과학발전을 산업화하여 인류문명을 꽃피우게 한 나라이고 19세기 영국은 해가지지 않는 나라로 영화를 누렸지만, 몇가지 면에서 잘못된 국가의 정책과 법으로 혁신과 산업화를 가로막은 나라이다. 그 중 둘을 들면 기술혁신을 파괴한 폭력적인 러다이트 운동(Luddite Movement)과 정치적 로비에 의해 기술혁신을 방해한 적기법(the Red Flag Acts, the Locomotive Acts)의 시행이라고 할 수 있다. 러다이트 운동은 혁신을 수용하지 못한 대중의 저항이고, 적기법은 자동차 규제법으로 혁신과 기술발전을 방해한 국가정책의 대명사이다.

산업혁명이후 혁신을 방해한 러다이트 운동이나 적기법이 제정된 것은 영국의 정치제도가 낙후된 것을 가장 큰 원인으로 꼽을 수 있다. 산업혁명으로 산업은 발전했지만 정작 영국의 정치제도는 자본가들의 이익만을 보호하였고, 농민이나 노동자에게는 부의 배분은커녕 정치적으로 참정권조차 인정하지 않았다. 산업혁명으로 인한 과실은 부자들에게만 귀속되었다. 정치력을 갖지 못한 노동자와 농민, 특히 여성과 어린이의 삶은 참을 수 없을 만큼 고통스러웠다. 특히 나폴레옹과의 전쟁으로 인하여 영국의 노동자와 농민들에게 많은 고통을 주었다.

1811년 11월 노팅햄쇼어에서 기계가 일자리를 파괴하였다고 생각한 노동자들에 의해 기계 파괴가 시작되었다. 러다이트 운동은 이듬해에 요크쇼어, 그 다음해에는 랭카스터로 옮겨졌다. 러다이트 운동은 산업의 구조변화에 대하여 정부가 국민의 교육등을 통하여 새로운 지식과 기술을 습득케 하여 적극적 새로운 변화를 수용하여 능동적으로 변화의 주체가 될 수 있도록 하여야 한다는 것을 보여준다.

러다이트 운동의 원인이 되었던 빈부격차와 실업 문제는 참정권(선거권)과 노동권을 부여하고 사회보장제도를 확대한 20세기를 넘어서야 그 해결의 실마리를 찾았다. 자본주의의 문제점으로 인하여 이념적으로는 19세기 후반 공산주의의 확대를 가져오는 계기가 되었다. 이에 서유럽은 사회보장제도를 확대하는 수정자본주의, 즉 사회주의 이념을 대폭도입하였다. 이러한 문제가 어느 정도 해결된 현재에는 민주주의와 독재주의의 문제가 되었다.

한편 영국은 증기기관을 최초로 발명하고 상용가능한 증기자동차도 최초로 개발하였지만 영국의 자동차 산업은 유럽의 경쟁국가들의 상대가 되지 않는다. 영국에서 제정된 적기법은 자동차의 도입에 반대하는 마부(馬夫) 등의 정치적 로비에 의해 빅토리아 여왕시절에 제정된 'The Locomotive Act 1865'와 그 이후에 제정된 일련의 자동차 관련법을 의미한다. 1865년 법은 자동차의 운행시에 도심에서 시속 2마일(3.2킬로미터), 교외에서 시속 4마일(6.4킬로미터)의 속도제한과 자동차 앞에서 붉은 깃발을 든 사람이 자동차를 안내하도록 규제하였다. 1865년 법상의 속도제한은 1896년 제정된 법에 의해 시속 14마일(23킬로미터)로 변경되었지만, 그 제한의 영향을 벗어나기는 어려웠다. 1865년 법의 시행 결과 영국의 자동차 운행속도는 자동차 앞에서 붉은 깃발을 든 사람의 걸음걸이 속도를 넘지 못하였다. 이 법으로 인해 자동차 기술이 발전되지 않아 영국의 자동차 산업은 현재까지도 낙후 되었고, 이렇다 할 대중차 제조산업은 존재하지 않는다. 유럽의 경쟁자인 독일과 프랑스, 스웨덴 등이 세계 최정상의 대중차 제조산업을 이끌었지만, 영국에서 꽃을 피운 증기기관의 발명과 산업혁명은 자동차 산업까지 그 꽃을 피우지 못했다.

영업비밀보호법은 두가지 측면이 존재한다. 영업비밀을 강하게 보호하면 경쟁기술의 개발을 저해하여 결국 새로운 기술발전을 저해할 수 있다. 그러나 영업비밀을 약하게 보호하면 새로운 기술개발보다는 경쟁자의 영업비밀을 탈취하기 위해서 기다리는 무임승차자들이 많아져 결국 기술발전을 가져올 수 없다. 따라서 영업비밀보호법은 절대적 비밀성을 요구하던 법리에서 영업비밀의 가치에 부합하는 정도, 즉 상당한 정도의 영업비밀보호노력(reasonable effort to maintain secrecy)을 요구하는 상대적 비밀성법리로 발전되어 왔다.

그러나 현행 우리나라 영업비밀보호법상 어떤 정도의 노력을 요구하지 않는 영업비밀관리를 영업비밀보호요건으로 하고 있는데, 이는 결과적으로 해커들에게 영업비밀 탈취를 조장하는 법률이다. 특히 외국의 기술탈취에 혈안이 되어 있는 북한이나 해외의 해커들에게 대문을 활짝열어 우리의 안방을 내어주는 결과가 된다. 해커들의 영업비밀이나 비밀정보의 탈취시도로 부터 방어할 수 있는 상당하고 합리적인 수준의 비밀로 유지하는 노력을 요구해야 한다. 정책당국의 우매함이 국민들의 땀과 노력을 해외로 유출시키도록 조장하는 반국가적인 법률이다.

제2절

영업비밀의 정치경제학

1. 애로우의 정보의 역설(Arrow's Information Paradox)

가. 영업비밀보호제도의 법경제학적 평가

특허제도는 기술의 공개와 그 공개된 기술에 대하여 일정기간 독점을 주지만 그 이후에는 공중의 자유로이 실시할 수 있는 자유기술이 된다. 이는 공리주의적 사고와 매우 부합한다. 기술의 공개는 최대다수의 최대행복을 달성하는데 도움을 준다. 기술과 지식은 모두에게 공유되어야 그 지식과 기술을 바탕으로 새로운 기술과 지식을 발전시킬 수 있기 때문이다. 그 기술과 지식을 개발하는 중복투자를 방지하도록 한다.

그러나 영업비밀제도는 공리주의 철학에서 보면 장려할 제도가 되지 못한다. 왜냐하면 지식이나 정보가 공유되면 중복 투자를 방지하고 새로운 기술과 지식을 개발한 바탕이 되지만, 비밀로 유지하는 기술과 지식은 그 기술과 지식을 독립적으로 개발하여야 하므로 기술개발을 위한 중복투자를 피할 수 없기 때문이다.

영업비밀로 유지하는 기술과 지식은 공유와 확산되기 어려워 사회적으로 효용가치를 증진시키지 못한다는 것을 증명하는 것이 애로우의 정보의 역설이다. 애로우의 정보의 역설(Arrow's Information Paradox)은 영업비밀제도는 지식과 정보의 공유와 확산이 최대다수의 최대행복을 가져온다는 공리주의와 역행되는 결과를 가져온다는 점을 보여준다.

아이디어의 거래에서 봉착하는 가장 큰 난관은 소위 애로우의 정보의 역설이 성립하는 상황이다. 아이디어의 수요자는 자신이 지급하여야 할 로열티를 산정하기 위해 구입하고자 하는 아이디어의 가치평가를 하여야 하고 이를 위해 아이디어에 대한 구체적 정보를 원할 수 밖에 없다. 그런데 수요자가 아이디어에 대하여 자신이 필요로 하는 정보를 모두 알게 될 경우에는 이미 아이디어를 취득했으므로 그 아이디어를 구입할 필요가 없게 되거나, 라이센싱을 할 필요가 없게 되거나, 지급하여야 할 로열티를 평가 절하하게 된다. 이를 애로우의 정보의 역설(Arrow's Information Paradox)이라고 한다.

이러한 '애로우의 정보의 역설'이 나타나는 이유는 아이디어에는 법적 배타성이 존재하지 않기 때문이다. 특허와 달리 보통의 아이디어는 비밀을 유지하지 않는 한, 자신의 아이디어가 타인에게 공개되거나 누설될 경우에 그 공개된 아이디어의 사용을 막을 수 있는 방법이 존재하지 않는다. 물론 그 아이디어에 대하여 특허를 취득하면 좋겠지만 특허는 엄격한 요건, 특히 진보성이라는 발명(아이디어)의 수준이 존재한다. 따라서 많은 아이디어는 특허의 장벽을 넘어설 수 없다. 이러한 아이디어는 배타적인 권리로 보호되지 않으므로, 타인과의 거래가 어려워진다.

아이디어의 보유자는 자신의 아이디어가 보호되지 않으므로 거래상대방에게 공개할 수 없다. 따라서 영업비밀보호법 또는 부정경쟁방지법 등에 의하여 거래를 위하여 제공된 아이디어는 그 비밀성을 보호하여 줄 필요가 있고, 그 아이디어 사용에 관한 정당한 권한을 취득함이 없이 그 아이디어로부터 경제적 이익을 취득하지 못하도록 할 필요가 있다. 즉 법에 의해 아이디어 탈취를 방지하도록 하고, 탈취된 경우에는 법적 구제방법을 제공하는 것이 타당하다. 그것이 공정한 거래를 확립하는 수단이 된다.

결과적으로 국가가 거래에 제공되는 아이디어를 보호하지 않는 경우, 즉 아이디어 탈취를 방조하는 경우에는 아이디어를 가진 사람은 아이디어 거래에 응하려고 하지 않을 것이기 때문에 사회적으로 정보와 지식의 유통이 저해됨으로써 지식의 확산과 기술 발전이 어려워질 뿐만 아니라 그 결과로써 사회적으로 더 많은 부가가치가 창출이 되지 않기 때문에 경제발전이나 국민소득증가로 이뤄지지 않는다.

그러나 영업비밀인 정보를 강하게 보호하는 것도 좋은 방법이 아니다. 왜냐하면 영업비밀침해의 위험이 증가하여 강한 영업비밀의 보호는 거래의 위축을 가져오거나 경쟁기술이나 동일한 기술의 개발을 위축시키기 때문이다. 영업비밀은 외부에서 그 비밀인 내용을 알기가 어렵다.

강한 영업비밀 보호가 된다면[6], 영업비밀 침해소송의 위협이 증가된다는 것을 의미한다. 따라서 강한 영업비밀은 거래상 발생하는 침해의 위험성 때문에 영업비밀을 가지지 않은 사람은 영업비밀을 가진 사람과 영업비밀의 거래(양도, 라이선스 및 고용)를 꺼려하게 되고 영업비밀인 정보나 아이디어는 그 유통이나 거래, 공유 또는 확산이 어렵게 된다. 또한 새로운 고용은 피용인에 대한 전직의 직장으로부터 영업비밀침해소송의 위협이 증가하게 되므로 새로운 고용주가 기술을 가진 기술자의 새로운 고용을 피하게 되어 피용인의 직업상의 전직 등이 위축된다. 또한 필요한 기술을 가진 기술자의 이동이 원활하지 않게 되어, 사회적으로 기술발전이 어렵게 된다. 각 기업이나 개인은 독자적으로 영업비밀인 정보나 기술 개발을 하여야 한다. 결국 사회적으로 기술개발을 위한 중복투자가 발생하여 자원의 낭비와 효율성이 감소한다. 잠시 필요한 기술은 스스로 개발하는 것보다는 그 기술을 가진 사람을 고용하거나 라이센스를 하는 것이 시간과 비용을 줄이는 방법이다. 그러나 기술자의 직업이동이 쉽지 않은 사회에서는 사회적으로나 개인적으로나 동일한 정보나 아이디어 개발을 위해 중복투자가 증가하는 것이므로, 기술의 공유에 의한 경제적 효율성은 기대할 수 없게 된다.

공리주의적 관점에서 보면, 최악의 선택이다. 왜냐하면, 지식과 정보, 아이디어는 공유하여야 최대다수의 최대행복을 달성할 수 있는데, 기업과 가계, 개인 등 경제 주체 모두가 각자 동일한 정보나 아이디어를 독자적으로 개발하기 위해 개별적 투자를 하여야 하고, 이는 사회적인 투자와 노력의 낭비가 발생하는 것을 의미한다. 따라서 국가적으로도 영업비밀 보유를 장려하는 것은 나쁜 정책적 선택이다.

아이디어 거래에 있어서는 아이디어를 제공하게 되는 그 원인된 신뢰관계나 사실관계, 기타 법률관계를 보호할 필요가 있다. '애로우의 정보의 역설'을 방지해야 한다. 이를 방지할 대책은 (i) 정보에 대한 법적 독점(특허)을 부여하여 보호, (ii) 영업비밀보호를 포함한 불공정경쟁법에 의한 보호, (iii) 라이센스의 설정 등 계약에 의한 보호(계약체결상의 과실 포함), (iv) 계약이 성립되지 않거나 성립되기 전이더라도 비밀유지의무를 법에 의해 강제하고 그 비밀유지의무에 대한 신뢰위반으로 인정하여 아이디어를

6) 강한 영업비밀보호는 침해로 인한 손해배상액을 증가하는 방법도 있지만, 영업비밀의 침해를 쉽게 하도록 하는 방법으로도 가능하다.

보호할 수 있다. 마지막 보호방법의 경우에는 부정경쟁방지법이나 영업비밀보호법 체계 속으로 편입하여 보호할 수도 있다. 그와 같은 방법은 우리나라 부정경쟁방지법상 차목의 아이디어 탈취로 인한 부정경쟁행위를 예로 들 수 있다.

구체적으로 살펴보면, (i)에 제시된 '정보에 대한 법적 독점(특허)을 부여'하여 보호하는 방법도 불완전하다. 왜냐하면 특허의 대상이 되지 않는 정보(예컨대, 경영정보, 단순한 지식이나 정보의 수집, 자연법칙 그 자체)나 특허의 대상이나 진보성 등 특허요건 등의 충족 문제로 인해, 특허에 의해 보호받지 못하는 정보나 지식은 여전히 특허에 의한 보호를 못 받는다는 문제점이 있다. 나아가 아직 특허를 받기에는 유용성(산업상 이용가능성)을 충족하지 못하는 구체적인 유용성의 존재가 확립되지 않은 개발중인 아이디어의 경우에도 그 경제적 가치는 존재할 수 있고, 그와 같은 경제적 가치가 존재하는 아이디어가 특허를 취득하지 못하는 경우에는 보호받지 못하는 문제점이 있다.

(ii)에 제시된 '영업비밀보호를 포함한 불공정경쟁법에 의한 보호'의 경우, 공개되지 않은 정보에 대하여는 유용한 보호수단이다. 그러나 공개되는 정보는 이미 상대방에게 공개됨으로써 그 경제적 가치가 상실된 후라는 점, 현재 우리 부정경쟁방지법상 그 보호요건으로 "영업상 이익이 침해" 될 것을 요구하여 침해에 대한 금지명령(법제4조)이나 손해배상(법제5조) 등 영업상 이익이 침해될 때에만 구제방법을 제공하기 때문에 법리적으로는 경쟁관계에서 제한적인 보호를 제공한다는 점에서 불완전한 보호방법이라고 할 수 있다. 또한 영업상 이익의 침해가 발생하지 않아 침해에 대한 법적구제요건을 충족하지 않는 경우 및 영업비밀의 경우에 '공공연히 알려지지 않을 것'을 요구하는 "객관적 비밀성 요건" 등 영업비밀의 요건을 충족하지 못하는 경우에는 보호를 받지 못하는 문제점이 존재한다.

여기에서 언급하는 "객관적 비밀성" 요건은 영업비밀의 요구하는 비밀성 요건으로서 특허의 신규성보다는 그 비밀성이 약한 경우이고, (차)목의 아이디어 보호에 관한 부정경쟁행위에서 요구하는 비밀성보다는 그 비밀성의 정도가 강하다. 예컨대, 특허의 경우에는 한국과 한국, 한국과 일본, 한국과 미국 등에 그 발명(아이디어)의 공연 실시자가 있는 경우에는 특허법 제29조 제1항 제1호의 특허출원 전에 국내 또는 국외에서 공연실시된 경우에 해당하여 신규성을 상실한다. 물론 비밀로 유지한 경우에는 공연실시된 경우라고 할 수 없지만, 공연실시로 인정받지 않을 요건이 매우 엄격하다. 예컨

대, 특허 상품이 판매되었다면 그 상품은 공연히 실시된 것으로 볼 수 있다.[7]

물론 그 상품의 정보를 알 수 없다면, 공연히 실시된 것으로 볼 수는 없다. 즉 법원의 해석은 특허법 제29조 제1항 제1호의 공지되었거나 공연실시된 경우를 "불특정 다수인이 인식할 수 있는 상태에 놓인 것을 의미하는" 것으로 볼 수 있다. 코카콜라와 같은 상품은 100년 이상 판매되어도 불특정 다수인이 인식할 수 있는 상태가 아니므로 비밀로 유지되었다고 볼 수 있다.

그러나 미국은 상업적 사용제외(commercial use bar; on sale bar)[8]에 의하여 그 콜라에 대하여 특허를 취득할 수 없다.[9] 예컨대, 발명자에 의해서 신뢰관계를 설정하고 1년 이상 상업적 판매(시험적 사용 예외(experimental use exception)가 존재하여 이때에는 상업적 사용을 한 것으로 인정하지 않음)를 하였거나 제3자에 의해 공개적으로 사용한 경우가 이에 해당한다. 미국특허심사기준에서는 i) 시험적 사용을 제외한 상업적 판매제의, 및 ii) 발명이 실시할 수 있을 정도로 완성이 되거나 공개할 수 있는 상태가 되어 특허를 받을 수 있는 상태의 두 가지가 존재하면 상업적 판매금지원칙(commercial use bar; on sale bar)이 적용되는 시점이 된다. 따라서 그 시점을 넘어간 경우에는 그 발명정보가 공중에게 공개되지 않았지만, 특허취득이 금지되는 공연히 실시된 것으로 보아, 특허를 취득할 수 없다. 다만 실제로 발명의 아이디어를 알 수 없다면 우리나라

7) 특허법원 2018. 12. 6. 선고 2017허7449 판결 [등록무효(특)] - 상고심리불속행기각
'공연히 실시되었다'고 함은 발명의 내용이 비밀유지약정 등의 제한이 없는 상태에서 양도 등의 방법으로 사용되어 불특정 다수인이 인식할 수 있는 상태에 놓인 것을 의미하는바, 주식회사 비올은 2010. 6. 1. 식품의약품안전청장으로부터 의료기기 제조업 허가를 받고, 같은 날 "SCARLET"을 모델명으로 하는 범용 전기 수술기(이 사건 선행제품)에 대하여 품목허가 신고를 한 사실, 주식회사 비올은 2010. 10. 20.경 이 사건 선행제품을 제조하여 울산 남구 B에 위치한 'BB 성형외과의원'에 납품한 사실, 이 사건 선행제품을 이용한 미용시술 등에 관한 기사 또는 광고가 잡지 등에 여러 차례 게재된 사실이 인정되기는 하나, 위 품목허가 신고서에는 SCARLET 제품의 본체, 풋 스위치, EARTH 플레이트 판, 핸드피스에 관한 사항만 포함되어 있을 뿐 '팁'에 대한 사항은 포함되지 않은 점, 'BB 성형외과의원에서 사용한 팁의 구체적인 구성 및 형태를 확인할 수 있는 자료가 없는 점 등에 비추어 위 인정사실만으로는 이 사건 선행제품에 사용된 팁이 이 사건 제1항 정정발명의 전기 결합핀과 스프링 장전 베이스 등을 모두 구비한 제품이라는 것을 인정하기 부족하며, 원고는, 의사 C이 서울 서초구 D 11층에 위치한 E에서 2010년 9월경 이 사건 선행제품을 테스트한 후 같은 해 11월경 이 사건 선행제품과 팁 1세트를 구입하여 피부미용시술에 사용하였다는 취지의 C 작성의 사실확인서를 제출하였으나, 각 사실확인서의 기재에 의하더라도 C이 사용한 팁이 이 사건 제1항 정정발명의 특징적 구성을 모두 포함하고 있는 것인지 명확하지 않으므로, 원고가 제출한 증거들만으로는 이 사건 제1, 2, 4 내지 11, 15 내지 20항 정정발명의 구성요소가 모두 포함된 제품이 그 우선일 전에 공지되었거나 공연 실시되었다고 보기 부족하고, 달리 이를 인정할 증거가 없으므로, 원고의 신규성 부정 주장은 이유 없다.

8) 35 U.S.C. 102(a)(1). a) Novelty; Prior Art.-A person shall be entitled to a patent unless- (1) the claimed invention was patented, described in a printed publication, or in public use, on sale, or otherwise available to the public before the effective filing date of the claimed invention....

9) 미국 특허상표청 특허심사기준에도 다음과 같이 기재되어 있다: "The on-sale bar of 35 U.S.C. 102(b) is triggered if the invention is both the subject of a commercial offer for sale not primarily for experimental purposes and ready for patenting. Pfaff v. Wells Elecs., Inc., 525 U.S. 55, 67, 48 USPQ2d 1641, 1646-47 (1998). Ready for patenting means either that the invention was reduced to practice or that enabling disclosures existed.

에서는 공연히 실시된 것으로 보지 않는다.[10] 미국 법에서도 실제로 해당 정보가 공개되지 않으면 영업비밀 요건으로서의 비밀성이 파괴되지 않는다. 따라서 영업비밀로는 보호받을 수 있다. 코카콜라의 경우에 미국에서는 상업적으로 실시되었기 때문에 신규성과 진보성 그리고 유용성 등 미국 특허법상 특허요건을 갖추었다고 하더라도 상업적 실시로 인하여 특허를 취득할 수 없다.(commercial use bar; on sale bar)

나. 애로우의 정보의 역설과 거래 성립을 위해 제공된 아이디어의 보호

미국의 Smith v. Dravo Corp. 사건[11]은 '애로우의 정보의 역설'(Arrows Information Paradox) 상황에서 법원이 신뢰관계 또는 묵시적 비밀유지의무를 인정하여 영업비밀 침해를 인정한 사례이다. 본 사건은 1950년대 발명된 혁신적인 운송용기인 컨테이너에 대한 영업비밀인 정보가 거래를 위한 교섭과 거래성립 협상과정에서 피고에게 알려지고, 거래가 불성립되었음에도 불구하고, 피고가 거래성립을 위해 취득한 원고의 컨테이너에 관한 정보를 무단으로 사용하여 발생한 사건이다.

원고는 미국 내륙이자 5대호에 인접하여 내륙 수운이 발전한 위스콘신 주에서 컨테이너를 생산, 판매하고 있었다. 피고는 원고에게 컨테이너 판매를 요청했다가 후에 원고의 영업자체를 양도할 것을 요청하였다. 원고와 피고 사이에 영업양도를 위한 협상

10) 대법원 2002. 9. 24. 선고 2000후3463 판결.
한국도로공사가 피고 주식회사 보우정보통신의 '고속도로 과속차량경보 및 단속시스템'의 설치 제안을 받아들여 1995. 6. 16. 위 피고와 사이에 시스템 시험설치계약을 체결한 사실, 그 계약내용에 따르면, 위 피고가 시범적으로 경부고속도로 서울기점 51.35㎞와 중부고속도로 서울기점 49.5㎞의 상하행선에 1기씩 이 시스템이 구비된 시설물을 설치하여 자신의 부담으로 그 시설물을 유지 보수 및 운영관리하고, 한국도로공사는 시설물의 운영상태 및 효과를 분석하여 그 결과에 따라 시스템의 확대 설치 여부를 검토하기로 하는 한편, 위 피고에게 시설물의 존속기간 동안에는 광고를 첨부할 수 있는 권한을 부여하기로 한 사실, 이에 따라 위 피고는 1995. 11. 27. 그 두 곳의 고속도로에 문 형식의 시설물의 설치를 완료하고 이 사건 특허발명의 출원일 무렵까지 고속도로 상에서 그 시설물을 운영, 관리한 사실, 위와 같이 설치된 시설물은 감지부, 속도연산부, 영상기록부, 중앙제어부, 표시부, 전원부로 구성되어 있는바, 속도를 감지하는 마이크로파 센서, 전광판장치, 카메라작동용 센서, LED 표시부, 고속카메라는 모두 외부에서 볼 수 있는 상태로 설치되어 있었던 사실, 1996. 2. 2.자 중앙일보에는 '모든 고속도 속도감시기 설치'라는 제목 아래 '차선마다 주행차량의 속도를 감지하는 센서를 설치, 300m 전방에 설치된 대형 전광판에 통과차량의 속도가 표시되도록 하고 있다. .... 그 시설물이 이 사건 특허발명의 출원 전에 불특정다수인이 인식할 수 있는 장소에 설치되어 있기는 하였으나, 이 사건 제1항 발명은 그 구성요소들인 속도감지용 마이크로파 센서, 전광판장치, 카메라작동용 센서, LED 표시부, 고속카메라의 공간적 배치 또는 연결관계에 대한 구성을 그 특징으로 하고 있고, 당업자가 고속도로에 설치된 그 시설물을 보고, 이 사건 제1항 발명의 구성에 관하여 공간적, 시간적인 수치한정의 기술내용을 용이하게 파악할 수 있다고 볼 만한 증거가 없으므로, 이 사건 제1항 발명의 기술내용은 공연히 실시된 것이라고 할 수 없고, 또한 한국도로공사는 위 피고와 시험설치계약을 직접 체결한 당사자로서 특별한 사정이 없는 한 신의칙상 비밀유지의무가 있다고 봄이 상당하며, 달리 이 사건 특허발명이 공지되었음을 인정할 만한 증거가 없으므로, 이 사건 특허발명은 그 출원 전에 공지·공용되었다고 볼 수 없다.

11) Smith v. Dravo Corp., 203 F.2d 369 (7th Cir. 1953).

중에 영업양도에 대한 대가를 평가하기 위해 원고는 피고에게 컨테이너의 특허출원서 설계도와 다른 비밀정보를 제공했다. 최종적으로 컨테이너 판매에 따른 판매가격에 대하여 원고와 피고 사이의 의견이 일치하지 않아 그 영업양도 협상이 결렬되었다. 그런데 영업양도 협상이 결렬된 지 얼마 지나지 않아 원고는 원고 제품과 비교하여 4인치(약 10센치미터)가 짧은 거의 동일한 컨테이너가 피고에 의하여 제작 판매되고 있음을 알게 되었다. 이사건 원고와 피고가 각 제작한 컨테이너의 4인치 차이는 그 유격으로 인하여 상호 호환되어 사용되는데는 아무런 지장이 없었다.

원고는 피고를 상대로 영업비밀침해소송을 제기하였다. 본 사건에서의 쟁점은 원고와 피고 사이에 거래가 성립하지도 않았으므로 비밀유지의무 등 영업비밀보호계약이 체결되지 않았는데도 불구하고 원고가 보유한 영업비밀침해를 인정할 것인지 여부였다.

미국 법원은 거래가 성립되지는 않았지만 거래를 위하여 신뢰관계가 형성되고 '신뢰관계'하에서 피고에게 제공된 정보는 공중의 영역에 존재하는 것이 아닌 여전히 비밀로 유지되었다는 이유로 피고의 원고에 대한 영업비밀 침해를 인정하였다.[12] 즉 피고가 신뢰관계를 위반하였다는 것이 쟁점으로 판매된 컨테이너를 적법하게 관찰하여 취득한 적절한 수단(proper means)에 의한 취득이 아니었다.[13] 그리고 거래가 성립되지 않았지만 거래성립을 위해 제공된 아이디어나 영업비밀은 그 제공된 영업비밀에 대하여 비록 명시적인 영업비밀유지의무가 부과된 바가 없지만, 그 제공된 목적을 위해서만 사용해야 한다. 이 사건의 경우에는 거래가 성립되지 않았으므로 피고는 자신이 원고로부터 건네받은 컨테이너에 관한 정보를 더 이상 사용하여서는 안된다. 거래 목적이 소멸했기 때문이다. 결국 미국 법원은 영업비밀 침해를 인정했다.

우리나라 대법원도 명시적인 비밀유지의무에 관한 계약을 하지 않더라도 신뢰관계가 형성된 경우에는 신뢰관계에 의한 영업비밀유지의무를 부담시킨다. 영업비밀보호법리의 형성 초기부터 묵시적인 비밀유지의무를 인정하고 있었다. 1996년 소위 '모나미' 사건[14]에서 우리 대법원은

12) 우리나라에서는 이와 유사한 상황에 적용될 수 있는 법리는 계약체결상의 과실인데, 계약체결상의 과실에 대하여 규정하고 있는 우리 민법 제535조는 목적이 불능한 경우에만 신뢰이익을 배상하도록 하고 있어 그 적용범위가 매우 제한적이고, 위 사건과 같은 상황에서는 적용이 되지 않는다.

13) Smith v. Dravo Corp., 203 F.2d 369, 374 (7th Cir. 1953).

14) 대법원 1996. 12. 23. 선고 96다16605 판결.

부정경쟁방지법 제2조 제3호 (라)목에서 말하는 '계약관계 등에 의하여 영업비밀을 비밀로서 유지할 의무'라 함은 계약관계 존속 중은 물론 종료 후라도 또한 반드시 명시적으로 계약에 의하여 비밀유지의무를 부담하기로 약정한 경우뿐만 아니라 인적 신뢰관계의 특성 등에 비추어 신의칙상 또는 묵시적으로 그러한 의무를 부담하기로 약정하였다고 보아야 할 경우를 포함한다.

라고 판시하여, 명시적 계약이 존재하지 않더라도 신뢰관계상 또는 묵시적 비밀유지의무를 부담하는 것으로 판시했다. 따라서 명시적인 비밀유지의무(NDA)를 강제하는 계약을 체결하지 않더라도 비밀정보를 보호할 의무는 그 주고받은 인적관계(거래를 위한 관계)상 인정될 수 있다.

다만 묵시적인 비밀유지의무를 인정하는 것보다, 법에서 비밀유지의무를 명시적으로 부과한다면, 예측가능성 등과 당사자의 비밀유지 행위 등에 도움을 준다는 측면에서, 법에서 묵시적 의무를 인정하는 것이 바람직하다. 또한 거래를 위한 예비 계약이나 계약을 위한 서류에 명시하는 것이 바람직하다.

2. 자유주의적 개인주의와 영업비밀보호

Smith v. Dravo Corp. 사건[15]에서 법원이

> The foregoing is the essence of plaintiffs' cause of action. Stripped of surplusage, the averment is that defendant obtained, through a confidential relationship, knowledge of plaintiffs' secret designs, plans and prospective customers, and then wrongfully breached that confidence by using the information to its own advantage and plaintiffs' detriment.
>
> ↘ 이상의 내용은 원고의 청구원인의 핵심적인 내용이다. 원고가 가져야 할 잉여를 취득하고, 피고는 기밀 관계를 통해 원고의 비밀 설계, 영업계획 및 잠재 고객에 대한 지식을 취득하고 그 정보를 자신에게 유리하게 사용하고 원고에게 손해를 줌으로써 부당하게 신뢰를 위반했다는 주장이다.

15) Smith v. Dravo Corp., 203 F.2d 369, 373 (7th Cir. 1953).

라고 판시하여, 영업비밀의 본질을 도덕적 정의에 토대를 둔 상거래상의 신뢰관계 또는 정직함(honest)을 목적으로 '불법적으로 침해'('wrongfully breached')되었다고 판시할 수 있었던 것도 이 사건 판결 당시인 20세기 중반에 미국에서 형성된 신뢰관계보호를 목적으로 한다는 영업비밀 보호법리의 영향이 있었을 것으로 판단된다.

이러한 영업비밀보호법리는 1984년 연방대법원의 Ruckelshaus v. Monsanto Co. 사건을 계기로 재산보호관계로 변경된다. 그리하여 2011년 Stanford v. Roche 사건에서는 완전히 재산보호제도로 인정되었다고 할 수 있다. 그리하여 영업비밀을 지배하는 법리는 계약법과 불법행위법에서 재산법으로 변경된 것으로 볼 수 있다.

Kewanee Oil Co. v. Bicron Corp. 사건[16]에서 연방대법원은

> The maintenance of standards of commercial ethics and the encouragement of invention are the broadly stated policies behind trade secret law. "The necessity of good faith and honest, fair dealing, is the very life and spirit of the commercial world."[17]
>
> ↘ 상업 윤리 기준을 유지하고 발명을 장려하는 것이 영업비밀보호법의 기본 정책이다. "선의와 정직하고 공정한 거래의 필요성은 바로 상업계의 생명이자 정신이다."

라고 판시하여, 영업비밀이 상도덕을 유지시키기 위한 것임을 명시하고 있고, 나아가

> A most fundamental human right, that of privacy, is threatened when industrial espionage is condoned or is made profitable; the state interest in denying profit to such illegal ventures is unchallengeable.[18]
>
> ↘ 가장 기본적인 인권인 사생활 보호는 산업스파이행위가 용인되거나 그 스파이 행위로 이익을 얻을 때 위협을 받는다. 그러한 불법 사업에 대한 이익을 거부하려는 국가의 목적은 위협받을 수 없다.

라고 판시하여, 스파이 활동으로 부터 경제활동의 자유, 즉 개인의 평온과 안전이 침

16) Kewanee Oil Co. v. Bicron Corp., 416 U.S. 470 (1974).

17) Id., 481-82 ("National Tube Co. v. Eastern Tube Co., 3 Ohio C.C.R. (n.s.), at 462"를 인용).

18) Id., 487.

해받지 않도록 하는 것도 영업비밀보호법의 목적이자 정신임을 강조하고 있다. 즉 영업비밀은 그 비밀정보의 평온하고 안전한 점유를 보호하고, 그 점유가 위협받는 것으로부터 보호한다. 이러한 법이념은 자유주의적 개인주의 철학을 바탕으로 한다.

무체재산권인 영업비밀보호나 특허권의 부여도 효율성을 보장하기 위한 것이다. 아이디어에 대하여 그 점유에 대한 배타적인 통제 관리를 보호하지 않거나, 특허와 같은 아이디어의 법적 배타성을 인정하지 않는다면, 아이디어를 보호받을 수 있는 방법이 매우 적어진다. 그리하여 아이디어를 개발하거나 공중에 공개하여 공유할 동기(incentive)는 없게 된다. 애로우의 정보의 역설(Arrow's Information Pradox)은 이러한 상황을 역설적으로 표현한다. 사생활의 안전과 보호가 우선이 된다.

아이디어나 정보를 유상이든 무상이든 공유하기 위해 공개하는 순간 그 아이디어나 정보는 더 이상 통제나 관리를 할 수 없다. 공공재와 같은 지위가 된다. 아이디어나 정보는 그 생산이나 소유주체를 특정할 수 없다. 따라서 무단으로 공개되더라도 그 아이디어나 정보를 회수할 수 없는 문제가 발생한다. 따라서 정보를 생산하거나 아이디어를 개발한 사람은 그 정보나 아이디어를 공개하는 대신에 비밀로 보유할 것이다. 또한 개인적인 선호 등으로 인하여 특허출원을 하지 않고 비밀로 보유하고 싶어할 수도 있다. 즉 영업비밀보호는 개인의 자유를 보호한다.

3. 공리주의와 영업비밀보호

자유주의적 개인주의하에서 영업비밀은 개인 스스로의 노력에 의하여 보호하는 것을 선호한다. 국가가 개인의 자유에 간섭을 하지 않기 때문이다. 다만 개인의 자유와 평온과 안전이 위협받으면 국가가 개입할 수 있다. 그러나 영업비밀보호에 있어서 그와 같은 자유주의적 개인주의를 우선으로 하는 국가의 보호제도는 사후약방문이 될 가능성이 매우 높다. 왜냐하면 한번 공개된 아이디어는 그 공개가 불법적이었건 합법적이었던 간에 이를 완전하게 보호할 방법이 없다. 비밀성이 상실된 영업비밀은 더 이상 영업비밀이 될 수 없다. 따라서 영업비밀 보호에 관한 사전적 예방적 조치는 모두 그 보유자 개인의 책임이다.

농작물에 대하여 소유권과 같은 배타적인 재산권이 인정되지 않는다면, 농부는 자신 스스로 경작하는 토지에 담을 쌓거나 경계를 하여 외부의 침입이나 도둑질로부터 방어해야 한다. 이는 특허와 영업비밀의 차이에서도 발생한다. 법적 독점을 인정하는 특허의 경우에는 담장을 쌓거나 경비를 하는 비용을 부담할 필요가 없게 한다. 그리하여 타인에게 자신의 발명에 대한 배타적인 주장을 할 수 있는 특허권이 된다. 그러나 영업비밀은 배타적으로 점유, 통제 및 관리를 할 수 있지만, 영업비밀이 공개되면 비밀성을 유지할 수 없기 때문에 통제, 관리비용을 부담하여야 하고, 그 통제 관리비용과 영업비밀의 경제적 가치에 따라 영업비밀의 효율성이 결정된다. 그리하여 영업비밀은 제3자에게 영업비밀의 배타성을 주장할 수 없으므로 배타적 소유를 주장할 수 있는 재산권(소유권) 또는 영업비밀권이라고 하지 않고, 자신만이 가지는 경제적 가치로 평가되는 '재산'이라고 한다.

영업비밀은 배타성이 인정되지 않기 때문에 영업비밀에 대한 비밀유지비용(fencing costs)을 영업비밀 보유자가 부담하여야 한다. 또한 비밀유지비용을 많이 부담하여야 하는 경우, 예컨대 공장시설을 비밀로 유지하기 위해서 공장 둘래에 담을 쌓는 것으로 부족하고 공장전체에 지붕을 덮거나 돔(doom)을 만들고 그 안에서 공장을 건설하여야 한다면[19] 영업비밀로 보호받아야 할 유인은 적게 된다. 즉 영업비밀의 비밀유지비용이나 기타 관리비용이 높으면 높을수록 영업비밀로 유지할 유인은 없게 된다. 이는 결국 아이디어나 정보가 저생산되고, 기술발전이 저해되게 되므로 사회적으로는 바람직하지 않다.

이러한 점에 대하여 Rockwell Graphic Systems, Inc. v. DEV Industries, Inc. 사건[20]에서 제7순회법원의 리차드 포스너(Richard Posner) 수석판사는

> This is an important case because trade secret protection is an important part of intellectual property, a form of property that is of growing importance to the competitiveness of American industry. Patent protection is at once costly and temporary, and therefore cannot be regarded as a perfect substitute. If trade

19) E.I. duPont deNemours & Co. v. Christopher, 431 F.2d 1012 (5th Cir.1970), cert. denied 400 U.S. 1024, 91 S.Ct. 581, 27 L.Ed.2d 637 (1971).

20) Rockwell Graphic Systems, Inc. v. DEV Industries, Inc., 925 F.2d 174 (7th Cir. 1991).

secrets are protected only if their owners take extravagant, productivity-impairing measures to maintain their secrecy, the incentive to invest resources in discovering more efficient methods of production will be reduced, and with it the amount of invention.[21)]

↘ 영업비밀 보호는 미국 산업의 경쟁력에 있어 점점 더 중요해지고 있는 재산의 한 형태인 지적 재산의 중요한 부분이기 때문에 중요한 사례이다. 특허보호는 비용이 많이 들고 일시적인 기간 동안 보호이므로 [영업비밀의] 완벽한 대체 제도로 간주될 수 없다. 영업비밀의 보유자가 비밀을 유지하기 위해 터무니없고 생산성을 저해하는 조치를 취하는 경우에만 영업비밀이 보호된다면, 보다 효율적인 생산 방법을 발견하는 데 자원을 투자하려는 인센티브는 줄어들 것이며, 그에 따라 발명의 수도 줄어들 것이다.

라고 지적하고 있다.

비밀유지비용이나 관리비용이 높으면 아이디어의 법적 배타성을 인정하는 특허보다 영업비밀로 보호되는 아이디어의 이용료가 더 많이 발생할 것이다. 아이디어를 효율적으로 사용하기 위해서는 배타성을 인정하는 것이 바람직하다. 그러나 아이디어에 대한 비밀성 유지나 비밀관리비용이 적다면 영업비밀로 유지할 유인이 많게 된다. 이러한 경우에 정부는 영업비밀과 특허의 사회 경제적 효과를 분석하여 아이디어의 개발자가 영업비밀로 유지하도록 할지 특허 출원하도록 할지에 대하여 선택을 하여야 한다. 정부의 정책적 고려가 산업과 경제발전을 이루는데 도움이 되고, 그것이 종국적으로 국민전체의 후생(welfare)에 영향을 미친다.

일반적으로 특허제도가 아이디어를 공개하고 그 아이디어의 특허보호기간이 종료된 경우에 그 아이디어는 공중의 공유재산(the public domain)으로 인정되어, 그 공개된 아이디어를 바탕으로 새로운 아이디어가 개발되기 때문에 아이디어가 공유되지 않는 영업비밀보다는 특허제도가 사회 전체적인 후생증진을 위해서는 바람직한 제도로 인정된다. 공리주의의 공리성, 즉 최대다수의 최대행복을 달성하기 위한 제도는 특허제도라는 취지이다.

예컨대, 에디슨이 백열전구를 발명하고 이에 대하여 특허를 취득하였지만, 백열전구

21) Id.,180.

의 아이디어가 공개되어, 형광등, 나트륨등, 제온등 등을 거쳐 현재에는 LED 등으로 기술이 발전되었다.[22] 그러나 코카콜라는 영업비밀로 유지되어 콜라 시장의 실질적 경쟁자로는 펩시콜라만을 들 수 있다. 그 뿐만 아니라 코카콜라가 개발된 것은 약 120여 년 전인 1886년인데 코카콜라는 여전히 강한 시장 지배력을 유지하고 있다.

영업비밀로 보호되는 콜라 시장은 경쟁이 적다. 코카콜라의 경쟁상품(펩시콜라)나 대체상품(사이다 등 기타 청량음료)가 나와 있지만 콜라를 확실히 대체할 경쟁 상품은 적거나 경쟁력이 약하다. 물론 이와 같은 현상은 영업비밀인 정보의 특성 등 다양한 요인에 의한 것일 수 있으나, 콜라시장은 공개되지 않은 정보로 인하여 그 정보를 바탕으로 한 새로운 정보가 생산되지 않았다고 할 수 있다. 즉 영업비밀보호가 경쟁을 활성화시키지 못하여 기술개발이 적게 나타나는 대표적인 예라고 할 수 있다. 역설적으로, 영업비밀보유자인 코카콜라에서는 특허가 아닌 영업비밀보호를 선택함으로써 최적의 선택을 한 것이라고 할 수 있다.

토지에 대한 재산권이 인정되지 않는 경우에, 토지와 농기계 구입 등 사전투자가 필요 없거나 덜 필요한 사냥을 하는 것처럼, 아이디어에 대한 배타성이 인정되지 않는 경우에는 아이디어를 개발하거나 창조할 유인은 없게 된다. 이는 아이디어 개발이나 창조에 사전투자를 하지 않게 된다는 것을 의미한다. 또한 아이디어에 대하여 법적 배타성을 인정하지 않는다면 비밀로 유지할 수 있는 아이디어만을 개발할 것이다. 비밀로 유지하기 위해서는 비밀유지비용이 든다. 이는 토지 경작대신에 사전투자가 필요 없는 사냥을 하는 것과 같다.[23] 토지를 경작하여 농산물을 수확하기 위해서는 다른 사람의 농작물 도둑질이나 짐승 등의 침입 등을 막기 위해서 경비를 강화하거나 담장을 쌓는 수 밖에 없는데 모두 비용이 투입되어야 한다. 그러나 사냥은 사냥도구만을 마련하

22) 물론 특허제도는 단기적으로 경쟁이 사라지는 문제가 있다. 에디슨이 백열 등을 발명하여 특허를 취득하자 경쟁자들을 시장에서 사라졌다. 1982년에 26개 기업이 백열등시장에 진입했으나, 특허를 취득하여 만료되던 해인 1894년에는 8개 기업만이 시장에 진입했다. Robert P. Merges & Richard R. Nelson, "On the Complex Economics of Patent Scope", 90 Colum. L. Rev. 839, 886-87 (1990). 에디슨의 General Electric 사의 시장점유율은 40%에서 75%로 상승했다. 백열등 시장에 참여하는 새로운 기업도 줄었고, 에디슨의 특허기간이 종료할 시점에는 백열등에 대한 기술향상도 지체되었다. Arthur A. Bright, The Electric-Lamp Industry: Technological Change and Economic Development from 1800 to 1947, Macmillan (1949), p. 122. 그러나 에디슨에게 특허가 부여되기 전에는 에디슨의 경쟁자들에 의해서 기술향상도 있었고, 기술혁신의 속도도 빨랐다. 광범위하고 장기간의 특허에 의해서 시장은 기술혁신의 발전이 없었다. Robert P. Merges & Richard R. Nelson, "On the Complex Economics of Patent Scope", 90 Colum. L. Rev. 839, 887-88 (1990). 위와 같은 예는 특허가 단기적으로 경쟁을 제한하고 기술발전의 장애가 되는 예라고 할 수 있다. 그러나 장기적으로는 백열등 발명을 기초로 하여 새로운 기술들이 개발되었다.

23) Richard A. Posner, Economic Analysis of Law, Aspen (1998), p. 45.

면 되기 때문에 사전 투자가 많이 필요없다. 사냥만으로는 토지의 적극적인 활용이 되지 않는 것이다. 사냥이나 채집은 자연에서 자라나는 동식물에 의존할 수 밖에 없다. 전통적으로 농경사회가 사냥사회나 유목사회 보다 더 많은 생산력을 보유해 왔고, 국민의 생활이 상대적으로 풍요로웠다. 이점에 대하여 앞서 로크의 통치론에서도 언급된 바가 있다. 영국의 품팔이가 인디언 추장보다 그 생활수준이 높다는 것이다.

각자가 비밀로 유지하기 위해서 아이디어를 개발하는 경우에는 자원의 중복투자가 발생하여 자원낭비를 가져온다. 아이디어를 특허로 보호하는 것은 영업비밀로 보호하는 것에 비하여 타인의 독자적인 개발비용을 줄이는 효과가 있다. 왜냐하면 특허받은 발명의 내용이 공개되어 공시되므로 경쟁자는 자신의 발명이 선행특허를 침해하지 않도록 회피할 수 있고, 공개된 발명의 내용을 참작하여 새로운 발명을 할 수 있기 때문이다. 영업비밀로 보호되는 기술에 대하여는 불가한 방법이다.

영업비밀이 영업비밀로 유지되는 한 영구적으로 보호받을 수 있는 장점은 있어도, 영업비밀이 공개되거나 제3자가 독자적으로 같은 아이디어를 개발하는 경우에는 그 영업비밀의 개발비용도 회수하지 못할 위험이 있다. 따라서 특허는 아이디어에 대하여 독점을 주어 중복투자를 제한하므로[24] 사회적으로도 효율적인 결과를 가져올 수 있다.[25]

다만 특허권은 완벽한 것은 아니다. 특허권을 취득하는 것도 그 기술의 정도가 높은 경우에만 가능할 뿐만 아니라 무의미한 중복투자의 위험을 발생시킬 수 있기 때문이다. A가 B보다 하루 먼저 출원을 하여 특허를 취득하였다면 B의 동일한 발명은 중복투자에 해당한다. 법은 그러한 중복투자를 제거하기 위해서 발명의 조기공개를 유도하는 제도를 두고 있다.[26] 영업비밀은 중복투자를 방지하지는 못한다. 각자가 영업비밀로 보호받을 수 있기 때문이다. 시장이 효율적이라면 각 발명자는 자신이 발명을 하여 영업비밀로 유지할지 특허를 취득할지 결정을 하도록 할 수 있고, 이것이 바람직한 결과를 가져온다. 즉 재산권을 부여하면, 재산권자가 자기 재산의 개발과 이용에 대한

24) 경쟁자는 공개된 특허기술을 분석하고 이를 회피하여 새로운 기술이나 경쟁기술을 개발하기 때문에 중복투자가 방지되는 효과가 있다. 영업비밀은 이러한 효과가 없지만, 각자가 독립된 영업비밀로 보호받는다. 이러한 결과가 사회적으로 낭비일 수 있지만, 각자가 자신에게 적합한 보호방법을 선택하기 때문에 효율적인 면이 있다.

25) 물론 영업비밀도 독자적인 개발가능성이 없는 경우에는 중복투자를 방지할 수 있다. Richard A. Posner, Economic Analysis of Law, Aspen (1998), p. 45.

26) Id.

효율적인 결정을 할 수 있는 것과 같다. 다만 이러한 경우에는 정보가 완전하다는 것을 전제로 하는 것인데, 이는 현실적이지는 않다. 시장은 정보를 완전하게 취득할 수 없고, 정보의 비대칭성이 존재하며 항상 시장의 실패가 발생하는 곳이기 때문이다. 그렇지만 특허제도가 영업비밀제도보다는 사회적 효율성을 증진시키는데 유리한 것은 분명하다. 결국 영업비밀 보호를 강화하는 것은 국가정책적으로 바람직하지 못한 결과를 가져올 수 있다. 그렇다고 하여 영업비밀의 침해를 방조하라는 의미는 아니다. 영업비밀은 그 침해로 인한 원상회복이 불가능하므로 침해구제는 특허보다 강력해야 한다.

4. 실리콘 밸리와 Route 128[27)]

미국에서 첨단산업이 집약되어 있는 두지역의 흥망성쇄는 영업비밀보호제도가 기술발전과 사회경제에 어떤 영향을 미치는지에 대하여 실증적인 연구로 이어졌다. 사회적 관점에서 이뤄진 연구로는 캘리포니아 대학교 버클리 캠퍼스(UC Berkeley)의 AnnaLee Saxenian 교수[28)]의 “Regional Advantage: Culture and Competition in Silicon Valley and Route 128”이 대표적이다.[29)]

프란시스코의 남쪽 샌호제(San Jose)에 위치한 실리콘 밸리와 매사추세스 주 보스톤 근처의 Route 128 지역은 첨단기술의 개발지역으로 유명했다. 보스턴 외곽도로에 형성된 Route 128 지역은 19세기에 이미 섬유, 군수산업 및 기계공업이 발달하였다.

1861년 설립된 매사추세스공과대학(“MIT”)은 1918년 GE, 코닥 그리고 듀퐁사의 재정적 지원과 2차대전 중에 정부의 군수기술에 대한 연구투자가 Route 128 지역에 집중되어 발전했다. 캘리포니아 산호세에 위치한 실리콘 밸리는 지역의 스탠포드 대학을 배경으로 하고 있다. 실리콘 밸리는 2차대전동안 군수산업을 배경으로 성장하였다. 보통 실리콘 밸리는 1937년 윌리엄 휴렛(William Hewlett)과 데이비드 패커드(David

27) ‘실리콘 밸리와 Route 128’은 본인 저술의 “영업비밀보호가 과학기술발전에 미치는 영향에 관한 법제도 연구,”(법조, 58권6호, 2009)의 일부를 발췌하여 현재 시점까지 변화를 반영하여 수정보완함.

28) AnnaLee Saxenian 교수는 UC Berkeley, Shool of Information 학장을 역임하고, 2024년 12월 현재 교수이다.

29) 본 연구서는 1996년 3월 1일 초판이 나온 이후, 2024년 12월 16일 현재 아마존 인터넷 서점에서 50,525판(edition)이 판매되고 있다.

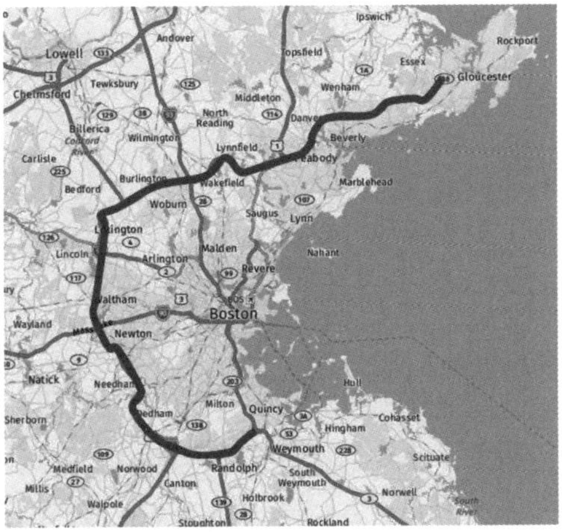

[Route 128 지역: 굵은선으로 표시된 도로로의 인접 지역][30]

Packard)가 오디오 오실로스코프 특허를 바탕으로 한 휴렛패커드(HP) 사의 창업으로 시작된다고 한다. 그 후 1940년대에 윌리엄 쇼클리(William Shockley)[31], 존 바딘(John Bardeen)[32], 및 월터 브래타이(Walter H. Brattai)가 벨연구소에서 트랜지스터를 발명하였다. 그들은 1956년 트랜지스터 발명으로 노벨물리학상을 공동 수상한다. 2차대전 당시 실리콘 밸리지역에는 IP, Litton Engineering Lab 및 Varian Associates 등이 존재하였지만 보스톤의 Route 128 지역보다는 작은 규모이었다.

스탠퍼드 대학의 프레드 터먼(Fred Terman) 교수가 하바드 대학 주파수 연구소 책임자에서 1946년 스탠퍼드 대학 공대학장으로 복귀하여 스탠퍼드 대학이 위치한 팔로알토(Palo Alto) 시와 협력하여 1951년 스탠퍼드 리써치 파크(Stanford Research Park)를 설립하고 HP, 록히드, 제록스 등과 협력 연구를 하면서, 매사추세스의 Route 128지역과 같이 스탠포드가 위치한 지역의 과학자와 대학의 산학협력에 의한 기술집약산업지역 건설에 박차를 가하여 현재와 같은 모습으로 발전하기 시작했다.

1959년 Route 128 지역의 반도체산업이 27,500명을 고용하였는데 반하여 실리콘 밸리지역은 10,000명이었다. 그러나 1970년에는 두 지역이 역전되어 실리콘 밸리 지역의 반도체산업은 28,500명을 고용하였지만, Route 128지역은 19,500명을 고용하였다. 그리고 1980년에는 실리콘 밸리지역은 61,000명을 고용하였지만, Route 128 지역은 19,000명으로 변동이 없었다. 1990년 실리콘 밸리는 110억 달러를 수출하였지만 Route 128 지역은 46억 달러를 수출하였다. 그리고 1997년 실리콘 밸리는 290억 6천

30) 지도 출처: https://ez.analog.com/ez-blogs/b/engineering-mind/posts/the-road-to-nowhere.

31) 윌리엄 쇼클리는 1955년 실리콘 밸리의 마운틴 뷰 지역에 쇼클리 반도체 연구소(Shockley Semiconductor Laboratory)를 설립한다.

32) 존 바딘은 2번의 노벨물리학상을 수상한 사람으로 유명하다. 1872년 리온 쿠퍼(Leon N. Cooper)와 존 로버트 슈리퍼(John Robert Schrieffer)와 함께 Bardeen-Cooper-Schrieffer Theory를 이용한 초전도물질의 발명으로 1972년 노벨물리학상을 수상한다.

만 달러를 수출하였지만 Route 128 지역은 87억 달러를 수출하였다.[33)]

[실리콘 밸리 현황][34)]

첨단기술산업지역으로 시작하여 발전한 두지역의 흥망성쇄가 분명해졌다. 실리콘 밸리는 거의 모든 사람이 아는 세계적인 유명 첨단기술산업단지가 되었지만, Route 128 지역이 첨단산업단지였다는 사실을 아는 사람은 많지 않다. 두 지역이 다르게 발전한 것은 개방적인 캘리포니아와 보수적인 매사추세스 지역의 사회문화적인 배경이 존재한다.[35)]

법 제도적으로 두 지역은 매우 뚜렷한 차이가 있었는데, 두 지역의 영업비밀보호에 관한 법제도가 매우 대조된다는 점이다. 실리콘 밸리지역은 서부의 자유스러운 사회문화를 바탕으로 소규모의 창업과 이직에 대한 법적 제약이 약하여 비교적 이직이 쉽게 이루어져 경쟁이 촉진되었는데 반하여 Route 128 지역은 강한 영업비밀보호제도로 인하여 이직이 쉽게 이뤄지지 못하여 기업간의 경쟁이 적었다는 점을 찾을 수 있다.

미국에서 영업비밀은 주법으로 보호되었는데,[36)] 캘리포니아 주법상 피고용자에게 경업금지를 부과하는 계약(non-competition agreement)이 원칙적으로 금지된 법적 환경이 있었다. 따라서 캘리포니아 주에서는 새로운 벤처기업을 창업하는데 법적으로 제한이 적었고, 이러한 법적 환경과 창의적 발명과 기업간의 경쟁을 장려하는 캘리포니아 주의 사회문화가 결합하여 오늘날 첨단산업의 메카라고 불리는 실리콘 밸리가 융

33) Ronald J. Gilson, "The Legal Infrastructure of High Technology Industrial Districts: Silicon Valley, Route 128, and Covenants Not to Compete", 74 N.Y.U.L. Rev. 575, 587 n. 38 (1999).

34) 출처: https://www.prnewswire.com/news-releases/silicon-valley-map-highlights-the-whos-who-of-the-world-renowned-high-tech-region-123033693.html.

35) 이에 대하여 연구한 저술이 AnnaLee Saxenian 교수의 Regional Advantage: Culture and Competition in Silicon Valley and Route 128 (1996)이다.

36) 다만, 2016년 오바마 대통령의 집권기에 연방법에 의한 영업비밀보호제도를 마련했다. 그 법이 Defend Trade Secrets Act of 2016 (DTSA) (Pub. L. 114-153)(130 Stat. 376)이다. 본 법은 영업비밀침해행위에 대한 구제방법으로 연방법원에 재판관할권을 부여했다. 산업스파이활동에 대하여 연방형사처벌법으로 1996년에 "Economic Espionage Act of 1996"을 제정했다.

성하게 된 원인이 되었다고 평가된다.

물론 캘리포니아에서 영업비밀침해행위는 엄하게 금지된다. 영업비밀침해와 경업금지는 구별되어야 한다. 경업금지는 이직이나 전직의 자유를 제한하여 새로운 벤처기업등을 창업하는데 제한이 되지만, 영업비밀침해금지는 전직이나 이직 또는 창업을 제한하는 것은 아니다. 따라서 이러한 환경에서는 전직이나 이직이 쉽고, 창업을 자유롭게 할 수 있다.

이에 반하여 매사추세스 주는 영업비밀보호법이 제정되어 시행된 2018년 10월 1일 이전까지 민사법상 영업비밀의 정의가 명시된 주법은 없었다. 즉 실리콘 밸리와 경쟁하던 시절에는 영업비밀보호에 관한 명시적인 주법이 없었으므로 커먼로의 법원칙에 의해 영업비밀이 보호되었다. 커먼로 법원칙은 상대적으로 엄격하고 보수적으로 영업비밀을 보호했다. 또한 전직이나 이직 및 창업의 자유도 제한되었다.

매사추세스 주의 환경에서는 죄수의 딜레마(Prisoner's Dilemma)가 발생한다. 매사추세스 주의 영업비밀보호법제에서는 기술개발 투자가 지연되고 이로 인하여 기술개발이 지연되거나 이뤄지지 않는 문제가 발생하는데, 이와 같은 결과가 발생하는 이유는 자신이 스스로 기술을 개발하는 것보다는 경쟁자가 기술개발에 실패하는 것을 기다리게 되어 기술개발에 참여하지 않는 현상 죄수의 디레마가 발생하기 때문이다.

매사추세스 주의 영업비밀보호법상으로는 기술개발의 실패는 경쟁자의 이득으로 연결될 수 있기 때문에 기술개발이 저해될 수 있다. 매사추세스 주법이 따르는 커먼로 영업비밀보호법리는 경쟁자가 사용하지 않는 정보나 실패한 정보는 영업비밀로 보호하지 않으므로 산업에서는 경쟁자의 미사용정보나 실패한 정보, 아직 개발중인 정보를 취득하여 경쟁자의 노력에 무임승차를 하는 것이 중요한 경쟁요소가 된다. 또한 기술개발하는 과정에서 경쟁자의 직원을 채용하는 방법도 영업비밀을 쉽게 얻을 수 있는 방법이 된다. 아직 완성되지 않은 미완성의 기술은 사용을 하는 것이 아니므로 커먼로 영업비밀보호법리상 영업비밀로 보호받지 못하기 때문이다. 따라서 스스로의 기술개발도 중요하지만 그 보다는 경쟁자가 실패할 것을 기다리거나 상대방의 직원을 스카웃하는 것도 중요한 기술개발과 투자방법이 된다. 그 직원은 전직 회사의 경업금지조항의 적용을 받을 수 있으나 개발중인 정보나 소극적인 정보는 영업비밀로 보호받지 못하기 때문에 영업비밀의 침해위험이 없으므로 경업금지조항이 적용되기 어렵다. 따라서 개발중인 정보나 소극적인 정보 등을 가진 직원은 경업금지조항을 회피하여 이직이나 전직이 자유로운 면이 있다. 물론 예외적으로 신뢰의무나 계약의무를 위반한 것으로 인정하는 경우도 있지만 영업비밀보호법리에서 보면 이는 예외적인 것이었다.

경쟁지역인 실리콘 밸리가 위치한 캘리포니아의 주법상으로는 소극적인 정보나 개발중인 정보 등 현재 사용하지 않는 정보라도 영업비밀로 보호받고, 전직을 하는 직원도 영업비밀보호의무가 있기 때문에 퇴직후에, 전직하거나 또는 이직한 기업에서 그와 같은 경쟁기업의 영업비밀인 정보를 사용할 수 없다. 따라서 직접적으로 기술개발을 수행하는 것이 빠른 기술을 취득하는 방법이 된다. 물론 캘리포니아 주법상 경업금지조항은 원칙적으로 유효성을 인정받지 못하므로 기술자가 경쟁회사로 전직하거나 창업하는 것을 막기는 어렵다. 그러한 경업금지가 인정되지 않는다고 하더라도 영업비밀보호가 안되는 것이 아니다. 영업비밀침해에 대하여 강력한 손해배상이나 금지명령 등이 인정되지만, 정당하고 자유로운 경쟁을 보호한다는 것이다. 따라서 기술자는 자신이 직접 창업하여 경쟁하는 것은 허용된다. 다만 전직에서 개발한 타인의 영업비밀을 사용하면 안된다는 것이다. 퇴직 후 자신이 독자적인 기술을 개발하는 한 영업비밀침해가 이뤄지지 않는다. 결국 캘리포니아 기업은 기술개발을 위한 투자를 늦출 이유가 없다. 오히려 빠른 기술개발 투자가 이뤄지게 되는 것이다.

결국 이러한 영업비밀보호 환경은 캘리포니아의 실리콘 밸리가 첨단기술집약지역으로 발전하는 법제도적 요인이 되었다고 평가할 수 있다.

5. 영업비밀보호요건의 정치경제학과 법경제학

가. 영업비밀의 정치경제학

최근 우리나라는 외국의 해킹에 의한 영업비밀이나 기술정보의 탈취에 시달리고 있다. 이는 우리나라의 영업비밀보호에 관한 법률이 해킹을 쉽게 하도록 조장하고 있고, 이러한 법제도를 두는 국가 정책적 이유가 큰 원인이라고 생각된다.

영업비밀이나 첨단 기술의 보호는 사전예방조치가 중요하다. 일단 영업비밀이나 비밀인 기술정보가 누출이 되면 이를 회수할 방법이 없기 때문이다. 특히 국경을 넘어가는 해킹이나 누출은 재판이나 수사 관할문제로 인하여 사실상 대책이 없다고 할 수 있다. 은밀히 이뤄지는 영업비밀이나 기술유출 침해는 압수수색등 강제수사를 하지 않고서는 그 침해자를 찾아내는 것은 불가능하다. 그런데 국경을 넘어서는 해킹에 대하여는 압수, 수색 등 강제수사가 불가하기 때문에 영업비밀을 회수하거나 손해배상, 금지명령 등의 사후적인 방법은 전혀 도움이 되지 않는다. 사전예방이 중요하다.

그러나 우리나라의 영업비밀이나 기술유출에 대한 법제도는 기술유출을 조장하는 정책으로 일관하고 있어, 국가가 그 책임을 회피할 수는 없다. 우리나라는 해킹을 은밀히 정책적으로 조장하고 있으니 한심한 일이다.

(1) 연합뉴스 (2024.11.03)

[기술유출 비상] ① 반도체 기술, 중국 등에 유출…경제안보 위협

중국이 최근 자국 반도체 업체에 근무하던 한국인 기술자를 간첩 혐의로 구속한 배경에 '반도체 전쟁'이 자리 잡고 있다는 분석이 나오는 가운데 국내에서도 중국 등 해외로 유출되는 기술범죄가 빈발하고 있다.

최근 수년간 국가 핵심기술이 중국 등지로 빠져나간 사례가 적발되고 개별 범행의 심각성도 커지면서 대응에 비상이 걸렸다. 아울러 중국이 기술 빼돌리기에서 더 나아가 직접 인재를 억류하는 행동까지 보이면서 우리나라도 기술 유출 대응을 강화해야 한다는 목소리가 나온다.

전 세계적으로는 과학·기술 발전과 맞물려 기술 패권 경쟁이 심화한 데다 과거 정치·군사 위주의 전통적 안보 개념이 냉전 시기를 지나면서 변화해 '경제 안보'의 중요성이 커졌다.

....

국정원에 따르면 올해 1~9월 적발된 산업기술의 해외 유출은 19건, 이 가운데 국가핵심기술 유출은 5건이다.

2019년부터 올해 9월까지 적발된 산업 기술의 해외 유출 사건은 115건으로 집계됐고 이 중 국가핵심기술이 37건으로 32.2%를 차지한다.

....

출처: https://www.yna.co.kr/view/AKR20241101155000004

(2) 보안뉴스 (2024.02.22.)

'애국 해킹' 산업 키우는 중국, 수년 동안 부정하더니 대량 정보 유출돼 전모 드러났다
중국의 국영 기업인 아이순(iSoon 혹은 iSOOn)에서 다량의 내부 문건이 유출됐고, 그 문건이 깃허브에 올라오면서 중국 조직들의 만연한 해킹 행위가 고스란히 드러났다. 이 소식은 얼마 전 인도의 매체인 BNN이 먼저 보도했고, 그 후 워싱턴포스트가 따로 문건을 분석해 세상에 알렸다. 본지도 22일자로 개괄적인 소식을 알린 바 있다. 해킹 피해 국가의 목록에는 한국도 포함되어 있었다. 이 기사는 워싱턴포스트의 기사를 참조하여 작성됐다.

....

중국은 오래 전부터 다른 나라의 정부와 기업들을 해킹하는 것으로 악명이 높은 국가였다. 미국을 비롯해 서방 국가들은 이를 오랜 기간 문제 삼아 왔으나 사이버 정찰 행위의 특성상 뚜렷한 증거를 확보하기 어려워 비판에만 그쳤다. 중국은 근거 없는 비난이라고 맞받아치면 끝이었고, 최근에는 오히려 미국이 해킹을 실시하는 국가이며 자신들은 피해자라는 여론을 확산시키려 하고 있다. 그런 가운데 중국 정부에 고용돼 해킹을 실시하는 기업의 내부 문건이 공개됐으니, 서방 국가들로서는 반가운 일이 아닐 수 없다.

아이순? 어떤 피해 있었을까?

문제의 기업 아이순은 옥순(Auxun)이라고도 불리는 기업으로 싱가포르에 본부를 두고 있다. 중국 정부 기관들과 프로젝트별로 계약을 맺고 대량의 정보를 수집하는 일을 대행하는 기업이다. 고객 대부분이 중국 정부 기관들이기 때문에 내수 기업이며, 따라서 해외에는 낯선 이름이다. 워싱턴포스트에 의하면 이런 기업들이 중국에 대단히 많다는 것이 이번 문건을 통해 드러났다고 한다. 이 내용은 뒤에 좀 더 다루기로 한다.

먼저 유출된 것들에 대하여 간략히 정리하면 다음과 같다.

1) 570개 이상의 파일, 이미지, 채팅 로그 등
2) 8년 동안 20여개 국가 및 지역에서 모은 데이터
3) 인도 이민국 내부 데이터 95.2GB(를 훔쳤다는 기록)
4) 한국 LG 유플러스 고객 통화 기록 3TB(를 훔쳤다는 기록)
5) 홍콩, 카자흐스탄, 말레이시아, 몽골, 네팔, 대만의 통신사 데이터(를 훔쳤다는 기록)
6) 대만의 길과 도로 지도 데이터 45.9GB의 샘플
7) 태국 정부 기관 10곳의 내부 데이터를 훔치는 데 성공했다는 기록
8) 유럽, NATO, 영국의 데이터(해킹으로 얻어낸 것인지는 아직 확실치 않음)
9) 미국 사회 기간 시설 데이터

아직까지 누가 이 데이터를 깃허브에 올렸는지 알 수 없는 상황이지만 불만을 품은 아이순 내부자 누군가가 회사 정보를 공개한 것으로 추정된다고 워싱턴포스트는 밝혔다. 그 이유는 이번에 공개된 자료 중에 내부자들의 불만과 관련된 기록들도 상당량 포함되어 있었기 때문이다. 낮은 봉급과 긴 근무 시간이 불만의 주요 원인이었다. 평소 불평이 많은 내부자가 회사의 민감한 자료를 인터넷에 익명으로 공개하는 경우는 어느 나라에서나 심심찮게 나타나는 현상이다.

....

출처: https://m.boannews.com/html/detail.html?tab_type=1&idx=126965

(3) 한국경제 (2024.07.05.)

"중국에 공격 당했나"…오픈AI, 사내 메신저 해킹에 '쉬쉬'

생성형 인공지능(AI) '챗GPT' 개발사 오픈AI가 지난해 해킹당한 것으로 알려졌다. 해커의 AI 기술 설계 정보 탈취에도 경영진은 이 사실을 외부에 공개하지 않았다. AI 기술을 둘러싼 미·중 경쟁이 치열해지는 가운데 빅테크 업체들의 보안 문제가 도마에 오를 전망이다.

....

출처: https://www.hankyung.com/article/202407053681i

(4) 동아일보 (2024.07.05)

> 오픈AI, 지난해 초 AI 기술 대화방 해킹 당하고도 '쉬쉬'
> 생성형 인공지능(AI) 챗GPT를 개발한 오픈AI가 지난해 해킹을 당하고도 이를 외부에 공개하지 않은 것으로 드러났다. 오픈AI는 '핵심 기술'이 유출된 것은 아니라고 해명했으나 최근 중국발 해커들의 AI 기술 탈취 시도가 잇따르고 있어 AI 기업들의 보안 위협 우려가 커지고 있다.
> 4일(현지시간) 뉴욕타임스(NYT)에 따르면 지난해 초 오픈 AI의 내부 메시지 시스템이 해킹을 당하는 사고가 발생했다. 해당 해커는 오픈AI 직원들이 최신 기술에 대해 토론하는 온라인 포럼에 접속해 세부 정보를 빼낸 것으로 알려졌다. 다만 GPT를 구축하고 훈련하는 시스템에는 접속하지 못한 것으로 전해졌다.
> 오픈AI 경영진은 해당 사실을 인지하고도 외부에 알리지 않았다. 오픈AI는 해킹당한 이후인 지난해 4월 경영진 참석 내부 전체회의에서 이 사실을 공개했으나 대외적으로 밝히지는 않았다. 미 연방수사국(FBI), 중앙정보국(CIA) 등에도 신고하지 않았다. 고객이나 협력업체에 대한 정보를 도난당하지 않았고, 해커가 외국 정부와는 관련 없는 개인이어서 국가 안보에 대한 위협으로 생각하지 않았기 때문이라는 게 오픈 AI의 설명이다.
> ....
> 출처: https://www.donga.com/news/Economy/article/all/20240705/125791286/1

나. 영업비밀의 법경제학

(1) 가짜요건(sham element): 비밀성유지노력

2025년 현재 우리나라 영업비밀보호법은 영업비밀요건은 비밀성과 경제적 가치이다. 영업비밀의 정의는

> "영업비밀"이란 공공연히 알려져 있지 아니하고 독립된 경제적 가치를 가지는 것으로서, 비밀로 관리된 생산방법, 판매방법, 그 밖에 영업활동에 유용한 기술상 또는 경영상의 정보를 말한다.

라고 규정되어 있다. 본 정의조항에서 보면 i) 공공연히 알려지 있지 아니할 것, ii) 독

립된 경제적 가치가 있을 것, iii) 비밀로 관리될 것의 세가지 요건으로 설명되고 있다.

그러나 'iii) 비밀로 관리될 것'의 요건은 샴(sham) 요건이다. 왜냐하면, 첫 번째 요건인 비밀성이 존재하면 비밀로 관리된 것이고, 비밀성이 존재하지 않으면 비밀로 관리되지 못한 것이기 때문이다.

비밀성유지노력은 상당한 노력으로 비밀로 관리될 것(reasonable measure)을 요구했으나 중소기업에는 상당한 노력으로 비밀로 관리하기에는 비용이 부담이 된다는 이유로 합리적인 노력으로 비밀로 관리될 것을 변경했었다. 그 다음 합리적인 노력을 하기 위해서도 비용이 든다는 이유로 비밀로 관리될 것이라는 요건으로 변경하였는데, 이는 국회와 정부가 국민을 속인 것이다.

원래 우리법상 '상당한 노력'의 요건은 미국의 입법례에서 영업비밀로 보호되기 위해서는 "reasonable effort to maintain secrecy"가 요구되는 것을 참고하여 입법화 한 것이다. 즉 영어의 'reasonable effort'라는 요건을 '상당한 노력'으로 번역하여 입법하였는데, 상당한 노력을 하는데에 많은 비용이 든다는 이유로 '합리적인 노력'으로 변경했다. 이는 어처구니 없는 입법으로, 영업비밀법리에 대한 무지의 결과이다. 영어 'reasonable'은 '상당한'으로 번역할 수 있지만 '합리적'으로 번역할 수도 있다. 결국 '상당한'과 '합리적'은 같은 정도를 나타내는 동일한 개념이다. 무식과 부지의 소치로 발생한 부끄러운 일이다.

그나마도 그 노력을 절감하여 준다는 이유로 '비밀로 관리된'으로 변경했으나, 이번에는 가짜의 요건이 되었다. 비밀이면 비밀로 관리된 것이고 비밀이 아니면 비밀로 관리되지 않은 것이기 때문에 결국에는 비밀관리성 요건은 실제로는 영업비밀보호요건이 아닌 가짜요건(sham)이 되었다.

예컨대, JTBC 선거사전조사결과 이용사건의 경우에 선거결과에 대한 사전조사를 행한 업체는 자신들이 비밀로 유지하여야 할 정보를 아무런 조치없이 공개하였고, 그 공개된 정보를 JTBC가 취득하여 방송한 것은 영업비밀로 관리를 제대로 못했다는 것을 나타낸다. 영업비밀성 유지노력(reasonable effort to maintain secrecy)을 게을리 한 것이다. 따라서 공개된 영업비밀은 더 이상 영업비밀이 아니므로 그것을 취득하여 사용하는 행위에는 어떠한 부정행위가 없었으므로 영업비밀의 침해가 아니다.[37] 영업비밀보호법에서 영업비밀로 인정하지 않음에 따라 해당 선거결과조사정보는 공역(the public domain)에 놓이게 되었으므로 공공정보가 된 것이다.

본 사건은 공중파 방송 3사인 KBS, MBC, SBS가 공동으로, 제6회 전국동시지방선거 전국 17개 지역 시·도지사(광역단체장) 및 교육감에 대한 당선자 예측조사를 여론조사업체에 의뢰하였고, 여론 조사업체가 출구조사를 한 다음 그 결과를 계약 당사자인 위 3사 이외에 외부로 유출하였고, 카카오 톡에 있는 기자들의 단톡방에서 그 유출된 정보를 우연히 본 JTBC 기자가 취득하여, JTBC가 방송을 한 것이었다. JTBC 기자나 JTBC는 계약상 비밀유지의무가 없었고, 그 취득에 있어서 부정한 행위가 개입되지 않았기 때문에 영업비밀 침해가 발생하지 않았다. 사전 출구조사결과에 대한 정보는 영업비밀인데, 영업비밀의 보유자가 영업비밀에 대한 상당한 비밀성 유지조치를 취하지 않고 공개되었기 때문에 더 이상 영업비밀로 인정하지 않는 공개 정보(the public domain)가 되었다. 따라서 영업비밀성을 상실한 정보는 공중의 자유로이 이용할 수 있는 정보이므로 그 사전출구조사결과를 이용한 것은 아무런 잘못이 없다. 즉 파목의 부정경쟁행위가 성립하기 위한 어떤 행위의 부정성이 존재하지 않는다. 특히 우리나라 영업비밀보호법은 미국의 영업비밀보호에 관한 주법(state laws)들과 달리 우연적 공개(accidental disclosure/inadvertent disclosure)에 대하여 영업비밀의 부정취득을 인정하지 않으므로 그 부정성 요건은 미국에 비하여 더 엄격하다. 따라서 영업비밀의 부정취득이 되지 않는 정보는 공역에 놓인 것이다. 그것을 부정취득했다는 법논리는 설득력이 없다.

미국의 경우, 우연히 자신이 취득한 타인의 영업비밀(accidental disclosure, inadvertent disclosure)을 그 타인의 영업비밀임 알거나 또는 중과실로 알지 못하고 사용하거나 공개하는 행위는 영업비밀침해행위로 인정된다. 그러한 우리나라는 그와 같은 형태가 없으므로 영업비밀침해로 인정할 수 없고, 이는 우리 영업비밀보호법은 영업비밀보호를 적게 인정하는 결과가 된다. 따라서 영업비밀보호법에서 공개된 정보가 된 이상 이는 공유가 되는데 이를 부정취득했다는 논리는 이해하기 어렵다. 공유인 것을 사용했

37) 대법원 2019. 1. 17. 선고 2017도18176 판결.

다고 하여 특정인에 대한 부정경쟁행위라고 하는 매우 이상한 논리이다. 미국의 경우에는 공개된 정보라고 하더라도, 그것이 타인의 영업비밀임을 알았거나 알 수 있었던 경우에는 영업비밀침해로 인정한다.

공개된 정보는 만인의 공유이므로 사용하는 것은 아무런 잘못이 없다. 그럼에도 불구하고 그 공개된 정보를 사용한 행위를 '타인의 상당한 투자나 노력으로 만들어진 성과 등을 공정한 상거래 관행이나 경쟁질서에 반하는 방법으로 자신의 영업을 위해 무단으로 사용'한 부정경쟁행위로 인정한 대법원 판결[38]은 크나큰 법리해석의 오류로 인한 결과라고 할 수 있다. 왜냐하면, 영업비밀보호법은 비밀유지노력을 하지 못하여 공개된 경우에는 영업비밀로 인정하지 않으므로 그 영업비밀은 공개된 정보가 되어, 만인의 공유재산(*publici juris*)이 되므로 이를 사용하는 것은 인간의 자유권의 행사가 된다. 이것이 영업비밀보호법이고 그 법리이다. 영업비밀보호법에서 합법적 사용으로 인정한 행위가 파목의 부정경쟁행위가 되는 '공정한 상거래 관행이나 경쟁질서에 반하는 방법'이라고 판단한 것은 매우 잘못된 판단이다. 합법적인 행위가 불법적인 행위가 될 수 없기 때문이다.

(2) 절대적 비밀성 v. 상대적 비밀성

현대의 영업비밀보호법은 비밀성을 유지하기 위한 상당한/합리적인 수단(reasonable measure to maintain secrecy)을 요구한다. 그러나 영업비밀법의 초기 쟁점 중 하나는 영업비밀로 인정되기 위해 요구되는 비밀성을 보호하기 위한 노력의 정도이었다. 18세기말부터 19세기 초반까지의 커먼로 원칙은 절대적 비밀성이었다. 이 원칙은 19세기 중반을 넘어가면서 19세기 후반기에는 상대적 비밀성으로 변경되었다.

절대적 비밀성은 영업비밀은 그 비밀을 보유한 사람이 다른 사람과 그 비밀정보를 공유해서는 안된다는 법리이다. 즉 영업비밀 보유자는 그 직원, 대리인, 라이선스 사용자 및 기타 사람들과 함께 영업 비밀의 경제적 가치를 이용하는 것을 금지한다. 절대적 비밀성은 자유주의적 개인주의 철학을 바탕으로 하는 것이라고 할 수 있다.

38) 대법원 2017. 6. 15. 선고 2017다200139 판결.

절대적 비밀성을 요건으로 했던 실제 사례는 많이 존재하지 않고, 보고된 바로는 몇 건이 존재한다. 1817년 영국의 Newberry v. James 사건[39]은 절대적 비밀성을 보호요건으로 한 사례이다. 이 당시에 영국에서 영업비밀을 보호받기 위해서는 그 비밀성 요건에 대하여 절대적 비밀성(absolute secrecy)을 요구했다. 본 사건의 원고와 피고는 약품 제법을 비밀로 하기로 하고, 약품을 제조 판매하기 위한 계약을 체결했는데, 당사자 사이에 분쟁이 발생하였다. 원고가 영구적 금지명령을 신청하였지만, 법원이 영업비밀로 보호할지 여부를 판단하기 위해서는 그 영업비밀을 법원에 공개하여야 하는데 영업비밀을 법원에 공개하면, 영업비밀의 절대성이 유지되지 않기 때문에 법원에도 공개를 하지 않았다고 한다. 1820년 Yovatt v. Winyard 사건[40]에서 피용자가 고용주의 영업비밀을 취득할 당시 절대적인 비밀성을 유지하였다는 근거로 금지명령을 내렸다.

그러나 19세기 후반에 절대적 비밀성은 상대적 비밀성으로 변화했다. 이는 산업혁명에 따른 경제활동의 확대를 반영한 것으로 볼 수 있다. 상대적 비밀성은 공리주의 철학을 바탕으로 한다고 할 수 있다. 아이디어나 지식, 정보 등은 공유해야 그 가치가 높아질 수 있다. 즉 상대적 비밀성은 최대다수의 최대행복이라는 공리주의의 공리성을 달성할 수 있도록 한다. 상대적 비밀성은 '상당한 또는 합리적인 노력'(reasonable effort to maintain secrecy)의 법리를 발전시켰다. 타인과 지식, 아이디어, 정보를 공유할 수 있도록 하면서 비밀성을 유지하기 위한 '상당한 또는 합리적인 노력'(reasonable effort to maintain secrecy)을 요구하여 외부에 비밀이 있다는 것과 그 비밀이 어떤 것인지를 알려 비밀성을 유지하는 노력을 한다면 비밀성이 있는 것으로 간주한다. 즉 영업비밀인 정보를 타인과 공유하는 것을 적극적으로 인정하는 상대적 비밀성 법리로 변화하여, 비밀정보를 피용인들과 함께 공유하여 공유로 인한 상승효과를 가져올 수 있도록 하는 대신에 그 영업비밀을 공유하는 자들에게 적극적으로 비밀성유지의무를 부과하면서 그들에게 비밀의 존재와 비밀의 범위를 알리도록 하는 것이다. 즉 영업비밀보호법은 공리주의 철학에 따라 경제적 효율성을 증진시킬 수 있는 원칙을 채택한 것이다.

절대적 비밀성 요건에서는 자기 이외에 타인과 비밀을 공유하지 못하므로 비밀성을 유지하기 위한 노력이 증가한다. 나아가 지식의 공유에 의한 협업이 어렵다. 이는 영업

39) Newberry v. James, 35 Eng. Rep. 1011 (1817).

40) Yovatt v. Winyard, 37 Eng. Rep. 425, 1 Jac & W. 394 (1820).

비밀의 거래비용을 증가시켜 그 효용성을 저하시킨다. 그러나 상대적 비밀성 하에서 비밀을 공유하여 다수의 자가 이를 사용한다면 영업비밀의 효용가치는 증가하게 된다. 그 뿐만 아니라 산업혁명 이후 공장생산 방식의 일반화는 그 공장에서 일하는 사람들과 지식, 기술, 정보, 아이디어 등을 공유해야 했다. 그런 공유를 하지 않는다면 공장에 의한 생산방식은 효율성이 떨어져 유지하기 힘들었다. 그리하여 산업구조의 변경은 영업비밀의 요건을 변화시킨 것이다.

이러한 변화는 특허법에서도 발생했다. 발명도 발명한 사람의 것이었고, 그러한 발명의 특허는 공유가 불가능했지만, 추후에 5명이하의 공유가 허용되고, 나중에는 직무발명(work for hire)이 인정된다.[41]

6. 영업비밀 해킹과 탈취를 장려하는 무능한 법제도

현재 우리나라 영업비밀보호법상 비밀관리성은 영업비밀보호를 위한 법이라고 하기에는 부끄러운 수준이다. 상대적 비밀성을 취하는 현대의 영업비밀보호법리하에서 '상당한 또는 합리적인 노력'(reasonable effort to maintain secrecy)은 필연적인 법적 요건이라고 할 수 있다. 그런데 그 비밀성 유지노력을 낮춘다는 의미는 타인으로 하여금 비밀탈취를 쉽게 하도록 한다는 것을 의미한다. 현대사회에서는 익명의 해커에 의한 해킹을 조장하고, 영업비밀 탈취를 법제도적으로 조장하는 것이다.

미국의 Rockwell Graphic Systems, Inc. v. DEV Industries, Inc. 사건[42]에서 제7순회 법원의 리차드 포스너(Richard Posner) 수석판사는 통찰력 있는 판시를 하고 있는데,

> The greater the precautions that Rockwell took to maintain the secrecy of the piece part drawings, the lower the probability that DEV obtained them properly

41) Gibbonsv. United States, 8 Wall. 269 (868), 275; A Morgan v. United States, 14 Wall. 531 (1871). 직무발명을 정부가 금지하는 것이 아니라 사적인 거래협상에 놓이도록 하였다. 본 사건은 1793년 미국 특허법를 수정하여, 피용인이 특허를 취득하거나 발명을 한 경우에 그 발명을 고용주에게 이전할 수 있도록 하였다. 본 판결이 없었으면, 회사가 과학기술자를 고용하여 발명을 수행하도록 할 수 없었다. 본 사건은 기업이 R&D를 통하여 특허발명을 사용하게 위해서는 보상을 하도록 한 판결이다. 직무발명에 대한 보상제도가 발생했다.

42) Rockwell Graphic Systems, Inc. v. DEV Industries, Inc., 925 F.2d 174 (7th Cir. 1991).

and the higher the probability that it obtained them through a wrongful act;....[43]

↘ Rockwell이 부품 도면의 비밀을 유지하기 위해 취한 예방 조치가 많고 높으면 높을수록 DEV가 해당 도면을 적절하게 획득할 가능성은 낮아지고 잘못된 행위를 통해 도면을 획득할 확률은 높아진다.

라고 하여, 영업비밀의 비밀성을 유지하기 위한 노력을 많이 했다면, 상대방은 위법하거나 부적절한 방법(improper means; wrongful act)에 의해서 영업비밀을 취득할 가능성이 높고, 비밀성을 유지하기 위한 노력이 적다면, 상대방은 합법적이거나 적절한 방법(proper means)에 의하여 취득할 가능성이 높다고 판시했다.

우리 법상 요구되는 '비밀로 관리된'은 영업비밀보유자에게 비밀로만 유지할 것을 요구하고 있으므로 보유자가 자신이 비밀로 유지하기 위해 어떤 노력을 한 것이 아니라면 상대방은 그 취득에 있어서 어떤 잘못이 있다고 할 수 없다고 해석할 수 있다. 영업비밀의 침해가 쉽도록 한다는 의미가 된다. 영업비밀이 침해되더라도 법적으로는 침해라고 주장하기 어렵다. 영업비밀임을 관리하지 않으면 외부에서는 영업비밀이 존재하는지 여부를 알기 어렵기 때문에 영업비밀이 취득되거나 누설되더라도 침해를 주장하기 어렵기 때문이다.

중요한 것은 비밀관리성을 높은 정도로 하지 않으면, 탈취나 해킹을 하기 쉬워지고, 그 침해자에게 책임을 묻기가 더 어려워 진다는 것이다. 비밀성을 유지하기 위해 상당한 노력을 하는 것에는 외부에 영업비밀임을 표시하는 것이다. 그러한 행위가 없다면 영업비밀인지를 알 수 없게 되고, 영업비밀침해의 고의나 과실을 입증할 수 없다. 나아가 영업비밀관리 노력을 하지 않으면 정보통신망으로 연결된 정보사회에 있어서 해킹이 쉽게 이뤄질 수 있도록 하는 것이다.

예컨대, 영업비밀인 정보를 아무런 표식이 없이 책상 서랍에 놔두거나 책상 위에 놔둔 경우에, 그것이 타인에게 알려지지 않으면 영업비밀이면서 영업비밀로 관리된 것이다. 최소한 공개되기 전까지 영업비밀로 관리된 것이다. 그런데, 예컨대, 그것을 청소하는 사람이 그 표지에 아무런 표지가 없었으므로 영업비밀인지를 모르고 버렸는데, 재활용하는 사람이 그것을 타인에게 판매하여 누설이 되었다면, 영업비밀 보유자

43) Id., 179.

는 자신이 정보가 타인에게 알려지지 않았으므로 비밀이었고, 내부에서 비밀로 관리되었으므로 비밀성이 존재했다고 주장할 수 있다. 이러한 경우에 그의 주장은 맞다. 그러나 그와 같은 요건을 갖추었다고 하더라도 영업비밀이 쉽게 공개될 수 밖에 없는 것이다. 제3자는 자신이 취득한 것이 타인의 영업비밀이라는 사실의 인식이 없었는데 영업비밀 침해라고 할 수 있을까?

미국의 리스테이먼트 불공정경쟁법(Restatement of Unfair Competition)은 비밀성 유지노력의 의미에 대하여 다음과 같이 기술하고 있다.

> Whether viewed as an independent requirement or as an element to be considered with other factors relevant to the existence of a trade secret, the owner's precautions should be evaluated in light of the other available evidence relating to the value and secrecy of the information. Thus, if the value and secrecy of the information are clear, evidence of specific precautions taken by the trade secret owner may be unnecessary.[44)]
>
> ↘ 독립적인 요구사항으로 보든, 영업비밀의 존재와 관련된 다른 요소와 함께 고려되는 요소로 보든, 보유자가 주의하여야 할 사항[비밀성유지노력]은 그 정보의 가치와 비밀성과 관련된 다른 이용 가능한 증거를 고려하여 평가되어야 한다. 따라서 정보의 가치와 비밀성이 분명하다면 영업비밀 보유자가 취한 구체적인 예방 조치에 대한 증거는 불필요할 수 있다.

그러나 영업비밀의 가치와 비밀성이 분명한 경우는 한정적이다. 어느 누구에게도 알리지 않았다면 비밀성은 분명하다. 따라서 직원이 그 비밀을 알고 있다면 그는 불법적으로 취득했다고 할 수 있다. 그러나 상대적 비밀성을 취하는 현대 영업비밀보호법체계하에서 위와 같은 설명을 제대로 이해하여야 한다.

위 언급을 반대로 해석해 보면, 영업비밀보유자가 행하여야 하는 비밀성유지노력은 영업비밀의 가치를 입증하는 증거가 된다. 영업비밀의 경제적 가치가 높다면 그는 많은 노력에 의해 영업비밀로 보호하려고 할 것이므로 그 비밀성이 분명할 것이다. 영업비밀의 가치가 낮다면 많은 비용을 들이지 않으려고 할 것이므로 비밀성이 분명하지

44) Restatement of Unfair Competition §39 cmt. g.

않을 수 있다. 예컨대 그 가치가 100억원인 경우와 100만원인 경우에 동일한 노력을 요구하지 않는다. 100억원인 경우에는 100만원인 경우보다 분명히 많은 비용과 노력을 들여 영업비밀을 비밀로 보호하려는 노력을 할 것이고, 외부에서 그 비밀성은 분명히 알 수 있을 것이다.

비밀성이 분명하다는 의미는 제3자가 보아 비밀임을 알 수 있다는 의미가 된다. 그러한 경우에는 제3자가 권한없이 그것을 취득하면 자신이 타인의 영업비밀을 불법적으로 취득한다는 사실을 알 수 있다. 이러한 경우에는 영업비밀에 대한 비밀성유지노력은 불필요할 수 있다. 그런데, 위 Restatement of Unfair Competition(the third)가 집필된 시기는 인터넷이 민간에게 개방된지 얼마 되지 않은 최소한 1995년 이전이다. 그 집필 시기에는 인터넷을 통한 해킹이 이뤄지지 않던 시기라고 할 수 있다. 그러나 영업비밀을 비밀성으로 유지하기 위한 예방조치를 하지 않는다면, 이는 인터넷을 통한 해킹을 쉽게 하도록 하는 것과 같다.

현재 우리나라 영업비밀보호관련 법령에는 사전예방조치에 관한 적절한 의무를 부과하지 않고 있어 매우 심각한 상황이다.

법률	정의
부정경쟁방지 및 영업비밀보호에 관한 법률	"영업비밀"이란 공공연히 알려져 있지 아니하고 독립된 경제적 가치를 가지는 것으로서, 비밀로 관리된 생산방법, 판매방법, 그 밖에 영업활동에 유용한 기술상 또는 경영상의 정보를 말한다.
대·중소기업상생협력촉진에관한법률	"기술자료"란 물품등의 제조 방법, 생산 방법, 그 밖에 영업활동에 유용하고 독립된 경제적 가치가 있는 것으로서 대통령령으로 정하는 자료를 말한다.
하도급거래 공정화에 관한 법률	이 법에서 "기술자료"란 비밀로 관리되는 제조·수리·시공 또는 용역수행 방법에 관한 자료, 그 밖에 영업활동에 유용하고 독립된 경제적 가치를 가지는 것으로서 대통령령으로 정하는 자료를 말한다.

[영업비밀보호 3법상의 영업비밀의 정의]

비밀이 유출되는 것을 방지하기 위한 사전 예방조치를 많이 한다는 것은 상대방이 불법적으로 취득했다는 것을 입증하기 쉽다. 또한 익명의 해커로부터 영업비밀이 탈취되는 것을 어렵게 한다.

영업비밀보호법은 국가경제와 국민의 이익에 미치는 영향이 크다. 영업비밀보호법의 정치경제학과 법경제학을 반영하여 제대로 된 법제도를 마련하고 기술보호와 영업비밀보호정책을 펼치는 것이 필요하다.

7. 역분석(reverse engineering)과 그 한계

역분석은 영업비밀의 합법적 취득행위로서 거래되는 자연에 존재하는 물건이나 상품의 관찰과 연구를 통하여 필요한 정보를 알아내는 것은 헌법상 '학문의 자유'에 의해 보장되는 행위이다. 반대로 역분석이 가능하다는 것은 상당한 노력에 의해 비밀로 유지(reasonable effort to maintain secrecy)하지 못했다는 것의 반증이 되기도 한다.

현행 우리 영업비밀보호법은, 비밀로 관리된 것을 영업비밀의 요건으로 요구하고 있는데, 이 기준은 영업비밀의 관리 노력과 비용을 줄이기 위한 것이라고 하고 있다.[45] 그 개정이유를 보면,

> 일정한 요건을 갖춘 생산방법, 판매방법 및 영업활동에 유용한 기술상 또는 경영상의 정보가 합리적인 노력에 의하여 비밀로 유지되어야만 영업비밀로 인정받던 것을, 합리적인 노력이 없더라도 비밀로 유지되었다면 영업비밀로 인정받을 수 있도록 영업비밀의 인정요건을 완화함.

라고 하고 있다. 그러나 비밀성을 유지하기 위한 노력을 낮추면, 영업비밀을 취득하려는 자는 역분석을 쉽게 할 수 있으므로 합법적 취득가능성이 높아진다. 즉 위와 같은 개정 취지는 영업비밀로 인정받기 쉽도록 하기 위한 것이라고 하고 있지만, 영업비밀의 비밀성 유지노력을 낮춘다면 경쟁자에게는 합법적인 영업비밀의 역분석이 쉽게 되므로 영업비밀을 보유한 자는 자신의 영업비밀을 쉽게 잃을 수 있다. 국가의 입법 정책이 잘못된 것임은 분명하다.

역분석을 제한하는 계약은 사안에 따라 그 효력이 달라진다. 예컨대 영업비밀의 개별적 라이센스와 같은 경우에는 라이센스 상대방에 대한 제한은 유효하다고 해야 한다. 계약자유의 원칙이 적용되기 때문이다. 그러나 일반적인 제한은 허용되지 않는다.

45) 법률 제16204호, 2019. 1. 8., 일부개정이유 참조.

아이디어에 대하여 사적으로 특허권을 창설하는 것이기 때문이다. 예컨대, 음식점에서 음식을 판매하면서 음식에 대한 역분석을 금지하는 내용을 공지하는 것은 허용되지 않는다.

8. 비밀로 유지할 계약관계와 차목의 아이디어 탈취 부정경쟁행위

비밀로 유지할 계약관계가 존재하거나 그러한 명시적인 비밀유지의무가 부과가 되지 않았더라도 비밀로 유지할 신뢰관계가 존재하는 경우에는 그 영업비밀은 보호받는다. 신뢰관계는 고용관계, 회사의 이사 등의 지위에서 인정되는데, 명시적인 비밀유지의무가 존재하지 않더라도 그와 같은 신뢰관계형성에 의해 비밀유지의무가 발생한다. 즉 신뢰관계는 영업비밀보유자와 특별한 관계에서 발생한다.

그러나 비밀을 유지할 의무가 발생하기 전에 아이디어 탈취를 방지하고자 하는 조항이 부정경쟁방지법상 차목의 부정경쟁행위이다. 차목은

> 사업제안, 입찰, 공모 등 거래교섭 또는 거래과정에서 경제적 가치를 가지는 타인의 기술적 또는 영업상의 아이디어가 포함된 정보를 그 제공목적에 위반하여 자신 또는 제3자의 영업상 이익을 위하여 부정하게 사용하거나 타인에게 제공하여 사용하게 하는 행위

를 부정경쟁행위로 인정하고 있다. 차목은 거래 성립을 위한 거래교섭이나 과정에서 제공된 아이디어를 보호한다. 따라서 계약이 성립한 경우에는 차목이 아닌 계약법이 규율한다. 특히 차목은 부당이득법리(unjust enrichment)를 바탕으로 한 부정경쟁행위를 인정하고 있는데, 로마법 전통은 계약관계가 존재하는 경우에는 부당이득법리를 적용하지 않는다. 이는 우리 대법원도 같다.[46)]

우리나라 사건 중에 소위 치킨광고아이디어 침해사건이 있는데, 본 사건에는 특이하

46) 대법원 2013. 6. 28. 선고 2013다13733 판결 참조.

게도 로마법 전통과 다른 새로운 법리를 적용했다.[47] 즉 아이디어 제공을 위한 계약관계와 그 계약상 영업비밀유지의무가 있는데, 그 의무에 위반한 경우에 계약상 의무위반과 계약위반으로 인한 영업비밀 침해법리를 적용하지 않고, 차목의 부정경쟁행위를 인정하였다. 본 사안은 광고용역회사인 원고와 국내 굴지의 치킨 판매회사인 피고(1)가 광고용역 결과물, 네이밍(naming), 콘티제작 등 광고에 관한 아이디어를 제공하기로 하고 그에 대한 계약상의 의무로 그 대금을 지급하기로 하는 치킨광고용역계약이 성립했다. 본 계약의 성질은 도급계약으로 보이는데, 그 계약기간만료가 임박한 시점에 시장에 출시를 앞둔 피고(1)의 제품에 대한 광고 용역을 의뢰하여, 원고가 위 광고계약종료 1달을 앞두고 그 제품의 이름과 콘티를 완성하였다. 그러나 피고(1)는 원고와의 광고용역계약을 중단하여 위 계약기간이 도과되었다. 그 후 피고(1)는 원고에게 그 광고용역의 제작비를 일부만 지급하고 나머지에 대하여는 지급을 하지 않은 채 원고와의 협의를 거부하였다. 그 이후 피고(1)는 원고가 이행하여 제공한 광고 아이디어(제품의 이름 및 콘티 등)을 다른 광고제작업체인 피고(2)[48]에게 제공하고, 그 내용에 따라 원고가 제공한 제품 이름을 그대로 사용하고, 광고 콘티를 매우 유사하게 이용하여 광고를 제작하여 방송하였다. 한편 원고와 피고(1) 사이의 계약에는 그 계약대금을 모두 제공하기 전에는 원고가 제작한 광고용역내용은 원고의 영업비밀로 하는 계약내용이 있었다. 그러한 계약은 사적 자치의 원칙상 유효한 것이라고 할 수 있다. 따라서 계약대금을 완납하기 전까지 원고는 계약상 비밀유지의무가 있는데, 그럼에도 불구하고 그와 같은 비밀유지의무를 위반하여 피고(2)에게 영업비밀을 공개하고, 이를 무단으로 사용하여 영업비밀을 침해한 것으로 판단된다. 다만 본 사건 자체가 차목의 부정경쟁행위로 주장되고 입증되었고, 계약상 영업비밀침해사건으로 주장이 되지 않아 증거조사가 되지 않았다. 그로 인하여 영업비밀에 관한 계약사항은 판결문에 나와 있지 않지만 많은 부분은 추론에 의하여 인정할 수 있다. 본 사건은 계약상 영업비밀유지의무를 위반한 영업비밀침해사건으로 인정된다. 그럼에도 불구하고 대법원은 계약과 영업비밀보호의무가 발생하는 계약의 성립 이전에 적용되는 아이디어 탈취에 관한 조항을

47) 대법원 2020. 7. 23. 선고 2020다220607 판결; 서울고등법원 2020. 2. 6. 선고 2019나2031649 판결(항소심); 서울중앙지방법원 2019. 5. 24. 선고 2017가합590127 판결(1심)

48) 피고 (2)는 공동 부정경쟁행위를 한 것으로, 공동피고가 되었는데, 민법의 법리에 의하면 제3자의 채권침해이고, 프랑스의 부정경쟁법리에 의하면 고객탈취사건이 된다.

적용하여 차목의 부정경쟁행위를 인정했다. 매우 특이한 법리이다.

영업비밀 보호에 관한 계약이 존재하는 경우에, 그 계약에 따라야 하는 이유는 사적 자치의 원칙에 따라 당사자가 가장 효율적인 방법을 찾는다는 공리주의와 자유주의적 개인주의 이념이 있기 때문이다. 당사자가 개별적인 사안에서 자신들에게 타당한 가장 효율적인 방법을 찾았는데 국가가 일반 원칙에 의해 그 당사자 사이에 개입하는 것은 효율적인 것을 비효율적인 것으로 만들기 쉽다.

색인

색인

ㅇ

ㅈ

ㅊ

ㅋ

ㅌ

ㅍ

ㅎ